I0643837

Kohlhammer

Kohlhammer Studienbücher Theologie

Herausgegeben von:

Christian Frevel
Gisela Muschiol
Dorothea Sattler
Hans-Ulrich Weidemann

Christian Frevel

Geschichte Israels

zweite, erweiterte und überarbeitete Auflage

Verlag W. Kohlhammer

Prof. Dr. Christian Frevel ist Professor für Altes Testament an der Katholisch-Theologischen Fakultät der Ruhr-Universität Bochum und Extraordinary Professor am Department of Old Testament Studies der University of Pretoria, South Africa.

2. Auflage 2018
1. Auflage 2016

Gesamtherstellung: W. Kohlhammer GmbH, Stuttgart

Print:
ISBN 978-3-17-035420-3

E-Book-Formate:
pdf: ISBN 978-3-17-035421-0
epub: ISBN 978-3-17-035422-7
mobi: ISBN 978-3-17-035423-4

Inhalt

Vorwort

Die hier vorgelegte Geschichte Israels ist aus dem »Grundriss der Geschichte Israels« entstanden, der erstmalig in der siebten Auflage der Einleitung in das Alte Testament (2007) erschienen ist. Als Erich Zenger mich seinerzeit fragte, ob ich einen knappen Überblick über die Geschichte auf etwa 30 Seiten erstellen könnte, habe ich voller Zuversicht zugesagt. Bei der Erarbeitung stellte sich dann schnell heraus, dass eine so knappe Darstellung kaum ohne Referenz auf eine ausführlichere Darstellung sinnvoll war. Zu viel war und ist in der Disziplin »Geschichte Israels« im Umbruch. Der erschienene Grundriss war dicht und vom Umfang der »Einleitung« nicht mehr angemessen. Daher hat mich nicht zuletzt der Verlag ermuntert, den »Grundriss« aus der Einleitung auszugliedern und ihn als Studienbuch auszuarbeiten. Ich habe mich nach einigem Zögern auf dieses Projekt eingelassen, weil die Disziplin »Geschichte Israels« gegenwärtig in eine neue Phase eintritt bzw. eingetreten ist. Während über Jahre eine große Zurückhaltung in der Einleitungswissenschaft gegenüber der Rekonstruktion der Geschichte Israels herrschte, ist inzwischen die Zuversicht wieder größer und auch im deutschsprachigen Raum erscheinen Gesamtdarstellungen der Geschichte Israels. Die Fülle an Einzeluntersuchungen ist groß und erfordert eine Zusammenschau. Dieser Aufgabe habe ich mich versucht zu stellen. Die hier vorgelegte Darstellung verlangt den Lesenden einiges ab. Vieles Eingeübte wird hinterfragt, vielfältig destruiert und wieder neu zusammengesetzt. Die Infragestellung des biblischen Befundes und die Spiegelung der akademischen Diskussion werden häufig der einfachen und eindeutigen Position vorgeordnet. Das fordert zur Auseinandersetzung und vielleicht auch manchmal zum Widerspruch heraus.

Die Darstellung hat Vielen Vieles zu verdanken. Eine Reihe von Autorinnen und Autoren haben mir unveröffentlichte Manuskripte zur Verfügung gestellt, Auskünfte zu laufenden Ausgrabungen bzw. ihrem Spezialgebiet gegeben oder Einzelfragen mit mir diskutiert: D. T. Ariel, A. Berlejung, J. Blenkinsopp, E. Gass, H. Gitler, U. Hübner, J. Hutton, I. Finkelstein, L.-M. Günther, F. Lippke, J. Kamlah, O. Keel, S. Kisilewitz, K. Koenen, E. A. Knauf, G. N. Knoppers, R. G. Kratz, G. Lehmann, O. Lipschits, A. Mazar, B. Morstadt, H. Niehr, M. Oeming, O. Sergi, T. Pola, H.-J. Stipp, W. Zwickel. Sehr viel Interdisziplinäres durfte ich in den vergangenen Jahren von Fellows und Kollegiaten im Bochumer Käte Hamburger Kolleg lernen. Teile der Darstellung wurden in einem Forschungsaufenthalt an der Universität in Pretoria geschrieben, wo ich eine wohltuende akademische Gastfreundschaft erleben durfte.

Besonders erwähnt seien aus dem Team in Bochum Katharina Pyschny und Katharina Werbeck sowie aus dem Verlag Kohlhammer Florian Specker. Ohne die Unterstützung meiner Frau Sabine wäre die Fertigstellung des Manuskriptes nicht möglich gewesen. Ihnen allen bin ich zu großem Dank verpflichtet.

Ergänzung des Vorworts zur zweiten Auflage

Wenn ein Buch schneller ausverkauft als es durch die Mühlen der akademischen Rezeption gelangt ist, freut das den Autor natürlich ungemein. Dass dann eine zweite Auflage die Möglichkeit gibt, die Darstellung an einigen Passagen gründlich zu überarbeiten und an vielen Stellen zu ergänzen, die Literatur durchgehend auf den aktuellen Stand zu bringen und schließlich auch kleinere Versehen zu beseitigen, erleichert hoffentlich die weitere Rezeption des Buches eher, als dass es sie durch die veränderten Seitenzahlen und die veränderte Anordnung der Kapitel erschwert. Erneut habe ich Vielen zu danken, die mich in der Bearbeitung tatkräftig unterstützt haben. Johannes Bremer, Jonathan Steilmann, Sarah-Christin Uhlmann und Katharina Puwalski ergänzen die bereits Genannten.

I. Vorbemerkungen zur Historik

1. *Geschichtsschreibung zwischen Vergangenheit, Gegenwart und Zukunft*

G. Essen, Kann Gestern besser werden?, in: F. Bruckmann/R. Dausner (Hg.), Im Angesicht der Anderen (Studien zu Judentum und Christentum 25), Paderborn 2013, 495–516 • G. Essen/C. Frevel (Hg.), Theologie der Geschichte – Geschichte der Theologie (QD 294), Freiburg 2018 • C. Frevel, Bibel und Geschichte, in: W. Dietrich (Hg.), Die Welt der Hebräischen Bibel, Stuttgart 2017, 43–56 • E. A. Knauf, From History to Interpretation, in: D. V. Edelman (Hg.), The Fabric of History (JSOT.S 127), Sheffield 1991, 26–64 • J. Rüsen, Zerbrechende Zeit, Böhlau 2001 • ders., Kultur macht Sinn, Köln 2006 • ders., Zeit und Sinn, Frankfurt a. M. 2012 • ders., Historik, Köln 2013 • K. L. Sparks, The Problem of Myth in Ancient Historiography, in: S. L. McKenzie (Hg.), Rethinking the Foundations (BZAW 294), Berlin/New York 2000, 269–280.

»Die Geschichte ist ... ein Wissen von dem Geschehen« schreibt der Nestor der modernen Geschichtswissenschaft *Johann Gustav Droysen* (1808–1884). Der Schlüssel zum Verstehen dieses Sätzchens liegt weder in dem Begriff der »Geschichte« noch in dem des »Geschehens«, sondern in dem des »Wissens«. Wissen ist zielgerichtete Information, die der Sinnstiftung in der Gegenwart dient, um Zukunft zu verändern. Geschichte und Vergangenheit sind nicht dasselbe, sondern Geschichte ist auf Vergangenheit bezogen. *Droysen* wollte darüber hinaus darauf aufmerksam machen, dass es in der Geschichte nicht um die Vergangenheit als Vergangenheit geht, sondern um das in den Vergangenheiten »Jetzt und Hier noch Unvergangene«. Geschichte, auch die »Geschichte Israels«, die im Kontext des theologischen, judaistischen, religionswissenschaftlichen oder geschichtlichen Studiums eine Rolle spielt, hat eine Vergangenheit zum Gegenstand, ohne in dieser Vergangenheit aufzugehen. Sie bedient sich Formen des historischen Erzählens, um darin Zeit zu gestalten. Das tut sie nicht um der vergangenen Vergangenheiten, sondern um der Zukunft willen. Denn Geschichte *macht* Sinn!

Sie versucht, eine Kohärenz zwischen Vergangenheit, Gegenwart und Zukunft herzustellen und in den Verknüpfungsvorgängen *Orientierung* zu bieten. Geschichte, mag sie auch noch so objektiv daherkommen, zielt auf einen subjektiven Sinn, der im Wandel der Zeit Identität konstituiert. Historiographie folgt darin immer einem Interesse. Würden denjenigen, der das Gewesene erzählt, diese Vergangenheiten nicht betreffen, würde er sie nicht erzählen. Das Subjekt verortet sich durch die Geschichten in der Geschichte, im Kontinuum der Zeit. Mit den Bemerkungen ist nicht abzuweisen, dass Geschichte niemals objektiv ist, sondern einen normativen Anspruch mitträgt. »Erfahrungen der Vergangenheit sind ohne normative Absichten auf Zukunft historisch blind; normative Absichten auf Zukunft sind ohne Erfahrungen der Vergangenheit historisch leer« (*Jörn Rüsen*).

Will Geschichtsschreibung Orientierung bieten, erfordert sie daher immer einen Standpunkt; sowohl desjenigen, der die Geschichte schreibt, als auch desjenigen, der sie rezipiert. Nicht alle Entscheidungen jedoch wird und will derjenige, der die Geschichtsschreibung vorlegt, seinen Leserinnen und Lesern abnehmen. Das hat schon der von Cicero als »Vater der Geschichtsschreibung« (De Legibus 1,5) bezeichnete antike Schriftsteller Herodot (ca. 485–424 v. Chr.) betont, wenn er am Anfang seines Hauptwerkes der Historien schreibt: »Ich will nicht entscheiden, ob es so oder anders gewesen ist« (Hdt. Hist. I,5). Das bedeutet nicht, dass es eine von Deutung freie »objektive« Darstellung gibt, sondern, dass die Leserinnen und Leser aufgerufen sind, sich als aktiver Teil des Deutungsgeschehens zu begreifen. Auch eine Geschichte Israels – und mag es noch so implizit und beiläufig sein – liest man nicht ohne normativen Anspruch und ohne Bezug zur Konstruktion einer kollektiven Identität.

2. *Geschichte als deutende und sinnstiftende Selektion und Konstruktion*

K. Bieberstein, Jerusalems Geschichte(n) zu schreiben, in: M. Konkel/O. Schuehgraf (Hg.), Provokation Jerusalem (JThF 1), Münster 2000, 16–69 • G. Essen, Historische Sinnbildung, in: K. Appel/E. Dirscherl (Hg.), Das Testament der Zeit (QD 278), Freiburg 2016, 59–76 • C. Frevel, Bibel und Geschichte, in: W. Dietrich (Hg.), Die Welt der Hebräischen Bibel, Stuttgart 2017, 43–56 • F. Hartenstein (Hg.), Geschichte Israels und biblische Geschichtskonzepte: VuF 53, 2008, 1–85 • O. Kaiser, Glaube und Geschichte im Alten Testament (BThS 150), Neukirchen-Vluyn 2014 • J. Rüsen, Zerbrechende Zeit, Böhlau 2001 • ders., Historik, Köln 2013.

Geschichte richtet sich auf das Geschehene, um ein Wissen darüber für die Gegenwart zu bewahren, »auf dass das von Menschen Geschehene nicht mit der Zeit verblasse«, wie wiederum Herodot formuliert. Gleich zu Beginn unterscheidet der *»pater historiae«* zwischen den überkommenen Mythen und der geschichtlichen Zeit, über die allein er erzählen will. Er behält sich dabei über das ganze Werk hindurch vor, nicht alles zu glauben, was ihm selbst berichtet wurde. Das erzeugt nicht nur starke Tendenzen in der Darstellung, sondern sogar Widersprüche. So ist es letztlich bezeichnend, dass über die Glaubwürdigkeit der Darstellung Herodots bereits in der Antike lebhaft diskutiert und sie etwa von dem Schriftsteller Manetho von Ägypten heftig kritisiert wird. Flavius Josephus fasst im 1. Jh. n. Chr. sogar zusammen, dass sich alle griechischen Autoren über die Wahrheitswidrigkeit der Darstellungen Herodots im Klaren seien (Jos. cont. Ap. I,73). Damit ist jedoch – das zeigt die unverzichtbare Bedeutung der Erzählungen Herodots – über die historische *Bedeutung* noch nicht das letzte Wort gesprochen, wie die moderne Rezeption, die sich dem antiken Schriftsteller Herodot nach einer Phase völliger Ablehnung wieder vermehrt zuwendet, zeigt. Es ist gerade die Unschärfe der Unterscheidung zwischen Mythos und Geschichte bei Herodot, die die Frage nach dem Verhältnis von Vergangenheit und Erzählung aufwirft.

Das zuletzt Gesagte weist nicht nur darauf hin, dass die Quellenauswahl für die Geschichte Israels zentral ist, sondern auch, dass es keine Identität von Geschehen und Geschichte gibt und geben kann. Wo aber verläuft die Grenze zwischen Konstruktion (die auf Geschehenes deutend Bezug nimmt) und Fiktion (die ihren Ausgang nicht mehr an einem Geschehenen nimmt)? Die Erzählung von der Entstehung der Welt in Gen 1–3 hat ebensowenig eine »Historie« als Bezugspunkt wie die Fluterzählung in Gen 6–9 und wahrscheinlich auch die Abrahamerzählung in Gen 12–25. Wo die Grenze verläuft, ob bei den Erzeltern (Gen 12–36), in der Josefsnovelle (Gen 37–50), der Exoduserzählung (Ex 1–15), der Wüstenerzählung (Ex 16–Dtn 34), in der Landnahmeerzählung (Jos 1–24) oder erst später, wird unterschiedlich bewertet. In der Forschung wird daher viel darüber diskutiert, *wann* eine Geschichte Israels einzusetzen hat und ob man eine solche überhaupt schreiben kann (*L. L. Grabbe*). Geschichtsschreibung kann nicht zeigen, »wie es eigentlich gewesen« (so *Leopold von Ranke* 1795–1886), sondern »die Vergangenheiten sind vergangen« (so *Johann Gustav Droysen* 1808–1884) und damit heute unerreichbar. Es gibt keine *objektive* Geschichte, die im Bergwerk der Vergangenheiten ansteht und an die Oberfläche der Zeit geholt werden könnte (↗ IX.), sondern der Einheit der Vergangenheit steht die Pluralität möglicher Geschichten gegenüber. Geschichtsschreibung ist immer Konstruktion und eine Form der Sinnkonstitution, die aus der produktiven Erinnerung (explizit retrospektive, d. h. zurück gewandte Perspektive) für die Gegenwart und Zukunft zu verstehen und zu lernen sucht (implizit prospektive, d. h. nach vorne gewandte Perspektive). Geschichte ist keine bloße Repräsentanz der Vergangenheit, sondern eine Form des Verstehens und der Deutung.

Die einfache Unterscheidung zwischen *Geschichte* und *Geschichten*, zwischen *story* und *history* oder zwischen *fact* und *fiction* ist hilfreich, weil sie klar machen kann, dass das Erzählte nicht das Gewesene ist und es nicht nur durch die Vergangenheit von diesem getrennt ist. Doch die Unterscheidung greift zugleich zu kurz, weil das Erzählte nicht unabhängig vom Gewesenen ist und sich beides gar nicht randscharf voneinander trennen lässt.

Geschichte stiftet Orientierung und das geschichtliche Erinnern konstituiert einen Sinn, der eine kollektive Identität bildet und sich zugleich zu ihr in ein Verhältnis setzt. Geschichtsschreibung ist ein subjektives Deutungsgeschehen und Teil einer kollektiven Identitätskonstruktion. Die Menge der dafür zur Verfügung stehenden Daten variiert, aber Geschichte kann grundsätzlich nur durch die Selektion, Abstraktion, Reduktion und Kombination von Daten kohärent konstruiert werden. Dabei muss man sich bewusst machen, dass zum einen die verfügbaren Daten nicht vollständig sind, sondern eine Selektion darstellen, und zum anderen ihre Verwendung in einer »Geschichte Israels« eine Selektion aus der Fülle der verfügbaren Daten bedeutet. Geschichtsschreibung unterliegt damit einer doppelten Selektion, von der nur die zweite steuerbar ist. Auch nach der Auswahl sind jedoch die Daten ohne Beziehung zueinander. Die selektierten

Daten müssen miteinander zu einer »Geschichte« verknüpft werden, was hier mit dem Begriff »Konstruktion« beschrieben wird. Das bedeutet, dass im retrospektiven Entwurf der Geschichte die Informationen bewertet und gewichtet werden müssen. Sie müssen ausgewählt und aufeinander bezogen werden, wobei das Ergebnis immer im Vergleich zur Vergangenheit lückenhaft bleibt. Es gibt keine unveränderliche geschichtliche Wahrheit, und der Maßstab ist nicht, »wie es eigentlich gewesen«. Erst die Interpretation macht das Geschehen der Vergangenheit erzählbar. Dabei ist der »Sinn« nicht *etwas*, das der Geschichte innewohnen würde, sondern »Sinn« wird der Geschichte von der Gegenwart her zugeschrieben und in die Vergangenheit eingeschrieben. Dieser Deutungsprozess wird jedoch selten explizit, sondern läuft quasi in jeder Konstruktion von Geschichte im Hintergrund.

Die Bibel als »Geschichtsbuch« ist Teil dieses Deutungsprozesses, jedoch heißt das nicht, dass die Bibel einfach als Geschichtsdarstellung aufgefasst werden kann. Das wäre eine fundamentalistische Position, wohingegen in der Bibelwissenschaft die biblische Geschichtsdarstellung als Traditionsliteratur begriffen wird, deren historischer Wert einer kritischen Überprüfung bedarf. Genauso wenig, wie die Bibelwissenschaft die biblische Darstellung mit einer geschichtlichen Darstellung identifiziert, so wenig geht sie davon aus, dass die biblischen Geschichten darin aufgehen, Erzähltes zu sein. Sie haben zumindest dahingehend einen Bezug zur Geschichte, dass sie darin entstanden sind. Über weite Strecken – etwa in den sog. Geschichtsbüchern (1 Sam, 2 Sam, 1 Kön, 2 Kön, 1 Chr, 2 Chr, Esra, Neh, 1 Makk, 2 Makk) – lassen sie auch den Anspruch erkennen, historisch plausibel sein zu wollen. Damit bieten sie noch keine verlässliche Historiographie, sind aber als Quelle auch nicht aus der Rekonstruktion einer Geschichte Israels von vornherein auszuschließen.

3. *Minimalisten, Maximalisten und die Quellen der Geschichte Israels*

B. Becking/L. L. Grabbe (Hg.), Between Evidence and Ideology (OTS 59), Leiden 2011 • P. R. Davies/D. V. Edelman (Hg.), The Historian and the Bible (LHBOTS 530), London 2010 • W. Dietrich, Historiography in the Old Testament, in: M. Sæbø (Hg.), Hebrew Bible, Old Testament. Vol. 3,2, Göttingen 2015, 467–499 • L. L. Grabbe (Hg.), Can a »History of Israel« Be Written? (JSOT.S 245), Sheffield 1997 • I. Hjelm, Maximalist and/or minimalist approaches in recent representations of ancient Israelite and Judean history, in: J. West/J. Crossley (Hg.), History, Politics and the Bible from the Iron Age to the Media Age, London 2017, 1–18 • O. Kaiser, Glaube und Geschichte im Alten Testament (BThS 150), Neukirchen-Vluyn 2014 • J. Lendering, Maximalist and Minimalist, http://www.livius.org/theory/maximalists-and-minimalists/ [Zugriffsdatum 23.7.2018] • A. Mazar, Archaeology and the Bible, in: VT.S 163, Leiden 2014, 347–369 • M. B. Moore, Philosophy and Practice in Writing a History of Ancient Israel (LHBOTS 435), New York/London 2006 • M. B. Moore/B. E. Kelle, Biblical History and Israel's Past, Winona Lake 2011.

Welcher Wert der Bibel als Quelle zukommt, darüber gehen die Meinungen weit auseinander, wofür sich seit einer Kontroverse der 90er Jahre die methodische

Unterscheidung von Minimalisten und Maximalisten durchgesetzt hat. Während die sog. *Minimalisten* biblische Texte nur dann in die Geschichtsrekonstruktion einbeziehen, wenn sie mit außerbiblischen (archäologischen, → epigraphischen, → ikonographischen) Befunden in Deckung gebracht werden können, nehmen *Maximalisten* die Bibel so lange als historische Quelle, wie sie nicht durch außerbiblische Befunde widerlegt werden kann oder an sich nicht plausibel ist (*E. A. Knauf, K. Sparks, L. L. Grabbe, K. B. Moore*). Derartige Kategorien verzerren durch die scharfe Trennung, sind aber heuristisch hilfreich zur Unterscheidung eines prinzipiellen Umgangs mit den Quellen. Einig sind sich alle darin, dass eine Geschichte des antiken Israels *nicht* im Nacherzählen der biblischen Geschichten aufgehen darf. Denn dann würden »Heilsgeschichte« (auf das Handeln Gottes hin gedeutete Geschichte) und »Geschichte« (als kritisch reflektierte Rekonstruktion der Geschichte) unzulässig miteinander vermengt. Die biblische Darstellung ist allerdings weniger am historisch Gewesenen als an dessen Deutung interessiert. Daher wird die Bibel im Zusammenhang der Geschichte Israels oft als *Tendenzliteratur* bezeichnet. Der literaturwissenschaftliche Begriff wird unterschiedlich verwendet und hat meist einen stark pejorativen, abwertenden Klang. Dabei bezeichnet er ebenso Literatur, die für religiöse, politische, ideologische und propagandistische Zwecke *miss*braucht wird, als auch solche Literatur, die zur kollektiven Identitätssicherung *ge*braucht wird und dabei zu Lasten der Objektivität zur Parteilichkeit und eindeutigen Positionierung neigt.

Richtig ist, dass die Bibel im letztgenannten Sinn theologische Tendenzliteratur ist, aber deswegen muss sie noch nicht in jedem Fall eine späte unhistorische Fiktion sein. Es gibt eine Vielzahl von Beispielen dafür, dass die Angaben der Bibel *in Einzelfällen* einen hohen Grad an Plausibilität haben. So etwa die Notiz über den Angriff des Aramäers Hasaël (ca. 845–800 v. Chr.) auf die Philisterstadt Gat (2 Kön 12,18), die Information, dass Darius I. (522–486 v. Chr.) auf ein Archiv in Ekbatana zugreift (Esra 6,1), oder die bedeutende Rolle von Hazor in der Spätbronzezeit (Jos 11,1). Aber schon diese Beispiele zeigen, wie unterschiedlich die Kontexte sind, in denen die verwertbaren Informationen stehen: Während die militärische Landnahme des Josuabuches ahistorisch ist, sind es beim Wiederaufbau des Tempels in Esra »nur« die als Original zitierten Dokumente. Beim Tribut Joaschs in 2 Kön 12,19 steht lediglich die literarische Ausschmückung infrage. Jede einzelne Stelle bedarf einer Prüfung, welche Rolle sie in einer historischen Argumentation spielen kann. Eine generelle Verwerfung der Bibel als Quelle für die Geschichte Israels wäre töricht. Eine völlige Ablehnung würde zudem verkennen, dass die Historiographie der Bibel in Vielem durchaus vergleichbar zur antiken Geschichtsschreibung ist. Das bedeutet auch, dass die Bibel nur vor dem Hintergrund einer modernen Geschichtsforschung, aber auch einer Literaturgeschichte des Alten Testaments zu verwerten ist, die die jeweiligen »Geschichtswerke« analysiert und zeitlich einordnet. Der Abstand zwischen der Zeit, von der erzählt wird, und der Zeit, in der erzählt wird (der Zeit des Erzählers), ist dabei ebenso wichtig wie die Kontextualisierung der Texte in ihren antiken Zusammenhängen.

Es ist richtig, dass das in der Bibel gezeichnete Israel und das historische Israel oft weit auseinandertreten und man sich vergegenwärtigen muss, dass das biblische Israel zu *keinem* Zeitpunkt eine real in der Geschichte existierende Größe war (*P. R. Davies*), jedoch darf ebensowenig verkannt werden, dass beide Größen aufeinander bezogen sind. Als antiker Text ist das »biblische« Israel zudem Teil des »historischen« Israel, was aufgrund der langen Entstehungs-, Traditions- und Rezeptionsgeschichte der Texte zu vielfältigen Differenzierungen herausfordert.

Bei aller gebotenen Zurückhaltung gegenüber dem Historizitätsgehalt des biblisch Erzählten ist genauso festzuhalten, dass auch nichtbiblische Quellen vom Historizitätsgehalt nicht zwingend besser oder schon gar nicht *objektiver* dastehen. Es gibt keine objektiven Daten oder Quellen. Auch archäologische Befunde, außerbiblische Inschriften, Texte und Bilder bedürfen der methodisch geleiteten Interpretation. Die Annahme, es gäbe *bruta facta*, in denen das Gewesene unmittelbar greifbar wäre, ist eine Fiktion. Die Differenz der Fakten zwischen »Wirklichkeit« und »Geschichte« ist die deutende Perspektive, was noch einmal auf die Grundeinsicht führt: Geschichte ist Konstruktion (↗ I.2). Dass das keine neue Einsicht ist, zeigt das viel zitierte Wort von *Julius Wellhausen* (das allerdings im Kontext literargeschichtlicher Rekonstruktionen geprägt wurde): »Konstruiren muß man bekanntlich die Geschichte immer ... Der Unterschied ist nur, ob man gut oder schlecht konstruirt« (Prolegomena zur Geschichte Israels, Berlin ^{3}1886, 383).

4. Quellen einer »Geschichte Israels«

C. Frevel, »Dies ist der Ort, von dem geschrieben steht ...«: BN 47, 1989, 35–90 • C. Hardmeier (Hg.), Steine – Bilder – Texte, Leipzig 2001 • H. M. Niemann, Archäologie im Rahmen der Bibelwissenschaft, in: C. Ammer (Hg.), Einsichten aus Wissenschaft und Kunst, Hannover 2009, 9–31 • ders., Geschichte Israels, Archäologie und Bibel (AOAT 418), Münster 2015 • E. Pfoh, Rethinking the Historiographical Impulse: SJOT 32, 2018, 92–105.

Zu den entscheidenden Fragen jeder Geschichte gehört die Frage, welche Quellen der Darstellung zugrunde gelegt werden. Denn Auswahl und Gewichtung der Quellen entscheiden zwischen »guter« und »schlechter« Konstruktion. Der gezielte Ausschluss von Quellen (etwa der Archäologie in Beschränkung auf die Bibel) führt zu einem einseitigen Ergebnis (↗ I.3). Daher ist »ohne Einschränkung alles heranzuziehen, das irgend unmittelbar oder mittelbar einen Beitrag zu liefern mag« (*Martin Noth*, Geschichte Israels, Göttingen 1950, 52). Dazu gehören vor allem der (a) biblische Befund, (b) außerbiblische Texte, (c) → Epigraphik, (d) Archäologie, (e) → Ikonographie und (f) → Numismatik. Alle Quellen sind gleichermaßen einer kritischen Analyse und Bewertung zu unterziehen.

(a) Dass die Bibel trotz ihrer Darstellungstendenz zu den Quellen einer Geschichte Israels zu zählen ist, wurde bereits oben begründet. Natürlich haben nicht alle Informationen aus den erzählenden oder weisheitlichen Texten gleichermaßen einen Informationswert für die Geschichtsdarstellung. Doch besonders die sog. Geschichtsbücher, also d. h. die Bücher der Könige, der Chronik, Esra und Nehemia, aber auch Samuel, Josua und Richter müssen in die Rekonstruktion einbezogen und je in ihren Informationen einzeln bewertet werden. Aus der biblischen Quelle z. B. stammt die Aussage, dass König Joschafat von Juda (868–847 v. Chr.) eine Seeflotte in Ezjon-Geber zu installieren suchte, um über den Golf von Elat Außenhandel mit der arabischen Halbinsel und Ägypten zu betreiben. Der König des Nordstaates soll ihm eine Kooperation angeboten haben, die Flotte gemeinsam zu betreiben (1 Kön 22,49–50). Diese wirtschaftsgeschichtlich und außenpolitisch wichtige Notiz (↗ V.4.5) muss für die Entwicklung der beiden Staaten Juda und Israel ausgewertet werden. Allerdings nicht so, dass sie 1:1 als historisch übertragen wird, sondern im Rahmen einer kritischen Überprüfung der Aussage mit den anderen zur Verfügung stehenden Informationen zum 9./8. Jh. v. Chr. und dem Verhältnis von Juda und Israel, dem Verhältnis zu 1 Kön 9,26–28, wo Gleiches von Salomo gesagt wird und der Partner Hiram von Phönizien ist, dem archäologischen Befund von Ezjon-Geber und der Plausibilität des Fernhandels mit »Ofir« (was kein reelles, sondern ein legendäres Land ist) korreliert wird. Die Verwendung der Bibel als Quelle muss allerdings methodisch reflektiert geschehen und ist nicht abzukoppeln von einer Literargeschichte des Alten Testaments. Es macht z. B. einen Unterschied, ob Angaben zu David und Salomo bereits am Hof der Könige verschriftet wurden oder erst Jahrhunderte später.

(b) Zu den wichtigen außerbiblischen Texten gehören die antiken jüdischen Schriftsteller wie Philo von Alexandrien (ca. 10 v. Chr.–40 n. Chr.) und vor allem Flavius Josephus (ca. 37–100 n. Chr.). Wichtig sind aber auch die Informationen der nichtjüdischen griechischen Schriftsteller wie Herodot, Thukydides von Athen oder Hekataios von Abdera. Der aus Kleinasien stammende Herodot (ca. 485–424 v. Chr.) bietet eine Geschichte des Perserreiches ab dem Lyderkönig Krösus (ca. 560–547 v. Chr.) angefüllt mit einer Unmenge an Erzählungen über die Völker des Perserreiches. Thukydides beschreibt in der zweiten Hälfte des 5. Jh.s v. Chr. die griechische Geschichte, beginnend mit dem Krieg zwischen Athen und Sparta bis in das Jahr 411 v. Chr. Während Herodot und Thukydides vollständig erhalten sind, sind von dem Historiker und Philosophen Hekataios von Abdera aus dem 4. Jh. v. Chr. nur fragmentarische Werke erhalten. Darunter ist eine Geschichte Ägyptens, die wichtige Informationen über die Judäer/Juden in Ägypten liefert, die bei Flavius Josephus zitiert sind. Nur über Zitate bei Josephus und antiken christlichen Schriftstellern schließlich ist Manetho von Ägypten als Historiker bekannt, dessen Geschichte Ägyptens im Original verloren gegangen ist.

Zu den wichtigen außerbiblischen Quellen für eine Geschichte Israels gehört auch das in syrisch und griechisch überlieferte → Onomastikon des Eusebius von Cäsarea, das mit seiner Auflistung biblischer Ortsnamen für die historische Landeskunde unverzichtbar ist. Neben den deuterokanonischen Büchern, etwa den beiden Makkabäerbüchern (1 Makk, 2 Makk), die im Kanon der griechischen Septuaginta überliefert sind, gehören auch viele apokryphe außerbiblische Bücher zu den Quellen mit verwertbaren historischen Informationen. So etwa das (im orthodoxen Kanon erhaltene) dritte Makkabäerbuch (3 Makk), das die Rettung der alexandrinischen Juden vor der Verfolgung des Ptolemäerkönigs Ptolemäus IV. Philopator (221–204 v. Chr.) erzählt, oder die fiktive Erzählung des Aristeas, die in legendarischer Form die Übersetzung der Tora ins Griechische unter Ptolemäus II. Philadelphos (285/83–246 v. Chr.) berichtet.

Neben den sog. Historikern und historischen Werken sind schließlich die ägyptischen und mesopotamischen Texte von großem Wert für eine Geschichte Israels, seien es nun Erzählungen, Königslisten oder Chroniken. Erwähnt seien die Erzählung des Sinhuhe aus dem 2. Jt. v. Chr. oder der um 1071 v. Chr. entstandene sog. Reisebericht des Wenamun. Von direkterem Quellenwert ist beispielsweise die sog. Babylonische Chronik, in der auf vier erhaltenen Tontafeln die Ereignisse des Zeitraums von 626–594 v. Chr. chronologisch gegliedert geschildert werden.

(c) Die → Epigraphik ist eine Teildisziplin der Altertumswissenschaften, die sich mit Inschriften beschäftigt. Diese sind als Quellen für eine Geschichte Israels von unverzichtbarem Wert. Beispiele wären etwa für eine Lapidarinschrift die 1993 gefundenen aramäischen Fragmente der Verkleidung eines → Orthostaten aus Dan/*Tell el-Qāḍī* (↗ IV.5.2 u. V.4.3), in denen ein aramäischer Herrscher Auseinandersetzungen mit israelitischen und judäischen Königen in der Mitte des

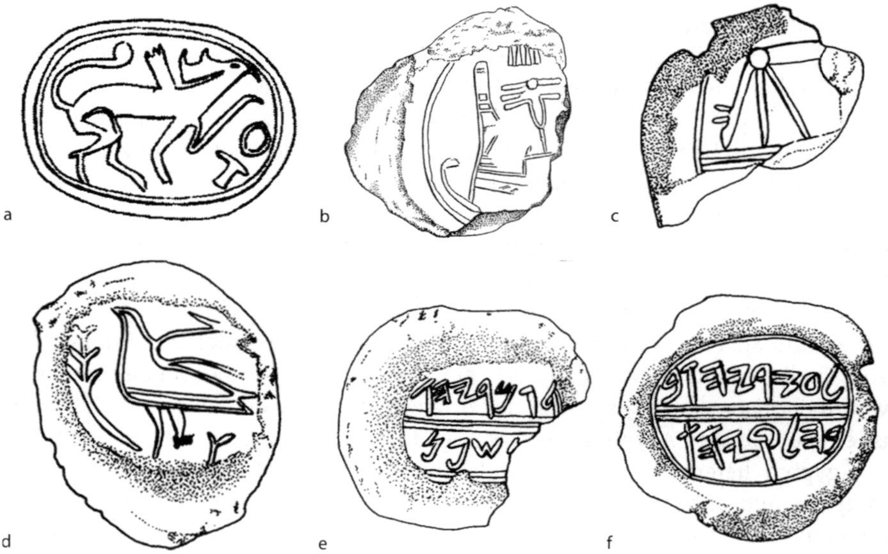

Abb. 1: Beispiele von Siegeln und Bullen aus Juda und Samaria aus verschiedenen Zeiten. Der Skarabäus (a) stammt aus der Grabung am Gihon im 9. Jh. v. Chr. Das geflügelte Wesen ist wahrscheinlich als Greif zu deuten, der das Symbol des Lebens beschützt. Das Motiv hat syrische Parallelen, oft beschützt der Greif aber einen Lebensbaum. Die ebenfalls in der Nähe der Gihon-Quelle gefundene Bulle (b) zeigt einen Thron mit hoher Lehne und eine geflügelte Scheibe darüber (9. Jh. v. Chr.). Aus dem späten 7. Jh. v. Chr. datieren die zwei Siegelabdrücke aus dem sog. Haus der Bullen mit exemplarischen Bildmotiven wie einer weidenden Hirschkuh (c) und einer Taube mit Zweigen (d). Ebenfalls aus dem Haus der Bullen am Abhang des Südosthügels in Jerusalem stammen die beiden anikonischen Siegelabdrücke (e) mit der Aufschrift »dem Gemarjahu (zugehörig), dem (So)hn des Schafan« und (f) *lʿzryhw bn ḥlqyhw* »von/für *ʿAzaryāhū*, den Sohn des *Ḥilqiyāhū*«.

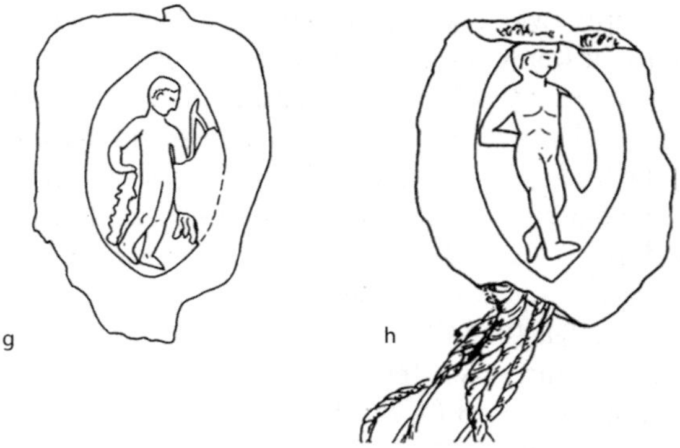

Abb. 1 *(Fortsetzung von Seite 22)*: Die Beispiele (g) und (h) stammen aus dem → Hortfund aus *Wādī ed-Dālīye*, der ins 4. Jh. v. Chr. (um 375–335 v. Chr.) datiert, und zeigen griechischen Einfluss. Der junge, nackte Mann (g) kann wegen der Keule und den rechts unten noch erkennbaren Resten eines Löwenfells als Herakles identifiziert werden. Diese Bulle versiegelte mit sechs anderen den Samaria Papyrus 1 (Sklavenverkauf), der in das Jahr 335 v. Chr. datiert. (h) zeigt den Abdruck eines Metallfingerrings mit mandelförmigem Ringkopf auf einer Bulle, an der noch Reste der Schnur zu erkennen sind. Dargestellt ist ein junger, nackter Krieger mit Schild.

9. Jh.s v. Chr. schildert. Mehrere → Hortfunde von → Ostraka, das sind auf Tonscherben mit Tinte geschriebene Texte, bereichern die Kenntnis über die wirtschaftliche und politische Organisation in Israel und Juda im 8./7. Jh. v. Chr. Zum Teil handelt es sich dabei auch um Briefe wie aus Lachisch oder um Briefformulare wie aus *Kuntilet ʿAǧrūd* oder um Dokumente der Militärorganisation wie aus Arad. Neben den Ostraka sind Inschriften auf Stempel- und Rollsiegeln sowie auf → Bullen und Siegelabdrücken (↗ Abb. 1) von Bedeutung über das → Onomastikon hinaus. Beispielhaft seien die inzwischen über 1.400 *lmlk*-Siegelabdrücke aus Juda genannt (↗ Abb. 37), in denen neben der Aufschrift »für den König« jeweils einer von vier Orten (Hebron, Socho, Sif und *mmšt*) genannt wird. Die auf Krughenkeln angebrachten Siegelabdrücke können als Quelle für die Wirtschafts- und Steuerorganisation des judäischen Staates zur Zeit des Königs Hiskija (725–697 v. Chr.) kurz vor (und wahrscheinlich auch kurz nach) dem Angriff der Assyrer auf Juda 701 v. Chr. verstanden werden. Aufgrund der großen Anzahl von verschiedenen Typen von *lmlk*-Stempelabdrücken lässt sich die Entwicklung des administrativen Systems in Juda im 8./7. Jh. v. Chr. präziser beschreiben. Zudem handelt es sich um einen wichtigen Indikator zur Datierung von archäologischen Befunden, da die Stempel auf den Krughenkeln nur für einen relativ kurzen Zeitraum verwendet wurden.

(d) Den verfügbaren archäologischen Daten kommt eine zentrale Bedeutung in der Rekonstruktion der Geschichte Israels zu. Dabei sind mit der Terminologie *Fernand Braudels* sowohl geschichtliche Informationen zur *longue durée*, zur *moyenne durée* und zur *courte durée/événement* von Bedeutung. Mit der *longue durée* sind sich nur langsam verändernde Konstanten gemeint, also etwa die geologischen, klimatischen oder kulturellen Bedingungen, weitgehend unveränderliche geopolitische Strukturen, wiederkehrende Siedlungsmuster etc. Die *moyenne durée* hingegen beschreibt Konjunkturen wie etwa den phasenweisen Wechsel von → Urbanisierung und Deurbanisierung, den Zusammenbruch der internationalen Handelssysteme in der Spätbronzezeit, Phasen besonderer klimatischer Trockenheit etc. Die Ebene der *événements* schließlich meint die historischen Ereignisse wie die archäologisch nachweisbare Eroberung Lachischs 701 v. Chr., die Eroberung Gazas durch Tiglat-Pileser III. 734 v. Chr. oder das sowohl textlich bezeugte (Am 1,1; Sach 14,5) wie archäologisch (in Gat/*Tell eṣ-Ṣāfī*, Hazor, Megiddo, Geser, Lachisch, *Tell Dēr ʿAllā* u. a. m.) nachweisbare verheerende Erdbeben, das zwischen 800 und spätestens 760 v. Chr. Palästina erschütterte und meist auf 762 v. Chr. datiert wird (*A. M. Maeir*).

Die archäologischen Daten entstammen sowohl Ausgrabungen als auch Oberflächensurveys, in denen in größeren Gebieten alle verfügbaren Siedlungsspuren gesammelt werden. In Ausgrabungen, die in Palästina seit der Mitte des 19. Jh.s durchgeführt werden, werden Siedlungsschichten, sog. → Strata, isoliert, sodass über die relative Abfolge dieser Schichten auf einem → Tell die Siedlungsgeschichte eines Ortes rekonstruiert werden kann. Architekturreste, sehr oft nur Fundamente von Gebäuden, lassen sich zu der Befestigung und der Bebauung eines Ortes hypothetisch rekonstruieren. So zeugt z. B. die sog. *broad wall*, ein im jüdischen Viertel in Jerusalem entdecktes Mauerstück, von der westlichen Stadtbefestigung im 8. Jh. v. Chr. und – weil es zuvor im Westteil der Stadt keine Befestigungsmauer gab – von der zeitgleichen Erweiterung der Stadt nach Westen. Die materielle Kultur (Keramik, Werkzeuge, Gewichte, Schmuck, Figuri-

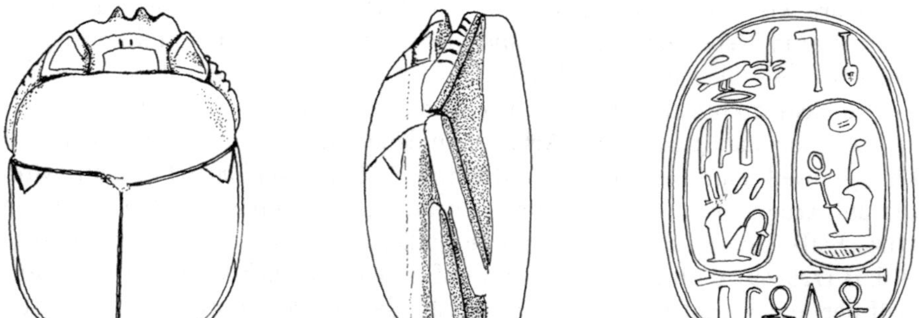

Abb. 2: Skarabäus aus Geser (ca. 1390–1353 v. Chr.), das in der rechten Kartusche den Thronnamen Amenophis' III. und in der linken den Eigennamen der Königin (»Große königliche Gemahlin Teje, sie möge leben«) enthält. Über (»vollkommener Gott«) und unter (»dem Leben gegeben ist«) den Kartuschen finden sich weitere ägyptische Inschriften. Die Aufsicht und Seitenansicht lassen den Aufbau eines Skarabäus erkennen, der einen Blatthornkäfer nachbildet, am ehesten den ägyptischen heiligen Pillendreher (*Scarabaeus sacer* L.), der in Ägypten mit dem Sonnenlauf verbunden wurde und für die ständige Erneuerung steht. Als Stempelsiegelamulett sind Skarabäen in der ganzen Levante verbreitet.

nen etc.) erlaubt eine relative chronologische Einordnung und gibt oft weitere Aufschlüsse über die Geschichte eines Ortes oder einer Region.

(e) Die → Ikonographie Palästinas beschäftigt sich mit der Bildwelt der südlichen Levante (Israel/Palästina/Jordanien), die ebenfalls eine wichtige Quelle für die Rekonstruktion der Geschichte Israels darstellt. Dabei geht es weniger um Abbilder der assyrischen, persischen oder israelitischen Könige (denn Bilder unterliegen durchweg bestimmten Darstellungskonventionen und sind stilisiert), sondern um Informationen zur Kulturgeschichte, die aus dem Symbolsystem abgeleitet werden. Von besonderer historischer Bedeutung sind die Siegelabdrücke, die selbst historische Informationen enthalten. So etwa ein Stempelsiegel mit Königskartusche aus Geser (↗ Abb. 2), das in die Zeit der 18. Dynastie (1550–1292 v. Chr.) auf Pharao Amenophis III. (1388–1351/50 v. Chr.) weist und damit zur Datierung des → Stratums, in dem der Fund gemacht wurde, beiträgt.

Oder der Abdruck auf dem Gefäßhenkel aus *Tel Ḥārāsīm* (↗ Abb. 3), der neben der Besitzerin *Hanuna* auch den Provinznamen *Jehud* nennt und so die (wahrscheinlich negativ zu beantwortende) Frage der Zugehörigkeit des Ortes in der Schefela zur persischen Provinz Jehud aufwirft.

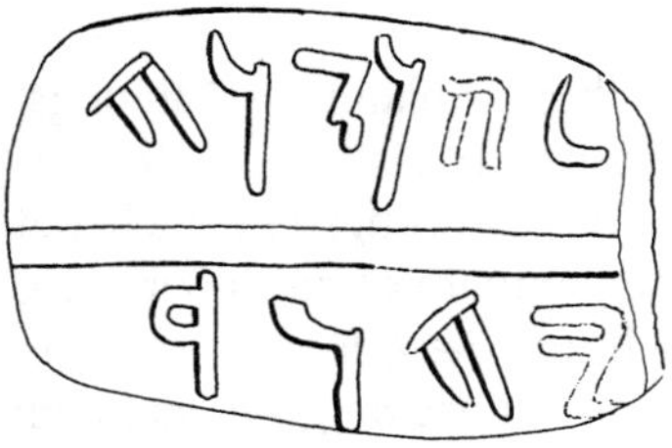

Abb. 3: Perserzeitlicher Siegelabdruck auf einem Gefäßhenkel vom *Tel Ḥārāsīm* (ca. 530–330 v. Chr.) mit der aramäischen Inschrift *lḥnwnh yhwd* »Der Hanuna (gehörig), Jehud«. Die Erwähnung der Provinz Jehud könnte darauf hindeuten, dass es sich bei Hanuna um ein Mitglied der Verwaltung handelt.

Da ansonsten der Zusatz Jehud auf offizielle Mitglieder der Administration weist, wird durch den Siegelabdruck zugleich die Frage nach der Rolle von Frauen in der persischen Provinzverwaltung gestellt und schließlich die der Rückkehrerinnen aus Babylon angeschnitten, da ein ähnliches Exemplar aus Babylon bekannt ist.

(f) Als Quelle der Datierung sind besonders Münzen ab der Perserzeit von Bedeutung, wobei die Genauigkeit der Datierung ab der hellenistischen Zeit zum Teil bis auf einzelne Jahre hin anwächst. Dabei ist allerdings die Datierung über sekundär datierte Funde generell mit einer Unsicherheit belastet, da der Prägezeitraum einer Münze nicht mit ihrem Verwendungszeitraum identisch sein muss. So sind z. B. bei den Grabungen auf dem Garizim insgesamt 14.000 Münzen gefunden worden. Mit den 72 persischen Münzen lässt sich die früheste Bauphase des Tempels ungefähr datieren. Die ältesten Münzen im Grabungsbefund, die aus Zypern, Tyrus und Sidon stammen (↗ Abb. 4), lassen zusammen mit anderen Indizien erkennen, dass das Heiligtum bereits im 5. Jh. v. Chr. existierte.

Zunächst ergibt sich aber nur ein *terminus post quem*, d. h. ein Datum *nach* dem der entsprechende Befund datiert werden kann, wenn die entsprechenden Funde im Fundamentbereich gemacht worden sind. Da aber nicht immer auszu-

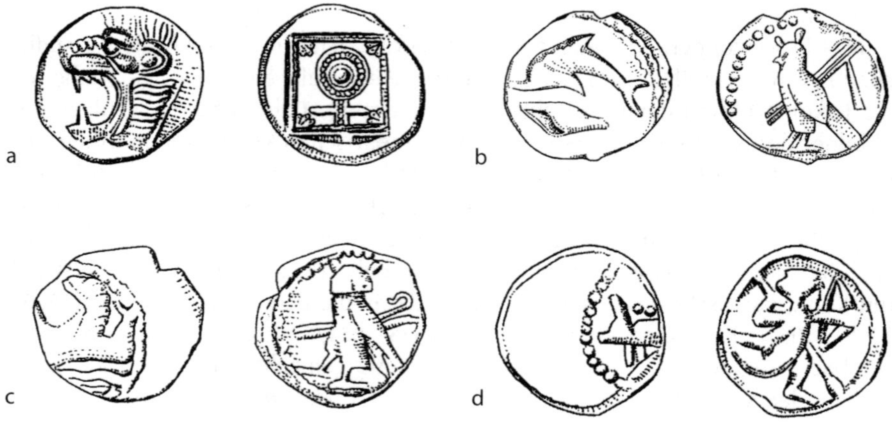

Abb. 4: Die ältesten der insg. 14.000 Münzen aus dem Tempelbezirk auf dem Garizim. Die Drachme (a) wurde in Zypern ca. 480 v. Chr. geprägt, (b) in Tyrus zwischen 450–400 v. Chr., (c) in der ersten Hälfte des 4. Jh.s v. Chr. auch in Tyrus und (d) im späten 5. Jh. v. Chr. in der Hafenstadt Sidon.

schließen ist, dass die Münzen über den Zeitraum ihres Umlaufs als Zahlungsmittel aufbewahrt wurden und so ihr Verwendungszeitraum über den Prägezeitraum hinausgeht, bleibt eine gewisse Unsicherheit. Die Datierungstendenz hängt oft vom Fundkontext ab. Wird eine Münze im Fundamentbereich eines Gebäudes gefunden, ist ein *terminus ante quem*, d. h. die Errichtung des Gebäudes *vor* dem Prägezeitraum einer Münze, ausgeschlossen. Wenn die Münze hingegen auf dem Fußboden eines Gebäudes gefunden wurde, gibt sie einen Hinweis auf den Zeitpunkt der Errichtung, der vor der Prägung der Münze liegen muss. Der *terminus post quem* ist bei Einzelstücken sicherer, weil sich nicht ausschließen lässt, dass ein älteres Stück länger in Gebrauch geblieben ist. Neben der Datierungsfunktion sind Münzen als Hinweis auf wirtschaftliche und politische Zusammenhänge von großem Wert.

Das letzte Beispiel macht noch einmal deutlich, dass auch Quellen einen Kontext haben und zunächst der Einordnung und Analyse bedürfen, bevor sie für die historische Rekonstruktion ausgewertet werden können. In einem wissenschaftlichen Kontext unverzichtbar ist dabei die Nachprüfbarkeit der Argumentation. Dabei ist besonders auf einen Grundsatz hinzuweisen: Die positive Evidenz ist weit beweiskräftiger als das Fehlen von Belegen. Denn das Fehlen von Belegen sagt als solches noch nicht viel aus. Es gilt der Merksatz »The absence of evidence is not the evidence of absence« (übertragen etwa: die Nicht-Existenz von Belegen belegt nicht die Nicht-Existenz). Nur weil es keine Quelle gibt, die die Existenz Salomos außerbiblisch belegt, ist damit König Salomo noch nicht unhistorisch. Aus dem Fehlen von *lmlk*-Stempeln in Sif/*Tell Zīf* südöstlich von Hebron ist nicht unbedingt zu schließen, dass der Ort außerhalb der judäischen Administration lag (Jos 15,24.55; 2 Chr 11,8) oder nichts mit den überwiegend im Norden Judas gefundenen Siegelabdrücken *lmlk-Sif* zu tun hatte. Tendenziell kann allerdings auch das Fehlen von Evidenz aufschlussreich sein, etwa wenn für eine militärische Landnahme von Jericho (Jos 6) oder Ai (Jos 8) entsprechende Hinweise im archäologischen Befund fehlen.

Zwar kommt außerbiblischen Quellen nicht prinzipiell ein Vetorecht zu und alle Quellen können prinzipiell den gleichen historischen Wert haben, doch sind insbesondere dann außerbiblische Quellen vorzuziehen, wenn es eine koinzidente Zusammenstimmung gegen den biblischen Befund gibt. Eine feste Hierarchie zwischen den Quellen jedoch gibt es nicht. Die Unterscheidung in Primärquellen (Archäologie, → Epigraphie, → Ikonographie) und Sekundärquellen (z. B. Bibel, Babylonische Chronik, Josephus und andere antike Geschichtsschreiber) hat nur insofern ihr Recht, als dass sie den Abstand zu den zeitlichen Ereignissen als qualitatives Kriterium wertet und damit den Primärquellen ein gewisses »Prä« zukommen lässt. Beide Arten von Quellen sind gleichermaßen kritisch und methodisch reflektiert in eine Geschichte Israels einzubringen.

Die im Rahmen der Einleitungswissenschaft zum Alten/Ersten Testament zu behandelnde Geschichte Israels steht nicht für sich, sondern bedarf zudem des ergänzenden Rahmens der Sozial- und Kulturwissenschaften, der Philosophie und insbesondere der historischen Disziplinen (Alte Geschichte, Historische Anthropologie, Altorientalistik, Ägyptologie u. a. m.).

5. *Wann beginnt eine »Geschichte Israels«?*

J. Day (Hg.), In Search of Pre-Exilic Israel (JSOT.S 406), London 2004 • L. L. Grabbe (Hg.), Can a »History of Israel« Be Written? (JSOT.S 245), Sheffield 1997 • ders., Ancient Israel, London [2]2017 • J.-L. Ska, L'histoire d'Israël: RSR 103, 2015, 15–34 • ders., Questions of the »History of Israel« in Recent Research, in: M. Sæbø (Hg.), Hebrew Bible, Old Testament, Vol. 3,2, Göttingen 2015, 391–432.

Für den Beginn einer Darstellung der »Geschichte Israels« werden verschiedene Optionen diskutiert. Die Positionen sind dabei abhängig von der Vorentscheidung, wie das Verhältnis von biblischen und außerbiblischen Quellen gewertet wird, wann die biblischen Texte datiert werden und wie die politische Größe *Staat* als Grundlage der Geschichte definiert wird. Bildet die Bibel den Ausgangspunkt, sind die Extrempositionen die Erzeltern (mündliche Überlieferungen aus der sog. Patriarchenzeit bilden die Grundlage) auf der einen und die hellenistische Zeit (die Bibel wird als hellenistisches Buch verstanden) auf der anderen Seite. Bilden hingegen die außerbiblischen Daten den Ausgangspunkt, wird entweder mit dem sog. Landnahmeprozess (in dem Israel entsteht), dem 10./9. Jh. v. Chr. (in dem staatliche Strukturen eines »Israel« erstmalig erkennbar werden), dem 9. Jh. v. Chr. (in dem »Israel« erstmals als politische Größe außerbiblisch erwähnt wird) oder noch später begonnen. In der folgenden Darstellung wird eine Mittelposition eingenommen. Es erscheint sinnvoll, zwischen einer *Vorgeschichte Israels* und der *Geschichte Israels* zu unterscheiden, den Übergang aber mehr oder minder fließend zu halten. Es ist zuzugestehen, dass von einer staatlichen Größe im eigentlichen Sinn frühestens (!) im 10. Jh. v. Chr., eher im 9. Jh. v. Chr. gesprochen werden kann. Eine Geschichte

Israels könnte begründet erst dann einsetzen. Aber ohne die *Vorgeschichte* Israels, die zeitlich mindestens bis zur Mittelbronzezeit (MB II, 2000–1550 v. Chr.) zurückgreifen muss, was hier aus Platzgründen unterbleibt, ist eine *Geschichte* Israels ebenso wenig zu verstehen wie ohne den Kontext der Nachbarkulturen. Auch hier muss die Darstellung stark reduzieren. Sieht man von der biblischen Darstellung ab, existiert eine Größe »Israel« vor dem 9. Jh. v. Chr. streng genommen weder ethnisch noch politisch. Da aber für die Zeit ab etwa 1000 v. Chr. der Terminus *Königszeit* eingeübt ist, wird hier für die Landnahme, die oft als → Ethnogenese verstanden wird, der Begriff *Frühgeschichte* verwendet.

Für chronologische Angaben werden neben Jahresangaben auch die in der Archäologie eingeführten Epochenbezeichnungen der Metallzeitalter *Bronzezeit* und *Eisenzeit* benutzt. Grob unterscheidet man die Frühbronzezeit ca. 3200–2000 v. Chr. (FB-Zeit), die Mittelbronzezeit ca. 2000–1550 v. Chr. (MB-Zeit) und die Spätbronzezeit ca. 1550–1200 v. Chr. (SB-Zeit) von der Eisenzeit ca. 1200–587 v. Chr. (E-Zeit). Den Eisenzeiten folgt die sog. babylonisch-persische Zeit 587–333 v. Chr., dann die hellenistische Zeit 333–37 v. Chr., an die sich die römische Periode anschließt. Die jeweiligen Perioden werden weiter unterteilt, dazu die Tabelle ↗ X.1.1. Es ist sinnvoll, sich zur Orientierung zunächst die Epocheneinteilung einzuprägen.

6. *Was bezeichnet Israel in der »Geschichte Israels«?*

B. J. Diebner, Seit wann gibt es »jenes Israel«?, Münster 2011, 31–84 • E. Pfoh, From the search for ancient Israel to the history of ancient Palestine, in: I. Hjelm/T. Thompson (Hg.), History, Archaeology and the Bible Forty Years After »Historicity«, New York 2016, 143–158 • R. Smend, Das alte Israel im Alten Testament, in: ders., Bibel und Wissenschaft, Tübingen 2004, 1–15 • N. Thiel, »Israel« and »Jew« as Markers of Jewish Identity in Antiquity: JSJ 45, 2014, 80–99 • K. Weingart, Stämmevolk – Staatsvolk – Gottesvolk? (FAT II/68), Tübingen 2014; M. Weippert, Art. Israel und Juda: RLA 5, 1980, 200–208.

Die Bezeichung »Israel« ist vieldeutig. Biblisch kann Israel den Erzvater Jakob bezeichnen, dem in Gen 32,29 – dem ersten, aber nicht jüngsten Beleg des Wortes *yiśrāʾel* im Pentateuch – der Ehrenname »Israel« verliehen wird (Gen 35,10).

Später bezeichnet »Israel« im Pentateuch die Gesamtheit der 12 Söhne Jakobs und ihrer Nachkommen, die etwa in Ex 1,9 »das Volk der Kinder Israel« (Luther) oder einfacher »das Volk der Israeliten« (EÜ) genannt werden. Ab dem Exodus (↗ II.4) bezeichnet »Israel« biblisch bis in die Königszeit das Volk, das aus Ägypten ausgezogen ist, auch in seiner politischen Verfasstheit als Stämmebund (↗ III.5–7), als Königtum (↗ IV.4–6) oder als Staat. »Israel« ist jedoch nicht nur das »Gesamtisrael«, sondern ab der sog. »Reichsteilung« (↗ IV.7), bei der durch die Königserhebung Jerobeams die Einheit des Königtums unter Saul, David und Salomo zerbricht (1 Kön 11), wird »Israel« zur Bezeichnung des politischen Gebildes im Norden, während »Juda« den kleineren Teil im Süden bezeichnet. Nach dem Untergang der politischen Größe »Israel« 722/20 v. Chr. (↗ V.6) wird jedoch auch Juda biblisch vor allem in prophetischen Texten als »Israel« bezeichnet, und so geht »Israel« ins Exil, obwohl aus dem ehemaligen Staat im Norden 597 bzw. 587/86 v. Chr. nicht noch einmal Bewohner deportiert wurden (↗ V.9 u. V.11). Auch die nachexilische Gemeinde (↗ VI.3) wird als »Israel« angesprochen, und das hält sich über die hellenistische Zeit, wo es unter den Hasmonäern wieder einen König »Israels« gibt (↗ VII.6), über die Zeitenwende bis in die Zeit des Neuen Testaments durch (↗ VIII.). Schaut man auf den außerbiblischen Befund, werden die aufgelisteten Größen nur selten tatsächlich als Israel bezeichnet. Inschriftlich ist Israel sicher zuerst auf der Merenptah-Stele zu finden (1208 v. Chr.), wobei nicht klar ist, was der Name dort bezeichnet (↗ II.3). Auf der moabitischen Mescha-Stele in der zweiten Hälfte des 9. Jh.s v. Chr. (↗ V.4.1) und auf der aramäischen Stele von Dan (↗ V.4.3) bezeichnet Israel den von Samaria aus regierten Staat. Aus dem Jahr 853 v. Chr. stammt auch der Beleg aus einer Inschrift Salmanassars III. (859–824 v. Chr.), in dem Ahab von Israel genannt wird (geschrieben *^{kur}Sir-ʾi-la-a-a*) (↗ V.4.6). Ein Beleg für die Zwischenzeit vom 12.–9. Jh. v. Chr. fehlt und es ist letztlich derzeit auf der Grundlage der außerbiblischen Quellen nicht aufzuhellen, ab wann Israel als politische Größe auf die Bühne der Weltgeschichte tritt. Es scheint aber so zu sein, als wenn das erst im 9. Jh. v. Chr. mit dem von Samaria aus regierten Königtum der Fall war (↗ IV.7). Die Bedeutung des Namens ist ebenso unklar wie das, was er ursprünglich bezeichnet.

Das Frühjudentum und das nachbiblische Judentum sind sich ihrer Identität als »Israel« durchgehend auch nach der Tempelzerstörung 70 n. Chr. bewusst. Seit der Gründung des modernen Staates »Israel« 1948 bis in die Gegenwart ist die Bezeichnung schließlich nicht nur eine religiöse Bezeichnung des »Volkes Israel«, die mit dem Begriff »Judentum« synonym gebraucht wird, sondern auch die eines politisch verfassten Gemeinwesens. Daneben ist »Israel« eine geographische Bezeichnung des Landes Israel, dessen Gebiet ebenso durch die Zeiten unterschiedlich zu konkretisieren ist.

Da die Vielfalt und Breite der unterschiedlichen Füllungen immer mitschwingen, ist die Bezeichnung »Israel« nicht einfach zu verwenden. In der folgenden Darstellung meint »Israel« nahezu durchgehend die politische oder geographische Größe im 1. Jt. v. Chr. Wenn die theologisch und religiös aufgeladenen Bedeutungsebenen explizit gemeint sind, ist das im Text angezeigt. Der Titel »Geschichte Israels« folgt eher einer Konvention für den übergeordneten Titel der Darstellung, als dass er eine exakt zutreffende Bezeichnung wäre.

7. Der Raum der »Geschichte Israels« und die Bezeichnungen des Landes

C. Frevel, Das Land der Bibel, in: E. Zenger (Hg.), Lebendige Welt der Bibel, Freiburg 1997, 68–80 • M. Noth, Die Welt des Alten Testaments, Freiburg 1992 • W. Zwickel, Einführung in die biblische Landes- und Altertumskunde, Darmstadt 2002 • ders., Das Heilige Land, München 2009.

So wie »Israel« als politisch-soziale Größe durch die Zeiten etwas sehr Unterschiedliches meinen kann, ist auch die geographische Konkretion des Begriffs aufgrund sich wandelnder Grenzziehungen verschieden. Das gilt auch für Palästina, Syrien, Jordanien oder Ägypten, die ebenfalls zugleich moderne politische Größen bezeichnen. Die nicht biblische Bezeichnung »Palästina« etwa leitet sich von dem aramäischen *p^e^lištā'în* ab, in dem das hebräische *p^e^lištîm* »Philister« nachklingt (vgl. das ägyptische *prst/pw-r3-s3-ṯ*). Bei Herodot (Hdt. Hist. I,105; III,5.91; VII,89) wird so das Siedlungsgebiet der Philister in der Küstenebene von Jafo bis Gaza benannt, doch schon im 9./8. Jh. v. Chr. umfasst die Bezeichnung in neuassyrischen Quellen auch Teile der phönizischen Küstenebene. 135 n. Chr. wird Palästina zur Bezeichnung der römischen Provinz *syria palaestina*, der zunächst nur das Land westlich des Jordans zugerechnet wird. Unter Kaiser Diokletian (284–305 n. Chr.) wird der nördliche Teil der *provincia arabia*, das südliche Ostjordanland, der Negeb und der Sinai der Provinz zugeschlagen. Um 400 n. Chr. wird dann die Provinz dreigeteilt in *palaestina prima* (Juda, Samaria, Küstenstreifen), *secunda* (Galiläa, nördliches Ostjordanland) und *tertia* (südliches Ostjordanland vom Arnon südwärts, Negeb, Sinai) (zu den Regionen ↗ X.6, *Karte 14*). In dem britischen Mandatsgebiet von 1920, das in etwa das heutige Staatsgebiet Israels, die palästinensischen Autonomiegebiete und Jordanien umfasst, wirkt diese Grenzziehung Palästinas ebenso nach wie in dem wissenschaftlichen Sprachgebrauch, wo Palästina als Regionalbezeichnung für den südlichen Teil der syro-palästinischen Landbrücke steht. Palästina ist dabei südlicher Teil der Levante, des sog. fruchtbaren Halbmonds, der sich von Mesopotamien über Syrien, den Libanon und die phönizische Küste bis zum Nilschwemmland in Ägypten erstreckt (↗ X.6, *Karte 13*).

Wie der Israelbegriff (↗ I.6) sind auch die Bezeichnungen des Landes nicht neutral, sondern mit historischen und modernen Konnotationen verbunden. »Judäa« und »Samaria« sind z. B. im modernen Verwendungskontext die Bezeichnungen des Staates Israel für das besetzte Westjordanland in den Grenzen von 1967. Durch den Gebrauch der biblischen Bezeichnungen im modernen Kontext wird ein israelischer Anspruch auf das Gebiet der Autonomiegebiete mitgesetzt. Jede Wahl eines Begriffes oder einer Bezeichnung nimmt eine bestimmte Perspektive ein. So ist etwa, wenn das scheinbar neutrale »Transjordanien« gebraucht wird und damit das Gebiet *jenseits* des Jordans gemeint ist, der Standpunkt notwendig im Westjordanland und das bedeutet implizit eine Wertung. Auch »Syrien«, »Israel« und »Palästina« lassen sich nicht völlig aus dem Bann der Ideologien heraushalten. Es ist wichtig, sich das stets bei dem Gebrauch der Bezeichnungen zu vergegenwärtigen. In der vorliegenden Darstellung ist häufig von der südlichen Levante die Rede, wenn der Raum Südsyriens gemeint ist. Auch »Palästina« ist möglichst neutral als geographische Bezeichnung verwandt.

Legt man den Gebrauch von Palästina als Regionalbezeichnung des Gebietes westlich und östlich des Jordantals und seiner südlichen Fortsetzung im Araba-Graben zugrunde, spielt die »Geschichte Israels« in diesem Raum bzw. in Teilen dieses Raumes (↗ X.6, *Karte 14*). Sie ist jedenfalls nicht nur auf das Staatsgebiet des heutigen »Israel« oder auf das antike Israel und Juda zu beschränken. Die Bezeichnung »Heiliges Land«, die biblisch nur in Sach 2,16 (*'admāt haqqodæš*) auftaucht und in der »heiligen Grenze« bzw. dem »heiligen Gebiet« (*g^e^bûl qådšô*) von Ps 78,54 anklingt, ist gegenüber dem neutraleren Palästina weniger geeignet, da sie theologisch stark aufgeladen ist und zudem keinesfalls immer klar ist, welches Gebiet damit genau gemeint ist.

Die Bezeichnung *Kanaan* schließlich, die in der Literatur häufiger synonym zu Palästina gebraucht wird, ist bereits im 3. Jt. v. Chr. belegt und geht auf das keilschriftliche *kinaḫḫi* zurück. In den Texten der syrischen Stadt Ebla/*Tell Mardīḫ* Ende des 3. Jt.s v. Chr. scheint die Bezeichnung das Gebiet Nordsyriens zu benennen, doch im 2. Jt. v. Chr. steht Kanaan für die ägyptische Provinz Kanaan, die im Süden an Ägypten grenzt und im Norden bis Byblos reicht. In den Amarnabriefen (↗ II.2.6) findet sich jedoch auch ein weiterer Gebrauch, der ganz Syrien bis an den Orontes mitumfasst und den gesamten von Ägypten dominierten Besitz im Norden bezeichnet. Außerbiblisch ist Kanaan im 1. Jt. v. Chr. nicht mehr in Inschriften oder Texten verwandt. Auf einem ägyptischen Statuettenfragment (Baltimore MD 22.203) aus der 22./23. Dynastie (946/45–716 v. Chr.) ist noch einmal von einem Gesandten namens *Pediese aus* »dem Kanaan« die Rede (HTAT Nr. 104), womit wie auch sonst häufiger die Stadt Gaza gemeint ist. Danach verschwindet die Bezeichnung aus dem Quellenmaterial, um dann in hellenistisch-römischer Zeit wieder in phönizischen Quellen aufzutauchen. Biblisch ist *Kanaan* eine der Bezeichnungen für das verheißene Land (z. B. Gen 12,5; Ex 6,4; Num 13,2), wobei auch dabei nicht durchgehend der gleiche geographische Raum gemeint ist. Zudem ist die Bezeichnung durch den konstruierten kulturell-religiösen Gegensatz zwischen Israel und Kanaan (Gen 9,25; Lev 18,3) stark aufgeladen, sodass sie sich nicht zur generellen Verwendung eignet. In der vorliegenden Darstellung wird Kanaan im engeren Sinn für das Gebiet der spätbronzezeitlichen Provinz Kanaan bzw. für den südsyrischen Ausläufer der bronzezeitlichen Stadtkultur verwendet (↗ II.2.1, *Karte 1*).

Die knappen Ausführungen zu den Bezeichnungen des Landes und den damit verbundenen Konnotationen zeigen, dass die »Geschichte Israels« nicht von einer Geschichte der Region, die auch die politische Geschichte der Nachbarn berücksichtigt, zu lösen ist. Das spätbronzezeitliche Kanaan (↗ III.) ist ebenso wie das Israel und Juda der Königszeit (↗ IV. u. V.), die perserzeitlichen Provinzen Jehud und Samaria (↗ VI.) und das hellenistische Judaä (↗ VII.) eingebunden in das sich je verändernde »Gleichgewicht der Kräfte« im Großraum Vorderasiens. Die Lage der Region auf der syro-palästinischen Landbrücke zwischen Vorderasien und Ägypten macht es strategisch und politisch immer wieder auch interessant für die großen Mächte, die das politische Geschehen bestimmen.

8. *Biblische Zahlen und Chronologien*

C. Berner, Jahre, Jahrwochen und Jubiläen (BZAW 363), Berlin u. a. 2006 • E. Gass, »Im x-ten Jahr von ...«, in: H. Rechenmacher (Hg.), In Memoriam Wolfgang Richter (ATSAT 100), St. Ottilien 2016, 65–89 • T. Hieke, Genealogien der Genesis (HBS 39), Freiburg 2003 • K. Koenen, 1200 Jahre von Abrahams Geburt bis zum Tempelbau: ZAW 126, 2014, 494–505 • J. Kotjatko-Reeb u. a. (Hg.), Nichts Neues unter der Sonne? (BZAW 450), Berlin u a. 2014 • A. Laato, Guide to Biblical Chronology, Sheffield 2015 • J. Werlitz, Das Geheimnis der biblischen Zahlen, Wiesbaden ^{4}2011.

Wann fanden die Ereignisse, die im Alten Testament berichtet werden, statt? Die Frage nach der biblischen Chronologie, also der Verortung der Ereignisse in einem zeitlichen Verlauf, stellt sich unabhängig von der Frage, welchen geschichtlichen Wert man den einzelnen Informationen beimisst. Das lässt sich am Beispiel von 1 Kön 14,25 zeigen, wo von einem Feldzug des ägyptischen Pharaos gegen Jerusalem im fünften Jahr Rehabeams die Rede ist. Das Ereignis ist in der erzählten Konkretion (Angriff Jerusalems) nicht historisch, ein Feldzug Schischaks nach Palästina aber sehr wohl. Es handelt sich um eines der wichtigsten Ereignisse im 10. Jh. v. Chr., doch ist die Datierung dieses Feldzugs sehr kompliziert (↗ IV.8) und die Angabe von 1 Kön 14,25 ein wichtiger Anhaltspunkt, wenn man davon ausgeht, dass sie zutreffend ist. Doch wann war das »fünfte Jahr« Rehabeams?

Die Angaben in den alttestamentlichen Texten sind häufig *vermeintlich* konkret: Der Bau des Ersten Tempels fand 480 Jahre nach dem Exodus statt (1 Kön 6,1), der Aufenthalt Israels in Ägypten soll 430 Jahre gedauert haben (Ex 12,40, vgl. aber Gen 15,13). Das scheint eine genaue Angabe, und man ist geneigt, dem Glauben zu schenken. Nimmt man Gen 21,5; 25,26; 47,9.28 hinzu, begann der Aufenthalt in Ägypten 290 Jahre nach der Geburt Abrahams. Zusammengenommen ergibt sich, dass der Tempel 1.200 Jahre nach Abrahams Geburt gebaut worden sein muss (*K. Koenen*). Keines der Daten dieser »relativen Chronologie« ist absolut und die runde Zahl am Ende deutet darauf hin, dass das Ziel der Aussage *nicht* die Chronologie, sondern die Heilsgeschichte ist. Für eine verlässliche »absolute Chronologie« sind die Daten daher kaum zu gebrauchen. Das ergibt sich auch, wenn man in Betracht zieht, dass Jakobs Enkel Kehat mit nach Ägypten zog (Gen 46,11), aber dessen Enkel Mose die Hebräer aus Ägypten geführt hat (Ex 6,18.20), was sich schwerlich zu 430 Jahren Ägyptenaufenthalt aufaddieren lässt. Es gibt eine Fülle von Angaben in der Bibel (z. B. Num 33,38; Ri 11,38; 1 Sam 4,18), aber kein einziges Datum, das unserer Zeitrechnung entspricht. Meist handelt es sich um relative Angaben, die nicht viel für eine Orientierung in der absoluten Zeit helfen. So z. B. die Angabe, dass Simson zur Zeit der Philister zwanzig Jahre lang Richter in Israel war (Ri 15,20). Weder die Geburtsdaten Simsons noch der Bezugspunkt »Zeit der Philister« bilden einen verlässlichen Anhaltspunkt für eine absolute Datierung. Wenn David und Salomo je 40 Jahre regiert haben sollen (2 Sam 5,4; 1 Kön 2,11; 11,42), dann sind das eher ungefähre Pauschalangaben mit einer Zahl, die auch sonst hohe symbolische Bedeutung hat (Gen 25,20; 26,34; Ex 16,35; Num 14,33; Ri 13,1). Viele biblische Zeitangaben sind gelehrte Konstruktionen, die nicht dazu geeignet sind, der Rekonstruktion der Geschichte Israels als Basis zu dienen. Einen Schritt weiter kommt man mit den Datierungen, die sich auf konkrete Ereignisse beziehen, die auch außerbiblisch belegt sind. Drei kurze Beispiele: Die Datierung der ersten Eroberung Jerusalems (a), der Bau des Zweiten Tempels (b) und die Datierung des Hanukka-Festes zur Wiedereinweihung des Tempels nach der Verunreinigung durch Antiochus IV. (175–164 v. Chr.) (c).

(a) Die allermeisten Daten im Ezechielbuch beziehen sich auf den Aufenthalt der Israeliten im babylonischen Exil (Ez 1,1; 8,1; 20,1; 29,1; 40,1 u. ö.). Es sind »biographische« Datierungen, die auf das Schicksal des Propheten gerichtet sind.

Damit sind sie auf die erste Exilierung nach Babylon 597 v. Chr. bezogen, denn Ez 1,2 datiert »im fünften Jahr nach der Verschleppung des Königs Jojachin«. Dazu wird in Ez 40,1 die Eroberung Jerusalems 587 v. Chr. in Beziehung gesetzt (vgl. Jer 1,3; 39,1; Bar 1,2). Über den Aufenthalt des Königs Jojachin (Regierungszeit 598/97 v. Chr.) weiß man auch aus babylonischen Quellen (↗ V.10.2), ohne dass dort aber das absolute Datum 597 v. Chr. genannt ist. Die babylonische Chronik datiert das Ereignis in das siebte Jahr Nebukadnezzars. Setzt man diese Daten zueinander in Beziehung, kann man den Rahmen der absoluten Datierung eingrenzen.

(b) In Haggai und Sacharja wird mehrfach König Darius genannt (Hag 1,1.15; 2,10; Sach 1,1.7; 7,1) und der Wiederaufbau des Tempels in Jerusalem in Hag 1,15 »am vierundzwanzigsten Tag des sechsten Monats im zweiten Jahr des Königs Darius« genau datiert. Aber das ist (einmal abgesehen von der Frage der Historizität, ↗ VI.5.4) noch nicht für eine absolute Datierung ausreichend. Bedauerlicherweise trug nämlich nicht nur ein Herrscher der Achämeniden den Namen *Dārayavahuš*/Δαρειαῖος, sondern verteilt über zwei Jahrhunderte gleich drei und auch ein König der Elymais im ausgehenden 2. Jh. v. Chr. trug diesen Namen. Da vom Tempelbau auch in Esra die Rede ist, lässt sich der in 1 Makk 1,1 erwähnte letzte Perserkönig Darius III. (336–330 v. Chr.) ausschließen. Esra 4,5–7 berichtet aber davon, dass der Tempelbau unter Kyrus (II.) begonnen wurde, die Fertigstellung dann aber bis zur Regierungszeit König Darius' sistiert wurde. Unter Xerxes und Artaxerxes soll dann gerungen worden sein, bis im zweiten Jahr des Darius der Tempelbau fortgesetzt wurde (Esra 4,24, vgl. die Vollendung in Esra 6,15). Diese Datierung wird in Esra 5,1 mit der Datierung von Haggai verknüpft. Damit ist zwar Darius II. (423–405/04 v. Chr.) als Bezugspunkt noch nicht ausgeschlossen, aber doch unwahrscheinlich, auch wenn die Abfolge Kyrus → Xerxes → Artaxerxes → Darius I. nicht der historischen Abfolge entspricht (sondern Kyrus II. → Kambyses II. → Darius I. → Xerxes → Artaxerxes). Unter dieser Voraussetzung datiert demnach der Tempelbau auf das Jahr 520 v. Chr. (zu den Problemen ↗ VI.5.5), denn Darius der Große wurde 522 v. Chr. König in Persien. Aber woher weiß man nun, dass der Regierungsantritt Darius' I. in das Jahr 522 v. Chr. fällt?

(c) Am verlässlichsten erscheinen die Datierungen in den Makkabäerbüchern (z. B. 1 Makk 2,70; 3,37; 13,41 u. ö.). Dort werden Ereignisse mit einer exakten kalendarischen Angabe datiert, etwa die mit dem Hanukka/Chanukka-Fest verbundene Wiedereinweihung des Tempels am 25.9.148 in 1 Makk 4,52, die exakt drei Jahre nach dem »Gräuel der Verwüstung« (1 Makk 1,54), der Verunreinigung des Tempels durch den seleukidischen König Antiochus IV. Epiphanes (1 Makk 1,10), stattfand. Bezugspunkte für die Datierung sind zum einen der jüdische Kalender, hier der Monat Kislew, der nach dem gregorianischen Kalender im Dezember liegt, und die Datierung nach der seleukidischen Ära, die auch außerbiblisch verwendet wird. Diese beginnt im Herbst 312 v. Chr. mit der Eroberung Babylons durch den Nachfolger Alexanders d. Gr. (356–323 v. Chr.) Seleukus I. (312–281 v. Chr.). Damit ist das Hanukka-Fest auf das Jahr 164 v. Chr. zu datieren. Aber auch hier ergibt sich die absolute Datierung nicht aus dem Datierungssystem der seleukidischen Ära selbst, sondern über den Bezug zum gregorianischen Kalender.

Zu absoluten Daten kommt man für das erste Jahrtausend nur über sehr wenige meist astronomische Fixpunkte (*H. J. Nissen*). Einer davon ist die exakt berechenbare totale Sonnenfinsternis, die nach dem gregorianischen Kalender auf den 15. Juni 763 v. Chr. fiel. Da diese Eklipse in der Regierungszeit Aššur-dāns III. (773–755 v. Chr.) erwähnt wird, lassen sich absolute Daten annähernd berechnen. Denn für die babylonischen und assyrischen Könige liegen Listen vor, sodass die relative → Eponymen-Datierung in absolute Daten umgerechnet werden kann. Wenige Schnittpunkte zur biblischen Chronologie (↗ V.2.4) erlauben dann eine Beziehung zu den → synchronistischen Angaben (↗ V.2.2) in der Bibel.

Die Angabe absoluter Daten ist wegen der Verflechtung der altorientalischen Chronologiesysteme in vielen Fällen bis zur 2. Hälfte des ersten Jahrtausends v. Chr. sehr unsicher. Dennoch kann auf die Angaben von Jahreszahlen zur Orientierung kaum verzichtet werden.

Die vorliegende Darstellung benutzt zur Angabe von Jahreszahlen die üblichen Zusätze v. Chr./n. Chr. (vor/nach Christi Geburt) anstelle von v. u. Z. (vor unserer Zeitrechnung) oder der Verwendung von mathematischen Vorzeichen (z. B. -0722), auch wenn die Zeitenwende weder archäologisch noch historisch einen besonderen Einschnitt markiert (die Geburt Jesu datiert 6 bzw. 4 v. Chr.). Während man im Englischen dem BCE nicht ansieht, ob es *before christian era* oder *before common era* gelesen werden soll, ist bei der Referenz v. Chr./n. Chr. immer ein expliziter Verweis auf die Geburt Christi mitgegeben, der von nicht-christlichen oder nicht-religiösen Leserinnen und Lesern als vereinnahmend empfunden werden kann. Die Angabe ist jedoch im vorliegenden Werk explizit neutral gemeint.

9. *Archäologische Chronologie und die Geschichte Israels*

A. Fantalkin/I. Finkelstein/E. Piasetzky, Iron Age Mediterranean Chronology: Radiocarbon 53, 2011, 179–198 • I. Finkelstein, The Iron Age Chronology Debate: NEA 74, 2011, 50–54 • I. Finkelstein/E. Piasetzky, Khirbet Qeiyafa: TA 37, 2010, 84–88 • I. Finkelstein u. a., The Iron Age in Israel: Radiocarbon 57, 2015 • D. A. Frese/T. E. Levy, The Four Pillars of the Iron Age Low Chronology, in: T. E. Levy (Hg.), Historical Biblical Archaeology and the Future, London 2016, 187–292 • A. Gilboa/I. Sharon/E. Boaretto, Radiocarbon Dating of the Iron Age Levels, in: I. Finkelstein u. a. (Hg.), Megiddo V, Winona Lake 2013, 1117–1127 • Z. Herzog/L. Singer-Avitz, Redefining the Centre: TA 31, 2004, 209–244 • dies., Sub-Dividing the Iron Age IIA in Northern Israel: TA 33, 2006, 163–195 • H. Katz/A. Faust, The Chronology of the Iron Age IIA in Judah in the Light of Tel ʿEton Tomb C3 and Other Assemblages: BASOR 371, 2014, 103–127 • R. Kletter, Chronology and United Monarchy: ZDPV 120, 2004, 13–54 • T. Levy/T. Higham, The Bible and Radiocarbon Dating, London 2005 • A. Mazar, Jerusalem in the 10th Century B. C. E, in: Y. Amit u. a. (Hg.), Essays on Ancient Israel in Its Near Eastern Context, Winona Lake 2006, 255–272 • ders., The Iron Age Chronology Debate: NEA 74, 2011, 105–111 • S. Münger, Egyptian Stamp-Seal Amulets and their Implications for the Chronology of the Early Iron Age: TA 30, 2003, 60–82 • I. Sharon, Levantine Chronology, in: M. Steiner/A. E. Killebrew (Hg.), The Oxford Handbook of the Archaeology of the Levant, Oxford 2014, 44–65 • K. Streit/F. Höflmayer, Archaeomagnetism, Radiocarbon Dating, and the Problem of Circular Reasoning in Chronological Debates: NEA 79, 2016, 233–235.

In der Archäologie spricht man von Metallzeitaltern und meint damit Chalkolithikum (Kupfersteinzeit), Bronzezeiten und Eisenzeiten. Die Orientierung an den Metallen gibt nur eine erste Annäherung, meint aber z. B. nicht, dass es in den Eisenzeiten keine Bronze mehr gegeben hat. Für die Epochengrenzen sind Veränderungen in der materiellen Kultur sehr wichtig, wenn auch nicht allein ausschlaggebend. Aber der Merksatz »Könige kommen, Könige gehen, aber die Kochtöpfe bleiben« (*H. Weippert*) macht deutlich, dass sich die Archäologie nicht primär am Verlauf der Ereignisgeschichte orientiert. Eine Übersicht der archäologischen Epochen findet sich im Anhang (↗ X.1.1). Die absolute Datierung von Artefakten ist aber letztlich mindestens so schwierig wie die von Ereignissen. Dabei geht man von relativen Chronologien aus, die aus dem typologischen Keramikvergleich (s. u.) gewonnen sind, und kombiniert diese mit Ereignissen, die aufgrund der Quellen relativ genau datierbar sind, etwa dokumentierten Erdbeben. Naturwissenschaftlich genauer sind Dendrochronologie und ^{14}C-Isotopenanalyse. Zwar sind die Methoden ohne naturwissenschaftliche Kenntnisse nur in Ansätzen zu verstehen, doch ist es wichtig, sich diese für die Datierungsdiskussionen zu vergegenwärtigen. Wie datiert man das in Ausgrabungen zutage gebrachte? Auch hier ist es hilfreich, zwischen absoluter und relativer Datierung zu unterscheiden. Die in einer Ausgrabung zutage tretenden Siedlungsschichten (→ Strata) stehen zueinander in einem relativen chronologischen Nacheinander. Die jeweils näher zur Oberfläche liegende Siedlungsschicht ist die jüngere. Diese Schichtenabfolge ist in verschiedenen Grabungen nicht immer gleich, weil die letzte Siedlungsschicht z. B. bei einem Ort in byzantinischer Zeit, im Falle eines anderen jedoch in der späten Perserzeit liegen kann. Auch kann man nicht davon ausgehen, dass jeder Tell zu den gleichen Zeiten besiedelt war. Durch die Keramiktypologie, d. h. den Vergleich von Merkmalen an Keramikgefäßen (Größe, Form, Rand, Standfläche, Henkel, Dekor etc.), bestimmt man Keramiktypen, die als gleichzeitig angesehen werden. Die Dauer, in der ein bestimmter Keramiktyp verwendet worden ist, nennt man dabei Laufzeit. Laufzeiten von Keramiktypen sind an verschiedenen Orten nicht genau, aber doch ungefähr gleich, weshalb man Schichten mit gleicher Keramik vergleichen kann. Meist überlagern sich die Laufzeiten von zwei aufeinanderfolgenden Typen, was ebenfalls eine genauere Datierung erschwert. Durch die Keramiktypologie kommt man zu relativen Datierungen von Schichten, z. B., dass die Strata Lachisch V, Timna IV, Arad XII gleichzeitig sind und in die Eisen IIA-Zeit datieren. Artefakte werden relativ zu einem → Stratum, einer Siedlungsschicht, gesetzt. Liegt z. B. ein Kochtopf unter einem Fußboden, ist die Datierung des Fußbodens sein *terminus ante quem*, also der Zeitpunkt *vor* dem der Topf entstanden sein muss (↗ I.4). Liegt er hingegen auf dem Fußboden, ist die Datierung des Fußbodens sein *terminus post quem*, d. h. der Zeitpunkt, *nach* dem der Topf noch in Verwendung war. Während in diesem Beispiel der *terminus ante quem* eine Aussage über den Herstellungszeitraum, aber keine über den Verwendungszeitraum ermöglicht (in einem anderen Kontext könnte der gleiche Typ noch länger verwendet worden sein), ist es bei dem *terminus post quem* in diesem Beispiel umgekehrt. Der Topf kann lange vorher entstanden sein, war jedoch sicher noch *nach* der Erstellung des Fußbodens in Verwendung. Ist nun entweder der Fußboden oder der Topf aus anderen Rücksichten genauer datierbar (z. B. durch eine datierte Inschrift, naturwissenschaftlich gestützte Datierungen oder Datierungswissen aus anderen Quellen), nähert sich die Datierung einer absoluten Angabe an. Eine absolute Datierung bedeutet, dass eine Aussage über eine Datierung in Jahreszahlen gemacht wird, d. h. in diesem Fall, dass die Keramik in die zweite Hälfte des 10. Jh.s bzw. die erste Hälfte des 9. Jh.s v. Chr. datiert. Absolute Datierungen sind oft nur annäherungsweise möglich, etwa durch den Bezug zu einem fixen Datum wie einem Erdbeben, das über Bezüge zu astronomischen Phänomenen exakt datierbar ist. Mit der in den fünfziger Jahren des vergangenen Jahrhunderts von Willard Frank Libby entwickelten ^{14}C-Analyse (auch Isotopenanalyse, Radiokarbondatierung genannt), die den Zerfall des von Organismen aufgenommenen radioaktiven Kohlenstoffatoms ^{14}C misst und anhand der Halbwertszeit (d. i. die Zeit in der sich die Menge der Atome um die Hälfte reduziert hat, bei ^{14}C-Atomen 5730±40 Jahre) das Alter berechnet, sind relativ exakte Datierungen möglich. Allerdings schwankt der ^{14}C-Kohlenstoff-Gehalt in der Atmosphäre und die Aufnahme von ^{14}C-Atomen in Organismen ist nicht immer genau gleich, was zu erheblichen Schwankungen führt. Das betrifft insbesondere das sog. Hallstatt Plateau, das eine ^{14}C-Isotopenanalyse im Zeitraum zwischen 750 und 400 v. Chr. nahezu unbrauchbar macht. Daher bedient man sich oft zusätzlich der Dendrochronologie, die Holz anhand der Jahresringe einem genau beschriebenen Zeitraum zuordnen kann. Datierungen durch diese Methode reichen ungefähr 12.500 Jahre zurück. Daneben sind neuere naturwissenschaftliche Datierungsmethoden entwickelt worden (Luminiszenzverfahren, Uraniumisotopenzerfall, paläomagnetische Verfahren), die sich in jüngerer Zeit durchzusetzen beginnen. Noch ist allerdings die Keramiktypologie gerade für die späteren Eisenzeiten bis zum Auftauchen von Münzserien, die eine exakte Datierung erlauben, unverzichtbar.

Die Diskussion ist komplex, weil zu der traditionellen Kulturvergleichschronologie, die auf dem Vergleich von Keramiktypen und deren Beziehung zu absoluten Daten beruht, zunehmend »absolute« naturwissenschaftliche Datierungen nach der ^{14}C-Methode und andere Methoden hinzukommen. Allerdings lassen sich auch kalibrierte ^{14}C-Daten nicht auf ein genaues Datum festlegen, sondern datieren in einem Spektrum, das Abweichungen von ± 30–35 Jahren immer einschließt. Inzwischen liegen deutlich mehr als 400 kalibrierte ^{14}C-Radiokarbondaten vor (*I. Sharon u. a.*), die z. T. kontrovers diskutiert werden. Insgesamt ist das Datenmaterial zur Datierung in den vergangenen Jahren enorm angewachsen und tritt gegenüber der vergleichenden Keramikanalyse mehr und mehr in den Vordergrund. Vielfach wird in der Archäologie von einer *»radiocarbon-revolution«* gesprochen. Eine Beurteilung ist wie bei der Keramiktypologie nur mit entsprechenden Vorkenntnissen möglich.

Seit etwa 25 Jahren gibt es eine sog. »Chronologiedebatte«, in der es vornehmlich um das 10. Jh. v. Chr. und die Eisen IIA-Zeit geht, weshalb im Abschnitt zu Salomo in einem Exkurs (↗ IV.6.6) darauf näher eingegangen werden soll. Es reicht zunächst aus, sich grundsätzlich den unterschiedlichen Datierungsansatz der von

Israel Finkelstein vertretenen *low chronology* (LC) gegenüber der traditionellen *conventional chronology* (CC) zu vergegenwärtigen (zur Übersicht ↗ X.1.1) und daneben die von *Amihai Mazar* in die Diskussion gebrachte Mittelposition einer *modified conventional chronology* (MCC) zu stellen. Für die Königszeit ist die Unterscheidung von zwei Phasen der Eisen IIA-Zeit (*Early* Iron Age IIA 950–900 v. Chr. und *Late* Iron Age IIA 900–840/30 bzw. 800 v. Chr.) wichtig. Sie wurde von *Zeev Herzog und Lily Singer-Avitz* in die Diskussion eingeführt und ist inzwischen breit akzeptiert, wobei der Beginn der Eisen IIA_1-Zeit weiter diskutiert wird (*A. Mazar*). Während also die Eisen IIB-Zeit die Zeit des Aufschwungs der beiden Teilstaaten zwischen dem Auftreten der Aramäer und dem Untergang Israels markiert (ca. 830–701 v. Chr.), ist der Übergang zur Eisen IIC-Zeit umstritten, zumal wenn es keine eindeutigen Zerstörungshorizonte gibt (*A. Mazar, P. van der Veen, O. Lipschits*). Dass sich die archäologische Chronologie immer noch bzw. auch an den geschichtlichen Umbrüchen orientiert, zeigt nicht nur das Datum 701 v. Chr. mit dem Feldzug Sanheribs (Lachisch III), sondern auch das Schwanken zwischen einer Eisen IIC- und der babylonisch-persischen Zeit. Da sich die materielle Kultur nach dem Untergang Judas nicht wesentlich ändert, wird die Phase zwischen 587/86 v. Chr. und 450 v. Chr. manchmal auch Eisen III-Zeit genannt (zur Übersicht ↗ X.1.1). Die zeitlichen Angaben sollten nicht verdecken, dass es z. T. große regionale Unterschiede gibt. Nicht an allen Orten gehen die Metallzeitalter zur selben Zeit zu Ende. Die Angaben der Jahreszahlen zur archäologischen Chronologie sind also nur Annäherungswerte.

10. »Geschichte Israels« und ihr Verhältnis zu anderen Geschichten

Die Besonderheit der hier vorgelegten Darstellung der Geschichte Israels ist eine möglichst breite Berücksichtigung der regionalen archäologischen und außerbiblischen Quellen. Die Befunde können dabei nicht im Detail entfaltet werden, stehen aber durchweg im Hintergrund und verändern den Blick auf die Ereignisgeschichte. In der Darstellung der Ereignisse, die keine narrative Verkettung (historische Nacherzählung) bieten will, sollen *Strukturen* des Geschichtsverlaufs erkennbar werden. Das biblische Zeugnis und die Darstellung seines historischen Wertes treten demgegenüber deutlich zurück, sind aber deshalb nicht irrelevant. Sie bilden jeweils den Ausgangspunkt der Darstellung. Es wird stets versucht, zwischen einer »biblischen«, einer »archäologischen« und einer »historischen« Perspektive zu unterscheiden. Die biblische Darstellung ist allerdings oft selbst sehr komplex, etwa wenn man die verschiedenen Quellen zum Untergang Jerusalems miteinander vergleicht. Oft hätte die biblische Darstellung eine differenzierte Analyse verdient, die hier nicht entfaltet werden kann. Gerade in den Teilen, wo die Bibel breite Erzählungen mit vielen historischen Details bietet (etwa bei David, in der Hiskija-Jesaja-Erzählung Jes 36–38//2 Kön 18–20, in den Prophetenbüchern u. a. m.), ist die Darstellung auf das Wesentliche beschränkt und mag den am biblischen Verlauf interessierten Leserinnen und Lesern an vielen Punkten zu knapp erscheinen. Die Literaturgeschichte wird in der vorliegenden Darstellung nicht entfaltet, dafür sei auf die klassischen Einleitungen verwiesen (*Empfehlung*: E. Zenger u. a., Einleitung in das Alte Testament, Stuttgart ^{9}2016 [2015]). Die Geschichte der theologischen Deutung der Ereignisse und auch die Religions- und Sozialgeschichte wurden nur zu einem sehr geringen Teil in die Darstellung einbezogen, um die Fülle der Daten und Probleme auf engem Raum nicht noch zu erhöhen.

II. Vorgeschichte Israels

I. Finkelstein/A. Mazar/B. B. Schmidt, The Quest for the Historical Israel (Archaeology and Biblical Studies 17), Leiden 2007 • M. Görg, Die Beziehungen zwischen dem alten Israel und Ägypten (EdF 206), Darmstadt 1997 • ders., Mose, in: E. Otto (Hg.), Mose (SBS 189), Stuttgart 2000, 17–42 • T. Römer, La périodisation de l'histoire de l'Israël ancien, in: Découper le temps (ATALA 17), Rennes 2014, 87–100 • B. Sass, The Alphabet at the Turn of the Millennium, Tel Aviv 2005 • F. J. Yurco, Merenptah's Canaanite Campaign and Israel's Origins, in: E. S. Frerichs/L. H. Lesko (Hg.), Exodus, Winona Lake 1997, 27–55.

Israel konstituiert sich als »Fremdling« im Lande Palästina. In der heilsgeschichtlichen Perspektive der biblischen Texte ist es außerhalb des Landes entstanden und hat seine Wurzeln im Zweistromland (Gen 12,1–3; Dtn 26,5), in *Aram-Naharajim*, wie Mesopotamien oft genannt wird. Von Abraham über Isaak zu Jakob, der Israel genannt wird (Gen 32,29; 35,10), wird es in Ägypten zu einem Volk (Ex 1,7.9). Das Volk der »Kinder Israels« kommt über den Exodus und die Wüstenwanderung von außen als Ganzes in das Land Kanaan hinein und nimmt es in Besitz. Die Darstellung aus historischer Perspektive lässt das Werden Israels in einem völlig anderen Licht erscheinen. Israel ist *im Land* und nicht außerhalb (in Ägypten, in der Wüste etc.) entstanden und das auch in einem langen Prozess. Um diese Basisannahme verständlich zu machen, sind mehrere Schritte der *Vorgeschichte Israels* notwendig.

1. *Zur Historizität der Erzeltern*

A. Alt, Der Gott der Väter (1929), in: ders., Kleine Schriften zur Geschichte des Volkes Israel 1, München 1953, 1–78 • E. Blum, The Jacob Tradition, VT.S 152, 2012, 181–211 • B. Eltrop, Wie ist die Bibel wahr?: BiKi 68, 2013, 126–127 • I. Finkelstein/T. Römer, Comments on the Historical Background of the Abraham Narrative: HEBAI 3, 2014, 3–23 • I. Finkelstein/N. A. Silbermann, Keine Posaunen vor Jericho, München [5]2009 • D. Jericke, Abraham in Mamre, Leiden u. a. 2003 • M. Köckert, Vatergott und Väterverheißung (FRLANT 142), Göttingen 1988 • ders., Abraham: Ahnvater – Vorbild – Kultstifter (BG 31), Leipzig 2017 • N. P. Lemche, Die Vorgeschichte Israels (BE 1), Stuttgart 1996 • N. Naʾaman, The Jacob Story and the Formation of Biblical Israel: TA 41, 2014, 95–125 • T. Römer, D'Abraham à la conquête: RSR 103, 2015, 35–53 • B. Schmitz, Wahre Geschichte(n): BiKi 68, 2013, 128–133 • T. Seidl, Conflict and Conflict Resolution: OTE 26, 2013, 840–863 • T. L. Thompson, The Quest for the Historical Abraham (BZAW 133), Berlin 2002.

Es gibt keine zeitgenössischen Quellen über die Vorgeschichte Israels und die Erzeltern. Auch wenn deren Namen zum Teil als westsemitische Personennamen außerbiblisch belegt sind, ist nicht einfach von der Historizität der biblischen Personen auszugehen. Die einzige Quelle ist das Buch Genesis, und das dort Erzählte ist nicht historisch zu verstehen und will auch nicht historisch verstanden werden. Die dort in Erzählkränzen gesammelten Erzählungen, die nach biblischer Chronologie in der ersten Hälfte des 2. Jt.s v. Chr. spielen, stellen überwiegend Rückprojektionen in die vorstaatliche Zeit dar, sind selbst aber erst in staatlicher und nachstaatlicher Zeit entstanden. Über das tatsächliche Alter der Überlieferungen wird derzeit stark diskutiert, doch es kann als weitgehender Konsens gelten, dass schriftliche Überlieferungen über die Erzeltern nicht vor das 8. Jh. v. Chr. zurückreichen. Tendenziell sind dabei die Jakob-Überlieferungen älter als die Abraham-Isaak-Traditionen. Dass diese Überlieferungen, sei es in mündlicher oder schriftlicher Form, historische Erinnerung aus der Mittel- und Spätbronzezeit (18.–12. Jh. v. Chr.) bewahrt haben, ist von dem, was die vergleichende Ethnologie über die Transmission von kollektiven Erinnerungen sagen kann, sehr unwahrscheinlich. Indem den biblischen Erzählungen die Historizität abgesprochen wird, werden diese nicht ab-, sondern theologisch aufgewertet. Die Negierung einer direkten Historizität (»die Erzählungen über die Erzeltern sind nicht im historischen Sinne wahr«) wirft die Frage nach der Funktion der Erzählungen (*Formation* und *Konstitution* Israels als kollektive Größe) auf. Derzeit wird insbesondere für die Jakoberzählungen diskutiert, inwieweit diese den Prozess spiegeln, wann die Größe Israel literarisch so geformt wurde, dass sie in der kollektiven Erinnerung eine ethnisch homogene Größe Israel konstituieren konnte (*N. Naʾaman, E. Blum, T. Seidl*).

1.1 Die Vatergotthypothese Albrecht Alts

Als Argument für die Historizität der sog. Patriarchen sind die eigentümlichen Gottesbezeichnungen der Genesis angeführt worden. Dort ist nicht nur vom »Gott deines/meines/unseres Vaters Abraham/Isaak/Jakob« die Rede (Gen 26,24; 28,13; 32,10; 46,1; Ex 3,6), sondern auch vom »Schrecken Isaaks« (Gen 31,42.53) und »Starken Jakobs« (Gen 49,24). *A. Alt* hatte daraus 1929 die einflussreiche These vom »Gott der Väter« als einem dem YHWH-Glauben vorgängigen nomadischen Religionstypus entwickelt, bei dem aufgrund der Bindung des Gottes an die Einzelperson als Offenbarungsempfänger eine Historizität der Patriarchen vorausgesetzt werden muss. Dieser These ist zu Recht heftig widersprochen worden (*M. Köckert*), da die Texte nicht wirklich nomadisches Milieu widerspiegeln und der Religionstyp viel eher religionssoziologisch als Ausdruck der Individual- oder Familienfrömmigkeit erklärt werden kann. Damit ist weder die Herkunft der Tradition aus vorstaatlicher Zeit sicherzustellen noch die Möglichkeit der Fiktion auszuschließen.

1.2 Abraham als historische und fiktive Person

Am Beispiel Abrahams lässt sich das Problem verdeutlichen. Der Name, der »er ist erhaben in Bezug auf den Vater« bedeutet, ist vergleichbar in amoritischen Texten des 2. Jt.s v. Chr. belegt, jedoch ergibt sich keine Identifikationsmöglichkeit mit einer Person, die von Ur in Chaldäa nach Palästina ausgewandert wäre. Der Bezug zu dem ugaritischen Personennamen *abrm* ist nach wie vor unklar und hilft nicht weiter. Weiterführend ist vielleicht der Hinweis, dass sich Pharao Sethos I. (1290–1279 v. Chr.) rühmt, bei Bet-Schean/*Tell el-Ḥöṣn* die »Asiaten von *rhm*« bekämpft zu haben (kl. Bet-Schean-Stele Z. 11, HTAT Nr. 064). Wenn es sich dabei um eine Gruppe von *Šꜣśw*-Kleinbauern handelt, was unklar bleibt, könnte der Stammvater *ab-rhm* genannt worden sein (*E. A. Knauf*, kritisch *M. Weippert*). Historisch bleibt nicht nur das eine sehr vage Vermutung, sondern auch die Hypothese, dass der biblische Abraham, dessen Traditionen eher im Süden Palästinas verankert sind, damit in Verbindung zu bringen wäre. Auch wenn die Personennamen als Gruppenbezeichnungen verwandt worden und die Namen westsemitisch belegt sind, ist nicht ausgeschlossen, dass es sich um fiktive Personen handelt, die zu → Eponymen (bei denen die Namen für Gruppen stehen, z. B. Jakob für die Jakob-Sippe oder Juda für den Stamm Juda) gemacht wurden. Letztlich ist weder nachzuweisen noch auszuschließen, dass es historische Personen mit Namen Abram, Sarai, Isaak, Rebekka, Jakob, Rahel, Lea usw. gegeben hat. Ob diese dann auch hinter den Erzähltraditionen der Erzelternerzählungen stehen, steht noch einmal auf einem anderen Blatt.

1.3 Völkerwanderungen in der Erzelternzeit

Als historischer Hintergrund der Abrahamerzählungen sind in der Forschung Wanderungsbewegungen angenommen worden, doch ist auch diesbezüglich kein Haftpunkt zu finden. Es lassen sich weder klimatische noch politische Veränderungen nachweisen, die zu ethnischen Massenbewegungen im 3./2. Jt. v. Chr. im Großraum der südlichen Levante geführt haben. Die demographischen Veränderungen in Palästina in der Früh-, Mittel- und Spätbronzezeit (zu den Epochenbegriffen ↗ I.5, I.9 und X.1.1) sind nicht auf Völkerwanderungen in größerem Stil zurückzuführen, sondern auf Veränderungen in den Siedlungsformen, d. h. dem sozioökonomisch begründeten Wechsel zwischen städtischen und ländlichen Lebensformen. Damit entfallen die amoritische oder aramäische Wanderungsbewegung im 2. Jt. v. Chr. als Hintergrund der Erzelternerzählungen. »Die Völkerwanderungen sind nicht Bewegungen von kurzer Dauer, sondern sie stellen meist einen längeren Prozess der Umsiedlung einer Menschengruppe dar« (*N. P. Lemche*, Vorgeschichte Israels, 37). Nicht fremde Bevölkerungselemente dringen nach Palästina/Syrien ein, sondern kleinere Bevölkerungsgruppen verändern lokal beschränkt ihre Lebensweise und ihren Aufenthaltsort aufgrund von lokalen, z. T. periodischen Dürren. Die größeren klimatischen Veränderungen verlaufen jedoch so langsam, dass Verschiebungen von Siedlungsmustern nur über einen langen Zeitraum nachweisbar sind. Aus den komplexen Prozessen des 2. Jt.s v. Chr., die durch starken politischen Wandel gekennzeichnet sind, entstehen die Kleinstaaten im Großraum Syrien/Palästina. Die Wanderungen der Erzeltern sind durch das überlieferungsgeschichtliche und literarische Wachstum der Erzählungen zu Erzählkränzen bedingt, nicht durch tatsächliche oder historische Wanderungen. »Der Versuch, sie am Kartenbilde anschaulich zu machen, grenzt ans Groteske« (*H. Donner*, Geschichte Israels, 84). Überlieferungsgeschichtlich ist auffallend, dass die Abraham-Lot-Erzählungen nahezu durchgehend im Süden lokalisiert werden (wichtige Orte sind: Beerscheba, Mamre, Hebron), der Jakob-Esau-Zyklus hingegen in Zentralpalästina und im Ostjordanland verankert ist (u. a. Bet-El, Penuël, Mahanajim, Sukkot). Ob diese lokale Verteilung im Hintergrund auf Stammestraditionen (Abrahamüberlieferung aus den Lea-Stämmen und Jakobüberlieferung aus den Rahel-Stämmen) verweist, ist wegen der deutlich später anzusetzenden Verschriftlichung der Überlieferung umstritten. Relativ sicher bleibt die Zuordnung der Jakob-Esau-Erzählungen zum Norden und der Abrahamüberlieferungen zum Süden. Eine historische Auswertung für die vorstaatliche Zeit ist jedenfalls beim derzeitigen Stand der Diskussion nicht zu verantworten.

2. Die spätbronzezeitliche Stadtstaatenkultur in Palästina

I. Finkelstein, The Territorial-Political System of Canaan in the Late Bronze Age: UF 28, 1996, 221–255 • I. Finkelstein/N. Naʾaman, Shechem of the Amarna Period and the Rise of the Northern Kingdom of Israel: IEJ 55, 2005, 172–193 • Y. Goren u. a., Petrographic Investigation of the Amarna Tablets: NEA 65, 2002, 196–205 • L. L. Grabbe (Hg.), The Land of Canaan in the Late Bronze Age, London/New York 2016 • W. Horowitz, Hazor: NEA 76, 2013, 98–101 • M. Jasmin, The Political Organization of the City-States in Southwestern Palestine in the Late Bronze Age IIB (13th century B.C.), in: A. M. Maeir/P. de Miroschedji (Hg.), »I Will Speak the Riddles of Ancient Times«, Bd. 1, Winona Lake 2006, 161–191 • Z. Kafafi/G. van der Kooij, *Tell Dēr ʿAllā* during the Transition from Late Bronze Age to Iron Age: ZDPV 129, 2013, 121–131 • A. E. Killebrew/G. Lehmann (Hg.), The Philistines and Other »Sea Peoples« in Text and Archaeology, Atlanta 2013 • G. A. Lehmann, Umbrüche und Zäsuren im östlichen Mittelmeerraum und Vorderasien zur Zeit der »Seevölker«-Invasionen: HZ 262, 1996, 1–38 • G. Lehmann, The Northern Coast Plain during the Early Iron Age (Iron I – Early Iron IIA) [unpubl. MS 2018] • N. Naʾaman, The Fortified Cities of Ṣiddim (Joshua 19,35): BN 160, 2014, 59–67 • E. Noort, Die Seevölker in Palästina, München 1994 • E. D. Oren, The Sea Peoples and Their World, Philadelphia 2000 • P. Pfälzner, Levantine Kingdoms of the Late Bronze Age, in: D. T. Potts (Hg.), A Companion to the Archaeology of the Ancient Near East, Oxford 2012, 770–796 • E. Pfoh, Syria-Palestine in the Late Bronze Age, New York 2016 • J. D. Schloen, The House of the Father as Fact and Symbol, Winona Lake 2001 • K. Strobel, Qadesh, Sea-Peoples, Anatolian-Levantine Interactions, in: K. A. Yener (Hg), Late Bronze-Iron Age Relations between Syria and Anatolia, Leuven 2013, 501–538 • K. A. Yener (Hg.), Across the Border, Leuven 2013 • N. Yoffee, The Obvious and the Chimerical, in: D. L. Nichols/T. H. Charlton (Hg.), The Archaeology of City-States, Washington 1997, 255–263 • ders., Myths of the Archaic State, Cambridge 2005 • ders., Early Cities in Comparative Perspective, 4000 BCE–1200 CE, Cambridge 2015.

2.1 Entstehung und Entwicklung der Stadtstaaten im 2. Jt. v. Chr.

Im 2. Jt. v. Chr. kommt es nach einer nicht urbanen Zwischenzeit am Ende des 3. Jt.s v. Chr. (ca. 2200–2000 v. Chr.) in der gesamten Levante zu einer erneuten → Urbanisierung. Die in zwei Phasen im 20. und 18. Jh. v. Chr. z. T. auf den Ruinen frühbronzezeitlicher Stadtanlagen gegründeten Städte bestehen bis zum

Ende der Spätbronzezeit um 1200 v. Chr. Bis auf wenige Ausnahmen im Bergland (Sichem/*Tell Balāṭa*, Jerusalem) und im Ostjordanland (Pella/*Ṭabaqāt Faḥil/Tell el Ḥuṣn, Tell Dēr ʿAllā, Tell el-ʿUmēri*, Amman/*ʿAmmān*) entstehen die spätbronzezeitlichen Stadtanlagen in Palästina an den zentralen Verkehrswegen überwiegend in den Ebenen des Westjordanlandes, d. h. in der Küstenebene (von Norden nach Süden in Auswahl: Achsib/*ez-Zīb*, Dor, *Tell Mubārak/Tel Məvōrak*, Aschdod, *Tel Mōr/Tell Ḫēdar*, Aschkelon, *Tell el-ʿAǧūl/Šaruḫen*/Scharuhen?), in der angrenzenden Schefela (Afek/*Tell Rās el-ʿĒn*, Geser, Timna/*Tel Bāṭāš/Tell Baṭāšī*, Ekron/*Tel Miqnē/Ḫirbet el-Muqannaʿ*, Lachisch/*Tell ed-Duwēr, Tell Ğemme, Tell el-Fārʿa* Süd), in und um die Jesreel-Ebene (Megiddo/*Tell el-Mutesellim, Tel Yoqnəʿām/Tell Qēmūn*, Taanach/*Tell Taʿannek*) und im Bet-Schean-Becken (Bet-Schean/*Tell el Ḥōṣn, Tel Rehov*). Die Stadtanlagen sind nicht sehr groß, im Durchschnitt haben sie etwa eine Siedlungsfläche von 5 ha (das entspricht einer quadratischen Fläche mit ca. 230 m Seitenlänge). In der Regel wohnen in den Städten nicht mehr als 2000 Personen. Nur in Einzelfällen (z. B. Dan/*Tell el-Qāḍī* mit 20 ha oder Hazor/*Tell Waqqāṣ* mit riesigen 80 ha) erreichen die Städte eine größere Ausdehnung. Zu dem Stadtgebiet gehört in der Regel ein Hinterland, das politisch, ökonomisch und kulturell mindestens beeinflusst, meist sogar in unterschiedlichen Graden der Abhängigkeit beherrscht wird (*N. Yoffee*). Die umliegenden Siedlungen, die die Peripherie einer Stadt bilden, sind in der Regel nicht mehr als höchstens eine Tagesreise weit entfernt, wodurch die Größe von Stadtstaaten pragmatisch begrenzt wird. Durch die der Stadt zugeordneten Siedlungen geringerer Größe (meist zwischen 0,5 und 3 ha Siedlungsfläche) wird ein Stadtstaat gebildet, der ein weites Territorium umgreift. Lachisch/*Tell ed-Duwēr* in der Schefela zum Beispiel ist abgesehen von den Philisterstädten an der Küste die größte Stadt im Süden. Trotz der beachtlichen, aber doch relativ moderaten Größe der Stadt mit ca. 7 ha kommt diese mit den etwa 25 umliegenden Siedlungen in einem Gebiet von knapp 1000 km² auf mehr als 30 ha besiedelter Fläche (im Vergleich Gat insg. 55 ha, Aschkelon insg. 59 ha) (*I. Finkelstein*). Rechnet man einen Bevölkerungskoeffizienten von etwa 200 Personen pro Hektar besiedelter Fläche kommt man auf etwa 6000 Bewohner des spätbronzezeitlichen Stadtstaates Lachisch. Das entspricht in etwa auch der vergleichbaren Stadtstaaten in Syrien. Die Städte bzw. Stadtstaaten sind in Sozialstruktur, politischer und ökonomischer Infrastruktur etc. untereinander vergleichbar und stehen in vielfältigen Beziehungen und Konkurrenzen zueinander. Sie bilden regionale Netzwerke aus, grenzen sich aber gleichzeitig voneinander ab. In der Regel bilden sie keine zusammengehörigen Cluster oder Stadtverbünde aus, sondern agieren außen- wie innenpolitisch für sich, wenn auch nicht kontextlos. Die starke Fragmentierung erlaubte den Stadtstaaten nicht gemeinsam zu agieren, was sie gegenüber expansiven Imperien wie Ägypten oder dem Hetiterreich schwach erscheinen ließ.

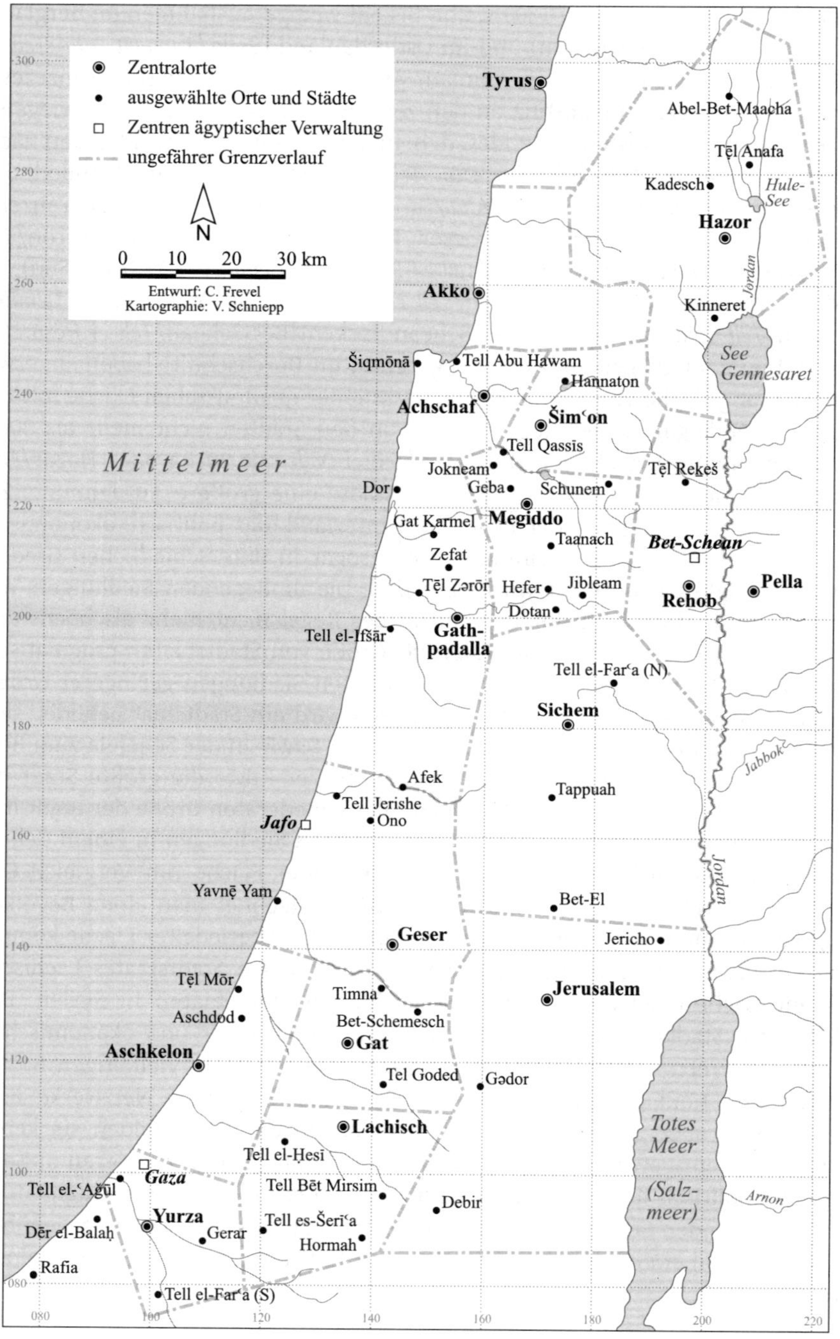

Karte 1: Kanaanäische Stadtstaaten der Spätbronzezeit. Die Karte zeigt die relativ hohe Dichte der Stadtstaaten in der Schefela und im nördlichen Städtegürtel gegenüber den nur zwei Zentralorten im Bergland (Sichem und Jerusalem). Die »Grenzen« kommen durch die ungefähre Zuordnung der Siedlungen im jeweiligen Hinterland zustande.

2.2 Religion und Gesellschaft in den spätbronzezeitlichen Städten

Die Städte sind wirtschaftlich eingebunden in den Fernhandel und haben eine stratifizierte Sozialstruktur, d. h. es differenzieren sich verschiedene Schichten aus. Neben die Bauern, die zum großen Teil in den Städten, aber auch im Umland wohnen, treten Sklaven, Lohnarbeiter, Handwerker und Händler sowie eine kleine herrschende Oberschicht mit einflussreichen Familien, Beamten und Priestern. Oberster Repräsentant ist ein Stadtfürst bzw. lokaler König, dessen Familie in besonderer Weise herausgehoben und in die Regierungsgeschäfte eingebunden ist. Die Stellung des Königs ist erblich, was auch die → Klientelbeziehungen zu den einflussreichen Familien über lange Zeit stabil hält (*D. Schloen, E. Pfoh*). Der König vergibt die Rechte zur Bewirtschaftung des Umlandes an die städtische Elite. Wirtschaft und Gesellschaft sind damit durchgreifend von einer Zentralinstanz bestimmt (*G. Lehmann*). Alle Ressourcen des Stadtstaates dienen letztlich der Erhaltung und Förderung des erweiterten königlichen Haushalts. Ämter und herausgehobene Stellungen der Führungselite sind verwandtschaftsbasiert und erblich. Der König gilt in besonderer Weise als Repräsentant des obersten Gottes im regionalen Pantheon. Die Stadttempel – meist bestimmen ein oder mehrere Tempel das Stadtbild – haben regionale Bedeutung. Die jeweiligen Kulte sind zwischen den Städten ähnlich in Bezug auf Götter und Göttinnen, Rituale und Ritualexperten und ihre Symbolsysteme, doch zeichnen sich die einzelnen Stadtkulte gleichzeitig durch regionale oder lokale Besonderheiten aus.

Anders als es das Alte Testament darstellt, gibt es *die* kanaanäische Religion, die die Israeliten bei ihrer Ankunft im Land vorgefunden hätten, nicht. Die Kanaanäer und ihre Religion werden in den biblischen Texten zur Kontrastfolie stilisiert, *de facto* ist die frühe israelitische Religion aus religionsgeschichtlicher Perspektive nicht sehr verschieden von den Religionen der kanaanäischen Stadtstaaten. Diese haben zwar keine einheitliche Religion, aber dennoch vergleichbar strukturierte Panthea (»Götterfamilien«), in denen Götter unterschiedlicher Herkunft verehrt werden. Meist steht ein Gott bzw. ein Götterpaar an der Spitze der lokalen Götterfamilie, doch nicht in allen Städten ist wie in Ugarit El der oberste Stadtgott. Die Namen der Städte zeigen z. T. noch eine Bindung an den obersten Stadtgott (der Sonnengott *Šamaš* in Bet-Schemesch, der Mondgott *Yariḫ* in Jericho, der vergöttlichte Abendstern *Šalem* in Jerusalem), doch oft besteht auch keine Verbindung zwischen dem Ortsnamen und den verehrten obersten Gottheiten (z. B. *Mekal* und *Anat* in Bet-Schean). In der Spätbronzezeit nimmt die Präsenz ägyptischer Gottheiten stark zu, was mit der ägyptischen Dominanz in der Region zusammenhängt.

2.3 Ausbildung der ägyptischen Oberherrschaft im Neuen Reich

Die politischen Konstellationen zeigt ein knapper historischer Überblick: Nach der Vertreibung der Hyksos (von ägyptisch *ḥqꜣw ḫꜣswt* »Herrscher der Fremdländer«) am Ende des 16. Jh.s v. Chr. expandiert Ägypten im sog. Neuen Reich (18.–

20. Dynastie ca. 1550–1070/69 v. Chr., zu den Dynastien die Übersicht ↗ X.1.2) zunächst unter Ahmoses (1550–1525 v. Chr.), der die Hauptstadt der Hyksos Auaris einnimmt und drei Jahre *Šaruḫen* (*Tell el-ʿAǧūl*) belagert, erneut stark nach Palästina und Südsyrien. Thutmosis I. (1504–1492 v. Chr.) dringt bis an den Eufrat vor. Die kanaanäischen Fürsten verlieren ihre Eigenständigkeit und werden → Vasallen des ägyptischen Reiches.

Den Höhepunkt der Expansionspolitik stellt in der 18. Dynastie (1550–1292 v. Chr.) die Politik Thutmosis' III. (1479–1425 v. Chr.) dar. Zunächst werden die Regierungsgeschäfte von Hatschepsut (1479/73–1458/57 v. Chr.), der Gemahlin Thutmosis' II. (1492–1479 v. Chr.), geführt, deren erfolgreiche Politik auf den Ausbau der Handelsbeziehungen und die Stabilisierung nach innen gerichtet war. Nach der Übernahme der Herrschaft kommt es im 22. Regierungsjahr (1458/57 v. Chr.) zur Schlacht Thutmosis' III. gegen eine Koalition kanaanäischer und syrischer Stadtfürsten unter Führung des »elenden Asiaten von *Qadeš*« am Orontes, die der Pharao bei Megiddo/*Tell el-Mutesellim* zurückschlägt (s. die Inschriften Thutmosis' III., HTAT Nr. 031–035). Nahezu jährlich unternimmt Thutmosis III. in den ersten Jahrzehnten seiner Regierung Feldzüge nach Vorderasien, um die errungene Oberherrschaft zu sichern. Zugleich will er sich gegen den Expansionswillen des indoarisch-hurritischen Mittani-Reiches, das seit dem 15. Jh. v. Chr. im Ḫabūr-Gebiet in Nordmesopotamien erstarkt, absichern. Die ägyptische Präsenz an der *via maris* entlang der Küste wird strategisch in Gaza/*Ġazze*, Aschkelon/*ʿAsqelān*, Jafo/*Yafā*, Dor/*Ḫirbet el-Burǧ* und *Rās en-Naqūra* ausgebaut und durch ägyptische Garnisonen im Landesinneren in Bet-Schean und Kumidi/*Kāmid el-Lōz* verstärkt. Zu formellen, auch nur temporären Friedensschlüssen mit Mitanni scheint es unter Thutmosis III. nicht gekommen zu sein, doch zeugt die etwas spätere Korrespondenz am Königshof von Amarna von vielfältigen diplomatischen Beziehungen. Der Nachfolger Amenophis II. (1428–1397 v. Chr.), der zunächst für drei Jahre Mitregent seines Vaters war, braucht nur selten nach Palästina und Syrien auszugreifen, denn die ägyptische Oberherrschaft über Palästina ist weitestgehend sicher. Das von Thutmosis III. zurückgedrängte Mittani-Reich etabliert sich jedoch immer stärker als bedeutende Macht. In seinem siebten Jahr scheint Amenophis II. jenseits des Orontes eine Niederlage gegen Mittani erlitten zu haben. Die Herrscher von *Ḫanigalbat*, wie das Mittani-Reich in akkadischen Texten genannt wird, greifen auf Nord- und Mittelsyrien aus, geraten aber zunehmend unter Druck durch die Hetiter. Daher kommt es zur Einigung mit Thutmosis IV. (1397–1388 v. Chr.), die mit einer diplomatischen Heirat zwischen der Tochter Aratamas und dem ägyptischen Pharao besiegelt wird. Doch die Kräfte verschieben sich bald erneut durch den Einfluss der Hetiter. Der Hetiter *Šuppiluliuma* (ca. 1355–1320 v. Chr.) schlägt den König von Mittani *Tušratta* (ca. 1365–1323 v. Chr.) und dehnt den hetitischen Einfluss nach Nordsyrien aus. In Mesopotamien erlangt hingegen der assyrische König Aššur-uballiṭ I. (1364–1328 v. Chr.) die Selbstständigkeit zurück und erobert mittanisches Gebiet im Norden. Der ägyptische Einfluss in Syrien/Palästina beginnt zu schwinden. Erst mit den Ramessiden der 19. Dynastie (1292–1185 v. Chr.) beginnt außenpolitisch für Ägypten eine neue Konsolidierungsphase, die unter Sethos I. (1290–1279 v. Chr.) und Ramses II. (1279–1213 v. Chr.) zu erneuter Vormachtstellung Ägyptens führt. Sethos I. markiert bereits in seinem ersten Regierungsjahr 1290 v. Chr. durch einen Feldzug nach Palästina seinen Anspruch. Davon zeugt u. a. eine Stele in Bet-Schean, in der sich der Pharao rühmt, die Region aus der Hand des von Syrien aus nach Süden expandierenden Feindes gerettet zu haben. Seine Erfolge gegen die Hetiter bleiben jedoch zunächst noch punktuell; es herrscht ein Gleichgewicht der Kräfte. Ramses II. zieht 1275 v. Chr. bei *Qadeš* am Orontes mit einem großen Heer (z. T. angeworbener Söldner, darunter die *Palaštu*, s. dazu u.) den Hetitern unter König *Muwatalli* II. (ca. 1290–1272 v. Chr.) entgegen in den Kampf. Die Schlacht hat keinen eindeutigen Sieger, selbst wenn Ramses II. das von sich mit allen ihm zur Verfügung stehenden Mitteln in Theben propagiert (in der Bildkunst Ägyptens verliert der Pharao nie – das ist Teil des Programms!): Der Pharao hat der ägyptischen Darstellung nach selbstverständlich ruhmreich gesiegt (↗ Abb. 5).

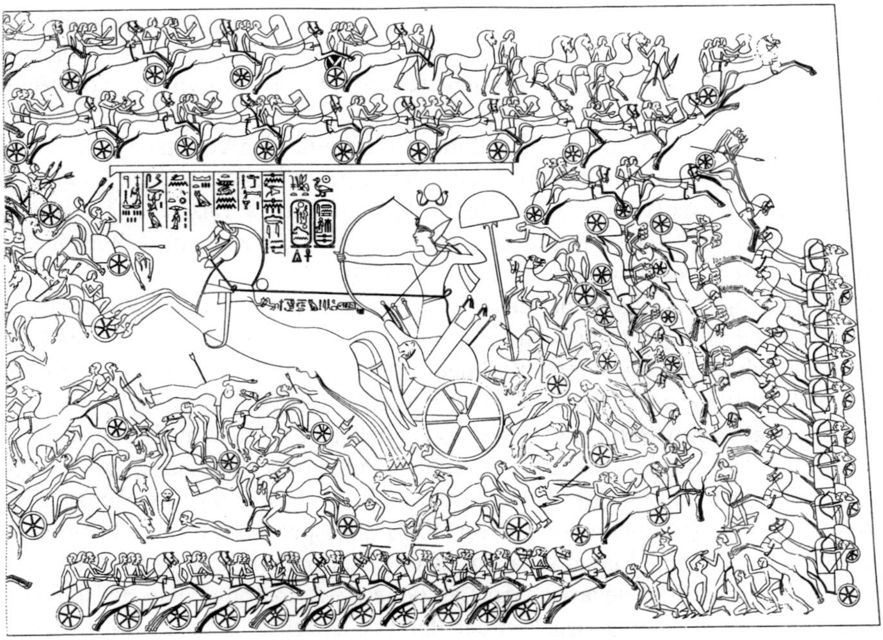

Abb. 5: Darstellung der Schlacht Ramses' II. gegen den Hetiter Muwatalli 1275 v. Chr. bei Qadeš am Orontes. Der Pharao im Streitwagen strahlt mit dem gespannten Bogen eine dominante Dynamik aus, während unter ihm die bezwungenen Feinde in chaotischer Unordnung dargestellt sind.

Auf dem Rückzug folgt ihm *Muwatalli* und scheint die ägyptische Provinz Upe temporär unter seine Kontrolle gebracht zu haben (Stelen aus *eṭ-Ṭurra* und *Tell Šēḫ Saʿd*/Karnajim im nördlichen Ostjordanland bezeugen evtl. die Rückeroberung, *M. Weippert, S. Wimmer*). Erst 1259 v. Chr. kommt es im 21. Jahr Ramses' II. zum Friedensschluss mit dem Hetiter *Ḫattušili* II. (ca. 1265–1240 v. Chr., meist als

Ḫattušili III. geführt, TUAT I 135–154, vgl. auch HTAT Nr. 078). Palästina wird zur Grenzregion zwischen ägyptischem und hetitischem Herrschaftsbereich.

2.4 Die sog. Seevölker

Die letzte Phase der Spätbronzezeit ist durch den Zusammenbruch des Hetiterreiches im ausgehenden 13. Jh. v. Chr. und den Einfall der Seevölker aus der Ägäis und Südanatolien bestimmt, dem auch das ägyptische Reich unter Ramses III. (1183–1151 v. Chr.) nur mit Mühe standhalten kann (Schlacht gegen die Seevölker im Nildelta 1175 v. Chr.). Auf den Machtverlust reagiert Ägypten zwischen 1200 und 1150 v. Chr. mit einer Verstärkung der Garnisonen in Palästina (Bet-Schean, *Tell eš-Šerīʿa*, *Tell el-Fārʿa* [Süd], *Tel Mōr/Tell Ḫēdar* werden verstärkt oder wiedererrichtet, der Palast in Megiddo wird erneuert). Die Außenpolitik der Ramessiden nach Ramses III. (1183–1151 v. Chr.) wird in der zweiten Hälfte der 20. Dynastie (1185–1070/69 v. Chr.) schwächer, wobei die syrisch-palästinischen Provinzen zunehmend vernachlässigt werden, was schließlich zu einem völligen Verlust der außenpolitischen Vormachtstellung in der 21. Dynastie (1070/69–946/45 v. Chr.) führt.

Das Schwinden der ägyptischen Kontrolle ist eine der Voraussetzungen für die Herausbildung staatlicher Strukturen im 1. Jt. v. Chr. (↗ IV.1) im Raum des südlichen Palästina (Israel, Juda, Ammon, Moab, Edom, ↗ IV.2), die ihre ersten Anzeichen in politischen Konsolidierungen in der Küstenebene (philistäische und phönizische Stadtstaaten, ↗ IV.2.1–2) haben.

Bei den sog. Seevölkern handelt es sich nicht um eine ethnisch homogene Gruppe, die ihren Ursprung auch nicht – wie der Name nahelegt – *ausschließlich* in küstennahen Gebieten des Mittelmeerraums hat. Vielmehr wird unter dem Sammelbegriff »Seevölker« ein Gemisch von invasiven Volksgruppen gefasst, die nur zum Teil ihren Ursprung in der Ägäis haben, z. T. aber auch vom Balkan sowie aus Klein- und Vorderasien stammen. In ägyptischen Texten werden als Herkunftsgebiet »die Inseln im Meer« bzw. »die Mitte des Meeres« angegeben, weshalb sie in der Forschung als »Seevölker« angesprochen werden. Beginnend im 14. Jh. v. Chr. beeinflussen sie als massive Koalitionen bes. ab der Wende vom 13. zum 12. Jh. v. Chr. kriegerisch das Geschehen von Anatolien über die südliche Levante bis nach Ägypten. Quellen der Ramessidenzeit (19.–20. Dynastie, 1292–1070/69 v. Chr.) nennen verschiedenste »Seevölker« als Bedrohung im Nildelta. Schon unter Ramses II. (1279–1213 v. Chr.) wird eine Festungskette im nördl. Delta errichtet. Aber erst ab dem 4./5. Jahr des Pharao Merenptah (1213–1204/03 v. Chr.) kommt es zu militärischen Auseinandersetzungen mit Gruppen der Seevölker, die an der Seite von Libyern die Westflanke des Deltas angreifen. Die Texte nennen *Aqajwaša* (Achäer), *ʿTurša* (Etrusker), *Šardana* (Sardinier), *Škrš* (Silizier) und *R/Lkk* (Lykier), wobei die Identifikationen mit den aus späteren Texten bekannten Ethnien wahrscheinlich, aber nicht in allen Fällen gleich sicher ist. Unter Ramses III. (1183–1151 v. Chr.) kommt es zu einer zweiten invasiven Welle einer Koalition u. a. von *Prst/Palaštu* (Philister), *Ṯkry/Tjekker* (Sikeler), *Dnn* (Danaer) und der in *Medīnet Hābū* in großen Wandreliefs dokumentierten

Schlacht im Mittelmeer (↗ Abb. 11). Auch wenn diese Quellen ein hoch invasives Potenzial der Koalitionen nahelegen und den Zusammenbruch des Hetiterreiches sowie der Herrschaftsverhältnisse in Syrien und auf Zypern damit in Verbindung bringen, ist nach wie vor ungeklärt, in welchem Maß die Seevölker (↗ Abb. 6) Anteil am wirtschaftlichen und politischen Zusammenbrechen der Großreiche, der Einnahme Zyperns, dem Untergang Ugarits und anderer syrischer Stadtstaaten sowie insb. dem Zusammenbruch des Hetiterreiches haben.

Abb. 6: Mit Kurzschwert und Rundschild bewaffnete Söldner der Seevölker. Durch den nur leicht variierten Kopfschmuck, ein dekoriertes Stirnband und eine Federkrone, sind die Philister, Sikeler und Danaer auf den Reliefs in *Medīnet Hābū* (↗ Abb. 11) leicht erkennbar.

So muss z. B. auch in Betracht gezogen werden, dass die »Seevölker« nicht nur Invasoren waren, sondern zuvor eine bedeutende Rolle im internationalen Fernhandel gespielt haben könnten. Inwieweit die Ansiedlung von Seevölkern im Küstenstreifen Teil der ägyptischen Außenpolitik (→ Papyrus Harris I, BM 9999) oder aber gerade die Folge des zurückgehenden ägyptischen Einflusses in Palästina ist, bleibt umstritten. Ob durch ägyptische Politik veranlasst oder nicht, gehört die Ansiedlung von Bevölkerungsgruppen der Seevölker in der südlichen Levante zu den Ursprüngen der Palaštu/»Philister« (↗ IV.2.2).

2.5 »Israel« als Teil der ägyptischen Provinz Kanaan

Der Vorgang der → Urbanisierung (Ausbildung von städtischen Zentren) und Deurbanisierung (Aufgabe von Städten zugunsten der ländlichen Besiedlung) im 2. Jt. v. Chr. in Syrien/Palästina ist in dem geschilderten größeren politischen Zusammenhang zu sehen. Entscheidend für Entwicklung und Blüte der spätbronzezeitlichen Stadtkultur in Palästina, die als Südausläufer der syrischen Stadtstaatenkultur verstanden werden kann, ist die ägyptische Präsenz in der Region. Unter den ägyptischen Verwaltungsorten, die für die Organisation der ägyptischen Oberherrschaft in Palästina von besonderer Bedeutung waren, ragt

Gaza heraus, wo es einen Amun-Tempel gegeben hat, der eine wichtige Rolle in der Verwaltung der Provinz übernimmt. In *Tell el-Fārʿa* (Süd), *Tell Ǧemme, Tel Sera/Tell eš-Šerīʿa, Tell el-Ḥesī,* Afek und Bet-Schean gibt es repräsentative Bauten in ägyptischem Stil. Ferner sind Jafo, Aschkelon, Geser, Gat, Megiddo und Lachisch als Orte starker ägyptischer Präsenz zu nennen.

Eine staatliche Größe »Israel« gibt es noch nicht, sondern das Gebiet, auf dem später die Größe »Israel« entstehen wird, ist Teil der ägyptischen Provinz »Kanaan«. Besonders in den ägyptischen Stützpunkten kommt es dabei zu einer Angleichung der angestammten kanaanäischen Kultur an die ägyptische Kultur, vor allem in der Oberschicht, aber auch darüber hinaus.

Die politische Situation in Palästina ist durch drei Faktoren bestimmt: (1) die ägyptische Oberherrschaft, die sowohl Schutz als auch Abhängigkeit bedeutet, (2) die relative politische Eigenständigkeit, die zu Rivalitäten unter den Stadtstaaten führt und (3) die Bedrohung durch *ʿApiru/Ḫapiru*, das sind raubende außerstädtische Bevölkerungselemente, die häufig als »Gesetzlose« (*Outlaws*) tituliert werden.

Die einzelnen Stadtstaaten bilden keinen → agnatischen, d. h. durch Verwandtschaft oder die Konstruktion einer gemeinsamen → Genealogie zusammenhängenden Verbund, sondern stehen untereinander in Verhältnissen der Kooperation und Konkurrenz. Sie eint die politische Situation unter der seit Thutmosis III. (1479–1425 v. Chr.) gefestigten und im 14./13. Jh. v. Chr. dominanten Hegemonialmacht Ägypten, nicht aber das Bewusstsein »Kanaan« zu sein.

2.6 Die Amarna-Korrespondenz und die ʿApiru/Ḫapiru

Über die politische Gesamtlage in Palästina in der Spätbronzezeit gibt vor allem die Amarna-Korrespondenz Auskunft. Bei den Dokumenten aus el-Amarna (EA) handelt es sich um insg. 379 Briefe der lokalen Herrscher der von Ägypten beherrschten Gebiete, unter anderem der syrisch-kanaanäischen Stadtfürsten aus Byblos, Beirut, Sidon, Tyrus, Akko, Aschkelon, Megiddo, Geser, Lachisch und Jerusalem (Auswahl in HTAT Nr. 043–060). Die Briefe sind im Zeitraum des 14. Jh.s v. Chr. an den ägyptischen Herrscher Amenophis III. (1388–1351/50 v. Chr.) gesandt worden. Gefunden wurden sie 1887 im Verwaltungsbezirk von *Tell el-Amarna* (312 km südlich von Kairo), das von Amenophis IV. (Echnaton) (1351–1334 v. Chr.) als neue Aton-Hauptstadt der 18. Dynastie (1550–1292 v. Chr.) erbaut wurde. Sie geben Aufschluss über die Organisation der von Gaza aus verwalteten ägyptischen Provinz Kanaan und über die politische Situation der beginnenden Ablösung von der ägyptischen Oberherrschaft. Die *ʿApiru/Ḫapiru* sind wahrscheinlich Migranten unterschiedlicher Herkunft, die sich in Gruppen zu neuen, nicht notwendig → agnatischen Sozialverbünden in den Bezirken der kanaanäischen Stadtstaaten – oft im umgebenden gebirgigen Umland – zusammenschließen und durch Plünderungen, Raubzüge und Erpressungen ihren Unterhalt sichern. Sie sind wie die *Šȝśw*-Nomaden (Schasu-Nomaden), die als Kleinbauern in den nicht städtischen Regionen leben, keine geschlossene ethnische Gruppe, und stehen wie diese an den Rändern der städtischen Gesellschaft. Die

ʿApiru/Ḫapiru sind in Texten des 2. Jt.s v. Chr. für die südliche Levante in den Texten von Nuzi, Mari, Ugarit, Alalach und in zahlreichen ägyptischen Texten belegt und gelten als der »Unruheherd« in der polymorphen Gesellschaft der spätbronzezeitlichen Stadtstaaten.

In der Amarna-Korrespondenz wird viel von Auseinandersetzungen der Städte untereinander und mit den *ʿApiru/Ḫapiru* berichtet. Diese werden, nicht zuletzt um die Loyalität der Stadtkönige gegenüber dem ägyptischen Oberherrn devot herauszustellen, als *die* politischen Widersacher und Unruhestifter gebrandmarkt, sodass die Auseinandersetzungen zwischen den Städten selbst als weniger dramatisch erscheinen.

Sicher wird die Situation in den Amarnabriefen gegenüber der ägyptischen Hegemonialmacht dramatisiert, aber dass die Konstellation von Stadtstaaten und nicht besiedelten Randzonen soziale Konflikte zwischen den Städtern und den nicht sesshaften Bevölkerungsgruppen begünstigt, scheint sicher zu sein. Wie weit aber der Einfluss der *ʿApiru/Ḫapiru* in der ausgehenden Spätbronzezeit tatsächlich geht und welche Rolle ihnen bei dem Niedergang der Stadtherrschaften zukommt, lässt sich nicht klar erkennen. Die *ʿApiru/Ḫapiru* sind *ein*, aber sicher nicht *der* auslösende Faktor für den Untergang der Städte am Ausgang der Spätbronzezeit. Auffallend bleibt, dass von den marodierenden Gruppen, die von den Städten als Bedrohung wahrgenommen werden, nach dem sozialen und wirtschaftlichen Umbruchprozess, der in die Besiedlung des Berglandes mündet, keine Rede mehr ist. Zumindest schweigen die Quellen dazu. Das legt nahe, sie mit dem Entstehen der neuen Dorfkultur (↗ III.) in Verbindung zu bringen. In dem Namen der *ʿApiru/Ḫapiru* klingt die biblische Bezeichnung Hebräer (*ʿibrîm*: Gen 39,14.17; 40,15; 41,12; 43,32; Ex 1,15.19; 2,7.13; 3,18; 5,3; 7,16; 9,1.13; 10,3; 1 Sam 4,6.9; 13,3.19; 14,11.21; 29,3) zwar an und ein sprachgeschichtlicher Zusammenhang ist auch nicht zwingend auszuschließen, doch sind die spätbronzezeitlichen *ʿApiru/Ḫapiru* weder einfach Proto-Hebräer oder gar Proto-Israeliten noch werden sie nachweisbar mit der Entstehung Israels einfach zu *Hebräern*. Für eine solch monokausale Herleitung ist der Prozess des Übergangs von der Spätbronze- zur Eisenzeit zu komplex.

2.7 Beispiele für die regionale Entwicklung der Stadtkultur

Ein knapper Blick auf zwei Regionen soll das verdeutlichen. Dabei handelt es sich bewusst nicht um Beispiele aus dem Kernland der Städte in den Ebenen, sondern um zwei Landschaften, die danach für die Siedlungsentwicklung in der Eisen I-Zeit (↗ III.5.3) eine große Rolle spielen: (1) Galiläa sowie (2) das manassitische und judäische Bergland (↗ *Karten 1* und *14*).

(1) Während *Galiläa* in der Spätbronzezeit nur in seinem unteren südlichen Teil einige bedeutende Ortslagen (Hannaton/*Tel Ḥannaton*, Gat Hefer/*Tell Gat-Ḥefer, Tel Rekeš/Tell el-Muḫarḫaš, Tel Qišyon, Ḥorvat Mesiq, Tel Yinʿām, Tel Qarnei Ḥiṭṭin*) aufweist, ist Obergaliläa weitestgehend nur in der Früh- und Mittelbronzezeit besiedelt. Lediglich eine größere Siedlung auf dem *Tel Roš*, die nach *Z. Gal*

mit Bet-Anat zu identifizieren ist (üblicher sind *Ṣafad el-Baṭṭīḫ* oder *el-Biʿna*) und auch in der Amarna-Korrespondenz erwähnt wird, spielt eine größere Rolle. Ein Brief des Königs Abdi-Milki von Tyrus (EA 148) berichtet von dem Gebiet des oberen Galiläa, dass es zwischen den Königen von Hazor und Tyrus umstritten und nur von Gruppen von *ʿApiru/Ḫapiru* bewohnt ist. Die *ʿApiru/Ḫapiru* leben also auch außerhalb des Städtegürtels in den unzugänglicheren Wald- und Bergregionen.

(2) Dass sie ein wichtiger Faktor in der Auseinandersetzung sind, geht auch aus dem zweiten Beispiel, dem *manassitischen und judäischen Bergland*, hervor. In der Amarna-Korrespondenz wird der Herrscher *Labʾāya* beschuldigt, weite Teile Kanaans mit seinen Söhnen zu kontrollieren, das Land an die *ʿApiru/Ḫapiru* zu verteilen und andere Städte anzugreifen (EA 289, TUAT I 514–516, HTAT Nr. 058). Obwohl nicht eindeutig ist, wo die Residenz dieses *Labʾāya* war, ist aufgrund neuer Analysen des Tons der Briefe EA 252–254 (*Y. Goren*) wahrscheinlich, dass er in Sichem (*Tell Balāṭa*) residierte. Dem um *Labʾāya* durch diplomatische Allianzen gebildeten Verbund gehören die nahegelegenen Stadtkönigtümer von *Tel Shimron/Simʿon, Tel Reḵeš/Anaharat/Tell el-Muḫarḫaš*, Jokneam, Aschtarot/*Tell ʿAštara, Ginti-Kirmil* und Geser an, während die angrenzenden in Megiddo, *Tel Rehov* und im Süden in Jerusalem nicht dazu gerechnet werden (*I. Finkelstein*). Durch die Einbeziehung der *ʿApiru/Ḫapiru* beginnt der Verbund die wichtigen Handelswege von Ägypten nach Syrien und Mesopotamien zu kontrollieren und wird so zur politischen Gefahr für die ägyptische Oberherrschaft in Kanaan (↗ II.2.3). Die Koalition zwischen Städten und *ʿApiru/Ḫapiru* ist sicher keine stabile Partnerschaft, doch zeigt das Beispiel der Vorwürfe an *Labʾāya*, dass auch die Frage der Landeignung außerhalb der Städte selbst in den weniger dicht besiedelten Regionen eine bedeutende Rolle spielt, und dass die *ʿApiru/Ḫapiru* dabei ein entscheidender Faktor sind. Außerdem zeigt die lokale Entwicklung die große strategische Bedeutung der Jesreel-Ebene und des nördlichen Städtegürtels (Jokneam, Megiddo, Taanach, Bet-Schean, *Tel Rehov* etc.).

Das von *Labʾāya* beherrschte Sichem ist neben dem von *Abdi-Ḫeba* regierten Jerusalem der einzige Stadtstaat der Spätbronzezeit im zentralpalästinischen Bergland.

Von dem Stadtkönig von Jerusalem sind sicher sechs Briefe erhalten (EA 285–290, in Auswahl HTAT Nr. 057–060, TUAT I 512–516), in denen er sich mehrfach bitter über die *ʿApiru/Ḫapiru* beklagt, diese als Bedrohung der ägyptischen Hegemonie darstellt und Truppenbeistand vom Pharao einfordert. Sie würden »alle Länder des Königs plündern« (EA 286) und sogar die Städte des als »König« titulierten Pharaos einnehmen (EA 288). Durch die Landschenkungen von befeindeten Stadtkönigen seien sie bestochen und so zur Bedrohung der Herrschaft *Abdi-Ḫebas* geworden.

Als Beispiel sei der Brief des Jerusalemer Stadtkönigs EA 286 in Auszügen zitiert. Dort bekundet *Abdi-Ḫeba* in diplomatischen Floskeln seine Loyalität gegenüber dem König genannten Pharao und unterstreicht damit die politische wie militärische Abhängigkeit von der ägyptischen Oberhoheit. Offenbar steht der Jerusalemer Herrscher im Verdacht, er würde die Herrschaft Ägyptens nicht ausreichend festigen und hätte den Verlust hegemonialer Kontrolle bewusst herbeigeführt. Dagegen beteuert er, alles Erdenkliche gegen die *ʿApiru/Ḫapiru* unternommen zu haben und schiebt die Schuld für den Landverlust dem ägyptischen Kommissar *Enḫamu* zu. Dieser dürfe Truppen nicht abziehen, sondern müsse sie umgekehrt durch Bogenschützen verstärken, um das Umland und die Stadtherren von Jerusalem zu schützen. Daher bittet er den Pharao eindringlich, sich um das Land zu kümmern und es gegen die Angriffe der *ʿApiru/Ḫapiru* zu verteidigen.

[1][Z]um König, meinem Herrn, sprich: [2]Folgendermaßen Abdi-Ḫeba, dein Diener: [3]Zu den Füßen meines Herrn, des Königs, [4]falle ich sieben- und (noch einmal) siebenmal nieder. [5]Was habe ich dem König, meinem Herrn, getan? [6]Man verleumdet mich [7]vor dem König, (meinem) Herrn: »Abdi-Ḫeba [8]ist vom König, seinem Herrn, abgefallen«. [9]Siehe, was mich betrifft, nicht mein Vater [10]noch meine Mutter hat mich [11]an diese Stelle [10]gesetzt . [12]der starke Arm des Königs [13]hat mich das Haus meines Vaters betreten lassen. [14]Warum sollte ich wahrlich [15]ein Unrecht gegen den König, (meinen) Herrn, [14]begehen? [16]So wahr der König, mein Herr, lebt – [17]ich sage (immer wieder) zum Kommissar des Königs, [meines] Herrn: [18]»Warum liebst du [19]die ʿApiru, aber die Stadt[herren] [20]hasst du?« Und somit [21]verleumdet man (mich) vor dem König, meinem Herrn. [22]Weil ich sage: »Verschwunden sind [23]die Länder, des Königs, meines Herrn!«, [24]verleumdet man mich gegenüber dem König, meinem Herrn. [25]Aber der König, mein Herr, möge wissen, [26]dass der König, mein Herr, [27](hier) eine Garnison [26]stationiert hatte, [28]Enḫamu (sie aber) [ga]nz [27]abgezogen hat. ... [53]Es möge der König sein Angesicht auf die Bogen(truppen) richten, [54]damit die Bogentruppen [55]des Königs, meines Herrn, [54]ausziehen! [55]Es gibt die Länder des Königs nicht (mehr); [56]die ʿApiru haben alle Länder des Königs geraubt. [57]Wenn [58]in diesem Jahr [57]Bogentruppen da sind, [58]wird es auch die Länder [59]des Königs, (meines) Herrn, [58](wieder) geben; [59]wenn aber keine Bogentruppen (da sind), [60]werden die Länder des Königs, meines Herrn, verschwunden sein. (Übersetzung *M. Weippert*, HTAT Nr. 60)

2.8 Die *Šȝśw*-Bauern als Teil der spätbronzezeitlichen Gesellschaft

Soziologisch spielen in der Spätbronzezeit neben den Stadtbewohnern und den *ʿApiru/Ḫapiru* noch die *Šȝśw* (gesprochen Scha'-ssu) eine wesentliche Rolle, die ebenfalls häufig in ägyptischen Texten erwähnt werden. Die *Šȝśw* (der Name bedeutet »Wanderer«, »Hirten«) sind Gruppen von Kleinvieh züchtenden Bauern, die halbnomadisch, d. h. nicht permanent sesshaft, in Zelten leben. Sie verlagern abhängig von den klimatischen und wirtschaftlichen Verhältnissen im Wechsel der Jahreszeiten ihre Weidegebiete: vom Kulturland (über 500 mm Niederschlag im Jahr) in der Trockenzeit in die angrenzenden semiariden Randgebiete (halbtrockene Steppengebiete mit 250–500 mm Niederschlag im Jahr) in der Regenzeit (*Transmigration*). Dabei ist das Muster zwischen länger andauernder Sesshaftigkeit, jahreszeitlichem Weidewechsel und Nomadismus sowie der Grad der symbiotischen Verbindung mit der Stadtkultur regional differenziert und abhängig von politischen, wirtschaftlichen und klimatischen Faktoren. Die *Šȝśw* leben im überwiegend friedlichen wirtschaftlichen Austausch mit den Städten, werden aber in den ägyptischen Quellen wie die *ʿApiru/Ḫapiru* als »Unruheherd« gewertet (Inschriften Thutmosis' II.; Autobiographie des Ahmose; Annalen

Thutmosis' III. im Amun-Tempel in Karnak; Amenophis III. in Soleb; Sethos I. im Amun-Tempel in Karnak; Ramses II. in *Abū Simbel*, einer Stele im *Wādī Ṭumīlāt*, Annalen zur Schlacht von Qadeš, → Papyrus Anastasi I; Ramses III. Papyrus Harris I, s. HTAT Nr. 073–083). Vereinzelt kommt es auch zu kriegerischen Auseinandersetzungen zwischen *Šꜣśw* und den Städten. Ihren Anteil an der Gesamtbevölkerung darf man sich nicht zu klein vorstellen, zumal die spätbronzezeitliche Stadtbevölkerung im Vergleich zur Mittelbronzezeit erheblich kleiner ist. Das spricht dafür, dass ein Teil der Stadtbevölkerung in die halbsesshafte Existenzform zurückgewechselt ist. Wie die *ʿApiru/Ḫapiru* spielen sie für die Theorien zur Entstehung Israels eine große Rolle. Für den Exodus erlangen die *Šꜣśw*, die sich unter anderem im ägyptischen Nildelta-Gebiet im 13./12. Jh. v. Chr. aufgehalten haben, zentrale Bedeutung (↗ II.4).

3. *Die älteste Bezeugung des Namens »Israel«*

F. Adrom, Israel in Berlin?, in: M. Meyer-Blank (Hg.), Geschichte und Gott (VWGTh 44), Leipzig 2016, 288–301 • M. Görg, Israel in Hieroglyphen: BN 106, 2001, 21–27 • L. D. Morenz, Wortwitz – Ideologie – Geschichte: ZAW 120, 2008, 1–13 • A. F. Rainey, Israel in Merenptah's Inscription and Reliefs: IEJ 51, 2001, 57–75 • G. P. van der Veen/W. Zwickel, Die neue Israel-Inschrift und ihre historischen Implikationen, in: S. J. Wimmer/G. Gafus (Hg.), Vom Leben umfangen (ÄAT 80), Münster 2014, 425–433.

Die älteste Bezeugung des Namens *Israel* liegt vielleicht auf dem Fragment einer Statuenbasis AÄM 21687 aus den Berliner Museen vor (*M. Görg, P. G. van der Veen/W. Zwickel*). Zwar bleibt die dortige Schreibung neben der Erwähnung von Aschkelon und Gaza/Kanaan sehr unsicher (*M. Weippert, F. Adrom*), doch wäre der Beleg aus der Zeit der 19. Dynastie (1292–1185 v. Chr.) von Ramses II. (1279–1213 v. Chr.), wenn das *ỉꜣ-šꜣ/šr-ỉr* tatsächlich als *Israel* zu lesen wäre, der älteste.

Sicher und sehr prominent hingegen ist die sog. »Israel-Stele« seines Sohnes (↗ Abb. 7), des Pharao Merenptah (1213–1204/03 v. Chr.). Die 3,10 m hohe Granitstele, die unter Pharao Amenophis III. (1388–1351/50 v. Chr.) hergestellt und unter Merenptah (andere Namensform Amenephtes) auf der Rückseite wahrscheinlich 1208 v. Chr. erneut beschriftet wurde, berichtet von dem Libyenfeldzug des Pharao in seinem 5. Regierungsjahr und nennt in Z. 26–28 neben den libyschen Volksstämmen Tʾḫnw, Ḫatti, Gaza (*pꜣ-k-nʿ-n-ʿ* »Kanaan«), Aschkelon, *Yenoʿam* und Syrien (*Ḫꜣ-rw/Ḫr*) auch Israel als besiegten Teil der »Neun Bogen« (»*Israel liegt brach und hat keinen Samen*«). Israel ist in Gruppenschreibung als *Y-s-ï-r-ʾ-ꜣ-rʾ* (= YŚRʾL) geschrieben und durch ein Determinativ, anders als die benachbarten geographischen (Fremdland-)Bezeichnungen, als Sippenbezeichnung gekennzeichnet (»Menschen« statt »Land«).

Dabei ist allerdings die Möglichkeit, dass sich »Israel« auf einen geographischen Raum bezieht, nicht völlig ausgeschlossen (*M. Görg*). Was mit der in Palästina zu suchenden »ethnischen« resp. sozialen Größe und der Bezwingung durch den ägyptischen Pharao konkret gemeint ist, bleibt offen für Interpretationen. Möglich erscheint die Annahme eines Palästinafeldzugs Merenptahs, für den

Abb. 7: 3,10 m hohe Siegesstele des Pharao Merenptah aus Theben-West mit der vermutlich ältesten Erwähnung des Namens »Israel« (Schreibung *Y-s-ï-r-ʾ-ꜣ-rʾ* , Zeile 27, s. Detail). Der Text datiert aus dem 5. Regierungsjahr des Königs, also in das Jahr 1208 v. Chr. Die in den Ruinen des Totentempels Merenptahs aufgefundene Granitstele wird im Ägyptischen Museum Kairo (CG-Nr. 34025) aufbewahrt bzw. ausgestellt.

aber andere Belege fehlen (*K. Kitchen*). Die Reihenfolge der Namensnennungen könnte die Richtung des Feldzugs von Süd nach Nord anzeigen, jedoch ist eine klare Ordnung nicht zu erkennen. *Yenoᶜam*, das mit dem kleinen Ort *Tell en-Nāᶜam/Tel Yinᶜām* 5 km südöstlich des Südendes des Sees Gennesaret zu identifizieren ist, steht direkt vor Israel und *Kharu*, das für die Region Palästinas, Damaskus und die phönizische Küste steht und meist mit Syrien wiedergegeben wird, direkt nach der Nennung von Israel. Das hält die Interpretation für Israel als geographische Referenz offen. Am wahrscheinlichsten scheint jedoch, dass der Wechsel des Determinativs gegenüber Aschkelon, Gaza usw. gerade eine *nicht-urbane* Gruppe evtl. von *ᶜApiru/Ḫapiru* in Zentralpalästina bezeichnet. Dass die Bezeichnung »Israel« bereits eine staatliche oder substaatliche Größe darstellt oder einen kanaanäischen Stadtstaat bezeichnet, kann weitestgehend ausgeschlossen werden, auch wenn über Größe und territoriale Verortung der Stammes- oder Sippenformation »Israel« keine Sicherheit zu gewinnen ist. Da es in der Tradition keine Hinweise auf einen einzelnen Stamm »Israel«, wohl aber auf einen vorstaatlichen Stämmeverband (Ri 5) gibt, liegt letzteres – in welchem Umfang auch immer – nahe (anders *E. A. Knauf*). Zudem ist festzuhalten, dass die Größe »Israel« von den Ägyptern für so bedeutend und referenziell eindeutig erachtet wird, dass sie in der Stele neben den Stadtstaaten Erwähnung findet. Das gilt unabhängig davon, ob ein Feldzug Merenptahs historisch zu plausibilisieren ist (*L. D. Morenz*) oder die Schlusspassage lediglich als universalistische Ausweitung der Herrschaft Ägyptens aufzufassen ist, die sich an die Darstellung des Libyenfeldzugs anschließt (*M. Weippert*). Versuche, die Israel genannte Gruppe auf Reliefs im Tempel von Karnak (*Cour de la Cachette*, Westwand) zu identifizieren (*F. J. Yurco, A. F. Rainey*), sind aufgrund des stark symbolischen Darstellungskanons ägyptischer Reliefs nicht ausreichend plausibel zu machen (*M. G. Hasel, M. Weippert*). Die mit der Entstehung Israels in Verbindung zu bringende Neubesiedlung des Landes im efraimitischen, manassitischen und samarischen Bergland könnte geographisch passen. Archäologisch nachweisbar setzt diese frühestens in der Phase des Zusammenbruchs der spätbronzezeitlichen Stadtkultur nach 1250 v. Chr. langsam ein und entwickelt sich dann allmählich (*I. Finkelstein* datiert den Beginn zudem erst ab 1200 v. Chr.). Insofern stellt die Erwähnung von *Israel* auf der Merenptah-Stele mehr Fragen, als dass sie Antworten gibt. Zwar lässt sich mit dem frühesten Beleg des Namens »Israel« weder dessen vorstaatliche Existenz noch der Aufenthalt »Israels« in Ägypten als historisch nachweisen, jedoch zeigt die militärisch expansive Außenpolitik, der sich der Pharao rühmt, einen der Hintergründe auf, wie Semiten nach Ägypten gekommen sind: als Kriegsgefangene. Daneben finden sich in periodischen Wellen immer wieder Wirtschaftsflüchtlinge in Ägypten ein.

Eines der ungelösten Rätsel bleibt, nämlich wie die Verwendung des Namens »Israel« für den von Tirza und Samaria aus regierten Staat im 9. Jh. v. Chr. (zu den ältesten Belegen in außerbiblischen Zeugnissen ↗ I.6) mit der Bezeugung im 2. Jt. v. Chr. zusammenhängt. Eine Möglichkeit ist, dass die Bezeichnung in der Region überdauert hat, aus der die Omriden, die den Staat Israel gegründet haben (↗ V.4), stammten. Denkbar wäre, dass Omri, für den biblisch keine → Genealogie überliefert ist, mit der Gruppe, die sich »Israel« nannte, in Verbindung stand oder ihr sogar angehörte. Mit der omridischen Herrschaft wäre dann der Name für die politische Größe übernommen worden, zumal der Name »Israel« mit dem Gott El verbunden war, die Omriden aber wahrscheinlich YHWH zum Schutzgott der Familie und Nationalgott der staatlichen Größe Israel gemacht haben (↗ II.4.4). Literarisch ist der Name »Israel« eng mit der Exodustradition verbunden, deren älteste Gestalt vermutlich den Gründungsnarrativ des Nordstaates gebildet hat. Erst später wurde Israel mit der Jakobüberlieferung (Gen 32,29; 35,10) verbunden.

4. *Exodus*

J. Assmann, Exodus, München 2015 • E. Blum, Der historische Mose und die Frühgeschichte Israels: HeBAI 1, 2012, 37–63 • J. J. Collins, The Development of the Exodus Tradition, in: J. W. van Henten/A. Houtepen (Hg.), Religious Identitiy and the Invention of Tradition, Assen 2001, 144–155 • G. I. Davies, Was there an Exodus?, in: J. Day (Hg.), In Search of Pre-Exilic Israel (JSOT.S 406), London 2004, 23–40 • P. R. Davies, In Search of

Ancient Israel (JSOT.S 148), Sheffield 1992 • E. S. Frerichs/L. H. Lesko (Hg.), Exodus, Winona Lake 1997, 67–86 • C. Frevel, Selbst Gott hat eine Geschichte, in: G. Essen/C. Frevel (Hg.), Theologie der Geschichte – Geschichte der Theologie (QD 294), Freiburg 2018, 10–39 • J. J. Krause, Kuntillet ʿAjrud Inscription 4.3: VT 67, 2017, 485–490 • M. Leuenberger, Noch einmal: Jhwh aus dem Süden, in: M. Meyer-Blank (Hg.), Geschichte und Gott (VWGTh 44), Leipzig 2016, 267–287 • T. Levy u. a. (Hg.), Israel's Exodus in Transdisciplinary Perspective, Cham u. a. 2015 • N. Naʾaman, The Exodus Story: JANER 11, 2011, 39–69 • J. van Oorschot/M. Witte (Hg.), The Origins of Yahwism (BZAW 484), Berlin 2017 • H. Pfeiffer, Jahwes Kommen von Süden (FRLANT 211), Göttingen 2005 • F. W. Rademakers u. a., Copper for the Pharaoh: JAS 80, 2017, 50–73 • B. U. Schipper, Raamses, Pithom, and the Exodus: VT 65, 2015, 265–288 • J. M. Tebes, The Southern Home of Yahweh and Pre-Priestly Patriarchal/Exodus Traditions from a Southern Perspective: Biblica 99, 2018, 1–22.

4.1 Der Exodus in der biblischen Darstellung

Die biblische Darstellung des Exodus beginnt im Buch Genesis in der Josefserzählung Gen 37–40, wo die Söhne Jakobs unter der Führung Josefs nach dem Begräbnis des Erzvaters Jakob in Hebron/Machpela nach Ägypten zurückkehren (Gen 50,13–14) und Josef in Ägypten verstirbt (Gen 50,22–26). Der Tod in Ägypten motiviert das Begräbnis im Land Kanaan, das in Jos 24,32 erzählt wird (vgl. auch die Gebeine Josefs Ex 14,19). Die in Ägypten verbleibenden elf Söhne Israels (Ruben, Simeon, Levi, Juda, Issachar, Sebulon, Benjamin, Dan, Naftali, Gad und Ascher) sowie die Enkel Efraim und Manasse werden in Ägypten nach dem Tod Josefs ein großes Volk (Ex 1,1–6). Aus den zunächst 70 Personen (Ex 1,5) werden bis zum Auszug 603.550 (Ex 38,26; Num 1,46; 2,32, vgl. Ex 12,37; Num 11,21; 26,51). Die Größe des Volkes macht dem Pharao einige Generationen nach Josef (Ex 12,40–41: 430 Jahre) Angst (Ex 1,8–10), sodass er die Israeliten unterdrückt und bei der Errichtung der Vorratsstädte Pitom und Ramses als Bausklaven einsetzt. Der in Midian am Gottesberg Horeb berufene Mose (Ex 3,1–4,17) führt zusammen mit seinem Bruder Aaron (Ex 4,14) die Verhandlungen mit dem Pharao, die nach der Erschlagung der Erstgeburt der Ägypter zur Entlassung des Volkes führen (Ex 12,29–33). Nachdem die Israeliten (zusammen mit Vieh und allerlei anderem Volk) von Ramses nach Sukkot aufgebrochen sind (Ex 12,37–38), zieht die Gruppe auf einem »Umweg« durch die Wüste zum Schilfmeer (Ex 13,17–18) bis zum ersten Lager nach Etam (Ex 13,20). Nach Ex 14,1 sollen die Israeliten erneut umkehren und vor Pi-Hahirot zwischen Migdol und dem Meer ihr Lager aufschlagen (Ex 14,2). Als der Pharao erfährt, dass die Israeliten seinen Wunsch (Ex 12,31; 13,17) umgesetzt haben, ändert er seine Meinung (Ex 14,5) und setzt dem Volk mit 600 Streitwagen nach. Bei Pi-Hahirot vor Baal-Zefon (Ex 14,9) teilt Mose auf Befehl YHWHs mit seinem Stab wunderhaft das Meer (Ex 14,16.21), das von einem starken Ostwind verdrängt wird (Ex 14,21) und zugleich zu beiden Seiten wie eine Mauer steht (Ex 14,29). Die Ägypter ziehen den Israeliten hinterher und werden von dem zurückströmenden Wasser erfasst (Ex 14,28), während die Israeliten trockenen Fußes das Meer durchschreiten. Nach dieser wundersamen Rettung zieht das Volk unter der

Führung des Mose Richtung verheißenes Land (Ex 15,22) und macht nach dem Gottesberg in der Wüste Sinai (Ex 16,1; 19,1) auch in Kadesch in der Wüste Paran längere Zeit Station (Num 10,12; 12,16; 13,3.26). Von dort werden die Kundschafter in das Land Kanaan entsandt und bringen aus dem Tal Eschkol oder Traubental eine Traube zurück. Da das Volk die Führung von Mose und Aaron mehrfach ablehnt (Ex 15,24; 16,2; 17,3) sowie in der Kundschaftererzählung Num 13–14 das Land als Verheißungsgabe infrage stellt, wird die Exodusgeneration verurteilt, in der Wüste zu sterben (Num 14,34). Darauf folgt der vierzigjährige Wüstenaufenthalt, in dem Israel von einer zur anderen Wüstenstation zieht (Num 33). Aufgrund der Verweigerung des Königs von Edom, Israel durch sein Land ziehen zu lassen (Num 20,14–21), muss Israel einen Umweg machen und kommt über die Wüste nach Moab. Dort finden die ersten Auseinandersetzungen mit der ansässigen Bevölkerung statt (Num 21,10–35). Das gesamte Ostjordanland wird eingenommen und an die Rubeniter und Gaditer verteilt (Num 32). Israel lagert in Schittim in der Ebene gegenüber von Jericho, wo Mose an seinem letzten Lebenstag mit dem Deuteronomium eine große, die Geschichte vom Horeb »bis zum heutigen Tag« rekapitulierende Rede hält. Nach dem Ablauf der vollen 40 Jahre verstirbt Mose im Ostjordanland auf dem Berg Nebo (Dtn 34,5–7) und das Volk zieht unter der Führung Josuas über den Jordan in das Westjordanland.

4.2 Der Exodus aus historischer Sicht

Der Exodus – so wie die Bibel ihn schildert – ist *nicht* historisch. Die wichtigsten Gründe für diese aus historischer Perspektive eindeutige Aussage sind:

(a) Die biblische Chronologie, die den Exodus nach 430 Jahren Aufenthalt in Ägypten und 480 Jahre vor dem Beginn des Tempelbaus (1 Kön 6,1) datiert, ist konstruiert. Damit hätte der Exodus um 1440 v. Chr. unter Pharao Thutmosis III. (1479–1425 v. Chr.) stattgefunden, was gleichzeitig der Beteiligung der Israeliten am Bau der Ramsesstadt unter Ramses II. (1279–1213 v. Chr.) widerspricht.

(b) Die in der Exoduserzählung berichteten Routen des Auszugs widersprechen sich bzw. ergeben keine sinnvolle Exodusroute. In den priesterlichen Texten wird der Auszug auf dem Horusweg entlang der *via maris* über Pi-Hahirot und Baal-Zefon (Ex 14,2) geschildert. Davon unterschieden (Ex 13,17) ist die von Pitom und Sukkot aus aufbrechende durch die Bitterseen in die Wüste (Ex 13,20) führende Route, die in den nichtpriesterlichen Texten dominiert. Beide führen *nicht* auf direktem Weg auf die südliche Sinaihalbinsel oder nach Midian, also dorthin, wo der Gottesberg vermutet werden muss. Num 33 setzt die sich widerstreitenden geographischen Angaben schlicht nebeneinander und füllt die Lücken durch z. T. erfundene Stationen. Die geographische Unschärfe zeigt sich vor allem bei der Lokalisierung des Schilfmeers (*yam sûf*, äg. *pꜣ ṯwf* »Schilf«). Diese variiert zwischen dem Sirbonischen See am Mittelmeer, den Bitterseen und dem Nordende des Golfs von Suez (→ LXX Schilfmeer = θάλασσα ἐρυθρά »Rotes Meer«) bzw. dem in der Nähe gelegenen Balah-See und Timsa-See.

(c) Die Bibel geht in Ex 12,37; Num 11,21 von 600.000 Personen aus, in Num 1,46; 2,32 sogar von 603.550 wehrfähigen erwachsenen Männern. Eine solche Gruppe kann unmöglich in der Wüste überleben, dazu reichen die Wasservorkommen der natürlichen Quellen nicht aus. Abgesehen davon, finden sich auf der gesamten Sinaihalbinsel *keine* archäologischen Spuren einer 40-jährigen Massenbewegung in der SB-Zeit. Keines der in Num 33 gelisteten Lager Israels konnte archäologisch nachgewiesen werden oder ist aus archäologischer Sicht plausibel.

(d) Die Oase Kadesch (*ʿĒn el-Qudērat,* Kadesch-Barnea), in der sich Israel mehrfach und längere Zeit aufgehalten haben soll (Num 13,26; 20,1; Dtn 1,46 u. ö.), ist in der SB-Zeit bis zur Eisen IIB-Zeit im 8. Jh. v. Chr. nachweislich nicht besiedelt. Vergleichbares gilt für die im Kontext der Wüstenerzählung genannte Stadt Arad (Num 21,1), das ostjordanische Heschbon (Num 21,25f) oder die Hafenstadt Ezjon-Geber (Num 33,35f).

(e) Die alles überragende Person des Mose hat keinen Niederschlag in ägyptischen Quellen gefunden und entzieht sich einer historischen Verortung. Sein Name, der sich von ägyptisch *mś/mśj* »gebären« (und nur volksetymologisch von hebr. mšh »herausziehen«, Ex 2,10) ableitet, stellt eine Kurzform dar, bei der das → theophore Element ausgefallen ist. Dadurch fehlt der Person im außerbiblischen Kontext das identifizierend Individuelle. Das spiegelt sich in den unscharfen Angaben zur Familiengeschichte des Mose wider (Ex 2,21–22; 3,1; 18,1–4; Num 10,29; 12,1). Wie sehr Mose eine *biblisch* stilisierte Figur ist, deren Darstellung Anleihen aus existierenden Traditionen nimmt, zeigt die Nähe der Geburtserzählung zur Sargonlegende. Die Mosebiographie wurde in neuassyrischer Zeit im 8. Jh. v. Chr. ausgestaltet und hat ebenso wie die noch spätere → Genealogie (Ex 6,18–20) keinen Anhaltspunkt bei einer historischen Person im 13. Jh. v. Chr.

(f) Für die Zeit der 19.–21. Dynastie (1292–946/45 v. Chr.) sind in Ägypten weder eine Massenflucht noch eine Massenvertreibung von Semiten nachweisbar. Ägyptische Quellen schweigen sich über den Exodus vollständig aus. Zwar lassen ägyptische Dokumente des 13. Jh.s v. Chr., wie z. B. der Papyrus Anastasi VI, 51–61 (HTAT Nr. 067), Migrationen von Semiten erkennen, aber keine der Quellen lässt sich auf das Exodusereignis als solches beziehen. Auch die Versuche den Nachhall auf einen historischen Exodus in den klassischen Geschichtsdarstellungen von Diodorus Siculus, der Hekataios von Abdera wiedergibt, zu finden, können die Historizität des Ereignisses nur plausibilisieren, aber nicht nachweisen. Ohne die biblischen Narrative käme kein Historiker auf die Annahme, dass es den Exodus gegeben hätte. Da auch keiner der biblischen Belege zeitgenössisch ist und deren Quellenwert zudem begrenzt bleibt, ist der historische *Nachweis* eines Exodus aussichtslos (*T. L. Thompson, J. van Seters, L. L. Grabbe*). Außerbiblisch sind nahezu alle Belege des Exodus von der biblischen Darstellung abhängig. Als frühester außerbiblischer Bezug auf den Exodus ist die Inschrift Nr. 4.3 aus *Kuntilet ʿAǧrūd* aus dem 8. Jh. v. Chr. in die Diskussion eingebracht worden (*N. Naʾaman*), doch bestehen auch hier begründete Zweifel, dass ein Bezug über die Lesung (und nicht erst eine bestimmte Interpretation) der Inschrift gesichert ist (*J. J. Krause*).

4.3 Zur Lage des Sinai

Die Anfänge der Verehrung YHWHs liegen religionsgeschichtlich im Dunkeln. Die biblische Überlieferung kennt ihn als »Gott der Hebräer« (Ex 3,18; 5,3; 7,16 u. ö.), der von Mose an die Israeliten in Ägypten vermittelt worden ist. Mose erfährt den Namen YHWH in einer Offenbarung am Gottesberg, der in der biblischen Erzählung mal Sinai, mal Horeb (Ex 3,1; 17,6; 33,6; Dtn 1,6; 5,2 u. ö.) genannt wird. Dieser Berg liegt »hinter der Wüste« (EÜ »über die Steppe hinaus«) (Ex 3,1) in Midian und lässt sich bis heute nicht eindeutig lokalisieren. Die Verbindung mit dem 2285 m hohen Moseberg/*Ǧebel Mūsā* entstammt der christlichen Pilgertradition. Schon in der Spätantike siedelten sich Mönche am Fuß des Sinai an. Unter Justinian I. (482–565 n. Chr.) wurde eine Klosteranlage errichtet, die später Katharinenkloster heißt, wo bis heute der Ort gezeigt wird an dem der Dornbusch gestanden haben soll. Der nahegelegene 2637 m hohe Katharinenberg/*Ǧebel Kātrīnā* wurde von den Pilgern in die Identifikation einbezogen, sodass »Sinai« und »Horeb« zu verschiedenen Bergen wurden. In der biblischen Überlieferung ist »Horeb« ein Kunstname, der ab dem 8. Jh. v. Chr. anstelle des vielleicht wegen der Verbindung zum assyrischen Mondgott *Sin* stehenden »Sinai« gewählt wurde, der den Namen »Sinai« aber nicht ganz verdrängt hat. »Horeb« und »Sinai« sind derselbe Berg, ob sie aber in der verkehrsgeographisch abgelegenen Katharinenregion liegen, ist unsicher. In der wissenschaftlichen Diskussion wurde daher dem *Ǧebel Sirbal* im *Wādī Fērān* (Paran, Dtn 1,1) oft der Vorzug gegeben. Aber auch der liegt nicht in Midian, das über Ex 2,15–16; 3,1; 4,19 eng mit dem Gottesberg verknüpft ist. Aufgrund der vulkanischen Assoziationen in der Theophanieschilderung in Ex 19,18 wurde daher auch der 2580 m hohe *Ǧebel el-Lawz* in Saudi-Arabien als Berg Sinai ins Spiel gebracht. Die Lokalisierung in Nordarabien lässt sich zwar leichter mit Midian verbinden, dafür aber kaum in eine der biblischen Exodusrouten sinnvoll integrieren (Ex 3,18; 5,3; 16,1). Sie setzt zudem die Identifikation des Schilfmeers mit dem Golf von Elat voraus (Ex 13,18). Ob diese Lokalisierung aber zum ältesten (*C. Berner*) oder spätesten (*H. Lamberty-Zielinski*) Bestand der Exoduserzählung gehört, ist in der Forschung umstritten. Jeder Versuch der Lokalisierung des Sinai (und es gibt noch mehr als ein Dutzend davon, die jeweils andere textliche Angaben auswählen und zum Ausgangspunkt der Identifikation machen) hat eigene geographische oder literargeschichtliche Probleme. Die biblische Tradition scheint kein Interesse an der topographisch exakten Lokalisierung des Gottesberges zu haben. Alle historisierenden Identifikationen laufen daher zwangsläufig ins Leere.

Daraus folgt einerseits, dass die Aussagen der biblischen Erzählungen *nicht* auf deren historischen Wert reduziert werden dürfen. Die Exoduserzählung will nicht als Bericht eines historischen Ereignisses verstanden werden, sie ist eher »Mythos« als »Geschichte«. Sie gründet eine kollektive Identität in der Erinnerung. Es besteht ein Konsens darin, dass die literarische Gestalt weit nach den erzählten Ereignissen, d. h. mehrere Jahrhunderte später, entstanden ist. Die älteste greifbare Gestalt der Exoduserzählung stammt frühestens aus dem 8. Jh. v. Chr. Nicht alle Einzelzüge der Erzählung lassen sich jedoch aus dem 8./7. Jh. v. Chr. ableiten (*E. Blum*). Andererseits ist zu fragen, ob ein so wirkungsvoller

Gründungsmythos wie der Exodus ohne jeglichen Bezug zu historischem Geschehen auskommt, d. h. völlige Erfindung sein kann. Da diese Frage zu verneinen ist, kann sinnvoll nach einer historischen Plausibilisierung des Erzählten gefragt werden. Es wird aber unterschiedlich bewertet, *was* die Exoduserzählung bewahrt haben kann.

4.4 Zur Plausibilität eines historischen Exodusereignisses

N. Na'aman sieht den Ursprung der Exodustradition in der Geschichte der ägyptischen Provinz Kanaan in der 19. (1292–1185 v. Chr.) und 20. (1185–1070/69 v. Chr.) Dynastie. Der »Exodus« fand *de facto* gar nicht in Ägypten, sondern in Kanaan statt und bezieht sich auf die Loslösung der Provinz Kanaan von der ägyptischen Dominanz (*M. Köckert*). Die Rede vom Exodus ist von Beginn an eine Metapher. Die kollektive Erinnerung, die sich in der Jahrhunderte später entstandenen Exodus*erzählung* bewahrt hat, hat das Geschehen in Zeiten ägyptischer Dominanz von Kanaan nach Ägypten verlegt. Das Problem dieser Lösungen bleibt ein Doppeltes: Zum einen können sie nicht erklären, warum in der Exoduserzählung so wenig von der spätbronzezeitlichen Situation in Kanaan, die den Haftpunkt bilden soll, erhalten ist. Zum anderen bleiben die Mosetradition und die Herkunft YHWHs, der als Gott des Exodus unlösbar mit der biblischen Tradition verbunden ist, offene Fragen, die gegen eine Ableitung der Exodustradition ausschließlich aus Kanaan sprechen.

Die meisten Forscher gehen demgegenüber davon aus, dass sich die Exodustradition, die traditionsgeschichtliche Verbindung YHWHs mit dem Sinai und die Vermittlung des YHWH-Glaubens an Israel besser erklären lassen, wenn man von der Existenz einer Gruppe ausgeht, die Ägypten im ausgehenden 2. Jt. v. Chr. verlassen und deren Erinnerung sich in der Exodustradition bewahrt hat (*E. A. Knauf*, *G. I. Davies*). Mit *Rainer Albertz* ist festzuhalten, dass die Verwendung des Exodus als Gründungsmythos Israels in der Literatur des 1. Jt.s v. Chr. (möglicherweise verbunden mit der »Gründung« des Staates Israel unter den Omriden und Nimschiden) noch nicht dessen historischen Ursprung in einem Geschehen des 2. Jt.s v. Chr. ausschließt. Zudem sind vorgeschlagene Alternativen zur Herleitung der Exodustradition, etwa als gegen Pharao Necho II. (610–595 v. Chr.) gerichtete antiägyptische (*I. Finkelstein*, *B. Schipper*) oder gegen Asarhaddon (ca. 681–669 v. Chr.) gerichtete antiassyrische (*E. Otto*) Erzählung, bisher nicht restlos überzeugend, da die biblische Tradition Vorläufer hatte und die Exodustradition im Norden stärker als im Süden verhaftet ist.

Dem Fehlen positiver Evidenz steht gegenüber, dass nichts einer Flucht oder Vertreibung von *Š3św*-Gruppen aus dem Ostdelta seit der Vertreibung der Hyksos Mitte des 2. Jt.s v. Chr., besonders in der späten Ramessidenzeit der 19. und 20. Dynastie unter den Pharaonen Ramses II. (1279–1213 v. Chr.), Merenptah (1213–1204/03), Sethos II. (1200/1199–1194/93 v. Chr.) oder Sethnacht (1185–1183 v. Chr.) zwingend widerspricht. Damit beschreitet die Forschung den Weg einer historischen Plausibilisierung des Exodusereignisses.

(a) Der Aufenthalt von Asiaten im Nildelta-Gebiet Ende des 2. Jt.s v. Chr.

Die Anwesenheit von Asiaten bzw. Semiten aus Syrien und Palästina in Ägypten ist unbestritten und in ägyptischen Dokumenten gut bezeugt (Inschriften Thutmosis' II., Thutmosis' III., Amenophis' III., Sethos' I., Ramses' II., Ramses' III., II.2.4–2.8, HTAT Nr. 073–083). Sie kommen als Wirtschaftsflüchtlinge oder als Kriegsgefangene in das Nildelta-Gebiet (↗ X.6, *Karte 13*), wo sie als Fremdarbeiter und Söldner eingesetzt werden und z. T. bis in höchste Staatsämter aufsteigen. Die Deportationspraxis der Ägypter und die mit dem Trauma der Überfremdung verbundene Abwehr der Asiaten stellen nach *Manfred Görg* vor allem im Kontext der überzogenen Machtansprüche der Ramessidenzeit ein plausibles Motiv für eine Flucht von *ʿApiru/Ḫapiru* und *Š3św*-Gruppen aus Ägypten dar.

(b) YHWH und der Exodus

Innerhalb der biblischen Darstellung gibt es eine enge Verbindung von YHWH und dem Exodus (Ex 3,14–15; 6,4, anders Gen 4,26). Literarisch sind beide geradezu unlösbar miteinander verknüpft. Geht man davon aus, dass die älteste Exoduserzählung als ein die Identität des Nordstaates Israel begründendes Narrativ (Gründungsmythos, *charter myth*) entstanden ist, gehört der Gott des Exodus in dieses Selbstverständnis, was sich am ehesten für die Zeit der Omriden plausibilisieren lässt. Alle Kinder Ahabs tragen »plötzlich« YHWH-haltige → theophore Personennamen (Joram, Ahasja, Atalja) und auch die → epigraphische Evidenz in Siegeln und Inschriften deutet auf das 9./8. Jh. v. Chr. als Periode der Intensivierung der YHWH-Verehrung. Über die Funktion als Dynastie- und Nationalgott wurde YHWH dann nach Juda vermittelt (*C. Frevel*) und im späten 8. Jh. v. Chr. mit einer gesamtisraelitischen Perspektive verbunden. Während diese Hypothese einen hohen spekulativen Anteil hat, ist aufgrund fehlender Belege aus der SB-Zeit recht verlässlich davon auszugehen, dass der Gott YHWH kein → indigen kanaanäischer Gott ist, sondern von außen kommt. Da die Herkunft des Wettergottes YHWH aus Nordwestarabien bzw. dem südlichen Transjordanien nach wie vor plausibel ist (der Name leitet sich von der altnordarabischen Verbalwurzel **hwy/hawā* »wehen« ab, *E. A. Knauf*), sind für die Verbindung des Gottes YHWH mit dem Exodus besonders die *Š3św*-Gruppen von Edom/Seïr von Bedeutung, die den Glauben an die Exodusgruppe vermittelt haben könnten (sog. Midianiter- oder Keniterhypothese). Die Ägypter bringen *Š3św*, die als Minenarbeiter zur Kupfergewinnung in Timna/*Wādī el-Menēʿīye* und in *Fēnān* im Araba-Gebiet eingesetzt werden, auch nach Ägypten. Neben *Š3św* aus Seïr (*Š3św śʿrr*) werden in Ortsnamenslisten in ägyptischen Tempelanlagen Amenophis' III. (1388–1351/50 v. Chr.) in Soleb im Sudan und dann – wohl davon abhängig – in Inschriften Ramses' II. (1279–1213 v. Chr.) in ʿAmāra-West auch *Š3św* aus *Yhw* (*Š3św yy-h-w3-w*) genannt, die möglicherweise mit dem Gott YHWH in Verbindung gebracht werden können. Nicht vollständig geklärt ist, ob die *Š3św*-Gruppen in Südpalästina (und wo dort genau) zu lokalisieren sind. Die übrigen Namen der Liste weisen auf Syrien/Palästina insgesamt und die Engführung auf den Süden ist nur durch den Zusammenhang mit den *Š3św* aus Seïr gegeben (*E. A. Knauf,*

M. Görg). Die Herkunft des Gottes Israels aus dem Süden und damit auch seine Verbindung mit dem Exodus (und dem Sinai) sind überlieferungs- und traditionsgeschichtlich alternativlos, auch wenn Ri 5,4f; Ps 68,8; Hab 3,3 und Dtn 33,2 nicht in vor- oder frühstaatliche Zeit gehören. Dass diese Texte die Herkunft YHWHs aus dem Süden erst in hellenistischer Zeit theologisch konstruieren (*H. Pfeiffer*) oder dass YHWH frühestens im 8. Jh. v. Chr. mit Ägypten und dem Exodus verbunden wurde (*J. J. Collins*), ist demgegenüber unwahrscheinlich (*M. Leuenberger*).

(c) Die Vorratsstädte Pitom und Ramses

Ex 1,11 gibt an, dass die »Israeliten« zur Fronarbeit beim Aufbau der Vorratsstädte Pitom und Ramses eingesetzt werden. Pitom (äg. *pr-Jtm* »Haus des [Gottes] Atum«) ist im *Wādī eṭ-Ṭumēlāt* zu suchen, das das östliche Nildelta mit dem Timsah-See verbindet. Auf dem *Tell el-Masḫuta* (auch *Tell al-Masḫūṭa*) wurde eine Stele Ramses' II. (1279–1213 v. Chr.) gefunden, die *pr-Jtm* erwähnt, sowie die sog. Pitom Stele Ptolemäus' II. (285/83–246 v. Chr.), die den Namen des Ortes mit *pr-Jtm Ṯkw* angibt. Diejenigen, die die Ahistorizität des Exodus belegen wollen, verweisen gern darauf, dass der *Tell el-Masḫuta* erst am Ende des 7. Jh.s v. Chr. wiederbesiedelt wird und die Stele Ramses' II. sekundär dorthin verbracht worden sein muss. Damit stellt sich aber die Frage, auf welches Pitom die Stele verweist. Sie stammt vielleicht von dem westlich gelegenen *Tell er-Retabe* (auch *Tell ar-Reṭāba*), wo eine ältere Grenzfestung gestanden hat. Ramses II. hat dort einen Atum-Tempel gebaut und Ramses III. (1183–1151 v. Chr.) ließ die Festung zur Abwehr der Seevölker verstärken. Nach 600 v. Chr. wird der Ort für 200 Jahre verlassen. Der *Tell el-Masḫuta* könnte die Nachfolgesiedlung des *Tell er-Retabe* gewesen sein, als Pharao Necho II. (610–595 v. Chr.) einen Kanal zum Roten Meer anlegen lässt. Der *Tell er-Retabe* wäre dann Pitom, das auch den Namen Sukkot trug.

Der Ort Ramses ist weit schwieriger zu lokalisieren, weil es mehrere Ramsesstädte in Ägypten gab. Der volle Titel der Stadt in ägyptischen Texten ist *pr-Rꜥ-mś-św-mrj-Jmn ꜥꜣ-nḫtw* »Haus des Ramses, des Geliebten Amuns, groß an siegreicher Stärke«. Er ließe sich zwar in verkürzter Form wiedergeben, doch würde man auch biblisch eher *Pi-Ramses* als nur *Ramses* erwarten (*B. Schipper*). Dass die Wiedergabe der Stadt im Hebräischen eher den Lautgesetzen des 1. Jt.s v. Chr. folgt, spricht nicht gegen eine Verortung der Stadt im 13./12. Jh. v. Chr., wenn akzeptiert ist, dass die textliche Fassung der Exoduserzählung erst aus späterer Zeit stammt. Geht man davon aus, dass es sich um die bedeutendste Ramsesstadt *Pi-Ramses* handelt, liegt diese in der Nähe der alten Hyksosstadt Auaris im Ostdelta am pelusischen Nilarm. *Pi-Ramses* wurde von Ramses II. (1279–1213 v. Chr.) umfassend ausgebaut. Seit den Grabungen von *M. Bietak* und *E. Pusch* (seit 2015 *H. Franzmeier*) wird Ramses mit dem *Tell el-Dabꜥa*, dem heutigen Qantir, identifiziert und die frühere Identifikation mit Tanis, dem biblischen Zoan, aufgegeben. Die auf mehreren Quadratkilometern bebaute Stadt Pitom stellt eine der größten Kupferverarbeitungsstätten der südlichen Levante dar, wo zu Spitzenzeiten täglich mehr als 1000 Tonnen Bronze nahezu industriell produziert wurden. Die Hochtemperaturtechnik erlaubte auch die Herstellung von (rubinrotem) Glas und (türkisblauer) ägyptischer Fayence in großen Mengen. Die Rohstoffe stammen u. a. aus den Kupferbergbaugebieten in Oman, in Timna/ *Wādī el-Menēʿīye* im Sinai und in *Fēnān* im Araba-Gebiet sowie aus Zypern. Die Grabungen wiesen auf eine große Zahl von ausländischen Arbeitern aus dem Ostmittelmeerraum und vor allem der südlichen Levante hin (*E. M. Pusch/H. Franzmeier, F. W. Rademakers u. a.*).

Der archäologische Befund zu Pitom und Ramses kann zwar den Exodus nicht belegen, widerspricht aber auch nicht der Annahme, dass semitische Bevölkerungselemente, die als Exodusgruppe aus Ägypten fliehen oder vertrieben werden, dort als Fremdarbeiter eingesetzt wurden. Auch wenn der Pharao des Exodus in den biblischen Erzählungen nicht genannt wird, liegt eine Verbindung des Exodus mit Ramses II. (1279–1213 v. Chr.) historisch am nächsten. Es gibt jedenfalls keine zwingenden Gründe ihn mit Necho II. (610–595 v. Chr.) zu verbinden, was als Alternative mehrfach eingebracht wurde (*I. Finkelstein, W. Oswald*).

Das Motiv der erzwungenen Arbeitsleistung in der Fremde ist in allen Strängen der Exodusüberlieferung zentral (Ex 1,11; 5,4–5; Dtn 6,21; Neh 9,17; Jer 34,13 u. ö.). Ebenso wie der »Freikauf« aus dem Sklavendasein (Ex 13,15; Dtn 5,15; Ps 78,42; Est 5,17 u. ö.) gehört das bedrückte Fremdsein (Dtn 26,6–7; Ps 105,23–24) zu den zentralen Bestandteilen des Exodusmotivs, das bis in die Motivation von Gesetzen hineinreicht (Ex 22,20; 23,9; Lev 25,42; Dtn 5,6.15 u. ö.), und sich nicht einfach aus der späteren Geschichte ableiten lässt. Zwar bestehen enge Bezüge zwischen dem Frondienst Salomos sowie seines Nachfolgers Rehabeams (1 Kön 4,6; 5,27–28; 9,15.32; 11,28; 12,18) und der Exodusüberlieferung, doch bietet die Regierungszeit Salomos *de facto* keinen historischen Anhaltspunkt für breite staatlich organisierte Arbeitsverpflichtung des Volkes oder von Fremden (↗ IV.6.7 u. IV.7.1). Ein historischer Haftpunkt für die Überlieferungsbildung lässt sich auch in der späteren Geschichte nicht leicht finden, da das Motiv sicher nicht erst exilisch-nachexilisch entstanden ist. Jer 42,15.17; 44,28; Jes 52,4 oder Hinweise auf die Regierungszeit Manasses reichen da kaum aus. *B. Schipper* hat die Deutung bekräftigt, dass sich die erzwungene Arbeitsleistung auf Pharao Necho II. (610–595 v. Chr.) bezieht. Ex 1,11 sei eine judäische Erinnerung an die ägyptische Hegemonie im späten 7. Jh. v. Chr., die mit Zwangsmaßnahmen und Unterdrückung einherging. Diese seien mit dem Nildelta verbunden worden, da dieses sprichwörtlich mit Arbeitsverpflichtungen zusammenhing. Noch der griechische Schriftsteller Herodot (Hdt. Hist. II,158) weiß von 120.000 Arbeitern Nechos, die beim Bau des Kanals vom Golf von Suez zum Nildelta eingesetzt worden seien. Die Hypothese setzt viel voraus, ist aber möglich. Solange jedoch nichts zwingend *gegen* den Bezug auf Ramses II. (1279–1213 v. Chr.) spricht, muss ihr nicht notwendig der Vorzug gegeben werden, zumal sie mit der weithin anerkannten Verortung der Exoduserzählung im Nordstaat Israel Probleme hat.

(d) Flucht oder Vertreibung aus Ägypten

Ausgehend von den ägyptischen Dokumenten sind in der späten Ramessidenzeit mehrere Absetzbewegungen vorstellbar, deren Erinnerung in der Exodustradition bewahrt sein könnte. Besondere Aufmerksamkeit verdient die mit Aufständen verbundene Unruheperiode vor dem Regierungsantritt Ramses' III. (1183–1151 v. Chr.), wo es nach Ausweis des → *Papyrus Harris I* und der sog. *Elephantine-Stele des Sethnacht* um 1185/84 v. Chr. zu einer Vertreibung von Asiaten aus Ägypten gekommen ist. Inwiefern der Verwaltungsfunktionär *Beja*, der maßgeblich an den Unruhen beteiligt ist, mit Mose zu verbinden ist (*E. A. Knauf*) und so doch ein historischer Haftpunkt für die Figur des Mose zu finden wäre, wird in der Forschung ebenso diskutiert wie der Vorschlag, Mose als Erinnerungsfigur an Amenophis IV. (Echnaton) (1351–1334 v. Chr.) und seine monotheistische Reform zurückzubinden (*J. Assmann*). Bei beiden Hypothesen überwiegen aufgrund fehlender bzw. sehr später historischer Ansatzpunkte die Probleme (*S. Timm*).

(e) Zusammenfassung

Historisch kommt man über die Unsicherheit bezüglich der Person des Mose, der sicher einen ägyptischen Namen trägt (äg. *msj* »gebären«, d. h. entweder einfach »Geborener, Kind« oder »der Gott N. N. hat ihn/ist geboren«, *M. Görg*), nicht hinaus (↗ II.4.2), doch hängt die Historizität eines Geschehens, das als Auszug aus Ägypten erinnert wird, nicht an der Frage, ob Mose eine historische Person, eine erinnerte Figur oder beides ist. Eine Exodus*tradition* ohne Mose ist literarisch unwahrscheinlich. Wenn es eine Exodusgruppe gegeben hat, die die Lösung von Ägypten als Befreiung gedeutet und die diese mit dem Gott YHWH verbundene Erfahrung an das spätere Israel vermittelt hat, dann war diese Gruppe relativ klein. Von der Exodus-Landnahme-Erzählung her beurteilt hatte sie im Norden, vielleicht am ehesten im efraimitischen Bergland, ihren Haftpunkt. Sie könnte in der Sippe, aus der die Omriden hervorgegangen sind, zum Sippenerbe gehört haben und mit der Gründung des Staates im 9. Jh. v. Chr. zum Gründungsmythos ausgearbeitet worden sein. Der als Befreiung gedeutete Auszug aus Ägypten war von Beginn an mit dem Gott YHWH, dessen Ursprung am wahrscheinlichsten in Nordarabien bzw. der südlichen Araba liegt, verbunden. Details des Auszugsgeschehens lassen sich aus historischer Sicht nicht mehr rekonstruieren, sondern man bleibt auf die sinnstiftende Kraft dieses Ursprungsmythos verwiesen (*J. Assmann*).

4.5 Exodus und Monotheismus

Neben der historischen Fragestellung, die ↗ II.4.2 im Vordergrund stand, ist die ideen- und erinnerungsgeschichtliche von besonderer Bedeutung. Der Exodus als Aufbruch aus der Sklaverei ist der Gründungsmythos, der fest in der kollektiven Erinnerung des Judentums und damit auch des Christentums verankert ist. *Jan Assmann* verknüpft die in der Erinnerungsfigur damit verbundene revolutionäre Absetzung von der ägyptischen Kultur und Religion mit der sog. *mosaischen Unterscheidung* zwischen Wahr und Falsch. Diese Unterscheidung ist unlösbar mit dem Monotheismus verbunden (weil er *andere* Götter in ihrer Existenz infrage stellen *muss*) und die religionsgeschichtlich komplexe Herausbildung des biblischen Monotheismus wiederum ist unlösbar mit der Erinnerungsfigur des Exodus verknüpft. Durch die Thesen *J. Assmanns*, die seit dem Erscheinen von »Moses, der Ägypter«

(1998) in Kultur-, Geschichts- und Gesellschaftswissenschaften breit diskutiert wurden, steht der exklusive Monotheismus unter dem Verdacht, intolerant zu sein. Die von *J. Assmann* aufgeworfenen Fragen sind drängend, da sie die »Wahrheitsfrage« der Religion(en) als solche berühren und bis in die Grundlagen des politischen Denkens hineinreichen. Sie haben zwar historische Aspekte, lassen sich aber nicht historisch beantworten. Die in der Rezeption der Thesen *J. Assmanns* oft aufscheinende Diskreditierung des biblischen Monotheismus als inhärent gewalttätig ist vielfach zu Recht auf Kritik gestoßen. Demgegenüber wurden Freiheit und Treue als zentrale Aspekte des »Exodus-Gründungsmythos« herausgestellt, gegenüber denen die »Wahrheitsfrage« zurücksteht (*E. Zenger*). Das aber liegt wie die Erinnerungsspur des Exodus, die auf die ägyptische Geschichte der Absetzung Echnatons weist, außerhalb der Fragen, die in einer Geschichte Israels ihren angemessenen Platz finden können.

III. Frühgeschichte Israels – Entstehung in Palästina

Die Anfänge Israels, WUB 49, 2008 • I. Finkelstein, The Archaeology of the Israelite Settlement, Jerusalem 1988 • I. Finkelstein/N. A. Silberman, Keine Posaunen vor Jericho, München [5]2009 • V. Fritz, Die Entstehung Israels im 12. und 11. Jh. v. Chr. (BE 2), Stuttgart 1996 • U. Zwingenberger, Dorfkultur der frühen Eisenzeit in Mittelpalästina (OBO 180), Fribourg/Göttingen 2001.

1. Vorbemerkung

K. van Bekkum, From Conquest to Coexistence, Leiden 2011 • I. Finkelstein, Ethnicity and Origin of the Iron I Settlers in the Highlands of Canaan: BA 59, 1996, 198–212.

Israel ist auf dem Boden des palästinischen Kulturlandes entstanden (*H. Donner*). Was wie eine Selbstverständlichkeit klingt, ist lange Zeit in der Forschung hoch brisant gewesen. Die Entstehung Israels steht in einem regionalen Kontext der Deurbanisierung und Re-→ Urbanisierung sowie der religiösen, sozialen, ethnischen und politischen Gruppenbildung (Stämmebildung, Volkswerdung, → Ethnogenese, Staatenbildung). Die komplexen Prozesse sind nicht als einmalige aufzufassen, sondern Teil eines lange laufenden dynamischen und für die südliche Levante spezifischen Rhythmus. Es ist wichtig zu sehen, dass die früheisenzeitliche Kultur nicht nur in der mitteleisenzeitlichen Stadtkultur (Eisen IIB) mündet (Reurbanisation), sondern auch zu großen Teilen der spätbronzezeitlichen Kultur entstammt und diese über ihren Niedergang (Deurbanisation) hinaus fortsetzt. Die Entwicklung ist regional noch einmal erheblich differenziert und verläuft im Norden anders als im Süden, im Bergland anders als in der Schefela und in Gilead anders als im Jordantal.

Für die Diskussion um die sog. Landnahme ist die Alternative von *Hineinkommen Israels von außen in das Land* und *Entstehen Israels im Land* wesentlich. In Fachbegriffen ausgedrückt, spricht man von einer → *allochthonen* (von außen kommenden) oder *allogenen* (außerhalb entstandenen) oder einer → *indigenen* (regional gewachsenen) Kultur. Die jüngere Forschung stellt heraus, dass sich Israel diesbezüglich nicht von seinen Nachbarn unterscheidet, die alle eine überwiegend indigene Abstammung haben. Der Umbruchsprozess von der kanaanäischen Stadtkultur zur israelitischen Dorfkultur ist Teil einer Langzeitentwicklung in der südlichen Levante, in der – ein wenig pathetischer ausgedrückt – der »Rhythmus der Geschichte« erkennbar bleibt.

2. *Migration als Ursache der Landnahme?*

S. A. Rosen/G. Lehmann, Hat das biblische Israel einen nomadischen Ursprung?: WdO 40, 2010, 160–189 • E. J. van der Steen, Tribes and Territories in Transition (OLA 130), Leuven 2004 • A. Tobolowsky, The Sons of Jacob and the Sons of Herakles (FAT II/96), Tübingen 2017.

Eine Migration von größeren Bevölkerungsanteilen als Hintergrund der Entstehung Israels ist auszuschließen. Weder kommt »Israel« aus Ägypten in größerem Stil noch aus dem Ostjordanland in das samarische Bergland, wie jüngst aufgrund ethnographischer Studien wieder in die Diskussion zurückgebracht wurde. Auch für den Übergang von der Spätbronze- zur Eisenzeit gilt das zu den Wanderungen der Erzeltern Gesagte: Es hat Migrationen aufgrund klimatischer und politischer Verschiebungen gegeben, und dabei ist auch die Überschreitung des Jordan nicht ausgeschlossen, allerdings nicht im großen Stil als Völkerwanderung, Exodus oder »Land*nahme*«. Von der Annahme, dass die archäologischen Befunde der Eisen I-Zeit keinen umfangreichen Bevölkerungsaustausch voraussetzen, sondern diesem eher widersprechen, ist inzwischen als Konsens auszugehen. Für die Entstehung Israels auf dem Boden Palästinas ist nach anderen Erklärungsmodellen zu suchen.

Die Gründe für den Wandel liegen in den politischen und kulturellen Entwicklungen der späten Bronzezeit (↗ II.2), die zum Zusammenbruch des Wirtschaftssystems und damit der spätbronzezeitlichen Stadtstaatenkultur führen.

3. *Der Untergang der kanaanäischen Stadtkultur*

Y. Asscher u. a., Absolute Dating of the Late Bronze to Iron Age Transition and the Appearance of Philistine Culture in Qubur el-Walaydah, Southern Levant: Radiocarbon 57, 2015, 77–97 • J. Garner, Das Zinn der Bronzezeit in Mittelasien II, Mainz 2014 • L. L. Grabbe (Hg.), The Land of Canaan in the Late Bronze Age, London/New York 2016 • A. Hauptmann, The Archaeometallurgy of Copper, Berlin 2007 • F. Heil, A »Maritime Aspect« in Late Bronze Age Cyprus?: Distant Worlds Journal 1, 2016, 99–116 • D. Kaniewski u. a., Environmental Roots of the Late Bronze Age Crisis: PLoS One 8/8: e71004, 2013 • V. Kassiandiou, Cypriot copper for the Iron Age world of the Eastern Mediterranean, in: J. M. Webb (Hg.), Structure, Measurement and Meaning (Studies in Mediterranean Archaeology 143), Uppsala 2014, 261–271 • R. Kessler u. a. (Hg.), State Formation and State Decline in the Near and Middle East, Wiesbaden 2016 • A. E. Killebrew, Biblical Peoples and Ethnicity, Atlanta 2005 • A. E. Killebrew/G. Lehmann (Hg.), The Philistines and Other »Sea Peoples« in Text and Archaeology, Atlanta 2013 • A. B. Knapp/S. W. Manning, Crisis in Context: AJA 120, 2016, 99–14 • D. Langgut u. a., Climate and Bronze Age Collapse: TA 40, 2013, 149–175 • K. G. Sommer, Der 21. Januar 1192 v. Chr., München 2016 • Ü. Yalçin u. a., Das Schiff von Uluburun, Bochum 2005.

3.1 Ein komplexer Vorgang

Der Zusammenbruch der spätbronzezeitlichen Stadtkultur (↗ II.2.1 u. *Karte 1*) erfolgt nicht auf einen Schlag, sondern in einem Prozess *kontinuierlichen* Niedergangs, der vom 15.–12. Jh. v. Chr. andauert und im Übergang zur Eisen I-Zeit kulminiert. Für ein Verständnis ist wichtig, dass es sich dabei nicht um einen Vorgang handelt, der ausschließlich die südliche Levante, sondern den gesamten Mittelmeerraum, besonders die Ägäis, Anatolien und Zypern betrifft. Am Ende der Spätbronzezeit werden auch Mykene, Knossos, Troja, Milet, Hattuša, Kition, Enkomi, Qatna, Aleppo, Alalach, Ugarit und viele andere Städte zerstört. Die Levante gerät in eine Phase des Umbruchs, die gleichermaßen – wollte man sich auf Stichworte beschränken – durch Zusammenbruch, Instabilität, Krise, Entwurzelung, Migration, Mobilität, Inbesitznahme, Transformation, Kreolisierung, Hybridisierung, Transkulturalität und → Ethnogenese geprägt ist (*A. Killebrew*). Dabei sind die Prozesse nicht nur negativ zu werten, etwa nur als Abbruch und nicht auch als Aufbruch zu etwas Neuem (*N. Yoffee*). Die Spannung von Kontinuität und Diskontinuität, Homogenität und Diversität bzw. Stabilität und Dynamik ist dabei durchgehendes Kennzeichen der sich verändernden ökonomischen, politischen, kulturellen und sozialen Systeme. Die Veränderungen verlaufen dabei nicht linear, sondern im multifaktorellen Zusammenspiel. Sie haben globale, aber auch lokale Aspekte, und entwickeln sich in komplexen regional differenzierten Prozessen, die sowohl die Makro-, Meso- als auch die Mikroebene betreffen.

Die durch das Schlagwort De-→ Urbanisierung geprägte Charakterisierung des Vorgangs als Übergang von der urbanen (städtischen) Spätbronzezeit zur ruralen (dörflichen) Eisenzeit trifft die Komplexität nur bedingt, da die Entwicklung regional sehr unterschiedlich verlaufen ist. Das drückt sich u. a. auch darin aus, dass die Übergangsphase, die in der zweiten Hälfte des 12. Jh.s v. Chr. abgeschlossen ist, in der Literatur zum Teil als Spätbronzezeit III (SB III), zum Teil schon als frühe Eisen I-Zeit (EZ IA) bezeichnet wird.

Stadt	**Stratum/Datierung**
Hazor	Stratum XIII der Ober- und Stratum I A der Unterstadt; um 1250 bzw. zweite Hälfte des 13. Jh.s v. Chr.
Megiddo	Stratum VII B; zweite Hälfte des 13. Jh.s; Stratum VII A; 1250–1150/25 bzw. 1141–1113 v. Chr.
Afek	um 1230 v. Chr.
Bet-Schean	Stratum VII; 1250–1175 bzw. 1151–1145 v. Chr.
Lachisch	Stratum VII; um 1200 bzw. 1140 v. Chr.
Bet-Schemesch	Stratum IV B; um 1200 v. Chr.
Geser	Stratum XV; um 1200 v. Chr.
Aschdod	Stratum XIV; um 1200 v. Chr.
Tel Mōr	Stratum VII; um 1200 v. Chr.
Tell Abū Ḥawām	Stratum V B; um 1200 v. Chr.
Tell Bēt Mirsim	Stratum C 2; Ende des 13. Jh.s v. Chr.
Tell Dēr ʿAllā	um 1200 v. Chr.

Stadt	Stratum/Datierung
Bet-El	um 1200 v. Chr.
Timna/*Tel Bāṭāš* VI	um 1200 v. Chr.
Tell eš-Šerīʿa	um 1200 v. Chr.
Sichem/*Tell Balāṭa*	um 1200 v. Chr.
Qubūr al-Walāyida	Stratum 1–5d, 1230–1185 v. Chr.

Übersicht über ausgewählte Städtezerstörungen am Ende der Spätbronzezeit mit Angabe der Siedlungsschicht (Stratum). Die variierenden Daten spiegeln unterschiedliche Ansätze (keramiktypologisch, radiocarbondatiert) in verschiedenen Chronologiesystemen (↗ I.9 u. IV.6.6 sowie die Übersicht X.1.1).

Die absolute Datierung der Zerstörungen der Städte ist ebenso schwierig wie die Klärung der Ursache. Gerade das Anwachsen von ^{14}C-Daten aus Zerstörungsschichten hat zu einem weitaus differenzierteren Bild in den letzten Jahren geführt, das aber noch weit davon entfernt ist, klar zu sein (*Y. Asscher u. a.*). Wahrscheinlich ist von einer Art regionalem Dominoeffekt auszugehen, der die Städte nach und nach erfasst hat.

An manchen Orten (Megiddo, Bet-Schean) fanden sich bis unmittelbar vor der Zerstörung Spuren Ramses' IV. (1151–1143 v. Chr.), was die Mitte des 12. Jh.s v. Chr. als frühestes Datum der Zerstörung nahelegt. Nicht überall sind die Zerstörungen mit einem Kultur- oder Siedlungsabbruch verbunden. In manchen Städten setzt sich die spätbronzezeitliche Stadtkultur übergangslos bis in die Reurbanisierungsphase der Eisen II-Zeit fort. De facto findet dort die Eisen I-Zeit gar nicht statt, zumindest nicht als in der materiellen Hinterlassenschaft erkennbare kulturelle oder politische Entwicklung. Das gilt z. B. für die ägyptische Garnison Bet-Schean, die bis zum Ende des 10. Jh.s v. Chr. (Stratum VIII–V) überdauert. Bis ins 10. Jh. v. Chr. wird dort lokale Keramik produziert, die von Technik und vom Stil her ägyptisch ist. Stärkere Kontinuität als Diskontinuität findet sich im 12. Jh. v. Chr. auch in Megiddo, Jokneam, *Tel Rehov*, Geser, Mizpa/*Tell en-Naṣbe* oder Lachisch, die allerdings nicht so stark von der ägyptisierten Elite geprägt sind. *Tel Rehov* entwickelt sich in der Eisen IIA-Zeit zu einem der wichtigsten städtischen Zentren. Die Siedlungsschichten stehen in einer Kontinuität zu den spätbronzezeitlichen Schichten, die Bewohner waren überwiegend »Kanaanäer«. Der materiellen Kultur in der Eisen IIA-Zeit lässt sich *kein* Wechsel zu einer Zugehörigkeit zu »Israel« ablesen. Wann mit dem Übergang von der weitestgehenden Autonomie als Stadt zur Einbindung in eine zentralisierte Herrschaft eines Staates zu rechnen ist, ist damit eine offene Frage. Das gilt umso mehr, wenn man zunächst mit politischen Allianzen zwischen den starken Städten und dem vom Bergland aus allmählich entwickelten Staat Israel rechnet (↗ IV.1 u. IV.4).

Die Städte in der Küstenebene *Tell Abū Ḥawām*, Dor, *Tell Kēsān*/Achschaf, *Tell el-Qasīle* und Aschdod sind ebenfalls weniger von der Deurbanisierung betroffen. Die notwendige regionale Differenzierung zeigt, dass der Übergang von der

Stadt- zur Dorfkultur keinesfalls ein abrupter und homogener war. Die früheisenzeitliche Kontinuität der Entwicklung des nördlichen Städteclusters in Kinneret, Megiddo, Jokneam, *Tel Rehov*, Bet-Schean, *Tell Kēsān*, Dor und Geser wurde von *I. Finkelstein* als »Neues Kanaan« und Schwanengesang der SB-zeitlichen materiellen Kultur bezeichnet, um die Verbindung zur SB-zeitlichen Stadtkultur zu unterstreichen. Die Prosperität der Städte rührt vermutlich aus ihrer regionalen Bedeutung und der Fortsetzung des Handels mit der phönizischen Küste (und später auch weniger intensiv den philistäischen Städten der Küstenebene). Neben der → indigenen Bevölkerung siedelten in den Städten offenbar auch Teile der Seevölker, was neben Mykene IIIC-Keramik auch Webgewichte ägäischen Typs aus *Tel Rehov* nahelegen (*A. Mazar*). Zwar sind nur wenige Metallprodukte in den Eisen IIA-Schichten in *Tel Rehov* gefunden worden, doch weist eine Imkerei mit aus Anatolien importierten (!) Bienenstöcken auf die Metallverarbeitung. Das »Nebenprodukt« Wachs wurde im sog. Wachsausschmelzverfahren zur Herstellung von Metallprodukten benutzt. Vielleicht profitierte man im Jordantal und auch in *Tel Rehov* von dem intensiven Metallhandel aus dem *Fēnān*-Gebiet durch die Weiterverarbeitung (1 Kön 7,46). Das »Neue Kanaan« kommt erst durch eine erneute Zerstörung der Städte in der ausgehenden Eisen I-Zeit (*I. Finkelstein*) vollständig zum Erliegen.

3.2 Gründe für den Untergang

Welche Ursache den Prozess ausgelöst hat, ist nach wie vor unklar. Neuere Untersuchungen an Pollen weisen auf eine etwa 300 Jahre andauernde Trockenphase, die zu massiven Ernteausfällen geführt haben könnte (*D. Langgut u. a., D. Kaniewski u. a.*). Dieser Klimawandel, der seinen Höhepunkt am Ende des 2. Jt.s v. Chr. (1250–1100 v. Chr.) erreicht, scheint wesentlich, aber wahrscheinlich nicht allein ausschlaggebend gewesen zu sein. Der Zusammenbruch des spätbronzezeitlichen Systems ist durch drei weitere Faktoren gekennzeichnet: 1. den Rückgang des ägyptischen Einflusses, 2. den Zusammenbruch des internationalen Fernhandels und 3. ein Anwachsen der Bevölkerung am Ende der Spätbronzezeit.

(1) Die Ägypter, deren hegemoniale Macht das System unter der *pax aegyptiaca* bei gleichzeitiger wirtschaftlicher Ausbeutung zusammengehalten hat, verlieren in der späten Ramessidenzeit zusehends an Macht (↗ II.2.4).

(2) Der internationale Handel in der südlichen Levante bricht zusammen, was Versorgungsengpässe zur Folge hat. In der Regel geht man von einem Zusammenbruch des zypriotischen Kupferhandels am Ende des 12. Jh.s v. Chr. aus. Daran geknüpft ist das System des mediterranen Seehandels (*F. Heil*). Wie stark die zypriotische Kupferproduktion und der daran geknüpfte Handel tatsächlich am Ende des 12. Jh.s v. Chr. zusammengebrochen sind, wird kontrovers diskutiert (Diskontinuität *A. Hauptmann*, Kontinuität *V. Kasiandou*), doch besteht Einigkeit darüber, dass es mit dem Zusammenbruch der SB-zeitlichen Stadtstaatenkultur zu einem durchgreifenden Wandel im internationalen Handel kommt. Mit dem bereits verhütteten und in ochsenhautförmige Barren gegossenen Kupfer, das neben Zinn für die Herstellung von Bronze unverzichtbar

war, wurden im Seehandel verschiedene andere Güter verschifft. Das vor der Südwestküste der Türkei geborgene Handelsschiff von Uluburun beispielsweise hatte neben den Metallen Kupfer und Zinn, Harze von Pistazienbäumen, Elfenbein, Holz, Früchte, Tonwaren, Luxusgüter u. a. m. an Bord (*Ü. Yalçin u. a.*). Verstärkt durch den Wandel des Klimas kommt es mit dem Zusammenbruch des Fernhandels zu einer wirtschaftlichen Rezessionsphase und zu einer ökonomischen Krisensituation, die neben dem Machtvakuum als Motor der Entwicklung bezeichnet werden können. Die Schere zwischen Alltagsprodukten niederer Qualität und Luxusware oder Importen von hoher bzw. höchster Qualität geht am Ende der Spätbronzezeit immer weiter auseinander. Die erkennbare Verschlechterung der Lebensumstände bewirkt zunehmende Rivalität zwischen den Städten und soziale Spannungen. Die genannten Faktoren führen zu einer stärkeren Ruralisierung (»Verdörflichung«) und zur Rückkehr in eine Subsistenzwirtschaft. Damit ist gemeint, dass sich selbst versorgende kleinere Einheiten herausbilden, die keinen nennenswerten Produktionsüberschuss (→ Surplus) erwirtschaften, den sie in den Außenhandel einbringen könnten. In den neu entstandenen Dörfern und Gehöften hat zumindest ein Teil der vormaligen Stadtbewohner nach dem Zusammenbruch des Wirtschaftssystems überleben können.

(3) Neben diesen beiden Faktoren führt ein demographischer Faktor zu einer Beschleunigung der Entwicklung: Die Bevölkerungszahl (nach Ende der Trockenzeiten) wächst, was zu einem immer stärker werdenden Ausweichen in neue Siedlungsformen führt. Die Entwicklungen verlaufen nicht in abrupten Brüchen, sondern in einem sich beschleunigenden Prozess, dessen Ergebnis ↗ III.4–5 beschrieben wird. Vom Ende des 13. Jh.s v. Chr. an kommt es zu einer oder mehreren Zerstörungswellen, in der eine Vielzahl von Städten angegriffen und zerstört wird. Wer diese Zerstörungen verursacht hat, ist nach wie vor ungeklärt, und wahrscheinlich greift auch hier eine monokausale Erklärung zu kurz. Infrage kommen die unter Ramses III. (1183–1151 v. Chr.) von Norden eindringenden Seevölker, die Ägypter in Sicherung ihrer Außenpolitik, die *ʿApiru/Ḫapiru*, die den Niedergang zu ihren Gunsten ausnutzen, die von außen kommenden Israeliten bzw. andere migrierende heimatlos gewordene Gruppen und schließlich die rivalisierenden kanaanäischen Städte selbst. Auch die endgültige Zerstörung der oben als »Neues Kanaan« bezeichneten Städte am Übergang der späten Eisen I-Zeit zur Eisen IIA-Zeit bleibt unklar. Möglicherweise sind es hier sogar Gruppen der im Bergland siedelnden Bewohner (*I. Finkelstein*), aber auch das bleibt sehr hypothetisch. Wie dem auch sei, die Zerstörung der Städte führt zu Verschiebungen in den regionalen Siedlungsmustern. Die zuvor ausbalancierten ökonomischen Austauschprozesse und sozioökonomischen Netzwerke geraten aus den Fugen, das Surplus bricht weg und die Ressourcenverteilung verändert sich radikal. Das alles führt zu Verlagerungen und Verschiebungen der Subsistenzwirtschaft aus den Stadt- und Küstenregionen in das unzugänglichere Bergland. Lebten zuvor die Städter in einem halbwegs gesicherten ökonomischen System, sind es jetzt – sehr grob gesprochen – die bäuerlichen Bevölkerungselemente, die Viehzucht und Ackerbau treiben.

4. Die sog. Landnahme

Die Anfänge Israels, WUB 49, 2008 • D. Ben-Ami, Hazor at the Beginning of the Iron Age: NEA 76, 2013, 101–104 • A. Faust, The Emergence of Iron Age Israel, in: T. E. Levy u. a. (Hg.), Israel's Exodus in Transdisciplinary Perspective, Cham u. a. 2015, 467–482 • ders., Chronological and Spatial Changes in the Rural Settlement Sector of Ancient Israel during the Iron Age: RB 122, 2015, 247–267 • I. Finkelstein, The Archaeology of the Israelite Settlement, Jerusalem 1988 • I. Finkelstein/N. Silbermann, Keine Posaunen vor Jericho, München [5]2009 • V. Fritz, Die Entstehung Israels im 12. und 11. Jahrhundert v. Chr. (BE 3), Stuttgart 1996 • Y. Goren, The Seat of Three Disputed Canaanite Rulers According to Petrographic Investigation of the Amarna Tablets: TA 29, 2002, 221–237 • J. J. Krause, Exodus und Eisodus (VT.S 161), Leiden u. a. 2014 • G. E. Mendenhall, The Hebrew Conquest of Palestine (1962), in: C. E. Carter (Hg.), Social Science Approaches to the Hebrew Bible, Winona Lake 1996, 152–169 • E. Pfoh, The Emergence of Israel in Ancient Palestine, London 2014.

4.1 Die biblische Darstellung der Landnahme

Die biblische Darstellung geht davon aus, dass die Inbesitznahme des verheißenen Landes von Kadesch-Barnea aus scheitert (Num 14,41–45; Dtn 1,43) und Israel deshalb den Umweg über das Ostjordanland macht (Num 21,4; Dtn 2,1). Zu ersten Eroberungen kommt es in den Kämpfen mit den Amoriterkönigen Sihon (Num 21,21–32) nördlich des Arnon (*Wādī el-Mōǧib*) bis zum Jabbok (*Wādī ez-Zerqā*) und Og im Gebiet des Baschan (Num 21,33–35). Dieses Land wird an die Rubeniter und Gaditer sowie den halben Stamm Manasse als Landbesitz bereits im Ostjordanland verteilt (Num 32,33). Nach dem Tod des Mose (Dtn 34,5–7) bricht Israel auf und überschreitet bei Jericho den Jordan (Jos 3), erobert zunächst Jericho (Jos 6), dann Ai (Jos 8) und schließlich die Städte der Schefela und des judäischen Berglandes (Makkeda, Lachisch, Geser, Eglon, Hebron und Debir; vgl. Jos 10). Mit der Eroberung Hazors (Jos 11) wird die Einnahme des Westjordanlandes abgeschlossen (Jos 12) und das eroberte Land an die Stämme verteilt (Jos 11,23; 13–21). Einige Teile des Landes bleiben unerobert und einige Städte gehen trotz der Eroberung nicht sofort in den Besitz über, was in den sog. negativen Besitznotizen bzw. dem negativen Besitzverzeichnis (Jos 15,63; 16,10; 17,11f.18; Ri 1,18f; 1,27–35) festgehalten ist. Zu diesen Städten gehören Jerusalem, das nach biblischer Darstellung erst durch David erobert wird (2 Sam 5,6–9), und Geser, das erst Salomo als Mitgift erhält (1 Kön 9,16f), sowie die Städte der Ebenen im Landesinneren (Taanach, Megiddo, Bet-Schean), der Küstenebene und der Schefela (Gaza, Aschkelon, Aschdod, Ekron, Sidon, Achsib u. a. m.).

4.2 Landnahmemodelle

Die Diskussion um die Landnahme war in den 80er- und 90er-Jahren des vergangenen Jahrhunderts eines der bewegtesten Felder der Forschung im Bereich der Frühgeschichte Israels. Die Veränderung lässt sich etwa darin erkennen, dass in jüngerer Zeit in der Regel gar nicht mehr von einer »Land*nahme*«, sondern der »Entstehung Israels« gesprochen wird. Damit ist angezeigt, dass die Frage, ob Israel als eine außerhalb des Landes und vor dem Landnahmeprozess entstandene Größe verstanden wird, einem starken Wandel unterworfen ist (↗ III.1–3). Zugleich hat sich die Gewichtung der Quellen stark verschoben. Während in den älteren Landnahmediskussionen der archäologische Befund lediglich in eine Relation zur biblischen Darstellung gebracht wurde, die Schilderung der Bibel aber die vorgeordnete und hypothesenleitende Quelle war, dann soziologische Theorien in den Vordergrund rückten, ist die jüngere Diskussion sehr stark archäologisch geprägt (*V. Fritz*, *J. Kamlah*). Durch ein starkes Anwachsen der archäologischen Daten zur frühen Eisenzeit, die vor allem aus Oberflächen-Surveys stammen (*I. Finkelstein*, *Z. Gal*), hat sich das Bild der Entstehung Israels deutlich verschoben. Insgesamt lassen sich vier Landnahmemodelle unterscheiden. Sie werden unter die Schlagworte Invasion, Infiltration, Revolution und Evolution gefasst, die durch die verbalen Metaphern Eindringen, Einsickern, Umstürzen, Entwickeln ergänzt werden. Die tabellarische Übersicht ↗ S. 75 soll die Orientierung erleichtern (vereinfachte Wiedergabe der benutzten Begriffe: Infiltration – langsames Einsickern, Sedentarisierung – Sesshaftwerdung, Resedentarisierung – Wiederansiedlung, Transhumanz – Weidewechsel, allogen – außerhalb entstanden, → allochthon – von außerhalb kommend, → indigen – innerhalb entstanden).

(a) Das Invasionsmodell

Die Landnahme wird als militärische Eroberung der von Osten eingewanderten Israeliten dargestellt. Israel ist dabei außerhalb des Landes entstanden (*allogen*) und dringt mit Gewalt nach Palästina ein. In der frühen bibelarchäologischen Diskussion wurde versucht, die Zerstörungshorizonte der spätbronzezeitlichen Städte mit den Eroberungsberichten zu verbinden (so z. B. von *W. F. Albright* in *Tell Bēt Mirsim* oder von *Y. Aharoni* in Lachisch/*Tell ed-Duwēr*). Die Datierung der Zerstörungen und der Landnahme beeinflussten sich wechselseitig. Dass aber die biblische Darstellung *nicht* als historischer Bericht zu lesen ist, wird heute nur noch in fundamentalistischen Kreisen bestritten. Die klassischen Gegenargumente lassen sich an Jericho, Ai und Hazor verdeutlichen. Nach Ausweis des archäologischen Befundes ist Jericho/*Tell es-Sulṭān* vom 14.–12. Jh. v. Chr. nicht besiedelt und noch dazu entgegen der biblischen Erzählung zuvor unbefestigt. Eine Zerstörungsschicht, die mit Jos 6 in Deckung zu bringen wäre, gibt es hier ebenso wenig wie in der Stadt Ai (*et-Tell*), die seit dem Ende der Frühbronzezeit im 2. Jt. v. Chr. nicht besiedelt ist und in der Eisen I-Zeit nur eine bescheidene Siedlung aufweist. Am hartnäckigsten hält sich die These einer militärischen Eroberung des Landes an Hazor (*Y. Yadin*), der einst größten Stadt im gesamten Westjordanland. Gegen Ende des 13. Jh.s v. Chr. – nach *I. Finkelstein* aber schon etwas früher – werden Ober- und Unterstadt zerstört. Nach einer kurzen partiellen Wiederbesiedlung wird die Unterstadt noch vor 1200 v. Chr. verlassen. Nach einer Siedlungslücke entsteht im 11. Jh. v. Chr. auf den Ruinen der Oberstadt eine zweiphasige, sehr bescheidene Nachfolgesiedlung (*D. Ben-Ami*). Das spricht nicht unbedingt für die Israeliten als Eroberer, aber auch nicht dagegen. Bezieht man die Zerstörung Hazors in den Prozess des Niedergangs in der südlichen Levante ein, dann erscheint die biblische Erklärung der Eroberung durch Josua eher als narrative Verarbeitung denn als historischer Bericht. »Israel« ist nicht Ursache, sondern Folge des Niedergangs der Stadtkultur.

Bezeichnung	Stichwort	Israel entsteht …	Verhältnis Israel/Kanaan	Kurzskizze	Wesentlicher Textbezug	Hauptvertreter
Invasions-hypothese	Eindringen Eroberung	allogen	Israel entsteht *gegen* Kanaan	Israel entsteht in Ägypten/ Exodus/Landnahme	Jos 1–12	W. F. Albright
Infiltrations-hypothese Sedentarisierung	Einsickern Transhumanz	allochthon	Israel entsteht *neben* Kanaan	halbnomadische Stämme aus den Wüstengebieten/ Transhumanz	Ri 1,27–34	A. Alt
Revolutions-hypothese	Umstürzen Aufstand	indigen	Israel entsteht *aus* Kanaan	Aufstand gegen die Städter durch die Landbevölkerung/ *ʿApiru/Ḫapiru*	Amarnabriefe	G. Mendenhall
Evolutionsmodell	Entwicklung Resedentarisie-rung	indigen	Israel entsteht *in* Kanaan	Halbnomaden, die in der Mittel-bronzezeit ihre Sesshaftigkeit aufgegeben haben, siedeln er-neut als Folge des Zusammen-bruchs der Stadtkultur	–	I. Finkelstein

Tabellarische Übersicht über die Landnahmemodelle (↗ III.4.2 für eine kurze Erläuterung der gebrauchten Begriffe).

Das militärische Landnahmemodell, das von einer Invasion der Israeliten ausgeht und dem biblischen Befund in Jos 1–11 folgt, wurde schon früh in der Forschung infrage gestellt. Es gilt heute zu Recht als das historisch unwahrscheinlichste Modell und scheitert schon an der Annahme, dass Israel nach diesem Modell als handlungsfähige soziale Größe außerhalb des Landes, d. h. allogen, entstanden sein muss (↗ II.4).

(b) Das Infiltrationsmodell

An den außerhalb des Landes liegenden Wurzeln wurde jedoch zunächst in der Forschung festgehalten. *Albrecht Alt* entwickelt 1925 und 1939 das sog. Infiltrationsmodell, das von periodischer Transmigration, d. h. dem Weidewechsel von Halbnomaden aus der angrenzenden (ostjordanischen) Steppe/Wüste in das Kulturland, ausgeht. *Alt* nennt diese Wirtschaftsform nicht ausreichend präzise »Transhumanz«. Dabei setzt *Alt* voraus, dass die Kleinvieh züchtenden Stämme Israels in einem *friedlichen Prozess* in das Land einsickern, sesshaft werden (Sedentarisierung) und dann neben der Viehzucht auch zum Ackerbau kommen. Israel kommt in bereits existierenden → agnatischen Verbänden (»Stämmen«) von außen, ist also → *allochthon* entstanden, bildet jedoch noch keine feste soziale bzw. politische Größe. Israel entsteht nicht *in* Kanaan, sondern *neben* Kanaan. Erst in einer zweiten Phase nimmt *Alt* kriegerische Auseinandersetzungen mit den Städten an, die schließlich zu dem Umbruch führen, aus dem das staatliche Israel hervorgeht. Die fundamentale Opposition Kanaan/Israel bleibt leitend in diesem Theoriemodell.

Doch auch das Modell *Alts* scheitert an der Herkunft Israels von außen, den historisch nicht nachweisbaren Wanderungsbewegungen über größere Entfernungen und daran, dass es zu wenig den inneren Zusammenbruch der Stadtkultur berücksichtigt.

(c) Das Revolutionsmodell

George Mendenhall entwickelt 1962 mit dem sog. Revolutionsmodell das früheste kulturhistorisch indigene Landnahmemodell, das Israel soziologisch nicht nur *in*, sondern auch *aus* Kanaan entstanden sein lässt. Sein Ausgangspunkt sind die Spannungen zwischen stadtnahen, sozial schwachen Bevölkerungselementen und der städtischen Gesellschaft. Die Wurzel sieht *Mendenhall* in den Konflikten zwischen den *ʿApiru/Ḫapiru* und den Städten (↗ II.2), die am Ende der Spätbronzezeit gewalttätigen Widerstand gegen das System leisten und im Aufstand einen radikalen Umbruch erzwingen (»a peasant's revolt against the network of interlocking Canaanite city states«, *G. Mendenhall*, Hebrew Conquest, 159). Die soziologische Größe »Stamm« wird zur Organisationsform der aufständischen *Outlaws*, die sich gegen die Stadtbevölkerung zusammenschließen, d. h. die Siedler sind vorher bereits im offenen Land *sesshaft* (was mit dem archäologischen Befund nicht vereinbar ist). Israels Ursprung ist → *indigen*, es entsteht *in und aus Kanaan*. Standen bei *Mendenhall* soziologische Erklärungskategorien im Vordergrund, so versuchte *Norman K. Gottwald* (1979) die YHWH-Religion zum treibenden Faktor dieses Prozesses zu machen.

Kritik am Revolutionsmodell gibt es von Beginn an. Zum einen wird infrage gestellt, dass es eine soziale Widerstandsbewegung als *Revolution* gegeben hat, zum anderen fehlt in dem Modell eine überzeugende Erklärung der beiden entscheidenden Veränderungen der frühen Eisenzeit (rapides Anwachsen der Siedlungen in der Eisenzeit, Wechsel des Siedlungsmusters).

(d) Das Evolutionsmodell

Eine Weiterentwicklung des Revolutionsmodells zum *Evolutionsmodell* hat daher *Niels P. Lemche* 1988 vorgestellt. Dabei wird der Untergang der spätbronzezeitlichen Stadtkultur multikausal erklärt, sodass Israel aus den Restbeständen der kanaanäischen Stadtkultur sukzessive entsteht und die neu entstandenen Stämme den gemeinschaftlichen Zusammenhalt sichern.

In der jüngeren Diskussion wurde das Evolutionsmodell mit dem Infiltrationsmodell *Alts* zusammengebracht und von *Israel Finkelstein* 1988 weiterentwickelt. Dabei geht *Finkelstein* vom archäologischen Befund aus, der neben dem Zusammenbruch der Stadtkultur einen Wechsel im Siedlungsmuster (80–90% der neuen Siedlungen entstehen an Orten, die SB-zeitlich nicht besiedelt waren) und ein überproportionales Anwachsen neuer Siedlungen (regional differenziert bis zu fünfmal mehr als in der SB-Zeit) zeigt. Die Siedler lassen sich zunächst am Ostrand der Hochflächen des zentral gelegenen samarischen Gebirges (Efraim und Manasse) nieder. Danach erfolgt die Westexpansion sowie die Ausbreitung nach Galiläa und in den Negeb bis Beerscheba (*Bīr es-Sebaʿ*) (*↗ Karte 2*). Erst zu Beginn der Königszeit werden die Ebenen israelitisches Siedlungsgebiet (s. u.). Die Siedler stammen nach *Finkelstein* nicht aus den spätbronzezeitlichen Städten, sondern in einem verzögerten Prozess der Resedentarisierung aus der mittelbronzezeitlichen Stadtkultur. Zwischenzeitlich waren sie Halbnomaden im Umkreis der Städte. Mit dem Niedergang der Stadtkultur zerbricht die Symbiose zwischen Städtern und halbnomadischen Kleinbauern. Der Getreidehandel, auf den die halbnomadischen Bevölkerungselemente angewiesen sind, bricht zusammen und zwingt sie so, selbst Ackerbau zu treiben und damit dauerhaft sesshaft zu werden. Die Siedler kommen demnach aus Palästina, Israel ist → *indigen* entstanden. Israel entsteht zwar *in Kanaan*, aber nicht *aus Kanaan.*

4.3 Zusammenfassende Auswertung

Das Evolutionsmodell auf der Basis von *Finkelsteins* Analysen ist derzeit das plausibelste Landnahmemodell. Allerdings ist die Rückbindung des Prozesses an die De-→ Urbanisierung in der Mittelbronzezeit so nicht nachweisbar. Die vorausgesetzte Annahme einer größeren Population von mobilen, abseits der Städte autonom lebenden und → tribal in Stämmen organisierten Nomaden in Palästina ist zweifelhaft (*S. A. Rosen/G. Lehmann*) und eine halbnomadische Herkunft der Siedler lässt sich nicht belegen. »Tatsächlich vollzieht sich die Sesshaftwerdung von nicht-sesshaften Gruppen vornehmlich in geschichtlichen Phasen der Prosperität (scil. Wohlstand) und nicht in Krisenzeiten. ... Der archäologische Befund

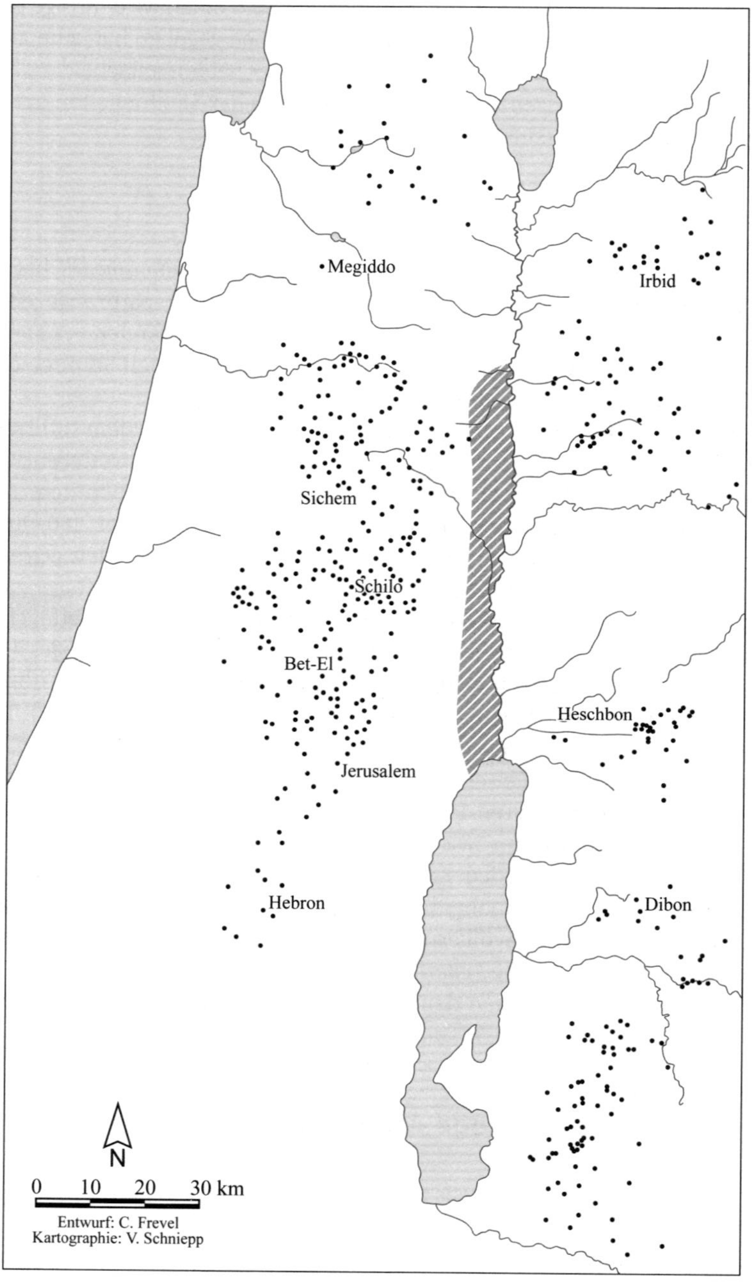

Karte 2: Siedlungsentwicklung in der frühen Eisenzeit. Die Darstellung versucht die Ergebnisse verschiedener Surveys zusammenzuführen, um die Siedlungsentwicklung annäherungsweise kartographisch wiederzugeben. Für das westliche Jordantal wurden statt einzelner Orte die Siedlungsflächen durch Schraffuren angegeben. Es fehlen u. a. die Surveyergebnisse der Schefela im Westjordanland und der Regionen nördlich des Jarmuk und südlich des Jabbok im Ostjordanland.

spricht gegen die These, es habe während der späten Bronzezeit überdurchschnittlich viele ›Kulturland-Nomaden‹ gegeben« (*J. Kamlah*, Zeraqon-Survey, 178). Daneben ist vom keramiktypologischen Befund die Unterscheidung von zwei Phasen der früheisenzeitlichen Besiedlung ebenso zu hinterfragen wie die allzu scharfe Trennung zwischen Spätbronzezeit und Eisen I-Zeit (*J. Kamlah*). Wie die anderen Modelle hat auch *Finkelsteins* Ansatz neben unbestreitbaren Vorteilen in der Auswertung der archäologischen Surveys und der Keramik seine Schwächen in der Bestimmung des komplexen Verhältnisses von Kontinuität und Diskontinuität zwischen der Spätbronze- und Eisenzeit.

Keines der Landnahmemodelle überzeugt vollständig und es ist zu fragen, ob *ein* einheitliches Modell dem komplexen Prozess überhaupt gerecht werden kann (↗ III.5 u. III.7.3). Sicher ist, dass eine Erklärung vom archäologischen Befund und nicht von soziologischen oder biblischen Theorien ausgehen und vor allem die Bezeichnung »Israel« für die neu entstehende Dorfkultur nur sehr behutsam angewandt werden sollte. Landnahme und → Ethnogenese sind nicht dasselbe, aber auch nicht voneinander zu trennen. Die regionale Differenzierung im Land, die Kontinuitäten der SB-zeitlichen Stadtkultur und die differenzierte Vielfältigkeit der materiellen Kultur raten davon ab in den Prozessen, die mit den Landnahmemodellen beschrieben werden, die Größe »Israel« zu verwenden. Das gilt auch für die im nächsten Abschnitt zu beschreibende neue Dorfkultur.

5. *Die Entstehung der neuen Dorfkultur im Bergland*

P. R. Davies, Ethnicity, 2014, http://www.bibleinterp.com/opeds/2014/01/dav388016.shtml (Zugriffsdatum 15.7.2018) • W. G. Dever, Ethnicity and the Archaeological Record, in: D. R. Edwards/C. T. McCollough (Hg.), The Archaeology of Difference, Boston 2007, 49–66 • A. Faust, Israel's Ethnogenesis, London 2006 • ders., Chronological and Spatial Changes in the Rural Settlement Sector of Ancient Israel During the Iron Age: RB 122, 2015, 247–267 • I. Finkelstein, The Archaeology of the Israelite Settlement, Jerusalem 1988 • ders., Living on the Fringe, Sheffield 1995 • ders., The Philistine Countryside: IEJ 46, 1996, 225–242 • E. Gass, Simson und die Philister: RB 114, 2007, 372–402 • A. Gilboa u. a., An Iron Age I Canaanite/Phoenician Courtyard House at Tel Dor: BASOR 372, 2014, 39–80 • B. Hesse/L. Wapnish, Can Pig Remains Be Used for Ethnic Diagnosis in the Ancient Near East?, in: N. A. Silberman/D. Small (Hg.), The Archaeology of Israel (JSOT.S 237), Sheffield 1997, 238–270 • D. Jericke, Die Landnahme im Negev (ADPV 20), Wiesbaden 1997 • J. Kamlah, Die Entstehung Israels aus archäologischer Sicht: WuB 49, 2008, 28–33 • R. Kletter, Pots and Polities: BASOR 314, 1999, 19–54 • ders., Water from a Rock: SJOT 30, 2016, 161–184 • Landnahme: ThQ 186, 2006 • G. Lehmann, The Northern Coast Plain during the Early Iron Age (Iron I – Early Iron IIA) [unpubl. MS 2018] • S. Münger, Early Iron Age Kinneret – Early Aramaean or Just Late Canaanite?, in: A. Berlejung/M. P. Streck (Hg.), Arameans, Chaldeans, and Arabs in Babylonia and Palestine in the First Millenium B.C., Wiesbaden 2013, 149–182 • Ł. Niesiołowski-Spanò, Functional Ethnicity Or How to Describe the Societies of Ancient Palestine?: UF 47, 2016, 191–203 • L. Sapir-Hen u. a., Pig Husbandry in Iron Age Israel and Judah: ZDPV 129, 2013, 1–20 • U. Zwingenberger, Dorfkultur der frühen Eisenzeit in Mittelpalästina (OBO 180), Fribourg/Göttingen 2001.

5.1 Kontinuität und Diskontinuität zur Stadtstaatenkultur

Die Eisen I-Zeit ist eine Übergangsperiode zwischen zwei urbanen Kulturen in der späten Bronze- und der mittleren Eisenzeit (*J. Kamlah*). Die früheisenzeitliche Dorfkultur lässt sich trotz des veränderten Siedlungsmusters (↗ III.4.2, *Karte 2*) nicht in völliger Diskontinuität zur spätbronzezeitlichen Stadtkultur beschreiben. Zwar ist richtig, dass Luxusware wie Elfenbeine, Schmuck, wertvolle Keramik ebenso wie die spätbronzezeitlichen Siegel nicht weiter produziert wird, sondern die materielle Kultur durch eine deutlich geringere Qualität gekennzeichnet ist. Doch ist mit der neu entstandenen Dorfkultur kein vollkommener Bruch verbunden, der ethnisch im Sinne eines Gegensatzes Kanaan/Israel gedeutet werden könnte. Soweit erkennbar, findet kein Wechsel der Sprache oder des Dialekts statt. Gebrauchskeramik und Architektur sind funktional orientierten Veränderungen unterworfen, stehen aber dennoch in Kontinuität zur Spätbronzezeit. Die Bestattungssitten verändern sich kaum. Die Religion der frühen »Israeliten« unterscheidet sich nicht grundsätzlich von der kanaanäischen Religion. Allerdings ist sie von ihrem Symbolsystem weit stärker auf die unmittelbaren Bedürfnisse der Bauern des Berglandes ausgerichtet. Die Übergänge zwischen der spätbronzezeitlichen städtischen Gesellschaft und der früheisenzeitlichen dörflichen Gesellschaft sind ökonomisch, kulturell und sozial deutlich fließender als oft angenommen. Damit steht auch der klare Gegensatz zwischen dem spätbronzezeitlichen Kanaan und dem früheisenzeitlichen Israel infrage. Sicher gibt es einen Wechsel in ökonomischer und sozialer Hinsicht: Während die spätbronzezeitliche Stadtkultur durch Arbeitsteilung und das Erzielen eines ökonomischen Mehrwerts (Handel und Handwerk) gekennzeichnet war, ist die Dorfkultur subsistenzwirtschaftlich und durch den Tauschhandel mit Naturprodukten geprägt. Das bedingt die relativ geringe soziale Stratifizierung, d. h. es gibt nur geringe Statusunterschiede, kaum Elite oder Schichtenbildung. In der Forschung wird die früheisenzeitliche Sozialstruktur deshalb häufig als »→ egalitäre Stammesgesellschaft« bezeichnet (s. u.). Dabei darf man nicht übersehen, dass es auch in den früheisenzeitlichen Kontexten Handwerker brauchte und auch (vielleicht abgesehen vom Fernhandel) Handel betrieben wurde. Der Landbesitz war auch in der → tribalen früheisenzeitlichen Gesellschaft abhängig von sozialen Netzwerken, in der Regel Verwandtschaftsbeziehungen, die die Vorstellung von einem gemeinsamen Erbe (*naḥ^{a}lāh*) pflegten. Die unbezweifelbaren Änderungen in der Sozialstruktur, der Ökonomie, der politischen Organisation, der Demographie und der Lebensform dürften weit mehr auf den Umbruch der kanaanäischen Stadtstaatengesellschaft als auf ein »Israel«, das sich in einen Gegensatz zu »Kanaan« setzt, zurückzuführen sein. Betrachtet man das Ganze der verfügbaren Informationen, kann man sich des Eindrucks nicht erwehren, dass der Gegensatz zwischen der Spätbronzezeit und der Eisenzeit so stark in der Forschung betont wurde, um die völlige Andersartigkeit Israels zu wahren. Das entspricht jedoch weit mehr den traditionellen Modellen der allogenen Entstehung Israels als den gegenwärtig plausibleren (↗ III.4.2) → indigenen Entstehungsmodellen. *De facto* sind die Übergänge weit fließender.

5.2 Die Ethnizitätsdebatte

Breit ist in der Forschung über die Frage diskutiert worden, ob die Bewohner der neuen Dorfkultur sich ethnisch von der Stadtbevölkerung der Spätbronzezeit abheben (zuletzt emphatisch *A. Faust*). Wenn »Israel« von außen kommt, muss es sich unterscheiden, wenn es hingegen in und aus Kanaan entstanden ist, ist eine ethnische Differenzierung von vornherein fraglich. Das Problem setzt schon bei der Terminologie an: Spricht man die Dorfbewohner als frühe Israeliten an, setzt man damit schon ein Israel voraus (→ Ethnogenese), das sich dann selbstverständlich kulturell abheben muss (→ Ethnizität). Diesem Zirkelschluss entgeht man auch nicht durch die Rede von *Proto*-Israeliten (*W. G. Dever*), da jene, wenn sie unterscheidbar sein sollen, selbst wieder eine Ethnizität voraussetzen.

Mögliche ethnische Marker sind Sprache, Tradition oder die materielle Kultur. Inzwischen hat die breite Fachdiskussion zu dem Ergebnis geführt, dass die Kategorie der Ethnizität selbst ein Konstrukt ist und sich in der eisenzeitlichen Kultur keine definitiven Marker feststellen lassen, die auf eine ethnische Differenz sicher schließen lassen (*R. Kletter*). Das »Israel« der Merenptah-Stele (↗ II.3) kann dafür jedoch kaum herangezogen werden, da es keine erkennbare Verbindung zur früheisenzeitlichen Kultur gibt (↗ III.7.3). Sofern sich das Konstrukt der Differenz an »Israel« festmacht, steht der biblische Befund im Hintergrund.

Als funktional begründete Transformationen spätbronzezeitlicher Kulturelemente lassen sich daher auch die beiden Bereiche deuten, die in der Landnahmedebatte lange Zeit als ethnische Differenzmarker und Indikatoren (»Leitfossilien«) einer *neuen* Kultur geführt wurden: das sog. Vierraumhaus und die Vorratskrüge. Das Vierraumhaus (besser: Vier-Zonen-Haus) besteht aus einem Breitraum und einem großen Hof, der durch zwei Pfeilerreihen bzw. eine Mauer und eine Pfeilerreihe in drei Teile geteilt wird und von dem aus man die Räume betritt (↗ Abb. 8).

Einer der so entstehenden lang gestreckten »Räume« und ein Teil des Hofes sind überdacht. Manche der Häuser sind zu Teilen (im hinteren Breitraumbereich) zweistöckig, die Dachfläche wird gegebenenfalls auch sonst als Wohn- und Schlafbereich mitgenutzt. Man hat versucht, diesen Haustyp aus dem (viel späteren) Beduinenzelt abzuleiten, weil dort die Raumaufteilung ähnlich ist. Die Pfeilerbauweise sollte dabei den Zeltstangen entsprechen. Die Bauweise ist jedoch eher funktional bedingt und optimal für eine Kleinfamilie, die einfache Subsistenzwirtschaft mit bescheidener Kleinviehzucht und Getreidefeldbau betreibt. Eine Ableitung aus der nomadischen Lebensweise oder gar eine ethnische Zuordnung (→ Ethnizität) ist daher nicht angezeigt (*V. Fritz*), auch wenn eine naheliegende Ableitung aus spätbronzezeitlichen Haustypen nicht schlüssig gelingen sollte. Dass Vierraumhäuser auch im früheisenzeitlichen Ostjordanland auftauchen, ist kein Indiz dafür, dass es sich um ein und dieselbe halbnomadische Bevölkerungsgruppe (»Israel«) handelt (*A. Faust*), sondern um eine vergleichbare Lebensweise.

Die etwa 1 m hohen ovoiden Vorratskrüge mit Halswulst (die sog. Collared-Rim-Jars; ↗ Abb. 9) tauchen in regional leicht unterschiedlichen Typen im zentralen Bergland, in Obergaliläa und im Ostjordanland in der Eisen I-Zeit verstärkt auf.

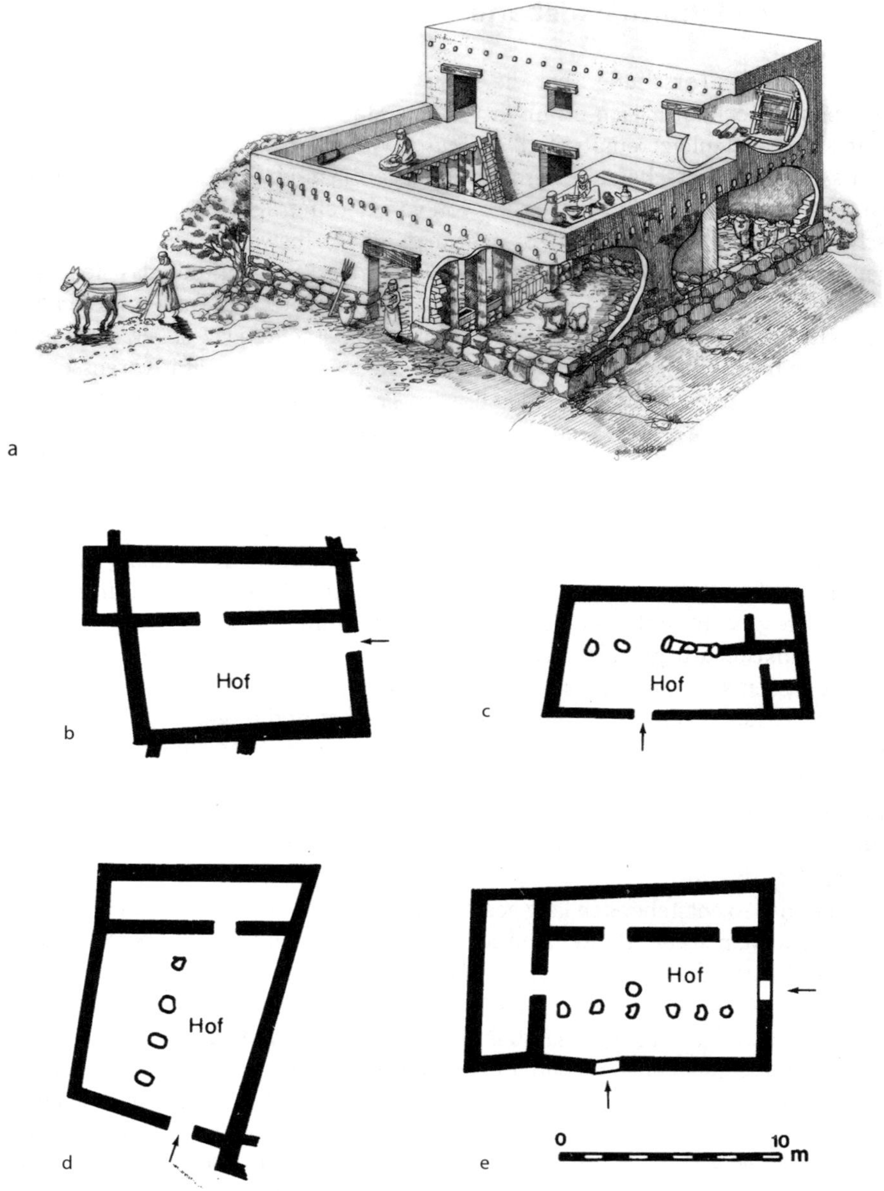

Abb. 8: Verschiedene Haustypen mit Hof (aus *Ḫirbet el-Mšāš* und *Tel ʾEsdār*): Breitraumhaus (b), Dreiraumhaus (c und d) und Vierraumhaus (e). Der überdachte Hof diente als Wohn- und Arbeitsbereich für Mensch und Tier, während das Dach als Wohn- und Schlafbereich genutzt wurde. Manche der Häuser hatten ein zweites Stockwerk, das zusätzliche Wohn-, Arbeits- und Speicherräume bot (s. Rekonstruktionszeichnung a).

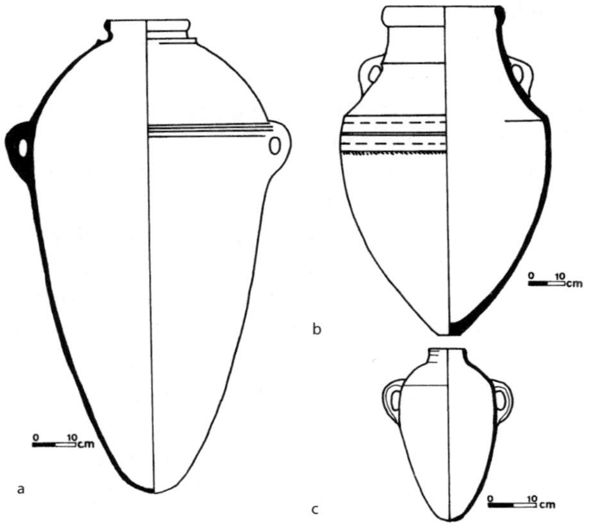

Abb. 9: Beispiele für Vorratskrüge aus der Eisen I- und frühen Eisen IIA-Zeit aus *Sāḥāb, Tulēl* und *Tel ʾEsdār.* Die Krüge wurden für die Vorratshaltung und den Transport agrarischer Güter wie Getreide, Öl oder Wein genutzt. Wegen der charakteristischen Halswulst wird der im zentralen Bergland und im Ostjordanland belegte Typ (a aus *Sāḥāb*) »Collared Rim Jar« genannt. Der südliche Typ (c aus *Tel ʾEsdār*), der von der Küste und aus dem Negeb stammt, ist etwas kleiner und hat keine Wulst am Hals. Im Norden in Obergaliläa ist der bauchige Typ belegt (b aus *Tulēl*), bei dem die Henkel höher auf der Schulter ansetzen.

Die Krüge sind den Bedürfnissen der bäuerlichen Subsistenzwirtschaft angepasst und gehören in den Kontext einer agrarischen Wirtschaftsweise. Sie dienen zum Transport und zur Lagerung von Getreide, Öl und Wein und sind deshalb kein *ethnischer Marker* (→ Ethnizität). Ihr Auftauchen ist auch nicht mit dem Entstehen der eisenzeitlichen Kultur vollständig deckungsgleich, sodass sie nicht als Gefäße gelten können, die die Siedler »*mitgebracht*« hätten. Eines der frühesten Exemplare des Collared-Rim-Typus stammt z. B. aus der spätbronzezeitlichen Garnison in Afek/*Tell Rās el-ʿĒn*, andere spätbronzezeitliche und früheisenzeitliche Exemplare stammen aus städtischen Kontexten wie Achschaf/*Tell Kēsān*, Megiddo/*Tell el-Mutesellim*, *Tell es-Saʿīdīye*, Bet-Schean oder *Mālḥa* in der Refaimebene. Die Laufzeit dieser Gefäße geht deutlich über die frühe Eisenzeit hinaus und umspannt die Spätbronzezeit bis hin zur mittleren Eisen II-Zeit (*J. Kamlah*). Auch die früheisenzeitlichen Kochtöpfe, die als Marker einer neuen Kultur angeführt wurden, stehen in Kontinuität zu anderen Keramikformen. Insgesamt ist die Kontinuität der Gebrauchskeramik zwischen der Spätbronze- und der Eisenzeit sehr hoch. Funktional erklärbar ist auch der nicht durchgehend, aber mancherorts neu eingeführte Terrassenfeldbau, der ebenso wie die in den Häusern platzierten Regenwasserzisternen die Nutzung der knappen Ressource Wasser optimiert (*U. Zwingenberger*).

Neben dem Vier-Zonen-Haus und den Vorratskrügen sind als weitere Indikatoren die fehlende Dekoration der Keramik angeführt worden. Ebenso wie den

Import von Keramiktypen hätten die frühen Israeliten die Dekoration vermieden, um sich von den Philistern abzugrenzen (*A. Faust*). Diese Deutung wird dem Befund eher aufgezwungen, als dass sie ihm entspricht. Die Keramiktypen sind auch hier am Bedarf einer bäuerlichen Subsistenzwirtschaft orientiert und kein Ausdruck → egalitären Selbstverständnisses.

Viel Beachtung haben die Speisegewohnheiten gefunden und darin vor allem die Frage des Verzehrs von Schweinefleisch. Das Fehlen von Schweineknochen in den Siedlungen des Berglandes wird als Einhaltung der Regeln von Lev 11,7/Dtn 14,8 gedeutet: Da Schweine zwar gespaltene Hufen haben, aber nicht wiederkäuen (Lev 11,7), wird ihr Verzehr vermieden. Der Verzicht auf Schweinefleisch wird gleichzeitig als Kern einer religiösen Identität gedeutet (2 Makk 6,18; 7,1). Philister hingegen hätten Schweinefleisch verzehrt, wie der Fund von Schweineknochen in den Siedlungsgebieten der Philister beweise. Siedlungen, in denen keine Schweineknochen gefunden wurden, werden entsprechend den Israeliten zugewiesen. Schweineknochen werden zum archäologisch nachweisbaren ethnischen Marker erhoben. Die Argumentation ist problematisch, weil sie voraussetzt, dass die Speisevorschriften immer schon existierten, was zweifelhaft ist. Wann sich das Speisetabu ausgebildet hat, ist eine offene Frage.

Für die Auffälligkeit, dass in den Siedlungsgebieten Schweineknochen weitestgehend fehlen, kann ebenso auf einen ökonomischen Hintergrund verwiesen werden, insofern Mensch und Schwein Nahrungskonkurrenten sind. Der für die Schweinezucht benötigte Getreideüberschuss kann von der neuen Dorfkultur unter den Bedingungen des Berglandes nicht erwirtschaftet werden. Außerdem sind die klimatischen Voraussetzungen für die erfolgreiche Aufzucht von Schweinen in den Siedlungsgebieten der frühen Israeliten kaum gegeben (*B. Hesse/P. Wapnish, L. Sapir-Hen u. a.*). Daneben gibt es Kontextbedingungen (z. B. die Mobilität, die Art des Feldbaus, der Handel mit Sekundärprodukten, langfristige ökonomische Strategien wie etwa die Produktion von Textilien etc.), die für die Schweinezucht von großer Bedeutung sind. Auch wenn es vereinzelt Schweine bei frühen »Israeliten« gegeben hat, verwundert es nicht, dass die Siedler in der Regel keine Schweine hielten. So ist aber auffallend, dass es in der Eisen IIB-Zeit in den Städten, z. B. in Bet-Schean, Megiddo, Jokneam und *Rās Abū Ḥamīd*, Hinweise auf Schweinezucht gibt. Hier hängt die Einführung offenbar mit dem veränderten Verhältnis von Bevölkerung und Weideflächen für Kleinvieh zusammen (*L. Sapir-Hen u. a.*). Auf eine *ethnische* Differenz der neuen Bewohner zu den Bewohnern der Städte und der Nachbarregionen lässt sich auch hier nicht schließen. Offenbar bedarf es weniger eines vorgegebenen Tabus innerhalb einer ethnisch geschlossenen Gruppe als bestimmter komplexer Bedingungen, damit Schweine gezüchtet und verzehrt werden.

Die in diesem Abschnitt mit ihren wichtigsten Argumenten (Vier-Zonen-Haus, Vorratshaltung und Speisevorschriften; hinzuzunehmen ist noch die fehlende Differenz der sprachlichen Zeugnisse) vorgestellte → Ethnizitätsdebatte wird auch für die Philister oder die Aramäer mit dem Interesse der klaren Abgrenzung von Ethnien geführt. Daher wird die Argumentation, für die in der gegenwärtigen Literatur vor allem *A. Faust* steht, als zirkulär kritisiert, da sie das unterscheidend Andere zunächst definiert, um es dann in der materiellen

Kultur zu identifizieren (*R. Kletter*). Die Größe »Israel«, die sich im materiellen Befund zeigen soll, wird dafür bereits vorausgesetzt (*E. Pfoh*). Ethnizität als analytisches Konzept wird überhaupt infrage gestellt (*P. R. Davies, T. Thompson*). In der materiellen Kultur gibt es keine »ethnischen Marker«, die geradezu indexalisch für »Israel« stehen.

5.3 Beispiele für die regionale Entwicklung der Dorfkultur

Die regional differenzierten Veränderungsprozesse sollen wie ↗ II.2.7 am Beispiel der Region Untergaliläas und des manassitischen Berglandes verdeutlicht werden.

(1) In *Untergaliläa* entstehen im 12. Jh. v. Chr. viele neue Siedlungen, vor allem in der gebirgigen Gegend um Nazaret und an der Straßenverbindung durch das *Naḥal Ṣippori*, meist gelegen an kleineren Wasserläufen. Diese Siedlungen sind recht klein (ca. 0,1–0,4 ha) und bestehen nur für kurze Zeit. Der Schluss liegt nahe, dass diese subsistenzwirtschaftlichen Siedlungen die Zerstörung der Städte voraussetzen, und dass die Bevölkerung die ehemalige Stadtbevölkerung einschließt. Es ist nämlich auffallend, dass in der Gegend von Megiddo und Bet-Schean (also den an die Jesreel-Ebene angrenzenden Städten unter ägyptischem Einfluss, die am längsten, zum Teil bis weit in die Eisen I-Zeit hinein existieren) keine neue Siedlungsstruktur im Umland entsteht (sog. nördlicher Querriegel, »Neues Kanaan«, ↗ II.2.1, *Karte 1*). Das deutet darauf hin, dass die neuen Siedlungen die Städte als funktionierende Einheiten dann ablösen, wenn diese aufgrund von Zerstörung oder Aufgabe keine Anziehungs- und Strahlkraft mehr haben. Während im Bergland in der Eisen I-Zeit keine Stadt gegründet wird, entsteht am See Gennesaret die Stadt Kinneret/*Tell el-ʿOrēme*, vielleicht im Kontext der Ansiedlung des aramäischen Stammes Geschur (*W. Dietrich/S. Münger*, anders jüngst *S. Münger*). Auch auf dem weit kleineren *Tel Hadar* an der östlichen Uferseite wird eine Stadt errichtet, die wie Kinneret – was für die Eisen I-Zeit ungewöhnlich ist – befestigt wird. Die Region um den See zeigt damit in der Eisen-I-Zeit eine regionale Sonderentwicklung, die sich auch im 10.–8. Jh. v. Chr. fortsetzt.

(2) Für das *manassitische Bergland* im nördlichen Teil des samarischen Gebirges ist nicht von zusammenbrechenden starken Stadtstaatenstrukturen auszugehen, da es lediglich das spätbronzezeitliche Sichem/*Tell Balāṭa* ist, das als bedeutend charakterisiert werden kann. In der Eisen I-Zeit entsteht eine Fülle von neuen, überwiegend sehr kleinen (< 1 ha) Siedlungen, von der knapp die Hälfte keine Vorläufer in der SB- oder MB-Zeit hatte. Wahrscheinlich ist mit einem Anstieg der siedelnden Bevölkerung durch Zuwanderungen aus dem Norden Palästinas zu rechnen. Bei den kleinen Siedlungen handelt es sich überwiegend um *one period sites*, also Ortslagen, die bei steigender Prosperität (Wohlstand infolge wirtschaftlicher Entwicklung), bald wieder aufgegeben werden. Daneben bestehen die größeren Siedlungen über 1 ha, die meist durch Quellen ausreichend mit Wasser versorgt sind, zu überwiegenden Teilen auch in der Eisen IIA-Zeit fort. Die Aufgabe der Siedlungen in der Reurbanisationsphase (→ Urbanisation) des 10./9. Jh.s v. Chr. unterstreicht den Durchgangscharakter der Eisen I-Zeit

(*E. Gass*). Wichtige Zentren des späteren Staates Israel (Taanach, Samaria, Tirza, Sichem) liegen in diesem Gebiet (↗ V.4 u. IV.7.3).

5.4 Israel entsteht in und aus Kanaan – Zusammenfassung

Die Begriffe »Israel« und »Kanaan« werden im Folgenden nur als Platzhalter mangels treffenderer Bezeichnungen gebraucht. Die → Ethnogenese Israels ist mit der Entstehung der neuen Dorfkultur nicht abgeschlossen. Diese kann weder mit Israel gleichgesetzt noch von Kanaan diametral abgehoben werden. Die regionale Differenzierung zeigt, dass für die Erklärung der sog. Landnahme eine auf Monokausalität zielende Theoriebildung zu kurz greift. Weder kommt Israel vollständig von außen noch findet in breiter Form eine schrittweise Sedentarisierung statt noch handelt es sich ausschließlich um die Bevölkerung der zusammengebrochenen Stadtstaatenkultur. Dennoch ist auffallend, dass die Siedlungen nur sehr kurz bestanden und zunächst im Bergland, dann in Galiläa und im Negeb wieder aufgegeben wurden (*A. Faust*). Offenbar ist der Umbruch mit keiner der bisher diskutierten Theorien (↗ III.4.) befriedigend und vollständig zu erklären, sodass eine Kombination nahe liegt. Zum kleineren Teil kommen halbnomadische Gruppen wie die *Š3św* von außen, zum größeren Teil handelt es sich um eine Mischbevölkerung aus Städtern und stadtnaher bäuerlicher Bevölkerung. Es finden innerpalästinische Bewegungen wie z. B. aus Nordpalästina nach Mittelpalästina, aber auch von der Küstenebene ins Binnenland statt. Der Prozess ist insgesamt in einen breiteren zeitlichen Horizont zu stellen, der vom 12.–10. Jh. v. Chr. reicht. Auch steht die regionale Entwicklung in engem Zusammenhang mit dem Zusammenbruch des zypriotischen Kupferhandels am Ende der SB-Zeit, der danach z. T. durch den Kupferbergbau im *Fēnān*-Gebiet substituiert wird, was für manche regionale Entwicklung (Jordantal, »Neues Kanaan«, Negeb) als Trigger gewirkt haben mag. Auch wenn das Verhältnis der früheisenzeitlichen Dorfkultur zur spätbronzezeitlichen Stadtkultur noch nicht abschließend geklärt ist, ist bereits deutlich, dass mit diametralen Gegenüberstellungen die Komplexität der zeitweisen *Koexistenz* nicht ausreichend beschrieben werden kann. Insgesamt ist für die sog. Landnahme viel stärker von einem überwiegend friedlichen Nebeneinander zu der restlichen Stadtkultur und einem Interesse an gemeinsamer Entwicklung als von Konkurrenz und Verdrängung auszugehen. Das gilt in chronologischer und auch kultureller Hinsicht: Ein großer Teil des sozialen, religiösen, kulturellen und wirtschaftlichen Lebens steht in mehr oder weniger großer Kontinuität zur Spätbronzezeit. »Israel« entsteht zu großen Teilen *in* und *aus* Kanaan, *nicht* gegen oder durch Zerstörung Kanaans. Eine unter ethnischen Gesichtspunkten geschlossene Gruppe »Israel« ist in der Eisen I-Zeit nicht auszumachen. Die Frage, ab wann die Proto-Israeliten sich als »Israel« verstanden und bezeichnet haben, ist aus historischer Perspektive derzeit (auch mit der Merenptah-Stele, ↗ II.3) nicht sicher zu beantworten. Weder ist eine unlösbare Verbindung zu dem Israel der Stele des 13. Jh.s v. Chr. herzustellen noch gibt es eine bruchlose Kontinuität vom 11. Jh. v. Chr. bis zu dem Israel, das außerbiblisch als politische Größe erstmals im 9. Jh. v. Chr. (↗ I.6) fassbar ist.

6. *Die sog. Landnahme im Ostjordanland*

D. R. Clark u. a., The Madaba Plains Project, London 2016 • I. Finkelstein, The Settlement History of the Transjordan Plateau in Light of Survey Data: Eretz-Israel 25, 1996, 244–251 • I. Finkelstein/I. Koch/O. Lipschits, The Biblical Gilead: UF 43, 2011, 131–159 • I. Finkelstein/O. Lipschits, Omride Architecture in Moab: ZDPV 126, 2010, 29–42 • dies., The Genesis of Moab: Levant 43, 2011, 139–152 • P. M. Fischer, Cultural Influences of the Sea Peoples in Transjordan: ZDPV 126, 2013, 132–170 • E. Gass, Die Moabiter (ADPV 38), Wiesbaden 2009 • U. Hübner, Die Ammoniter (ADPV 16), Wiesbaden 1992 • Z. Kafafi/G. van der Kooij, *Tell Dēr ʿAllā* during the Transition from Late Bronze Age to Iron Age: ZDPV 129, 2013, 121–131 • J. Kamlah, Der Zeraqōn-Survey 1989–1994 (ADPV 27,1), Wiesbaden 2000 • ders., Das Ostjordanland im Zeitalter der Entstehung Israels: ThQ 186, 2006, 118–133 • E. Kaptijn, Life on the Watershed, Leiden 2009 • dies. (Hg.), A Timeless Vale, Leiden 2009 • E. A. Knauf, Midian, Wiesbaden 1988 • T. E. Levy/M. Najjar/E. Ben-Yosef, New Insights into the Iron Age Archaeology of Edom, Southern Jordan, Los Angeles 2014 • L. P. Petit, What Would the Egyptian Pharao Shoshenq I Have Seen If He Had Visited the Central Jordan Valley?: PEQ 144, 2012, 191–207 • B. Routledge, Moab in the Iron Age, Pennsylvania 2004 • E. van der Steen, Tribes and Territories in Transition, Groningen 2002 • C. W. Tyson, The Ammonites, London u. a. 2015.

6.1 Zur Situation vor der Landnahme im Ostjordanland

Die biblische Darstellung vermittelt ein dem Westjordanland ähnliches, aber nicht gleiches Bild. Wie das Westjordanland ist das Ostjordanland bereits von Vorbewohnern besiedelt, die der Landnahme der Israeliten Widerstand leisten. Num 21,31–32; 32,39 nennen wie für das Westjordanland (Num 13,29) die Amoriter als Vorbewohner (↗ IV.2). Der erste Widerstand im Ostjordanland tritt den Israeliten in Kadesch durch die Edomiter entgegen, die den Durchzug durch ihr Gebiet verweigern (Num 20,14–20). Das zwingt die Israeliten zu einem Umweg (Num 20,21; 21,4), von dem in der Paralleldarstellung in Dtn 2,4.29 nicht die Rede ist. Weder gegen Edom (Dtn 2,5) noch gegen das nördlich davon gelegene Moab (Dtn 2,9) kämpfen sie und auch nicht gegen die Ammoniter (Dtn 2,19). Große Bedeutung erlangt hingegen der Kampf gegen die Könige Sihon und Og (Num 21,21–35; 32,33). Sihon soll König in Heschbon/*Tell Ḥesbān* gewesen sein (Num 21,26; Dtn 2,30; 3,6) und von dort die Moabiter verdrängt haben. Og hingegen wird als König des Baschan in Aschtarot/*Tell ʿAštara* geführt (Num 21,33; Dtn 1,4). Die entscheidenden Schlachten werden in Jahaz und Edreï lokalisiert. Während Edreï mit *Edreʿi/Darʿā* am östlichen Rand des Kulturlandes im heutigen Syrien identifiziert werden kann, ist die Lage von Jahaz unklar. Infrage kommen *Ḫirbet er-Rumēl* und am ehesten *Ḫirbet el-Mudēyine* im Kernland Moabs nordwestlich von Dibon. Die historische Verortung hingegen bereitet größte Schwierigkeiten: Sihon und Og fehlen in außerbiblischen Quellen vollständig, Hinweise auf organisierte Königtümer im Baschan und südlich davon fehlen. Der *Tell Ḥesbān* war zwar in der SB-Zeit und frühen Eisen I-Zeit besiedelt, weist aber keine Spuren eines Königssitzes auf. Erst im 7.–5. Jh. v. Chr. ist Heschbon eine ammonitische Stadt beachtlicher Größe. Internationaler aufgestellt war das auch in den Amarna-Briefen erwähnte Aschtarot, doch lassen sich auch hier keine Spuren des Königs Og finden. In der Forschung herrscht daher relative Einigkeit, dass es sich um legendarische Könige handelt.

Auch an dem biblischen Bild, dass Edom, Moab und Ammon bereits ausgebaute Staaten waren, sind Zweifel angebracht. Staatliche Strukturen sind auch im Ostjordanland noch nicht ausgebildet. Das gilt sowohl für Edom als auch für Moab und Ammon. Die Staaten im Ostjordanland, so wie die biblische Darstellung sie kennt, entstehen durchweg erst in der Eisen II-Zeit (↗ IV.2). Weder in *ʿAmmān* (Rabbat [Benê] Ammon), der Hauptstadt des Ammoniterreiches, noch in Dibon/*Ḏībān*, der Hauptstadt Moabs, lassen sich für die Eisen I-Zeit repräsentative Bauten nachweisen. Südlich des Arnon gibt es zwar eine substaatliche politische Einheit, die in Zusammenhang mit dem Kupferbergbau in der *Fēnān*-Region steht (s. u.), doch lassen sich dabei staatliche Strukturen in Verwaltung und Handel noch nicht erkennen. Diese entwickeln sich erst in der Eisen II-Zeit von Nord nach Süd. Für Ammon beginnt die Entwicklung vielleicht im 10. Jh. v. Chr., von den Monumentalbauten und der Beteiligung am Fernhandel her beurteilt sogar eher erst in der ersten Hälfte des 9. Jh.s v. Chr. In Edom bildet sich etwas später im 9. Jh. v. Chr. zunächst ein Stammesfürstentum ohne staatliche Strukturen aus. Erst ab dem 8. Jh. v. Chr. – als die Besiedlung des edomitischen Hochplateaus intensiver zu werden beginnt – finden sich auch archäologische und außerbiblische Hinweise auf eine zentrale politische Herrschaftsorganisation. Jetzt erst kommt die Stadt Bozra/*Buṣērā* als Zentralort und »Hauptstadt« für etwa zwei Jahrhunderte in den Blick. Für die Zeit der Landnahme fallen die genannten Größen jedoch aus historischer Perspektive nahezu aus. Die biblische Darstellung spiegelt eine deutlich spätere Zeit. Dieses Bild bestätigt sich auch mit einem Blick auf die Archäologie.

6.2 Von der Spätbronzezeit zur frühen Eisenzeit im Ostjordanland

Während im Westjordanland noch Zerstörungshorizonte in den Städten am Ende der Spätbronzezeit die Möglichkeit offen halten, an einer militärischen Landnahmetheorie prinzipiell (auch gegen überzeugende Argumente aus der Archäologie) festzuhalten, fällt dieses Indiz für das Ostjordanland nahezu ganz aus. Der Zusammenbruch des internationalen Fernhandels betrifft vor allem die an den Handelsrouten gelegenen Orte im Jordantal. Viele Orte werden verlassen, einige wie z. B. *Tell Dēr ʿAllā*, *Tell el-ʿUmēri* oder *Tell el-Ḥamme* (durchaus zu unterschiedlichen Zeiten) zerstört und danach z. T. befestigt weiter besiedelt (↗ IV.2 mit Karte 4 u. 5). Doch bilden die Zerstörungen eher die Ausnahme. So werden vor allem im nördlichen Ostjordanland z. B. die größeren spätbronzezeitlichen Siedlungen in der *Zeraqōn*-Region (*Sāl*, *Tell el-Muʿallaqa*, *Tell el-Muġayyir*, *Tell el-Fuḫḫār*) oder auch Irbid und *Tell el-Ḥiṣn* kontinuierlich bis in die Eisen I-Zeit besiedelt. Vergleichbares gilt für Siedlungen im mittleren Jordantal. Mehrfach beobachtbar ist allerdings im Übergang bis zur Eisen IIA-Zeit eine erhebliche Reduktion der besiedelten Fläche (*Tell ʿAmmatā*, *Tell el-ʿAdliyyeh/Tell ʿAdlīyah*, *Tell el-Ḥamme*, Sukkot/*Tell Dēr ʿAllā*). So ist diese auch in *Tell es-Saʿīdīye* gegenüber der SB-Zeit stark reduziert, doch bleibt der einst große → Tell weiter bewohnt und weist vielleicht sogar Spuren eines lokalen Heiligtums auf. Auch in Pella/ *Ṭabaqāt Faḥil* besteht z. B. der spätbronzezeitliche Migdal-Tempel auch im Übergang zur Eisen I-Zeit bis in die Eisen II-Zeit fort. Insgesamt ist das Bild der Entwicklung für das Ostjordanland mindestens ebenso komplex wie im Westjordanland. Das überwiegende Fehlen von Waffen als Grabbeigaben in der Eisen I-Zeit und der archäologische Befund der überwiegend unbefestigten Dörfer der Eisen I-Zeit nähren Zweifel an Theorien, die den Übergang von der Spätbronze- zur Eisenzeit durch Eroberungen beschreiben. Zwar ist die alte Hypothese von *Nelson Glueck*, dass sich südlich des Jabbok (*Wādī ez-Zerqā*) in der SB-Zeit lediglich Nomaden aufgehalten hätten, inzwischen als überholt zu kennzeichnen (*J. Kamlah*), doch zeigt das Ostjordanland im Übergang von der Spätbronze- zur Eisenzeit weder Hinweise auf die Einwanderung von größeren Bevölkerungsgruppen noch auf weit reichende Zerstörungen von Städten. Auch die Kulturen im Ostjordanland sind → indigen entstanden. Der Keramikbefund der Orte im mittleren Jordantal und am Unterlauf des Jabbok (*Wādī ez-Zerqā*) zeigt z. T. mehr oder minder intensive eisenzeitliche Besiedlung, wie etwa in *Tell es-Saʿīdīye, Tell ʿAmmatā, Tell el-Qōs, Tell el-Mazār, Tell Dēr ʿAllā, Katārat al-Samrāʾ, Tell ʾUmm Ḥammād (aš-Šarqī), Tell ed-Dāmiye* (*L. P. Petit*), wobei sich zwischen Eisen I- und Eisen IIA-zeitlicher Keramik nicht immer unterscheiden lässt. Urbane Strukturen allerdings wie in der Spätbronzezeit haben sich im mittleren Jordantal in der Eisen I-Zeit nicht erhalten.

6.3 Die Siedlungsentwicklung im Ostjordanland

Die politische Entwicklung folgt der Siedlungsentwicklung: Östlich des Jordans ist nur das Plateau nördlich des Jabbok (*Wādī ez-Zerqā*) und der Jordangraben nennenswert stärker besiedelt, während nach Süden hin die Siedlungsdichte abnimmt und südlich des Arnon (*Wādī el-Mōǧib*) nur in Ansätzen nachweisbar ist. Im Übergang von der Spätbronze- zur Eisen I-Zeit kommt es insbesondere im *ʿAǧlūn* nördlich des Jabbok und südlich des Jarmukflusses zu einer Verfünffachung der Anzahl der Siedlungen. Erhöhte Siedlungsaktivitäten lassen sich auch in der Madaba-Region bis zum Kerak-Plateau (*Arḍ el-Kerak*) im späteren Moab in den Regionen nachweisen, wo Regenfeldbau aufgrund der Niederschlagsmenge möglich ist. Die Entwicklung im südlichen Ostjordanland in Edom verläuft in etwa analog zu der im nördlichen Ostjordanland und im Westjordanland, setzt aber wahrscheinlich – von Norden und dem agrikulturell geeigneten Bachtal des Sered/*Wādī el-Ḥesā* ausgehend – erst später ein (*P. Bienkowski*, anders *I. Finkelstein*) und erreicht im 8.–6. Jh. v. Chr. seinen Höhepunkt. Zuvor halbnomadische Kleinbauern, die als *Šȝśw* auch in ägyptischen Texten Erwähnung finden, werden nach dem Zusammenbruch des Handels sesshaft. Über die Frage einer Verzögerung im zeitlichen Ablauf wird derzeit stark diskutiert, was vor allem am Fehlen eindeutiger Referenzgrabungen für die Keramiktypologie liegt. Eine Unterscheidung zwischen Siedlungsaktivitäten der Eisen I- und Eisen IIA-Zeit ist oft (noch) nicht möglich.

7. *Die sog. Richterzeit*

I. Finkelstein, The Old Jephthah Tale in Judges: Biblica 97, 2016, 1–15 • W. Groß, Richter (HThKAT), Freiburg 2009 • ders./E. Gass, Studien zum Richterbuch und seinen Völkernamen (SBAB 54), Stuttgart 2012 • E. A. Knauf, Midian (ADPV 10), Wiesbaden 1988 • ders., Richter (ZBK.AT 7), Zürich 2016 • G. Lehmann/H. M. Niemann, Klanstruktur und charismatische Herrschaft: ThQ 186, 2006, 134–159 • C. Levin, Das System der zwölf Stämme Israels (VT.S 41), Leiden 1995, 163–195 • A. Tobolowsky, The Sons of Jacob and the Sons of Herakles (FAT II/96), Tübingen 2017.

Wann ist der Prozess der Entstehung Israels abgeschlossen? Schon der Begriff »Prozess« lässt erkennen, dass hier nicht ein fixes Datum genannt werden kann, sondern das Graduelle, Schrittweise herausgestellt werden muss. Die Kriterien sind demographische, soziale, politische, religiöse und ökonomische und markieren den Übergang in eine reurbanisierte neue Stadtkultur und eine den eigenen Sozialverband übergreifende Herrschaftsorganisation in einer zentralisierten Lenkungsinstanz mit Beamten, Truppen, organisiertem Handel, Bildung usw. Biblisch ist die Richterzeit geprägt von dem Bild des »Chaos«, das durch den Abfall Israels von der gebotenen Alleinverehrung YHWHs herrührt. YHWH erweckt danach immer wieder sog. *große* (Otniël Ri 3,7–11; Ehud Ri 3,12–30; Schamgar Ri 3,31; Debora und Barak Ri 4–5; Gideon Ri 6–8; Jiftach Ri 10,17–12,7; Simson Ri 13–16) und *kleine* (Tola Ri 3,7–11; Jaïr Ri 10,3–5; Ibzan Ri 12,8–10, Elon Ri 12,11–12; Abdon Ri 12,13–15) Richter oder »Retter«, die Israel durch ihre Regierung stabilisieren und in der YHWH-Religion festigen. Literarhistorisch liegen dem Richterbuch zum Teil sehr alte Traditionen wie das Debora-Lied (Ri 4–5) oder der frühe »Retterbuch« genannte Erzählkranz älterer Richtererzählungen zugrunde, doch ist das Buch als ganzes tendenziell spät(-nachexilisch) und die Traditionen vielfach übermalt und redaktionell bearbeitet. Nicht nur das hat dazu geführt, in ihm nicht mehr (wie in der Historiographie des vergangenen Jahrhunderts) verlässliche Informationen der *vorstaatlichen* Zeit zu suchen.

7.1 Der Gegensatz Israel ↔ Kanaan

Für die biblische Literatur steht Kanaan im Gegensatz zu Israel. Die Kanaanäer sind die Vorbewohner des Landes, denen religiös und ethisch bedenkliche Praktiken zugeschrieben werden (Ex 34,11–13; Lev 18,3) und deren moralisches Urteil vermeintlich noch nicht ausgereift ist (Gen 9,25; 19; 34; Ps 106). Während in den biblischen Texten die Grundlage für die Abwertung der Kanaanäer zu finden ist, haben die Kanaanäer in der Sekundärliteratur durch alle Zeiten eine noch viel »schlechtere Presse«. Sie werden als Gegenfolie zu einem idealen Israel verstanden. Dieses Kanaan und dieses Israel hat es aus historischer Sicht so niemals gegeben.

Betrachtet man die materielle Kultur und die Lebensweise der Dorfbewohner, sind diese – zugegeben zugespitzt formuliert – weit mehr kanaanäisch als israelitisch. Den Gegensatz Israel – Kanaan, der lange auf biblischer Grundlage die Theoriebildung der formativen Phase der Entstehung Israels bestimmte, gibt es weder in religiöser noch in kultureller Hinsicht (↗ III.5.2). Auch in sozialer Hinsicht handelt es sich eher um eine Differenz zwischen Stadtkultur und Landbevölkerung, nicht um die Differenz zwischen Israeliten und Kanaanäern. Dass aber die international geprägte, vom Fernhandel mit Luxusgütern bestimmte und sozial stark differenzierte Gesellschaft der Spätbronzezeit sich von der → segmentären und akephalen (wörtl. »ohne Kopf«, d. h. herrschaftslos bzw. ohne zentrales Oberhaupt) Struktur der kleinen endogamen (d. h. innerhalb der Sippe heiratenden) Dorfpopulationen unterscheidet, kann ja nicht wirklich verwundern. Versteht man »kanaanäisch« nicht als Synonym der spätbronzezeitlichen Stadtkultur (↗ I.7), sondern als die von den Voraussetzungen des Landes bestimmte und geprägte Kultur, ist der Gegensatz zwischen *kanaanäischer* Stadtkultur und *israelitischer* Dorfkultur nur bedingt zutreffend, denn in der Eisen I-Zeit tritt die eigentliche *Landeskultur* in großer Deutlichkeit hervor. »Ja, man könnte sogar sagen, daß die früheisenzeitlichen Dörfer kanaanäischer waren, als es die spätbronzezeitlichen Städte jemals gewesen sind« (*J. Kamlah*, Zeraqon-Survey, 175).

7.2 Sozialstruktur der früheisenzeitlichen Dörfer

Die Dörfer im Bergland haben eine sehr geringe Bevölkerungszahl. Wenige größere Familien wohnen dort zusammen. Da es weder Zentralbauten noch allzu große Differenzierungen bei der Größe und Güte der Hausbauten gibt, lässt sich vielleicht annehmen, dass die Dorfbewohner eine Gemeinschaft von weitestgehend Gleichen bilden (idealtypisch und häufig sozialromantisch als sog. → *egalitäre* Gesellschaft von Gleichen unter Gleichen beschrieben). Der Schluss bleibt jedoch stark hypothetisch und sollte nicht als *differentia specifica israelitica* geführt werden (*A. Faust*), sondern wenn überhaupt dann auf die einfache bäuerliche Lebensform zurückgeführt werden (*R. Kletter*). Wenn es in den Dörfern ein organisiertes gemeinschaftliches politisches Handeln gab, wird dies durch Dorfälteste, Sippenoberhäupter, lokale Häuptlingstümer oder charismatische Führer (= *Richter*) bestimmt gewesen sein. Kennzeichnend ist ein Unterschied im Heiratsverhalten, das je nach Größe zwischen Endogamie (Heirat innerhalb des Sippenverbandes) und Exogamie (Heirat außerhalb des Sippenverbandes) variiert. Während in größeren Dörfern und Städten endogame Beziehungen vorherrschen, zeichnen sich die kleinen Dörfer durch eine regional begrenzte Exogamie aus, um die Gefährdung durch Inzest in Grenzen zu halten (sog. Dorf-Exogamie). Das Heiraten außerhalb des Dorfkontextes ist ein wichtiger Faktor des sozialen Wandels (*G. Lehmann/M. H. Niemann*). Es ermöglicht Kommunikation, Handel, regionale Allianzen und forciert die Herausbildung einer dorfübergreifenden Organisation, kurz: Die Dorf-Exogamie ist eine wichtige Durchgangsstufe auf der Entwicklung »Israels« zu einem übergreifenden Sozialverbund und zur Herausbildung eines Flächenstaates mit zentralisierter Herrschaftsstruktur. Nach und nach entstehen regionale verwandtschaftsbasierte Gesellschaften, die eine Sippen- oder Klanstruktur ausbilden. Idealtypisch beschrieben entsteht eine → *segmentäre Lineage-Gesellschaft*, in der die Glieder (Segmente) über eine → agnatische Abstammung (engl. *lineage*) miteinander verbunden sind. Idealtypisch gesprochen sind die Entscheidungsprozesse im Rahmen dieser clanbasierten Zusammenhänge nicht an eine Zentralinstanz gebunden (»top down«), sondern folgen einem konsensualen Modell (»bottom up«). Stärker als die institutionelle und zentralisierte Bindung ist diejenige durch gemeinsame Rituale und gegenseitige Verpflichtungen.

7.3 »Israel« und die früheisenzeitliche Dorfkultur

Woher der Name »Israel« für diese Größe stammt, bleibt unklar. Möglicherweise übernimmt ein Teil dieser Gesellschaft im samarischen Bergland den Namen »Israel« wahrscheinlich von der sozialen Gruppe, für die dieser Name bereits im ausgehenden 13. Jh. v. Chr. (Merenptah-Stele, ↗ II.3) als Bezeichnung diente, aber das bleibt Spekulation. Vielleicht steht im Hintergrund ein → Eponym, d. h. ein legendärer Ahnherr, auf den die Bezeichnung zurückverweist. Israel ist dabei kein realer Stammvater oder der älteste gemeinsame Vorfahr, sondern sozusagen das → genealogische Dach, unter dem literarisch die polymorphe Gesellschaft von Sippen und territorial entstandenen Stämmen zusammengeführt wird (genealogisch konstituierte → Ethnizität). Eine tatsächliche Verwandtschaft aller Dorfbewohner (oder biblisch gesprochen: der zwölf Stämme Israels) untereinander, wie sie die biblische Erzählung von der Landnahme vorgibt (Jos 3,12; 24,1 u. ö.), kann aus verschiedenen Gründen (u. a. der Entwicklung der Siedlungsgeschichte und aufgrund archäo-genetischer Untersuchungen) ausgeschlossen werden. Die Entstehung der ethnischen Größe aus den → tribal organisierten Gruppen in Palästina fügt sich aber nicht einfach unter der Bezeichnung »Israel« zusammen. Im 11./10. Jh. v. Chr. entsteht vielmehr im Ansatz eine soziale Einheit, die als ethnische Größe gefasst werden kann, die sich durch eine gemeinsame Sprache, Kultur, → Genealogie, Wirtschaftsweise und Religion auszeichnet. Dass diese schwer fassbare Größe unter dem Namen »Israel« identifizierbar gewesen ist (→ Ethnogenese) oder sich selbst als »Israel« bezeichnet hat, ist derzeit völlig offen, wenn nicht sogar eher unwahrscheinlich. Außerbiblisch jedenfalls gibt es dafür keinen Beleg. Als ältester *biblischer* Beleg für die Verwendung der Bezeichung »Israel« gilt immer noch das Debora-Lied in Ri 5,1–31, wo insg. 10 Stämme (Efraim, Benjamin, Machir, Sebulon, Issachar, Ruben, Gilead, Dan, Ascher, Naftali) unter dieser Bezeichnung zusammengebunden sind. Doch datiert das Debora-Lied in die staatliche Zeit, an das Ende des 10. Jh.s v. Chr. oder noch wahrscheinlicher in die erste Hälfte des 9. Jh.s v. Chr. (*E. A. Knauf, W. Groß*). Das Debora-Lied reflektiert also den Zusammenschluss der Stämme in einer Zeit, als es das politische Israel bereits gab. Da der Staat der Nordstämme offenbar von seinen Anfängen her die Bezeichnung »Israel« verwendete (wie aus der Mescha-Stele für die Omriden belegt, HTAT Nr. 105), liegt nahe, dass der frühe Staat aus einem Stämmeverbund hervorgegangen ist, der sich Israel nannte. Dass im Debora-Lied Juda und Simeon fehlen, deutet nicht nur auf eine Entstehung des Debora-Liedes im Norden, sondern auch darauf, dass die Größe Israel territorial auf den Norden beschränkt war. Erst im 8. Jh. v. Chr. geht die Bezeichnung Israel auch auf die judäischen Stämme über.

Dabei darf man sich das frühe Israel im 11./10. Jh. v. Chr. in den genannten Faktoren nicht zu einheitlich vorstellen. Es bleibt eher ein polymorpher (vielgestaltiger), zweckorientierter als soziologisch homogener (einheitlicher) Verbund. Die Vorstellung der → Egalität, der sozialen Gleichheit aller Glieder, sollte nicht romantisierend überzogen werden. Zum einen zeigt das religiöse Symbolsystem eine Dominanz kriegerischer Gottheiten (↗ Abb. 10), zum anderen ist eine soziale Stratifizierung auch in den frühen Stammesgesellschaften erkennbar.

Abb. 10: Bronzefigurinen aus der Eisen I- und Eisen IIA-Zeit, die in Kontinuität zu spätbronzezeitlichen Darstellungen stehen. Charakteristisch ist die Schrittstellung des bewaffneten jugendlichen Gottes (Baal/Reschef), der seine Rechte erhoben hält. Von der linken Figur wurde nur die ca. 4 cm große geschlossene Faust in den Grabungen der Davidsstadt in Jerusalem gefunden. Damit war die Figur deutlich größer als das insg. 11,5 cm große zweite Beispiel aus einem Heiligtum in Megiddo, deren Füße ebenfalls zur Aufstellung in einem Sockel verankert waren (↗ Abb. 17). Die Bronzefigurinen, die z. T. mit einer Goldauflage versehen waren, wurden im 10. Jh. v. Chr. im Kult verwendet. Ob sie dort auch hergestellt wurden oder es sich um ältere kostbare spätbronzezeitliche Stücke handelt, die weiter verwendet wurden, lässt sich nicht sicher klären.

Die Entwicklung im Einzelnen, die in einem längeren Prozess regional beginnt und an deren Ende der überregionale Stämmeverbund von eventuell 10 Stämmen in einer *tribalen »Klassen«-Gesellschaft* aus Bauern, Handwerkern, Sklaven und Fremden/Beisassen steht, bleibt wegen der fehlenden schriftlichen Quellen weitestgehend im Dunkeln. Man muss immer wieder betonen, dass die biblischen Erzählungen der sog. Richterzeit überwiegend keine verlässliche Auskunft über diese Entwicklung geben. Die Richterzeit als ungeordnete, weitestgehend chaotische Zeit ist zu großen Teilen ein theologisches Konstrukt.

8. Das System der zwölf Stämme Israels

Die biblische Darstellung beschreibt die vorstaatliche Gesellschaft als verwandtschaftlich organisierte Größe »Israel«. Die kleinste Einheit ist die Familie, die häufig als »Haus« (*bayit*) oder »Vaterhaus« (*bêt ʾāb*) bezeichnet wird. Damit ist nicht die Kleinfamilie, sondern die mehrere Generationen umfassende Familie gemeint. Die Sippe oder der Clan (*mišpāḥāh*, Großfamilie, »extended family«) bildet die nächst größere soziale Einheit. Der Stamm (*šæbæṭ*) bildet eine übergeordnete Einheit, die soziologisch unbestimmt bleibt. Das liegt unter anderem daran, dass das Konzept »Stamm« in der Ethnologie nicht klar definiert ist. Es wird für unterschiedliche Größen von biologischen Verwandtschaftsgruppen ebenso wie für Zusammenschlüsse von nicht verwandten Familien verwendet. Wenn man den Stamm als politische Organisationsform versteht, bezeichnet er meist Familienverbünde oder verwandtschaftsbasierte → Klientelbeziehungen in einem gemeinsam bewohnten geographischen Raum, die von einem *chief* geführt werden (*E. Pfoh*, *G. Lehmann*). Biblisch besteht die Größe Israel hingegen aus genau zwölf Stämmen, deren → Eponyme alle im ersten Grad untereinander verwandt sind und den Patriarchen Jakob als gemeinsamen Vater, Isaak und Rebekka als Großeltern und schließlich Abraham und Sara als Urgroßeltern haben. Damit wird der Zusammenhang des vorstaatlichen Israels im Pentateuch (sowie in Jos und Ri) anhand eines → genealogischen Systems konstruiert, das sich auf den in Israel umbenannten (Gen 32,29; 35,10) Stammvater Jakob zurückführt. Aufgrund der Endogamieforderung seiner Eltern Isaak und Rebekka (Gen 26,34f; 28,1f) verheiratet sich Jakob in dem außerhalb des Landes Kanaan im Gebiet der Aramäer liegenden Paddan-Aram mit seinen Cousinen Rahel und Lea, die ihm – jeweils unter Beteiligung der Mägde Bilha und Silpa – insgesamt zwölf Söhne und eine Tochter Dina (Gen 30,21) gebären.

Leastämme		**Rahelstämme**	
Lea	Silpa	Rahel	Bilha
1. Ruben 2. Simeon 3. Levi 4. Juda 9. Issachar 10. Sebulon	7. Gad 8. Ascher	11. Josef 12. Benjamin	5. Dan 6. Naftali

Übersicht über die Stämme nach Müttern und Geburtsreihenfolge geordnet (nach Gen 29,31–30,24; 35,23–26; 46,8–25; 49,3–27)

Der genealogische Zusammenhang der Stämme ist nicht historisch zu verstehen und auch nicht Ergebnis eines in Sichem als »*Zentralheiligtum*« geschlossenen sakralen Zwölfstämmebundes (sog. → Amphiktyonie-Hypothese in Anlehnung an griechische Zwölf- oder Sechs-Stämmebünde, *M. Noth*). Vielmehr spiegelt die genealogische Verbindung die idealisierende Konstruktion eines (die *biologische Abstammung* nicht zwingend voraussetzenden, aber auch nicht ausschließenden) Zusammenhangs ursprünglich regional verhafteter, → segmentärer, substaatlicher Großgruppen bäuerlicher Lebensform, die im späteren staatlichen Israel aufgehen und erst dann eine politische Föderation bilden. Inwieweit das einen historischen Anhalt in der frühen Eisenzeit hat, ist unklar.

Während Verwandtschaftsbeziehungen soziologisch die Grundlage von Stämmegesellschaften bilden, sind → Genealogien (also die vernetzende Strukturierung und Ausrichtung einer Abstammungslinie auf ein → Eponym) auf literarischer Ebene ein Instrument, um die verwandtschaftlichen, aber auch die sozialen, geographischen, historischen, ethnischen und politischen Zusammenhänge, in denen eine Gemeinschaft lebt, zu organisieren und etwa in einem Gründungsnarrativ zusammenzuführen. Sie dienen nicht dazu tatsächliche Verwandtschaftsverhältnisse abzubilden, sondern Zusammenhänge durch Verwandtschaft zu konstituieren. Sie schaffen Identität und ermöglichen zugleich die Zu- und Einordnung des jeweils Anderen und die Abgrenzung von ihm. Sie sind Konstruktionen, die jedoch nicht vollständig fiktiv und losgelöst von historischen Gegebenheiten sind. Der Grad, in dem diese literarischen Konstrukte verlässliche Informationen speichern, kann sehr stark variieren. Das Grundproblem besteht darin, dass die Annahme eines Zusammenschlusses von Stämmen als Anstoß für die Staatenbildung (Verclusterung von clanbasierten regionalen Herrschaftszusammenhängen, ↗ IV.1) ein nach wie vor plausibles *historisches* Modell darstellt, das sich modifiziert in der *biblischen* Erzählung spiegelt, jedoch diese Erzählung *nicht* als Spiegel der Entwicklung des 10. Jh.s v. Chr. verstanden werden kann, sondern eher in die Zeit nach dem Untergang des sog. Nordstaates in das 8. Jh. weist (↗ V.7.1 u. V.9.4). Wann erstmalig die Einheitsfiktion von zwölf genealogisch zusammenhängenden Stämmen entstanden ist und wann diese Größe mit dem Namen *Israel* verknüpft wurde, ist eine in der Forschung gegenwärtig offene Frage. Infrage kommen sowohl das 7. Jh. als auch das 5. Jh. v. Chr.

Aus soziologischer bzw. ethnologischer Perspektive ist die Größe »Stamm« über den Territorialbezug und die *Konstruktion* einer gemeinsamen Abstammung hinaus eine schwer fassbare Größe, die oft nicht über kurzlebige und brüchige Allianzen hinausgeht (*G. Lehmann*). In → tribalen Gesellschaften verfolgen die Stämme meist partikulare Interessen und sind an einem gemeinschaftlich politischen Handeln nicht interessiert. Aus historischer Sicht ist ein am Anfang stehendes Zwölf-Stämme-Israel wenig wahrscheinlich. Damit bleibt die Herausforderung, die biblische Erzählung als Einheitsfiktion angemessen historisch und literaturgeschichtlich einzuordnen.

Das System der zwölf Söhne Jakobs, die nach Ägypten gezogen und von dort aus in das Land Kanaan eingewandert sind, bildet zusammen mit der Exoduserzählung den Ursprungsmythos Israels. Die Verbindung zwischen der Größe Israels und den Söhnen Jakobs – und damit die Zurückführung auf die Linie Abraham-Isaak-Jakob – wird erst möglich durch die Umbenennung Jakobs in Israel, die in Gen 32,29 und 35,10 zweimal erzählt wird und ab Gen 35,21–26 mit den zwölf Söhnen Israels/den zwölf Stämmen verknüpft ist. Einer nachexilischen Entstehung steht die plausiblere Annahme der Entstehung in der mittleren Königszeit gegenüber. Dem literarischen Konstrukt des Zwölfstämmesystems liegen jedenfalls die historische Existenz von Stämmen und einzelnen frühen tribalen Verbünden zugrunde. Sicher ist dabei, dass die Stämme nicht gleichzeitig (biblisch: aus einer Familie), sondern – entsprechend der komplexen Siedlungsgeschichte in der Eisen I-Zeit – nach- und nebeneinander entstehen.

Die vorstaatliche Stämmegesellschaft kann sozialgeschichtlich am ehesten als tribale Klassengesellschaft beschrieben werden, in der sich verwandtschaftliche Sippen in politischen Allianzen zu Stämmen und diese wiederum zu regionalen Stammesverbünden oder Koalitionen (Ri 4–5) zusammenschließen, die noch keine unveränderlichen Größen darstellten. Eine tribal organisierte Stämmegesellschaft lässt sich am ehesten als soziales Netzwerk beschreiben, das auf Verwandtschaftsbeziehungen aufruht und durch ein gemeinsames Territorium gebildet wird. Die einzelnen Stämme sind → segmentär und bilden weder starke Hierarchien noch Spezialisierungen aus. Der soziologische Begriff der »Klasse« ist wegen des weitgehenden Fehlens von Privateigentum jedoch nur ansatzweise richtig. Während die biblische Darstellung den Stämmen erst mit der Landnahme im Buch Josua idealtypisch ein Siedlungsgebiet zuweist, das sie dann erstmalig besiedeln, dürften die Stämme eher aus endogamen Verwandtschaftsgruppen/Sippen *regional* entstanden sein (so sind Efraim, Benjamin, Juda, Naftali zugleich und wahrscheinlich ursprünglich Landschaftsnamen).

Die mit den Themen Betrug, Täuschung, Rivalität und Kinderlosigkeit verknüpfte Erzählung vom Zusammenhang der Nachkommen Jakobs ist zwar nicht historisch, und das beschriebene Zwölfstämmesystem hat es so historisch nie gegeben, doch ist nicht anzunehmen, dass die Ordnung völlig beliebig ist. Keine der bisher vorgelegten Erklärungen hat sich historisch nachweisen lassen: Einer geographischen Gliederung steht beispielsweise entgegen, dass die Gebiete der Leastämme mit Ruben im Ostjordanland, Juda und Simeon im südlichen Gebirge, Issachar und Sebulon in Untergaliläa nicht in einer geographischen Verbindung zueinander stehen. Gegen die Annahme, dass die Ordnung ein sukzessives Wachstum verschiedener Verbünde darstellt, spricht, dass aus archäologischer Sicht die neue »israelitische« Dorfkultur im efraimitischen und manassitischen Bergland beginnt. Damit käme den Rahelstämmen eine Priorität zu, was der traditionellen Annahme, die Leastämme würden einen älteren Verbund darstellen, entgegensteht. Der historische Prozess, der hinter dem »System der zwölf Stämme Israels« steht, ist nicht mehr aufzuhellen.

IV. Die Entstehung des Königtums

W. Dietrich, Die frühe Königszeit in Israel (BE 3), Stuttgart 1997 • I. Finkelstein, The Archaeology of the United Monarchy: Levant 28, 1996, 177–187 • ders., Hazor at the End of the Late Bronze Age: UF 37, 2005, 341–349 • E. Gass, Die Moabiter (ADPV 38), Wiesbaden 2009 • Z. Herzog/L. Singer-Avitz, Redefining the Centre: TA 31, 2004, 209–244 • dies., Sub-Dividing the Iron Age IIA in Northern Israel: TA 33, 2006, 163–195 • A. H. Joffe, Defining the State, in: C. A. Rollston (Hg.), Enemies and Friends of the State, Pennsylvania 2018, 3–23 • E. A. Knauf, From History to Interpretation, in: D. V. Edelman (Hg.), The Fabric of History (JSOT.S 127), Sheffield 1991, 26–64 • N. Naʾaman, Saul, Benjamin and the Emergence of ›Biblical Israel‹: ZAW 121, 2009, 211–224.335–349 • R. Neu, Von der Anarchie zum Staat, Neukirchen-Vluyn 1992 • H. M. Niemann, Herrschaft, Königtum und Staat (FAT 6), Tübingen 1993 • ders., Geschichte Israels, Archäologie und Bibel (AOAT 418), Münster 2015 • R. Schmitt, Die frühe Königszeit in Israel: UF 36, 2004, 411–430.

1. Vorbemerkungen – Herrschaftsformen

E. Ben-Yosef, Mining for Ancient Copper, Tel Aviv 2018 • P. Bienkowski, ›Tribalism‹ and ›Segmentary Society‹ in Iron Age Transjordan, in: ders. (Hg.), Studies in Iron Age Moab and Neighbouring Areas, Leuven 2014, 7–26 • R. Kessler, Staat und Gesellschaft im vorexilischen Juda (VT.S 47), Leiden 1992 • ders., Chiefdom oder Staat?, in: ders., Studien zur Sozialgeschichte Israels (SBAB 46), Stuttgart 2009, 148–166 • T. E. Levy (Hg.), The Archaeology of Society in the Holy Land, London 1995 • T. E. Levy/M. Najjar/E. Ben-Yosef, New Insights into the Iron Age Archaeology of Edom, Southern Jordan, Los Angeles 2014 • R. D. Miller II, Chiefdoms of the Highland Clans, London [2]2012 • R. Müller, Königtum und Gottesherrschaft (FAT II/3), Tübingen 2004 • J. M. Tebes (Hg.), Unearthing the Wilderness, Leuven u. a. 2014, 1–31 • N. Yoffee, Myths of the Archaic State, Cambridge [3]2007.

1.1 Ri 9 und der Widerstand gegen das Königtum

Von einem ersten gescheiterten Versuch, einen Flächenstaat mit zentralisierter Herrschaft zu gründen, berichtet Ri 9 bezeichnenderweise für Sichem. Das dort von Abimelech reklamierte und nach seiner Erhebung drei Jahre aufrechterhaltene Königtum nimmt die spätbronzezeitliche Tradition eines regionalen Zentrums im samarischen Bergland wieder auf. Denn dass gerade das in der Eisen I- und beginnenden Eisen II-Zeit gar nicht städtisch besiedelte Sichem (*Tell Balāṭa*) als Ort des Scheiterns gewählt wird, ist mit Blick auf die spätbronzezeitliche Tradition des Stadtkönigtums *Labʾāyas* (↗ II.2.7) nicht rein zufällig. Der historische Wert der überarbeiteten Erzählung am Übergang zum Königtum jedoch ist gering (anders

R. Kessler). In der Verbindung mit der Jotamfabel (Ri 9,6–20) und in anderen Erzählzügen des Lehrstücks zeigt sich eine spätere, nicht eine ursprüngliche, grundsätzliche Ablehnung des Königtums. Hatte die ältere Forschung die Ablehnung des Königtums mit der Annahme begründet, das Königtum sei dem → segmentären und → egalitären Israel an sich fremd und primär durch äußeren Druck aufgezwungen (*F. Crüsemann*), sieht eine zunehmende Zahl von Forscherinnen und Forschern die Entstehung zentralisierter Herrschaft in Kontinuität zu den spätbronzezeitlichen Verhältnissen in den Stadtkönigtümern (*H. M. Niemann*). Diese ist zwar nicht bruchlos und durch die Ausdehnung der Herrschaft innerhalb eines Flächenstaates (verstärkte Re-→ Urbanisierung in der Eisen IIB-Zeit) verändert, aber doch als sekundäres und nicht primäres Königtum (*N. K. Gottwald*) deutlich zu erkennen.

1.2 Zur Verwendung soziologischer Modelle

Die Diskussion um die Herausbildung des Königtums und die Staatsbildung in Israel und Juda wird derzeit stark kontrovers und polarisiert geführt. Im Hintergrund steht dabei meist eine in der jüngeren Diskussion sehr beliebte soziologische Terminologie aus den sechziger Jahren des vorigen Jahrhunderts, die ein sog. »neoevolutionäres« soziologisches Modell spiegelt, in dem sich Gesellschaften in der Organisationsform von Banden (*bands*) über Stämme (*tribes*) zu Häuptlingstümern (*chiefdoms*) und schließlich zu Staaten (*states*) weiterentwickeln. In der jüngeren Diskussion werden mit Bezug auf Soziologie, Ethnologie und Archäologie sowohl die Angemessenheit der Kategorien für die levantinische Antike, die Kriteriologie (z. B. die Existenz eines ausgebauten Palastes für die Staatlichkeit), der oft wertende Gebrauch der Klassifizierungen sowie die Annahme einer »*evolutionären*« Entwicklung kritisch hinterfragt (*R. Kletter, N. Yoffee, R. Kessler, J. M. Tebes*).

1.3 Schriftlichkeit als Kriterium der Staatlichkeit

Auf der einen Seite ist nicht zu bestreiten, dass administrative Texte erst ab dem späten 9. und im 8. Jh. v. Chr. auftauchen und die Schriftlichkeit in Juda erst im 7. Jh. v. Chr. ihren Höhepunkt erreicht (*B. Sass, J. Renz*). Dazu gehören vor allem die Briefformulare aus *Kuntilet ʿAǧrūd*, einige der Arad-→ Ostraka und weitere Texte. Wichtig ist der immer noch als der früheste Text geltende sog. Bauern-Kalender aus Geser, der oft dem 10. Jh. v. Chr. zugerechnet wurde, aber nicht zuletzt paläographisch (d. h. von der Schriftform, → Epigraphie) schwer einzuordnen bleibt. Aufgrund der auf *-yhw* endenden theophoren Personennamen am Rand und auf der Rückseite ist es wahrscheinlich, dass die Schreibübung auf der kleinen Kalksteintafel eher in das 9. Jh. v. Chr. einzuordnen ist. Das Ostrakon aus *Khirbet Qeiyafa* sticht insofern heraus, als dass sich darauf auf jeden Fall ein zusammenhängender Text aus der frühen Eisenzeit findet, der wie der Geser-Kalender auf eine Schreibübung hinweist. Auch der Inhalt, der sich wahrscheinlich um sozialrechtliche Fragen dreht, könnte auf einen Schultext hinweisen. Auch wenn es einige Indizien auf die Schreiberausbildung gibt, konnten bisher in der Archäologie keine Schulen eindeutig nachgewiesen werden. Die Zeugnisse für Schriftlichkeit sind regional sehr unterschiedlich verteilt. Nimmt man die wenigen philistäischen und proto-kanaanäischen → Ostraka und Abecedarien aus Gat/*Tell eṣ-Ṣāfi*, *Tel Zayit*, *ʿIzbet Ṣarṭa*, Bet-Schemesch/*ʿĒn-Šems* und anderen Orten hinzu, dann bilden Küste und Schefela den Ausgangspunkt, von dem aus sich die Schriftlichkeit im 11./10. Jh. v. Chr. ins Land ausbreitet und dort im 9. Jh. v. Chr. ankommt. Die frühesten Inschriften aus Juda sind überwiegend ganz kurz und unbedeutend. Das gilt auch für das sieben Buchstaben umfassende, 2012 in Jerusalem auf dem Ofel gefundene Ostrakon aus dem 11./10. Jh. v. Chr., dessen Lesung und Sprache stark umstritten sind. Dass es sich bei der vielleicht noch vordavidischen proto-kanaanäischen Inschrift um eine Verteilungsnotiz handelt, die einen administrativen Hintergrund hat, ist eher unwahrscheinlich. Erst zwei Jahrhunderte später finden sich aus Jerusalem Inschriften, die auf eine ausgebaute Administration hinweisen. Der Befund im Norden ist ähnlich. Auch dort beschränken sich die frühen Inschriften aus dem 10./9. Jh. v. Chr. auf wenige Buchstaben, Maßangaben, Zahlen, Personennamen oder Alphabete. Beispielhaft erwähnt seien die Inschriften aus *Tel Rehov*, einer bedeutenden Stadt im Jordantal, die nach dem Ende des 9. Jh.s v. Chr. nicht mehr besiedelt war. Dort fand sich eine größere Zahl von Inschriften aus dem 10./9. Jh. auf Krugschultern, teils mit Namen (z. B. dem Nimschi [gehörig]), teils mit Einzelbuchstaben. Dass die Schrift zur Kennzeichnung von Mengen oder Objekten benutzt wurde, ist nicht zu bestreiten, auch wenn daraus nicht auf eine Administration geschlossen werden kann. Die Situation ändert sich für den Norden signifikant im 9. Jh. v. Chr., wo nicht nur die Wandinschrift von *Tell Dēr ʿAllā* und die moabitische Mescha-Stele aus dem Ostjordanland (↗ V.4.3) als literarische Texte zu werten, sondern auch Hinweise auf eine diplomatische Korrespondenz zu finden sind. Die Briefformulare in *Kuntilet ʿAǧrūd*, einer Karawanserei im nördlichen Sinai (↗ V.4.9), stellen wahrscheinlich Übungen dar, die von Schreibern aus dem Nordstaat Israel angefertigt wurden und als Zeugnis für administrative Strukturen in Samaria ins Feld geführt werden können. Die frühesten Arad-Ostraka, das sind kurze Listen aus einem Militärfort (Stratum XI), datieren vielleicht noch in das ausgehende 9. Jh. v. Chr., eher aber in das 8. Jh. v. Chr. (*Z. Herzog*), und stellen damit die ältesten Zeugnisse für Verwaltungstexte aus dem südlichen Juda dar. Ihre stratigraphische und epigraphische Einordnung bleibt allerdings schwierig. Insgesamt ergibt sich bei der Zusammenschau der inschriftlichen Zeugnisse ein recht klares Bild: Administrativ in größerem Maße verwendete Schriftlichkeit ist im Norden im 9. Jh. v. Chr., etwas früher als im Süden, zu erkennen. Beamtenlisten, Palastarchive, königliche Inschriften etc. fehlen aber für diese Zeit völlig.

Je nachdem, wie hoch man das Kriterium *Schriftlichkeit* als Voraussetzung eines Staatswesens ansetzt, desto stärker wird man zögern, im 10.–9. Jh. v. Chr., ja selbst im frühen 8. Jh. v. Chr., von einem voll entwickelten Staat zu sprechen (*I. Finkelstein*). Demgegenüber ist jedoch festzuhalten, dass eine ausgedehnte schriftliche Bürokratie und Verwaltungsdokumentation keine *conditio sine qua non* für einen Staat ist, und selbst um die Zeitenwende kaum mehr als 3–5% der Bevölkerung lesen und schreiben konnten. Das Kriterium der Schriftlichkeit ist wie das der repräsentativen Bauten relativ, bleibt aber ein Kriterium.

1.4 Der gleitende Übergang Israels zur Staatlichkeit

Für eine sinnvolle Mittelposition ist die bipolare Opposition zwischen *kein Staat* und *Staat* aufzubrechen und von einer monarchisch substaatlichen Formationsphase zu sprechen, die bis zur Herrschaft der Omriden am Beginn des 9. Jh.s v. Chr. reicht. Um die Differenz zwischen instabilen Herrschaftsformen und institutionell fest organisierter Herrschaft zu beschreiben, wird in der Forschung die analytische Kategorie des *chiefdom* (Häuptlingstum) benutzt. Diese bezeichnet innerhalb lokaler Gemeinschaften die Führung → tribaler Föderationen durch einen *chief* (*J. M. Tebes, J. Yoffe*). Die frühen Formen von Herrschaft unter Saul und David weisen die Charakteristika eines *chiefdoms* auf. Sie sind stärker verwandtschaftsbasiert, von schmalen Eliten getragen und regional begrenzt. Ob man die Frühformen der Herrschaft unter dem ethnosoziologisch fundierten, aber in der Diskussion stark polarisierenden Begriff »chiefdom« anspricht, ist nicht entscheidend. Entscheidender ist, dass ein relativer, auf archäologische, → ikonographische und → epigraphische Fakten gegründeter Konsens darüber besteht, dass sich eine voll entwickelte Staatlichkeit erst ab dem 9. Jh. v. Chr. und zuerst im Norden nachweisen lässt. Dort erst kommt es allmählich politisch zur zentral organisierten institutionellen Herrschaft mit Sanktionsgewalt, Beamtenapparat, Militärwesen, Justizorganisation, Steuer- und Abgabenwesen, öffentlichen bzw. öffentlich finanzierten Bauten, staatlich ökonomischem Handeln und zunehmend zentralisierter Staatsreligion sowie soziologisch zur Ausbildung einer stärker stratifizierten Gesellschaft. Die dieser Entwicklung vorausgehende Formationsphase kann als *früher Staat* bezeichnet werden. Der epochale Übergang zwischen dem vorstaatlichen »*chiefdom*« als Herrschaftsform und dem *frühen Staat* ist nicht eindeutig zu terminieren.

1.5 Staatliche Formationsprozesse im 1. Jt. v. Chr.

Die Epochenübergänge sind – anders als die biblische Darstellung es suggeriert – nicht durch punktuelle scharfe Einschnitte, sondern durch eine allmähliche Transformation gekennzeichnet. Die biblische Darstellung der Geschichte macht den Übergang an den Titeln »Richter« und »König« fest, wobei das Amt des Richters (Otniël, Ehud, Gideon, Jiftach, Simson, Samuel u. a. m.) nicht mit dem des *chief* in einem *chiefdom* gleichgesetzt werden kann. Eher ist die frühe Herrschaft Davids so zu charakterisieren (↗ IV.5). Der Übergang sollte auch nicht am Titel »König« festgemacht werden, der biblisch selbstverständlich für die Herrschaft Sauls und Davids gebraucht wird (1 Sam 11,12; 13,1; 18,6; 2 Sam 2,5; 8,15; 1 Kön 1,1 u. ö.).

Die Herausbildung staatlicher Herrschaft findet in der Levante in der Eisenzeit in regionalen Differenzierungen an mehreren Orten im gleichen Zeitraum vom 11.–9. Jh. v. Chr. statt und die Prozesse, die nicht unbedingt strikt gleichzeitig ablaufen, beeinflussen sich gegenseitig (↗ IV.2.3). Für die südliche Levante ist das Zusammenspiel von halbnomadischen Gruppen und sesshaften Bevölkerungselementen in sich herausbildenden Zentren zentral. Mit einem Begriff von

M. B. Rowton spricht man von einem *dimorphic chiefdom* (»zweigestaltiges Häuptlingstum«), in dem die beiden Gruppen ineinander verschränkt sind. Neben soziologischen und politischen Faktoren sind vor allem wirtschaftliche Zusammenhänge entscheidend. Die staatlichen Herrschaften in Moab, Edom und Ammon gehen wie in Juda und Israel aus frühen Formen der Herrschaft hervor. Dabei verlaufen die Prozesse auch hier nicht linear (evolutionistische Engführungen sind der Hauptkritikpunkt an der Konzeptualisierung früher Herrschaft als *chiefdom*). Nicht notwendig entwickelt sich aus einem *chiefdom* ein Staat, wie die Beispiele in den Kupferbergbaugebieten in der Araba und im südlichen Negeb zeigen.

1.6 Die frühen »chiefdoms« in den Kupferbergbaugebieten

Der aus den Abbaugebieten im *Fēnān* und der westlichen Araba (Timna/*Wādī el-Menēʿīye, Wādī ʿAmrānī*) nach Ägypten, Syrien und Palästina betriebene interregionale Kupferhandel, der den in der ausgehenden Spätbronzezeit zusammengebrochenen Kupferhandel zumindest teilweise substituiert (↗ IV.6.8), kann als auslösender und treibender Faktor für die Entstehung von mehreren regionalen Häuptlingstümern angesehen werden. Überhaupt erweist sich die Kupferindustrie und der Kupferhandel in der südlichen Levante als bedeutender Faktor auch über die Anfänge hinaus (↗ III.3.1; III.6.2; IV.6.8; IV.8.5; V.5.4). Die Kupferbergbaugebiete bilden ökonomische Enklaven, die einerseits stark von existierenden lokalen sozialen Netzwerken abhängig sind, zum anderen aber durch die Ressource Kupfer unter dem starken Einfluss des internationalen Handels stehen. Für die Herstellung von Bronze, dem wichtigsten Metallprodukt, wird Kupfer in großen Mengen und Zinn benötigt. Da es keine Zinnlagerstätten in der Levante gibt (die nächstgelegenen Zinnvorkommen von Bedeutung in der Bronzezeit sind in Afghanistan und Mittelasien, namentlich in Usbekistan und Tadschikistan; importiert wurde es etwa über Susa im Zweistromland, transportiert aber auch per Schiff über das Mittelmeer, *J. Garner, K. G. Sommer*), ist die Metallproduktion stark abhängig vom internationalen Handel. Der Abbau des Kupfererzes und der Handel mit dem zutage geförderten bzw. verhütteten Erz, der durch die → tribal organisierte lokale Bevölkerung erfolgte, erfordert eine Organisation, die die Herausbildung eines Häuptlingstums begünstigt (*J. M. Tebes*). Im Negeb und in der Araba beginnt die Entwicklung im 11. Jh. v. Chr. Die lokalen Stämme bilden im Kontext der Förderung und Verhüttung des Kupfererzes das *Fēnān*-Häuptlingstum – bzw. nach dem ca. 10 ha großen »Zentralort« benannt das *Ḫirbet en-Naḥāš-chiefdom* – sowie etwas später im Negeb im Kontext des Handels das *Tel Maśōś/Ḫirbet el-Mšāš-chiefdom* heraus. Beide sind verbunden mit repräsentativ-administrativen Bauten und einer sich verstärkenden Einbindung in überregionale Handelsnetzwerke, die wiederum mit einem Anwachsen von Luxusgütern verbunden ist.

2. *Die Nachbarn Israels und ihre Entwicklung im 12.–9. Jh. v. Chr.*

W. Groß/E. Gass, Studien zum Richterbuch und seinen Völkernamen (SBAB 54), Stuttgart 2012 • *E. A. Knauf*, Midian (ADPV 10), Wiesbaden 1988 • Ł. Niesiołowski-Spanò, Early Hebrew states: The Polish Journal of Biblical Research 6,1, 2007, 55–64 • T. Staubli, Das Image der Nomaden im Alten Israel und in der Ikonographie seiner sesshaften Nachbarn (OBO 107), Göttingen 1991 • A. Versluis, The Command to Extermine the Canaanites: Deuteronomy 7 (OTS 71), Leiden 2017.

Im biblischen Narrativ hat sich Israel schon vor und bei dem Einzug in das Land Kanaan mit Gegnern auseinanderzusetzen: den Amalekitern (Ex 17,8; Num 14,45; Ri 3,13; 10,12), den Midianitern (Num 31), den Kanaanitern (Num 14,45; 21,3), den Amoritern (Num 21,31–32; 32,39), den Moabitern (Jos 24,9) und den Ammonitern (Ri 11). Als Vorbewohner des Landes werden in geringer Variation in deuteronomistischen Texten immer sieben Völker genannt, zu denen die Kanaaniter, Hetiter, Hiwiter, Perisiter, Girgaschiter, Amoriter und Jebusiter zählen (Ex 3,8.17; 33,2; 34,11; Dtn 7,1; Jos 3,10; 9,1; 24,11 u. ö.). Diese sog. Völkerlisten mögen vielleicht ältere Vorbilder haben (*A. Versluis*), sind aber nicht als historische Angaben zu werten. Sie mischen bekannte mit mythischen vor- und frühgeschichtlichen Größen und greifen auch über das Siedlungsgebiet Israels hinaus. Die Amoriter z. B. stellen ein Echo der Amurriter des 3. und 2. Jt.s dar, die mit Westsyrien zu verbinden sind und deren südlicher Teil in der Amarnakorrespondenz »Kanaan« ist. Das Hetiterreich ist im Kernland mit Südostanatolien verbunden und in den Umbrüchen im ausgehenden 2. Jt. v. Chr. untergegangen.

Oft sind aber auch die Nationen, mit denen Israel sich laut dem biblischen Text auseinanderzusetzen hatte, kaum historisch zu greifen, was das Beispiel der Amalekiter, die nicht Teil der Völkerlisten sind, zeigt. Dieses Volk ist außerbiblisch weder als Stamm noch als Staat greifbar (anders *M. Görg*). Erstmals tauchen die Amalekiter in Gen 14,7 in der Zeit Abrahams in der Nähe von Kadesch-Barnea auf. In Ex 17,8–16 greifen sie Israel an, als das Volk in Refidim in der Wüste Sinai lagert. Schon die Lage von Refidim ist unklar (*Ǧebel Refāyid* oder *Tell el-Maḫārit*). Da der Kampf am Fuß des Sinai stattgefunden haben soll, wird der Ort dort in der Nähe des Mosebergs/*Ǧebel Mūsā* im *Wādī Refāyid* gesucht, doch ist die Lage des Sinai alles andere als klar (↗ II.4.3). Num 13,29 gibt vor, dass Amalek im Negeb wohnt (Num 14,25: »in der Ebene«) und in der Nähe von Kadesch bekämpft wird. Da zudem Ri 1,16 die Amalekiter bis hinauf in die Gegend von Arad siedeln lässt, wird Refidim im *Wādī Fērān* oder im Negeb gesucht. Der vielleicht proto-arabische Name (*E. A. Knauf*) und die Verbindung mit den Midianitern weisen ebenso wie die Erwähnung von Kamelen (1 Sam 30,17; Ri 6,5) in den südlichen Negeb, Nordsinai, bzw. die beiden Seiten des Araba-Grabens. Meist nimmt man daher an, dass es sich bei den Amalekitern um einen handeltreibenden und marodierenden Nomadenstamm gehandelt habe (*T. Staubli*). Die Besiedlung des Beerscheba-Beckens und des Negeb im 12./11. Jh. v. Chr. lässt jedoch nicht den Schluss auf eine unterscheidbare Volksgruppe zu. Die materielle Kultur zeigt die mit den Edomitern verbundene Mischkultur (↗ IV.2.6) und proto-arabische Einflüsse. Übergriffe auf das Kulturland sind denkbar, aber erst ab dem 8. Jh. v. Chr. belegt. Das würde zur Entwicklung des Negeb und des arabischen Fernhandels gut passen. Will man die Amalekiter also nicht als völlige Erfindung werten, lassen sich die Auseinandersetzungen als Rückprojektion von Konflikten der Eisen IIB- und IIC-Zeit in die vorstaatliche Zeit deuten (*E. Gass*).

Die Bibel erweckt den Eindruck, als sei Israel von Beginn an von Nachbarn umgeben gewesen, mit denen es zum Teil dauerhafte Konflikte hatte. So kämpft schon Saul unmittelbar nach seiner Erhebung zum König gegen die Philister, die Aramäer, die Moabiter, die Ammoniter und die Edomiter (1 Sam 14,47). David kämpft für König Saul gegen Goliat (1 Sam 17,23–50) und bereitet so der empfindlichen Niederlage der Philister den Weg (1 Sam 17,51; 19,5). Immer wieder kämpft er danach gegen die Philister (1 Sam 23,5; 2 Sam 5,25; 8,1; 21,15; 23,9). David bekämpft in der biblischen Darstellung auch die Aramäer (2 Sam 8,5; 10,17), die Ammoniter (2 Sam 11,1), die Moabiter (2 Sam 8,2) und die Edomiter (2 Sam 8,13–14). Bevor eine historische Bewertung der biblischen Darstellung versucht werden kann, müssen die einzelnen Größen kurz vorgestellt und in ihrer Eigenentwicklung dargestellt werden. Die folgenden Abschnitte zu den Philistern (↗ IV.2.2 u. IV.4.4), den Aramäern (↗ IV.2.3 u. V.3), Ammonitern (↗ IV.2.4 u. IV.4), den Moabitern (↗ IV.2.5 u. V.4.3) und den Edomitern (↗ IV.2.6 u. V.10.5) stellen die jeweiligen »Staaten« bzw. Größen vor, wobei z. T. auf die mittlere Königszeit vorgegriffen werden muss. Der Abschnitt wird eingeleitet durch einen Überblick zu den Phöniziern (↗ IV.2.1 u. IV.6.8), zu denen David Handelsbeziehungen (2 Sam 5,11) unterhalten haben soll.

2.1. Die phönizischen Stadtstaaten und die Phönizier

T. Beyl, Phoenicia, Ph.D. Graduate School Hebrew Union College-Jewish Institute of Religion, Cincinatti 2013 • J. Elayi, The History of Phoenicia, Bristol 2018 • E. Lipiński, Itineraria Phoenicia (OLA 127), Leuven 2004 • B. Morstadt, Die Phönizier, Darmstadt 2015 • M. Saur, Der Tyroszyklus des Ezechielbuches (BZAW 386), Berlin u. a. 2008 • M. Woolmer, A Short History of The Phoenicians, London u. a. 2017.

Phönizien ist kein eigenständiger Staat, sondern die Bezeichnung des geopolitisch bedeutsamen Streifens an der Mittelmeerküste zwischen dem Karmel im Süden und Ugarit im Norden. Die Bezeichnung Phönizier (Φοίνικες) ist zuerst bei Homer (Ilias 9.168,607; 14.321) belegt und bezeichnet dort die Bewohner der Levante (Syrien, Libanon, Palästina). Möglicherweise bildet die an der nördlichen Küste anzutreffende und von den Städten als intensiver blauroter/violetter Farbstoff in den Handel gebrachte Purpurschnecke (*murex trunculus*) den Haftpunkt für die Bildung der Bezeichnung. Biblisch taucht »Phönizien« erst in der griechischen Septuaginta auf, wo das Wort selten (Ex 16,35; Jos 5,1.12) als Übersetzung für Kanaan verwendet wird. In 2 Makk 3,5.8; 4,4.22; 8,8; 10,11 wird die geographische Bezeichung Φοινίκη durchgehend zusammen mit Κοίλη Συρία »Koilesyrien« genannt und bezeichnet das (Küsten-)Gebiet Südsyriens und Palästinas, auf dem sich der Hasmonäerstaat ausdehnte (↗ VII.6). Am nächsten kommt dem traditionellen Verständnis die Wiedergabe der »Händler von Sidon« in Jes 23,2 mit μεταβόλοι Φοινίκη »phönizische Händler«. Das Spektrum der

Verwendung des Begriffs zeigt schon an: *Die* Phönizier im Sinne eines geschlossenen ethnischen Verbandes, eines klar umrissenen Territoriums oder einer politischen Einheit gibt es nicht, und die altorientalischen Quellen kennen die Begriffe »Phönizien« und »Phönizier« nicht. Die Bezeichnung wird meistens verwendet für die Küstenregion zwischen Arwad und dem Karmel.

(a) Der Aufstieg der phönizischen Stadtstaaten

Der Aufschwung der phönizischen Städte im ersten Jahrtausend setzt die Umbrüche am Ende des 2. Jt.s v. Chr. und den Niedergang des hetitischen wie ägyptischen Einflusses in der Provinz Kanaan voraus (↗ III.3). Die z. T. sehr alten »phönizischen« Siedlungen bilden seit dem 2. Jt. v. Chr. Stadtstaaten, von denen die wichtigsten von Nord nach Süd Arwad, Byblos, Beirut, Sidon, Sarepta, Tyrus und Akko sind. Weitere Siedlungen wie Kumidi/*Kāmid el-Lōz*, Achschaf/*Tell Kēsān*, Achsib/*ez-Zīf*, *Tell Abū Ḥawām*, *Rosh ez-Zayit* oder die Hafenstadt Dor stehen z. T. bis weit in das 1. Jt. hinein unter »phönizischem« Einfluss. Wie bei den spätbronzezeitlichen Stadtstaaten ist das Hinterland mit seinen soziopolitischen Beziehungen für die Versorgung der Städte von herausragender Bedeutung. Bis zur Entfaltung der assyrischen Dominanz ab der Regierungszeit Aššur-nāṣirpals II. (884–859 v. Chr.) entwickeln sich die Stadtstaaten an der Küste im 2. Jt. v. Chr. durch den Seehandel in großer Eigenständigkeit (*J. Elayi*). Der Reichtum der Städte beruht auf dem Handel mit Metallen (Silber, Gold, Bronze, Zinn), Textilien (Wolle und Leinen) und Luxusprodukten wie Elfenbein, Perlen, Glas, seltene Hölzer und Harze etc. Die Phönizier gehen eher gestärkt aus dem Zusammenbruch des SB-zeitlichen Handelsnetzwerks hervor, weil sie weiter seegestützten Handel treiben. Die außergewöhnliche Entwicklung seetauglicher Schiffe erlaubt den Phöniziern die Expansion, die von der Stadt Tyrus ihren Ausgangspunkt nimmt. Über die Frühgeschichte von Tyrus ist wenig bekannt und das Wenige stammt fast ausschließlich aus deutlich späteren schriftlichen Quellen wie Herodot und Josephus. Lediglich die ägyptische Amarna-Korrespondenz (EA 147) erwähnt einen Abimilki als Herrscher von Tyrus. 814/13 v. Chr. datiert die von Tyrus aus betriebene bedeutende Gründung der »neuen Stadt« Karthago in Nordafrika. In diesen Aufschwung hinein gehört auch die tyrische Präsenz in Kition (Zypern) im späten 9./8. Jh. v. Chr. Zentrale Bedeutung erhält der Import von Silber aus Südspanien (↗ IV.6.8), der den phönizischen Städten einen großen Reichtum beschert und die Expansion an die nordafrikanische Küste, nach Sardinien und auf die Balearen beflügelt.

(b) Tyrus und König Hiram I.

Für die südliche Levante sticht im ersten Jahrtausend die Stadt Tyrus heraus, die der Nachbarstadt Sidon und auch Byblos nach und nach den Rang abläuft. Die auf einer Insel in das Meer gebaute und vielleicht schon im 3. Jt. v. Chr. besiedelte Stadt, deren Siedlungsgebiet sich bis in den Küstenstreifen hinein ausdehnte, ist die wichtigste phönizische Handelsmetropole in der Königszeit und Zentrum der phönizischen Expansion in der Eisen IIB-Zeit (*B. Morstadt, M. Saur*).

Hinter dem in 1 Kön 5; 9 genannten König Hiram könnte verkürzt der phönizische Name *Aḥīram* stehen, der als Königsname für den König von Byblos inschriftlich im sog. *Aḥīram*-Sarkophag aus dem 10. Jh. v. Chr. belegt ist. Von einem gleichnamigen König Hiram (ca. 962–929 v. Chr.) der dominanten Handelsmetropole Tyrus weiß man ansonsten nur von Josephus (Jos. cont. Ap. I,109–121), doch wie weit dessen Beschreibung des außenpolitischen Handelns auf die biblischen Nachrichten (z. B. 2 Sam 5,11; 1 Kön 5,15) oder doch auf authentischere Quellen (den Historiker Dius und Meander von Ephesus) zurückgeht, lässt sich kaum klären (*J. Quinn*). Josephus gibt auch das Alter Hirams mit Bezug auf die Gründung Karthagos an, wodurch man auf eine Regierungszeit von 969–935 v. Chr. kommt. Das würde Beziehungen Davids zu Hiram I. weitestgehend ausschließen, wenn man der biblischen Chronologie folgt, nach der Salomo vierzig Jahre regierte. ʾAbī baʿal, den Vater Hirams, kennt man nur von Josephus bzw. außerbiblisch nur als König von Byblos. Das spricht nicht für die Verlässlichkeit der Angaben des Schriftstellers aus dem 1. Jh. n. Chr., auch wenn dieser eine vollständige Liste der Könige von Tyrus zu kennen meint und sich dafür auf ältere Quellen beruft. Der ebenfalls von Josephus ausführlich berichtete Ausbau der Stadt und ihrer Tempel jedenfalls hat archäologisch keine verwertbaren Spuren hinterlassen. Manches weist eher auf deutlich spätere Zeit. Eine phönizische Inschrift auf einer Bronzeschale auf Zypern, die »den Gouverneur von *Kharthadašt*, den Diener Ḥirams, des Königs der Sidonier« erwähnt (TUAT II, 599, KAI 31), dürfte eher auf Hiram II. (ca. 739–730 v. Chr.) zu beziehen sein (*W. Röllig*), auch wenn ein phönizischer Einfluss der Stadt Tyrus auf die ca. 80 km entfernte Insel Zypern und auf Kition schon früher wahrscheinlich sein sollte. Zwar wird nach 814 v. Chr. nicht mehr nur Kition als *Kharthadašt* »neue Stadt« bezeichnet, sondern häufiger das diesen Namen tragende neugegründete Karthago, doch bleibt Hiram II. der plausiblere Kandidat für den obersten Dienstherrn des Gouverneurs auf Zypern.

Archäologische Indizien für den Aufschwung von Tyrus stammen jedenfalls erst aus dem 9. Jh. v. Chr., der Zeit König Etbaals (887–756 v. Chr.) (*B. Morstadt*), der biblisch als Vater Isebels (1 Kön 16,31) genannt wird. *Israel Finkelstein* deutet Hiram insgesamt von dem im 8. Jh. v. Chr. in assyrischen Quellen bezeugten Herrscher Harammu aus und landet damit auch im 8. Jh. v. Chr. als Hintergrund der Nachricht. Natürlich kommt einem Hiram II. von Tyrus als Namensgeber für einen dann *legendären* König der Phönizier in den Sinn (*E. Lipiński*). Das würde bedeuten, dass wie bei Jerobeam (↗ IV.7) von den Geschichtsschreibern der Samuel- und Königebücher im 8. Jh. v. Chr. ein König in die Frühzeit hinein verdoppelt wurde. Das bedeutet nicht, dass es keine tyrischen Könige vor Hiram II. gegeben hätte, aber sie waren den Geschichtsschreibern des AT unbekannt. Hiram I. wäre dann keine historische Person und David wie auch Salomo hätten zu ihm keine Handelsbeziehungen unterhalten können. Die Hilfestellung, die Hiram bei dem Bau des Palastes 2 Sam 5,11 durch die Lieferung von Zedernholz aus dem Libanon leistet, ist demnach vermutlich wie die dauerhafte Freundschaft (1 Kön 5,15) zwischen David und Hiram eine fiktionale Notiz, die die

Größe und Bedeutung Davids unterstreichen soll. Ähnlich wird die Bereitschaft Hirams zu beurteilen sein, Salomo beim Tempelbau zu unterstützen (1 Kön 5,24.26; 9,11).

2.2 Die Philister in der Küstenebene

Y. Asscher u. a., Absolute Dating of the Late Bronze to Iron Age Transition and the Appearance of Philistine Culture in Qubur el-Walaydah, Southern Levant: Radiocarbon 57, 2015, 77–97 • T. Dothan, The Philistines and their Material Culture, New Haven u. a. 1982 • C. S. Ehrlich, The Philistines in Transition, Leiden 1996 • ders., Die Philister und ihr Kult, in: M. Witte/J. F. Diehl (Hg.), Israeliten und Phönizier (OBO 235), Freiburg 2008, 253–273 • A. Faust, Tel ʿEton and the Colonization of the Shephelah during the Iron Age IIA: New Studies on Jerusalem 22, 2017, 95–114 • A. Faust/J. Lev-Tov, Philistia and the Philistines in the Iron Age I: HIPHIL Novum 1, 2014, 1–24 • I. Finkelstein, The Philistines in the Bible: JSOT 22, 2002, 131–167 • ders., To Date or Not to Date: Egypt and the Levant 26, 2016, 275–284 • P. M. Fischer/T. Bürge (Hg.), »Sea Peoples« Up-to-Date, Wien 2017 • T. Harrisson, The Late Bronze/Early Iron Age Transition in the North Orontes Valley, in: F. Venturi (Hg.), Societies in Transition, Bologna 2010, 83–102 • D. Hawkins, The Luwian Inscriptions from the Temple of the Storm-God of Aleppo, in: K. A. Yener (Hg.), Across the Border, Leuven 2013, 493–500 • M. Hutter, Philister und Anatolien: BN 156, 2013, 53–64 • A. E. Killebrew/G. Lehmann (Hg.), The Philistines and Other »Sea Peoples« in Text and Archaeology, Atlanta 2013 • I. Koch, Early Philistia Revisited and Revised, in: O. Lipschits u. a. (Hg.), Rethinking Israel, Winona Lake 2017, 189–205 • K. Kohlmeyer, The Temple of the Storm God in Aleppo during the Late Bronze and Early Iron Ages: NEA 72, 2009, 190–202 • A. M. Maeir/L. A. Hitchcock, Rethinking the Philistines, in: O. Lipschits u. a. (Hg.), Rethinking Israel, Winona Lake 2017, 247–266 • M. A. S. Martin, The Provenance of Philistine Pottery in Northern Canaan, with a Focus on the Jezreel Valley: TA 44, 2017, 193–231 • H. M. Niemann, Nachbarn und Gegner, Konkurrenten und Verwandte Judas, in: U. Hübner/E. A. Knauf (Hg.), Kein Land für sich allein (OBO 186), Fribourg/Göttingen 2002, 71–91 • Ł. Niesiołowski-Spanò, Goliath's Legacy, Wiesbaden 2016 • E. D. Oren (Hg.), The Sea People and their World, Pennsylvania 2003 • B. Sass, Four Notes on Taita King of Palistin with an Excursus on King Solomon's Empire: TA 37, 2010, 169–174 • C. Schäfer-Lichtenberger, PTGYH – Divine anonyma?: UF 46, 2015, 341–372 • E. Stern, The Material Culture of the Northern Sea People in Israel, Winona Lake 2013 • A. Yasur-Landau, The Philistines and Aegean Migration at the End of the Late Bronze Age, Cambridge 2014.

In der biblischen Überlieferung zur Staatenbildung spielt die Auseinandersetzung mit den Philistern eine wichtige Rolle (Ri 13–16; 1 Sam 4–7; 9,16; 13f; 17; 23; 31; 2 Sam 5,17–25 u. ö.). Die Philister bewohnen dabei die südliche Küstenebene und den Rand des angrenzenden Hügellandes (Schefela) zwischen dem Jarkon-Fluss und dem Grenzbach Ägyptens (*Wādī l-ʿArīš*). Nach der biblischen (und *de facto* israelzentrierten) Darstellung bilden sie einen Fünfstädtebund (Pentapolis), zu dem Gaza (*Ġazze*), Aschkelon (*ʿAsqalān*), Gat (*Tell eṣ-Ṣāfī*), Ekron (*Ḫirbet el-Muqannaʿ/Tel Miqnē*) und Aschdod (*Esdūd*) gehören. Wichtige Orte sind ferner der Hafen und Grenzort *Tell el-Qasīle* im Norden, Bet-Schemesch (*ʿĒn Šems*) und Timna (*Tel Bāṭāš*) in der Schefela sowie *Tell el-Fārʿa* (Süd) und *Qubūr al-Walāyida* im Süden im *Wādī l-ʿArīš* (↗ IV.2.3, Karte 3). Durch die Küstenstraße *via maris* und die Außenhandelshäfen einerseits und die sehr fruchtbare Schefela andererseits ist das Gebiet wirtschaftlich und politisch bedeutsam. Diesen Vorteilen gegenüber ist das angrenzende judäische Bergland ökonomisch und verkehrstechnisch eindeutig benachteiligt, was die außenpolitischen Konflikte zwischen Juda resp. Israel und den Philistern und die biblisch ausgeprägte Abneigung zueinander erklärt (*H. M. Niemann, E. Gass*).

Biblisch tauchen die Philister erstmalig in der Völkertafel in Gen 10,14 auf, wo sie mit den Ägyptern → genealogisch in zweiter Generation verbunden werden. Am 9,7 und Jer 47,4 hingegen verbinden sie mit Kaftor, womit wahrscheinlich die Region der Insel Kreta gemeint ist. Verbindet man Dtn 2,23 mit den Philistern, so hat auch die biblische Überlieferung ein Wissen davon, dass die Philister eingewandert sind. Das ist allerdings wohl nicht viel anders zu beurteilen als bei den Israeliten, den Edomitern oder den Aramäern: Es ist weit mehr Teil einer → ethnogenetischen Rekonstruktion der biblischen Texte als Spiegelung eines historischen Verlaufs. Der Name der im AT *pelištîm* genannten Philister ist erstmalig in ägyptischen Texten in Inschriften Ramses' III. (1183–1151 v. Chr.) als *prst/pw-rꜣ-sꜣ-ṯ* erwähnt. Die Ableitung des Namens, in dem das viel spätere Palästina anklingt, hängt vielleicht mit dem mykenischen *plōfistoi* zusammen, was eine Bezeichnung für Seefahrer ist.

(a) Zur Datierung der Ansiedlung der Philister

Die Kultur der Philister ist eine stark vom Handel geprägte internationalisierte Mischkultur der Küstenebene. Als Hintergrund für das Entstehen der philistäischen Kultur in der südlichen Levante wurde lange ausschließlich das Eindringen der Seevölker im 12. Jh. v. Chr. aus der Ägäis, aus Zypern und Südanatolien angesehen (↗ II.2.4). Der direkte Zusammenhang der Entstehung der philistäischen Kultur in der Küstenebene mit den in ägyptischen Quellen genannten Seevölkern wird inzwischen in der Forschung stark diskutiert und z. T. ganz infrage gestellt (*I. Koch*), ist davon jedoch auch nicht gänzlich zu lösen. Wann genau dieser Prozess begann, wird in der Forschung ebenfalls offen diskutiert. Wie für die Chronologie Israels/Palästinas (↗ I.9) gibt es eine frühe, mittlere und späte Variante. Einigkeit besteht darüber, dass der Übergang von der Spätbronze- (SB IIB/III) zur Eisen I-Zeit (E IA/B) mit dem Auftauchen der Philister an der Küstenebene verbunden werden kann. Dabei ist das Aufkommen von importierter späthelladischer Keramik vom Typ IIIC, die dann sehr schnell lokal produziert wird, der entscheidende Indikator für den Beginn der philistäischen Kultur. Da die charakteristische bichrome (zweifarbige) Philisterkeramik (Mykene IIIC:1b wegen der lokalen Produktion auch *submykenische* Keramik genannt) jedoch nicht in → Strata vor Ramses IV. (1151–1143 v. Chr.) auftaucht, kann eine Ansiedlung der Philister *vor* Ramses III. (1183–1151 v. Chr.) inzwischen so gut wie ausgeschlossen werden. Ramses III. schlägt die Seevölker in einer See- und Landschlacht 1175 v. Chr., was inschriftlich und in Reliefs im Totentempel in *Medīnet Hābū* in Theben-West bezeugt ist (↗ Abb. 11).

Abb. 11: Darstellung der Schlacht Ramses' III. gegen die sog. Seevölker 1175 v. Chr. auf einem Relief aus *Medīnet Hābū*. Während die Ägypter links als Sieger geordnet in ihren Booten kämpfen und Gefangene machen, versinken die Gegner mit ihren Booten im Chaos. Im zentralen oberen Boot ist der typische Kopfschmuck der Philister gut zu erkennen.

Ob er anschließend die dort als *prst/pw-r3-s3-t* genannten Philister in der Küstenebene in Militärkolonien ansiedelt (→ *Papyrus Harris I, BM 9999*), ist stark umstritten (*A. Killebrew/G. Lehmann*). Alternativ dazu wird eine Datierung um 1130 v. Chr. vorgeschlagen und mit dem Rückzug der Ägypter aus Kanaan verbunden (*I. Finkelstein*). ^{14}C-Daten aus *Qubūr al-Walāyida* deuten hingegen auf eine späte mittlere Variante und ein Aufkommen der Philister um 1140 v. Chr. (*Y. Asscher u. a.*). Für ein noch deutlich früheres Datum werden ^{14}C-Daten aus Gat/*Tell eṣ-Ṣāfī* angeführt (*A. M. Maeir/L. A. Hitchcock*). Die jüngeren Untersuchungen unterstreichen jedoch gleichzeitig, dass das Aufkommen der philistäischen Kultur nicht mit einem punktuellen Ereignis (wie der »Invasion« oder »Ansiedlung« von Seevölkern) verbunden werden sollte, sondern einen graduellen Prozess markiert, der das Entstehen einer philistäischen Kultur zeitgleich mit Importen späthelladischer submykenischer Keramikformen datiert. Die Seevölker sind nicht die (ausschließlichen) Verursacher des Zusammenbruchs der spätbronzezeitlichen Stadtstaaten. Der Umbruch hat die Innovationen der philistäischen Kultur begünstigt und das Entstehen der hybriden Mischkultur aus → allochthonen und → indigenen Elementen beschleunigt.

Jedenfalls ersetzt die charakteristische lokal hergestellte bichrome Philisterkeramik die ägyptischen Importe, als diese nach dem Zusammenbruch des internationalen Handels ausbleiben. Vielleicht ist eine *Ansiedlung* der Philister erst mit der lokalen Produktion mykenischer Keramik in Zusammenhang zu bringen. Ausgehend von der Küstenregion verbreitet sich die lokal produzierte meist bichrome Philisterkeramik sehr schnell nahezu im ganzen Land, auch im Norden. Nur wenige Orte (z. B. das weiter ägyptisch geprägte Bet-Schean, wo zyprische Importe überwiegen) nehmen die »neue« Keramik nicht in ihre lokalen Produktionszyklen auf. Ansonsten findet sie sich im samarischen Bergland, in der Jesreel-Ebene, der See-Region bis hoch nach Dan. Die lokal hergestellte Philisterkeramik wird zu großen Teilen im Philistergebiet der südlichen Küstenregion und des nordwestlichen Negeb (*Naḥal Bəśōr* und *Naḥal Gerar*) produziert und über die urbanen Emporien Gaza, Aschkelon und Aschdod (wahrscheinlich hauptsächlich über den Seehandel entlang der Küste) weiterverbreitet. Zu geringerem Anteil wird sie aber auch an anderen Produktionsstätten im Bergland, der Schefela, der nördlichen Küstenregion oder der Jesreel-Ebene (allerdings oft ohne den charakteristischen weißen Schlicküberzug) hergestellt (*M. A. S. Martin*). Insgesamt macht die Philisterkeramik an den meisten Orten außerhalb von Philistäa zwar einen charakteristischen, aber quantitativ nur sehr geringen Anteil aus (Megiddo z. B. weniger als 1,5 % an der Gesamtkeramik).

(b) Zur Frage der Herkunft der Philister

Der Zusammenhang mit dem Eindringen der Seevölker darf allerdings nicht den Eindruck erwecken, es würde sich bei den Philistern um eine ethnisch geschlossene Gruppe handeln, die von außen im »Seevölkersturm« in das Land kommt (↗ II.2.4, für die biblischen Hinweise Am 9,7; Jer 47,4).

Zwar gibt es auch Verbindungen zur materiellen mykenischen Kultur, doch geht die frühe philistäische Kultur darin nicht auf. So lassen sich neben mykenischen und minoischen auch syrische und anatolische Einflüsse feststellen (*A. Killebrew/G. Lehmann*). → Indigene, d. h. aus dem Land stammende Elemente treten hinzu, sodass die philistäische Kultur am ehesten als eine durch Handel und Austausch geprägte philisto-kanaanäische Mischkultur zu beschreiben ist. Neuere Vermutungen gehen für die Seevölker nicht von einer Masseninvasion aus, sondern eher von kleineren ethnisch sehr inhomogenen Gruppen unter charismatischer Führerschaft. Diese Gruppen entstammten z. T. der Elitemigration aus der Ägäis, z. T. waren sie in den Seehandel involviert, sei es als Händler, Transporteure oder Piraten (*A. M. Maeir/L. A. Hitchcock*), z. T. waren sie Bauern, Töpfer, Textilhandwerker etc.

Die Diskussion um die Herkunft der Philister aus der Ägäis wurde durch eine 2003 gefundene Inschrift aus Aleppo bereichert. Diese nennt einen König Taita von *Palistin* (*pa-lá/í-sà-ti-[nt]-za-sa*), dessen in anderen Inschriften *Walistin* genanntes Königreich in der Amuq-Ebene in Nordsyrien lag und die Städte *Tell Taʿyīnāt* und Aleppo einschloss und im Süden bis Hamat reichte (*D. Hawkins*). *Wenn* darin eine lexematische und historische Verbindung zu den Philistern zu sehen ist (reserviert bleiben *M. J. Adams/M. E. Cohen*), gab es im 11. Jh. v. Chr. ein »philistäisches« Königtum in Nordsyrien (*B. Sass, M. Hutter*), in dessen Kultur ägäische, anatolische und syrische Traditionen zusammenflossen (*T. Harrison*). Nichts zwingt allerdings dazu, Taita und die mit seinem Königtum in Verbindung stehende Kultur aus der Ägäis herzuleiten (*G. Lehmann*). Derzeit scheint eine Datierung in das 11. Jh. v. Chr. (*D. Hawkins, K. Kohlmeyer*) wahrscheinlicher als eine spätere Datierung ins ausgehende 10. Jh. v. Chr. (*B. Sass*). An Taita und dem nordsyrischen Königtum *Palistin* lässt sich die in Bezug auf die Philister deutlich veränderte Diskussionslage erkennen. Die Philister werden weniger als isoliertes Einzelphänomen verstanden, sondern in die vielschichtigen Umbrüche im Übergang von der Spätbronze- zur Eisenzeit eingeordnet, die Syrien, Südanatolien, Zypern und die südlevantinischen Ausläufer des Küstenstreifens umfassten.

Traditionell wurden aufgrund der ägyptischen Quellen (↗ II.2.4) für die südliche Levante drei Gruppen von Seevölkern regional unterschieden: die *plst* »Philister« in der südlichen Küstenebene, die *skl* »Tjekker« in der Scharon-Ebene und der Küste südlich des Karmel und schließlich die *šrdn* »Šardana« nördlich des Karmel in der Ebene von Akko. Eine ethnische Trennung dieser Gruppen in der materiellen Kultur gelingt allerdings kaum und ist vielfach inzwischen ganz aufgegeben worden, auch wenn der Einfluss Zyperns und Syriens im Norden (z. B. in Tel Dor) stärker als im Süden zu erkennen ist.

(c) Die Kultur der Philister

Die kleineren → allochthonen Gruppen der Philister akkulturieren sich relativ schnell, integrieren sich in die lokale Bevölkerung und bilden die Elite in den Städten. Die Philistokanaanäer nutzen das mit dem Ende der ägyptischen Provinz Kanaan entstandene Machtvakuum, indem sie die kanaanäische Stadtkultur in der Küstenebene (vor allem in Ekron, Aschdod und Gat) fortsetzen und in der Eisenzeit zu neuer wirtschaftlicher Prosperität führen. Für die Eisen I- und Eisen IIA-Zeit sind markante Differenzen zur Kultur im Bergland festzustellen: Die Formen der Befestigung von Siedlungen unterscheiden sich, insofern in der westlichen Schefela und der Küstenebene keine → Kasemattenmauern nachweisbar sind; die Keramik unterscheidet sich markant, die sog. Philisterkeramik nimmt in ihrer Häufigkeit ab, je weiter ein Ort im Osten des Landes liegt; die Küstenbewohner halten Schweine und verzehren sie, die Berglandbewohner nicht; die Begräbnisformen unterscheiden sich, insofern als im Bergland erst ab dem 9./8. Jh. v. Chr. Schachtkammeranlagen mit Mehrfachbestattungen zu finden sind; die Weiterverarbeitung von Eisen beginnt in der Schefela in der frühen Eisen IIA-Zeit, während Eisen im Bergland noch keine Rolle spielt; Schriftzeugnisse der Eisen I–IIA-Zeit sind für die Schefela markant, fehlen aber noch im Bergland. Schließlich fällt auch das Fehlen von Luxusgütern und ägyptischen Importen im Bergland gegenüber der Küstenebene auf (*G. Lehmann/H. M. Niemann*). Die Unterschiede zeigen deutlich, dass die Küstenebene und die Schefela entwickelter und sozio-ökonomisch differenzierter waren als die sich in den judäischen und samarischen Bergen etwa gleichzeitig findende Kultur. Die Ausgangsbedingungen für die Entwicklung einer differenzierten Ökonomie sind im Küstenbereich und der fruchtbaren Schefela deutlich besser als im unzugänglichen und deutlich niederschlagsärmeren Bergland.

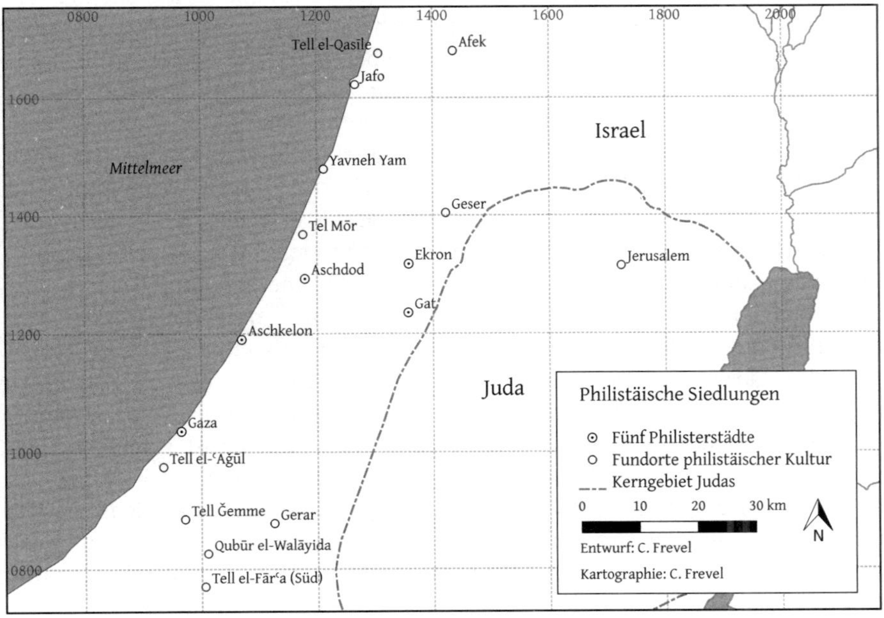

Karte 3: Philistäische Siedlungen. Die Karte zeigt die fünf Philisterstädte und Siedlungen, die aufgrund des Vorkommens der sog. Philisterkeramik und anderer Artefakte als Ansiedlungen der Philister in der Eisen I-Zeit und Eisen IIA-Zeit aufgefasst werden. Zur Orientierung ist das Kerngebiet des Eisen IIB-zeitlichen Juda angegeben.

Die regional zunächst verschiedene materielle Kultur gleicht sich in einem Akkulturationsprozess bis zur Eisen II-Zeit schnell an. In der Eisen IIB-Zeit (in der Folge des Vordringens des Aramäers Hasaël in die Schefela zwischen 840 und 830 v. Chr.) ist dann die materielle Kultur der Schefela identisch mit der des Berglandes, was auch dem damit verbundenen wirtschaftlichen Aufschwung des judäischen Berglandes und dem politischen Einfluss Judas auf die Schefela zu verdanken ist.

Einige nicht-semitische Wurzeln der ursprünglichen Sprache der Einwanderer sind in wenigen Inschriften und Namen (z. B. Achisch, Goliat) noch greifbar (*Ł. Niesiołowski-Spanò*), jedoch handelt es sich bei den meisten Schriftzeugnissen der Philister um einen lokalen kanaanäischen Dialekt. Eine direkte Ableitung der in sehr wenigen philistäischen Inschriften bezeugten Schriftform aus der Ägäis kann jedenfalls ausgeschlossen werden. Das Ergebnis ist auch hier: es gibt Einflüsse von außen, aber die Sprache geht nicht darin auf. Es handelt sich eher um einen philistäischen Dialekt (Ri 12,6) als um eine philistäische Sprache.

Vergleichbares gilt für »die« philistäische Religion, falls man davon überhaupt sprechen will. Zum einen ist auch das Figurinen- und Plakettenrepertoire gegenüber dem spätbronzezeitlichen »kanaanäischen« Polytheismus durch eine erkennbare Kontinuität geprägt. Als philistäisch klassifizierte Figurinen unterscheiden sich meist durch ihre typologischen Verbindungen zu zypriotischen und mykenischen Typen. So z. B. die sog. Aschdoda, eine stilisierte Darstellung einer sitzenden Frau, deren Körper mit dem Sitzmöbel nahezu vollständig verschmolzen ist. Fragmente solcher Aschdoda-Figurinen stammen aus allen größeren philistäischen Siedlungen (z. B. 37 aus Aschdod, aber auch einzelne aus Aschkelon, Ekron und *Tell el-Qasīle*), durchaus aber auch aus anderen nicht als philistäisch geltenden Orten (z. B. dem ostjordanischen Pella). Ähnliches gilt für die bei den Philistern typischen männlichen Kopfformen der Figurinen, die z. B. auch in *Tel Moẓa* in der Nähe Jerusalems belegt sind. Die Bibel nennt vor allem Dagon (Ri 16,23; 1 Sam 5; 1 Chr 10,10) als Gottheit der Philister. Während Dagon früher als importierte Fischgottheit gedeutet wurde, geht man heute davon aus, dass es sich um eine westsemitische Gottheit gehandelt hat, die mit Getreide in Verbindung stand. Auch hier hat sich die → allochthone Ableitung der philistäischen Religion nicht bewährt. Ein Rätsel stellt immer noch die Herkunft der sonst nirgendwo belegten Göttin *Ptgyh* dar, die in einer Weihinschrift aus einem Tempel in Ekron aus dem 7. Jh. v. Chr. (HTAT Nr. 192) erwähnt wird. Auch hier wurde vielfach eine Verbindung mit griechischen Kulten (*Πυθωγαῖα) vermutet (*C. Schäfer-Lichtenberger*). Der in 2 Kön 1 genannte Beelzebul ist wahrscheinlich eine lokale Variante des Gottes Baal. Der Name, der im hebräischen Text als Baal-Zebub »Herr der Fliegen« wiedergegeben wird, ist vielleicht nicht, wie oft angenommen, eine Verballhornung des »Fürsten Baal«, sondern ein mit der Abwehr der Ölfliege (*dacus oleae*) verbundener Schutzgott, dem die riesigen Olivenheine in Ekron im 7. Jh. v. Chr. zum Schutz anvertraut wurden.

Ein Eisenmonopol, das die Philister in eine militärische Überlegenheit zu den Israeliten gebracht hätte (1 Sam 13,19–22), besaßen die Philister nach Ausweis der archäologischen Zeugnisse nicht, auch wenn richtig ist, dass im Bergland Eisenerzeugnisse fast vollständig fehlen und die Verarbeitung von Eisenerzeugnissen in Gat/*Tell eṣ-Ṣāfī* in der frühen Eisen IIA-Zeit beginnt. Der Eindruck, bei den Philistern habe es sich um ein kriegerisches und hoch technisch bewaffnetes Volk gehandelt, lässt sich vom archäologischen Befund her nicht halten (*A. M. Maeir/L. A. Hitchcock*).

Wichtiger als ethnische (d. h. auf die Abstammung bezogene) Unterschiede scheint die kulturelle Differenz zwischen den Bewohnern im Küstenstreifen sowie der fruchtbaren Schefela und dem eher unzugänglichen Bergland zu sein. Die verkehrsgeographische Lage an der *via maris* begünstigt die ökonomische Vorrangstellung, die durch den Zugriff auf Ressourcen, Logistik, Handel, Produktion und Innovation weiter gestützt wird. Die Küstenebene bildet weit früher städtische Eliten aus als das Hinterland. Die genannten Aspekte spiegeln sich in den Konflikten zwischen »Israel« und »Philistern« weit eher als eine ethnische Differenz der Küstenbewohner zu den Israeliten (*H. M. Niemann*).

(d) Die philistäische Pentapolis

Biblisch wird der Eindruck erweckt, die Philister hätten durch einen Fünfstämmebund besondere Stärke erlangt. Deren Herrscher werden in Jos 13,3; Ri 3,3; 1 Sam 5,8.11; u. ö. auch nicht Könige (*m^e^lakîm*), sondern *s^e^ranîm* genannt, ein Wort, das biblisch *nur* für die Philisterfürsten gebraucht wird. Das Wort wurde entsprechend der Hypothese, dass die Philister aus der Ägäis stammten, mit gr. *tyrannos* in Verbindung gebracht. Wahrscheinlicher ist aber ein Zusammenhang mit dem aus Nordsyrien stammenden luwischen Wort für einen »warlord«, *tarwanis*. Bisher ist der Terminus nicht als Selbstbezeichnung der lokalen Herrscher der Philister belegt. Wie dem auch sei, es fällt auf, dass das AT die Besonderheit in der Herrschaftsorganisation der Philister herausstellt und häufig von *fünf* lokalen Herrschern spricht. Aufgrund der Verbindung mit der Ägäis ist der biblische Befund auf einen *Städtebund* bezogen worden und als Herrschafts- und Lebensform von (in der Regel deutlich späteren) griechischen Vorbildern abgeleitet worden. Genau besehen deutet jedoch für die Philisterstädte nicht viel auf den aus der griechischen Welt bekannten, *Synoikismus* genannten, politischen Zusammenschluss der fünf Gemeinwesen hin. Die sog. philistäische Pentapolis mit Gaza, Aschkelon, Gat, Ekron und Aschdod (*Karte 3*) stellt keinen Zusammenschluss dar, der vertraglich vereinbart und als Städtebund außerbiblisch fassbar wäre. Nur in der legendarischen Erzählung von Simson und Delila in Ri 16 und in der Ladeerzählung 1 Sam 5,8.11 handeln die Fürsten gemeinsam, werden aber dort nicht über die Fünfzahl charakterisiert. Vielleicht handelt es sich bei der Fünfzahl wie an anderen Stellen um ein literarisches Motiv, das die Städte zusammenfasst (Gen 14,2; Num 31,8; Jos 10,5–6; 1 Chr 4,32; Jes 19,18). Die fünf Städte bildeten weniger einen Bund als historisch zwar kooperierende, aber voneinander weitestgehend unabhängige Stadtstaaten.

Keine der fünf Städte ist als philistäische Gründung anzusprechen. Da das Stadtgebiet des antiken Gaza (*Ġazze*) vermutlich unter der heutigen modernen Stadt liegt und ältere Grabungen dort kaum stattgefunden haben (*M. Sadeq, P. M. Fischer*), bleiben Aussagen zur vorphilistäischen Geschichte unsicher. Der Name der ägyptischen Provinz »Kanaan« jedoch stand in Texten der SB-Zeit auch für die Stadt Gaza als Verwaltungszentrum (↗ II.2.5), was deren Bedeutung unterstreicht. Noch im 7. Jh. v. Chr. wird sie in Ägypten »Kanaan der Philister« genannt. Vermutlich war Gaza auch Handelsemporium für den Fernhandel mit Ägypten und mit Nordarabien. Die in der SB-Zeit ebenfalls unter ägyptischer Oberherrschaft stehende Stadt Aschkelon (*ʿAsqalān*) entwickelt sich in Kontinuität zu der riesigen mittelbronzezeitlichen Anlage, die eine Fläche von fast 60 ha besiedelte und die größte der fünf Städte im 12. Jh. v. Chr. war. Die (unsichere) Größe und Bedeutung verdankt sich des natürlichen Hafens, der Aschkelon gegenüber Aschdod, Gat und Ekron auszeichnet. Nach einer Zerstörung am Ende der SB-Zeit und der »Ankunft« bzw. »Neubesiedlung« durch die Philister um 1175 v. Chr. behielt Aschkelon wie die anderen »Philisterstädte« den angestammten semitischen Namen bei – auch ein Zeichen der kulturellen Kontinuität. Ob die gesamte Siedlungsfläche der MB-zeitlichen Ummauerung von 50–60 ha in der Eisenzeit genutzt wurde (*A. Burke*), ist unsicher. Vielleicht blieben Flächen unbesiedelt oder wurden agrarisch genutzt (pers. Mitteilung von *D. Master*). Die Angabe von 25–30 ha in der Eisenzeit dürfte damit eine untere Grenze sein. Das weiter im Inland liegende Ekron (*Ḫirbet el-Muqannaʿ/Tel Miqnē*) war in der SB-Zeit klein, stand aber in regen Handels- und Austauschbeziehungen. Die Stadt wird am Ende der SB-Zeit durch Feuer zerstört und als »philistäische« Stadt in der Eisen I-Zeit (Stratum VII–VI) größer wieder aufgebaut. Dabei zeigt Ekron dann architektonisch Einflüsse der mykenischen Palastarchitektur und die typische materielle Kultur, die sie als »philistäisch« ausweisen. Zunächst aber gibt es eine kurze Phase in Stratum VIII, in der die spätbronzezeitliche Kontinuität dominiert. In Aschkelon, das neben Gaza die bedeutendste Stadt in der SB-Zeit war, lässt sich abgesehen von dem Aufkommen der submykenischen Keramik mehr Kontinuität als Diskontinuität in der Eisen I-Zeit festhalten. In Aschdod bleiben Kochtöpfe der SB-Zeit auch in der Eisen I-Zeit ebenso »modern« wie solche aus der Ägäis. Ein Großteil der Bevölkerung waren ja auch die → indigenen Kanaanäer, die nicht mit der Ankunft der Neusiedler einfach verschwunden sind. *A. Yasur-Landau* spricht von opportunistischen Siedlern anstatt von gewalttätigen Eroberern. In welchem Zeitraum die Städte von der materiellen Kultur her »philistäisch« geprägt waren, also sich minoischer (Architektur), zypriotischer (Keramik), anatolischer (Elemente in der Sprache) und südwest-europäischer (kultische Messer) Einfluss ausmachen lässt, der die »kanaanäische« Kultur ergänzt, lässt sich schwer sagen. Weder in der Keramik noch in der → Glyptik, der → Ikonographie, der → Epigraphik oder der sonstigen materiellen Kultur in den Städten lässt sich einfach eine »philistäische« materielle Kultur ablesen, die den Schluss auf ein geschlossenes Ethnikon »Philister« oder eine Pentapolis zulassen würde (*A. M. Maeir/L. A. Hitchcock*). Die fünf Städte jedenfalls erfahren keine plötzliche durch Migration verursachte Wandlung, die sie von »kanaanäischen« zu »philistäischen« Städten macht. Zum (geringen) Teil sind die Einflüsse in der materiellen Kultur bereits *vor* den Zerstörungen und der »Ankunft« der Philister feststellbar (*A. Yasur-Landau*). Die neue hybride Mischkultur ist eher als philisto-kanaanäisch zu bezeichnen und mancher äußerer Einfluss mag nicht auf Einwanderung allein, sondern auch auf die Nachahmung durch die lokale Elite (sog. Elite-Emulation) zurückgehen (*S. Sherratt*).

An der Größe der besiedelten Fläche lässt sich zudem ablesen, dass sich die Gewichte in der Eisen I- und Eisen II-Zeit mehrfach verschoben haben. Während Aschdod/*Esdūd* im 12.–9. Jh. v. Chr. mit ca. 7 ha Siedlungsfläche nur eine mittlere Größe hat, wächst es zwischenzeitlich im 8. Jh. v. Chr. auf 30 ha an. Nach der Zerstörung der Stadt 711 v. Chr. kann die direkt am Meer gelegene Siedlung *Aschdod-Yam* mit 15 ha die vorhergehende Größe Aschdods nicht mehr erreichen. Gaza wächst im Übergang von der Eisen I- zur Eisen II-Zeit an, was die zunehmende Expansion der Assyrer in den Negeb spiegelt. Ekron/*Ḫirbet el-Muqannaʿ/Tel Miqnē* hingegen ist in der Eisen I-Zeit dominant und durchgehend groß, aber gerade im 9./8. Jh. v. Chr. auf unbedeutende 4 ha verkleinert. Gat/*Tell eṣ-Ṣāfī* hingegen hat seinen Höhepunkt im 10./9. Jh. v. Chr. Mit 45–50 ha besiedelter Fläche ist es die größte Stadt der Region, die im 8.–6. Jh. v. Chr. nach der Zerstörung durch den Aramäer Hasaël in der zweiten Hälfte des 9. Jh.s v. Chr. (2 Kön 12,18) in die Bedeutungslosigkeit zurückfällt (*H. M. Niemann*; ↗ die Tabelle auf S. 269). 711 v. Chr. wird nach Aufständen in Gaza und Aschdod der Küstenstreifen assyrische Provinz und die autonome Existenz der Stadtkönigtümer beendet. Ekron erlebt unter der *pax assyriaca* dann z. B. einen beispiellosen Aufschwung als Olivenölproduzent (*S. Gitin*) (↗ V.8.4). Das südlicher gelegene Aschkelon ist die einzige Stadt der Pentapolis, die durch die Eisenzeit hindurch in etwa mit mind. 25–30 ha (s. o.) gleich groß bleibt.

Die biblische Darstellung weiß von den regionalen Verschiebungen zwar explizit nichts, lässt aber vielleicht an manchen Stellen die Entwicklung durchscheinen (z. B. in 2 Kön 1 und der Bedeutung Ekrons oder im Fehlen Gats in Jer 25,20; Zef 2,4; Sach 9,5–7 gegenüber Am 6,2). 1 Sam 4–6 stellt es so dar, dass Israel anfänglich unterlegen war, dann aber unter Saul (1 Sam 13–14) und David (2 Sam 5,17–25) stärker als die Philister wurde und diese kontrollierte. Archäologisch sind keine Spuren früher Auseinandersetzungen zwischen »Israel« und einer als Zusammenschluss agierenden Größe »Philister« zu finden. Die früher oft mit David in Verbindung gebrachte Zerstörung von *Tell el-Qasīle* Stratum X ist kein Indiz für eine im 10. Jh. v. Chr. entfaltete Dominanz der vereinten Monarchie über die Philister, auch wenn *A. Faust* mit weitreichenden Folgerungen daran festhält. Das gilt auch für *Khirbet Qeiyafa,* das von den Ausgräbern als von David befestigter Grenzort im Übergang zum Philistergebiet (1 Sam 17,52) interpretiert wird (↗ IV.5.5). Die Erzählungen der Auseinandersetzungen Davids mit den Philistern (1 Sam 23,1–5; 2 Sam 5,17–25; 8,1) gehören vielleicht eher in den Kontext der Westexpansion des jungen judäischen Staates in der zweiten Hälfte des 9. Jh.s v. Chr. (*N. Naʾaman, O. Sergi*). Während David und frühe Auseinandersetzungen mit den im Bergland entstehenden »Staaten« Israel und Juda keine oder nur wenig Spuren hinterlassen haben, geht die philistäische Kultur im 9./8. Jh. v. Chr. mehr oder minder vollständig in dem regionalen Kontext auf. Der ökonomisch und geopolitisch bedeutsamere Wandel in der Region lässt sich an der archäologisch nachweisbaren Zerstörung der Stadt Gat durch den aramäischen König Hasaël ca. 830 v. Chr. festmachen (↗ V.3.4). Die Eroberung der philistäischen Metropole beendet nicht nur eine seit der Eisen I-Zeit ungebrochene Kontinuität, sondern ermöglicht auch die Westexpansion des judäischen Staates (↗ V.4.8).

2.3 Die Entwicklung Israels und die Aramäer

R. Arav/R. A. Freund (Hg.), Bethsaida, Kirksville 2004 • A. Berlejung/M. P. Streck (Hg.), Arameans, Chaldaeans, and Arabs in Babylonia and Palestine in the First Millenium, Wiesbaden 2013 • A. Berlejung u. a. (Hg.), Wandering Arameans (LAOS 5), Wiesbaden 2017 • G. Faßbeck u. a. (Hg.), Leben am See Gennesaret, Mainz 2003 • C. Frevel, Die Geschichte kehrt zurück: ThRev 112, 2016, 3–24 • ders., Was Aram an Empire?: Semitica 60, 2018, 397–426 • ders., State Formation in the Southern Levant, in: A. Berlejung/A. M. Maeir (Hg.), Researches on Israel and Aram, Tübingen 2018 (im Druck) • S. Hafþórsson, A Passing Power (CB.OT 54), Lund 2006 • E. Lipiński, The Aramaeans (OLA 100), Leuven 2000 • ders., On the Skirts of Canaan in the Iron Age, Leuven 2006 • N. Naʾaman, The Kingdom of Geshur in History and Memory: JSOT 26, 2012, 88–101 • K. L. Younger, A Political History of the Arameans (Archaeology and Biblical Studies 13), Atlanta 2016 • W. Zwickel, Zwei Aramäerstaaten in der Beqaʿ-Ebene: UF 47, 2016, 431–448.

In der biblischen Darstellung spielen die Aramäer eine besondere Rolle. Der später »Israel« genannte (Gen 32,29; 35,10) Stammvater Jakob ist als Enkel Abrahams eng mit den Aramäern verwandt. Gen 22,21 nennt Kemuël, den Stammvater der Aramäer, einen Neffen Abrahams. Rebekka, die Mutter Jakobs, ist eine Enkelin Nahors, des Bruders Abrahams (Gen 22,20). Bei ihrem Bruder Laban (Gen 24,29) hält sich Jakob auf, um um seine beiden Frauen Lea und Rahel, die Mütter der 12 Stämme Israels, zu werben (Gen 29,1–31,25). Wenn es richtig ist, dass → Genealogien weniger tatsächliche Verwandtschaften als politische Verhältnisse spiegeln, muss dieses positive Aramäerbild entweder einer Zeit entstammen, als Beziehungen zwischen den Aramäern und Israel eng und positiv waren oder aber die Träger der Überlieferung sich aufgrund ihrer eigenen Geschichte eng mit Aram verbunden wußten. In Abschnitt ↗ V.3 wird gezeigt, dass im 9. Jh. v. Chr. das Gebiet Israels nördlich des Sees von Gennesaret von Aramäern beherrscht und von einem aramäisch-israelitischen Bevölkerungsamalgam bewohnt war. Dass das positive Aramäerbild auch mit der Legitimierung der → Gola, also den aus dem Exil zurückgekehrten Israeliten, zu verbinden sein kann, muss die spätvorexilische Frühdatierung der Überlieferung nicht ausschließen (*E. Blum, N. Naʾaman*). In vielen anderen Belegstellen im AT ist das Verhältnis zu den Aramäern deutlich weniger positiv. Schon in Ri 3,8–10 soll der König von Aram-Naharajim Israel angegriffen, aber nicht besiegt haben. Danach soll David die Aramäer von Zoba geschlagen haben, namentlich Hadad-Eser, den Sohn Rehobs, und die mit ihm alliierten Aramäer von Aram-Damaskus (2 Sam 8,5–10). Deren Versuche, sich aus der Vorherrschaft Davids durch eine Allianz mit den Ammonitern zu befreien, schlagen fehl (2 Sam 10). Die Aramäer werden in diesen Texten einerseits als geschlossene Größe wahrgenommen, andererseits werden mehrere Königtümer erwähnt: Aram-Zoba, Aram-Bet Rehob, Aram-Damaskus, Hamat, Maacha und Geschur. Diese lassen sich mit aramäischen Kleinstaaten verbinden, die allesamt nördlich von Israel liegen und auch z. T. bereits im 11./10. Jh. v. Chr. existieren. Während den Aramäern in der Vergangenheit nur wenig Aufmerksamkeit in der Forschung geschenkt wurde, stehen sie seit etwa einem Jahrzehnt stark im Fokus (*L. Younger, H. Niehr, C. Frevel*). Betrachtet man die Entwicklung der Diskussion in den letzten Jahren, so ergeben sich weitreichende Parallelen zwischen der Rekonstruktion der Geschichte Israels und Judas und der Geschichte der Aramäer. Das betrifft z. B. Fragen einer → indigenen oder → allochthonen Herkunft, der Entstehung staatlicher Strukturen aus Clustern lokaler Herrschaft und auch des Konstruktionscharakters der biblischen Darstellung der Frühzeit der Aramäer.

(a) »Herkunft« und Entstehung der Aramäer

Die Aramäer sind wie die Edomiter, Philister oder frühen Israeliten keine homogene Bevölkerungsgruppe. Aramäer scheint auch keine Selbst-, sondern nur eine Fremdbezeichnung gewesen zu sein, die zuerst als »Land der Aramäer« (für ein Gebiet in NO-Syrien) in assyrischen Quellen des 12. Jh.s v. Chr. auftaucht. Während die älteren Landnahmetheorien davon ausgingen, dass die Aramäer in großen Wanderungsbewegungen aus Wüstengebieten nach Syrien einwanderten (was sie mit den Israeliten vergleichbar machte, vgl. Dtn 26,5), so kann man heute davon ausgehen, dass die Aramäer (wie die frühen Israeliten) aus den Transformationsprozessen nach dem Zusammenbruch der spätbronzezeitlichen Stadtkultur in und aus Syrien entstanden (*A. Berlejung*). Auch hier handelt es sich wie im manassitisch-efraimitischen Bergland (↗ III.5) um eine multiethnische Mischbevölkerung, die sich aus wenigen Einwanderern, ehemaligen Stadtbewohnern und → tribal organisierten, nichtstädtischen Bevölkerungsteilen, die sich von Kleinviehzucht und saisonalem Ackerbau ernähren, zusammensetzt. Ab dem späten 12./frühen 11. Jh. v. Chr. setzt eine Phase der → Urbanisierung ein, die neue städtische Zentren entstehen lässt. Diese stellen die Keimzellen für die Ausbildung zunächst substaatlicher (Häuptlingstümer) und dann staatlicher (Königtümer) aramäischer Strukturen dar, die im Austausch mit dem tribal strukturierten Umland entstehen und auch am transregionalen Handel mit Edelmetallen und Elfenbein beteiligt sind. Mit Beginn des 1. Jt.s v. Chr. bilden sich vom Eufrat bis nach Südsyrien/Libanon eine beträchtliche Anzahl von aramäischen Kleinstaaten und lokalen Königtümern (z. B. *Bīt Agusi*, *Bīt Gabbari/Samʾal*, Hamat, *Bīt Baḫiani*, *Bīt Adini*), von denen für die Geschichte Israels vor allem Aram-Damaskus von Bedeutung ist (↗ V.3.4). Ab dem 10./9. Jh. v. Chr. siedeln Aramäer auch in den Gebieten, die traditionell zu Israel gerechnet werden: Zoba, Bet-Rehob und Abel-Bet-Maacha im südlichen Bekaa-Tal und Obergaliläa, Geschur im westlichen Golan und im Gebiet um den See Gennesaret. Die anfänglich zunächst selbstständigen Häuptlingstümer werden nach und nach von Aram-Damaskus geschluckt. Bis zur Eroberung von Damaskus 732 v. Chr. sind aber vor allem die Regionen Nordisraels (Galiläa, See Gennesaret, Jesreel-Ebene) wechselseitigen Ansprüchen zwischen Israel und dem Aramäerstaat ausgesetzt (z. B. 1 Kön 15,20). Ein Erstarken Israels ist dabei immer dann möglich, wenn Aram-Damaskus von Seiten der Assyrer im Westen unter Druck gerät. Zumal in der Region im Norden »Israels« Aramäer und Israeliten keine kulturell, sprachlich oder ethnisch scharf voneinander abgrenzbaren Größen waren, kann man von flexiblen Loyalitäten der Bewohner gegenüber den jeweils dominanten Machtzentren sprechen. Die Bewohner waren ein multiethnisches Amalgam aus sehr unterschiedlichen Gruppen. So verwundert es auch nicht, dass die materielle Kultur keine ausreichenden Indizien für eine ethnische Differenzierung von Aramäern und Israeliten bietet.

(b) Die politische Bedeutung der Aramäer im 1. Jt. v. Chr.

Die politische Bedeutung und Präsenz der aramäischen Bevölkerungsteile und ihrer politischen Strukturen ist für den Norden Israels insgesamt nicht zu unterschätzen oder anders: Ohne die Aramäer ist im Gebiet nördlich der Jesreel-Ebene und der Bet-Schean-Ebene »kein Staat zu machen«. Gleiches gilt für das Land östlich des Jordans, der nicht wirklich eine Grenze für die Aramäer darstellt. Nördlich von Gilead und dem südlichen Baschan leben, ebenso wie in der See-Region und im unteren Galiläa, ab dem 10./9. Jh. v. Chr. aramäische Bevölkerungsteile, unabhängig davon, wer gerade das politische Heft in der Hand hielt. Der Einfluss Aram-Damaskus dehnte sich, wenn nicht schon unter Ben-Hadad I. (ca. 900–875 v. Chr.), dann jedenfalls unter Hadad-Eser (875–845 v. Chr.) und massiv unter Hasaël (ca. 845–800 v. Chr.) so stark aus, dass die im Einflussgebiet Israels gelegenen aramäischen Teilstaaten z. T. als → Vasallen unter die Kontrolle von Damaskus gerieten (*E. Lipiński*).

Die biblischen Nachrichten über die frühen Kulturkontakte zwischen »Aramäern« und »Israeliten« sind historisch nicht belastbar. Die früher als »Urgestein« der biblischen Überlieferung angesehene Aussage des sog. kleinen geschichtlichen Credos Dtn 26,5–9 (*G. von Rad*), die die ethnischen Ursprünge Israels aufgrund familiärer Bindungen den Aramäern zuordnet, wird in der gegenwärtigen Exegese meist nicht mehr mit den Anfängen der Überlieferungsbildung verbunden. Auch ist die romantisierend positive Deutung der Wanderung nach Ägypten (»ein heimatloser Aramäer«, *EÜ*) eher einer Interpretation der Bedrohung (»ein Aramäer, dem Umkommen nahe«, *Luther 2017*) bzw. des Scheiterns (»ein zugrundegegangener Aramäer war mein Vater«, *E. Otto*) gewichen. Das führt eher zu einer Absetzung als zur Identifikation der Ursprünge mit den Aramäern, was den Text in einen Bezug zu nachexilischen Perspektiven setzt. Die zunächst plausibel erscheinende Identifikation des in Dtn 26,5 genannten Vaters mit dem Erzvater Jakob/Israel (Gen 32,29; 35,10) und damit die Verbindung mit den Aram-Notizen in den Erzelternerzählungen (Gen 31,20.24, vgl. Gen 25,20; 28,5) steht vor der Schwierigkeit, dass weder Abraham noch Isaak oder Jakob »Aramäer« waren.

Für die sog. vorstaatliche Richterzeit spricht die biblische Überlieferung von einem König der Aramäer namens Kuschan-Rischatajim, der Israel bedrängte und dann von Otniël besiegt worden sein soll (Ri 3,8–10). Sowohl das Ereignis als auch Name und Existenz dieses Herrschers sind bloße Fiktion frühestens aus dem 6. Jh. v. Chr. Auch den Notizen zu den frühstaatlichen Auseinandersetzungen lässt sich in historischer Hinsicht kaum eine belastbare Information entnehmen. Der Ausbau von Davids Herrschaft soll von militärischen Konfrontationen mit den Aramäern begleitet gewesen und in eine umfassende Vasallität der Aramäergebiete gemündet sein (2 Sam 8,5–12). Prominent erscheint dort Hadad-Eser, der Sohn Rehobs, als König von Zoba. Zoba/*Ṣobah* ist als aramäischer Kleinstaat im 9./8. Jh. v. Chr. belegt (↗ V.3.1), wobei außerbiblische Hinweise auf die Frühzeit fehlen und nicht ganz klar ist, wie weit das Territorium im Bekaa-Tal östlich des Libanongebirges gereicht hat und ob es identisch mit Bet-Rehob war, worauf der Vatersname als → Eponym hinweisen könnte (*E. Lipiński, N. Naʾaman*). Ein Herrscher Hadad-Eser ist jedenfalls nicht für Zoba, wohl aber für Aram-Damaskus im 9. Jh. v. Chr. belegt (↗ V.3.1). Ähnlich verhält es sich mit König Toi (2 Sam 8,9), der König von Hamat am Orontes gewesen und dessen Sohn Hadoram David mit Tributgeschenken entgegengekommen sein soll. Ob tatsächlich eine Verbindung zu dem inschriftlich belegten Taita von *Palistin/Walistin* im 11./10. Jh. v. Chr. besteht (*C. Steitler, P. Čech*), zu dessen Königreich Hamat gehört hat (↗ IV.2.2), ist fraglich (*L. Younger*), zumal der Bericht in 2 Sam 8,9–11 Ähnlichkeiten zu den Annalen Salmanassars III. (859–824 v. Chr.) aufweist.

Damit bleiben Davids Unterwerfung der Aramäer und ihre Einbindung in ein Großreich weit mehr Legende als Wirklichkeit (↗ IV.5.7). Die Überlieferungsbildung scheint sich dabei eher an späteren Sachverhalten des 9./8. Jh.s v. Chr. orientiert zu haben (»Passepartout für Hasaël« *E. A. Knauf*), was sich auch für die Frühgeschichte von Aram-Damaskus (↗ V.3.4) bestätigt.

2.4 Die Ammoniter und das frühe israelitische »Königtum«

W. E. Aufrecht, Ammonites and the Books of Kings, in: A. Lemaire/B. Halpern (Hg.), The Books of Kings (VT.S 129), Leiden 2010, 245–249 • W. Groß, Richter (HThKAT), Freiburg 2009 • U. Hübner, Die Ammoniter (ADPV 16), Wiesbaden 1992 • R. G. Kratz, Nahash, King of the Ammonites, in the Deuteronomistic History, in: R. Müller/J. Pakkala (Hg.), Insights into Editing in the Hebrew Bible and the Ancient Near East, Leuven 2017, 163–188 • O. Lipschits, Ammon in Transition from Vassal Kingdom to Babylonian Province: BASOR 335, 2004, 37–52 • B. MacDonald/R. W. Younker (Hg.), Ancient Ammon, Leiden 1999 • A. Roskop-Erisman, For the Border of the Ammonites Was ... Where?, in: J. C. Gertz u. a. (Hg.), The Formation of the Pentateuch (FAT 111), Tübingen 2016, 761–776 • C. W. Tyson, The Ammonites, London u. a. 2015.

Bei den Ammonitern handelt es sich um ein kleines Nachbarvolk im Ostjordanland, das in der polemisch gefärbten biblischen Darstellung → genealogisch eng mit Moab zusammenhängt (Gen 19,38). Anders als für Moab (↗ IV.2.5) und Edom (↗ IV.2.6) werden biblisch für die Zeit der Wüstenwanderung keine Konflikte berichtet (Dtn 2,19–21; Num 21,24). Hingegen erzählt die Bibel für die vorstaatliche Richterzeit (Ri 3,13; 10,6–12,7), für Saul (1 Sam 11,1–11) und für David (2 Sam 10; 11,1; 12,26–31) von Auseinandersetzungen mit den Ammonitern.

Das auf dem transjordanischen Hochplateau gelegene Gebiet der Ammoniter grenzt im Osten an die transjordanische Wüste, im Süden an Moab und im Norden an Gilead, das Israel bzw. den Aramäern zugerechnet wird. Biblisch werden entsprechend der obere Jabboklauf und der Arnon als Grenzen genannt (Num 21,24; Dtn 3,16; Jos 12,2; Ri 11,13). Der genannte Ort Jaser ist vielleicht mit *Ḫirbet eṣ-Ṣār* zu identifizieren. Wo die Westgrenze verläuft, die die fruchtbare Jordansenke mit den Orten Schittim/*Tell el-Kefrēn*, Zaretan (vielleicht *Tell el-Qōs* oder *Tell Umm Ḥammād*), Adam(a)/*Tell ed-Dāmiye* und Sukkot/*Tell Dēr ʿAllā nicht* einschließt, ist nicht ganz klar. Der Zentralort ist jedenfalls Rabba (Dtn 3,11; 2 Sam 12,26–31; Jer 49,3) bzw. Rabbat-Ammon (Ez 21,25), das heutige *ʿAmmān*.

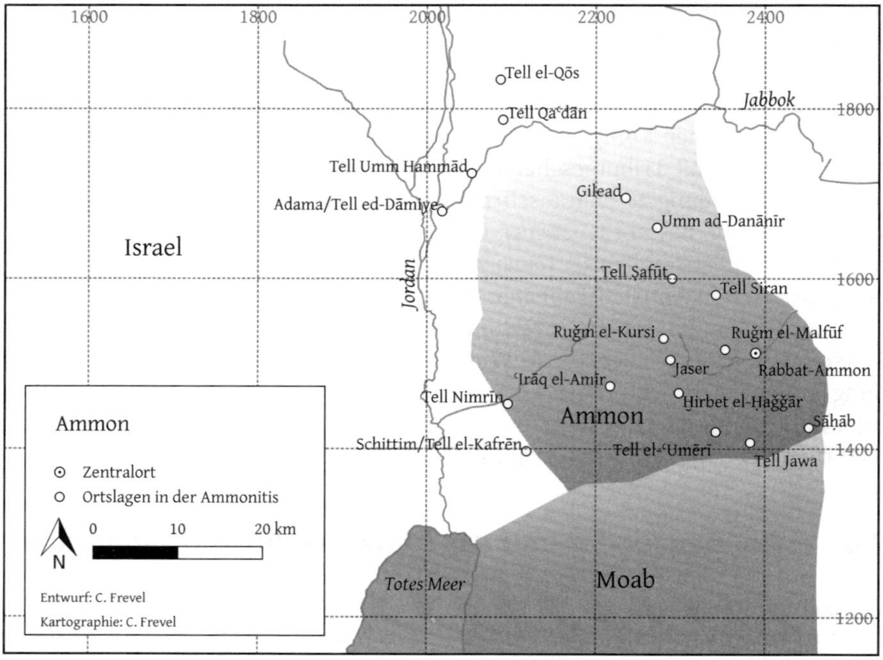

Karte 4: Gebiet Ammons

Durch die Angabe der Namen Nahasch und Hanun (1 Sam 11,1–2; 2 Sam 10,1–4; 17,27) erwecken die Nachrichten den Anschein historischer Information, so als ob jenseits des Jordan parallel zu Israel ein Königtum existiert hätte. Die Notizen sind jedoch – wenn überhaupt – auf proto-ammonitische Führergestalten zu beziehen und sagen über die Staatlichkeit nicht viel aus. Das mit der Entwicklung zum Territorialstaat verbundene Königtum der Ammoniter bildet sich allem Anschein nach etwa zeitgleich mit dem israelitischen Königtum erst in der ersten Hälfte des 9. Jh.s v. Chr. aus. Der archäologische Befund ist z. T. schwer zu deuten, zumal eindeutige ammonitische Leitfossilien, die eine Zuordnung zu »den Ammonitern« erlauben würden, fehlen. Heschbon/*Tell Ḥesbān* etwa, neben der Hauptstadt eine der wichtigsten Städte auf dem jordanischen Hochplateau, wird in der Mescha-Stele noch nicht erwähnt. Der Ort ist im 10. Jh. v. Chr. kurzfristig städtisch, wird aber erst im 7./6. Jh. v. Chr. bedeutsam. Außerbiblisch ist ein König *Šanip* in den Vasallenlisten Tiglat-Pilesers III. in der zweiten Hälfte des 8. Jh.s v. Chr. belegt und von da an in assyrischen Inschriften von Bet-Ammon die Rede (HTAT Nr. 140, 181–197). Spätbronzezeitliche Quellen zu dem Gebiet auf dem jordanischen Hochplateau fehlen. Zwischen dem Niedergang der spätbronzezeitlichen Städte (*ʿAmmān*, *Sāḥāb*) und der Herausbildung eines regional bedeutenderen Königtums ist das Gebiet der Ammoniter dünn von einer weitgehend → indigenen agrarisch dörflichen Gesellschaft bewohnt. Verkehrsgeographisch ist es an die Königsstraße (↗ IV.2.5, Karte 5), die wichtigste Nord-Süd-Achse im Ostjordanland, angebunden, sodass die Ammoniter vor allem in ihrer Blütezeit vom 8.–6. Jh. v. Chr. vom Fernhandel zwischen der Arabischen Halbinsel und Damaskus profitieren konnten. Unter dem »Schutz« der assyrischen Großmacht konnte sich Ammon als Vasall dadurch bis zum Ende seiner Eigenstaatlichkeit behaupten. Aufgrund von außenpolitischen Fehleinschätzungen (Jer 27,3; Ez 21,23–29) wird der Staat Ammon 582/81 v. Chr. durch den Neubabylonier Nebukadnezzar (605–562 v. Chr.) liquidiert. In der ersten Hälfte des 1. Jt.s v. Chr. ist das Wirtschaftsleben auf dem transjordanischen Hochplateau noch überwiegend agrarisch bestimmt und die Gesellschaft nur gering sozial strukturiert. Es gibt nur wenige Anzeichen von internationalen Kontakten (*C. W. Tyson*). Unter dieser Voraussetzung erscheint die Frühgeschichte der Auseinandersetzungen zwischen Israel und Ammon historisch weniger wahrscheinlich. Mit den im Norden angrenzenden Bewohnern Gileads (biblisch den Gaditern) und vielleicht auch mit den in das Ostjordanland ausgreifenden Führern des frühstaatlichen Israel mag es vereinzelt Konflikte gegeben haben, die sich vielleicht in den biblischen Nachrichten spiegeln. Als historische Nachrichten sind die Angaben zu den frühen Konflikten jedoch nicht zu nehmen, sodass von ihnen aus wie im Fall der Philister und Moabs kein sicherer Hafen für die Frühgeschichte Israels angesteuert werden kann. Wahrscheinlicher ist die Annahme, dass die Auseinandersetzungen mit Saul, David und Salomo in späterer Zeit ausgestaltet wurden und wenig Anhalt in der Frühgeschichte des Königtums haben.

2.5 Die Moabiter

B. Becking, A Voice from Across the Jordan, in: C. Levin/R. Müller (Hg.), Herrschaftslegitimation in vorderorientalischen Reichen der Eisenzeit (ORA 21), Tübingen 2017, 125–145 • P. Bienkowski, Studies on Iron Age Moab and Neighbouring Areas in Honour of Michèle Daviau (ANES 29), Leuven 2009 • D. R. Clark u. a., The Madaba Plains Project, London 2016 • P. M. M. Daviau/M. L. Steiner, A Wayside Shrine in Northern Moab, Oxford 2017 • E. Gass, Die Moabiter (ADPV 38), Wiesbaden 2009 • T. Römer/I. Finkelstein, Early North Israelite »Memories« of Moab, in: J. C. Gertz u. a. (Hg.), The Formation of the Pentateuch (FAT 111), Tübingen 2016, 711–728 • S. Timm, Moab zwischen den Mächten (ÄAT 17), Wiesbaden 1989 • M. Weippert, Ar und Kir in Jesaja 15,1: ZAW 110, 1998, 547–555 • ders., Mōši's Moab: Transeuphratène 46, 2014, 133–151.

Dass das Verhältnis zwischen Israel und Moab nicht das von verbündeten Bruderstaaten war, zeigt schon die polemische Verzerrung der Ätiologie von Gen 19,37, die den Namen Moab als »vom Vater« deutet und auf den Inzest als Ursprung anspielt. Noch vor dem Einzug in das verheißene Land spielen die Konflikte mit Moab eine wichtige Rolle (Num 21,29–30). Im Gemeindegesetz wird schließlich in Dtn 23,4 bestimmt, dass Moabiter und Ammoniter nie in die Versammlung aufgenommen werden dürfen. Die Feindschaft zwischen Moab und Israel scheint so tief zu sein wie die mit Edom und auch so weit zurückzureichen. Dabei wird biblisch der Eindruck erweckt, als wenn Moab immer schon staatlich verfaßt gewesen wäre. Die Bibel erwähnt mehrere Könige Moabs. Unbenannt bleibt der Herrscher von Num 21,26, der gegen den legendären Amoriterkönig Sihon Krieg geführt haben soll. Die Bileam-Erzählung in Num 22–24 kennt einen König Balak, dessen Vater Zippor heißt. Weder Zippor (»Vogel«) noch sein Sohn Balak (»er zerstört«) sind außerbiblisch belegt, was nicht verwundert, weil es für das 12.–9. Jh. v. Chr. keine Anzeichen von ausgebauter Staatlichkeit für Moab gibt. Moab wird allerdings schon in Inschriften Ramses' II. (1279–1213 v. Chr.) genannt, was auf eine Landschaftsbezeichnung bzw. eine frühe substaatliche Größe (s. u.) hinweist. Damit fallen auch König Eglon in Ri 3,12.14.15.17 und der König, den David für den Schutz seiner Eltern um Hilfe anfragt (1 Sam 22,3), für eine historische Auswertung weitestgehend aus. Erst mit dem in 2 Kön 3,4 (nachträglich?) erwähnten König Mescha betritt man sicheren Boden, denn Mescha ist durch die 1868 aufgefundene Mescha-Stele aus der zweiten Hälfte des 9. Jh.s v. Chr. (↗ V.4.3 mit Abb. 29) aus dem Ort Dibon außerbiblisch belegt. Daneben wird ein moabitischer König in der sog. El-Kerak-Inschrift bezeugt. Das → Orthostatenfragment, das 1958 erworben wurde, nennt *k]mšyt.mlk.mʾb* »Kemoschyat, König von Moab«. Auf dieser Grundlage ergänzt man gewöhnlich die erste Zeile der Mescha-Stele als »Ich bin Mescha, der Sohn des Kemosch[yat], der König von Moab, der Dibonit« und nennt damit zwei Könige für den frühen Staat Moab. Die Mescha-Stele, die wahrscheinlich als Bauinschrift für ein Kemosch-Höhenheiligtum zu deuten ist (*M. Weippert*), berichtet über Auseinandersetzungen zwischen dem Haus Omri und Kemoschyat, dem Vater von Mescha, die sich über eine Generation bis zur Regierungszeit Ahabs und Meschas hingezogen haben.

(a) Landschaft und Staat Moab

Der Name »Moab« ist wahrscheinlich ursprünglich ein Landschaftsname und nicht die Bezeichnung eines Staates. Moab bezeichnet dabei zunächst das biblisch Ar (Num 21,15; Dtn 2,9; Jes 15,1) genannte Hochplateau des *Arḍ el-Kerak* zwischen den zwei tief eingeschnittenen Tälern, dem Arnon (*Wādī el-Mōǧib*) im Norden, der etwa auf der Mitte in das Tote Meer mündet, und dem Sered (*Wādī el-Ḫesā*), der in das Südende mündet und die Nordgrenze von Edom markiert. Der wichtigste Ort innerhalb dieses Zentralgebietes ist in der Eisen II-Zeit *Khirbet Baluʿa/Bāluʿa/el-Bālūʿ*, das von einer Reihe von Festungen geschützt wird (*I. Finkelstein/O. Lipschits*). Andere wichtige Orte sind Kerak (auch Kir-Heres oder Kir-Moab?) und *ar-Rabba*. Der Ort, an dem die Mescha-Stele gefunden wurde, gehört nicht dazu, sondern in den davon nördlich gelegenen Distrikt, der durch das *Wādī l-Wāla* und das *Wādī l-Hēdān* begrenzt wird. Dort liegt Dibon/*Tell Ḏībān*, eine schon früh besiedelte Stadt an der wichtigsten Nord-Süd-Verkehrsverbindung, der sog. Königsstraße (Num 20,17; 21,22). Die Grabungen in Dibon haben zwar auch schon für die Eisen I-Zeit größere Gebäude freigelegt, doch weist einiges auf den Ausbau in der Eisen IIA-Zeit entweder durch König Mescha (Mescha-Stele) oder zuvor die Omriden (2 Kön 3,4). Wahrscheinlich ist Dibon eigentlich ein Landschaftsname und als Ort mit dem in der Mescha-Stele genannten *Qarḥo* zu identifizieren (*M. Weippert*).

Dibon wird, wie die übrigen Städte in dieser Gegend, meist Moab (Jes 15,9; Jer 48,18.22), in den Landnahmetexten aber den israelitischen Stämmen zugerechnet (Num 32,3.34–38; Jos 13,9.17). Es ist wichtig zu verstehen, dass sich Moab territorial weit nach Norden hin ausgedehnt hat, aber diese Nordgrenze wechselnd war (anders *E. Gass*, für den der Siedlungsimpuls immer von Norden ausging). So wichtige Orte wie Atarot/*Ḫirbet ʿAtārūz* (Num 32,3.34; Jos 16,2.57) oder auch Madaba, Heschbon/*Tell Ḥesbān* (Num 21,25–30; Jes 15,4; Jer 48,2) und Elale/*al-ʿĀl* (Num 32,3.37; Jes 16,9; Jer 48,34) sind nicht durchgehend moabitisches Territorium. Insbesondere unter den Omriden war das Gebiet vom Nordende des Toten Meeres bis zum Arnon (*Wādī el-Mōǧib*) umstritten, wovon die Mescha-Stele Zeugnis gibt. König Mescha reklamiert dort für sich das Gebiet, das Omri und Ahab im 9. Jh. v. Chr. dem moabitischen Königshaus entrissen haben sollen. Die Orte, die Mescha zurückerobert und ausgebaut haben will, weisen alle auf das umstrittene Gebiet nördlich des Arnon: Madaba, Baal-Meon, Kirjatajim, Atarot, Kerijot, Nebo, Jahaz, *Qarḥo*/Dibon, Bamot und Bet-Diblatajim (↗ Karte 5).

Davon, dass sich die Grenzen Moabs zeitweise bis etwa auf die Höhe des Nordendes des Toten Meeres ausgedehnt haben, zeugt auch die Bezeichnung der *Ġōr* genannten Niederungen gegenüber von Jericho als »Steppen von Moab« (Num 22,1; 26,3 u. ö.). Israel lagert in Schittim/*Tell el-Kefrēn* (Num 25,1; Jos 2,1; 3,1) und begegnet dort den Moabiterinnen. Mose hält seine große Abschiedsrede in Bet-Pegor/*el-Mušaqqar* (Dtn 3,29; 4,46) in Moab (Dtn 1,5) und stirbt auf dem Nebo (Dtn 32,49; 34,1; Jes 15,2; Jer 48,1).

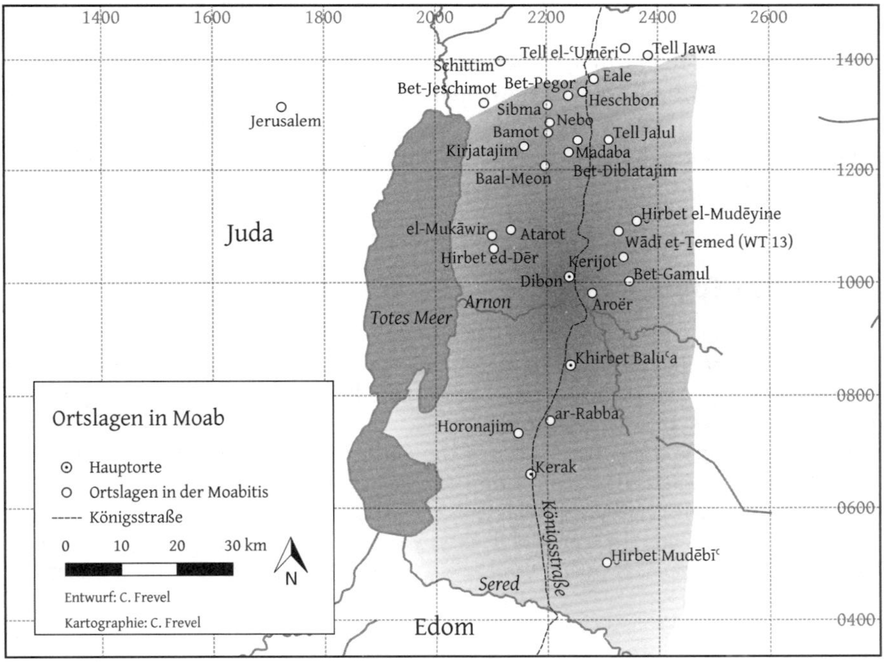

Karte 5: Das Gebiet Moabs in maximaler Ausdehnung nördlich und südlich des Arnon

(b) Das frühe substaatliche Moab vor Mescha

Die komplexe Sachlage, die wechselnden Ansprüche und detaillierten Ortsangaben in den biblischen Texten unterstreichen die Bedeutung dieser Region, deren Hochland ausgesprochen fruchtbar ist und sich für den Getreideanbau eignet.

Die tief eingeschnittenen Täler machen es schwer kontrollierbar, weshalb gerade die Städte an den Verkehrsachsen Bedeutung gewonnen haben. Die wichtigste ist die in Nord-Süd-Richtung über das Hochplateau verlaufende Königsstraße, die den Hafen am Nordende des Golfs von Aqaba/Elat mit Syrien verbindet. Dieser Handelsweg führt auch durch das Kupfer-Abbaugebiet in der Araba. Inwieweit diese Straße bereits in der Spätbronzezeit für einen florierenden Handel genutzt wurde, ist umstritten (*E. Gass*). Im Zusammenhang mit dem Kupferhandel im südlicher gelegenen *Fēnān*-Gebiet entsteht aber bereits im 11./10. Jh. v. Chr. ein noch wenig ausgebauter Staat bzw. ein *chiefdom* in Dibon/*Ḏībān* und südlich des Arnon-Flusses (*Wādī el-Mōǧib*), dessen wichtigster Ort *Khirbet Baluʿa/Bāluʿa/el-Bālūʿ* von einer Reihe von Festungen geschützt wird (*I. Finkelstein/O. Lipschits*). Nach dem Zusammenbruch dieses Handels, der möglicherweise durch Schischak I. (946/45–924 v. Chr.) verursacht ist (↗ IV.8), bricht dieser Verbund, der vielleicht hinter der Erinnerung an Sihon Num 21,26 steht, zusammen. Erst allmählich entsteht dann in der Eisen IIA-Zeit im 9. Jh. v. Chr. die Größe Moab, die mit der Omridendynastie in Konflikt gerät und von der die Mescha-Stele Zeugnis gibt.

Frühere Konflikte, die die Bibel bei David und Salomo verortet, sind damit nicht völlig ausgeschlossen, wenn sie auch aus anderen Gründen (↗ IV.5.4) unwahrscheinlich bleiben. In der Mescha-Stele wird im Schlussabschnitt in Z. 31 erwähnt, dass ein *byt [...]wd* in Ḥawrōnēn wohnte. Ergänzt man das zu *byt dwd* wäre der Südstaat im 9. Jh. v. Chr. südlich des Arnon in Horonajim präsent gewesen (↗ IV.5.2). Selbst wenn man dem zustimmt, lässt sich daraus nicht auf frühe Konflikte mit David zurückschließen.

2.6 Die Edomiter

P. Bienkowski, The Beginning of the Iron Age in Edom: Levant 24, 1992, 167–169 • D. V. Edelman (Hg.), You Shall Not Abhor an Edomite for He Is Your Brother (Archaeology and Biblical Studies 3), Atlanta 1995 • C. Frevel, »Esau, der Vater Edoms« (Gen 36,9.43), in: M. Brett/J. Wöhrle (Hg.), The Politics of the Ancestors (FAT 124), Tübingen 2018, 329–364 • E. A. Knauf, Ismael, Wiesbaden ²1989 • T. E. Levy u. a., New Insights into the Iron Age Archaeology of Edom, Southern Jordan, Los Angeles 2014 • N. Naʾaman, Judah and Edom in the Book of Kings and in Historical Reality: VT.S 168, 2015, 197–211 • J. M. Tebes (Hg.), Unearthing the Wilderness (ANES 45), Leuven 2014 • M. Weippert, Edom (Diss. Masch.), Tübingen 1971.

In den biblischen Erzählungen wird Edom an Esau gebunden und damit in eine enge verwandtschaftliche Nähe zu Jakob/Israel gerückt (Gen 25,30; 36,8). Durch den Bruderkonflikt erscheint das Verhältnis von Israel und Edom seit der Frühzeit belastet. Zu Konflikten soll es gekommen sein, als Edom den Israeliten den Durchzug durch sein Gebiet verweigert (Num 20,14–21). Danach soll Saul mit den Edomitern Krieg geführt haben (1 Sam 14,47), David die Edomiter im Salztal vernichtend geschlagen und *neṣibîm* über sie eingesetzt haben (2 Sam 8,13–14), was gewöhnlich mit »Vögte« oder »Statthalter« übersetzt wird.

(a) Biblisches und historisches Edom

Die biblische Darstellung ist auffallend dicht vernetzt. So verbindet sich z. B. die Erwähnung der Vernichtung im Salztal und die Einsetzung der Vögte in 2 Sam 8,13 mit 2 Kön 14,7; die Notiz zum Königtum in 1 Kön 22,48 mit 2 Kön 8,20–22 oder die Hafennotiz in 1 Kön 9,26 mit 2 Kön 14,22 und 16,6. Die Frühgeschichte Edoms ist mehr oder minder durchgängig fiktiv und aus späteren Notizen herausgesponnen. In der tiefen Feindschaft zwischen Edom und Israel, die sich in der biblischen Literatur zu Vergeltungswünschen aufgipfelt (Klgl 4,21; Ez 25,12–15; Jes 34,6; Obd 1,8–10; Ps 137,7), spiegeln sich die Konflikte um den mittleren und südlichen Negeb in der späten Königszeit und in späteren Perioden nach dem Untergang Judas 587 v. Chr. Als Hintergrund ist die Stabilisierung und Expansion des *chiefdom* zu sehen, das sich durch den Kupferbergbau und den Fernhandel im 1. Jt. v. Chr. bis 552 v. Chr. expansiv entwickelt (*N. Na'aman*). In der Frühzeit hingegen war Edom eine von Halbnomaden und sesshaften Bauern bestimmte → tribale Gesellschaft und kein Nationalstaat, zu welchem Edom wenn überhaupt erst im 8. Jh. v. Chr. wurde.

Die → Vasallität, die Edom wie den Nachbarn von den Assyrern in ihrer Westexpansion ab Adad-nērārī III. (811–783 v. Chr.) aufgezwungen wird, führt zu einer Blüte entlang der großen Nord-Süd- und West-Ost-Handelswege, nicht aber zu einer generell territorialstaatlichen Aufwertung Edoms. Demographisch entwickeln sich dabei nicht das edomitische Hochplateau, sondern eher die Transitzonen im südlichen Negeb und in der Araba. Die assyrischen Quellen zeigen, dass Edom sich 712 v. Chr. mit den Nachbarn auch an antiassyrischen Aufständen beteiligte. Der Neubabylonier Nabonid (556–539 v. Chr.) beendet die Eigenstaatlichkeit Edoms wahrscheinlich durch die Zerstörung Bozras (↗ V.10.5).

(b) Das Gebiet Edoms

Der Name Edom (»Roter«) bezieht sich auf die rötliche Farbe des nubischen Sandsteins östlich des Araba-Grabens und war ursprünglich eher ein Landschaftsname als eine Bezeichnung für eine politische Größe. Neben Edom und Esau wird das Gebiet mehrfach auch mit Seïr (Gen 14,6; Dtn 1,44; 2,22) und Teman (Am 1,12; Obd 1,9; Hab 3,3; Bar 3,22–23) in Verbindung gebracht, wobei Seïr den östlichen Negeb, die breite Araba-Senke und den Anstieg des ostjordanischen Plateaus meint und Teman den bis nach Nordarabien reichenden südlichen Teil des Plateaus. Große Probleme bereitet die Bestimmung des Gebietes, das biblisch zu Edom gerechnet wird, da dieses in biblischer Zeit großen Wandlungen unterliegt und die den Texten zugrundeliegende *Perspektive* sehr entscheidend sein kann. Zur Zeit der persischen Provinz Idumäa ist Edom etwas Anderes als in der frühen Königszeit. Besonders herausstechend sind die Stellen, in denen Edom nicht nur den Zentralnegeb umgreift, sondern über das Beerscheba-Becken bis an die Küste nach Gaza reicht (↗ Karte 6). Das mehrfach mit Edom in Verbindung gebrachte Salztal (1 Chr 18,12; 2 Kön 14,7; Ps 60,2) vermutet man im nördlichen Araba-Graben, vielleicht bei der Skorpionsteige. 1 Kön 9,26 nennt den Hafen von Ezjon-Geber am Golf von Elat als edomitisches Gebiet. Da der Araba-Graben nicht wirklich eine natürliche Grenze darstellt, wird das Gebiet beiderseits der tiefen Senke, angefangen von dem Kikkar genannten Gebiet am Südende des Toten Meeres bis hinunter an den Golf von Elat bzw. den Golf von Aqaba, Edom zugerechnet. Auf der Ostseite verläuft auf dem Hochplateau die wichtige Verkehrsachse der Königsstraße (↗ IV.2.5, Karte 5), auf der der Fernhandel abgewickelt wird, von dem auch Edom im 1. Jt. v. Chr. stark profitiert. Für die Ökonomie entscheidend ist die Kontrolle der Kupferminen im *Fēnān*-Gebiet und in der südlichen Araba (Timna/*Wādī el-Menēʿīye, Wādī ʿAmrānī*), die bereits in der Eisen I-Zeit massiv ausgebeutet wurden und zur Ausbildung eines oder mehrerer früher Häuptlingstümer geführt haben (↗ IV.1.6).

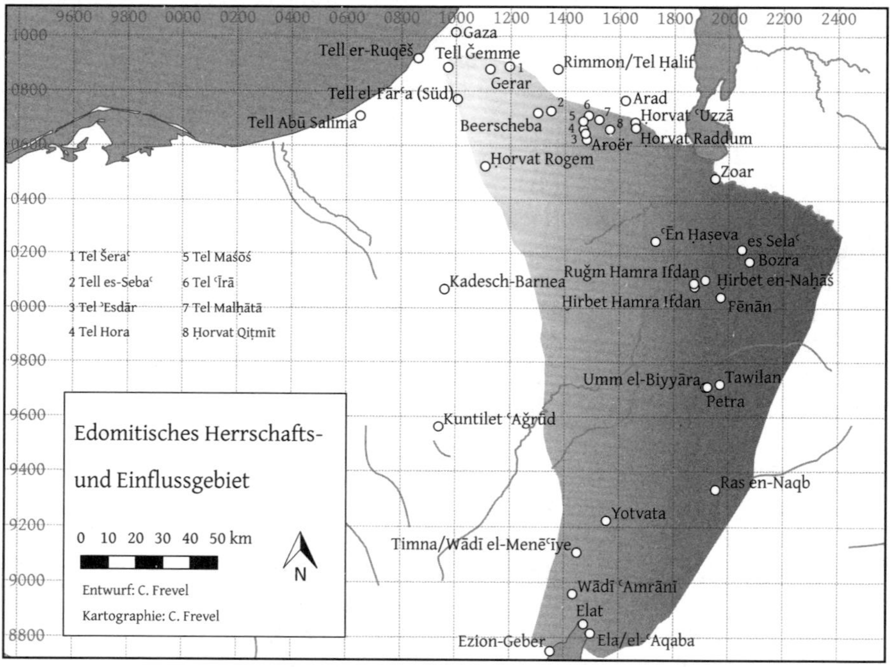

Karte 6: Edomitisches Herrschaftsgebiet und Ausdehnung des Einflussgebietes proto-arabischer Stämme entlang der Handelsrouten im südlichen Negeb in der ersten Hälfte des 1. Jt.s v. Chr. Edom ist kein »Staat«, der sich um eine Zentralinstanz herum entwickelt, sondern eher ein Zusammenschluss von territorial begrenzten Herrschaftsclustern tribaler Gemeinschaften. Das Gebiet im Beerscheba-Becken und im südlichen Negeb ist am ehesten als edomitisch-judäische »mixed zone« zu beschreiben.

Das Kerngebiet Edoms liegt zunächst auf dem zwischen 1300 und 1500 m hohen Hochplateau südlich des Toten Meeres zwischen dem Sered/*Wādī el-Ḫesā* und dem Abbruch des Tafellandes bei *Rās en-Naqb* im Süden. Es umfasst das auf 1158 m Höhe unzugänglich im Petra-Bergmassiv gelegene *Umm el-Biyyāra* (vielleicht Sela, 2 Kön 14,7; Jes 42,11; Ri 1,36), wo sich in der Eisen IIC-Zeit eine Festungsanlage befand (*P. Bienkowski*). Auch die größere, unbefestigte, agrarische Siedlung in Tawilan hat ihren Schwerpunkt im späten 8. Jh. v. Chr. Gleiches gilt für den Hauptort Bozra/*Buseira* (Jes 34,6; 63,1; Jer 49,13.22), was der Annahme einer frühen Staatlichkeit auf dem ostjordanischen Plateau entgegensteht. Wenn von »Edom« in der frühen Königszeit die Rede ist, ist demnach kaum ein Territorialstaat gemeint, sondern z. T. anlassbezogen und z. T. dauerhaft zusammengeschlossene tribale Verbände, die keinen König als Zentralinstanz haben und auch keinen Zentralort als Residenz. Diese haben sich um die ressourcen- und verkehrsstrategischen Orte in *Ḫirbet en-Naḥāš* und *Tel Maśōś/Ḫirbet el-Mšāš*, vielleicht auch in Dibon, bereits in der Eisen I-Zeit gebildet (↗ IV.1.6 u. IV.3). Noch im 8. Jh. v. Chr. ist die mit Bozra/Buseira verbundene Größe eher als *chiefdom* denn als Nationalstaat zu beschreiben (*J. M. Tebes*).

(c) Edom westlich der Araba

Zunächst durch das Interesse des Aramäers Hasaël (ca. 845–800 v. Chr.) (↗ V.5.4) und dann der nach Westen expandierenden Neuassyrer (↗ V.6.2) am Kupfer und dann an den Produkten des Fernhandels aus Arabien (v. a. Aromata, Gewürze), erlebt die Region Edom einen erheblichen Aufschwung. Dieser ist nicht nur mit der Ausbildung stabilerer politischer Strukturen verbunden, sondern auch mit der Einbindung der proto-arabischen Stämme im südlichen Negeb und damit der Kontrolle der in Gaza endenden Ost-West-Achse des Handels (*Darb el-Ġazze*) und der für den Fernhandel zentralen Seeanbindung am Golf von Elat.

Mit der Süd-West-Expansion Judas (↗ V.4.8) kommt es ab dem 8. Jh. v. Chr. im Nachal Besor und im Beerscheba-Becken (etwa die Linie *Tell Ǧemme*, Gerar/*Tell Haror*, *Tel Sera/Tell eš-Šerīʿa*, *Tell es-Sebaʿ*, *Tel Maśōś*, *Tell ʿAroer*, *Ḥorvat Qiṭmīt*, *Ḥorvat ʿUzzā*, ↗ Karte 6) zu Konflikten, die sich in den im 8./7. Jh. v. Chr. errichteten Negeb-Festungen spiegeln. Die materielle Kultur (Keramik, Figurinen, Inschriften) zeigt ebenso edomitische und nordarabische Einflüsse, wie sie von Juda mitgeprägt ist. Die lange für typisch gehaltene Keramik der sog. *Busayra Painted Ware* oder der *Qurayya-Pottery* ist ebensowenig klar »edomitisch« wie die Kultstätten in *Ḥorvat Qiṭmīt* oder *ʿĒn Ḥaṣeva*. Die von Koexistenz, Interaktion und Hybridität gekennzeichnete Situation im Negeb zeigt, dass politische Grenzen durch Diskontinuität bestimmt sind, die jedoch die Kontinuität in den regionalen sozioökonomischen Systemen nicht aufheben. Löst man sich von einer territorialstaatlichen Fixierung und von der Vorstellung ethnisch geschlossener Nationalstaaten, dann sind die tribalen Netzwerke, die den Fernhandel im Negeb betreiben, im 8.–6. Jh. v. Chr. als »Edom« zu beschreiben (*C. Frevel*). Aus dieser Konstellation erwachsen die Vorstellungen von Edom und Israel als verfeindetes Brüderpaar, die zu scharfen Verleumdungen führen, u. a. zu dem unhaltbaren Vorwurf, die Edomiter hätten sich aktiv an der Eroberung Jerusalems und der Zerstörung des Tempels beteiligt (↗ V.10.5). Dass die Edomiter im Negeb und in Seïr vom Zusammenbruch der staatlichen Strukturen in Juda nachhaltig profitierten, scheint hingegen sicher und die Voraussetzung für die Errichtung der Provinz Idumäa unter persischer Herrschaft um 400 v. Chr. zu sein (↗ VI.3).

3. *Zur Situation Palästinas vor der Entstehung des Königtums*

E. Bloch-Smith/B. Alpert Nakhai, A Landscape Comes to Life: NEA 62, 1999, 62–92 • D. E. Fleming, The Legacy of Israel in Judah's Bible, New York 2012 • E. Pfoh, The Emergence of Israel in Ancient Palestine, London 2014 • ders., Syria-Palestine in the Late Bronze Age, London 2016 • ders., Notes on Ethnographic Method and Biblical Interpretation: BN 172, 2017, 43–52 • O. Sergi, Rethinking Israel and the Kingdom of Saul, in: O. Lipschits u. a. (Hg.), Rethinking Israel, Winona Lake 2017, 371–388 • N. Yoffee, Myths of the Archaic State, Cambridge 2005.

In der Annäherung an die Frühgeschichte darf die Größe »Israel« nicht einfach als gegeben vorausgesetzt werden. Auch kann nicht schlicht der biblischen Darstellung gefolgt werden. Die Behandlung des Exodus (↗ II.4) hat deutlich gemacht, dass es keine ausreichende außerbiblische Evidenz gibt eine Größe »Israel« anzunehmen, die im 13./12. Jh. v. Chr. in Ägypten entstanden und aus Ägypten ausgezogen ist. Die Darstellung der Landnahme (↗ III.4–7) hat zwar unterstrichen, dass Israel im 12.–11. Jh. v. Chr. *in* und *aus* Kanaan entstanden sein dürfte, doch hat auch dort die substaatliche Größe »Israel« als solche noch keine erkennbare Gestalt angenommen. Der Blick auf die Nachbarn Israels und vor allem auf deren Frühgeschichte (↗ IV.2) zeigt im 10.–8. Jh. v. Chr. einen graduellen Prozess, der das Phänomen »Staatlichkeit« im Sinne von territorial begrenzten politischen Strukturen, die nicht ausschließlich → tribal oder → klientelbezogen sind, erst langsam entwickelt. Zentralorte fehlen oft und substaatliche Strukturen bilden sich erst im 9.–7. Jh. v. Chr. aus. Nahezu durchgehend erschien die biblische Darstellung der Frühgeschichte der Nachbarn als ein Konstrukt, das historisch plausible Informationen, fiktive Sachverhalte und deutlich spätere Zusammenhänge (meist aus dem 8./7. Jh. v. Chr.) miteinander verbindet. Die Überlieferungen der Frühgeschichte Israels sind demnach nicht als historische Darstellungen zu werten. Im Gegenzug ist auffallend, dass das vor allem aus archäologischen Daten gewonnene Bild der politischen Strukturen der Eisen I-Zeit biblisch so gut wie gar nicht reflektiert wird. Die frühen *chiefdoms* in den Kupferabbaugebieten in *Ḫirbet en-Naḥāš*, *Tel Maśōś/Ḫirbet el-Mšāš* oder die frühen Cluster, in denen regionale Herrscher dominieren, wie in Sichem/*Tell Balāṭa* und Jerusalem, werden nicht adäquat repräsentiert. Die biblische Darstellung, nach der die im Land existierenden Strukturen durch die Israeliten militärisch zerstört und die Vorbewohner aus dem Land vertrieben wurden (Jos 13,6; 14,12; 15,14; 23,5.9; 24,18), trifft historisch nicht zu. Dann passt schon eher die in spätdeuteronomistischen Texten reflektierte Sicht, dass nicht alle Bewohner von Israel vertrieben werden konnten (Jos 17,13.18; Ri 1,19–21.27–36). Doch auch hier fällt auf, dass detaillierte Informationen über jene Kontinuitäten fehlen. Am ehesten zutreffend ist der Bezug auf den sog. kanaanäischen Städteriegel im Norden und auf die Kontinuität der städtischen Strukturen in der Küstenebene (Ri 1,27–33). Jos 10,5 kennt fünf Könige der Amoriter und lokalisiert sie in Jerusalem, Hebron, Jarmut, Lachisch und Eglon, d. h. im judäischen Bergland und in der Schefela (s. auch im Kontext Jos 12,10–12). Auch hier werden zutreffende mit erfundenen Aspekten kombiniert: Während die Bedeutung des vordavidischen Jerusalems archäologisch mehr und mehr hervortritt (↗ IV.5.6 zur sog. »large-stone-structure« und der »stepped-stone-structure«), Lachisch in der SB-Zeit regional bedeutsam gewesen zu sein scheint und das Siedlungscluster um Hebron wenigstens biblisch reflektiert wird (1 Sam 30,31; 2 Sam 2,1–3; 5,3), fehlen für Lachisch, Jarmut und Eglon sowohl archäologische wie weitere biblische Hinweise auf substaatliche Herrschaftscluster im 11./10. Jh. v. Chr.

Zusammenfassend lässt sich als Voraussetzung für die Herausbildung des Königtums und der späteren Territorialstaaten festhalten: Israel ist im 11./10. Jh. v. Chr. noch nicht das »Israel« einer geeinten Größe. Die deutlicher von der *longue durée* bestimmten Strukturen sind viel stärker regional bestimmt als es die Vorstellung eines einheitlichen Israel vermuten lässt. Territorialstaatliche Perspektiven sind vor dem 9. Jh. v. Chr. nicht zu erkennen und entwickeln sich tendenziell eher aus dem Ausbau und dem Zusammenwachsen von existierenden Herrschaftsclustern. Diese Sicht wird sich mit Blick auf das Königtum Sauls, Davids und Salomos bestätigen.

4. Saul

H. Bezzel, Saul (FAT 97), Tübingen 2015 • P. R. Davies, The Trouble with Benjamin: VT.S 113, 2007, 93–111 • W. Dietrich/S. Münger, Die Herrschaft Sauls und der Norden Israels, in: C. G. den Hertog u. a. (Hg.), Saxa loquentur (AOAT 203), Münster 2003, 39–59 • ders., König Saul – eine ambivalente Gestalt, in: ders. (Hg.), Die Samuelbücher im deuteronomistischen Geschichtswerk (BWANT 201), Stuttgart 2012, 131–139 • C. S. Ehrlich (Hg.), Saul in Story and Tradition (FAT 47), Tübingen 2006 • I. Finkelstein, Tel el-Ful Revisited: PEQ 143, 2011, 106–118 • H. Harris, Albright's Identification of Gibeah with Tell El-Ful: PEQ 146, 2014, 17–30 • G. Hentschel, Saul (Biblische Gestalten 7), Leipzig 2003 • O. Kaiser, Der historische und der biblische König Saul: ZAW 122, 2010, 520–545 u. ZAW 123, 2011, 1–14 • N. Na'aman, Saul, Benjamin and the Emergence of »Biblical Israel«: ZAW 121, 2009, 211–224.335–349 • O. Sergi, Rethinking Israel and the Kingdom of Saul, in: O. Lipschits u. a. (Hg.), Rethinking Israel, Winona Lake 2017, 371–388.

Saul gilt als der erste König Israels. Seine um 1000 v. Chr. anzusetzende Herrschaft ist weder archäologisch noch durch zeitgenössische Quellen nachweisbar und wird in der Forschung daher stark debattiert. In der biblischen Darstellung wird Saul als charismatische Führungsgestalt von dem Propheten Samuel zum »Fürsten« *nagîd* gesalbt (1 Sam 9,10–10,16) und vom Volk in Gilgal zum König gewählt (1 Sam 10,1).

4.1 Das Herrschaftsgebiet Sauls

Nach 1 Sam 9,1f entstammt Saul einer vornehmen Familie des Stammes Benjamin aus Gibea, doch schon die Schilderung seiner außergewöhnlichen Körpergröße und Schönheit muten idealtypisch an. Mittels einer Söldnertruppe und der Unterstützung seines Stammes Benjamin erarbeitet er sich die Führung über die mittelpalästinischen und nordtransjordanischen Stämme in der Gebirgsregion nördlich des Toten Meeres und in Gilead (2 Sam 2,9, *N. Naʾaman*). Die benjaminitischen Dörfer Mizpa, Gilgal, Gibea, Rama, Geba und Michmas (↗ Karte 7) bilden jedenfalls dabei das Kerngebiet des saulidischen »Israel«. Weder das Stammesgebiet Judas, das um die Jesreel-Ebene und die Bet-Schean-Ebene gelegene und von kanaanäischen Stadtfürsten in Megiddo, Tanaach und Bet-Schean beherrschte Gebiet (vielleicht mit Ausnahme des in der Eisen I-Zeit aber nur spärlich besiedelten Ortes Jesreel/*Ḫirbet Zerʿīn/Tell Yizreʿʾēl*) noch das aramäisch beherrschte Galiläa, die Scharon-Ebene oder die philistäische Küstenebene unterstehen seiner Herrschaft (*W. Dietrich/S. Münger*). Während das Kerngebiet durch die Herkunft Sauls aus dem südlichen Stamm Benjamin und die Orte der Samuel-Überlieferung bestimmt werden, ist die Ausdehnung nach Norden vor allem durch die Erzählung vom Kampf gegen die Philister in 1 Sam 28–29 und die Erzählung von Sauls Tod 1 Sam 31 bestimmt. Dort wird auch Jabesch im ostjordanischen Gilead genannt (1 Sam 31,11), wobei dieses Gebiet aufgrund von 1 Sam 11 der saulidischen Herrschaft zugerechnet wird. Beide Erzählungen sind aber nicht einfach als Spiegelungen eines historischen Geschehens zu werten (↗ IV.4.3). Auf die südlichen ostjordanischen Gebiete weisen 2 Sam 2,8–9 (*W. Dietrich/S. Münger*), doch auch hier ist sicherer Boden fern. Eine Beherrschung des Ostjordanlandes macht nur Sinn, wenn Saul Kontrolle über die beiden Jordanfurten am südlichen Ausgang des Bet-Schean-Beckens und am Jabbokauslauf bei Adam(a)/*Tell ed-Dāmiye* gehabt hätte. Sauls Herrschaftsgebiet im nord-mittelpalästinischen Bergland und im nördlichen Transjordanien lässt sich nicht verlässlich bestimmen. Daher erscheinen auch Spekulationen, die die Herrschaft Sauls über das Kerngebiet im Süden hinaus ausdehnen, sodass sie *Khirbet Qeiyafa* einschloss (*I. Finkelstein/A. Fantalkin*), wenig wahrscheinlich.

Als Residenzort wählt Saul seinen Heimatort Gibea, der gewöhnlich auf dem 5 km nördlich von Jerusalem gelegenen *Tell el-Fūl* lokalisiert wird (*H. Harris*). Ob sich die ältesten Strukturen eines Turmes der späten Eisen I-Zeit zuweisen lassen, wird derzeit kontrovers diskutiert. Alternativ dazu ist eine Datierung in die Eisen IIB-Zeit (7. Jh. v. Chr.), die auch mit dem Keramikbefund eher zusammenstimmt. Denn die wenigen eisenzeitlichen Scherben sind in Füllschichten unterhalb des Gebäudes gefunden. Von der Eisen I–IIA-zeitlichen Besiedlung haben sich keine Architekturreste erhalten (*I. Finkelstein*). Die Identifikation von *Tell el-Fūl* mit dem Gibea Sauls ist von *I. Finkelstein* in Zweifel gezogen worden, der den Tell mit Faraton identifizieren will. Faraton ist in 1 Makk 9,50 als Ort genannt, der von den Seleukiden um 160 v. Chr. befestigt wurde. Gibea sei gar kein eigener Ort, sondern identisch mit dem nahegelegenen Geba/*Ǧebaʿ*, da beide auch in der biblischen Überlieferung nicht immer auseinandergehalten werden (Ri 20,10.33; 1 Sam 13,3.16). Die Ausgangslage für die Staatlichkeit von Sauls Herrschaft ändert sich damit kaum, denn auch Geba weist keine Eisen I-zeitlichen Strukturen auf, die administrativen, repräsentativen oder gar militärischen Zwecken gedient haben könnten. Eine wirkliche Alternative zu *Tell el-Fūl* fehlt.

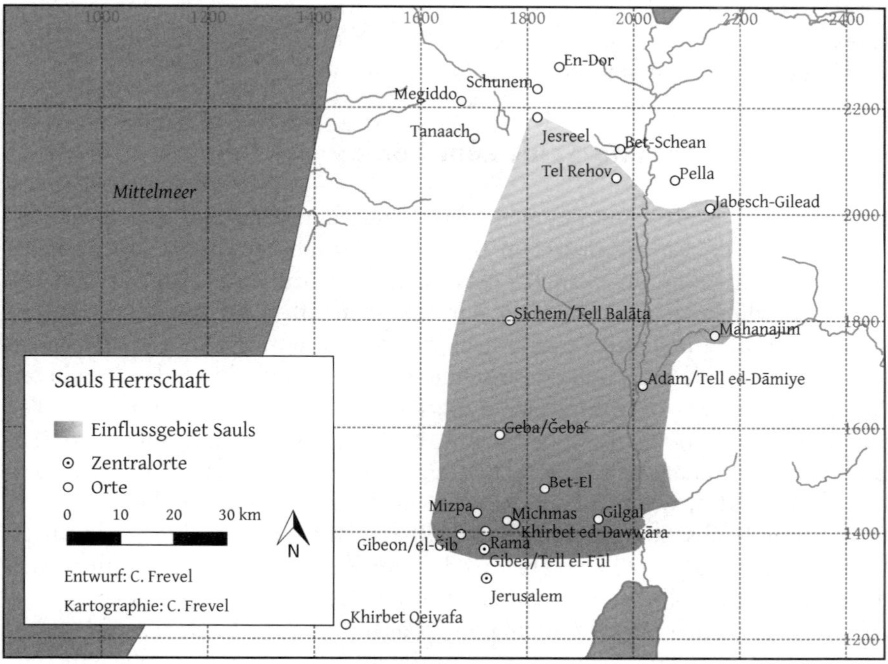

Karte 7: Herrschafts- und Einflussgebiet Sauls

4.2 Organisation der charismatischen Herrschaft Sauls

Angesichts der erkennbaren tatsächlichen wirtschaftlichen und kulturellen Verhältnisse im Land steht außer Frage, dass die Herrschaft Sauls im Schatten der Philister (↗ IV.2.2) steht. Sichere Anzeichen der Staatlichkeit wie Residenz, Verwaltungsapparat, Justizorganisation, Militär- und Wirtschaftsorganisation, Steuer- und Abgabensystem fehlen (wenn man von dem sehr unsicheren Befund von *Khirbet Qeiyafa* absieht) vollständig, sodass weniger von einem Staat als von einem *Häuptlingstum* (»*chiefdom*«) gesprochen werden kann (↗ IV.1.5). Erkennbar ist lediglich eine geringe Ausdifferenzierung der Herrschaft, die aber noch weitestgehend im Familienkreis verhaftet bleibt. So führt nach biblischer Darstellung sein Vetter Abner das eher bescheidene Heer an (1 Sam 14,50). Sein Sohn Jonatan tritt ebenfalls als Heerführer auf (1 Sam 13f; 18; 20). Die biblischen Texte deuten die Existenz eines Krongutes oder besser von *königlichem Besitz* (*R. Kessler*) an (1 Sam 22,7; 2 Sam 9,9f). Doch sind die meisten biblischen Überlieferungen über Saul (1 Sam 9–11; 13–14; 15; 28,3–25; 31) nicht historisch auswertbar, weil die biblischen Texte in zweifacher Hinsicht überformt sind: Zum einen ist der Bericht über sein »Königtum« stark von seinem Nachfolger David und von negativen Idealisierungen (dem »Scheitern Sauls«) überlagert, zum anderen wird am Beispiel von Sauls Herrschaft in nachstaatlicher Zeit paradigmatisch das Wohl und Wehe des Königtums diskutiert. Angesichts der begrenzten Organisation der Herrschaftsmittel lässt sich für Saul im Anschluss an die Terminologie *Max Webers* wie bei den sog. großen Richtern (↗ III.7) von *charismatischer Herrschaft* bzw. von einem *unvollständigen frühen Staat* (*R. Kessler*) sprechen.

4.3 Die Erhebung Sauls zum König

Das Königtum Sauls ist in der biblischen Darstellung eng verbunden mit der Zurückdrängung der militärischen Bedrohung in Jabesch-Gilead (wahrscheinlich zu identifizieren mit dem *Tell el-Maqlūb*) durch die Ammoniter (1 Sam 11). Dieser Überlieferung könnte trotz der legendenhaften Ausgestaltung gegenüber den beiden anderen Erzählungen von der Königserhebung, der Legende von den Eselinnen Sauls und der anschließenden Salbung durch den Propheten Samuel (1 Sam 9,1–10,16) und der Königserhebung in der Versammlung aller Stämme in Mizpa/*Tell en-Naṣbe* (1 Sam 10,17–27) das Attribut »glaubwürdig« zukommen. Die charismatische Form des anlassbezogenen und temporären Zusammenschlusses, wie er in 1 Sam 11–12 in der Auseinandersetzung mit dem Ammoniter Nachschon geschildert wird, passt durchaus zu einer charismatischen Führungsperson in einem *chiefdom* im Übergang zum Staat und wird daher z. T. nicht völlig zu Unrecht zur älteren Überlieferung gerechnet (*H. Bezzel*). Doch sind auch hier vor allem von *Volkmar Fritz* berechtigte Zweifel vorgebracht worden. Zwar vermag der Verweis auf die besondere Rolle Jabeschs in der Saul-Überlieferung die Plausibilität des Ammoniterfeldzugs zu erhöhen (*W. Dietrich/S. Münger* 2004), doch wenn man die Frühgeschichte der Ammoniter einbezieht (↗ IV.2.4), wird man nicht davon ausgehen können, dass man es mit »historischen« Ereignissen des 10. Jh.s v. Chr. zu tun hat (*K.-P. Adam*, *R. G. Kratz*). Fällt aber die Bedrohung durch die Ammoniter als historischer Hintergrund der Königserhebung Sauls aus, bleiben die Anfänge des Königtums weiter im Dunkeln.

4.4 Saul und die Konflikte mit den Philistern

Neben den Auseinandersetzungen mit den Ammonitern spielen für die Geschichte Sauls die Konflikte mit den Philistern eine große Rolle (1 Sam 13f; 17). Nach 1 Sam 14,52 dauern die Auseinandersetzungen während seiner (von → dtr Hand wohl zu knapp bemessenen zweijährigen) Regierungszeit an. Nach 1 Sam 28–31 findet er in der Auseinandersetzung mit den Philistern im Gebirge Gilboa zusammen mit seinen Söhnen Jonatan, Abinadab und Malkischua sein Ende (1 Sam 31,2–4). Die Erzählung lässt einen Kampf um die Vorherrschaft der strategisch wichtigen Ebenen entstehen, doch spricht gegen eine zu einfache ereignisgeschichtliche Auswertung, dass das umkämpfte Gebiet weit nördlich des Einflusses der Philister entfernt lag. Ein Widerstand der Philistokanaanäer gegen die Ausbildung einer zentralisierten Herrschaft vom Stammesgebiet Benjamins aus ist im Süden hingegen plausibel, da das südliche Efraim und Benjamin als philistäisches Hinterland der Städte in der Küstenebene ökonomisch bedeutsam ist. Dass damit auch militärische Auseinandersetzungen verbunden waren, ist ebenfalls nicht unwahrscheinlich. Ein historisch plausibler Hintergrund könnte z. B. sein, dass die Philister ihre Vormachtstellung in regionalen Koalitionen der Stadtherrschaften (möglicherweise ausgehend von Ekron, das in der Eisen I-Zeit vor seiner Zerstörung Ende des 11. Jh.s v. Chr. mit 24 ha die größte Ausdehnung der Philisterstädte besitzt) gegenüber der saulidischen Herrschaft verteidigt haben. Damit ist allerdings ein Kampf um die Vorherrschaft in der Jesreel-Ebene oder im Bet-Schean-Becken noch immer wenig plausibel. Dieser passt weit mehr zur Auseinandersetzung des omridisch-nimschidischen Israel mit den im ausgehenden 9. Jh. v. Chr. expandierenden Aramäern (↗ V.3). Dort hat auch die Verteidigung des nördlichen Gilead ihren plausiblen Ort (↗ V.4.3).

4.5 Versuch der Errichtung einer dynastischen Herrschaft nach dem Tode Sauls

Nachdem Saul sein Ende in der Schlacht gefunden hat, berichtet die biblische Überlieferung – eingebettet in die Aufstiegsgeschichte Davids – in knappen Zügen von dem gescheiterten Versuch einer dynastischen Organisation. Dem verbliebenen Sohn Sauls Ischbaal wird die Herrschaft durch den Heerführer Abner übertragen (2 Sam 2,8f), jedoch soll das Machtzentrum nicht mehr in Gibea, sondern im ostjordanischen Mahanajim am Unterlauf des Jabbok (*Wādī ez-Zerqā*) gelegen haben. Die Umschreibung des Herrschaftsgebietes nennt möglicherweise nur das Kerngebiet Benjamin, das im Norden gelegene Efraim und Gilead und grenzt die Herrschaft Abschaloms zutreffend von den nördlichen Einflusszonen Jesreels und des Königreiches Geschur ab (*N. Na'aman*). Mahanajim liegt quer dazu und lässt lediglich eine Verbindung zum ostjordanischen Teil Gileads erahnen. Mit der Stadt am Jabbok ist zwar ein verkehrsgeographisch und ökonomisch bedeutender Ort als Zentrum gewählt, aber eine wirksame politische Kontrolle über das Westjordanland kaum möglich.

Wenn die Notiz historischen Wert haben sollte, steht vielleicht der Versuch im Hintergrund, Ischbaal als »Gegenkönig« im Ostjordanland aufzubauen, was aber am Machtanspruch Davids scheitert (2 Sam 3). Der Wechsel des Heerführers Abner auf die Seite Davids besiegelt das Ende des »Hauses Saul«. Die biblische Überlieferung unterstreicht die Schwäche Ischbaals, indem sie seinen Namen zu Isch-Boschet (»Mann der Schande«) verballhornt und ihn nicht nur vollständig unter dem Einfluss Abners stehen (2 Sam 3,11), sondern seinen Kopf sogar nach der Ermordung in dessen Grab bestattet sein lässt (2 Sam 4,1–8).

Die biblische Darstellung geht davon aus, dass David die Nachfolge der saulidischen Herrschaft antritt (2 Sam 2,4). Der davidische Herrschaftsanspruch, der in Juda im Süden seine Wurzeln hat, breitet sich damit bis zur Jesreel-Ebene im Norden und auch bis hinüber in das Ostjordanland aus. In der biblischen Darstellung entwickelt sich das Königtum von Saul zu David hin kontinuierlich, bildet sich sukzessive heraus und festigt sich langsam. Die Wurzeln eines Juda *und* Israel übergreifenden Königtums liegen biblisch bei David, gehen aber auf das Königtum Sauls und die frühe Entwicklung des Königtums zurück.

Eine andere Hypothese hat *I. Finkelstein* vorgelegt, derzufolge die Herrschaft Sauls durch das Eingreifen der Ägypter, nämlich den Feldzug Schischaks I. (↗ IV.8), beendet worden sein soll. Das saulidische Königtum, dass sich über das nördlich von Jerusalem gelegene Gibea-Bet-El-Plateau (dazu zählen Gibeon/*el-Ǧib*, Bet-El, Mizpa/*Tell en-Naṣbe*, Ai/*et-Tell*, Rama/*Ḫirbet Raddāna*, *Tell el-Fūl*, *Khirbet ed-Dawwāra*, ↗ Karte 7) hinaus nördlich bis an den Rand der bzw. sogar in die Jesreel-Ebene, östlich bis nach Gilead in das Gebiet zwischen Jarmuk und Jabbok im Ostjordanland und westlich bis in die Übergänge zur Schefela ausgedehnt hatte und auch bis südlich von Jerusalem reichte, sei zur Gefahr für die ägyptische Politik geworden, weshalb Schischak I. (946/45–924 v. Chr.) sich gezwungen gesehen hätte, militärisch einzugreifen. In der Folge sei z. B. der Grenzort *Khirbet Qeiyafa* (↗ IV.5.5) aufgegeben worden und so sei auch der plötzliche Niedergang der Orte in dem Gibea-Bet-El-Plateau zu erklären. Die in Tirza agierenden Herrscher im 10. Jh. v. Chr. hätten dann beginnend mit Jerobeam I. (927/26–907 v. Chr.) ein von Ägypten gestütztes Gegengewicht zur Herrschaft der Davididen im Süden entfalten können (↗ IV.7.2). Diese Sicht der Dinge schätzt das saulidische Königtum in Gibea *de facto* als gewichtiger ein als das darauf im Süden sich etablierende frühe davidische Königtum. Es datiert die → kasemattenartigen Befestigungen in *Khirbet ed-Dawwāra*, Gibeon/*el-Ǧib*, Ai/*et-Tell*, Mizpa/*Tell en-Naṣbe* und dann *Khirbet Qeiyafa* aus dem Übergang von der Eisen I- zur Eisen IIA-Zeit als Befestigungen saulidischer Kernorte und vergleicht die Herrschaft Sauls mit der Herrschaft *Labʾāyas* in der SB-Zeit (↗ II.2.7). Jerobeam I. wird zum → Vasall Schischaks I. und folgt *unmittelbar* auf Sauls Königtum. David, Salomo und Rehabeam verbleiben damit zeitgleich zu den Königen in Tirza als mehr oder minder fiktive Gestalten, deren wenig strukturierte und politisch eher unbedeutende Herrschaft in Juda wurzelt. Vorausgesetzt ist die chronologische Ausdehnung der späten Eisen I-Zeit bis in das beginnende 10. Jh. v. Chr. und die Abhängigkeit Judas von Israel unter den Omriden (↗ IV.7 u. V.4).

So attraktiv diese für das saulidische Königtum maximalistische Sicht auf den ersten Blick ist, kann sie nur schwer erklären, warum die judäischen Redaktoren das Königtum Sauls an den Anfang der Darstellung über das Königtum gestellt haben, wenn die Überlieferungen, wie *I. Finkelstein* annimmt, erst nach dem Untergang des Nordstaates Israel nach Juda gelangten und zuvor mündlich existierten. *O. Sergi* hat zudem darauf hingewiesen, dass die wichtigen Orte des Nordstaates in der Überlieferung Sauls keine Rolle spielen. Außerdem sind die Anzeichen für eine starke Herrschaft Sauls, die für Schischak I. ein Problem hätte darstellen können, sehr schmal. Vieles hängt daher an der Einordnung der Herrschaft Davids und ihrer territorialen Ausdehnung sowie an der Formation eines frühen Staates in Israel bzw. Juda. Während *N. Naʾaman*, *I. Finkelstein* und andere das Gebiet Benjamin, aus dem Saul stammt und wo er seine frühe geclusterte Herrschaft entfaltet, ursprünglich und bis zur zweiten Hälfte des 9. Jh.s v. Chr. dem Königreich Israel unter den Omriden zurechnen und damit die Überlieferung zu Saul in den Norden verbinden, vertritt *O. Sergi* die seit dem 10. Jh. v. Chr. durchgehende Anbindung an Juda und Jerusalem. Die Annahme, die die Kontinuität Saul–David einschließt, hat die beträchtliche Bedeutung Jerusalems im 11./10. Jh. v. Chr. zur Voraussetzung.

5. *Das Königtum Davids*

K.-P. Adam, Saul und David in der judäischen Geschichtsschreibung (FAT 51), Tübingen 2007 • B. Becking, David between Ideology and Evidence, in: ders./L. L. Grabbe (Hg.), Between Evidence and Ideology (OTS 59), Leiden 2011, 1–30 • J. Blenkinsopp, David Remembered, Grand Rapids 2013 • W. Dietrich, David (Biblische Gestalten 14), Leipzig 2006 • W. Dietrich/H. Herkommer (Hg.), König David, Stuttgart 2003 • E. Eisenberg/D. Ben-Shlomo, Tel Hevron: A-ESI 128, 2016 (3.10.2016) • A. Faust, The Large Stone Structure in the City of David: ZDPV 126, 2010, 116–130 • ders., Did Eilat Mazar find David's Palace?: BAR Sep./Oct. 2012, 47–52.70 • I. Finkelstein, The »Large Stone Structure« in Jerusalem: ZDPV 127, 2011, 1–10.Taf. 1 • ders., L'Archeologie et l'histoire de Jerusalem (1000–700 av. J.-C.): CRAI 2/2012, 827–858 • ders., Geographical and Historical Realities behind the Earliest Layer in the David Story: SJOT 27, 2013, 131–150 • I. Finkelstein/A. Fantalkin, Khirbet Qeiyafa: TA 39, 2012, 38–63 • I. Finkelstein u.a., Has King David's Palace in Jerusalem Been Found?: TA 34, 2007, 142–164 • I. Finkelstein/N. A. Silberman, David und Salomo, München 2006 • G. Galil, The Hebrew Inscription from Khirbet Qeiyafa/Neṭaʿim: UF 41, 2009 (2010), 193–242 • Y. Garfinkel/S. Ganor, Khirbet Qeiyafa Vol. 1, Jerusalem 2009 • Y. Garfinkel/M. Mumcuoglu, Triglyphs and Recessed Doorframes on a Building Model from Khirbet Qeiyafa: IEJ 63, 2013, 135–163 • Y. Garfinkel u. a., State Formation in Judah: Radiocarbon 54, 2012, 359–369 • Y. Garfinkel u. a., Khirbet Qeiyafa Vol. 2, Jerusalem 2014 • Y. Garfinkel u. a., The ʾIšbaʿal Inscription from Khirbet Qeiyafa: BASOR 273, 2015, 217–233 • E. Gass, Die Moabiter (ADPV 38), Wiesbaden 2009 • J. S. Holladay/S. Klassen, From Bandit to King, in: J. M. Tebes (Hg.), Unearthing the Wilderness, Leuven 2014, 31–46 • M. Huber, Gab es ein davidisch-salomonisches Großreich? (SBB 64), Stuttgart 2010 • J. Hutzli, The Meaning of the Term *ʿîr dāwīd* in Samuel and Kings: TA 38, 2011, 167–178 • H.-G. Kang/Y. Garfinkel, Finger-impressed jar handles at Khirbet Qeiyafa: Levant 47, 2015, 186–205 • E. A. Knauf, Jerusalem in the Late Bronze and Early Iron Ages: TA 27, 2000, 75–90 • I. Koch, The Geopolitical Organization of the Judean Shephelah during the Iron Age I-IIA (1150–800 BCE): Cathedra 143, 2012, 45–64.213 • Y. Levin, The Identification of Khirbet Qeiyafa: BASOR 367, 2012, 83–86 • M. Leonard-Fleckman, The House of David, Minneapolis 2016 • S. L. MacKenzie, King David, Berlin 2000 • A. Mazar, Archaeology and the Biblical Narrative, in: R. G. Kratz/H. Spieckermann (Hg.), One God – One Cult – One Nation (BZAW 405), Berlin/New York 2010, 29–58 • E. Mazar, The Palace of King David, Jerusalem/New York 2009 • dies., The Summit of the City of David Vol. I, Jerusalem 2015 • N. Naʾaman, Saul, Benjamin and the Emergence of »Biblical Israel«: ZAW 121, 2009, 211–224.335–349 • ders., Khirbet Qeiyafa in Context: UF 42, 2012, 497–526 • ders., Biblical and Historical Jerusalem in the Tenth and Fifth-Fourth Centuries BCE: Biblica 93, 2012, 21–42 • ders., The Kingdom of Geshur in History and Memory: SJOT 26, 2012, 88–101 • H. M. Niemann, Juda und Jerusalem: UF 47, 2016, 147–190 • ders., Comments and Questions about the Interpretation of Khirbet Qeiyafa: ZAR 23, 2017 [2018], 245–262 • N. Panitz-Cohen/R. Mullins/R. Bonfil, Northern Exposure, Strata 31, 2013, 27–42 • É. Puech, L'ostracon de Khirbet Qeyafa et les débuts de la royauté en Israel: RB 117, 2010, 162–184 • A. de Pury/T. Römer (Hg.), Die sogenannte Thronfolgegeschichte Davids (OBO 176), Fribourg/Göttingen 2000 • R. Reich, Excavating the City of David, Jerusalem 2011 • S. Schroer/S. Münger (Hg.), Khirbet Qeiyafa in the Shephelah (OBO 282), Fribourg 2017 • J. L. Wright, David, King of Israel, and Caleb in Biblical Memory, New York 2014 • N. Yahalom-Mack u. a., From a Fortified Canaanite City-State to »a City and a Mother« in Israel: NEA 81, 2018, 145–156.

5.1 Großreich, vereinte Monarchie oder »chiefdom«?

Sind die vereinte Monarchie und das »Großreich« Davids Projektionen aus der spätvorexilischen oder gar nachexilischen Zeit? In der neueren Diskussion kann die Aufeinanderfolge des »Königtums« Sauls, Davids und Salomos keinesfalls als gesichert angesehen werden (*I. Finkelstein*). Denn die Lebens- und Regierungsdaten der ersten Könige sind idealisiert und erscheinen als ein Konstrukt aus späterer Zeit. Während die Überlieferung für Saul kaum in der Lage ist, sinnvolle Regierungsdaten anzugeben (1 Sam 13,1), werden für David und Salomo je glatte 40 Jahre Regierungszeit angesetzt (2 Sam 5,4; 1 Kön 11,42). Die Quellenlage verbessert sich bei David nur unwesentlich: Zeitgenössische textliche und archäologische Evidenz für das Königtum Davids fehlen weitestgehend, die idealisierte Darstellung der Bibel ist als Quelle historiographisch nur sehr bedingt auszuwerten. Das gilt auch für die sog. Aufstiegs- und Thronfolgeerzählung (2 Sam 9–20; 1 Kön 1–2), die wegen ihrer Milieuechtheit in Teilen von sehr vielen Forscherinnen und Forschern nach wie vor als relativ zeitnahe Quelle (frühestens 9. Jh. v. Chr.) gewertet wird (Überblick bei *A. de Pury/T. Römer*).

Die Forschung teilt sich in ein breit gefächertes Spektrum von *maximalistischen* Positionen, die konform zur biblischen Darstellung ein Großreich Davids von Ägypten bis zum Libanon (vom Bach Ägyptens/*Wādī l-ʿArīš* bis zum Eufrat) unter Einschluss des Ostjordanlandes (Edom, Moab, Ammon, Gilead, Golan und → Vasallität in Geschur und Syrien) und der Aramäergebiete annehmen (so *W. Dietrich* 1997). Dem stehen *minimalistische* Positionen gegenüber, die das Königtum Davids auf eine lokal ausgeübte Herrschaft begrenzen und die Annahme der vereinten Monarchie und das Ausgreifen der Herrschaft Davids in den Norden vollständig für eine Fiktion erachten (*I. Finkelstein*), wenn sie nicht die Historizität Davids im 10. Jh. v. Chr. überhaupt infrage stellen (*N. P. Lemche/T. L. Thompson*).

5.2 Historizität Davids und die Inschrift von Dan

Die völlige Infragestellung der Historizität Davids scheitert an zwei außerbiblischen Zeugnissen, denn das »Haus Davids« taucht als Bezeichnung des (wie auch immer näher zu bestimmenden) Königtums sicher in einer 1993 gefundenen aramäischen Inschrift aus Dan/*Tell el-Qāḍī* aus dem 9. Jh. v. Chr. auf (HTAT Nr. 116). Sie entstammt einer Stele oder vielmehr der äußeren repräsentativen Verkleidung eines → Orthostaten. Folgt man der nicht unproblematischen Rekonstruktion der Erstveröffentlichung, rühmt sich dort der Aramäer Hasaël (ca. 845–800 v. Chr.) in Z. 7–9, die Könige Joram aus Israel und Ahasja aus Juda resp. dem »Haus Davids« umgebracht zu haben (»[7][Dann tötete ich Jo]ram, den Sohn [Ahabs], [8]den König von Israel. Und ich töte[te Ahas]-jahu, den Sohn [Jorams, den Kön][9]ig vom Haus Davids«; Übersetzung nach *I. Kottsieper*, TUAT Erg. 176–179; zu Problemen der Rekonstruktion ↗ V.4.3 und ↗ V.5.2). Die ohne Worttrenner geschriebene Verbindung *bytdwd* wird nicht als »Haus des Gottes Dôd«, sondern als »Haus Davids« zu lesen sein, was durch ein zweites, 1994 gefundenes

Karte 8: Herrschaftsgebiet Davids. Die Karte zeigt unterschiedliche Vorstellungen von der Ausdehnung der Herrschaft Davids. Die Maximalposition ist nur biblisch begründet, die Minimalposition geht nicht von einer realen Herrschaft Davids im Norden von Jerusalem aus.

Fragment mit einem auf *-yahû* (vermutlich Ahasja) endenden Königsnamen wahrscheinlicher geworden ist (*G. Athas*). Durch einen sog. *join* (eindeutige Zusammengehörigkeit der Fragmente), der nur auf der Rückseite sichtbar ist, kann das *-yahû* Z. 8 zugeordnet werden, was die Wahrscheinlichkeit für den Bezug des *bytdwd* auf den Königsnamen erhöht. Der Gebrauch ist analog zur Bezeichnung *Bīt Ḫumrī* »Haus Omri« für Israel in Salmanassars III. Bericht über die Schlacht von Qarqar 853 v. Chr. (s. HTAT Nr. 106), und so ist zumindest im 9. Jh. v. Chr. eine Tradition nachweisbar, die eine Rückbindung ihrer Herrschaft auf David behauptet. Das ist zwar kein Beweis der historischen Existenz Davids, macht diese aber sehr wahrscheinlich. Allerdings lässt sich daraus weder etwas über die genauere Datierung Davids im 10. Jh. v. Chr. noch über die Ausdehnung seines Herrschaftsbereiches erheben.

Umstritten ist hingegen der zweite Beleg in Z. 31 der moabitischen Mescha-Inschrift (↗ Abb. 29), die ebenfalls in die Mitte des 9. Jh.s v. Chr. zu datieren ist. *A. Lemaire* und *É. Puech* haben etwa zeitgleich aufgrund einer erneuten Autopsie des ersten Papierabdrucks der Originalinschrift in Zeile 31 *byt.[d]wd* als Lesung vorgeschlagen. So auch *M. Weippert*, HTAT Nr. 105 »und in Ḥawrōnēn wohnte Bēt [Da]wīd«, womit gemeint sei, dass das 7 km sw von *ar-Rabba* gelegene Horonajim (Jes 15,5; Jer 48,3.5.34) (↗ Karte 5) zum Herrschaftsgebiet Judas gerechnet wurde. Da der Königsname nicht genannt wird, ist der unsicheren Lesung und der Interpretation von *B. Margalit*, *A. F. Rainey*, *N. Naʾaman* u. a. widersprochen worden. Mit *Ḥōrōnayim/ed-Dēr* ist zudem ein Ort genannt, der eher südlich des Arnon/*Wādī el-Mōǧib* und damit weit südlicher als nahezu alle anderen Toponyme der Inschrift liegt. Das macht eine Herrschaft Davids über dieses Gebiet unwahrscheinlicher. Eine Verortung nördlich des Arnon (*Ǧebel Ḥāuran* südlich von *el-Mukāwir* bzw. *Ḫirbet ed-Dēr*) (*E. Gass*), die das Problem der Unwahrscheinlichkeit einer davidischen Kontrolle nicht wirklich löst, kommt kaum infrage. Möglicherweise ist eine südmoabitische Dynastie ähnlichen Namens (*N. Naʾaman* liest DWDH) gemeint, was aber ebenfalls unsicher bleibt. Die Mescha-Stele kann als Beleg für eine davidische Dynastie im 9. Jh. v. Chr. und damit für die Historizität des → eponymen Dynastiegründers nicht viel Beweislast tragen.

Auch wenn der biblische David eine stark idealisierte Gestalt ist, durch die politische Konzeptionen der Herrschaft literarisch bis in späte nachexilische Zeit reflektiert werden, ist schon früh von einer beachtlichen politischen Bedeutung und Wirkung des historischen David auszugehen. Welchen Umfang allerdings die auch außerbiblisch wahrscheinliche Herrschaft Davids gehabt hat und wann sie genau zu datieren ist, bleibt in der Forschung umstritten. Löst man sich vom biblischen Befund, zwingt derzeit nichts dazu, sie um 1000 v. Chr. anzusetzen.

5.3 Der Beginn der Herrschaft Davids

Die Herrschaft Davids hat mit einem Königtum zunächst nichts gemein. Die Forschung benutzt Begriffe wie *war-lord*, Milizenführer, Häuptling, Freischärler, Bandit, Mafioso, Desperado u. a. m. und bemüht dabei z. T. romantisierende Analogien aus der Gegenwart und frühen Vergangenheit. David, so stellt es die biblische Darstellung dar, entstammt nicht einem Herrschergeschlecht, sondern ist der jüngste von acht Brüdern aus dem judäischen Betlehem (1 Sam 17,12–13). Vielleicht steht er nicht nur in dauerhaft gutem Kontakt zu den Philistern, sondern ist selbst philistäischer Abstammung. Sein Aufstieg am Hof Sauls (vom Sänger zum Schwiegersohn und General) ist historisch nicht mehr aufzuhellen, möglicherweise nicht einmal historisch (*B. Halpern*). Nach biblischer Darstellung tritt David in die Gefolgschaft Sauls ein (1 Sam 16,21) und versucht über Benjamin hinaus in das Gebiet der mittelpalästinischen Stämme vorzudringen.

Politischen Einfluss gewinnt er von Süden aus. Das Gebiet steht unter philistäischem Einfluss, da die Philister in Kooperation mit den Berglandbewohnern die Ressourcen als Hinterland nutzen und den Handel mit Salz und Asphalt vom Toten Meer kontrollieren. Durch den Philisterfürsten von Gat protegiert, entfaltet David seine auf Loyalitäten und Raubzüge seiner privaten Söldnertruppe gegründete Macht von Ziklag aus. Zur Identifikation dieser im Negeb gelegenen Stadt werden entweder *Tell eš-Šerīʿa*, *Ḫirbet el-Mšāš*, *Tell el-Ḫuwēlifa* oder *Tell es-Sebaʿ* vorgeschlagen. Keiner der genannten Orte weist archäologisch für das 11./10. Jh. v. Chr. nennenswerte Zentralbauten auf, weshalb wohl auch die städtische philistäische Siedlung *Tell el-Fārʿa* Süd für eine Identifikation infrage kommt. Nach biblischer Überlieferung wird Ziklag David von dem philistäischen Stadtkönig Achisch aus dem im 10. Jh. v. Chr. aufstrebenden Gat/*Tell eṣ-Ṣāfī* als Lehen gegeben (1 Sam 27), um als philistäischer → Vasall deren Südgrenze zu sichern.

Wie weit sich bereits *vor* David überhaupt ein Stamm Juda im Rahmen der Siedlungsentwicklung (↗ III.5.4) gebildet hat (ein Stamm »Juda« fehlt z. B. in Ri 5), wird in der Forschung diskutiert. Wahrscheinlicher scheint es, dass das Wirken Davids von Ziklag und Hebron aus »Juda« zu einem mehr oder minder geschlossenen Sozialverbund gemacht hat.

5.4 Das Königtum Davids nach dem Tode Sauls

Nach biblischer Darstellung etablieren in Folge der nach dem Tode Sauls destabilisierten Situation im benjaminitisch-efraimitischen Kernland die südlichen Sippen als »Haus Juda« ein Königtum in Hebron und erheben David durch Akklamation zum König (2 Sam 2,4). Das kann zwar historisch nicht ausgeschlossen werden, mutet aber doch als literarisch ideologische Konstruktion an. Den Anfang davidischer Herrschaft über Juda bildet jedenfalls das (aus archäologischer Sicht unbedeutende, *Z. Herzog/L. Singer-Avitz*) kalebitische Dorf Hebron, von dem aus David ein Stammeskönigtum etabliert, in Konkurrenz zum »Haus Sauls« tritt und dessen Herrschaft weiter destabilisiert (2 Sam 2). Jüngste Grabungen im Zentrum von Hebron haben Reste einer MB-zeitlichen Zyklopenmauer zur Stadtbefestigung und eine Stadtmauer aus der Eisen IIB- und Eisen IIC-Zeit freigelegt, allerdings nicht viel aus der Eisen I-Zeit (*E. Eisenberg/D. Ben-Shlomo*). Die früheisenzeitlichen Reste hingegen scheinen keine Verbindung zu den vorgängigen städtischen Strukturen gehabt zu haben, sondern einer unbefestigten Siedlung zugehört zu haben. Urteilt man vom archäologischen Befund her, hat Hebron zur Zeit Davids keine regionale, sondern allenfalls eine sehr begrenzte lokale Bedeutung gehabt. Wie diplomatisch oder militärisch aktiv David die Herrschaft unter Duldung, mit Hilfe oder gar im Dienst der philistäischen Oberherrschaft betrieben hat, bleibt offen für Spekulationen, da der Prozess historisch nicht weiter dokumentiert ist. Dass der Anstoß von den Nordstämmen selbst ausgegangen ist und ein Herrschaftsvertrag geschlossen wurde (2 Sam 5,1–3), ist eher Legende, als dass es die historischen Vorgänge treffend wiedergibt. Ebenso unklar bleibt, wie David nach der Ermordung Ischbaals den politischen Einfluss über die mittel- und vielleicht auch nordpalästinischen Stämme hat professionalisieren können, da archäologische Hinweise auf eine strukturierte Herrschaft fehlen. Für die Herrschaft über den Norden Israel ist wenn überhaupt eher von einer Personalunion auszugehen als von einem vereinten Reich. *Ansprüche auf Oberhoheit bedeuten nicht zugleich effektive Herrschaft* (*E. A. Knauf*). Soziologisch wird das polare Zueinander von → segmentärer kleinbäuerlicher Stämmegesellschaft und städtischem Königtum in der frühen Herrschaft Davids als *dimorphic highlands chiefdom* (*I. Finkelstein*) bezeichnet. Darin kommt zugleich die Distanz zum Ausdruck, die Herrschaft Davids mit einer organisierten Staatlichkeit zu verbinden.

5.5 Khirbet Qeiyafa und das Königtum Davids

In der jüngeren Diskussion wird *Khirbet Qeiyafa* als Hinweis auf eine organisierte Herrschaft Davids gedeutet (*Y. Garfinkel/S. Ganor*). Der im Terebinthental (1 Sam 17,2.19; 21,10) gelegene Ort ist nur einphasig für etwa 20–30 Jahre intensiv besiedelt (↗ IV.6.6). Während der Ort von den Ausgräbern in die Eisen IIA-Zeit 1020–980 v. Chr. datiert und David zugerechnet wird, weist *I. Finkelstein* die Besiedlung in seiner *low chronology* der späten Eisen I-Zeit zw. 1130 u. 915 v. Chr. zu. ^{14}C-Daten weisen auf eine Spanne zwischen 1050–915 v. Chr. (*I. Finkelstein*) bzw. stützen nach den Ausgräbern (*Y. Garfinkel u. a.*) exakt die Datierung im Übergang vom 11. zum 10. Jh. v. Chr. Der Ort war mit einer massiven Mauer befestigt, die durch die angrenzenden Gebäudeteile → kasemattenartig verstärkt war. Wegen der zwei Vierkammer-Toranlagen im Westen und Süden wird der Ort von den Ausgräbern mit Schaarajim [wörtl. zwei Tore] (Jos 15,36; 1 Sam 17,52; 1 Chr 4,31f) identifiziert, was jedoch nicht unumstritten ist (anders *N. Na'aman*: Gob, *Y. Dagan*: Aditajim, *Y. Levin*: »Wagenburg« Davids 1 Sam 17,20). Er soll David der militärischen Absicherung gegenüber den Philistern gedient haben. Dass der Ort mit der Lokalisierung der Schlacht Davids gegen Goliat vereinbar ist (Lokalisierung des Philisterlagers Efes-Dammim zwischen Socho und Aseka 1 Sam 17,1), wird z. T. in biblizistischer Manier als historische Reminiszenz der Goliat-Legende interpretiert. *De facto* kann auch damit die Deutung als israelitischer Grenzort, als das »Lager im Terebinthental« (1 Sam 17,2) oder als »Wagenburg Davids« (1 Sam 17,20) nicht gesichert und schon gar nicht die Legende historisch plausibilisiert werden. Methodisch ist vielmehr die Trennung von biblischem und archäologischem Befund geboten.

Über ein fragmentarisches → Ostrakon, das sprachlich als hebräisch eingestuft wird, wird auf eine organisierte Form staatlicher Herrschaft geschlossen

(*E. Puech*). Der Inhalt des sehr frühen und schwer zu lesenden Textes zeigt vielleicht Anklänge an die Sozialgesetze der großen altorientalischen und biblischen Gesetzeskorpora, insb. den Schutz der *personae miserae* (Witwe, Waise, Fremdling) und sozial Schwachen. Der Schutz dieser Personen ist in der altorientalischen Königsideologie Aufgabe des Königs und ein solcher Text könnte als Schreibübung auf die Ausbildung von königlichen Beamten hindeuten. Die wurden aber eigentlich zentral und nicht dezentral ausgebildet. Will man den Befund nicht überstrapazieren, wird man vorsichtig bleiben müssen: Weder ist das Ostrakon eindeutig hebräisch noch der Ort sicher der Herrschaft Davids zuzuweisen. Die Interpretation der Anlage und seiner öffentlichen Gebäude als Sitz eines judäischen Gouverneurs hat daher *M. Niemann* zurecht zurückgewiesen. Die über 700 gestempelten Krughenkel (*Y. Garfinkel*) deuten auf eine Administration im Ort (wenn es sich nicht um Markierungen der Töpfer handelt), doch steht diese nicht erkennbar in Verbindung zu den späteren judäischen Systemen der *lmlk*-Stempel oder zu anderen Orten im vermeintlichen davidischen Reich. Daraus auf eine zentralisierte Verwaltung zu schließen (*H.-G. Kang/Y. Garfinkel*) überdehnt den Befund. 2015 wurde ein weiteres Ostrakon entdeckt. Die protokanaanäische Inschrift, die in das 11. Jh. v. Chr. datiert wird (*Y. Garfinkel u.a.*), nennt einen gewissen *ʾIšbaʿal*/Ischbaal. Der baalhaltige Personenname, der biblisch für den Sohn Sauls belegt ist (2 Sam 2,8 u. ö.), wird von den Ausgräbern für die Nähe des Ortes zu David reklamiert, doch weder kann *ʾIšbaʿal ben Bedaʿ* mit *ʾIšbaʿal ben Šāʾûl* in Verbindung gebracht werden noch sichergestellt werden, dass es sich in *Khirbet Qeiyafa* um eine hochstehende Person gehandelt hat.

Die Ausgräber um *Y. Garfinkel* sehen in der → Kasemattenbefestigung und den zwei Toren eine strategische Stadtplanung, die sie als Prototyp mit (den späteren) Städten *Tell es-Sebaʿ*, *Tell Bēt Mirsim*, *Tell en-Naṣbe* und Bet-Schemesch/*ʿĒn-Šems* der Eisen II-Zeit vergleichen, was nach ihrer Deutung wiederum für Juda bzw. die davidische Monarchie spricht. *I. Finkelstein* hingegen vergleicht die Kasematten mit *Khirbet ed-Dawwāra*, Gibeon/*el-Ǧib*, Ai/*et-Tell* und Mizpa/*Tell en-Naṣbe*, was er für die Eisen I-Zeit und das Königtum Sauls ins Feld führt.

Die in *Khirbet Qeiyafa* gefundenen Hinweise auf kultische Aktivität (Masseben, kultisch verwendbare Keramik, Fragmente von Figurinen und Kultständern, miniaturisierte Altäre und zwei Schreinmodelle) werden von den Ausgräbern ebenfalls mit Juda in Verbindung gebracht. Architektonische Details an Schreinmodellen wie die in Rücksprüngen gestufte Türlaibung und ein Triglyphenfries werden mit architektonischen Details salomonischer Bauten (1 Kön 6,5.31.33; 7,1–6) verglichen (*Y. Garfinkel/M. Mumcuoglu*). Da David und Salomo beide auf tyrische Bauleute zurückgegriffen haben sollen (2 Sam 5,11; 2 Kön 5,15–24), lasse sich der architektonische Wissenstransfer erklären. Die Interpretation wird mehrheitlich abgelehnt (*I. Finkelstein/A. Fantalkin, S. Schroer*). Der Befund kann aber weder den für historisch gehaltenen Bericht in 1 Kön 6–8 als mit dem 10. Jh. v. Chr. verbunden plausibilisieren noch als Argument herhalten, dass *Khirbet Qeiyafa* israelitisch und das Architekturmodell »davidisch« seien. Macht man sich von der biblizistischen Interpretation frei, stellt der Fund den wohl frühesten Beleg für einen Triglyphenfries dar, der eng mit der weit späteren dorischen Architektur aus Griechenland verbunden ist.

Der Keramikbefund wie die Stratigraphie (→ Stratum) werden derzeit kontrovers diskutiert (*Y. Dagan, I. Finkelstein, Y. Garfinkel/S. Ganor*). Eine Zuordnung zur späten Eisen I-Zeit würde eher in die Zeit Sauls als in die Zeit Davids weisen. Unter Saul aber war die Herrschaft kaum schon zentral organisiert und auch im Süden kaum über das Gebiet Benjamins hinaus ausgedehnt. Auch eine Verbindung mit 1 Sam 17,1–3 (*I. Finkelstein*) legt sich nicht nahe. Die Aufgabe des nur einphasig für kurze Zeit besiedelten Ortes bleibt ein Rätsel. Ein Zusammenhang mit dem Feldzug Schischaks I. (*N. Na'aman, I. Finkelstein*, zu dem Feldzug ↗ IV.8) ist möglich, aber nicht durch einen Zerstörungshorizont o. ä. archäologisch gedeckt.

Wie sich der Ort funktional zu den dominanten Philisterstädten verhält, wird weiter zu diskutieren sein. Alternativ zu der vom Ausgräber vehement vertretenen Zuordnung zu David, der eher unwahrscheinlichen Anbindung an die Gibea-polity (*I. Finkelstein/A. Fantalkin*), also der Zuordnung »zum Norden«, wurde Khirbet Qeiyafa auch als eigenständige regionale *micro-polity* (in etwa: Dorfstaat) interpretiert (*H.-M. Niemann*). Vielleicht handelt es sich aber auch um einen philistokanaanäischen Außenposten, der mit Ekron oder Gat in Verbindung steht (*I. Koch, N. Na'aman*). Aus der materiellen Kultur ist jedenfalls nicht eindeutig auf eine politische Zugehörigkeit zu Juda zu schließen, selbst wenn die → Kasemattenmauer wegen der Parallelen eine Zuordnung zum Bergland nahelegt. Vergleichbares gilt für das Fehlen von Schweineknochen, das eher durch die klimatischen Verhältnisse als durch den ethnisch bedingten Verzicht auf Schweinefleisch zu erklären ist (↗ III.5.2).

Zusammengefasst: Der stark umstrittene Befund von *Khirbet Qeiyafa* kann die Beweislast für eine ausgedehnte Herrschaft König Davids und einen voll ausgebauten Staat nicht tragen.

5.6 Jerusalem als »Stadt Davids«

Das Königtum Davids ist ohne Jerusalem nicht zu denken. Von seinen pauschal 40 Regierungsjahren fallen 33 auf Jerusalem (2 Kön 2,11). Die kurze Episode 2 Sam 17,53–58, die im Kampf gegen Goliat das Königtum Davids vorausgedeutet sieht, unterstreicht zugleich die Bedeutung Jerusalems, indem David den Kopf des philistäischen Helden nach Jerusalem bringt (2 Sam 17,54). Die verkehrsgeographisch ungünstige Lage im judäischen Bergland lässt jedoch Jerusalem nicht als natürliche Hauptstadt erscheinen, weshalb *Albrecht Alt* die vordavidische Stadt als »ephemeres Jebusiternest« bezeichnet hat. Die biblische Darstellung verbindet die Zugehörigkeit Jerusalems zu Israel/Juda eng mit der Person Davids. Während Jerusalem zunächst unerobert blieb (Jos 15,63; Ri 1,21; 19,12, anders Ri 1,8 und vielleicht 1 Sam 17,54) und den Jebusitern als Bewohnern zugerechnet wird (Jos 15,8), soll die Stadt von David erobert (2 Sam 5,5–8) und ausgebaut (2 Sam 5,9) worden sein. Ab der Eroberung durch David findet sich die Bezeichnung »Stadt Davids« (2 Sam 5,7.9; 6,10; 1 Kön 3,1; Jes 22,9). *J. Hutzli* hat allerdings aufgezeigt, dass die Bezeichnung nicht die ganze Stadt meinen *muss*, sondern sich auch nur auf das Areal des Davidspalastes (bzw. der »Burg

Zion«) oder den Südosthügel beziehen kann. Die Bezeichnung »Zion« (»Vertrocknete«), die von der *m^{e}ṣudat ṣiyyôn* »Feste Zion« in der besagten Davidsstadt über den Tempelberg später auf den Westhügel wandert, ist außerbiblisch nicht belegt. »Jebus«, das sich in Jos 18,28; Ri 1,21; 1 Chr 11,4 ebenfalls findet, ist vielleicht nicht uralt, sondern möglicherweise erst als Bezeichnung der Stadt von biblischen Autoren erfunden (*K. Bieberstein*). Die seit dem 2. Jt. v. Chr. belegte Bezeichnung »Jerusalem« hingegen weist die Stadt als »Gründung des (Gottes) *Šalem*« aus. Die Stadtgeschichte Jerusalems war schon immer Brennpunkt der Geschichte Israels. Dabei hat die archäologische Dichte an Informationen in den vergangenen 15 Jahren zu einem neuen Gesamtbild der Geschichte Jerusalems geführt (*K. Bieberstein*). Weder von David noch von Salomo lassen sich danach wesentliche Spuren in der Stadt finden. Noch immer ist aber das Jerusalem des 10. Jh.s v. Chr. (Eisen IIA-Zeit) eine der strittigsten Fragen in der derzeitigen Debatte um David und das frühe Königtum (*A. Mazar*).

Der nachweislich seit dem Kebarium (16500–12500 v. Chr.) von Jägern und Sammlern besuchte und seit der Frühbronzezeit II (ca. 3000–2600 v. Chr.) sicher besiedelte Ort Jerusalem (↗ X.6, *Karte 16*) ist seit der Mittelbronzezeit IIB (ca. ab 1800 v. Chr.) eine mittelgroße, ummauerte, kanaanäische Stadt (4–5 ha, ca. 1000 Einwohner), die ihre Wasserversorgung an der Gihon-Quelle monumental gesichert hat (*R. Reich/E. Shukron*). Wenn sie nicht insgesamt erst später errichtet wurden (*J. Regev u. a., J. Uziel/I. Shai*), wurden die massiven Türme und das Quellbecken auch in der Spätbronze- und frühen Eisenzeit (bis ins 9./8. Jh. v. Chr., ↗ V.7.1) weiter benutzt, zumindest gibt es keine Spuren einer Zerstörung. Zwar fehlen darüber hinaus nahezu jegliche archäologische Spuren einer bedeutenden Stadt aus der Spätbronzezeit (*D. Ussishkin*), doch ist das Jerusalemer Stadtkönigtum in den Amarnabriefen (EA 285–290, wahrscheinlich auch EA 291) bezeugt (↗ II.2.7). Dass die Stadt Jerusalem auch die Zerstörungen der Spätbronzezeit weitgehend unbeschadet überstanden hat (*O. Keel*), bleibt eine Annahme, der die positive archäologische Evidenz weitestgehend fehlt. Denn größere Mengen spätbronzezeitlicher Keramik fehlen in den Grabungen auf dem Südosthügel, obwohl sie erwartbar wären, wenn die MB-zeitlichen Befestigungen in einer direkten Verbindung mit einer SB-zeitlichen Stadt gestanden hätten. Auch die jüngste Grabung im »*Givati Parking Lot*« südlich des Tempelbezirks zeichnet sich durch das Fehlen SB-zeitlicher Keramik aus (*D. Ben-Ami*). Daher scheint es plausibler, Jerusalem nicht als »große Stadt«, sondern als strategischen Außenposten zur Kontrolle des südlichen Berglandes zu verstehen (*M. Steiner, K. Bieberstein*), was auch gut zu der Amarna-Korrespondenz passt.

Aufgrund des Fehlens archäologischer Evidenz hat *E. A. Knauf* vorgeschlagen, der in den Amarnabriefen erwähnte Ort sei nicht auf dem Südosthügel, sondern auf dem Tempelberg lokalisiert gewesen, der sich nun mal der archäologischen Erforschung vollständig entzieht. Dass die Siedlung am höchsten Punkt des Geländes errichtet wurde (743 m), erscheint grundsätzlich plausibel. Selbst wenn man an allen ummauerten Seiten des herodianischen Tempelbezirks einen Streifen abziehen würde, bliebe für eine Stadt genügend Raum auf dem Areal. Andere haben daher diesen Vorschlag mit Interesse aufgenommen und weiter begründet (*I. Finkelstein/I. Koch/O. Lipschits*), zumal er das methodische Problem unterstreicht, dass wie beim davidisch-salomonischen Jerusalem trotz fehlender Evidenz auf eine bedeutende Existenz der Stadt geschlossen wird. Zum anderen wird die Besiedlung auf dem Südostsporn, der sog. »Stadt Davids«, oft in ihrer Ausdehnung überschätzt.

Für *Israel Finkelstein* zeichnet sich damit folgende Entwicklung ab: Die Ausbildung des eisenzeitlichen Jerusalem nahm in der zweiten Hälfte des 9. Jh.s v. Chr. ihren Ausgangspunkt vom Tempelberg aus nach Süden über den Ofel bis zur Gihon-Quelle (persönliche Mitteilung). Keines der SB-zeitlichen und früheisenzeitlichen Gebäude auf dem Tempelberg ist erhalten. Jerusalem war ein kleiner Ort und Teil eines kanaanäisch geprägten Häuptlingstums im dünn besiedelten Bergland (»*dimorphic kingdom*«). Weder David noch Salomo haben Jerusalem zur »Stadt« von Bedeutung ausgebaut, das geschah erst unter omridischem Einfluss im späten 9. Jh. v. Chr. Der neue Status ist auch ablesbar am zeitgleichen administrativen Ausbau von Lachisch, Bet-Shemesch, Beerscheba, Arad sowie an einem → Hortfund von Tonbullen (→ Bulle) aus dem ausgehenden 9. Jh. v. Chr. bzw. der Mitte des 8. Jh.s v. Chr., der bei Grabungen an der Gihon-Quelle gefunden wurde (*R. Reich/E. Shukron*).

Dagegen geht die traditionelle Sicht davon aus, dass sich die Stadt in der frühen Eisen IIA-Zeit von dem südöstlichen Sporn aus nach Norden entwickelt hat. Am höchsten Punkt des Sporns im Norden auf der Höhe der Gihon-Quelle (↗ X.6, *Karte 16*) stand die vorisraelitische Burg (*m^eṣudat ṣiyyôn* 2 Sam 5,7), die König David erobert und zu seinem Regierungssitz gewählt hat. Der im Norden an den Millo (2 Sam 5,9) anschließende natürliche Geländeabfall wird zum Tempelberg hin erst von Salomo durch Aufschüttung geschlossen und in die Stadtbefestigung eingegliedert (1 Kön 9,15.24; 11,27). Salomo baut neben dem Tempel einen Palast als neuen Regierungssitz.

Bisher ließ sich dieses Bild trotz intensiver Grabungstätigkeit in Jerusalem nicht bestätigen, auch wenn es im Laufe der Zeit vielfältige Versuche dazu gegeben hat. Der Alternativvorschlag geht daher explizit nicht mehr vom biblischen Befund aus. An seine Stelle setzt er die »*black box*« des heiligen Bezirks und versucht unter der Voraussetzung, dieser habe den Kern der spätbronzezeitlichen Stadt gebildet, die archäologischen Informationen zu integrieren. Richtig ist, dass keine der vergleichbaren Städte der SB- und MB-Zeit städteplanerisch vergleichbar zu der Anlage des vermuteten Jerusalem auf dem Südosthügel angelegt ist, und auch richtig ist, dass im südlichen Teil des Sporns kaum Besiedlungsspuren gefunden wurden, die auf eine vordavidische Existenz hindeuten könnten. Vielmehr konzentriert sich die Siedlungstätigkeit auf den Bereich der nördlichen »Davidsstadt« und dehnt sich nachweislich erst in der Eisen IIB- und hellenistischen Zeit deutlicher bis zur Südspitze aus. Angesichts des Fehlens größerer Mengen von bronzezeitlicher Keramik auf dem Südosthügel kann die Hypothese beantworten, wo die bedeutende »Stadt« gelegen hat. Die massive Bebauung des Ofel, also des Bereichs zwischen dem heutigen Tempelbezirk und der sog. »Davidsstadt«, kann für beide Lösungen ins Feld geführt werden: Entweder wächst die Stadt vom Südosthügel zum Tempelbezirk oder umgekehrt.

Gegen den Vorschlag lässt sich anführen, dass in diesem Fall die Wasserversorgung der Gihon-Quelle nicht in unmittelbarer Nähe zur Stadt gelegen hätte

(↗ X.6, *Karte 16*) und der archäologische Befund zwar bisher die massive Bewehrung der Quelle durch die beiden MB-zeitlichen Türme und den Quellpool erwiesen hat (*R. Reich/E. Shukron*), aber keine Verbindung mit dem Tempelberg erkennbar ist. Während der Südosthügel Jerusalems durch das Kidron- und Tyropoion-/Zentraltal ohne die Aufschüttung des Millo einen natürlichen Schutz bietet, ist der Tempelberg insbesondere von Norden her ungeschützt. Hier musste ein natürlicher Schutz durch einen Graben mit großem Aufwand erst hergestellt werden. Macht es Sinn, eine Siedlung an einem ungeschützten Ausgangspunkt und 300 m entfernt von der Wasserversorgung zu bauen? Schließlich weist die Substruktion (Unterkonstruktion) am nördlichen Ende der sog. Davidsstadt (s. u.) auf eine vordavidische Existenz in der SB-Zeit. Verbindet man diese mit der in 2 Sam 5,8 genannten »Burg Zion« (s. u.), hätte diese keine Verbindung zur SB-zeitlichen Stadt gehabt. Damit hat auch diese Lösung erkennbare Schwächen und das »Problem« Jerusalem bleibt. Die nicht nachweisbare Besiedlung der Akropolis und die unsichere Besiedlung der Davidsstadt bilden jedenfalls wie Brennpunkte einer Ellipse den Ausgangspunkt aller Theorien zum vordavidischen, davidischen und salomonischen Jerusalem.

Methodisch darf umgekehrt aus der negativen Evidenz nicht auf die marginale Bedeutung und den »Kuhdorfcharakter« Jerusalems geschlossen werden. Das gilt erst recht, wenn die massiven, gestuften, 27 m (bzw. abzüglich der unterhalb gelegenen Mauer 20 m, *A. Mazar*) hohen und knapp 50 m breiten Substruktionsbauten am Abhang des Südosthügels (die sog. »*stepped stone structure*«, *M. Küchler*: getreppter Steinmantel) Vorläufer in der Spätbronzezeit hatten (*Y. Shiloh*) bzw. in der Eisen I-Zeit der Abstützung der (vordavidischen) Zitadelle dienten (*A. Mazar*). Bei der *stepped stone structure* handelt es sich um die am meisten diskutierte archäologische Konstruktion des Südosthügels, die aufgrund von mehrphasigen Ein- und Überbauten schwer eindeutig zu interpretieren ist. Der spärliche Keramikbefund in den Füllungen weist auf eine Entstehung in der späten Eisen I- oder frühen Eisen IIA-Zeit. Die Hangterrassen scheinen am Beginn der Eisen I-Zeit angelegt, aber erst in der Eisen IIA-Zeit als Hangpflaster ausgebaut worden zu sein (*M. Steiner*). Da der steile Hang ohne Stütze kaum Gebäude hat tragen können, die bis an den Rand des Plateaus gebaut waren, ist davon auszugehen, dass ein Verbund mit einer größeren Anlage angelegt wurde. *E. Mazar* geht von einer Verbindung mit der sog. *large stone structure* aus, die sie als Palast Davids interpretiert (s. u.).

Die Annahmen über die Bevölkerungszahl Jerusalems in der Spätbronzezeit bewegen sich aufgrund der Unsicherheiten (je nach Position) zwischen 200 und 2000 Bewohnern (*H. Geva*). Sicher ist jedenfalls, dass Jerusalem nicht zum Herrschaftsgebiet Sauls (↗ IV.4.1, *Karte 7*) gehört und – mit welchem politischen Gewicht auch immer – zwischen dem benjaminitischen Kerngebiet und dem Stammesgebiet Judas liegt. Es muss also im Interesse Davids gelegen haben, auch das Stadtkönigtum Jerusalems neben den »Häuptlingstümern« Ziklags, Hebrons und Gibeas in seine Personalunion einzubeziehen. Wie es David gelingt, Jerusalem (um 980 v. Chr.) unter seine Herrschaft zu stellen, ob durch Eroberung (2 Sam 5,7–9) oder doch eher auf dem Verhandlungsweg, ist derzeit eine offene Frage. Die frühere Hypothese, der Heerführer Joab habe die Stadt durch das

Wassersystem (»Warren-Schacht«) im Handstreich erobert, muss aufgrund der chronologischen Neujustierung des Tunnelsystems aufgegeben werden. Was bleibt, ist die Bezeichnung Jerusalems bzw. des sö Sporns als »Stadt Davids« (2 Sam 5,9 u. ö.), was auf eine Bindung der Stadt (bzw. dieses Teils der Stadt) an die Person des charismatischen Führers hindeutet. Die gewöhnlich mit »Stadt« übersetzte Bezeichnung *ʿîr* bedeutet nicht zwingend, dass es sich um eine befestigte größere Siedlung handelt. Der Terminus kann sich auch auf einen Stadtteil bzw. eine Festungsanlage beziehen (*O. Keel, J. Hutzli*). Von David wird gesagt, dass er in der Feste (*m^eṣudāt*) wohnte und er »ringsum« baute »vom Millo bis zum Haus« (2 Sam 5,9). Während die griechische Übersetzung (→ LXX) den Millo mit der Burg identifiziert und David »sein Haus« bauen lässt, wird gewöhnlich dem hebräischen Text gefolgt, nach dem der Millo ein Teil Jerusalems ist. Dieser Millo wird in 2 Chr 32,5 als Teil der »Stadt Davids« aufgefasst, sonst aber eng mit den Baumaßnahmen Salomos in 1 Kön 9,15.24; 11,27 verknüpft. Abgeleitet von der Grundbedeutung (*mlʾ* »voll sein/machen«) wird der Millo meist als Aufschüttung verstanden und mit dem Bereich verknüpft, der den tiefsten Punkt des Südosthügels darstellt und im Übergang zum höhergelegenen Gelände des *Ḥaram eš-Šerīf* eine Vertiefung bildet, die Salomo durch Aufschüttung ausgeglichen haben soll, als er die Stadt nach Norden erweiterte (↗ IV.6.4). In jüngerer Zeit wird der Millo oft mit der gestuften Konstruktion identifiziert bzw. dem Bereich verknüpft, der durch die *»stepped stone structure«* gestützt wird. Diese gestufte den Hang hinablaufende Struktur aus Bruchsteinen ist im unteren Bereich von Häusern überbaut, die der Eisen IIA- oder Eisen IIB-Zeit (Haus des Ahiel, Haus der Bullen, ↗ V.10.5) zuzuweisen sind. Auch die unterhalb der Deckschicht gefundene Keramik aus der späten SB-Zeit/frühen Eisen I-Zeit verweist auf eine frühe Datierung der Stützstruktur in die späte Bronzezeit oder frühe Eisenzeit. Bisher konnten aber Baumaßnahmen Davids in diesem Bereich nicht zweifelsfrei nachgewiesen werden. Zwar glaubt *Eilat Mazar* in ihren Ausgrabungen auf der ca. 200 m^2 großen Plattform, die durch die massive Substruktion (die o. g. *stepped stone structure*) gestützt wird, den in 2 Sam 5,11 erwähnten Palast Davids gefunden zu haben, doch bleiben Zweifel sowohl an der Zuweisung an David (möglicherweise handelt es sich z. T. um Reste der von David »eroberten« Burg Zion, 2 Sam 5,7) als auch an der Einordnung der als *large stone structure* angesprochenen Architekturreste als zentrale Herrschaftsarchitektur des 10. Jh.s v. Chr. (*I. Finkelstein u. a.*). Rechnet man die fragmentarischen Reste zu *einem* Gebäudekomplex, handelt es sich um eine der größten bekannten eisenzeitlichen Strukturen in Israel überhaupt (*A. Mazar*). Wahrscheinlich aber gehören die angesprochenen Architekturfragmente nicht nur zu einem, sondern zu mehreren Gebäuden aus unterschiedlichen Epochen von der Eisen IIA- bis in die frühe römische Zeit. Teile der massiven Mauern können aber durchaus als Eisen IIA-zeitliche Architektur gedeutet werden, wobei der Streit um die Datierung in die Zeit Davids (10. Jh. v. Chr.) oder in das 9. Jh. v. Chr. (*I. Finkelstein*) ungelöst bleibt.

Mit den jüngeren Ausgrabungen wird das davidische Jerusalem nur insofern aufgewertet, als dass die Bedeutung des *vordavidischen* Jerusalem zunimmt. Nichts deutet nach *A. Mazar* darauf hin, dass das bzw. die Gebäude in der Eisen I- und IIA-Zeit nicht weiter benutzt worden sind. Wie auch immer der Streit in der Archäologie um das 10. Jh. v. Chr. ausgehen wird, seine Bedeutung ist nicht einfach wegzudiskutieren (Y. Gadot). Ob man das 10. Jh. v. Chr. aber mit König David verbinden muss und wie weit dann seine Herrschaft reichte, ist eine andere Frage.

5.7 Ausdehnung der Herrschaft Davids auf den Norden

Offen bleibt, wie weit Davids Patrimonialkönigtum über die süd- und mittelpalästinischen Stämme und Jerusalem hinaus auf die nordpalästinischen Stämme ausgreift. 2 Sam 24,5–7 rechnet den Norden bis Dan und den Süden bis Beerscheba, den Westen bis zum Mittelmeer und den Osten unter Einschluss von Gilead und einem großen Teil Ammons zu dem Herrschaftsgebiet Davids.

Die Einschätzung, wie weit die Herrschaft Davids nach Norden reichte, ist auch abhängig von der Beurteilung der Präsenz der Aramäer in dem benannten Gebiet (↗ IV.2.3). Nach 2 Sam 3,3 heiratet David mit Maacha (noch in Hebron) eine Tochter des aramäischen Königshauses Geschur. Abschalom, der aus dieser Verbindung hervorgegangene Sohn, flieht nach der Ermordung seines Halbbruders Amon, der von einer Jesreeliterin abstammt (2 Sam 3,2) nach Geschur (vgl. auch die Flucht Schebas 2 Sam 20,14–18). Über die Lokalisierung des Königreiches Geschur besteht in der derzeitigen Forschung keine Einigkeit. Zwei geographische Zentren kommen dabei in den Blick und werden häufig miteinander verbunden. Zum einen die Region um den See Gennesaret mit den Städten Kinneret/*Tell el-ʿOrēme*, Betsaida/*et-Tell*, *Tel Hadar*, *ʿĒn Gēv*, *Tel Dover/Ḫirbet ed-Duwēr*, wobei *et-Tell* als Hauptort mit dem Namen Geschur verbunden wird (*N. Naʾaman*). Eine andere Lokalisierung ergibt sich über die Verbindung mit der biblischen Zusammenstellung mit Maacha, sodass das Königreich Geschur mit der Stadt Abel-Bet-Maacha (2 Sam 20,14–15; 1 Kön 15,20.29) zu verbinden wäre (↗ V.3.2). Abel-Bet-Maacha, das wohl mit Abel (2 Sam 20,18) und Abel-Majim (2 Chr 16,4; Jdt 4,4) identisch ist, wird auf dem *Tell Ābil el-Qamḥ* am Oberlauf des Jordan (ca. 18 km nördlich des Hule-Sees und 7 km nw von Dan) gesucht. Der Beiname Bet-Maacha ist vielleicht auf das Herrscherhaus *Maacha* zu beziehen. Der verkehrsgeographisch zentral an der Verbindung nach Damaskus gelegene (»nördliches Tor Israels« *W. D. Dever*) und in der SB- und Eisenzeit durchgehend besiedelte große Ort gehört mit Dan und Hazor zu den bedeutendsten Orten im Norden, spielt aber anders als die Genannten keine größere Rolle in der biblischen Überlieferung. Verbindet man beide Ansätze der Lokalisierung des Königreiches Geschur, dann umfasste das aramäische Kleinkönigtum nicht nur das Jordanquellgebiet, sondern reichte nach Süden bis an den See Gennesaret und Kinneret/*Tell el-ʿOrēme*. Das durch die erst 2013 begonnenen Ausgrabungen auf dem *Tell Ābil el-Qamḥ* archäologisch noch nicht ausreichend erschlossene Abel-Bet-Maacha scheint besonders in der MB IIB- und Eisen I-Zeit bedeutsam gewesen zu sein (*N. Panitz-Cohen/R. Mullins/R. Bonfil, N. Yahalom-Mack u. a.*, anders *E. Arie*). Vergleicht man die Keramik mit der gleichzeitigen von Dan, lässt sich darüber hinaus vermuten, dass Abel-Bet-Maacha in der Eisen IIA-Zeit zunächst nur spärlich besiedelt war, dann aber von Hasaël von Damaskus (ca. 845–800 v. Chr.) wieder auf- und ausgebaut wurde. Die Kasematten-Anlage hat Parallelen in Hazor, Megiddo und im syrischen Zincirli. Wenn Abel-Bet-Maacha nicht Zentralort des aramäischen Reiches Aram-

Maacha gewesen ist, sondern mit dem Königtum Geschur in Verbindung stand, hat sich dessen Schwerpunkt vielleicht später nach Süden verlagert. Schließlich liegt die See-Region ca. 40 km südlich von Abel-Bet-Maacha. Folgt man 1 Kön 15,20, so war Abel-Bet-Maacha schon im 9. Jh. v. Chr. israelitisch und wurde dann von den Aramäern erobert. Die Notiz könnte aber auch die Zugehörigkeit der Stadt zu den Aramäern erklären wollen, weshalb ihr historischer Gehalt in der Forschung umstritten ist. Das heißt im Ergebnis: Wohl noch nicht unter David, sondern erst in der Eisen IIB-Zeit im 8. Jh. v. Chr. wurde Abel-Bet-Maacha wie Dan israelitisch. Für eine etablierte Herrschaft Davids kommt das Gebiet daher nicht infrage, auch wenn in 2 Sam 8 der Eindruck erweckt wird, dass David die Aramäer tributpflichtig machte.

Der Einflussbereich soll darüber hinaus nach 2 Sam 8 bis an den Eufrat im Norden (aramäische Königreiche) und nach Elat im Süden (unter Einschluss von Moab und Edom) gereicht haben und auch das Gebiet bis zum Mittelmeer (die Philister) umfasst haben (↗ IV.5.1, *Karte 8*). Dieses *Großreich*, das David an seinen Sohn Salomo nach seinem Tode zur Herrschaft übergab (Eufrat: 1 Kön 5,1; Elat: 1 Kön 9,26), ist Legende. Weder die archäologischen noch die soziologischen Voraussetzungen für ein derart ausgreifendes und von Jerusalem als Territorialstaat aus regiertes Imperium sind erkennbar. Vorstellbar ist lediglich, dass der davidische *Einfluss* (»some degree of authority« *J. M. Miller/J. H. Hayes*, History, 180) über das begrenzte Herrschaftsgebiet hinaus bis in die Jesreel-Ebene, nach Galiläa und in das nördliche Ostjordanland reicht. In der Maximalausdehnung reicht dieser Einfluss bis in die Gebiete, die in etwa dem west-asiatischen Einflussgebiet Ägyptens in der 19. und 20. Dynastie (1292–1070/69 v. Chr.) mit Ausnahme der Philisterstädte entsprechen (*O. Keel*).

Nimmt man die Evidenz zusammen, so steht nicht nur das Großreich und die Ausdehnung der Herrschaft Davids »von Dan bis Beerscheba« (2 Sam 3,10; 17,11; 24,2.15; 1 Sam 5,5) infrage, sondern auch, inwieweit David König über »Israel« im Singular gewesen ist. Ein »ganz Israel« jedenfalls, das sich aus zwölf Stämmen zusammenfügte und auch die Südstämme umfasste, hat es zur Zeit Davids ebensowenig gegeben wie zur Zeit der Landnahme (↗ III.7.3). Dass David sich »König über Israel« genannt hat, ist denkbar, als er Ischbaal verdrängt (2 Sam 2,10), dass er seine gesamte Herrschaft unter den Titel »König über ganz Israel« (außer 2 Sam 8,15) vereint hat, ist unwahrscheinlich. Wenn überhaupt, dann war David in Personalunion König über Israel und Juda (2 Sam 5,5, vgl. 1 Kön 5,5), aber auch das bleibt mehr als unsicher. Wenn das Königtum als organisierte Staatlichkeit erst im 9. Jh. v. Chr. entsteht und es weder ein vereintes Königreich noch eine Reichsteilung gegeben hat (↗ IV.7), ist Israel die Bezeichnung des Staates im 9. Jh. v. Chr. und steht in keiner Verbindung zu dem Lokalherrscher David, wann immer (10. oder 9. Jh. v. Chr.) dieser anzusetzen ist.

6. *Das Königtum Salomos*

B. J. Beitzel, Was There a Joint Nautical Venture on the Mediterranean Sea by Tyrian Phoenicians and Early Israelites?: BASOR 360, 2010, 37–66 • D. Ben-Ami, Notes on the Iron IIA Settlement in Jerusalem in Light of Excavations in the Northwest of the City of David: TA 41, 2014, 3–19 • E. Ben-Yosef u. a., A New Chronological Framework for Iron Age Copper Production at Timna (Israel): BASOR 367, 2012, 31–71 • E. Blum, Solomon and the United Monarchy, in: R. G. Kratz/H. Spieckermann (Hg.), One God – One Cult – One Nation (BZAW 405), Berlin/New York 2010, 58–78 • D. Elkowicz, Der ammonitische Mondtempel von Ruǧm el-Kursi und die Tempel des syrischen Tempeltypus: BN 160, 2014, 51–57 • A. Faust, On Jerusalem's Expansion during the Iron Age II, in: E. van der Steen u. a. (Hg.), Exploring the Narrative (LHBOTS 583), London/New York 2014, 256–285 • I. Finkelstein, Omride Architecture: ZDPV 116, 2000, 114–138 • ders., L'Archeologie et l'histoire de Jerusalem (1000–700 av. J.-C.): CRAI 2/2012, 827–858 • ders., The Archaeology of Tell el-Kheleifeh and the History of Ezion-geber/Elath: Semitica 56, 2014, 105–136 • ders., The Southern Steppe of the Levant ca. 1050–750 BCE: PEQ 146, 2014, 89–104 • I. Finkelstein/I. Koch/O. Lipschits, The Mound on the Mount: JHS 11, 2011 (http://www.jhsonline.org/Articles/article_159.pdf, Zugriffsdatum 23.7.2018) • I. Finkelstein/N. Silbermann, David und Salomo, München 2006 • H. Geva, Jerusalem's Population in Antiquity: TA 41, 2014, 131–160 • A. Gilboa/D. Namdar, On the Beginnings of South Asian Spice Trade with the Mediterranean Region: Radiocarbon 57, 2015, 265–283 • F. Gonzáles de Canales Cerisola/L. Serrano/J. Llompart, Tarshish and the United Monarchy of Israel: ANES 47, 2010, 136–163 • C. Grigson, Camels, Copper and Donkeys in the Early Iron Age of the Southern Levant: Levant 44, 2012, 82–100 • L. K. Handy, The Age of Salomon (SHCANE 11), Leiden 1997 • M. Huber, Gab es ein davidisch-salomonisches Großreich? (SBB 64), Stuttgart 2010 • J. Kamlah, Die Liste der Regionalfürsten in 1 Kön 4,7–19 als historische Quelle für die Zeit Salomos: BN 106, 2001, 57–78 • ders., Der salomonische Tempel: VuF 53, 2008, 40–51 • O. Keel, Die Geschichte Jerusalems und die Entstehung des Monotheismus, Göttingen 2007, 234–337 • R. Kletter, Chronology and United Monarchy: ZDPV 120, 2004, 13–54 • G. Lehmann, Das Land Kabul, in: M. Witte/J. F. Diehl (Hg.), Israeliten und Phönizier (OBO 235), Fribourg/Göttingen 2008, 39–94 • A. Lemaire, New Perspectives on the Trade between Judah and South Arabia, in: M. Lubetski/E. Lubetski (Hg.), New Inscriptions and Seals Relating to the Biblical World, Atlanta 2012, 93–110 • T. E. Levy/M. Najjar, Some Thoughts on Khirbet en-Naḥas: TA 33, 2006, 3–17 • E. Lipiński, Hiram of Tyre and Salomon, in: A. Lemaire/B. Halpern (Hg.), The Book of Kings (VT.S 129), Leiden 2010, 251–272 • A. Mazar, Jerusalem in the 10th century B. C. E., in: Y. Amit u. a. (Hg.), Essays on Ancient Israel in Its Near Eastern Context, Winona Lake 2006, 255–272 • E. Mazar, Discovering the Solomonic Wall in Jerusalem, Jerusalem 2011 • E. Mazar/D. Ben-Shlomo/S. Ahituv, An Inscribed Pithos from the Ophel, Jerusalem: IEJ 63, 2014, 39–49 • S. Münger, Egyptian Stamp-Seal Amulets and Their Implications for the Chronology of the Early Iron Age: TA 30, 2003, 66–82 • N. Na'aman, Game of Thrones: TA 45, 2018, 89–113 • H. M. Niemann, Taanach und Megiddo: VT 52, 2002, 93–102 • S. Ortiz/S. Wolff, Guarding the Border of Jerusalem: NEA 75, 2012, 12–19 • E. Pappa, Early Iron Exchange in the West, Leuven u. a. 2013 • dies., Social histories of the early Greek presence in the 'Far West', in: A. Mazarakis Ainian u. a. (Hg.), Regional Stories Towards a New Perception of the Early Greek World, Volos 2017, 597–604 • Salomo, WUB 66, 2012 • B. U. Schipper, Israel und Ägypten in der Königszeit (OBO 170), Fribourg/Göttingen 1999 • T. M. Steiner, Salomo als Nachfolger Davids (BBB 181), Göttingen 2017 • J. M. Tebes (Hg.), Unearthing the Wilderness (ANES.S 45), Leuven 2014 • D. Ussishkin, Was Jerusalem a fortified stronghold in the Middle Bronze Age?: Levant 48, 2016, 135–151 • J. Verheyden (Hg.), The Figure of Solomon in Jewish, Christian and Islamic Tradition (Themes in Biblical Narrative 16), Leiden u. a. 2013 • H. Weippert, Das Libanonwaldhaus, in: C. G. den Hertog u. a. (Hg.), Saxa Loquentur (AOAT 302), Münster 2003, 213–226 • H. Weippert/M. Weippert, Dreischiffige Pfeilerhallen in der Eisenzeit: ZDPV 130, 2014, 1–42 • S. Weitzman, Solomon, Yale 2011 • K. A. Yener, Strategic Industries and Tin in the Ancient Near East: TÜBA-AR 12, 2009, 143–154 • W. Zwickel, Der salomonische Tempel, Mainz 1999.

6.1 Salomo als Nachfolger Davids

In den Hofintrigen am Ende der Regierungszeit Davids setzt sich Salomo als Nachfolger gegen Adonija durch (1 Kön 1f). Auch für Salomo vermag die Bibel wie bei David nur die pauschale Regierungszeit von 40 Jahren anzugeben (1 Kön 11,42), was aber – wie die Mescha-Inschrift aus dem 9. Jh. v. Chr. zeigt – offenbar bei Unwissen nicht unüblich gewesen ist. Viel weiß man über den historischen Salomo nicht, und die Geschichten um seine Legitimation haben die Vermutung aufkommen lassen, der Sohn der Jerusalemerin Batseba sei vielleicht nicht einmal ein Sohn Davids gewesen, sondern in einem *coup d'état* an die Macht in Jerusalem gekommen (*E. A. Knauf*). Deswegen hätte er von dem einflussreichen Hofpropheten Natan Jedidja (»YHWHs Liebling«) genannt und so legitimiert werden sollen. Aber das bleibt ebenso Spekulation wie die Annahme, sein Name sei erst aus der Erzählung 2 Sam 12 gebildet worden.

Der aus der Wurzel *šlm* gebildete Name macht Salomo entweder zum Ersatz oder Substitut (von *šlm* »Ersatz leisten« wie 2 Sam 12,24 anzeigt), oder zum Herrscher des Friedens (von *šalôm* »Frieden, Wohlergehen« wie in 1 Chr 22,9 angedeutet). Gut denkbar ist aber auch die Verbindung mit dem vergöttlichten Abendstern *Šalem*, der auch in dem Namen der Stadt Jerusalem (»Stadt Schalems«) präsent ist. Auch Abschalom, der Sohn Davids, ist eher als »[mein] Vater ist Salem« denn als »Friedensvater« zu deuten. Für »Ersatz« sprechen die recht häufigen biblisch wie außerbiblisch belegten Namen Schelemja (»YHWH hat es [das verstorbene Kind] ersetzt«), Schillem (»er hat ersetzt«) oder Schallum (»er wurde ersetzt«). Für *Šalem* spricht, dass auch das Zwillingspendant, die Morgenröte *šaḥar*, auf Namenssiegeln belegt ist und bei den *šlm*-Siegeln oft nicht zu entscheiden ist, ob es sich um einen Hinweis auf den »Ersatz« oder auf die schon in Ugarit belegte kanaanäische Gottheit handelt. Ob die moralisch aufgeladene Erzählung von der unklaren Thronfolge 2 Sam 12 den Namen Salomo assoziiert hat oder der Name zu der Erzählung angeregt hat, lässt sich nur schwer entscheiden. Unter der Voraussetzung, dass Salomo wie Rehabeam Kunstnamen sind (↗ IV.7.5) und nicht an historischen Figuren hängen, wäre Letzteres der Fall. Über die Verdachtsmomente kommt man nicht hinaus.

Denn dass Salomo ein historischer »König« war und er über das sog. Südreich Juda eine Art von Herrschaft ausübte, wird man nur mit Mühe bezweifeln können, zumal sich die Quellenlage gegenüber David, sieht man einmal von der fehlenden außerbiblischen Bezeugung ab, nicht wesentlich verändert. Wie David wird Salomo als König über »ganz Israel« (1 Kön 4,1.7; 11,42; Neh 13,26) bezeichnet, zugleich aber als König über Israel und Juda (1 Kön 5,5). Sein Reich soll ähnlich der Ausdehnung der davidischen Herrschaft von Lebo-Hamat im Libanon bis zum Grenzbach Ägyptens (*Wādī l-ʿArīš*) gereicht haben (1 Kön 8,65). Doch wie bei David stellt sich die Frage, wie ausgedehnt das salomonische Reich tatsächlich war, ob man von einem voll ausgebauten Staat ausgehen soll, und vor allem, ob es sich auf das Gebiet des späteren Reiches Israel erstreckt hat. An der Beurteilung hängt die Frage des *salomonischen Großreiches.* Vom biblischen Befund aus sind vor allem drei Texte relevant, die in ihrer historischen Zuverlässigkeit in der Forschung stark umstritten sind: (1) die sog. »Gauliste Salomos« in

1 Kön 4,7–20, die ein Verzeichnis der »Vorsteher« Salomos bietet und durch die geographischen Angaben seine Herrschaft über »ganz Israel« (1 Kön 4,1) in der *vereinten Monarchie* des Süd- und Nordreiches zum Ausdruck bringt (↗ IV.6.2); (2) die Liste der Baumaßnahmen Salomos in den Städten seines Reiches (1 Kön 9,15–18), wo neben dem Tempel, dem Palast und dem Millo die Mauern von Jerusalem, Hazor, Megiddo und Geser genannt werden, ferner das untere Bet-Horon (*Bēt ʿŪr et-taḥta*), Baala und Tamar (↗ IV.6.3–5); (3) der Bericht von der Abtretung von zwanzig Städten in Galiläa an Hiram von Tyrus in 1 Kön 9,10–13, was voraussetzt, dass Salomo auch über den Norden geherrscht hat (↗ IV.6.8).

6.2 Die Liste der Verwaltungsbezirke Salomos

Die in 1 Kön 4,7–20 genannten zwölf *n^eṣṣārîm ʿal kål jiśrāʾel* wurden lange selbstverständlich als Gouverneure (die lateinische Vulgata hat: *praefecti*) der salomonischen Reichsprovinzen (die Übersetzung variiert: Vögte, Statthalter, Amtleute, Gauleiter, Distriktpräfekten, Provinzgouverneure) aufgefasst. Damit schien eine Organisation des *Großreiches* der vereinten Monarchie belegt, die noch dazu aus einer zeitgenössisch datierten zuverlässigen Quelle stammen sollte (*A. Alt, M. Noth, W. Dietrich*). Die jüngere Diskussion hingegen hat wahrscheinlicher zu machen versucht, dass es sich nicht um administrative Funktionäre, sondern um einflussreiche Personen der lokalen Elite handelt, die Salomo versucht hat, in seine Interessen stellvertretend einzubinden und so seine Macht auszubauen (*H. M. Niemann*).

Damit schmilzt das Großreich zusammen, und auch die Herrschaft Salomos ist weit provinzieller einzuschätzen als die biblischen Quellen es darstellen. Ein durchorganisierter Beamtenstaat war das Reich Salomos jedenfalls nicht. Eher sind die Anzeichen ernstzunehmen, die wie bei David auf ein auf Verwandtschaft und Beziehung gegründetes Netzwerk der Herrschaft weisen.

Es handelt sich in der geopolitisch sehr disparaten Liste, sofern sie als glaubwürdig gelten kann, um eine herrschaftsstrukturelle Maßnahme, die das Steuer- und Abgabenwesen (sowie die Fron?) widerspiegelt, d. h. die Abschöpfung des erwirtschafteten → Surplus im Herrschaftsgebiet.

6.3 Salomo als großer Bauherr

Salomo gilt neben Herodes d. Gr. als der große Bauherr Jerusalems. Folgt man dem biblischen Bericht, hat er alleine dreizehn Jahre an seinem Palast gebaut (1 Kön 7,1) und neben diesem mehrere Großprojekte in Jerusalem verfolgt. Darunter ist als die wohl prominenteste Leistung Salomos der Bau des Ersten Tempels in Jerusalem zu nennen, für den insgesamt sieben bzw. elf Jahre Bauzeit veranschlagt werden (1 Kön 6,38).

Die Städtebauliste in 1 Kön 9,15–19 wird in der Forschung häufig als zuverlässiges historisches Dokument gewertet. Dort wird erwähnt, dass Salomo Geser wieder aufgebaut hat, das der ägyptische Pharao als Brautgeschenk für seine Tochter Salomo wieder übereignet hatte. Daneben seien Bet-Horon/*Bēt ʿŪr et-*

taḥta, Baala und Tamar/*Ēn ʿḤaṣeva* ausgebaut worden. Diese Baumaßnahmen stehen in Verbindung mit dem Ausbau von Hazor, Megiddo und Geser (1 Kön 9,15). Die Fron im Zusammenhang der Baumaßnahmen Salomos in Jerusalem wird neben 1 Kön 4,6; 5,27.28; 9,15.21 auch in 1 Kön 11,28 erwähnt, wo von der Erhebung Jerobeams gesprochen wird. Bei der Beurteilung ist zwischen der Erwähnung eines ägyptischen Feldzugs samt dessen Folgen in V. 16.17a, den Baumaßnahmen Salomos außerhalb und innerhalb Jerusalems (↗ IV.6.4 u. IV.6.5) und dem Motiv der Fron (↗ IV.6.7) zu unterscheiden. Textlicher und archäologischer Befund sind dabei getrennt zu betrachten, aber nicht voneinander zu trennen.

Für die Einschätzung der gesamtpolitischen Lage in Palästina ist die Erwähnung eines ägyptischen Feldzugs in 1 Kön 9,16 von Bedeutung, der – wenn die biblische Angabe zuverlässig ist – mit einer Zerstörung Gesers/*Tell el-Ǧazarī* Stratum IX parallelisiert werden kann. An der damit verknüpften diplomatischen Heirat Salomos mit der Pharaonentochter und dem König Salomo zugeschriebenen anschließenden Ausbau von Geser hängt die Frage seines außenpolitischen Handelns gegenüber Ägypten und den Philistern sowie ein wichtiger archäologischer Anker für die Chronologie der Eisen IIA-Zeit: das sog. Sechskammertor in einer späteren Bauphase von Geser Stratum VIII.

In heftigen Debatten der Forschung um diesen Feldzug wurden die letzten Pharaonen der 21. Dynastie (1070/69–946/45 v. Chr.) Siamun (979/78–960/59 v. Chr.) und Psusennes II. (960/59–946/45 v. Chr.) oder in jüngerer Zeit Schischak I. (946/45–924 v. Chr.) vorgeschlagen. Aus ägyptologischer Sicht kommt Psusennes II. kaum infrage (*B. Schipper*). Für Siamun werden Baumaßnahmen in Tanis ins Feld geführt, in deren Zusammenhang ein Relieffragment steht, das den Pharao in Schrittstellung zeigt, als er einen Feind mit einer Doppelaxt erschlägt (↗ Abb. 12).

Abb. 12: Relieffragment des Pharao Siamun (979/78–960/59 v. Chr.) aus Tanis, der in typischer Haltung seine Feinde mit der ausgestreckten Linken packt und sie mit der erhobenen Rechten, in der er wahrscheinlich eine Waffe hält, bezwingt. Seinem Gesicht gegenüber die Kartusche, die eine Identifikation ermöglicht. In der nach unten gesunkenen Hand des Feindes ist eine Doppelaxt zu erkennen, die mit Palästina in Verbindung gebracht wird.

Aufgrund dieser Waffe wird auf einen Palästinafeldzug geschlossen. Da es sich jedoch hier um eine symbolische Darstellung und nicht um das Abbild eines historischen Feldzugs handelt, eignet sich das Relieffragment kaum zur Plausibilisierung einer außenpolitischen Maßnahme Siamuns. Der archäologische Befund in Geser weist eine zweifache Zerstörung im 10. Jh. v. Chr. auf. Die zweite geht relativ unbestritten auf den Palästinafeldzug Schischaks I. ca. 926 v. Chr. zurück. Die Beweislast für einen Palästinafeldzug Siamuns kann aber nach *Bernd Schipper* die erste Zerstörung nicht tragen, auch wenn über eine Gruppe von Siegel-Amuletten aus dem 10. Jh. v. Chr. Beziehungen zwischen Ägypten und Palästina nachweisbar sind (*S. Münger*) (↗ Abb. 13).

Abb. 13: Stempelsiegel aus Tanis, *Bet-Sahur* (Antikenhandel) und *Tell en-Naṣbe* mit dem kryptographisch geschriebenen Namen des Gottes Amun. Die Siegel zeigen wie andere Massenware eindeutig den ägyptischen Einfluss im 10. Jh. v. Chr. (späte Eisen I- bzw. frühe Eisen IIA-Zeit).

Eine Zuweisung der ersten Zerstörung ist derzeit nicht möglich. Auch ist in den → Strata der Eisen I- und frühen Eisen IIA-Zeit nicht wirklich zu erkennen, was in dem wenig ausgebauten administrativen Ort (*S. Ortiz/S. Wolff*) für Pharao Siamun von Interesse hätte gewesen sein können. 1 Kön 9,16 muss sich auf den Feldzug Schischaks I. beziehen, der nach der traditionellen Datierung *nicht* mehr in der Regierungszeit Salomos stattfand (↗ IV.8). Die Notiz über den Ausbau Gesers reflektiert somit nicht salomonische Politik, vielleicht bezieht sie sich gar auf omridische Aktivitäten (*I. Finkelstein, E. A. Knauf*).

6.4 Baumaßnahmen Salomos in Jerusalem

Die in 1 Kön 9,15.17–19 berichteten Baumaßnahmen Salomos werden in der Forschung sehr unterschiedlich bewertet, da die historische Zuverlässigkeit der Liste nicht gesichert werden kann. Die Lage ist für Jerusalem anders als für die Städte im Land zu beurteilen: Weder vom Ausbau der Stadtmauer, dem Palastkomplex mit Residenz und Libanonwaldhaus noch vom salomonischen Tempel in Jerusalem haben sich archäologische Spuren erhalten. Die heutige Westmauer ist Teil der Umfassungsmauer der herodianischen Tempelanlage und hat keinerlei Verbindung zum sog. Ersten Tempel. Ein kleiner Granatapfel aus Elfenbein aus dem Antikenhandel (4,3 cm hoch) ist zwar alt, doch ist die darauf befindliche Inschrift *lby[t] [YHW]H qdš khnm* »zum Haus YHWHs gehörend, heilig den Priestern«, die den Zepteraufsatz dem/einem Tempel zuordnet, eine Fälschung. Da der Tempelberg (hebr. *har habbayit*, arab. *Ḥaram eš-Šerīf* »der edle Bezirk«) bis heute für Judentum und Islam heilig ist, sind Ausgrabungen dort unmöglich. Die Kenntnisse über den Tempel und den südöstlich davon gelegenen Palastbezirk sind begrenzt bzw. auf die literarischen Quellen beschränkt. Hinzu kommt, dass die Keramik der Eisen IIA-Zeit kaum eine Differenzierung zwischen David und Salomo im 10. und dem 9. Jh. v. Chr. zulässt. Eine Zuweisung von archäologischen Strukturen des 10. Jh.s v. Chr. zu Baumaßnahmen Salomos ist daher kaum möglich, ohne den biblischen Befund zur Hilfe zu nehmen.

Um das 10. Jh. v. Chr. in Jerusalem ist im vergangenen Jahrzehnt ein heftiger Streit geführt worden, der durch Grabungen (im »*Givati Parking Lot*«, an der Süd- und Westseite des Tempelareals, auf dem Ofel südlich des Tempelbezirks, im Bereich der Gihon-Quelle u. a. m.) und die Interpretation von Einzelfunden immer weiter angeheizt wurde. Auch wenn grundsätzlich gilt, dass die Nichtexistenz von archäologischer oder außerbiblischer Evidenz nicht mit der Evidenz der Nichtexistenz gleichgesetzt werden darf (englischsprachiger Merkspruch: »*the absence of evidence is not the evidence of absence*«), steht ein Wirken Salomos in Jerusalem auf insgesamt schwachen Füßen. Zur Verdeutlichung dieser Einschätzung ist auf die zentralen Bauprojekte Salomos in Jerusalem zu schauen, zunächst auf den Tempel (a), dann die Ummauerung der Stadt (b) und schließlich den Palastbezirk mit dem Palast und dem Libanonwaldhaus (c):

(a) Der Tempel Salomos

Die literarischen Quellen (hauptsächlich 1 Kön 6–7, daneben die auf den Zweiten Tempel gerichtete Vision Ezechiels Ez 40–48) schildern den Tempel als nach Osten ausgerichteten dreigeteilten Langhausbau in syrischer Tempelbautradition (Vorhalle *ʾûlām*, Haupthalle *hēkāl*, Allerheiligstes *dᵉbîr*; ↗ Abb. 14). Das fensterlose Allerheiligste war ein mit Holz ausgekleideter Kubus, dessen Raumhöhe, -breite und -tiefe in 1 Kön 6,20 mit je 20 Ellen angegeben wird (ca. 10 m). Nimmt man die sog. »königliche Elle« (52,5 cm gegenüber gewöhnlich 44 cm) an, soll die Gesamtlänge des Baus etwa 35 m bei einer Breite von 10 m betragen haben (1 Kön 6,2: 60 Ellen lang, 20 Ellen breit und insgesamt 30 Ellen hoch).

Auf den Seiten war der dreigeteilte Hauptbau zusätzlich von niedrigeren Anbauten umgeben. Vergleicht man diese Maße mit zeitgleichen Tempeln in der Levante (etwa Ekron, Atarot, Bet-Schean, Pella/*Ṭabaqāt Faḥil*, *Tell ʿĀfis*, *Tell Taʿyīnāt*, *ʿAin Dāra*), wäre der Jerusalemer Tempel von außergewöhnlicher Größe gewesen. Die Kosten eines solchen Baus hätten die tatsächliche Wirtschaftskraft der davidisch-salomonischen Monarchie um ein Vielfaches überstiegen. Man wird daher eher davon ausgehen müssen, dass die Maßangaben stark übertrieben sind.

Das Allerheiligste (*qodæš hāqqᵃdāšîm* 1 Kön 6,16 u. ö. wörtl. »Heiliges der Heiligen«) war mit zwei Keruben (sphingenartige Mischwesen mit Löwenkörper, Greifenflügeln und Menschenkopf) ausgestattet, deren je innere Flügel aneinanderstoßend eine Thronfläche gebildet haben sollen (↗ Abb. 15), während die äußeren Flügel nach oben bis zur Wand ausgestreckt waren (1 Kön 6,23–28).

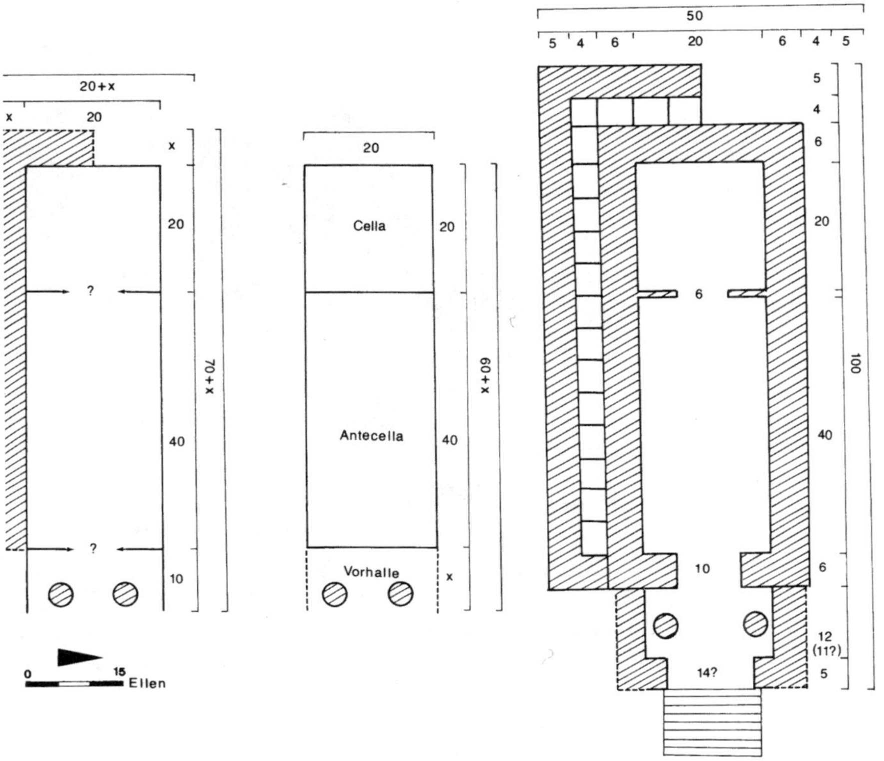

Abb. 14a: Grundrisse des Jerusalemer Tempels (a) mit Maßangaben nach 1 Kön 6 (links), 2 Chr 3 (Mitte) und Ez 40–48 (rechts). Der Hauptraum ist doppelt so groß wie der Bereich des Allerheiligsten.

Unter den Keruben, die die Präsenz des Gottes anzeigten, stand die hölzerne Lade, ursprünglich in der Funktion wohl ein Kriegspalladium (2 Sam 4–5), das bereits David von Schilo aus nach Jerusalem überführt hatte (2 Sam 6). Der nur mit wenigen Gegenständen (Speiseopfertisch [»Schaubrottisch«], Leuchter, Räuchergeräte) ausgestattete Hauptraum war mit Zedernholz verkleidet, die mit Schnitzereien (Palmetten, florale Motive, Keruben) verziert waren. Die (überdachte? und) nach vorne offene Vorhalle war mit zwei ca. 9 m hohen verzierten Säulen mit Lotusblütenkapitellen ausgestattet, die in 1 Kön 7,21; 2 Chr 3,17 als Jachin und Boas benannt werden. Die Symbolik des Tempels zielt auf den Ausdruck von Vitalität, Prosperität und Regeneration durch die Kraft des lebenspendenden Gottes. Der Aufbau des Tempels folgt eindeutig einem präsenztheologischen Konzept, das sich an der Längsachse orientiert und das vom Eingang weit entfernte Allerheiligste zum Zentrum hat. Ein zweites Zentrum bildet der in der Verlängerung der Längsachse im Außenbereich aufgestellte Schlacht- und Brandopferaltar, der jedoch in 1 Kön 6–7 nicht eigens erwähnt wird. Der Vorhof war Schauplatz des opferkultischen Geschehens. Neben dem Altar und den für die Opferzurichtung nötigen Einrichtungen stand im Vorhof ein »ehernes Meer« genanntes Bassin mit 5 m Durchmesser und einem angeblichen Fassungs-

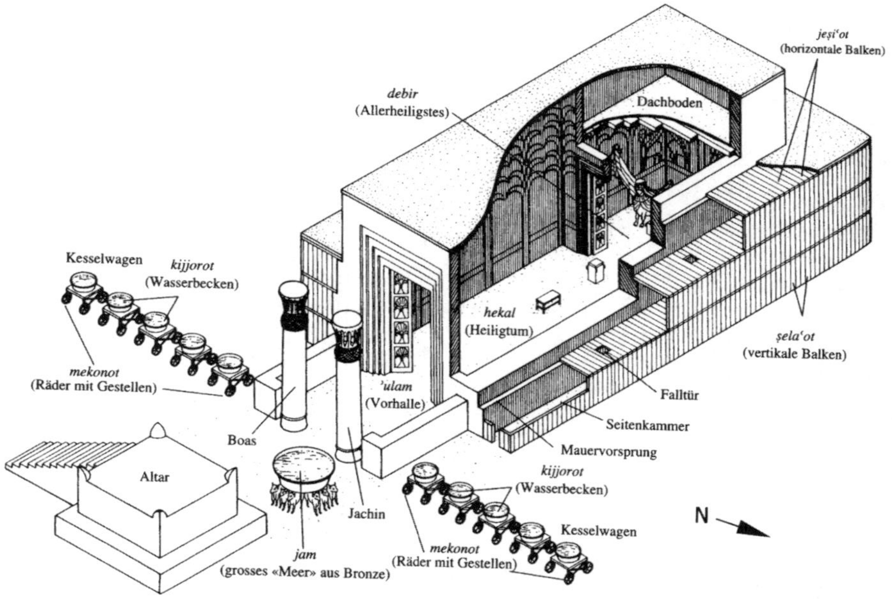

Abb. 14b: Die Rekonstruktionszeichnung des Architekten Leen Ritmeyer versucht, die Beschreibung des Tempels in 1 Kön 6–7 umzusetzen, bleibt aber gänzlich hypothetisch.

a

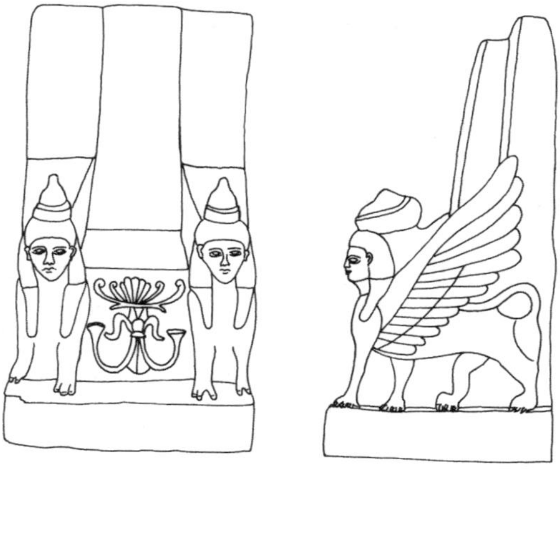
b

Abb. 15: Bei einem Kerubenthron flankieren zwei Mischwesen mit Löwenkörper, Greifenflügeln und Menschenkopf die Sitzfläche. Das Beispiel auf einer spätbronzezeitlichen Elfenbeinplakette aus Megiddo (a) lässt ägyptischen Einfluss erkennen. Der Thron aus Stein von der libanesischen Küste aus dem 7. Jh. v. Chr. (b) mag eine Königs- oder Gottesfigur getragen haben, da leere Kerubenthrone tendenziell erst später belegt sind. S. aber das Beispiel ↗ Abb. 1b einer Bulle aus Jerusalem, die eine geflügelte Sonne über einem leeren Thron zeigt.

vermögen von 39.000 Litern Wasser. Die Größe ist aus Bronze herstellungstechnisch (in Jerusalem oder im unterem Jordantal, 1 Kön 7,46) im 10. Jh. v. Chr. kaum umsetzbar; vergleichbare Becken aus SB-zeitlichen Tempelanlagen sind meist aus Stein (*W. Zwickel*). Das »eherne Meer« symbolisierte wahrscheinlich das gebändigte Chaos der Urflut und die Vitalität des Wassers.

Ob das Allerheiligste ein Kultbild des Stadtgottes (und seiner Partnerin Aschera) enthielt, das später aufgrund des Bilderverbots (Ex 20,4; Dtn 5,8) mit allen textlichen Hinweisen darauf entfernt wurde, ist umstritten. Für beide Positionen lassen sich Argumente anführen. Die Vorstellung eines leeren Kerubenthrons ist für das 10. Jh. v. Chr. archäologisch ohne Parallele und erst phönizisch ab dem 7. Jh. v. Chr. nachweisbar (↗ Abb. 1b u. Abb. 15). *Othmar Keel* sieht hingegen den Kerubenthron in Analogie zu dem bereits im 10./9. Jh. v. Chr. in Nordsyrien von Mischwesen getragenen Thronschemel der Sonnengottheit, sodass ein »leerer Thron« denkbar bleibt. Vergleichbare Tempel waren allerdings in der Regel mit einem Kultbild ausgestattet, was nicht zuletzt durch die Wegführung von Götterbildern in assyrischen Texten bestätigt wird (↗ Abb. 16).

Abb. 16: Abtransport von vier Götterstatuen durch assyrische Soldaten auf einem Relief Tiglat-Pilesers III. (wahrscheinlich aus der Stadt Gaza 734 v. Chr.). Die Götter halten Symbole in ihren Händen. Die ersten beiden Göttinnen sitzen auf ihren Thronen. Eine weitere kleinere Göttin steht segnend in einem Schrein. Die vierte männliche Figur mit einer Hörnerkrone und Waffen in den Händen stellt wahrscheinlich einen Wettergott dar.

Dass es anthropomorphe Darstellungen von Göttern auch in Palästina in der Eisen I–II-Zeit gegeben hat, steht archäologisch außer Frage (↗ Abb. 10 und 17). Auch dass ein Bild der Partnerin Aschera im Tempel aufgestellt war (2 Kön 21,7), macht ein Kultbild YHWHs im Ersten Tempel (zumindest für das 8./7. Jh. v. Chr.) wahrscheinlicher. Umgekehrt ist aber die Annahme, dass das Bilderverbot erst nachexilisch entstanden ist und Hinweise auf das Kultbild in einer *damnatio memoriae* aus dem Text entfernt wurden, problematisch. Es gibt keine Hinweise auf solche weitgreifenden Zensurprozesse, auch wenn außer Frage steht, dass der Zweite Tempel kultbildlos gewesen ist.

Fazit: Die Frage lässt sich derzeit kaum sicher entscheiden. Es mag zwar Bilder des Gottes YHWH gegeben haben, jedoch vielleicht tatsächlich nicht im Tempel in Jerusalem. Es bleibt zumindest plausibel, (vorerst) an einer Kultbildlosigkeit YHWHs im Jerusalemer Tempel festzuhalten. Sie steht im Zusammenhang mit der vermutlich bildlosen Vorgeschichte des Jerusalemer Stadt- und Dynastiegottes YHWH in Nordarabien (Dtn 33,2; Ri 5,5; Hab 3,3; Ps 68,18), die in Jerusalem auf eine bildlose Tradition eines Sonnengottes gestoßen sein könnte (*O. Keel*).

a b

Abb. 17: Bronzefigurinen thronender Gottheiten aus Megiddo (a) und Hazor (b). Die kleinen Bronzen waren mit einer Goldauflage versehen und mit Schmuck und Paraphernalien weiter verziert. Die Thronenden tragen ein langes Gewand, Sandalen und eine konische Kappe. Sie halten die Rechte meist segnend oder grüßend dem Betrachter entgegen und halten in der angewinkelten Linken ein Zepter, eine Standarte oder einen Becher. Sie stellen wahrscheinlich einen hochstehenden Gott dar, weshalb man vom El-Typus spricht. Die in syrischer Tradition gearbeiteten Figurinen stammen aus der Spätbronze- oder der Eisen I-Zeit.

Der genaue Standort des Stadttempels von Jerusalem ist nicht klar. Relativ sicher scheint nur, dass er auf dem Areal des heutigen *Ḥaram eš-Šerīf* stand, wenn auch nicht genau an der Stelle des heutigen Felsendoms (↗ X.6, Karte 16). Nach biblischen Angaben baute Salomo ein zusammengehöriges Ensemble von Tempel und Palastgebäuden. Dabei erscheinen die letzteren sogar in größeren Dimensionen als der Tempel, was in der Forschung schon im 19. Jh. zu der etwas despektierlichen, aber nicht unrealistischen Bezeichnung als »Palastkapelle« geführt hat. Darin ist auch zum Ausdruck gebracht, dass der Tempel zu Anfang nicht das exponierte Nationalheiligtum war, sondern zu allererst in einer engen Beziehung zur Monarchie stand. Zum Nationalheiligtum wurde er wahrscheinlich erst im 8. und 7. Jh. v. Chr., was mit einer Aufwertung des zentralen Heiligtums und der Reduktion von lokalen Heiligtümern (*Tel Moẓa*, *Tell es-Sebaᶜ*, Arad u. a. m.) einherging.

Zur Plausibilisierung einer Zuweisung des Bauplans des in 1 Kön 6–8 beschriebenen Tempels zu Salomo bedient man sich in der Regel des Hinweises auf Analogiebauten in der Levante. Hier spielen vor allem die ähnlich großen syrischen Langhaustempel von *Tell Taʿyīnāt*, *ʿAin Dāra* und *Tell ʿĀfis* eine große Rolle. Die Nähe des Tempelbauplans zu den syrischen Bauten ist mit der biblischen Angabe in Verbindung gebracht worden, dass Hiram, der König von Tyrus, gute Beziehungen zum davidisch-salomonischen Hof unterhielt und Salomo gegen Getreidelieferungen beim Bau des Tempels durch Holzlieferungen aus dem Libanon unterstützte (↗ IV.6.8).

Inwieweit mit einem Vorgängerbau im (vor)davidischen Jerusalem zu rechnen ist, wird in der Forschung diskutiert. Derzeit überwiegen die Argumente, bereits im spätbronzezeitlichen Jerusalem mit einem Tempel zu rechnen, der möglicherweise (u. a. wegen der Ostung und der Rolle des Dunkels im Tempelweihspruch, 1 Kön 8,12) einer Sonnengottheit geweiht war (*O. Keel*). Salomos Tempelbau wäre dann zumindest kein Neubau gewesen. Wenige biblische Hinweise (2 Sam 12,20; 22,7) deuten darauf hin, dass Salomo nicht derjenige war, der erstmalig in Jerusalem einen Tempel errichtete. Vielleicht spricht auch der Tempelbautyp für diese Annahme, wenn man berücksichtigt, dass er zum Ende der SB-Zeit ausläuft. Allerdings gibt es durchaus in der Südlevante noch Beispiele wie den einem Mondgott geweihten Eisen II-zeitlichen Langhausbau im Ostjordanland in *Ruǧm el-Kursi* in der Nähe von Amman. Wie dem auch sei, es ist in der Tat schwer vorstellbar, dass die mittel- und spätbronzezeitliche Stadt Jerusalem *kein* zentrales Heiligtum besessen hat. Dieses wird kaum an einer anderen Stelle gestanden haben als der Tempel Salomos. Damit wäre die Stilisierung Salomos zum initialen und ersten Bauherrn eines Tempels in Jerusalem (2 Sam 7,12–13; 1 Kön 5,19) Teil des glorifizierenden Salomobildes.

(b) Stadtmauer

In 1 Kön 3,1 werden die drei großen Bauprojekte Palast, Tempel und Stadtmauer »rings um Jerusalem« genannt. Auch 1 Kön 9,15 erwähnt »die Mauer Jerusalems« als Bauprojekt Salomos. Aufgrund der biblischen Angaben wurde und wird die Stadt selbstverständlich als mit einem Mauersystem umgeben rekonstruiert. Dem stand allerdings immer der weitestgehend fehlende archäologische Befund entgegen. Während die ältere Forschung aufgrund des Eroberungsberichtes 2 Sam 5 durchaus annahm, dass schon das vordavidische Jerusalem zumindest im Bereich des Südosthügels mit einer Mauer umgeben war und Mauerreste daher mit der jebusitischen Stadt in Verbindung brachte, gab es in jüngerer Zeit Zweifel an einer vorhiskijanischen Befestigung der Stadt überhaupt (*D. Ussishkin*, *D. Ben-Ami*). Auch die massive MB II-zeitliche Stadtbefestigung sei in der SB-Zeit nicht weiter genutzt worden, sodass Jerusalem auch in der Eisen I-/Eisen IIA-Zeit unbefestigt war. Die einzige Befestigung ist die sog. »stepped stone structure« (↗ IV.5.6 u. X.6, Karte 16) als Teil einer Substruktion zur Bewehrung der Zitadelle (*G. Lehmann*). Andere gehen davon aus, dass die MB II-zeitlichen Mauern, die im Bereich der Davidsstadt freigelegt wurden, einschließlich zumindest eines der beiden massiven Türme, die den Zugang zur Gihon-Quelle sicherten, weiter als Stadtbefestigung genutzt wurden (*K. Kenyon, J. M. Cahill, A. Mazar*). Von der textlich bezeugten Ummauerung durch Salomo fehlte bisher bis auf zweifelhafte Fragmente oder wenig aussagekräftige Einzelfunde (wie ein proto-äolisches Volutenkapitell ↗ V.4.5) nahezu jede Spur. In den Grabungen am Ofel, dem Bereich zwischen der Davidsstadt und der südlichen Begrenzung des Tempelareals, hat *Eilat Mazar* 2011 eine bis zu 6 m hohe Mauer auf insg. 70 m Länge identifiziert und diese als Stadtbefestigung zusammen mit einem Zweikammertor und Resten von Magazinbauten aufgrund des Keramikbefundes mit König Salomo verbunden. Allerdings ist es nahezu unmöglich, in der Assemblage der Keramik zwischen dem 10. Jh. v. Chr. (frühe Eisen IIA) und dem 9. Jh. v. Chr. (späte Eisen IIA) zu unterscheiden (*A. Mazar*). Der Keramikbefund ist somit keinesfalls eindeutig, weshalb auch die Einordnung ins 10. Jh. v. Chr. umstritten bleibt.

Auf dem Ofel wurden auch Strukturen eines Gebäudes freigelegt, das in die Eisen IIA-Zeit datieren könnte (*E. Mazar*) und in die hypothetische → Kasematten-Befestigung integriert gewesen sein soll. Es steht dabei außer Frage, dass es sich um massive Strukturen handelt. Während der westliche Teil aufgrund der Keramik im Fundamentbereich später datiert, könnte der östliche »Flügel« älter sein. Aufgrund des Keramikbefundes datiert *I. Finkelstein* die am Hang gelegenen Strukturen in die späte Eisen IIA-Zeit (zweite Hälfte des 9. Jh.s v. Chr. – private Kommunikation). Damit setzt sich der Streit um das 10. Jh. v. Chr. in Jerusalem fort. Unter dem zweiten Fußboden wurden der Ausgräberin zufolge zur Stabilisierung große Scherben von Eisen IIA-zeitlichen Pithoi (Vorratskrügen) eingebracht. Eine davon wies eine enigmatische proto-kanaanäische Inschrift auf (*mqphnlˀn* – der Sinn bleibt unklar), die in die Eisen I-Zeit datieren *könnte* (*E. Mazar/D. Ben-Shlomo/S. Ahituv*). An der exakten Datierung der Vorratskrüge in die Eisen IIA-Zeit (frühes 10. Jh. v. Chr. *E. Mazar*, 9. Jh. v. Chr. *I. Finkelstein*) entscheidet sich die Frage, ob eine Zuweisung der Strukturen an Salomo möglich bleibt. Auch ein im Schutt der Grabung gefundenes Siegelamulett mit vier antithetisch angeordneten Widderköpfen (*O. Keel*, Corpus V, Jerusalem Nr. 454) datiert in die frühe Eisen IIA-Zeit, vielleicht aber auch etwas später. Ein Stempelsiegel mit sehr ähnlichem Motiv stammt signifikanterweise aus der Grabung von *R. Reich/E. Shukron* am Gihon (*O. Keel*, Corpus V, Jerusalem Nr. 198, ↗ Abb. 18). Das von Nordsyrien beeinflusste Motiv des Widderkopfes sowie dessen Parallelen sprechen für eine nicht zu späte Datierung in die Eisen IIA-Zeit (*O. Keel*). Nun lässt sich die Datierung der mit einer Mauer verbundenen Gebäudestrukturen sicher nicht ausschließlich über einzelne Siegel datieren, doch zeigt das Beispiel, dass sich die Fragen der Stadtbefestigung in der Eisen IIA-Zeit nicht eindeutig in eine Richtung klären lassen. Flankierende Evidenz kommt schließlich von der jüngsten Jerusalemer Grabung im »*Givati Parking Lot*«, die – obwohl sie dort zu erwarten waren – keinerlei Hinweise auf eine Eisen IIA-Befestigungsmauer erbracht hat. Damit ist zumindest im Moment von der These auszugehen, dass der Südosthügel in der Eisen IIA-Zeit *nicht* befestigt war (*D. Ben-Ami*). Die Frage einer salomonischen Stadtbefestigung im 10. Jh. v. Chr. bleibt damit eines der umstrittensten Themen der Archäologie Jerusalems.

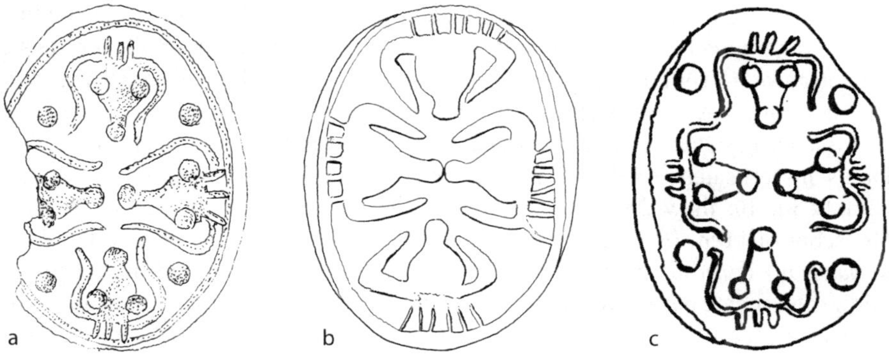

Abb. 18: Skarabäen mit vier antithetisch angeordneten Widderköpfen aus Jerusalem (a: Reich/Shukron-Grabung, b: Mazar-Grabung) und Bet-Schemesch (c: Oberflächenfund). Die Siegel datieren wahrscheinlich in die Eisen IIA-Zeit (10./9. Jh. v. Chr.), auch wenn durchaus eine spätere Datierung (bis hinab in die Eisen IIC-Zeit) erwogen werden kann. Die außergewöhnliche Gestaltung des Motivs unterstreicht den auch sonst präsenten nordsyrischen Einfluss in Jerusalem.

(c) Palast und Libanonwaldhaus

Nach biblischen Angaben war David nicht selbst Bauherr seines Palastes, sondern der Phönizier Hiram stellte Material und Handwerker »und sie bauten David ein Haus« (2 Sam 5,11). Anders heißt es bei Salomo, dass er an seinem eigenen Haus dreizehn Jahre baute (1 Kön 7,1). Dafür sind die Angaben allerdings ausgesprochen knapp, denn der Text geht unmittelbar über zum »Libanonwaldhaus«, einem Hallenbau, der anscheinend eine administrative und repräsentative Funktion hatte und als Zeug- und Schatzhaus diente (1 Kön 10,17.20; Jes 22,8). 1 Kön 7,8.12 gibt wenige weitere Informationen: Der Palast war in demselben Baustil wie das Libanonwaldhaus und stand zusammen mit diesem und dem ähnlich gebauten Haus für die Tochter des Pharao in einem großen ummauerten Hof. Auch über den möglichen Standort des Palastes besteht keine Klarheit. Sehr wahrscheinlich war der administrative Palastkomplex eng mit dem Tempel verbunden und bildete mit ihm zusammen ein Ensemble von Gebäuden. Während der Palast Salomos üblicherweise südlich vom Tempel (etwa an der Stelle, wo heute der Felsendom steht) vermutet wird, verortet ihn *D. Ussishkin* nördlich vom Tempel.

Das Libanonwaldhaus, dessen Bauplan sich aufgrund der biblischen Angaben nicht wirklich rekonstruieren lässt, scheint ein langgestreckter drei- bzw. vierteiliger Hallenbau gewesen zu sein. Die 1 Kön 7,2 gemachten Größenangaben 50x25x15 m lassen den Bau größer als die »Palastkapelle« erscheinen. Eine Säulenkonstruktion aus vier (→ LXX: drei) Reihen mit je 15 Säulen aus Zedernholz soll die Decke(n) getragen haben; die Öffnungen sind durch gestaffelte Rahmen architektonisch gestaltet.

Unklar ist, wie viele Gebäude zum Palastkomplex zu rechnen sind. Sofern Säulen- und Thronhalle eigene Gebäude darstellen, summiert sich die Zahl auf fünf (Libanonwaldhaus, Säulenhalle, Thronhalle, Wohngebäude, Haus für die

Tochter des Pharao, *V. Fritz*), was die Bedeutung des Tempels in dem Ensemble noch einmal nivelliert. Alle Gebäude im Palastkomplex sollen in ähnlicher Weise gebaut gewesen sein, doch fehlen sowohl von der Architektur als auch von der Ummauerung des Palastbezirks jegliche Spuren.

Zusammenfassend: Solange die archäologische Evidenz für die Bautätigkeit Salomos in Jerusalem so dünn ist, erscheint es durchaus zutreffend, wenn die »Stadt« im 10. Jh. v. Chr., in der, wenn überhaupt, dann nicht mehr als 2000 Menschen lebten (*H. Geva*), eher als »Bergfeste« (»a highland stronghold«, *N. Naʾaman*) denn als zentralisierte Hauptstadt einer starken und ausgebauten Königsherrschaft bezeichnet wird. Die architektonischen Hinweise auf eine zentralisierte staatliche Administration sind jedenfalls nach wie vor sehr dünn. Wenn, dann bleibt man auf den Ofel und die jüngeren Grabungen von *E. Mazar* verwiesen, deren abschließende Bewertung es noch abzuwarten gilt.

6.5 Zum Ausbau von Hazor, Geser und Megiddo unter Salomo

Während das salomonische Jerusalem nur literarisch zu fassen ist, beschränkt sich die Überlieferung zu den salomonischen Baumaßnahmen im Land auf die knappen Notizen in 1 Kön 9,15.17f, wo von umfangreichen Maßnahmen berichtet wird. In der Diskussion spielen die sog. Sechskammertore (↗ Abb. 19) eine wichtige Rolle.

(a) Sechskammertore

Diese Tore wurden in Hazor, Megiddo und Geser in gleichförmiger Bauweise entdeckt und von *Yigael Yadin* der Bautätigkeit Salomos zugewiesen. Damit schien eine archäologische Bestätigung von 1 Kön 9,15 gegeben, sodass daraufhin in der Regel meist die gesamte Liste für authentisch gehalten wurde. Die Einordnung der Bauten in das 10. Jh. v. Chr. und damit auch die Datierung der Liste stehen hingegen in jüngerer Zeit infrage. Weitestgehend unstrittig ist, dass mit den archäologischen Daten von Baala (*el-Muǧār* oder *Tulul el-medbaḥ*?), Tamar (wahrscheinlich *ʿĒn Ḥaṣeva, D. Jericke*) und Bet-Horon (*Bēt ʿŪr et-taḥta*) kein nennenswerter Ausbau durch Salomo zu verbinden ist. Anders verhält es sich mit den drei größeren Städten Geser, Hazor und Megiddo. In Geser (*Tell el-Ǧazarī*) wurde eine → Kasemattenmauer ausgegraben, der eine Ringmauer vorgelagert war. Für die Zuweisung an Salomo ist von großer Bedeutung, ob die beiden Mauersysteme zusammengehören. Während die Salomo-Vertreter davon ausgehen, datieren die meisten Forscherinnen und Forscher das äußere Mauersystem erst in die Eisen IIB-Zeit. Die Toranlage ist eng verbunden mit der Kasemattenmauer, was sowohl typisch für die frühen Befestigungen ist als auch Kennzeichen der späteren Eisen IIA-Zeit. Das große Sechskammertor im Süden (Stratum VIII) weist in etwa die gleichen Maße auf wie die Stadttore von Hazor (Stratum X) und Megiddo (Stratum VA/IVB):

	Hazor	Megiddo	Geser
Länge	20,3 m	20,3 m	19,0 m
Breite	18,2 m	17,5 m	16,2 m
Breite der Torpassage	4,2 m	4,2 m	4,1 m
Breite zwischen den Türmen	6,1 m	6,5 m	5,5 m

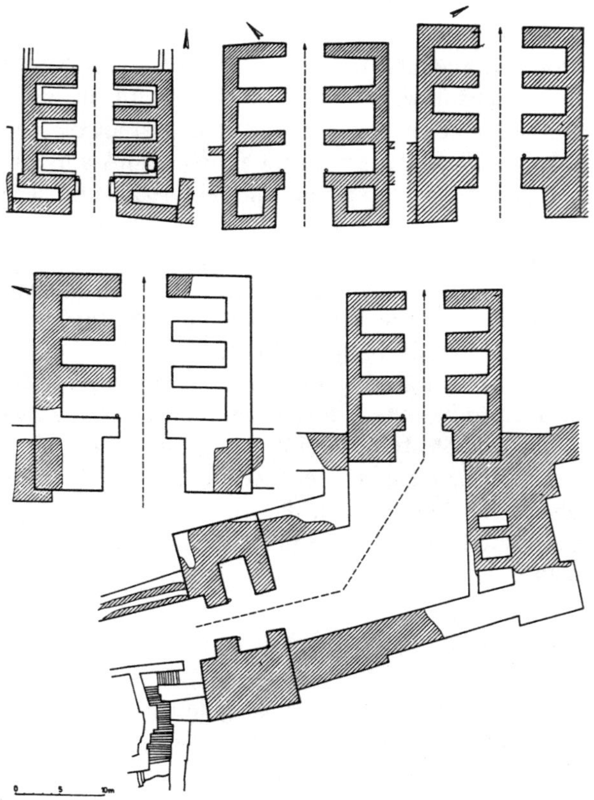

Abb. 19: Sechskammertore aus Geser (oben links), Hazor (oben mittig), Aschdod (oben rechts), Lachisch (unten links) sowie Megiddo (unten rechts). Durch die gegenüberliegenden Zangen werden jeweils Kammern gebildet, die unterschiedlich genutzt werden konnten: als Aufenthaltsbereich für die Wachen, als Handelszone, als gut geschütztes Archiv etc. Die Zangen bilden einen etwa gleich breiten Durchgang, der hinter den vorgelagerten Türmen durch schwere Torflügel geschlossen wurde. Das Beispiel aus Megiddo zeigt einen geknickten Zugang mit vorgelagertem Zweikammertor, der zusätzliche Sicherheit bot.

Die Sechskammertoranlagen sind nun sehr vergleichbar mit anderen Konstruktionen aus Aschdod, Lachisch, *Ḫirbet el-Mudēyine*, *Tel ʿĪrā/Ḫirbet el-Ġarra* und vielleicht auch Jesreel (anders *A. Ben-Tor*), die sicher nachsalomonisch zu datieren sind. Damit steht aber der salomonische Ausbau von Megiddo, Geser und Hazor generell infrage. Vielmehr sind die Bauten Teil des prosperierenden jungen Staates Israel unter omridischer Herrschaft (↗ V.4.5).

In Megiddo scheint die Lage am eindeutigsten, denn anstelle der von *Yigael Yadin* angenommenen → Kasemattenmauer, die parallel zu Geser und Hazor wäre, ist eine massive Stadtmauer mit Vor- und Rücksprüngen mit dem monumentalen Sechskammertor verbunden. Das Tor in Megiddo ist *nicht* zeitgleich zu den Anlagen in Hazor und Geser, sodass in der Eisen IIA-Zeit eine Befestigung Megiddos infrage steht. Die Ausgräber von Hazor (*A. Ben-Tor*) und Geser (*W. G. Dever*) bestreiten jedoch eine Herabdatierung der Torbauten und halten weiter an Salomo fest. So wird etwa das kleinere Sechskammertor Stratum X, das auf der Akropolis in Hazor weitergenutzt wurde, als die Stadt in Stratum VIII mit einem Sechskammertor ausgebaut wurde, weiter mit dem 10. Jh. v. Chr. verbunden (*A. Ben-Tor*), während Stratum X von *I. Finkelstein* erst in die späte Phase der Eisen IIA-Zeit, d. h. *omridisch*, datiert wird. Da die Keramik von Stratum X derjenigen von Jesreel gleicht, das unter den Omriden erbaut und vermutlich durch Hasaël (ca. 845–800 v. Chr.) im letzten Drittel des 9. Jh.s v. Chr. zerstört wurde, ist eine Verbindung von Hazor Stratum X mit Salomo fragwürdig. Auch in Geser weist die Eisen IIA-zeitliche Keramik aus Füllschichten von Gebäuden, die zum Stadttor zu rechnen sind, auf eine spätere Entstehung (*S. Oritz/S. Wolff* in vorsichtiger Distanz zu den älteren Grabungsergebnissen).

Die einzige Möglichkeit, Hazor X und Megiddo Stratum VA–IVB für Salomo zu »retten«, würde darin bestehen, die Laufzeit der Keramik zu verlängern und die ausgebaute Stadt von Stratum VA–IVB vom 10. bis zum 9. Jh. v. Chr. existieren zu lassen (*D. Ussishkin, A. Mazar*). Dem steht allerdings die plausiblere Hypothese der Zuweisung des Befundes an die Omriden (↗ V.4) gegenüber, sodass die Konkordanz zwischen 1 Kön 9,15–17 und dem archäologischen Befund aufgegeben werden sollte.

(b) Vorratshallen

In den Ausgrabungen des *Tell el-Mutesellim*/Megiddo am Rande der Jesreel-Ebene wurde eine große Anzahl lang gestreckter Hallenbauten, die durch zwei Pfeilerreihen dreischiffig unterteilt wurden, entdeckt und als »Ställe Salomos« identifiziert. Damit schien die militärische Bedeutung und der internationale Pferdehandel Salomos (1 Kön 5,6–8; 10,26–29) außerbiblisch bestätigt, auch wenn sich in den Beifunden keinerlei Hinweise auf Pferdehaltung fanden. Die These entwickelt in der ersten Hälfte des 20. Jh.s große Bedeutung für den Nachweis von Salomos Pracht und hat die Deutung der Befunde auch in anderen Orten stark beeinflusst.

Der Vergleich mit ähnlichen Gebäuden (↗ Abb. 20) und die Stratigraphie (→ Stratum) in Megiddo ergaben jedoch bald, dass die Gebäude weder in die Zeit Salomos zu datieren, noch dass sie zwingend Pferdeställe waren, sondern eher Magazinbauten zur Vorratshaltung aus dem 9./8. Jh. v. Chr. Dreischiffige Pfeilerhallen finden sich in Palästina auch in Hazor/*Tell Waqqāṣ*, *Tell el-ʿOrēme*/Kinneret, *Eš-Šēḫ Ḫaḍar/Tel Hadar*, *Tell Abū Ḥawām*, *Ḫirbet el-ʿĀšeq/ʿĒn Gēv*, *Tell el-Qasīle*, Bet-Schemesch/*ʿĒn-Šems*, *Tell Ǧalūl*, *Tell el-Ḥesī*, *Tell es-Sebaʿ*, Malatha/*Tell el-Milḥ/Tel Malḥātā*. Sie stammen überwiegend aus der Eisen II-Zeit. Da die Bauweise, Nebenräume durch Pfeiler abzutrennen, auch in dem klassischen Vierraumhaus (↗ III.5.2) Verwendung findet, ist der Übergang zu Wohnhäusern bei kleineren Gebäuden (etwa in Taanach/*Tell Taʿannek*, *Tell es-Saʿīdīye*, Lachisch/*Tell ed-Duwēr*, *Ḫirbet el-Mudēyine* u. a. m.) fließend und z. T. schwer zu entscheiden, ob es sich um Lager- oder Wohnhäuser handelt. Der Zentralraum der größeren Hallen ist meist mit einem Stampflehmboden bzw. Kalkverputz ausgestattet, während die Seitenschiffe gepflastert sind. Zwar hat auch das die Engführung auf die Interpretation als »Ställe« begünstigt, doch sind die Langräume am besten als Multifunktionsgebäude zu bezeichnen, die verschiedenen wirtschaftlichen Zwecken dienen konnten (*H. Weippert/M. Weippert*). Da sie relativ zur Siedlungsgröße meist recht groß sind, zeugen sie auf jeden Fall von einer gewissen wirtschaftlichen Zentralisierung der lokalen Vorratshaltung bzw. einer zentralisierten Organisation handwerklicher Tätigkeiten (wie der Textilproduktion in *Ḫirbet el-Mudēyine*). Vereinzelt mögen sie auch als Pferdeställe genutzt worden sein, da die Ausbildung von Streitwagenpferden eine zeitweilige Stallhaltung notwendig macht. Bei aller Offenheit der Interpretation können sie allerdings sicher *nicht* Salomos Pracht und seinen biblisch gepriesenen Pferdereichtum belegen.

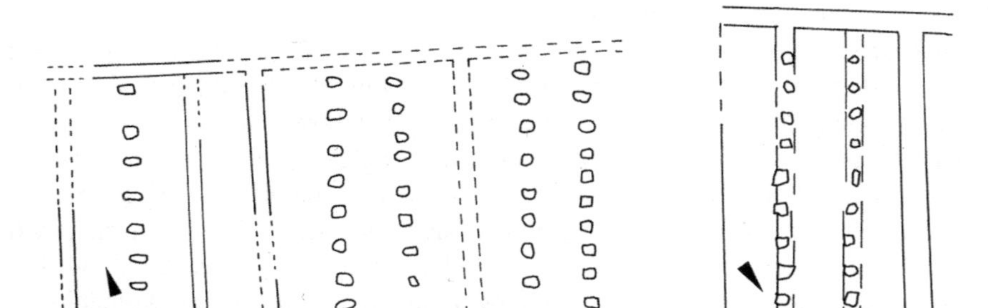

Abb. 20: Rekonstruktion von dreischiffigen Pfeilerhallen aus *Tell el-Ḥesī* (a) und aus Kinneret/*Tell el-ʿOrēme* (b). Die Hallen, die sich z. T. von der Wohnbebauung nur wenig abheben, können als Anzeichen einer zentralisierten Wirtschaft und Administration gewertet werden. Die Multifunktionsgebäude konnten zu verschiedenen Zwecken genutzt werden (Magazine, Vorratshaltung, Handwerk, Tierhaltung u. a. m.).

(c) Palastarchitektur

Auch die von syrischer Architektur beeinflusste Palastanlage mit großem Hof in Megiddo (Palast 6000) lässt sich kaum von Salomos Beziehungen zu Tyrus herleiten, sondern weist von der Art der Ausführung eher auf das 9. als auf das 10. Jh. v. Chr., zumal der syrische sog. *Bīt-Ḫilāni*-Typ gar nicht zur Zeit Salomos als »Vorbild« belegt ist. *Israel Finkelstein* vergleicht die Bauweise des Palastes daher mit dem *omridischen* Palast in Samaria. Flankierend argumentiert er keramiktypologisch, indem er die Nähe der Keramik von Megiddo Stratum VA–IVB zu der *omridischen* Keramik von Jesreel aus dem 9. Jh. v. Chr. herausstellt. Entsprechend datiert er Megiddo Stratum VA–IVB omridisch und nicht salomonisch. Gerade das letztgenannte Argument wird in der sog. Chronologiedebatte (↗ IV.6.6) relativiert, insofern für die Keramik eine längere Laufzeit im 10./9. Jh. v. Chr. reklamiert wird (*A. Mazar*). Unter dieser Voraussetzung bleibt Salomo als Bauherr auch für die Architektur in Hazor/*Tell Waqqāṣ* in Obergaliläa möglich, wo nach der Zerstörung am Ende der SB-Zeit die Oberstadt erst in der Eisen II-Zeit wieder städtisch ausgebaut und befestigt wurde.

Eng verbunden mit der Diskussion um das 10. Jh. v. Chr. und dem Königtum Davids und Salomos ist die sog. Chronologiedebatte, in der es um die Datierung archäologischer → Strata und damit der möglichen archäologischen Evidenz der Herrschaft Davids und Salomos geht. Da die Chronologiedebatte übergreifende Bedeutung für das Verständnis der Archäologie Palästinas hat, soll sie kurz in einem Exkurs behandelt werden.

6.6 Exkurs: Die Chronologiedebatte in der Archäologie und das 10. Jh. v. Chr.

Das Schlagwort »Chronologiedebatte« bezeichnet eine 1996 durch den Tel Aviver Archäologen *Israel Finkelstein* ausgelöste und seitdem stark polarisiert geführte Diskussion, die ihren Höhepunkt zwischen 2000 und 2010 gehabt hat, aber noch nicht wirklich zu einem Abschluss gekommen ist (Literaturhinweise ↗ I.9). Gegenstand der Diskussion ist die absolute Datierung bestimmter archäologischer Phasen im 12.–8. Jh. v. Chr. in Israel/Palästina (↗ die Übersicht X.1.1). Besonders umstritten ist die Zuweisung bestimmter archäologischer Schichten zu David und Salomo. In der Zuspitzung ist es eine Debatte um das biblische 10. Jh. v. Chr., doch sind die Kontexte weit ausgreifender auf die levantinische Archäologie. Diskussionen um die absolute Datierung von relativen → Strata sind in der Archäologie nicht ungewöhnlich, jedoch kommt es in der Palästinaarchäologie wegen des biblischen Bezuges wie so oft zu besonderen Problemlagen, weil die Glaubwürdigkeit der biblischen Darstellung auf dem Spiel steht. Nachdem für die sog. Landnahme die Bibel nicht mehr die erste Referenzgröße zur Rekonstruktion der Entwicklung in der Eisen I-Zeit ist (↗ III.4), steht die Eisen IIA-Zeit in der Chronologiedebatte vor dem gleichen Schicksal.

In der »Chronologiedebatte« geht es kurzgefasst um Folgendes: *Israel Finkelstein* bestimmt den Verwendungszeitraum der vom 12.–10. Jh. v. Chr. gebrauchten, lokal in Palästina hergestellten einfarbigen Mykene IIIC:1b Keramik (sog. *Philistine Monochrome Pottery*) und der zweifarbigen submykenischen Nachfolgekeramik (sog. *Philistine Bichrome Pottery*) um 50–80 Jahre länger, was zu einer Verschiebung der konventionellen Grenze zwischen der Spätbronze- und der Eisen I-Zeit führt. War das Auftauchen dieses Keramiktyps bisher mit dem Ende der ägyptischen Präsenz in Palästina verbunden, so ist sie nach *Finkelstein* mit der nachfolgenden Phase ab ca. 1135 v. Chr. zu verbinden. Die früheste Ansiedlung der Philister verschiebt sich entsprechend gegenüber der traditionellen Ansiedlung unter Ramses III. (1183–1151 v. Chr.) in das *ausgehende* 12. Jh. v. Chr. (↗ IV.2.2) Konsequenterweise verschiebt *Finkelstein* die Datierung der Eisen IB-Strata in die Eisen IIA- und die Eisen IIB-Strata in die Eisen IIC-Zeit. In der Diskussion wird diese Chronologie als *low chronology* (LC) bezeichnet. Dem steht die überkommene Chronologie als sog. *conventional chronology* (CC) gegenüber. Über ein Jahrzehnt waren *Israel Finkelstein* und *Amihai Mazar* die beiden Gallionsfiguren der Chronologiedebatte. Dabei hat *Amihai Mazar* vor allem mit Rückgriff auf seine Grabungen in Bet-Schean und *Tel Rehov* einen Alternativentwurf zu *Israel Finkelstein* vorgelegt, der einerseits erhebliche Zugeständnisse bei der Herabdatierung archäologischer Epochenschwellen macht, zugleich aber am 10. Jh. v. Chr. für die Eisen IIA-Zeit festhält (s. u.). Dieser Entwurf wird als *modified conventional chronology* (MCC) betitelt (zu den Zeitansätzen ↗ die Übersicht in I.9 u. X.1.1).

Die Debatte ist inzwischen stark ausgeweitet und durch viele Zwischenpositionen (z. B. *Z. Herzog*, *E. A. Knauf*, *I. Sharon*), Diskussionen der Keramiktypologie und die Interpretation von Einzelbefunden unübersichtlich (eine verständliche methodisch reflektierende Übersicht bietet *R. Kletter*).

Zu Recht wird an der traditionellen Chronologie kritisiert, dass sie für das 9. Jh. v. Chr. gegenüber dem gut belegten 10. Jh. v. Chr. und dem 8./7. Jh. v. Chr. zu einer Lücke im Befund führt. Umgekehrt wird an der *low chronology* kritisiert, dass die Argumente für die Herabdatierung der submykenischen Keramik nicht ausreichen bzw. deren Fehlen in Lachisch Stratum VI nicht signifikant ist (*W. G. Dever*, *R. Schmitt*). So wird z. B. argumentiert, dass die importierte späthelladische Mykene IIIC-Keramik in Bet-Schean und die in der Küstenebene lokal produzierte submykenische Keramik eng mit zyprischer Keramik zusammenhängt, die klar vor 1130 v. Chr. produziert wurde (*A. Killebrew/G. Lehmann*). Zum anderen würden die Eisen IIA-Befunde in einen Zeitraum von 70–100 Jahre gezwängt, was zu Problemen insbesondere bei Orten mit komplexer eisenzeitlicher Schichtung führe (*A. Ben-Tor*, *A. Mazar*, *R. Schmitt*).

Eine Schlüsselrolle kommt der Keramiktypologie im Norden und dabei insbesondere der Keramik von Jesreel zu. Die Anlage wurde im 9. Jh. v. Chr. errichtet und vermutlich von Hasaël zum Ende des 9. Jh.s v. Chr. zerstört. Während Vertreter der low chronology die Keramik mit traditionell im 10. Jh. v. Chr. »salomonisch« datierten Schichten vergleichen (vor allem Hazor X, Megiddo VA–IVB) und so zu einer Herabdatierung jener Schichten kommen, betonen Vertreter der conventional chronology die Differenz zwischen der Keramikassemblage von Jesreel und Hazor, Megiddo, Jokneam etc. (*A. Ben-Tor*, *A. Zarezki-Peleg*).

Die weitreichenden Konsequenzen für die Geschichte Israels ergeben sich im 10. Jh. v. Chr. und dem Beginn der Eisen IIA-Zeit. Während die traditionelle Chronologie den Beginn der Eisen IIA-Zeit auf etwa 1000–900 v. Chr. datiert, verschiebt sich dieser Anfang in der LC um ein Jahrhundert (z. B. *I. Finkelstein* ca. 900–830 v. Chr. [LC], traditionell *Y. Aharoni* 1000–925 v. Chr. [CC], *A. Mazar* 980–830 v. Chr. [MCC]). Damit wird dem blühenden Großreich Davids und Salomos archäologisch der Boden unter den Füßen weggezogen. Für die salomonische Ära kann in der LC keine nennenswerte Veränderung im archäologischen Befund herausgestellt werden. Das Königtum Salomos ist nicht das *goldene Zeitalter*, mit dem prächtige administrative

Palast- und Mauerbauten verbunden werden können, sondern das 10. Jh. und der Beginn des 9. Jh.s v. Chr. sind eine wenig entwickelte Zwischenzeit in Kontinuität zur Eisen I-Zeit, in der sich die staatliche Herrschaft erst langsam etabliert. Nicht mehr Salomo ist Bauherr der Monumentalbauten, etwa von Palast 6000 und Palast 1723 in Megiddo/*Tell el-Mutesellim* oder der Sechskammertore in Geser, Hazor und Megiddo, sondern wie bei den vergleichbaren Monumentalbauten in Samaria und Jesreel die Herrscher der Omridendynastie, insbesondere Omri und sein Sohn Ahab (↗ V.4). Ein wichtiger Diskussionspunkt in der gegenwärtigen Debatte ist daher, ob sich für die erste Hälfte des 10. Jh.s v. Chr. ein signifikanter Wechsel in der materiellen Kultur erkennen lässt, was die Vertreter der *low chronology* verneinen, während die Vertreter der MCC die Möglichkeit offen halten wollen, dass die Könige der »vereinten Monarchie« für die Bauten verantwortlich sind. Methodisch problematisch ist jedoch die Verquickung von archäologischer und historischer Argumentation (*R. Kletter*). Eine Entscheidung in der Chronologiedebatte ist derzeit trotz der zunehmenden Anzahl von belastbaren ^{14}C-Daten noch nicht möglich (so jüngst methodisch begründet *D. Ussishkin*), doch deuten sich Kompromisslinien an. Dass das *biblische* Datum 926/25 v. Chr. (die sog. Reichsteilung ↗ IV.7) einen signifikanten archäologischen Einschnitt und den Übergang von der Eisen IIA- zur Eisen IIB-Zeit darstellt, wird inzwischen von einer zunehmenden Anzahl von Forscherinnen und Forschern nicht mehr vertreten. Zumindest ist feststellbar, dass sich die Daten zum Übergang von der Eisen IIA- zur Eisen IIB-Zeit nach anfänglich großen Differenzen (etwa in Bezug auf das Ende im 9. oder 8. Jh. v. Chr.) inzwischen bei den Hauptkontrahenten angeglichen haben (*I. Finkelstein* 900–835/30 v. Chr., *A. Mazar* 980–830 v. Chr., etwas anders z. B. *Z. Herzog* 950–800 v. Chr.). Die vorgeschlagene Unterscheidung von zwei Phasen der Eisen IIA-Zeit (*Early* Iron Age IIA 950–900 v. Chr. und *Late* Iron Age IIA 900–840/30 bzw. 800) (*Z. Herzog*/*L. Singer-Avitz*) findet zunehmend Akzeptanz. Lediglich der Beginn der späten Eisen IIA-Zeit wird z. T. um 25 Jahre früher angesetzt (*A. Mazar*). Dissens besteht zwischen den Chronologien damit im Grunde nur noch für das 10. Jh. v. Chr. und den *Beginn* der Eisen IIA-Zeit; damit freilich genau für das Zeitfenster, in dem die vereinte Monarchie unter Salomos Herrschaft archäologische Spuren hinterlassen hätte. Die Entscheidung darüber fällt allerdings nicht alleine nur durch eine differenzierte Chronologie.

6.7 Erzwungene Arbeitsleistung

Die biblische Darstellung verbindet die Baumaßnahmen Salomos eng mit erzwungenen Arbeitsleistungen, die schließlich sogar den Anlass für den Abfall der Nordstämme und die Reichsteilung bilden (1 Kön 11,28; 12,4.11.14.18). Nach 1 Kön 5,27–29 soll Salomo 30.000 Mann »aus ganz Israel« zu Arbeitsleistungen bei der Beschaffung von Baumaterial im Libanon eingesetzt haben. Ferner werden 70.000 Männer zu Transportarbeiten gezwungen und 80.000 zum Brechen der Steine im Bergland eingesetzt. Die Fronpflichtigen sollen unter der Führung der Statthalter aus 1 Kön 4,7–20 (↗ IV.6.2) von 3300 Aufsehern (die Zahl variiert in der griechischen Überlieferung) geleitet worden sein. Eine wichtige Rolle spielt der Aufseher Adoram/Adoniram, der bereits unter David (2 Sam 20,24), dann unter Salomo (1 Kön 4,6) und schließlich unter Rehabeam (1 Kön 12,18) über die Arbeitspflichtigen gesetzt ist. Während die genannten Stellen von fronpflichtigen Israeliten ausgehen, weist 1 Kön 9,15–21; 2 Chr 8,8 in eine andere Richtung. Dort werden nur die bei der Landnahme verbliebenen Fremden als Bausklaven eingesetzt (Jos 16,10; 17,13; Ri 1,30). Abgesehen von dieser konzeptionellen Differenz und den vollkommen übertriebenen Zahlen, erscheint die Arbeitsverpflichtung im Staatsdienst auf den ersten Blick plausibel. Frondienste sowohl beim Bau von Großprojekten als auch für die sog. Hand- und Spanndienste in der Bewirtschaftung des Landes waren im gesamten Vorderen Orient mehr oder minder als Form der Besteuerung üblich (1 Kön 15,22; Neh 4,4.10–11; Dtn 20,11 oder 1 Sam 8,17). So ist auch der in 2 Sam 20,24; 1 Kön 4,6; 5,28; 12,18; 2 Chr 10,18 verwendete Titel *ʿal hammas* für den »über die Fron« Gesetzten etwa auf einem Beamtensiegel (CWSS 20, ↗ Abb. 21) aus dem 7. Jh. v. Chr. belegt (*N. Avigad*).

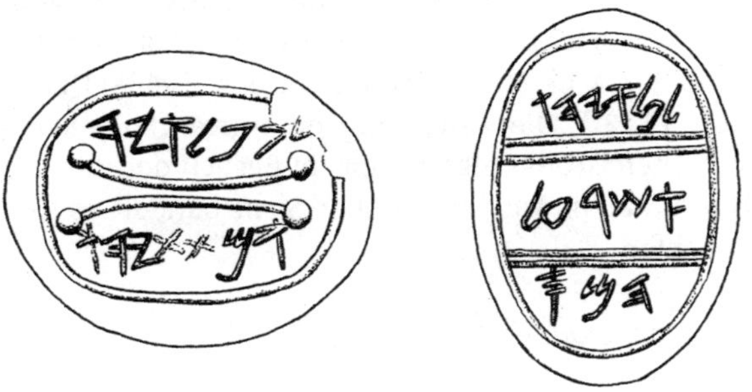

Abb. 21: Das beidseitig beschriftete Siegel aus dem 7. Jh. v. Chr. trägt die Inschriften »Dem *Pelaʾyāhū* (dem Sohn) des *Mattatyāhū* (gehörig)« und »Dem *Pelaʾyāhū* (gehörig), der über den Frondienst (gesetzt ist)«.

Kritisch ist einzuwenden, dass für die geregelte Verpflichtung in 1 Kön 5; 9 bereits eine staatliche Organisation und Verwaltung (Listenwesen) vorausgesetzt werden muss, für die im 10. Jh. v. Chr. (aber auch sonst) die Indizien fehlen. Dieser Einwand führt für das 10. Jh. v. Chr. in eine zirkuläre Argumentation: *Es gibt keine Fron, weil es keine Verwaltungsgebäude gibt, die es deswegen nicht gibt, weil es keine staatliche Organisation der Arbeitskräfte gegeben hat, die sie gebaut haben könnten.*

Das Motiv der Fronarbeit, das sich abgesehen von der Exoduserzählung (↗ II.4.4) nur bei König Salomo (und in der Folge bei seinem Sohn Rehabeam) so prominent findet, lässt die erzwungene Arbeitsleistung aber auch als literarisch entwickelte paradigmatische Kritik am Königtum erscheinen. Gegenüber einer zu einfachen historischen Übertragung für König Salomo wird man daher zu Recht skeptisch bleiben dürfen.

6.8 Handelsbeziehungen Salomos

Sehr großen Wert legt die biblische Darstellung auf die Handelsbeziehungen Salomos. Ihm werden politische Heiraten im größten Stil unterstellt. Neben die Heirat mit der Tochter des Pharao tritt ein riesiger Harem. 1 Kön 11,3 beziffert unglaubliche 700 Frauen und 300 Nebenfrauen aus aller Herren Länder, die Salomo im Alter zum Verhängnis werden, da er durch sie zum Abfall von der YHWH-Alleinverehrung angestiftet worden sei (1 Kön 11,4–8.33). Die → Deuteronomisten benutzen dies, um die sog. Reichsteilung als Folge seines Fehlverhaltens zu erklären. Mit der Verheiratung sind Außenhandelsbeziehungen und politische Allianzen verbunden. Besondere Bedeutung haben die konkreter benannten Phönizierinnen, Ammoniterinnen und Moabiterinnen, die eine Herrschaft Salomos über das ostjordanische Gebiet und beste Beziehungen zu den Phöniziern nahe legen. Hiram, der König von Tyrus, liefert Salomo die für den Tempel- und Palastbau benötigten Ressourcen aus dem Libanon (1 Kön 5,15–26) und wird dafür mit agrarischen Gütern (1 Kön 5,25) und der Abtretung von Herrschaftsansprüchen im Norden entlohnt (1 Kön 9,11f). Nach 1 Kön 9,26f; 10,11.22 reicht die Handelspartnerschaft sogar für *Joint Ventures* im Seehandel bis an die Grenzen der bekannten Welt nach Ofir (ein legendäres Land auf der arabischen Halbinsel, in Ostafrika oder sogar Indien) und Tarschisch (Westen der iberischen Halbinsel). Die biblische Darstellung der Handelsaktivitäten geht noch deutlich über die phönizische Partnerschaft hinaus, wenn sie Salomo den Pferdehandel mit Ägypten und Koë in Kilikien zu einem altorientalischen Quasi-Monopol ausbauen lässt (1 Kön 10,28f). Die Zeichnung des unvergleichlichen Salomo im Stil eines altorientalischen Großkönigs gipfelt im Besuch der Königin von Saba 1 Kön 10,1–13 aus Nordarabien. Aus historischer Sicht handelt es sich um Legenden und → Anachronismen.

(a) Salomo und die Königin von Saba

Am eindeutigsten ist die Lage bei der Königin von Saba. Zuverlässige Zeugnisse über das südarabische Königreich Saba beginnen erst im 9./8. Jh. v. Chr. Wahrscheinlicher spiegeln sich in der *Königin* sogar eher die seit Tiglat-Pileser III. (745–727 v. Chr.) belegten Proto-Araber des Nordens (*E. A. Knauf, H. Donner*). Der Fernhandel mit Luxusgütern aus Nord- und Südarabien lief durch den Negeb entlang der sog. Weihrauchstraße, die ihren Endpunkt im Handelsemporium Gaza hatte. Inschriftlich ist ein Handel Südarabiens mit Städten in Juda im ausgehenden 7. Jh. v. Chr. in einer sabäischen Bronzeinschrift belegt (*A. Lemaire*), deren Authentizität aber nicht unhinterfragt ist. Dass schon König Salomo Handelsbeziehungen zu Südarabien hatte, ist insgesamt eher unwahrscheinlich. Der Besuch der Königin von Saba ist Legende, nicht Geschichte.

(b) Kupferbergbau und maritimer Fernhandel

Nicht viel anders verhält es sich mit dem Fernhandel am Golf von Aqaba. Das in 1 Kön 9,26 genannte Ezjon-Geber ist mit *Ğezīret Farʿūn* bei Elat zu identifizieren (↗ V.4.9) und weist nach jüngeren archäologischen Untersuchungen einen Ausbau im 8. Jh. v. Chr. auf (*W. Zwickel*). Damit fällt der Handelshafen als Beleg für die Zeit Salomos aus. Das ändert sich auch nicht, wenn man Ezjon-Geber mit Elat/*Tell el-Ḫulēfe* identifiziert, dessen Strukturen (vielleicht noch etwas später) ebenfalls aus dem 8. Jh. v. Chr. stammen (*I. Finkelstein, H. M. Niemann*). Die ältere

Qurayya-Keramik, die an dem Ort gefunden wurde, zeigt keine siedlungsarchäologische Kontextualisierung. Solange es keinen gebauten Hafen gibt, eignet sich der Ort nicht für die Schifffahrt. Es ist daher davon auszugehen, dass der arabische Fernhandel erst mit seiner Intensivierung im 8. Jh. v. Chr. auch die Seewege am Golf von Aqaba intensiver nutzte. Danach führte die Handelsroute sowohl über die sog. Königsstraße nach Norden als auch über den *Darb el-Ġazze* über *Kuntilet ʿAǧrūd* und Kadesch-Barnea (*ʿĒn el-Qudērat*) nach Gaza.

Das stellt sich für den Kupferbergbau in der südlichen Araba etwas anders dar. Während dort die Entwicklung der archäologischen Diskussion zunächst von der Zeit Salomos (*N. Glueck*) wegführte zu den Ramessiden in der SB-Zeit (*B. Rothenberg*), weisen die jüngsten Ergebnisse erneut auf eine Datierung in die Eisen IIA-Zeit. Für Aktivitäten Salomos ist aber dennoch weder im Kupferbergbau in Timna (*Wādī el-Menēʿīye*) noch östlich der Araba Raum, auch wenn die ^{14}C-Auswertung von Befunden in Timna (*E. Ben-Yosef u. a.*) und im *Fēnān*-Gebiet (*T. E. Levy*) auf intensive Verhüttungsaktivitäten im 10. Jh. v. Chr. hinweist. Das Kupferbergbaugebiet in der südlichen Araba, das traditionell (aber erst seit dem 19. Jh. n. Chr.!) mit Salomo verbunden wurde, stellt einen regional sehr bedeutenden Industriezweig dar, der wirtschafts- wie regionalgeschichtlich von großer Bedeutung ist. Die beiden Abbaugebiete im *Fēnān* und in Timna waren offenbar enger miteinander vernetzt als bisher angenommen (*E. Ben-Yosef u. a.*). Der Kupferbergbau wird als Ersatz für den am Ende der SB-Zeit unterbrochenen zypriotischen Kupferhandel von den Ramessiden zunächst saisonal in Expeditionen genutzt, doch scheint sich die Kupferindustrie danach lokal eigenständig entwickelt zu haben und intensiviert worden zu sein. Der von der lokalen »edomitischen« und »moabitischen« Bevölkerung zu beiden Seiten des Araba-Grabens betriebene Kupferbergbau und die Verhüttungsanlagen erreichen den Höhepunkt ihrer Auslastung im 10. Jh. v. Chr. Die Verhüttung in dem für antike Verhältnisse riesigen (10 ha, 50.000–60.000 Tonnen Schlacke) Gebiet um *Ḫirbet en-Naḥāš* im *Fēnān* in der Araba erfolgte jedenfalls wohl durch die lokale Bevölkerung. Nach dem Zusammenbruch des hauptsächlich über Zypern abgewickelten Seehandels mit Kupfer im 12. Jh. v. Chr. scheint *Ḫirbet en-Naḥāš* internationale Bedeutung erhalten zu haben, wovon auch ein 80x80 m großer Festungsbau zeugt. Die Kontrolle über den Handel war damit von zentraler Bedeutung. ^{14}C-Daten weisen hier bereits auf das 12. Jh. v. Chr. und reichen hinab bis ins 9. Jh. v. Chr. Im 10. Jh. v. Chr. lassen die sozialen Strukturen auf eine hierarchische Organisation schließen, die als »chiefdom« (Häuptlingstum) angesprochen werden kann (*J. M. Tebes*) (↗ IV.1, bes. IV.1.6). Der Transport des kupferhaltigen Gesteins zu den Öfen wie auch des verhütteten Kupfers wurde durch Esel und – wie jüngere Funde nahelegen (*G. Grigson*) – auch schon durch Kamele gewährleistet.

Der Handel wurde über zwei Handelsrouten lokal betrieben: Richtung Norden über die sog. Königsstraße (Num 20,17; 21,22), wobei Moab eine zentrale Rolle spielte (↗ IV.2.5, Karte 5), und Richtung Westen durch das Beerscheba-Becken im Negeb bis nach Gaza zur *via maris* am Mittelmeer. Der westliche Handel ließ Siedlungen und Häuptlingstümer wie in *Ḫirbet el-Mšāš/Tel Maśōś* prosperieren. Auch die Ägypter waren vom Zusammenbruch des zypriotischen Kupferhandels im 12. Jh. v. Chr. betroffen und weiteten den Kupferabbau im Araba-Graben u. a. in Timna aus. Wenn die in *el-Bālūʿ* gefundene Stele mit ägyptischer Kontrolle über den lokalen Herrscher zu verbinden ist, haben die Ägypter auch in der 21. Dynastie (1070/69–946/45 v. Chr.) auf den moabitischen Handelsknoten Einfluss genommen (*I. Finkelstein*/*O. Lipschits*). Der nördliche Handel ist vermutlich durch Pharao Schischak I. (946/45–924 v. Chr.) unterbunden worden (↗ IV.8), der ägyptische Interessen gefährdet sah oder den monopolisierten Kupferhandel ganz auf die nach Ägypten führende *via maris* umlenken wollte. Ein Siegelamulett/ Skarabäus aus *Khirbet Hamra Ifdan* (↗ IV.8.4–8.5) gibt einen Hinweis auf die Präsenz Schischaks I. (↗ Abb. 22).

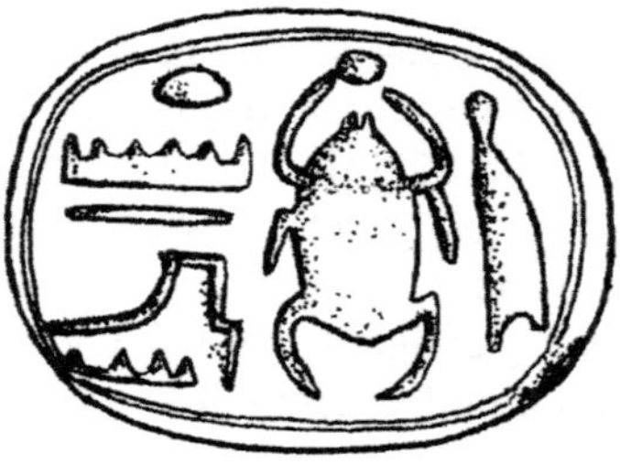

Abb. 22: Der eisenzeitliche Skarabäus aus einem Kupferbergbaugebiet (*Khirbet Hamra Ifdan*) bietet bislang die zweite epigraphische Bezeugung des Pharao Schischak I. Da es sich um einen Oberflächenfund handelt, ist keine exakte Datierung möglich, doch scheint eine Ansetzung während der Regierungszeit Schischaks I. (946/45–924 v. Chr.) plausibel.

Die kleine moabitische Einheit südlich des Arnon/*Wādī el-Mōǧib* bricht zusammen und die in der Eisen I-Zeit befestigten Siedlungen werden verlassen. *I. Finkelstein* und *O. Lipschits* haben jüngst argumentiert, dass die Siedlungen im Negeb und das *Ḫirbet el-Mšāš*/*Tel Maśōś*-Häuptlingstum aus der Verlagerung der Kupferhandelswege in der Eisen IIA-Zeit gestärkt hervorgehen. Das würde durch die von Ägypten veranlasste strategische Verlagerung der Handelswege gestützt. Der Kupferhandel hingegen scheint demnach weniger von Salomo als von lokalen Kräften bzw. von Ägypten kontrolliert worden zu sein (↗ IV.8.4–8.5).

Nach wie vor kaum geklärt sind hingegen Herkunft und Handel von Zinn, das für die Herstellung von Bronze notwendig ist. Kupfer als Rohstoff ist zu weich und kann erst durch die Legierungen mit Zinn zu härteren und zugleich elastischen Bronzen verarbeitet werden. In der südlichen Levante selbst gab es keine Zinnlagerstätten, sodass für die Verarbeitung von Bronze durchgehend Importe aus Anatolien und/oder Usbekistan/Tadschikistan/Afghanistan nötig waren (*K. A. Yener*).

(c) Pferdehandel Salomos

Vergleichbares gilt für den Pferdehandel, der nach *Bernd Schipper* ebenfalls erst sinnvoll denkbar ist, als Kilikien gegenüber den Assyrern unter Tiglat-Pileser III. (745–727 v. Chr.) tributpflichtig wurde. Die Assyrer – und nicht Salomo – binden Koë durch kommerzielle Agenten in den Fernhandel mit der phönizischen Küste ein (Nah 3,16). Erst im späten 8. Jh. v. Chr. gibt es einen zentral kontrollierten Handel mit Pferden aus Nordsyrien, jedoch ohne maßgebliche Beteiligung Palästinas. Pferde werden im Alten Orient nahezu ausschließlich in militärischen Kontexten eingesetzt, was die Angabe von Salomos Pferdehandel mit dem Ausdruck militärischer Stärke verbindet. Daran sind aus historischer Perspektive Zweifel angebracht. Auch die Erwähnung Ägyptens im salomonischen Pferdehandel weist auf das späte 8. Jh. v. Chr. Zwar hat Ägypten wohl nie in größerem Stil mit Pferden gehandelt, doch weist Hiskijas Hilfegesuch (Jes 31,1.3; 36,9// 2 Kön 18,24) auf die militärische Überlegenheit des kuschitischen 8-Speichen-Wagens, was gut zu 1 Kön 10,28 passen würde. Nennenswerte Handelskontakte zu Ägypten im 10. Jh. v. Chr. sind jedoch nicht nachweisbar, auch wenn die gegenüber der Abwertung der »fremden Frauen« auffällig positive Wertung der Heirat mit der Tochter des Pharao (1 Kön 3,1; 7,8; 9,16.24) möglicherweise auf eine ältere Quelle zurückgeht (*B. Schipper*). Flankierend kann man auf die erst in der Eisen IIB- und Eisen IIC-Zeit wachsende Bedeutung von Pferden in den Terrakotta-Figurinen verweisen. Sie hat man als Hinweise auf Kavallerie und militärische Stärke gedeutet. Dies passt gut zu der hier angesetzten Verschiebung der Bedeutung des Pferdehandels in Palästina.

(d) Handel mit Phönizien

Für eine historische Auswertung der Handelskontakte Salomos bleiben die Beziehungen zur phönizischen Küste am plausibelsten. Allerdings macht schon die Erwähnung von Hiram I. unter David (2 Sam 5,11) große Probleme. Oben (↗ IV.2.1) wurde aufgezeigt, dass es eher Hiram II. ist, der im Hintergrund von 1 Kön 5 und 1 Kön 7 durchscheint. Handelsbeziehungen zwischen Jerusalem und Tyrus sind im 10. Jh. v. Chr. weniger plausibel als im 8. Jh. v. Chr.

1 Kön 10,22 erwähnt eine Handelspartnerschaft mit einer Seeflotte Hirams, was die Kernkompetenz der phönizischen Städte im expansiven Seehandel (IV.2.1) aufgreift. Salomos Schiffe sollen im Dreijahresrhythmus »Gold, Silber, Elfenbein, Affen und Paviane/Pfauen/Perlhühner [Übersetzung unklar]« in das Königreich gebracht und so den legendären Reichtum gemehrt haben. Wenn es tatsächlich Pfaue sind, die der Text erwähnt, dann ist damit der Handel mit Südostasien angezeigt. Für das 10. Jh. v. Chr. ist zwar durch den Nachweis von Zimt tatsächlich schon ein Handel mit Indien nachweisbar (*A. Gilboa/D. Namdar*). Der wurde aber eher von Ägypten als von Salomo kontrolliert. Belegt ist hingegen, dass die Assyrer im 8. Jh. v. Chr. unter Asarhaddon (ca. 681–669 v. Chr.) die Beschiffung des Eufrat durch Tyrus durchführen ließen. Vielleicht sollte Salomo den erfolgreichen Assyrerkönigen in nichts nachstehen, weshalb man ihm in den Königsbüchern die Handelspartnerschaft mit Tyrus zuschrieb. Seltene Luxusgüter werden ungeachtet ihrer tatsächlichen Herkunft biblisch mit der »Tarschischflotte« in Verbindung gebracht. Die Lokalisation von Tarschisch ist nach wie vor ungeklärt, vieles weist auf den Süden der iberischen Halbinsel im westlichen Mittelmeerraum. Vorgeschlagen wird konkret der Handelsstützpunkt Huelva in Südspanien. Letzterer ist für seine umfangreichen Silberexporte bekannt, die nach ^{14}C-Daten frühestens ab dem späten 10. Jh. v. Chr. denkbar sind (*F. Gonzáles de Canales/L. Serrano/J. Llompart*) und dann mit der phönizischen Kolonialisierung 9./8. bzw. 7. Jh. v. Chr. intensiviert wurden (*E. Pappa*). Der durch die

Phönizier forcierte Handel der iberischen Halbinsel mit dem östlichen Mittelmeerraum ist auch in assyrischen Quellen für das 8. Jh. v. Chr. belegt und mit der Westexpansion der Neuassyrer verbunden. Für die Zeit Salomos und erst recht eine Beteiligung Judas bleiben allerdings die Belege sehr dünn (*B. J. Beitzel*).

Wenn Salomo repräsentative Bauten in Jerusalem (Tempel und Palast) errichtete (↗ IV.6.4), brauchte er Libanonzedern als Bauholz und eine Menge Gold und andere Edelmetalle. Beides ist nur über einen Handel mit den Phöniziern zu bekommen, die den Fernhandel kontrollieren.

(e) Die Bezahlung Phöniziens durch die Abgabe von Herrschaftsansprüchen

Die Notiz von den zwanzig abgegebenen Städten in Galiläa (1 Kön 9,11–13) liegt eigenartig quer zu dem glorifizierenden Salomobild, denn die Bezahlung mit der Abgabe von Herrschaftsansprüchen ist für einen Großkönig kein Ruhmesblatt (vgl. die »Korrektur« in 2 Chr 8,2). Spiegelt die Notiz, dass sich Salomo »mit dem Kauf des Luxus- und Prestigeguts Zedernholz hoch verschuldet hat« (*O. Keel*)? Dass die Phönizier sich nicht ausschließlich mit Naturalabgaben abspeisen ließen, zeigt auch die ägyptische Reiseerzählung des Wenamun (*B. Schipper*). Wenamun kommt im 11. Jh. v. Chr. als Gesandter des ägyptischen Königs an den Hof nach Byblos, um Holz für den Bau des Tempels zu beschaffen, muss aber feststellen, dass der Handel aufgrund der schwindenden Macht Ägyptens nicht mehr so einfach zu organisieren und zu realisieren ist (HTAT Nr. 100). So könnte zwar 1 Kön 9,11–13 Zustände der Salomozeit reflektieren (das Gebiet um Akko ist in 1 Kön 4,7–20 ausgespart), doch setzt das eine vorausgehende Herrschaft Salomos über Galiläa voraus, die keinesfalls gesichert ist. *Herbert Donner* hat zu Recht angenommen, dass sich – die Datierung in die Zeit Salomos einmal vorausgesetzt – in den Handelsbeziehungen mit der phönizischen Küste die Suprematie (eine politisch-wirtschaftliche Überordnung) des tyrischen Partners, möglicherweise sogar ein → Vasallitätsverhältnis Salomos, spiegelt. *Hermann Michael Niemann* sieht die Ausdehnung der Herrschaft Salomos auf den Norden an Tyrus scheitern. Belastbare Belege dafür fehlen jedenfalls, wenn man sich auf Hazor (↗ IV.6.5) nicht mehr verlassen will. In jüngerer Zeit ist mit einem historiographischen Bezug zur Zeit Salomos deutlich vorsichtiger umgegangen worden und die Notiz eher für eine spätere Zeit reklamiert worden (*B. Schipper*). Dass das politisch wie wirtschaftlich expandierende Tyrus im 9./8. Jh. v. Chr. auf die agrarischen Ressourcen des Kabul genannten Hinterlands, zu dem Galiläa gehörte, angewiesen war, macht die Notiz grundsätzlich plausibel. Die Expansion des tyrischen Stadtstaates in die Ebene von Akko schon in der Eisen IIA-Zeit macht deutlich, wie »phönizisch« das Hinterland von Tyrus gewesen ist (*G. Lehmann*). Möglicherweise stammt sie dennoch erst aus dem 8. Jh. v. Chr., wo Israel unter assyrischem Druck gezwungen gewesen sein könnte, Gebiete an die Kontrolle von Tyrus abzutreten (*E. A. Knauf*). Denn Assyrien hat auch die Nutzung der Wälder des Libanon der Kontrolle der phönizischen Küstenstädte gegen Besteuerung überlassen (*K. Radner*). Und als Sidon 677 v. Chr. eine Verschwörung gegen Assur versuchte, baute Asarhaddon (ca. 681–669 v. Chr.) das Bündnis mit dem König von Tyrus aus (HTAT Nr. 189).

Der tyrische König Baʾalu erhielt nicht nur Zugang zum Libanongebirge, sondern auch alle Freiheiten die Handelsmacht Tyrus an der Küste und in »allen Städten im Gebirge« auszubauen. Nicht auszuschließen ist, dass dazu auch die Kontrolle über das tyrische Hinterland gehörte, sodass die Notiz in 1 Kön 9,11–13 die tatsächlichen Verhältnisse im 8./7. Jh. v. Chr. spiegelt: Galiläa war (immer schon) »phönizisch« (*E. Lipiński*, *G. Lehmann*). Der tyrische Herrscher jedoch näherte sich Ägypten an und gefährdete dadurch die assyrische Dominanz, was ihm eine Strafexpedition 671 v. Chr. einbrachte und zu Territorialverlusten der Küstenstadt führte. Darin mag sich das Missfallen Hirams in 1 Kön 9,13 spiegeln, aber das bleibt reine Spekulation.

6.9 Zusammenfassung

Aus archäologischer Sicht ist von der Pracht Salomos, seinen internationalen Handelsbeziehungen, seiner prunkvollen Bautätigkeit und seiner durchstrukturierten Herrschaft nicht viel übrig geblieben. Nennenswerte Bautätigkeiten sind nicht mit Salomo zu verbinden und die Salomo zugeschriebenen Ausbauten sind überwiegend den Omriden zuzuschreiben. Methodisch gesehen bleibt die archäologische Evidenz ein *argumentum e silentio*, allerdings ein starkes: Dass es nicht so gewesen ist, wie die Bibel es darstellt, ist damit nicht erwiesen, jedoch wird es immer schwieriger, gegen den archäologischen Befund daran festzuhalten und für Salomo eine ausgedehnte Herrschaft in einem »Großreich« anzunehmen. Die archäologische Diskussion führt neben der Abwertung der historischen Bedeutung Salomos zu einer Aufwertung der Omriden (↗ V.4).

Nimmt man die archäologischen und historischen Hinweise zusammen, ist die blühende vereinte Monarchie unter Salomo mehr Legende als Wirklichkeit. Die Evidenz reicht nicht aus, um verantwortet an der biblischen Darstellung festzuhalten. Die Legenden weisen zu weiten Teilen auf Zustände des 8. Jh.s v. Chr. Salomos Pracht war nicht *Nichts*, aber sie war sicher auch *nicht groß*. Für eine *»salomonische Aufklärung«* (*G. von Rad*) jedenfalls fehlen ebenso die Voraussetzungen wie für umfassende Literaturproduktionen und Geschichtswerke. Vor dem Hintergrund der Entstehung der zwei Staaten Israel und Juda (↗ V.) und der Erkenntnis, dass von einer vereinten Monarchie Abschied zu nehmen ist (↗ IV.5), muss die Frage gestellt werden, ob Salomo überhaupt eine historische Person gewesen ist. Die Frage lässt sich anders als bei David bisher nicht durch außerbiblische Zeugnisse positiv beantworten. Vieles lässt sich besser erklären, wenn die literarische Überlieferung zu Salomo in mehreren Schüben zusammen mit der Überzeichnung des Königs David, wie die Darstellung der Reichsteilung und die Darstellung der Frühphase der Königtümer Israel und Juda, als *Brücke* zwischen der älteren Davidüberlieferung und den Annalen der Omriden geschaffen worden ist.

7. Die sog. Reichsteilung

E. Arie, Reconsidering the Iron Age II Strata at Tell Dan: TA 35, 2008, 6–64 • I. Finkelstein, Rehoboam's Fortified Cities (II Chr 11,5–12): ZAW 123, 2011, 92–107 • ders., Das vergessene Königreich, München 2014 • I. Finkelstein/I. Koch/O. Lipschits, The Biblical Gilead: UF 43, 2011, 131–159 • I. Finkelstein/K. Schmid (Hg.), Jeroboam's Israel: HEBAI 6, 2017, 259–261 • I. Finkelstein/L. Singer-Avitz, Reevaluating Bethel: ZDPV 125, 2009, 33–48 • V. Fritz, The »List of Rehoboam's Fortresses« in 2 Chr 11:5–12: Eretz-Israel 15, 1981, 46*–53* • G. Galvin, Egypt as a Place of Refuge (FAT II/51), Tübingen 2011 • R. A. Geobey, The Jeroboam Story in the (Re)Formulation of Israelite Identity: JHS 16, 2016 (http://www.jhsonline.org/Articles/article_214.pdf, Zugriffsdatum 24.7.2018) • Z. Herzog/L. Singer-Avitz, Sub-Dividing the Iron Age IIA in Northern Israel: TA 33, 2006, 163–195 • K. Koenen, Bethel (OBO 192), Fribourg/Göttingen 2003 • J. C. H. Laughlin, »To the God who is in Dan«: RExp 106, 2009, 323–359 • A. M. Maeir, The Aramaean Involvement in the Southern Levant, in: O. Sergi u. a. (Hg.), In Search of Aram and Israel (ORA 7), Tübingen 2016, 79–87 • N. Na'aman, Hezekiah's Fortified Cities and the LMLK Stamps: BASOR 261, 1986, 5–61 • T. Pola u. a., Tulul adh-Dhahab, Marburg 2016, 77–145 • O. Sergi, Judah's Expansion in Historical Context: Tel Aviv 40, 2013, 226–246 • ders., The Alleged Judahite King List: Semitica 56, 2014, 233–247 • ders., Foreign Women and the Early Kings of Judah: ZAW 126, 2014, 193–207 • ders., The Emergence of Judah as a Political Entity between Jerusalem and Benjamin: ZDPV 133, 2017, 1–23.

Nach biblischer Darstellung kommt es bereits am Ende der Herrschaft Salomos zu Auseinandersetzungen, die zum dauerhaften Auseinanderbrechen der Herrschaft führen. Die theologisierende → dtr Darstellung führt das auf den Bundesbruch Salomos zurück, der an der Verehrung fremder Göttinnen und Götter festgemacht wird. Die Heiratspolitik Salomos wird nach dieser Deutung im Alter Anlass für Verfehlungen im religiösen Bereich (1 Kön 11,1–10), was als göttliche Strafe die Destabilisierung der Herrschaft zur Folge hat. Salomo wird beschieden, dass das Herrschaftsgebiet seines Nachfolgers auf das Gebiet Judas begrenzt werde. Jerobeam, der als Fronaufseher Salomos eingeführt wird (1 Kön 11,28), wird von dem Propheten Ahija von Schilo die Herrschaft über die zehn »Nordstämme« verheißen (1 Kön 11,29–39). Daraufhin wird Jerobeam durch Salomo verfolgt und flieht nach Ägypten, wo er bis zum Tod Salomos bleibt (1 Kön 11,40; 12,2). Nach 1 Kön 12,20 hört »ganz Israel« von seiner Rückkehr und macht ihn zum König über »ganz Israel«. Zwischen 1 Kön 12,2 und 1 Kön 12,20 steht eine Erzählung, in der das Zerbrechen des salomonischen Reiches in einer Vollversammlung des Volkes geschildert wird. »Ganz Israel« ist nach Sichem gekommen, um Rehabeam, den Sohn Salomos, zum König zu machen (1 Kön 11,43). Dort wird zwar auf die Verheißung des Propheten Ahija in 1 Kön 12,15 Bezug genommen, als sich der Sohn Salomos gegenüber dem Volk unnachgiebig zeigt und es zur Trennung kommt, die Begründung ist jedoch dort nicht das Verhalten Salomos (1 Kön 11,11), sondern das Reich bricht wegen der großen Arbeitsverpflichtung auseinander, die Rehabeam dem Volk auferlegen will (1 Kön 12,4–14.16–19). Unverkennbar überlagern sich in 1 Kön 11–12 verschiedene Erzählungen von der »Reichsteilung« mit unterschiedlichen Begründungen: religiöses Fehlverhalten Salomos in 1 Kön 11 und Repressalien gegen das Volk in 1 Kön 12.

Eine Sonderrolle kommt der biblischen Darstellung zufolge dem nördlich von Juda gelegenen Stamm Benjamin zu. Während in 1 Kön 11,36; 12,17.20 betont wird, dass lediglich der Stamm Juda dem davidischen Herrscherhaus gegenüber loyal ist, versammelt Rehabeam nach seiner Rückkehr nach Jerusalem »das ganze Haus Juda und den Stamm Benjamin« (1 Kön 12,21, vgl. 1 Kön 12,23). Spannungen und militärische Auseinandersetzungen bestimmen die Anfänge der beiden Staaten (1 Kön 12,21; 14,30; 15,6.7.16.32). Besonderes Gewicht bekommt in der biblischen Darstellung die Auseinanderentwicklung in religiöser Hinsicht, die ebenfalls als Abfall der Nordstämme stilisiert wird. Nachdem Jerobeam das Volk auf seiner Seite hat, ist er nach der Darstellung von 1 Kön 12,26 bemüht, die Loslösung vom Tempel in Jerusalem auch kultisch zu vollziehen. Er lässt daraufhin zwei Kälber für die Heiligtümer in Bet-El und Dan anfertigen, was in der Darstellung der Königsbücher zur Ursünde des Nordstaates geworden ist, weshalb dieser nach zwei Jahrhunderten Existenz (2 Kön 17,7–12) von Salmanassar V./Sanherib 722/20 v. Chr. erobert wurde.

Folgt man der biblischen Darstellung, so sind die beiden Reiche Israel und Juda aus dem vereinten Königreich hervorgegangen und bis zur Eroberung Samarias durch die Neuassyrer 722/20 v. Chr., die den endgültigen Untergang des nördlichen Reiches markiert, getrennt gewesen. Es gibt immer wieder Auseinandersetzungen zwischen den Bruderstaaten, doch handelt es sich um zwei getrennte Staaten. Die Vorstellung vom »Nordreich« Israel und »Südreich« Juda galt älteren Darstellungen der Geschichte Israels als Leitbild. Doch macht schon der Begriff »Reichsteilung« nur dann Sinn, wenn es ein geeintes Königtum unter David und Salomo gegeben hat, das geteilt hätte werden können. Die jüngere Forschung hat daran starke Zweifel (↗ IV.5 u. IV.6). So dreht sich die biblische Perspektive in historischer Sicht um: Nicht stellen David und Salomo den Ursprung des Königtums dar, aus dem sich die Monarchien von Jerobeam im Norden und Rehabeam im Süden ableiten, sondern die Geburt der Königreiche Israel und Juda ist jenseits von Jerobeam und Rehabeam, wahrscheinlich erst im 9. Jh. v. Chr. in Samaria und im 8. Jh. in Juda zu suchen. Für die Rekonstruktion der Geschichte der beiden Staaten im 10.–8. Jh. v. Chr. ist daher die Behandlung der sog. Reichsteilung von großer Bedeutung. Die Rede von einem »Nordreich« und »Südreich« kann entsprechend nur dann sinnvoll gebraucht werden, wenn die biblische Perspektivierung einer Reichsteilung im Hintergrund steht.

7.1 Das Königtum Rehabeams von Juda

Während die Thronfolge Davids der biblischen Darstellung zufolge mit erheblichen Wirren verbunden war, wird der Übergang von Salomo auf Rehabeam (926–910 v. Chr.) zunächst als reibungslos dargestellt (1 Kön 11,43). Die novellistische Ausgestaltung in 1 Kön 12 greift dann doch noch einmal auf einen Wahlvorgang zurück, der in Sichem stattgefunden haben soll, aber völlig fehlschlägt und zur Loslösung der Nordstämme führt (1 Kön 12,19). Dabei sollen Frondienste der Nordstämme für die Monarchie Rehabeams den Ausschlag gegeben haben (1 Kön 12,4.10–11.14). Von 1 Kön 15,1 her ergibt sich ein ungelöstes chronologisches

Problem, da der Nachfolger Rehabeams Abija (910–908 v. Chr.) im 18. Jahr Jerobeams (927/26–907 v. Chr.) König wird, Rehabeam aber nach 1 Kön 14,21 nur 17 Jahre regiert hat. Daraus einen späteren Regierungsantritt Rehabeams in Jerusalem zu konstruieren (*G. Hentschel*), geht jedoch nicht konform mit den Erzählungen in 1 Kön 12. Andere Lösungsvorschläge leiten daraus einen unterschiedlichen Jahresanfang in Juda und Israel ab oder datieren die Ereignisse in Sichem um das Neujahrsfest herum, wodurch die Diskrepanz in der Zählung zustande kommt (*J. M. Miller/J. H. Hayes*).

Die Erwähnung von Sichem kommt in den Königsbüchern plötzlich und dürfte nicht unabhängig von der Parabel in Ri 9,6–20 sein. Sichem/*Tell Balāṭa*, das in der SB-zeitlichen Tradition eine zentrale Rolle im Bergland eingenommen hatte, könnte ein Kristallisationspunkt der frühen organisierten Herrschaft im efraimitischen Bergland gewesen sein. Dass Rehabeam nach der in biblischer Sicht so glorreichen und durchgreifenden Königsherrschaft Salomos auf eine akklamatorische Königswahl angewiesen gewesen sein soll, ist historisch wenig glaubwürdig. Die Betonung seiner Abkunft von einer Ammoniterin Naama wird unterschiedlich beurteilt: Für die einen ist sie Anzeichen, dass Salomo schon früh durch eine politische Heiratspolitik begonnen haben muss, sein Territorium auszudehnen, für die anderen begründet der zweifach in 1 Kön 14,21.31 gegebene Hinweis im Rückgriff auf 1 Kön 11,5–12 die negative Beurteilung Rehabeams bzw. Judas in 1 Kön 14,22–24.

Die Chronik baut die Ereignisse um die Folgen der Reichsteilung noch aus, widerspricht aber der Ansicht, dass *durchgehend* (1 Kön 14,30; 15,6) Krieg zwischen Jerobeam I. (927/26–907 v. Chr.) und Rehabeam gewesen sei (2 Chr 11,1–4, vgl. 1 Kön 12,24). Dagegen soll Rehabeams Sohn Abija (910–908 v. Chr.) in seinen drei Jahren Regierungszeit Jerobeam I. vernichtend geschlagen haben (2 Chr 13,1–23) und Bet-El, Jeschana/*Ḫirbet el-Burǧ* bzw. *Burǧ el-Isāne* und Efron/*el-Ṭayyiba* erobert (2 Chr 13,19), d. h. die Grenze etwa 20 km nach Norden verschoben haben. Für Bet-El scheint das von der Archäologie ausgeschlossen, da der Ort erst in der Eisen IIB-Zeit bedeutende Besiedlungsspuren aufweist. Vergleichbares gilt für Efron und Jeschana. Möglicherweise haben die Angaben die Nordausdehnung Joschijas bzw. die Nordgrenze der persischen Provinz Jehud im Hintergrund (↗ V.9.4 u. VI.3.1). Vielleicht hängt die »Eroberung« Jeschanas aber auch als → Ätiologie mit der Instandsetzung des Jeschanators in Jerusalem zusammen (Neh 3,6; 13,29).

Viel diskutiert ist schließlich die Festungsliste Rehabeams 2 Chr 11,5–12, da Listenmaterial in der Forschung tendenziell für älter gehalten wird, weil man annimmt, dass es weniger auf Erfindung denn auf alte Aufzeichnung zurückgeht. Aber auch Listen können grundsätzlich konstruiert sein und vor allem aus einer anderen als der Zeit stammen, auf die sie sich beziehen. Rehabeam soll westlich und südlich von Jerusalem Betlehem, Etam, Tekoa, Bet-Zur, Socho, Adullam, Gat, Marescha, Sif, Adorajim, Lachisch, Aseka, Zora, Hebron zu Festungen in Juda ausgebaut haben. Die ältere Forschung wollte darin eine authentische Liste sehen, in der jüngeren Diskussion wird die Liste in die Zeit der assyrischen Bedrohung datiert und dem Regierungshandeln der Könige Hiskija (725–697 v. Chr.) oder Joschija (639–609 v. Chr.) zugeordnet. *I. Finkelstein* hat jüngst beträchtliche

Argumente dafür vorgebracht, die Liste aus 2 Chr 11,5–12 erst ins 2. Jh. v. Chr. zu datieren, was sich allerdings mit der gängigen Datierung der Komposition der Chronikbücher in vorhellenistischer Zeit nicht gut verträgt. Befestigungen in Juda sind jedenfalls für die Zeit Rehabeams gar nicht nachzuweisen, sondern etwa in Lachisch/*Tell ed-Duwēr* erst Ende der Eisen IIA-Zeit im 9. Jh. v. Chr. fassbar. Hebron scheint, wie andere Orte auf der Liste, erst im Übergang vom 8. zum 7. Jh. v. Chr. ausgebaut worden zu sein. Auffallen muss schließlich, dass lediglich Orte westlich und südlich von Jerusalem genannt werden und die (der biblischen Darstellung zufolge) kritische Nordgrenze (↗ Karte 9) gar keine Rolle spielt. Die Erwähnung von Marescha, Adorajim und Bet-Zur stützt den Bezug auf die historischen Realitäten in der Makkabäerzeit. *Finkelstein* deutet die Liste als gegen den Vorstoß des Bakchides (1 Makk 7–9) gerichtete Verteidigung der Makkabäer. Nach 1 Makk 9,50 hatte der Statthalter der Seleukiden von Jerusalem aus Festungen in Jericho, Emmaus, Bet-Horon, Bet-El, Timna, Faraton und Tefon errichten lassen, die nach dem Sieg der Makkabäer verlassen wurden (1 Makk 10,12) (↗ VII.5.4 u. VII.6.2). Die in 2 Chr 11,5–12 aufgelisteten Orte bilden zu der Bakchides-Linie im Norden ein Widerlager.

Unabhängig davon, ob man die Liste der Festungen der Außenpolitik der judäischen Könige im 8./7. Jh. v. Chr. zuweist oder der zuletzt genannten Deutung folgt, fällt 2 Chr 11,5–12 für eine Rekonstruktion des frühen judäischen Königtums unter Rehabeam komplett aus.

Damit bleiben die außerbiblischen Belege für eine stabile Monarchie in Juda im ausgehenden 10. Jh. v. Chr. recht dünn. Auch der ägyptische Pharao Schischak I. (946/45–924 v. Chr.) scheint sich bei seinem Feldzug (↗ IV.8) wenig für das Bergland Judas interessiert zu haben, wahrscheinlich weil es mehr oder minder politisch wie ökonomisch bedeutungslos war. Nichts deutet außerbiblisch auf Konsolidierungsmaßnahmen, Handel, Baumaßnahmen, Grenzkonflikte etc. hin.

Im Ergebnis bedeutet das, dass eine nachsalomonische judäische Monarchie zur Zeit Rehabeams historisch kaum fassbar ist. Nimmt man die Evidenz zusammen, ist auch denkbar, dass die Anfänge der judäischen Monarchie den Autoren der Königsbücher nicht genauer bekannt waren. Lediglich später, d. h. im Norden mit den Omriden, im Süden vielleicht mit Joschafat einsetzendes Listenmaterial war ihnen verfügbar. Die Erzählung von der Reichsteilung wäre dann als Brücke zwischen der David-Salomo-Erzählung und den Anfängen der Geschichtsschreibung in Israel und Juda geschaffen worden. Wäre das zutreffend (und es spricht einiges dafür), dann wären auch Jerobeam und Rehabeam weniger historische Figuren denn als Könige des Anfangs → eponymenhaft konstruiert. Schon der Name des Königs Rehabeam »Volksweiter« (d. h. der dem Volk Raum schafft) ist zwar als Personenname nicht undenkbar (1 Chr 23,17; 24,21; 25,26), könnte aber auch eine gezielte Bildung in Opposition zu Jerobeam »Volksstreiter« sein. Jerobeam, der einen auch außerbiblisch belegten Namen trägt, war hingegen als rühmlicher König aus dem 8. Jh. v. Chr. bekannt: Jerobeam II. (787–747 v. Chr.). Ein Träger des gleichen Namens wird in 1 Kön 12 aus »*Südreich*«-Perspektive zum negativ gezeichneten »Gründer« des »*Nordreiches*« stilisiert. Mit der Regierungszeit Jerobeams II. und seinen Nachfolgern verbindet sich die Loslösung Judas aus der politischen Dominanz des Nordens, die erst unter dem judäischen König Ahas (741–725 v. Chr.) abgeschlossen worden zu sein scheint (↗ IV.7.5 u. V.6.3). Somit bot der Name Jerobeam einen guten Ausgangspunkt für eine Geschichtsschreibung, die das südliche Königtum Juda seit seiner Gründung als gegenüber dem Norden Israel dominant darstellte und damit den tatsächlichen Geschichtsverlauf auf den Kopf stellte. Vielleicht hat auch die Bedeutung »Volksstreiter« dazu verleitet, gerade diesen Namen für den wenig geachteten Gründer des »Nordreiches« herzunehmen und ihm den »Volksweiter« an die Seite zu stellen.

Die hinter der Geschichtskonstruktion der Anfänge der beiden Reiche vermutete Kompositionstechnik, die eine in der erinnerten Gegenwart der Schreiber prominente Person nimmt und sie zum Eponymen eines ganzen Gemeinwesens macht, lässt sich auch in anderen Zusammenhängen der judäischen Geschichtsschreibung beobachten. So fehlen z. B. auch für Hiram I. zur Zeit Davids und Salomos außerbiblische Anhaltspunkte, während Hiram II. (ca. 739–730 v. Chr.) ein prominenter König von Tyrus gewesen zu sein scheint (↗ IV.2.1 u. VI.6.8). Ähnlich verhält es sich mit Ben-Hadad I. als Herrscher von Damaskus (1 Kön 15,18), der ebenfalls nur in der biblischen Literatur belegt ist. Auch wenn bei ihm eine komplette → Genealogie angegeben wird, spricht einiges dafür, dass auch er als früher König von Tyrus aus der Kenntnis über Ben-Hadad II. (ca. 800–780 v. Chr.) extrapoliert wurde (↗ V.3.4). Selbst noch bei dem ersten Perserkönig Kyrus I. lässt die Quellenlage Zweifel zu (↗ VI.1.1).

7.2 Die Erhebung Jerobeams zum König

Jerobeam I. (927/26–907 v. Chr.), der 1 Kön 11,26.28 als Sohn des Nebat aus dem efraimitischen Zereda (*Ḫirbet Banāt Barr*) eingeführt wird, wird vom Propheten Ahija in einer Zeichenhandlung zum König über die zehn Nordstämme für die Zukunft bestimmt. Salomo bedrängt daraufhin den über die Fronarbeiten zum Aufseher bestimmten Jerobeam, der nach Ägypten flieht. Das Motiv der Flucht an den ägyptischen Königshof allerdings findet sich auch schon in 1 Kön 11,14–25, wo die unhistorische edomitische Herkunft des Aramäers Hadad von Damaskus begründet wird (*G. Galvin*).

Nachdem Salomo gestorben ist, kehrt der verfolgte Jerobeam aus Ägypten zurück und wird nach biblischer Darstellung von den Nordstämmen unmittelbar in die Thronwirren und Nachfolgeauseinandersetzungen einbezogen (1 Kön 11,2–3). Als Rehabeam, der Sohn Salomos, in Sichem zum König gesalbt werden soll, kommt es zu einer offenen Auseinandersetzung über die Steuerlast und Fronarbeit, die zur Ablösung der zehn Nordstämme führt. Die zehn Nordstämme setzen Jerobeam I. zum König über sich (1 Kön 12,20) ein, sodass dem davidischen Nachfolger lediglich das Gebiet des Stammes Juda verbleibt. Ein genauer Grenzverlauf zwischen den beiden »Staaten« wird im Text nicht angegeben und ist auch nicht zu erheben. Sucht man nach Anhaltspunkten, so bieten sich die Jos 18,11–20 beschriebenen nördlichen Stammesgrenzen von Benjamin und die Beschreibung der Südgrenze Efraims in Jos 16,1–3 an. Doch diese Angaben spiegeln keine historische Realität zur Zeit Rehabeams und Jerobeams: »Diese historische Geographie ist primär Schriftgelehrsamkeit« (*E. A. Knauf*, Josua, 150). Auch die Angaben in 2 Chr 13,19, dass Bet-El, Jeschana/*Ḫirbet el-Burǧ* und Efron/*aṭ-Ṭayyiba* in den letzten Regierungsjahren dem Süden zugerechnet wurden, sind eher für die Bestimmung der Nordgrenze der persischen Provinz relevant und für die Königszeit nur insofern historisch auswertbar, als dass sie den Charakter der Gegend als »Grenzregion« betreffen. Auch die Liste der Festungen Rehabeams 2 Chr 11,5–12 trägt nichts zum Grenzverlauf bei (↗ IV.7.1).

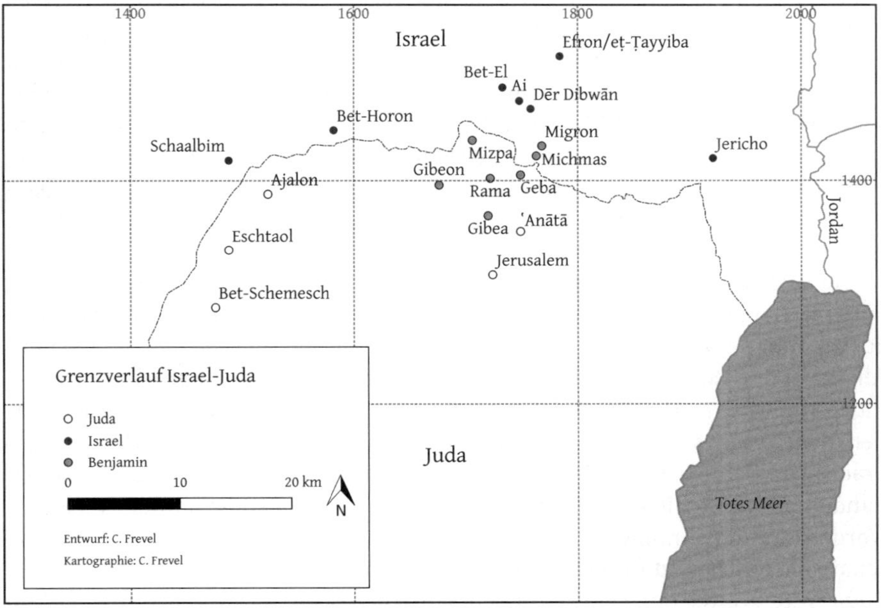

Karte 9: Grenzverlauf zwischen Israel und Juda unter Berücksichtigung der Geländebeschaffenheit und der biblischen Angaben.

Folgt man den biblischen Angaben gehört Bet-El jedenfalls dem Nordteil an, während Geba und Mizpa und zum Südteil gehören. Jericho, das nach Jos 18,12 zu Benjamin gehört, wird hingegen zum Norden gerechnet (was sich später ändern wird, ↗ V.9.4). *N. Naʾaman* hat die verkehrsstrategische Bedeutung der Ost-West-Verbindung, die den Zugang zum Meer im Westen und Moab im Osten ermöglicht, hervorgehoben und der israelitischen Kontrolle zugerechnet. Damit wäre nicht nur das nördlich von Geba/*Ǧebaʿ* gelegene Michmas als strategische Zwischenstation der Verbindung von Bet-El nach Jericho unter israelitischer Kontrolle gewesen, sondern auch – Geser eingeschlossen – die Verbindung von der Schefela nach Bet-El über die Steige von Bet-Horon.

7.3 Die Residenzen Jerobeams

Folgt man der biblischen Darstellung, baut Jerobeam I. (927/26–907 v. Chr.) Sichem (*Tell Balāṭa*) und dann Penuël (*Tell eḏ-Ḏahab*) im östlichen Jordangraben am

Jabbok (*Wādī ez-Zerqā*) als Residenzstädte aus (↗ Karte 7). Möglicherweise zählt auch schon Tirza (*Tell el-Fārʿa* Nord), das sicher erst unter Bascha zur Hauptstadt gemacht wurde (1 Kön 15,21.33), zu den Residenzorten. Zumindest legt die Erzählung von der Erkrankung seines Sohnes Abija 1 Kön 14,17 das nahe, als seine Frau nach dem Besuch des Propheten in Schilo nach Tirza zurückkehrt.

Die Wahl von Penuël als Residenzort wirft Fragen auf, weil der Ort im Ostjordanland am Unterlauf des Jabbok weit ab vom Zentrum der Macht im Westjordanland lag. Dass Jerobeam I. vor dem ägyptischen Pharao Schischak I. (↗ IV.8) geflohen und ins Jordantal ausgewichen sein soll, wird mit 1 Kön 11,40 begründet. Jerobeam hätte sich vom Protegé des Pharao zum Dissidenten entwickelt und deshalb aus dem samarischen Bergland weichen müssen. Auch nicht wahrscheinlicher ist die aus 1 Kön 12,26 abgeleitete Hypothese, dass Jerobeam I. sich gegen judäische Ansprüche im Ostjordanland zur Wehr setzen wollte. Nimmt man den Jabbok als Grenze zwischen zwei getrennten Regionen des Ostjordanlands, ist Penuël zwar ein wichtiger Grenzort, das Gebiet gibt jedoch keine Hinweise auf eine judäische Dominanz in der Eisen IIA-Zeit.

Die wechselnden Residenzen deuten, wenn man sie im Nacheinander sieht, auf eine wenig stabile Herrschaft im Norden hin. Der Wechsel ist aber vielleicht auch Kennzeichen einer → tribalen Organisation der Herrschaft, die eher mit Allianzen und Kooperationen als mit zentralisierter Herrschaft arbeitet. In diese Richtung weist *H. M. Niemann*, der die Besonderheit der Herrschaftsform unter den Begriff eines »mobile military kingship with alternating residences« gebracht hat. Das Nacheinander der Residenzen nähert sich damit einem Nebeneinander an. Verschiedene Territorialgebiete sind in Personalunion verwaltet worden und das »Königtum« Jerobeams wäre eher die Vernetzung von Herrschaftsansprüchen differenter Stammesverbundskönigtümer. Zu Sichem und Tirza treten unter den Omriden noch Samaria (1 Kön 16,24) und Jesreel (1 Kön 21,1). Schrittweise rückt das Zentrum des Nordstaates Israel nach diesen Angaben in Richtung Norden.

Archäologisch sind Spuren der wechselnden oder parallelen Residenzen der Herrschaft Jerobeams I. kaum zu finden. Sichem ist relativ sicher auf dem *Tell Balāṭa* zu suchen und zeugt archäologisch vor allem von der bedeutenden MB- und SB-zeitlichen Tradition (↗ II.2.7). Hingegen deuten die eisenzeitlichen Reste nach einer Besiedlungslücke eher auf das 9./8. Jh. v. Chr. als auf die Zeit Jerobeams I.

Die Identifikation von Penuël ist nach wie vor sehr unsicher. Ri 8,8 legt nahe, dass es von Sukkot (wahrscheinlich *Tell Dēr ʿAllā*) unterschieden ist. Penuël und Mahanajim sollen nah beieinander und in der Nähe des Jabbok/*Nahr ez-Zarqā*/*Wādī ez-Zerqā* liegen, wenn man der Erzählung Gen 32,3.31 folgt. Damit kommen vielleicht die beiden Zwillingshügel, der westliche *Tell aḏ-Ḏahab al-Ġarbīyā* und der östlich gelegene *Tell aḏ-Ḏahab aš-Šarqīya* infrage (*T. Pola*, *I. Finkelstein*/*I. Koch*/*O. Lipschits*), die 8 km oberhalb der Mündung des Flusses in den Jordan liegen. Der größere westliche Tell hat ein Plateau von etwas mehr als einem halben ha Größe, auf dem Reste Eisen II-zeitlicher Bebauung freigelegt wurden (*T. Pola u. a.*). Es gibt keinerlei Hinweise auf eine Eisen I-zeitliche Monumentalarchitektur (Ri 8,9.17) oder auf eine Zerstörung durch Schischak I., obwohl Penuël auf der Liste in Karnak erscheint (↗ IV.8). Allerdings wurden Ritzzeichnungen auf sekundär verbauten größeren Steinblöcken gefunden, die auf einen repräsentativen Bau, vielleicht auch einen Sakralbau hindeuten könnten, der möglicherweise aus dem 9./8. Jh. v. Chr. stammt. Datierung und Kontext bleiben aber wegen der intensiven hellenistischen Überbauung unsicher. Die verwendeten Motive (Löwe, Lebensbaum, Leierspieler, Pferd, (Gaben-)Prozession oder Darbringungsszene u. a. m.) passen sich gut in die → Ikonographie in (halb-)offiziellen Kontexten der Eisen IIB-Zeit ein und zeigen eine gewisse Nähe zu den Skizzen und Wandmalereien aus der Anlage *Kuntilet ʿAǧrūd*, auch wenn der Stil nach Syrien (*Tell Halaf*) weist. Alternativ zu den beiden *Tilal eḏ-Ḏahab* wird Penuël auf dem etwas weiter westlich gelegenen *Tell el-Ḥamme* gesucht. Nach Prüfung des archäologischen Befundes wird man ernüchtert festhalten müssen, dass belastbare Hinweise für eine Residenz Jerobeams I. im Jordantal (noch) fehlen.

Der wichtigste der genannten Orte ist Tirza, wo nicht nur Jerobeam I., sondern auch Bascha (1 Kön 15,21.33), Ela (1 Kön 16,8), Simri (1 Kön 16,15) und Omri (1 Kön 16,17.23) regierten. Tirza wird in der Regel auf dem *Tell el-Fārʿa* (Nord) 11 km nordöstlich von Sichem lokalisiert. Der archäologische Befund wird sehr unterschiedlich datiert. Die traditionelle Deutung sieht in der Eisen I-Zeit ein unbefestigtes Dorf, das dann im 11./10. Jh. v. Chr. unter Verwendung der MB-zeitlichen Mauern befestigt wurde. Im 9. Jh. v. Chr. gibt es ein unvollendetes Bauwerk, das mit dem Umzug Omris von Tirza nach Samaria (1 Kön 16,23–24) in Verbindung gebracht wurde. Dagegen steht eine Neuinterpretation (*Z. Herzog/L. Singer-Avitz, I. Finkelstein*), die keine Verbindung mehr zwischen dem unvollendeten Gebäude und Omris Wechsel nach Samaria sieht. Vielmehr wird das Gebäude der nachomridischen Eisen IIB-Zeit im 8. Jh. v. Chr. zugeschlagen. Auch die Wiederbefestigung in der späten Eisen IIA-Zeit wird kritisch gesehen; Tirza bleibt wie in der frühen Eisen IIA-Zeit unbefestigt und in einem sozio-ökonomisch wie infrastrukturell wenig entwickelten Stand. Ob die unbefestigten sehr einfachen Strukturen des 10. Jh.s v. Chr. Jerobeam I. (927/26–907 v. Chr.) und den Nachfolgern Bascha, Ela, Simri, Omri als Residenz gedient haben könnten, lässt sich kaum sagen. Stratum VIIb weist von der Keramik eher auf die Omriden. Der Palastkomplex und die Elitenbildung aus Stratum VIId schließlich sind mit der Eisen IIB zu verbinden und passen besser zu Jerobeam II. (787–747 v. Chr.).

Fazit: Keine der drei als Residenzorte infrage kommenden »Städte« weist repräsentative Architektur auf, die auf eine ausgebaute Monarchie im Übergang vom 10. zum 9. Jh. v. Chr. schließen ließe. Ein wirklicher Entwicklungsschub findet erst unter den Omriden und dann noch einmal im 8. Jh. v. Chr. statt. Aus archäologischer Sicht bleiben die Hinweise für einen ausgebauten und ausgedehnten Staat, der in Kontinuität zu Salomos Herrschaft im Norden gestanden oder den Jerobeam I. erstmalig errichtet hätte, dünn. Wenn überhaupt, lassen sich regionale Zentren der Herrschaft ausmachen, die keinen Flächenstaat gebildet haben. Das samarische Bergland scheint wenig und schon gar nicht urban entwickelt; der sog. kanaanäische Städteriegel (Megiddo, Taanach, Bet-Schean, *Tel Rehov*) ist weiter eher teilautonom als Teil eines zusammenhängenden Staates. Dafür spricht z. T. auch die Bauweise: In *Tel Rehov* werden Lehmziegelmauern ohne Steinfundamente errichtet, was ohne Parallele im eisenzeitlichen Israel ist (*A. Mazar*). Der Norden, genauer die Region um den See Gennesaret, Unter- und Obergaliläa und der Golan über Baschan bis hinunter ins nördliche Gilead stehen unter dem Einfluss der aramäischen Kleinstaaten Maacha, Geschur und (Bet-)Rehob.

7.4 Die Errichtung von »Reichsheiligtümern« in Bet-El und Dan

Für Jerobeam I. (927/26–907 v. Chr.) berichtet die Bibel von zwei Heiligtümern in Bet-El und Dan, die der König mit der Loslösung von Jerusalem im Norden und Süden seines Reiches eingerichtet habe (1 Kön 12,29f), um seine Herrschaft zu legitimieren und innenpolitisch zu festigen. Damit verbunden wäre ein zentraler Staatskult, eine wichtige Voraussetzung für eine organisierte Herrschaft. Der Bericht ist stark wertend gefärbt und kaum historisch auswertbar. Auch über den archäologischen Befund lassen sich die biblischen Angaben nicht bestätigen. In der Eisen IIA-Zeit scheint das sehr weit nördlich bei den Jordanquellen gelegene Dan/*Tell el-Qāḍī* nicht besiedelt gewesen zu sein (*E. Arie*). Wahrscheinlich war es in der Eisen IIB-Zeit vor König Joasch von Israel (802–787 v. Chr.) mindestens zeitweilig, wenn nicht überhaupt aramäisch und *nicht israelitisch*. Die früheste Phase der Kultstätte datiert auch erst frühestens in das Ende des 9., wahrscheinlich in den Beginn des 8. Jh.s v. Chr. Damit aber fällt Jerobeam I. als Erbauer oder Nutzer dieses Heiligtums aus. Das an der Nordgrenze gelegene Heiligtum könnte erst für das Israel, das im 8. Jh. v. Chr. die aramäische Dominanz überwand, nationale Bedeutung gewonnen haben.

Bedeutender war Bet-El/*Bētīn*, 16 km nördlich von Jerusalem, doch auch hier versagt die Archäologie die Bestätigung der These eines »Reichsheiligtums«. Abgesehen davon, dass ein Heiligtum im Befund nicht zu identifizieren ist, ist die Eisen IIA-Zeit archäologisch kaum belegt. Eindeutig dagegen ist der Befund für die Eisen IIB-Zeit im 8. Jh. v. Chr. Als Hintergrund der Erzählungen kann auch hier der namensgleiche Jerobeam II. (787–747 v. Chr.) vermutet werden (*E. A. Knauf, A. Berlejung*). Dahin weist auch die Rede vom Königs- bzw. Reichstempel in Am 7,13. Wollte man an Jerobeam I. festhalten, wäre man auf hypothetische Rekonstruktionen angewiesen oder müsste auf die sehr unwahrscheinliche Annahme zurückgreifen, dass das Heiligtum außerhalb des Ortes gestanden habe. Während der archäologische Befund der Besiedlung für das 8. Jh. v. Chr. spricht (dort aber auch kein Heiligtum nachzuweisen ist!), wirft die Einordnung der biblisch prominenten Stiersymbolik (1 Kön 12,25–33; Hos 10,5–6) als »Erfindung« des 8. Jh.s v. Chr. aus → ikonographischer Sicht Fragen auf, da Stiersymbolik – sei es als Darstellung von Attribut- oder Trägertieren – in der Spätbronze II- und Eisen I-zeitlichen → Ikonographie prominent (↗ Abb. 23), in der Eisen IIB-Zeit aber ausgesprochen selten ist. So ist zwar durchaus plausibel, dass ein Stier als Attributtier des vielleicht mit Baal identifizierten YHWH in Bet-El prominent herausgestellt wurde, doch handelt es sich dabei dann in der Eisen IIB um ein »reformierendes« Anknüpfen an ältere Traditionen.

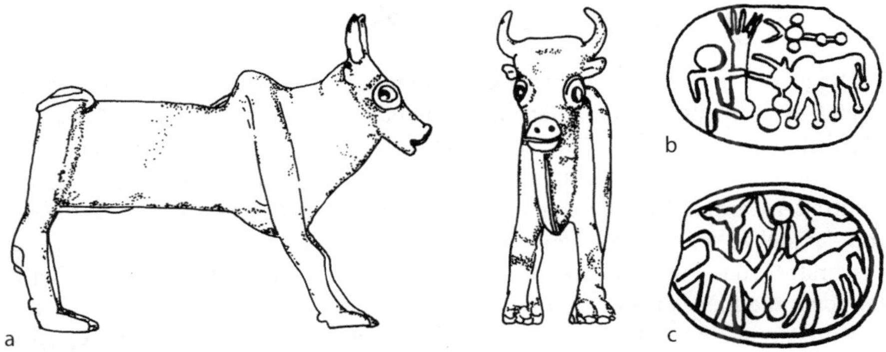

Abb. 23: Die 12,4 cm hohe und 17,5 cm lange Stierfigurine eines »jugendlichen« Zeburindes aus Bronze (a). Die wahrscheinlich mit Goldauflage und verzierten Augen veredelte Kultstatuette wurde in einem Freilichtheiligtum der Eisen I-Zeit im samarischen Bergland in *Ḏaḫret eṭ-Ṭawilē* nahe Dotan gefunden. Die beiden Siegel (b und c) mit den kraftvollen Stieren, die Vitalität, Stärke und Fruchtbarkeit symbolisieren, datieren in die Eisen IIA-Zeit und stammen aus Akko in der Küstenebene.

Auch in der Frage der Bedeutung Bet-Els scheiden sich die Geister von Minimalisten und Maximalisten. Während für die einen der biblische Bericht die Grundlage bietet, fehlen für die anderen sämtliche Hinweise auf einen etablierten Staat im sog. »Nordreich«, was nicht zuletzt die Rede von der »Reichsteilung« problematisch macht. Die Anfänge des Königtums im Norden bleiben damit weitestgehend im Dunkeln, sicheren Boden betritt man erst mit der Omridendynastie.

Das »Reichsheiligtum« in Bet-El ist in biblischer Darstellung einer der wichtigsten Orte des frühen Staates im Norden (↗ V.5.9). Der Gründung eines staatlichen Heiligtums liegt die These zugrunde, dass Jerobeam I. einen Ausgleich für das Kultzentrum in Jerusalem schaffen musste. Archäologisch gelingt es wie gezeigt nicht, dies nachzuweisen. Fällt die »Reichsteilung« als Erklärung aus, bedarf es auch gar keines Ausgleichs mehr zwischen Jerusalem und Samaria. Die Erzählung von 1 Kön 12,26–27 (wie auch die Erzählung in 1 Kön 13) ist damit eher Ätiologie (Kultlegende) als historische Information.

Daneben wird Dan zum zweiten »Staatsheiligtum«. Auch hier sind Zweifel an der organisatorischen Durchführung und der Deutung als »Reichsheiligtum« für das 10. Jh. v. Chr. angebracht. Die Existenz von zwei Stierbildern, die YHWH symbolisieren (Attributtiere) oder darstellen bzw. (analog zur Lade in Jerusalem) als Postamenttiere verstanden werden sollen, auf denen der unsichtbare Gott stehend gedacht werden soll (1 Kön 12,26–29), kann nicht gesichert werden. Die → dtr Interpretation sieht darin die Ursünde des »Nordreiches«, die letztlich 722/20 v. Chr. zum Untergang des Staates geführt hat. Damit wird die generelle Frage aufgeworfen, wie die sog. Reichsteilung zu erklären ist, wenn sie keine historische Entwicklung im 10. Jh. v. Chr. als Hintergrund hat.

7.5 Eine These zur sog. Reichsteilung

Der folgende Abschnitt versucht die Argumentationen zu Saul, David, Salomo, Jerobeam I. und Rehabeam zusammenzuführen und aus vielen Indizien eine These zur »Reichsteilung« im 8. Jh. v. Chr. zu entwickeln. In der Entfaltung der These zu der Trennung von Nord- und Südstaat setzt er z. T. Dinge voraus, die erst in Abschnitt V entfaltet werden. Es empfiehlt sich daher, die beiden Abschnitte komplementär und parallel zu lesen. Leser/inne/n ohne Vorkenntnisse sei empfohlen, zunächst Abschnitt V zu lesen und dann noch einmal hierhin zurückzukehren. Es ist zu betonen, dass die hier vorgestellte minimalistische Synthese hypothetisch bleibt: Die vereinte Monarchie im 10. Jh. v. Chr. ist eine biblische Konstruktion, die eine glorreiche Frühzeit an die Anfänge der Monarchie setzt und so einen Bezugspunkt für die Beurteilung der Geschichte des Königtums in spätvorexilischer (7. Jh. v. Chr.) und exilisch-nachexilischer Zeit (6./5. Jh. v. Chr.) geschaffen hat. Eine flächenstaatlich signifikante Monarchie in Juda ist erst als »Filialkönigtum« oder unter der → Klientelpolitik der Omriden entstanden. Die Vorstellung einer den Norden und Süden zusammenbindenden monarchischen Perspektive ist allerdings keine bloße Projektion aus hellenistischer Zeit oder reine Fiktion. Sie geht auch nicht auf das Königtum Sauls zurück (*I. Finkelstein*), sondern war eine unter den Omriden durch → Vasallität des Südens *de facto* erreichte Ausdehnung des Herrschaftsbereiches des Nordstaates Israel, die gestützt durch Heiratspolitik und Nepotismus (Vetternwirtschaft, Klientel) bis unter Ahas (741–725 v. Chr.) mehr oder minder anhielt. Dass die Idee eines geeinten Reiches in späterer Zeit mehrfach aufgegriffen und als Ideal ausgebaut wurde, steht auf einem anderen Blatt.

Mit der Schwächung des Nordstaates durch den Aramäer Hasaël (ca. 845–800 v. Chr.) im letzten Drittel des 9. Jh.s v. Chr. wurde die Voraussetzung für eine souveräne Eigenstaatlichkeit des Südens geschaffen. Der städtebauliche Aufschwung des Südens im 9./8. Jh. v. Chr., der durch den Norden erst ermöglicht worden war, hat die wirtschaftlichen, sozialen und infrastrukturellen Voraussetzungen für die souveräne Eigenstaatlichkeit Judas im 8. Jh. v. Chr. entwickelt. Die judäisch gefärbte Darstellung der Ereignisse entstand erst *nach* dem Untergang des Nordstaates Israel 722/20 v. Chr., baut dabei aber ältere Traditionen aus dem Norden ein. Auch wenn die Listen und → Synchronismen der Angaben der Königsbücher in der Regel als zuverlässig eingestuft werden, gibt es doch eine Reihe von Unsicherheiten, die nahelegen, die Darstellung nicht nur als tendenziös, sondern zu Teilen auch als konstruiert zu betrachten.

(a) Hinweise aus den Königslisten und Synchronismen der Königsbücher

Folgende zehn Beobachtungen lassen sich für die These ins Feld führen, dass die Darstellung der Königsbücher eine Unselbstständigkeit Judas und die Dominanz Israels verdeckt:

(1) Die Diskussion um das vereinte Königreich unter David und Salomo muss als insofern entschieden betrachtet werden, als dass es weder eine international bedeutende glorreiche Monarchie eines davidisch-salomonischen Großreiches noch eine von Jerusalem aus weit auf den Norden ausgreifende Herrschaft im

10. Jh. v. Chr. gegeben hat (↗ IV.5.6). Das bedeutet, dass in der Reichsteilung *keine* »geeinte Monarchie« durch die Erhebung Jerobeams auseinandergebrochen ist. Es erscheint demgegenüber wahrscheinlicher, dass die Frühzeit der Monarchie bis zu den Omriden mehr oder weniger eine spätere Geschichts*konstruktion* ist. Offen ist aber die Frage, in welchen Punkten und ab wann die biblische Darstellung näher am historischen Geschehen ist.

(2) Es war aufgefallen, dass die Angaben zu den Regierungszeiten Davids und Salomos Pauschalangaben waren (2 Sam 5,4; 1 Kön 11,42), die für eine Rekonstruktion der Anfänge des Königtums wenig belastbar waren. Zwar ist David durch die Inschrift von *Dan* als »Dynastiegründer« belegt (↗ IV.5.2), doch bedeutet das nicht gleichzeitig, dass die Überlieferung in das 10. Jh. v. Chr. zurückreichen muss. Dass es David gegeben hat, ist nicht die Frage, allerdings schon, ob er ein König in Jerusalem im 10. Jh. v. Chr. gewesen ist, sein Nachfolger Salomo und sein Enkel Rehabeam geheißen hat. Sowohl die dynastische Folge David → Salomo → Rehabeam als auch die Existenz von Salomo und Rehabeam sind nicht über alle historischen Zweifel erhaben.

(3) Während David als »Dynastiegründer« zwar nicht für das 10. Jh. v. Chr. sicher belegt ist, in seiner Historizität jedoch nicht (mehr) grundsätzlich geleugnet werden kann, verlieren sich die Spuren von Salomo in der literarischen Überlieferung. Sein Name »Ersatz« (2 Sam 11,27; 12,24, vgl. aber V. 25), die unklare Einordnung in die → Genealogie des Königshauses (2 Sam 3,2–5; 5,14) und die Auseinandersetzung um die Thronfolge (1 Kön 1,10.18.25; 2,13.15) lassen sich als Konstruktion einer Idealgestalt lesen. Dazu passt die Stilisierung des Herrschers Salomo als großer Bauherr mit besten internationalen Beziehungen und großer Weisheit.

(4) Die Namensähnlichkeit von »Jerobeam« und »Rehabeam« (volksetymologisch etwa »Volksstreiter« und »Volksweiter«) muss ebenso auffallen wie die Tatsache, dass es einen zweiten König Jerobeam II. (787–747 v. Chr.) gibt, für den Vieles, was über Jerobeam I. biblisch erzählt wird, plausibler ist. Dass es solche Rückprojektionen von Namen und Herrschern gegeben hat, zeigt die Erwähnung Ben-Hadads anstelle Hadad-Esers (ca. 875–845 v. Chr.) in 1 Kön 20 neben Ahab und vielleicht sogar die Erwähnung Ben-Hadads in 1 Kön 15,18.20 (↗ V.3.4). Auch die Erhebung Rehabeams zum König *in Sichem* und nicht in Jerusalem scheint an die Legende zur Reichsteilung angepasst. Die Flucht Jerobeams an den ägyptischen Königshof ist an die Baumaßnahmen Salomos einerseits und das Orakel des Propheten Ahija von Schilo andererseits geknüpft (1 Kön 11,40; 12,2–3), von Anklängen an die Exoduserzählung durchzogen und im Kontext der »Reichsteilung« kaum als historisch zu werten. Das alles könnte dafür sprechen, dass die Paarung Jerobeam/Rehabeam eine Konstruktion ist.

(5) Die »Quellen« über die Reichsteilung, das *novellistische Geschichtswerk* 1 Kön 12,1–19, die *Angaben zu den Regierungen Rehabeams und Jerobeams* 1 Kön 12,25–32 und 14,19–31 und die → *dtr überarbeitete Prophetenerzählung* 1 Kön 11,29–40; 12,21–24; 14,1–18 (*H. Donner*), sind aus einer judäischen Perspektive geschrieben, die der tatsächlichen historischen wie politischen Gewichtsverteilung nicht entspricht. Selbst die Aufteilung von 11 + 1 nach 1 Kön 11,30–31 läuft auf die Vorordnung Judas hinaus. Sie setzt zudem eine Zwölfstämmeperspektive voraus, die sich literarisch erst weit nach dem 10. Jh. v. Chr. herausgebildet hat (↗ III.8).

(6) Die biblische, judäisch gefärbte Darstellung konstruiert die frühe Geschichte des Nordstaates Israel als eine Kette von Aufständen, Putschen und Königsmorden, die, wenn überhaupt, jeweils nur für eine Generation eine Sukzession aufbauen können und dann wieder zusammenbrechen. Damit entsteht vor und mit den Omriden (1 Kön 16,9–12.21–22) der Eindruck einer widerrechtlichen und von Gott nicht unterstützten Königsherrschaft (*C. Frevel*). Wenn sich jenseits des theologischen Konstruktes überhaupt historische Reminiszenzen darin spiegeln und nicht die Putsche aus der Omri- oder Jehu-Revolution (↗ V.5) extrapoliert (oder gar ganz erfunden) wurden, deutet das ähnlich wie die wechselnden Residenzen (Sichem, Penuël, Tirza, Samaria) auf ein wenig stabiles Königtum im Norden hin (↗ IV.7.4).

(7) Dass auch der Süden in der frühen Eisen IIA-Zeit wenig entwickelt war und Anzeichen staatlich-administrativer Organisation weitestgehend fehlen, zeigen der archäologische und der → epigraphische Befund. Die Westexpansion Judas setzt zudem den Angriff auf die im 9. Jh. v. Chr. dominante Philistermetropole Gat/*Tell eṣ-Ṣāfī* durch den Aramäer Hasaël (ca. 845–800 v. Chr.) voraus (*O. Sergi*). Der Feldzug Hasaëls lässt sich auf die Zeit zwischen 840–830 v. Chr. eingrenzen (*A. M. Maeir*). Die stark wertende Ansicht, dass das Königtum im Norden auf Staatsstreiche und Putsche gebaut ist, hält auch nach Jerobeam II. (787–747 v. Chr.) bis zum letzten König an (2 Kön 15,14.23.25.30), was die Glaubwürdigkeit der Angaben nicht gerade erhöht.

In dieser Darstellung der Geschichte Israels und Judas werden die Regierungsdaten der Könige oft genannt. Das dient der Orientierung und sollte nicht darüber hinwegtäuschen, dass der genaue zeitliche Ansatz der Regierungszeiten ebenso unklar bleibt wie ihre Regierungsdauer. Letztlich ist aus historischer Sicht jeglicher Zeitansatz der Könige bis zum ausgehenden 9. Jh. v. Chr. sehr unsicher.

(8) Schaut man auf die Angaben zu den Königsherrschaften unter den Omriden, fällt auf, dass enge Verbindungen zwischen den Königshäusern in Samaria und Jerusalem gegeben sind (↗ V.4.7). Ahasja (Juda: 845 v. Chr.) ist Sohn Jorams (2 Kön 8,25), könnte aber auch Bruder des Joram von Israel und Enkel Omris sein. 2 Kön 8,27 scheint das anzudeuten, wenn Ahasja den Wegen des Hauses Ahab folgt. Ahasja aus Juda »besucht« Joram (2 Kön 8,29; 9,16), wahrscheinlich um ihm militärisch beizustehen. Dass von Ahasja aus Samaria erzählt wird, er habe Beziehungen zu Ekron unterhalten (2 Kön 1), kann als Spiegel des weiten Einflusses der Omriden gedeutet werden. Ahasja soll versucht haben, maßgeblichen Einfluss auf Joschafat zu nehmen (1 Kön 22,50). Atalja (845–840 v. Chr.), die Frau des »judäischen« Joram, ist eine Tochter Ahabs (2 Kön 8,18, anders 2 Kön 8,26: Tochter Omris) und Mutter des »judäischen« Ahasja. Dass Joram von Juda als Sohn des judäischen Königs 1 Kön 22,51 bezeichnet wird, ist als dynastisch legitimierende Konstruktion nichts Ungewöhnliches. Eine solche Praxis kommt auch außerbiblisch mehrfach vor, z. B. bei Hasaël von Damaskus in der Dan-Inschrift (↗ V.4.3) oder wenn Jehu bei Salmanassar III. (859–824 v. Chr.) als »Sohn Omris« geführt wird (↗ V.2.4).

Die Namens- und nahezu Zeitgleichheiten von Ahasja (Israel: 852–851 v. Chr.) und Ahasja (Juda: 845 v. Chr.), Joram (Israel: 851–845 v. Chr.) und Joram (Juda: 852–845 v. Chr.), Joasch (Israel: 802–787 v. Chr.) und Joasch (Juda: 840–801 v. Chr.)

legen den Schluss nahe, dass es sich um dieselben Personen handelt. Auffallenderweise stimmen auch die Angaben zur Dauer der jeweiligen Regentschaften dieser drei Königspaare *in der Tendenz* überein: Ahasja 1 bzw. 2 Jahre, Joram 7 bzw. 11 Jahre und Joasch 39 bzw. 15 Jahre.

Der Vater von Joasch (Juda: 840–801 v. Chr.) ist Ahasja (2 Kön 11,2), der von Joasch (Israel: 802–787 v. Chr.) Joahas (2 Kön 13,9). Die hebräischen Namensbestandteile sind die gleichen, nur verdreht (Ahas-ja/Jo-ahas *ʾḥz-yhw/yhw-ʾḥz*). Der verstorbene Bruder des Nachfolgers Jerobeams Nadab von Israel (907–906 v. Chr.) war Abija (1 Kön 14,1), was auch der Name des Nachfolgers Rehabeams ist (910–908 v. Chr.) (1 Kön 14,31). Die Söhne Jerobeams, Nadab und Abija, erinnern zugleich sehr an die negativ bewerteten und verstorbenen Aaron-Söhne Nadab und Abihu (Lev 10,1), wobei Aaron und Jerobeam auch über die Anfertigung eines idolatrischen Kalbes (Ex 32,4; 1 Kön 12,28) verbunden sind (*J. M. Miller/J. H. Hayes*). Die Nähe der Namen und die Assoziationen sind so auffallend, dass die Annahme, das alles sei Zufall, an Grenzen der Plausibilität stößt.

All das spricht eher dafür, dass die frühen → synchronistischen Angaben der Königshäuser von Juda und Israel durch ein gehöriges Maß an kombinatorischer Konstruktion zustande gekommen sind (↗ Graphik S. 192). Dabei ließen sich die antiken »Historiker« mehr von Assoziationen als von verlässlichen Daten leiten. Im Hintergrund steht wahrscheinlich der historische Einfluss der Omriden auf das Königtum in Jerusalem, das im 9. Jh. v. Chr. ein nordisraelitischer → Vasall, eine Art Satellitenstaat (ein nur formal oder zum Teil autonomer, *de facto* aber abhängiger Staat) oder ein Filialkönigtum (durch jeweils den Thronprätendenten regiertes benachbartes Territorium) gewesen ist.

(9) Es ist ferner auffallend, dass es Angaben zu Koregentschaften nur im Süden (Joram, Asarja, Jotam, Ahas) und nur bis zur Regierungszeit des Ahas (741–725 v. Chr.) gibt. Die Begründungen sind jeweils unterschiedlich und zum Teil dienen sie wohl nur dem Ausgleich chronologischer Ungereimtheiten: Während das Königsformular in 1 Kön 22,51 Joram mit dem Tod seines Vaters auf den Thron kommen lässt, weiß 2 Kön 8,16, dass der judäische Joram im 5. Jahr des israelitischen Königs Joram mit 32 Jahren in Juda zum König wird, als sein Vater Joschafat (868–847 v. Chr.) noch lebt. Hingegen wird Joram von Israel nach 2 Kön 1,17 zum König, als Joram von Juda schon zwei Jahre regierte, was nach 2 Kön 3,1 im 18. Jahr Joschafats der Fall ist (zu den damit verbundenen Problemen ↗ V.4.6). Asarja bzw. Usija (787–736 v. Chr.) könnte ebenfalls 14 Jahre neben (oder gegen) Amazja in Jerusalem regiert haben. Während seiner außergewöhnlich langen Regierungszeit (52 Jahre nach 2 Kön 15,2) waren wegen einer Hauterkrankung nach den biblischen Angaben Jotam (756–741 v. Chr.) für fünfzehn Jahre und Ahas (741–736 v. Chr.) für acht Jahre koregierende Könige. Auch hier stimmen nicht alle biblischen Angaben zur Thronfolge zusammen (2 Kön 15,7.38; 16,1), weshalb die absoluten Regierungsdaten meist angepasst sind (die hier jeweils in Klammern angegebenen Regierungsdaten Übersicht ↗ X.1.4 sind tendenzielle Angaben auf der Grundlage der biblischen Daten, keine absoluten Datierungen, ↗ V.2 und I.8). Erst nach Ahas (741–725 v. Chr.) setzt eine dynastische Konsolidierung ein, die bis zum Ende des Südstaates anhält. Möglicherweise zeigt das an, dass auch die Daten für Juda vor Ahas nicht unbedingt zuverlässig sind.

(10) Der erste judäische König, der außerbiblisch bezeugt ist, ist (allerdings rekonstruiert) Ahasja vom »Haus Davids« in einem → Orthostatenfragment (der sog. »Stele«) von Dan (↗ IV.5.2 u. V.4.3). Dort allerdings scheint er mit (seinem Bruder?) Joram, dem König von Israel, zusammen agiert zu haben. Beide rühmt sich der aramäische König (wahrscheinlich Hasaël ca. 845–800 v. Chr.) getötet zu haben. Ist die Rekonstruktion der Inschrift richtig, scheint Hasaël die beiden Könige so eng zusammengesehen zu haben, dass er sie auch in der auf die Okkupation des nördlichen Ortes gerichteten Inschrift zusammen nennt. »Haus Davids« ist damit zunächst eine relative Angabe, die nichts über eine schon lange selbstständige davidische Dynastie in Jerusalem aussagt. Sieht man von dem Beleg der Dan-Inschrift und der unsicheren Mescha-Stele (↗ IV.5.2 u. V.4.3) ab, taucht eine mit Jerusalem verbundene Monarchie in assyrischen Inschriften erst mit dem Tribut König Ahas' an Tiglat-Pileser III. (745–727 v. Chr.) auf (↗ V.2.4). Dort wird sie zudem nicht (wie Israel auf Omri) auf David zurückgeführt, sondern als Juda benannt. Der Norden ist zu diesem Zeitpunkt schon mehr als 140 Jahre in vergleichbaren Inschriften präsent (↗ V.2.4). Das kann zum Teil Zufall sein, unterstützt aber *de facto* die Tendenz, von einer autonom handelnden und von außen wahrgenommenen Größe erst unter Ahas (741–725 v. Chr.) auszugehen.

(b) Juda als Filialkönigtum des Nordens im 9./8. Jh. v. Chr.

Nimmt man alle Indizien zusammen, erweist sich die »Reichsteilung« ebenso wie die »vereinte Monarchie« als ein für das 10. Jh. v. Chr. entworfener idealisierter Geschichtsverlauf. Die früher geltende Annahme, die der Komposition der Königsbücher zugrundeliegenden Listen von Jerobeam (927/26–907 v. Chr.) bis Hoschea (732–723 v. Chr.) im Norden und Rehabeam (926–910 v. Chr.) bis Zidkija (598/97–587/86 v. Chr.) im Süden seien in ihren Angaben zur Sukzession über alle Zweifel erhaben und historisch belastbar, ist aufzugeben. Sowohl die Angaben über Monarchie und ihre Thronfolgen in Jerusalem vor Joram (852–845 v. Chr.) als auch im Norden vor Omri (882–871 v. Chr.) sind vage und geben (davor und auch danach) keine exakte Geschichte der beiden Reiche wieder. Sie wurden mit der ersten Komposition der Königsbücher, wahrscheinlich im späten 8. oder frühen 7. Jh. v. Chr. (jedenfalls nach der Eroberung Samarias und dem Verlust der Eigenstaatlichkeit im Norden), aus judäischer, stark wertender Perspektive entworfen. Wie viel an historischen Informationen darin – wenn überhaupt – bewahrt worden ist, muss im Einzelfall geprüft werden. Existierende Listen können frei oder mit vagen Informationen ergänzt worden sein (*M. Liverani*). Für die Rekonstruktion ändert sich die Perspektive radikal, wenn man bereit ist, die Namensgleichheit als Identität der Personen ernst zu nehmen. Dann stellt sich die Geschichte der getrennten Monarchien aus historischer Perspektive in groben Zügen so dar:

In der Mitte des 9. Jh.s v. Chr. bis tief ins 8. Jh. v. Chr. herrscht ein enger Verbund zwischen Israel und Juda, der sich als Abhängigkeit Judas von Israel ähnlich zu einem → Vasallenverhältnis ausgestaltet: Schutz gegen politischen und wirtschaftlichen Einfluss. Juda ist nur bedingt eigenständig und wird von den Omriden Joram, Ahasja, Atalja regiert. Die Abhängigkeit hält auch unter dem Nimschiden Joasch und den Königen Amazja, Asarja und Jotam weiter an. Juda wird von den Herrschern aus Samaria als Filialkönigtum und zwischenzeitlich auch in Personalunion regiert. Filialkönigtum meint dabei nicht nur die Unselbstständigkeit Judas, sondern die Führung durch ein Mitglied des Königshauses aus Samaria. Anders als später die Neuassyrer und Neubabylonier wählen die Omriden (und später zum Teil auch die Nimschiden) nicht einen Herrscher aus der Jerusalemer Aristokratie, sondern bestimmen in geschickter → Klientelpolitik, wer aus der eigenen Familie die Herrschaft in Jerusalem übernimmt. Dabei wird keine dauerhafte Sekundogenitur gegründet, sondern jeweils temporär begrenzt die Herrschaft eines Omriden bzw. eines Nimschiden in Jerusalem.

Die Oberhoheit der Omriden über den Süden beginnt in der Regierungszeit Joschafats (868–847 v. Chr.) und entfaltet sich unter den Ahab-Söhnen Joram und Ahasja. Nach dem Tod Ahasjas von Juda (845 v. Chr.) wahrt die Omridin Atalja in Jerusalem die Interessen Samarias. Als die Omriden in Samaria durch die Aramäer bzw. die Jehu-Revolution aus dem Amt gedrängt werden, fällt auch Atalja in einem Putsch in Jerusalem. Die biblische Darstellung will den dann folgenden Joasch als geretteten judäischen Königssohn darstellen, der von der einflussreichen Aristokratie als Davidide an die Stelle der Omridin Atalja gesetzt wird. Das geschieht im siebten Jahr Jehus, als Joasch sieben Jahre alt ist und Atalja sieben Jahre in Jerusalem regiert. Plausibler als diese geradezu offensichtliche Konstruktion ist die Annahme, dass die Omridin Atalja von der Jerusalemer Aristokratie liquidiert wurde, um eine gefährliche Loslösung von (dem inzwischen nimschidisch-aramäischen) Samaria zu verhindern. Entsprechend wurde mit Joasch ein Nimschide (d. h. ein Angehöriger der Dynastie Jehus, dessen [Groß-]Vater Nimschi heißt) auf den Thron in Jerusalem gehoben, sodass die Interessen Samarias weiter gewahrt blieben (↗ Graphik S. 192).

(c) Hasaël und sein Einfluss auf die Loslösung Judas von Israel

Zu einer kurzfristigen »Reichsteilung« und politischen Autonomie des Südens kommt es unter aramäischem Druck bzw. mit aramäischer Unterstützung. Die auf eine wirtschaftliche Vormachtstellung gerichtete Expansion des Aramäers Hasaël im letzten Drittel des 9. Jh.s v. Chr. (↗ V.3.4) hat die regionalen Gewichte erheblich verschoben. Die aramäische Dominanz dehnt sich von Norden (s. die aramäische Inschrift von Dan, ↗ V.4.3 u. V.5.2, Abel-Bet-Maacha ↗ IV.5.7, Hazor ↗ IV.6.5) auf die wirtschaftlich bedeutenden Zentren um die Jesreel-Ebene und im oberen Jordantal aus. Die Zerstörung von *Tel Rehov* (Stratum IV) geht wahrscheinlich auf Hasaël zurück und geht seinem Vordringen in die Schefela, die an der Eroberung Gats abzulesen ist, voraus. Die Expansion erreicht zwischen 840–830 v. Chr. ihren Höhepunkt. Als sich das südliche Filialkönigtum unter Joasch (840–802/01 v. Chr.) dem Druck Hasaëls beugt und → Vasallitäts-Tribut leistet (2 Kön 12,19), wird Joasch vielleicht von den Aramäern als König von Juda abgesetzt und Amazja in Jerusalem (802/01–773 v. Chr.) als aramäischer Vasallenkönig eingesetzt. Der Nimschide Joasch zieht sich in den Norden zurück und regiert (später?, 2 Kön 14,1) als Nachfol-

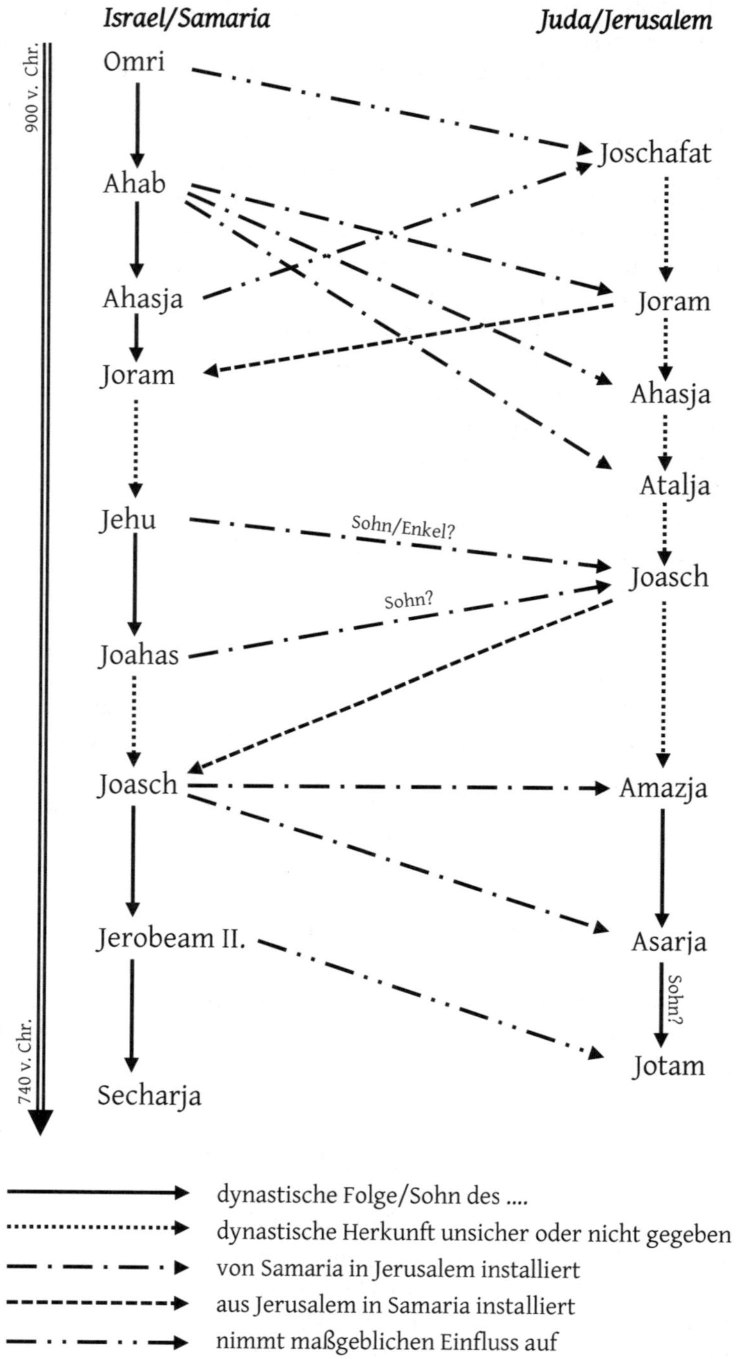
Israel/Samaria
Juda/Jerusalem
900 v. Chr.
740 v. Chr.
Omri
Ahab
Ahasja
Joram
Jehu
Joahas
Joasch
Jerobeam II.
Secharja
Joschafat
Joram
Ahasja
Atalja
Joasch
Amazja
Asarja
Jotam
Sohn/Enkel?
Sohn?
Sohn?
dynastische Folge/Sohn des ....
dynastische Herkunft unsicher oder nicht gegeben
von Samaria in Jerusalem installiert
aus Jerusalem in Samaria installiert
nimmt maßgeblichen Einfluss auf

ger des Joahas *weiter* in Samaria. Ihm gelingt 2 Kön 13,25 zufolge nach dem Tod Hasaëls (ca. 845–800 v. Chr.) später gegen Ben-Hadad II. (800–780 v. Chr.) die Konsolidierung des Nordens. Der in Jerusalem eingesetzte Amazja jedenfalls strebt nach Autonomie und zettelt kurze Zeit später einen Krieg mit Joasch von Samaria an, der in einer bitteren Niederlage des Jerusalemers endet. Erneut gelingt es dem Nimschiden Joasch, Jerusalem in seinen Einflussbereich zu bringen (2 Kön 14,8–14). Amazja wird nach Lachisch abgedrängt und versucht ein Gegenkönigtum zu etablieren, was aber gegen die Dominanz Joaschs keine Chance hat. Unter dem in Jerusalem als Vasall installierten Asarja (wahrscheinlich ebenfalls einem Nimschiden) kann Juda erstarken. Asarja/Usija (787–736 v. Chr.) dehnt zwar die Herrschaft wieder bis zum Golf von Elat aus (2 Kön 14,22), wird aber die letzten 20 Jahre seines Lebens durch Jotam (756–741 v. Chr.) ersetzt. Jotam ist der letzte König, der unter dem Einfluss der Nimschiden aus dem Norden steht.

Als das Ende der Jehu-Dynastie in Samaria durch die (von Rezin von Damaskus gelenkte) Ermordung Secharjas 747 v. Chr. besiegelt wird und unruhige Jahre bis zur vorrübergehenden Stabilisierung in Menahems Regierungszeit (747–738 v. Chr.) in Samaria folgen, kommt es unter Ahas (744–725 v. Chr.) in Jerusalem zur Loslösung des Südens von Samaria. Jetzt erst kann von einer dauerhaften »Reichsteilung« bzw. von wirklich getrennten Reichen gesprochen werden. Die Loslösung des Südens vom Norden ist mit der Vasallität gegenüber den Assyrern erkauft (2 Kön 16,7–8) und wäre ohne die zunehmende Schwächung des Nordstaates Israel nicht möglich gewesen. Zugespitzt könnte man sagen, dass sich Juda erst mit dem Ende des Nordstaates im ausgehenden 8. Jh. v. Chr. als vom Norden unabhängiger Staat etablieren kann.

(d) Zusammenfassung Reichsteilung

Die hier vorgeschlagene Rekonstruktion der Hintergründe von der sog. Reichsteilung ist eng verwoben mit der Entstehung Judas als einem eigenständigen Staat. Sie geht aus von der Annahme, dass es im 10. Jh. v. Chr. *kein* vereintes Reich gegeben hat, das geteilt hätte werden können. Wahrscheinlich sind weder Jerobeam I. (927/26–907 v. Chr.) noch Rehabeam (926–910 v. Chr.) historische Figuren, sondern Konstruktionen, die von Jerobeam II. (787–747 v. Chr.) ihren Ausgang nehmen. Mit Jerobeam I. wird der Anfang des Nordstaates eponymenhaft verbunden worden sein als Israel unter Jerobeam II. eine außergewöhnliche Blütezeit erlebte (↗ V.5.9). Diese wahrscheinlich mit Mose parallelisierte und heroenhaft gefärbte, fiktive Gründerfigur wurde von den judäischen Geschichtsschreibern in eine Gegenfigur umgewandelt. Hier wird Jerobeam I. zum aufständischen Rebell, der sich von der Einheitsperspektive eines unter David und Salomo geeinten Israel lossagt.

In der Erzählung von der Reichsteilung hat die judäische kollektive Erinnerung die »Geburt« Judas als von Israel unabhängiges Staatsgebilde und die Vision einer Vereinigung mit dem Norden bewahrt. Der *de facto* Verlauf der Geschichte Judas sah ganz anders aus. Während für die Frühzeit von David und Salomo über Rehabeam bis zu Joschafat Judas Staatlichkeit nur bedingt außerbiblisch zu fassen ist, sprechen alle Indizien dafür, dass Juda in der zweiten Hälfte des 9. Jh.s v. Chr. ein von Israel abhängiger Substaat gewesen ist. Die Omriden haben ihre Herrschaft nicht nur in

Transjordanien nach Süden bis an die Grenze Moabs ausgedehnt, sondern auch Juda als Filialkönigtum unter Ahab (871–852 v. Chr.) etabliert. Die Söhne Ahabs, Joram und Ahasja, haben auch die Regierungsgeschäfte in Jerusalem geführt, zum Teil in Personalunion mit der Herrschaft in Samaria, zum Teil, bevor sie die Sukzession in Samaria antraten. Diese Situation hielt mit Joasch auch nach dem Putsch Jehus (845–818 v. Chr.) noch an. Erst als der Druck der Aramäer im ausgehenden 9. Jh. v. Chr. im Norden zu einer zunehmenden Marginalisierung führt, kann sich der Süden unter Amazja (801–773 v. Chr.) als aramäischer → Vasall sukzessive etwas von Israel lösen. Der neuassyrische Druck auf die Aramäer, der in der Eroberung Damaskus 733 v. Chr. durch Tiglat-Pileser gipfelt, ermöglicht Juda eine Phase der Eigenständigkeit, allerdings unter der Dominanz der *pax assyriaca.* Will man nach einer »Reichsteilung« suchen, kann man die Ansätze dazu im 8. Jh. v. Chr., vor allem in dessen zweiter Hälfte finden. Sie hängt eng mit der Entstehung Judas als »Staat« zusammen. Die Abhängigkeit bzw. Vasallität gegenüber dem Nordstaat, den Aramäern, den Neuassyrern und dann gegenüber den Neubabyloniern bestimmt jeweils den Grad der Eigenständigkeit des Königreichs in Jerusalem, dessen Größe und Eigenständigkeit durch die biblische Darstellung stark überzeichnet wird.

Die hier gezeichnete Linie bildet den Hintergrund der Darstellung der Königreiche Israel und Juda in den Abschnitten ↗ V.4–6. Sie verändert den Blick auf die Frühphase Israels und Judas vom 10.–9. Jh. v. Chr. ebenso wie die Einschätzung des sog. syro-efraimitischen Krieges.

8. *Der Feldzug Pharao Schischaks*

R. L. Chapman III, Putting Shoshenq I in His Place: PEQ 141, 2009, 4–17 • W. G. Dever, Shoshenq and Solomon: Eretz Israel 33, 2018, 50–58 • A. Fantalkin/I. Finkelstein, The Sheshonq I Campaign and the 8th-Century BCE Earthquake: TA 33, 2006, 18–42 • I. Finkelstein, The Campaign of Shoshenq I to Palestine: ZDPV 118, 2002, 109–135 • I. Finkelstein/E. Piasetzky, The Iron I–IIA in the Highlands and Beyond: Levant 38, 2006, 45–61 • E. Gass, Schoschenq und Jerusalem: UF 46, 2015, 115–159 • P. James/P. G. van der Veen, Solomon and Shishak, Oxford 2015 • E. A. Knauf, Shoshenq at Megiddo: BN 107/108, 2001, 31 • T. E. Levy/S. Münger/M. Najjar, A Newly Discovered Scarab of Sheshonq I: Antiquity Journal 2014, http://journal.antiquity.ac.uk/projgall/levy341 (Zugriffsdatum 23.7.2018) • L. P. Petit, What Would the Egyptian Pharaoh Shoshenq I Have Seen if he Had Visited the Central Jordan Valley?: PEQ 144, 2012, 191–207 • K. A. Wilson, The Campaign of Pharaoh Shoshenq I Into Palestine (FAT II/9), Tübingen 2005.

Für die chronologische Einordnung der Befunde des 10. Jh.s v. Chr. gibt es derzeit in der Geschichte Israels kaum ein wichtigeres Ereignis als den Feldzug Pharao Schischaks, der traditionell 926 v. Chr. angesetzt wird. Diese Datierung stützt sich allerdings nahezu ausschließlich auf die biblischen Quellen. Die biblische Darstellung sieht Schischak als ägyptischen Pharao, der Jerobeam I. (927/26–907 v. Chr.) politisches Asyl gewährte, als er von Salomo verfolgt wurde (1 Kön 11,40). Im fünften Jahr des Königs Rehabeams, des Sohns und Nachfolgers Salomos, habe dann Schischak einen Feldzug gegen Jerusalem geführt und die Schätze des Tempels und des königlichen Palastes geraubt (1 Kön 14,25–26).

8.1 Probleme der Datierung des Feldzugs

Es besteht kein Zweifel, dass es mehrere Pharaonen mit dem Namen Shoshenq (*Šȝ-šȝ-q/Ššq* oder *Šȝ-šȝ-n-q/Ššnq*, andere Namensformen Scheschonq, Schoschenk, Sesonchosis) gegeben hat und der Begründer der 22. Dynastie (946/45–ca. 730 v. Chr.) in Ägypten diesen Namen trug und auch nicht, dass eben dieser aus Libyen stammende Pharao einen Feldzug unternommen hat. Es liegt nahe, dass dieser Shoshenq I. (946/45–924 v. Chr.) mit dem in der Bibel in 1 Kön 11,40; 14,25; 2 Chr 12,2.5.7.9 genannten Schischak identisch ist. Zumindest gibt es dazu keine sinnvolle Alternative. Geht man von der traditionellen Angabe der Regierungszeit Salomos von etwa 970–931 v. Chr. aus, datiert der Feldzug 926/25 v. Chr. Folgt man hingegen wie üblich der sog. »Kurzen Chronologie«, verschiebt sich der Regierungsantritt Rehabeams auf das Jahr 926 v. Chr., sodass der Feldzug »im fünften Jahr« (1 Kön 14,25) erst 921 v. Chr. angesetzt werden kann. Teilweise wird er sogar noch etwas später, in das Jahr 918 v. Chr., datiert. Folgt man dann allerdings zugleich der üblichen mittleren ägyptischen Chronologie (↗ X.1.2), hat Schischak I. zu diesem Zeitpunkt schon gar nicht mehr gelebt. Denn üblicherweise wird die Regierungszeit 946/45–924 v. Chr. angesetzt, wobei in der Chronologie der 21. (1070/69–946/45 v. Chr.) und 22. Dynastie (946/45–ca. 730 v. Chr.) Vieles unsicher bleibt. Die fehlende Synchronizität der ägyptischen und israelitisch-judäischen Chronologie ist in der Forschung als Problem lange bekannt, aber nicht lösbar. Denn die herkömmliche Datierung des Feldzugs 926 v. Chr. ist abhängig von den biblischen Angaben, die wiederum in der absoluten Chronologie von der Einordnung Schischaks im chronologischen System Ägyptens abhängig sind.

Das Problem der genauen Datierung ist dabei vielschichtig: Welche Orte sind im Zusammenhang des Feldzugs durch das ägyptische Heer zerstört worden und wie sind diese Ereignisse zeitlich zu verorten? Die dafür zur Verfügung stehenden Quellen sind ein Relief am Bubastidentor im Amun-Tempel in Karnak, das Orte des Feldzugs auflistet (↗ IV.8.2), ein Stelenfragment aus Megiddo mit einer Kartusche Schischaks (↗ IV.8.4) und der archäologische Befund in Palästina, über den möglicherweise eine Annäherung versucht werden kann (↗ IV.8.3). Macht man sich unabhängig vom biblischen Befund, lässt sich der Feldzug nicht *absolut*, sondern lediglich *relativ* in die 2. Hälfte des 10. Jh.s v. Chr. (also *auch* in die Regierungszeit Salomos; *G. Garbini*, *H. Donner*) datieren. Möglicherweise ist aber auch von mehreren Expeditionen Schischaks auszugehen (*E. A. Knauf*).

Aufgrund der chronologischen Herabdatierung der Eisen I-Zeit vertritt *I. Finkelstein* eine markant andere Position. Danach reagiert der Feldzug auf die Ausdehnung politischer Herrschaft unter Saul in der späten Eisen I- und frühen Eisen IIA-Zeit auf dem Gibea-Bet-El-Plateau. Das Königtum Sauls hätte sich zur Gefahr für die ägyptische Politik ausgewachsen, weshalb Schischak I. sich gezwungen sah, militärisch einzugreifen, was sich noch in der Schlacht in den Bergen Gilboas 1 Sam 30–31 spiegeln soll. Die hier vertretene Auffassung zur Bedeutung der Herrschaft Sauls (↗ IV.4) lässt sich nur schwer mit dieser Sicht vereinbaren.

8.2 Der Anlass des Feldzugs

In 1 Kön 14,25f ist lediglich von einem Angriff auf Jerusalem die Rede. 2 Chr 12,4 erwähnt zumindest ohne weitere Konkretisierung noch befestigte Orte in Juda. Demgegenüber enthält die sog. Schischakliste (↗ Abb. 24) auf einem Relief an der Südwand des Bubastidenportals in Karnak aus dem 21. Jahr der Regierungszeit des Pharao mehr als 150 Orte in Zentralpalästina, im Negeb und in der südlichen Küstenzone, darunter Gaza, Geser, Taanach, Gibeon, Bet-Horon, Megiddo, Tirza, Mahanajim, Penuël u. a. m. Auffallend ist die Aussparung des judäischen Berglandes und das Fehlen Jerusalems.

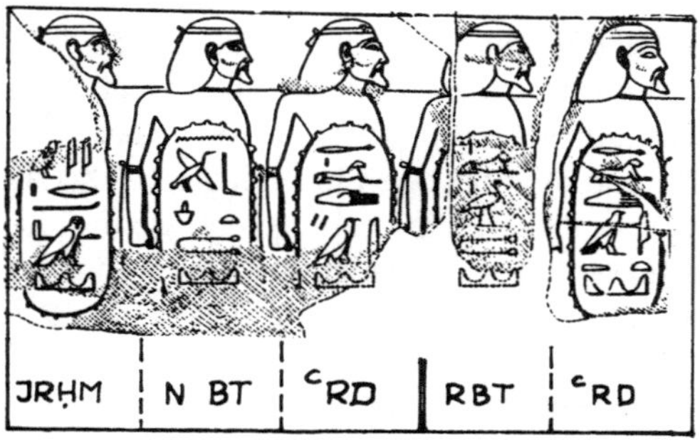

Abb. 24: Ausschnitt aus der sog. Schischakliste am Bubastidenportal des Amun-Tempels in Karnak. In der Inschrift, die von dem Palästinafeldzug Schischaks I. »berichtet«, wird u. a. auch Arad (zweimal) als eroberte Stadt erwähnt. Die Bezwungenen werden durch die gefesselten Gefangenen repräsentiert, die in einer Kartusche den Namen des eroberten Ortes tragen.

Die Inschrift ist allerdings wie üblich eine Kompositliste, d. h. sie benutzt Teile aus anderen Listen als Vorlage. Inwieweit die Ortsnamenliste mit 120 *erhaltenen* Namen daher selbst genuin den Feldzug abbildet, ist unklar. Es sind dort Orte erwähnt, die in früheren Listen nicht stehen (vor allem im Kerngebiet Israels), doch gelingt es nicht, aus der Liste einen chronologischen Feldzug zu rekonstruieren. Der Pharao rühmt sich, die abgebildeten Asiaten als Gefangene dem Tempel zugeführt zu haben, aber dabei muss man mit einem gehörigen Schuss Propaganda rechnen, zumal andere außerbiblische Quellen für diesen Feldzug fehlen. Nicht jeder in der Liste genannte Ort muss also erobert worden sein, manche können sich auch durch Tributzahlungen freigekauft haben oder nur aus traditionellen Gründen in der Liste auftauchen. Dass aber Jerusalem entgegen der knappen Angabe in 1 Kön 14,26 und der darauf aufbauenden Erzählung in 2 Chr 12,2–9 *nicht* in der Liste erwähnt wird, verwundert unabhängig davon, ob Jerusalem tatsächlich erobert wurde oder Rehabeam (926–910 v. Chr.) (oder welcher Herrscher in Jerusalem auch immer) Tribut zahlte. Vielleicht ist 1 Kön 14,26 »Schischak raubte« als »Rehabeam lieferte aus« zu verstehen, was auch die deutende Erzählung in der Chronik nahelegt. Dass dieser Tribut (entgegen der biblischen Darstellung) schon im Vorfeld des Feldzugs erfolgte und deshalb das Herrschaftsgebiet Judas nicht auftaucht, ist wenig wahrscheinlich, denn selbst dann hätte sich der Pharao wohl der »Eroberung« Jerusalems gerühmt. Eher scheint das dünn besiedelte judäische Bergland im 10. Jh. v. Chr. für die ägyptischen Interessen wenig bedeutsam gewesen zu sein, sodass die Eroberung im Feldzug ausgespart worden ist. Dass aber die wirtschaftlich bedeutendere

Schefela ausgespart bleibt, zeigt, dass auch das wohl nicht die ganze Wahrheit ist.

Die Erwähnung der Residenzorte Jerobeams I. (927/26–907 v. Chr.) und die Einbeziehung des östlichen Jordantals (die Liste erwähnt Adama, Sukkot, Penuël und Mahanajim) hat die Vermutung gestärkt, dass es sich (auch) um eine Strafexpedition gegen den abtrünnigen → Vasallen Jerobeam I. (1 Kön 11,40) (oder wie sich der lokale Herrscher auch immer genannt haben mag) gehandelt haben könnte. Sukkot ist wahrscheinlich mit dem *Tell Dēr ʿAllā* im mittleren Jordantal zu identifizieren, wo ein regionales Heiligtum einer Gruppe von Propheten als Versammlungsort diente. Der vielleicht 3 ha große Ort hat strategisch durch die dort angesiedelte Metallverarbeitung eine gewisse Bedeutung, es gibt aber auch Hinweise, dass er in den Fernhandel eingebunden war (*M. Steiner/E. J. van der Steen, F. Zayadine*). Der Doppelort Penuël und Mahanajim, wahrscheinlich zu identifizieren mit den beiden nahegelegenen *Tell aḏ-Ḏahab aš-Šarqīya* und *Tell aḏ-Ḏahabal-Ġarbīyā* im unteren Jabboktal, könnte ein Residenzort gewesen sein, von dem aus das Jabbok-Gebiet und das angrenzende Jordantal kontrolliert wurden. Die dort gefundenen Ritzzeichnungen aus dem 9./8. Jh. v. Chr. (↗ IV.7.3) deuten auf eine Einbindung in die Handelsroute nach Norden. Sie unterstreichen vielleicht auch die regionale Bedeutung des mittelgroßen Ortes (6 ha) für das mittlere Jordantal und das untere Jabboktal. Eine Residenz Jerobeams allerdings, die 1 Kön 12,25 nahelegt, wurde in den Ausgrabungen bisher nicht gefunden (*T. Pola u. a.*). Wenn Adama mit dem *Tell ed-Dāmiye*/Adama zu identifizieren ist, dann befand sich dort keine bedeutende Stadt, die Schischak geostrategisch hätte interessieren können. Vielmehr geben die Ausgrabungen der ca. 1,5 ha großen Siedlung Hinweise auf ein regionales Heiligtum (*L. Petit*). Am ehesten kommen noch die Kupferverarbeitung im Jordantal (1 Kön 7,46) und die Kontrolle der Handelswege nach Norden als strategisches Ziel infrage (*B. Schipper*). Darauf verweisen auch die Ortslagen des dritten Teils der Liste, die auf den ersten Blick ebenfalls unbedeutende Orte im Negeb nennen. Diese Interpretation könnte gestützt werden, wenn die Kupfergewinnung, -verhüttung und -verarbeitung im *Fēnān*-Gebiet, in der Araba *und* im Jordantal (↗ III.3.1 u. IV.6.8) Ziel des Feldzugs gewesen ist (*A. Mazar*). Schischak I. hätte dann versucht, die von ihm kontrollierten Abbaugebiete auf der Sinaihalbinsel zu stärken und den mit anderen Standorten verbundenen Handel und die Verarbeitung zu stoppen oder umzulenken.

8.3 Spuren der Zerstörung im 10. Jh. v. Chr.

Die Frage, inwieweit Zerstörungsschichten in der Schefela, in Zentral- und Nordpalästina und im Ostjordanland mit dem Feldzug Schischaks in Verbindung zu bringen sind, ist nach wie vor nicht geklärt. Nicht jeder in der Liste genannte Ort weist im 10. Jh. v. Chr. ein zerstörtes → Stratum auf und nicht jeder Ort mit Zerstörungsschicht aus dem 10. Jh. v. Chr. ist in der Ortsnamensliste in Karnak erwähnt. So lässt sich z. B. auch in den für die Verbindung mit Jerobeam I. (927/26–907 v. Chr.) wichtigen Orten Penuël oder Tirza keine signifikante Zerstörung in frühen Eisen IIA-Schichten nachweisen. Stark debattiert sind die Zuweisungen der Zerstörungen der Städte im Norden, die in Kontinuität zur SB-zeitlichen Stadtkultur ein »Neues Kanaan« bildeten. Während *Israel Finkelstein* die Zerstörungen von Megiddo Stratum VIA, Jokneam Stratum VII, *Tell el-Qasīle* Stratum X, *Tell Kēsān* Stratum IX, *Tel Hadar* Stratum V mit dem Feldzug Schischaks in Verbindung bringt, lehnt *Amihai Mazar* eine solche Zuweisung ab, da ^{14}C-Daten der Orte eine Zerstörung im früheren 10. Jh. v. Chr. nahe legen. Dabei geht er anders als *I. Finkelstein* von der traditionellen Datierung des Feldzugs 926 v. Chr. aus. Die Zuweisung einer Zerstörungsschicht zu einem Feldzug setzt nicht nur die Datierung der Zerstörung, sondern auch die Datierung des Feldzugs voraus, und die war, wie in ↗ IV.8.1 gezeigt, keinesfalls sicher. D. h. man kommt in diesem argumentativen Zirkel nicht weiter, sondern immer wieder an den Punkt, wo man das voraussetzt, was man zu erweisen sucht.

Diskutiert wird, wie weit die Zugriffe im Osten erfolgten und ob etwa Orte im Süden auf dem Feldzug zerstört wurden. Zwei Orte mit Namen Arad werden in der Liste in Karnak erwähnt (↗ Abb. 24), einer davon dürfte *Tell ʿArād*, das biblische Arad, sein; doch ist Stratum XI, das früher mit dem Feldzug verbunden wurde, aufgrund jüngerer Keramiktypologie deutlich nach dem 10. Jh. v. Chr. zu datieren (*Z. Herzog*). Das darunter liegende eher ärmliche Stratum XII, das damit für Schischak infrage kommt, hat Parallelen in *Ḫirbet el-Mšāš/Tel Maśōś* Stratum II, das Schischak als ökonomisch bedeutender Zentralort im Negeb wegen der Kontrolle über den Kupferhandel »interessiert« haben könnte. Einige Orte im Bach Besor/*Naḥal Bəśōr* und im Negeb (etwa der *Tell es-Sebaʿ* Stratum VII) scheinen auf dem Feldzug zerstört worden zu sein (*I. Finkelstein*). Ob die mit Brandschichten verbundenen Zerstörungen der im 11./10. Jh. v. Chr. eher spärlich besiedelten Orte im mittleren Jordangraben (*Tell Dēr ʿAllā*/Sukkot, *Tell ed-Dāmiye*/ Adama, *Tell el-Mazār*, *Tell ʿAmmatā*, *Tell el-ʿAdliyyeh*, *Tell el-Ḥamme* u. a. m.) auf die ägyptische Armee zurückgehen, ist weiter offen, zumal unklar bleibt, welchen Sinn die Zerstörung dieser im 10. Jh. v. Chr. ökonomisch wie strategisch eher wenig bedeutenden Orte gehabt haben könnte. Das gilt umso mehr, wenn *Tell el-Mazār*, *Tell Dēr ʿAllā*/Sukkot, *Tell ʿAmmatā*, *Tell el-ʿAdliyyeh* und Mahanajim/*Tulul aḏ-Ḏahab* nach den Zerstörungen um 950 v. Chr. verlassen waren (*L. P. Petit*) und der Feldzug Schischaks erst später stattfand. Auch archäologisch wirft der Feldzug weiterhin viele Fragen auf.

8.4 Ein Stelenfragment aus Megiddo

Einen weiteren wichtigen Hinweis darauf, dass der Feldzug tatsächlich stattgefunden hat, stellt das in Megiddo gefundene, aber (da aus dem Schutt der Schuhmachergrabung von 1905 stammend) leider *unstratifizierte* (d. h. nicht einer bestimmten Siedlungsschicht zuzuweisende) Fragment dar, das gewöhnlich einer ca. 312x156 cm großen Stele zugerechnet wird (anders *B. Schipper*). Auf dem Fragment sind der Geburtsname des Pharao, sein Epitheton »Geliebter des Amun« und sein Thronname erhalten (↗ Abb. 25).

Abb. 25: Fragment einer Stele (?) aus Megiddo, das den Geburts- und Thronnamen Schischaks I. belegt. Die Anfertigung steht wahrscheinlich im Zusammenhang mit der Eroberung des Ortes und der anschließenden ägyptischen Dominanz. Die Datierung um 940 v. Chr. und die darauf aufbauende Zuordnung von Stratum VA–IVB zu Salomo bleibt sehr unsicher, da das Fragment unstratifiziert ist.

Mit der Inschrift im Zentrum der Stadt hat der Pharao seinen Machtanspruch sichtbar markiert. Sicher ist, dass wenn das Fragment einer Stele Schischaks zugerechnet wird, diese in Megiddo *nach* der Eroberung der Stadt durch den Pharao aufgestellt worden sein muss (*terminus post quem*). Welche der Zerstörungsschichten in Megiddo jedoch dem Feldzug zuzuordnen ist, ist im Kontext der Chronologiedebatte (↗ IV.6.6) derzeit umstritten. In der traditionellen Datierung geht man von Stratum VA/IVB, dem *salomonischen Megiddo* aus, während *Israel Finkelstein* zunächst Stratum VIA vorgeschlagen hat, in jüngster Zeit aber Stratum VB präferiert. Das früher salomonische Megiddo VA/IVB rutscht damit in das 9. Jh. v. Chr. und Stratum IVA in das späte 9. Jh./frühe 8. Jh. v. Chr. Nach *E. A. Knauf* wurde Megiddo in Stratum VB als ägyptisches Verwaltungszentrum ausgebaut. Wie auch immer in dieser Debatte entschieden wird, dokumentiert das Aufstellen einer Stele einen Dominanzanspruch des ägyptischen Pharaos über Nordpalästina, der mit der Zerstörung der wichtigsten Stadtzentren einhergeht.

8.5 Ägyptische Dominanz in Palästina im 10./9. Jh. v. Chr.

Dass Ägypten unter Schischak I. noch einmal die politische Vormachtstellung in Palästina zu erreichen sucht und möglicherweise für eine geraume Zeit (nach *E. A. Knauf* bis 850 v. Chr.) sogar erreicht hat, ist ein Aspekt, der nicht unterbewertet werden darf. Sowohl »Israel« als auch »Juda« nehmen vermutlich einen → Vasallenstatus ein, um weiter – allerdings im Unterschied zur Spätbronzezeit nicht mehr von Gaza oder Bet-Schean, sondern *von Ägypten aus kontrollierte* – Macht ausüben zu können. Erst unter den Omriden entfaltet Israel eine Eigenstaatlichkeit. Den Ägyptern war an dem kontrollierenden Zugriff auf den Bergbau und die Kupferverhüttung im *Fēnān*-Gebiet (*Ḫirbet en-Naḥāš*) gelegen, sei es, dass sie den Rohstoff abgreifen wollten (*B. Schipper*) oder die industrielle Produktion dort die eigenen wirtschaftlichen Interessen durchkreuzte (*T. Levy u. a.*). Die ägyptische Präsenz scheinen ägyptische Amulette aus *Ḫirbet en-Naḥāš* und jetzt auch ein Siegelamulett/Skarabäus Schischaks zu bestätigen (↗ Abb. 22), das/der 2014 in *Khirbet Hamra Ifdan* im Kupferbergbaudistrikt *Fēnān* (↗ IV.2.6, Karte 6) gefunden worden ist (*T. Levy/S. Münger/M. Najjan*).

Das Hauptziel des Feldzugs wird in der Sicherung und Kontrolle von wichtigen Orten an den Fernhandelswegen zum Roten Meer, durch die Araba und den Negeb im Süden sowie dem Weg nach Norden insbesondere im Bereich der Küstenebene (*via maris*) und dem wichtigen Verkehrsknotenpunkt und Handelszentrum Megiddo zu sehen sein (*B. Schipper*). Zwar nimmt die Außenpolitik Ägyptens damit die Linie der ägyptischen Oberherrschaft der Spätbronzezeit wieder auf, doch ist der kulturelle *Impact* weit weniger stark als in der Spätbronzezeit. Es ist unklar, wie weit der Vasallenstatus von Israel und Juda im ausgehenden 10. und 9. Jh. v. Chr. die lokale Herrschaft beschränkt (*A. Fantalkin/I. Finkelstein*). Immerhin finden sich noch im 9. Jh. v. Chr. auf judäischen Knochensiegeln Motive und Kartuschen, die eindeutig auf Schischak I. weisen (*S. Münger, O. Keel*). Das deutet darauf hin, dass die Suprematie (d. i. politische Oberherrschaft) Ägyptens zu Beginn der Eisen II-Zeit nachhaltiger gewesen ist, als die Bibel es darstellt. Wie weit – insbesondere im Süden – der Feldzug mit Zerstörungen von Städten einherging, wird derzeit stark diskutiert, weil eine Zerstörung der Infrastruktur nicht im Interesse der Ägypter gelegen haben wird. Möglicherweise hat die international noch einflussarme Monarchie bzw. das *chiefdom* in Jerusalem von dem Feldzug profitiert und im Anschluss kurzfristig (mit Billigung der Ägypter) Dominanz über Territorien im Norden entfalten können (*I. Finkelstein*). Das aber bleibt sehr unsicher.

V. Geschichte Israels und Judas

B. Becking, From David to Gedalja (OBO 228), Fribourg/Göttingen 2007 • B. Becking/L. L. Grabbe (Hg.), Between Evidence and Ideology (OTS 59), Leiden 2011 • A. Faust/E. Weiss, Judah, Philistia, and the Mediterranean World: BASOR 338, 2005, 71–92 • I. Finkelstein, Das vergessene Königreich, München 2014 • L. L. Grabbe (Hg.), Leading Captivity Captive (JSOT.S 278), Sheffield 1998 • ders. (Hg.), Like a Bird in a Cage (JSOT.S 363), Sheffield 2003 • ders. (Hg.), Good Kings and Bad Kings (ESHM 5), London/New York 2005 • ders. (Hg.), Israel in Transition (LHBOTS 491), London 2008 • S. Hasegawa/C. Levin/K. Radner (Hg.), The Last Days of the Kingdom of Israel (BZAW 511), Berlin 2018 • Z. Herzog/L. Singer-Avitz, Redefining the Centre: TA 31, 2004, 209–244 • T. E. Levy/M. Najjar/E. Ben-Yosef (Hg.), New Insights into the Iron Age Archaeology of Edom, Southern Jordan, Los Angeles 2014 • N. Naʾaman, When and How Did Jerusalem Become a Great City?: BASOR 347, 2007, 21–56 • ders., Saul, Benjamin and the Emergence of »Biblical Israel«: ZAW 121, 2009, 211–224.335–349 • H. M. Niemann, Herrschaft, Königtum und Staat (FAT 6), Tübingen 1993 • B. Schipper, Israel und Ägypten in der Königszeit (OBO 170), Fribourg/Göttingen 1999 • M. Weber, Die Wirtschaftsethik der Weltreligionen (MWG I/21), Tübingen 2005 • M. Weippert, Art. Edom und Israel: TRE 9, 1993, 291–299 • I. D. Wilson, Kingship and Memory in Ancient Judah, Oxford 2017.

In den Lehrbüchern zur Geschichte Israels ist es üblich, die Zeit nach der »Reichsteilung« in eine Geschichte Israels und eine Geschichte Judas zu teilen. Das ist umso sinnvoller, wenn die Perspektive eines vereinten Königreiches unter David und Salomo aufgegeben wird und die Rede von der »Reichsteilung« wie vom »Nordreich« und »Südreich« (beides sind *keine* biblischen Begriffe!) aus historischer Sicht eher in die Irre führt (↗ IV.7.5). Da die Entwicklung des Südens und die Herausbildung eines eigenen Staates bis tief in das 8. Jh. v. Chr. stark abhängig ist von der Entwicklung des Nordens, wird hier von einer strikten Trennung nicht nur aus pragmatischen Gründen abgesehen: Juda hängt in der staatlichen Entwicklung gegenüber Israel um *mindestens* ein Jahrhundert zurück. Vieles deutet darauf hin, dass die eigenstaatliche und von Israel abgekoppelte Entwicklung erst im 8. Jh. v. Chr. beginnt, und sich Juda *nach* dem Untergang des Staates Israel 720 v. Chr. erst richtig entfaltet. Zuvor war es sowohl unter den Omriden als auch unter den Nimschiden über weite Strecken abhängig von Israel, sodass sich eine nicht zu stark trennende Darstellung durchaus empfiehlt. Um die Veränderung deutlich zu machen, ist die Perspektive im 8. Jh. v. Chr. mit der Vorordnung Judas bewusst umgedreht worden. Die letzte Phase des Staates Israel soll damit nicht abgewertet werden.

Sowohl das Königtum in Juda als auch weite Teile des samarischen Königtums sind ohne den Einfluss der Aramäer (↗ V.3) und vor allem der Neuassyrer nicht denkbar. Daher wird der Darstellung ein Überblick über das neuassyrische Großreich vorgeschaltet.

1. Überblick über die Geschichte des neuassyrischen Großreiches

A. M. Bagg, Die Assyrer und das Westland, Leuven 2011 • J. Bär, Der assyrische Tribut und seine Darstellung (AOAT 243), Kevelaer 1996 • E. Cancik-Kirschbaum, Die Assyrer, München ²2008 • E. Frahm, Die Geschichte des alten Mesopotamien, Hamburg 2013 • R. Lamprichs, Die Westexpansion des neuassyrischen Reiches (AOAT 239), Kevelaer 1995 • A. Nunn, Der Alte Orient, Darmstadt 2011 • K. Radner, Ancient Assyria, Oxford 2015.

Während die Spätbronzezeit durch die ägyptische Dominanz in der Levante geprägt war, die am Ende der Übergangszeit (Eisen I–IIA) noch einmal kurz in Palästina aufschien, sind das 9.–7. Jh. v. Chr. vor allem durch das Aufkommen der neuassyrischen Großmacht und ihren Einfluss auf Israel und Juda bestimmt. Es bleibt allerdings dabei, dass die *balance of power* zwischen Ägypten und Mesopotamien das Geschehen bestimmt. Israel und Juda auf der syro-palästinischen Landbrücke sind eingespannt in die Machtansprüche, die sich in etwa die Waage halten. Mit der Schwäche bzw. Stärke einer der Großmächte verschieben sich die Verhältnisse meist auch in Israel und Juda, zum Teil mit erheblichen Folgen. Bereits am Ende des 10. Jh.s v. Chr. schafft Adad-nērārī II. (912–891 v. Chr.) die ersten Grundlagen des neuassyrischen Reiches durch die Annexion (Eingliederung/Aneignung) von Gebieten (Feldzüge gegen Babylon und die Aramäer) und die Einführung einer staatlichen Verwaltung. Unter Aššur-nāṣirpal II. (884–859 v. Chr.) weitet sich der Machtbereich durch Vasallitätsverhältnisse nach Westen aus. Unter ihm und seinem Nachfolger Salmanassar III. (859–824 v. Chr.) dehnen die Neuassyrer das Reich auf Kilikien und Syrien sowie weit in den Osten aus, während im Norden das Reich von Urartu als mächtiger Gegner die Herrschaftsansprüche begrenzt. Im unmittelbaren Westen des Reiches leisten die aramäischen Kleinstaaten Widerstand, der sich besonders in der antiassyrischen Koalition in der Schlacht bei Qarqar 853 v. Chr. manifestiert, als das assyrische Reich auf Südsyrien auszugreifen versucht (↗ V.3.4 u. V.4.6).

Den Höhepunkt erreicht die neuassyrische Expansionspolitik im 8. Jh. v. Chr. unter Tiglat-Pileser III. (745–727 v. Chr.), der nahezu ganz Vorderasien in seine → Vasallität zwingt und seine brutale Annexionspolitik religionspolitisch resp. ideologisch durch den Weltmachtanspruch des Staatsgottes Aššur legitimiert (*R. Lamprichs*). Mit der aufgezwungenen *pax assyriaca* sind regelmäßige Tributzahlungen der Vasallen verbunden (*J. Bär*). Mit der Einbindung in das assyrische Wirtschafts- und Handelssystem sind aber nicht nur die Nachteile der Ressourcenabschöpfung, sondern zugleich durch die Teilnahme am internationalen Handel, bessere Ressourcenverwertung oder die Erhöhung der Produktionskraft Chancen für die ökonomische Entwicklung der Vasallen verbunden. Wenn Vasallenkönige jedoch untreu werden oder gegen die Herrschaft aufbegehren, wird mit großer militärischer Härte vorgegangen, was oftmals mit Deportationen der ansässigen Bevölkerung und mit der Neuansiedlung fremder Bevölkerungsteile aus dem assyrischen Herrschaftsbereich einhergeht. Die untreuen Vasallen werden entweder ersetzt oder das Gebiet zu einer assyrischen Provinz umgewandelt. Auf *H. Donner* geht die Differenzierung von drei Stadien der Vasallität unter Tiglat-Pileser III. zurück: 1. Loyalitätseid (*adê*-Vereidigung) und Verpflichtung zur Tributzahlung und ggf. Bestellung von Hilfstruppen. 2. Nach vermutetem oder tatsächlichem Aufbegehren gegen die Lasten der Vasallität die erzwungene Kontrolle der Außenpolitik und die Erhöhung des wirtschaftlichen und militärischen Drucks. War der Vasall dann immer noch konspirativ oder offen auflehnend, griff der assyrische Großkönig 3. militärisch ein, tauschte die Oberschicht durch erzwungene Migration aus und ließ sein Militär das Land kontrollieren. Zwar war die assyrische Politik flexibler als dieses dreistufige Schema, doch verdeutlicht es, dass der Druck der Assyrer in Eskalationsstufen erhöht und der jeweiligen Situation angepasst werden konnte.

In Palästina führt der erneute Widerstand syrischer Koalitionäre schließlich zur Eroberung Samarias (722/20 v. Chr., zum Datum ↗ V.6.7) unter Salmanassar V. (727–722 v. Chr.) und dem Ende der politischen Eigenständigkeit des Nordstaates Israel. Der schwächere Südstaat kann die politische Eigenständigkeit zunächst unter den Sargoniden noch bewahren, mit denen Assur unter dem → Usurpator Sargon II. (722–705 v. Chr.) und seinen Nachkommen Sanherib (705–681 v. Chr.), Asarhaddon (681–669 v. Chr.) und Assurbanipal (669–631 v. Chr.) den Höhepunkt seiner Macht mit Ausdehnung nach Zypern und Ägypten erreicht. Ab dem 8. Jh. v. Chr. beginnt das seit Tiglat-Pileser III. (745–727 v. Chr.) in Personalunion verwaltete Babylonien unter Marduk-apla-iddin II. (722–710 u. 703 v. Chr.) wieder zu erstarken, was 689 v. Chr. zur Zerstörung Babylons führt. Ab dem Ende des 7. Jh.s v. Chr. zeigen sich deutliche Zeichen des Zerfalls des neuassyrischen Großreiches, was nicht nur Babylon, sondern auch Ägypten wieder erstarken lässt. Mit dem assyrisch-babylonischen Bruderkrieg (652–648 v. Chr.) zwischen Assurbanipal und Šamaššumumkīn (668–648 v. Chr.), den noch Asarhaddon als Herrscher in Babylonien eingesetzt hatte, bricht der Konflikt zwischen Babylon und Assur auf. Babylon wird noch einmal niedergerungen (648 v. Chr.), doch in der Folgezeit erstarkt das babylonische Reich unter Nabopolassar (626–605 v. Chr.), der die Hauptstadt prächtig ausbaut und die »Rache Marduks« für die traumatische Eroberung Babylons durch Sanherib 689 v. Chr. (*R. Albertz* bezeichnet sie als Gründungsmythos des neubabylonischen Reiches) nimmt: 614 v. Chr. wird Assur erobert, 612 v. Chr. fällt Ninive und mit der Eroberung Harans 609 v. Chr. treten die Meder und Neubabylonier endgültig das Erbe der Neuassyrer an.

Neben den Neuassyrern und Neubabyloniern bestimmen die Ägypter die großpolitische Szene. Sie nutzen Schwächephasen Assurs zum Ausbau ihrer hegemonialen Machtansprüche, die in der zweiten Hälfte des 8. Jh.s v. Chr. nach einer Periode außenpolitischer Schwäche wieder anwachsen. Die Kontrolle des Handels auf der *via maris* war dabei ebenso entscheidend wie der Zugriff auf die Ressourcen etwa im Negeb und der Sinaihalbinsel. Dazu lassen sich die Ägypter erstmals 713 v. Chr. auf eine am Ende erfolglose antiassyrische Koalition mit den Kleinstaaten der südlichen Levante ein (HTAT Nr. 161–163). Die folgenden

Jahrzehnte sind durch weitere Unruhen gekennzeichnet. 701 v. Chr. scheint sich Ägypten an einer Schlacht gegen die Assyrer in Elteke zu beteiligen, jedoch behält Assur die Oberhand und drängt die Macht am Nil zurück. Pharao Tirhaka (690–664 v. Chr.) versucht erneut die Assyrer zurückzudrängen, wird aber durch Assurbanipal (669–631 v. Chr.) geschlagen. Theben wird 664 v. Chr. eingenommen und Ägypten »erobert«. Damit aber war das Kapitel keinesfalls abgeschlossen, denn als die Neuassyrer durch Babylon unter Druck geraten (s. o.), kommt es erneut zu einem Wechsel der dominierenden Kräfte in der südlichen Levante. Psammetich I. (664–610 v. Chr.) expandiert ein weiteres Mal nach Palästina (HTAT Nr. 256) und führt Juda unter König Joschija in eine ägyptische → Vasallität. Dieses ägyptische Zwischenspiel vor der neubabylonischen Eroberung des ägyptischen Heeres bei Karkemisch (am Eufrat an der heutigen türkisch-syrischen Grenze) 605 v. Chr. ist für die judäische Geschichte an Bedeutung kaum zu unterschätzen. Es begründet die Hoffnung der letzten Könige von Juda, Ägypten würde helfend eingreifen und das Schlimmste verhindern. Darin hat Juda sich und seine außenpolitische Bedeutung allerdings überschätzt, denn die Ägypter nutzen die Belagerung Jerusalems, um die phönizischen Handelsstädte wieder unter ihre Kontrolle zu bekommen.

2. *Quellenlage und regionale Entwicklung*

B. Becking, From David to Gedaliah (OBO 228), Fribourg/Göttingen 2007 • F. Blanco Wißmann, »Er tat das Rechte ...« (AThANT 93), Zürich 2008 • G. Galil, The Chronology of the Kings of Israel and Judah, Leiden 1996 • R. S. Hendel, The Two Editions of the Royal Chronology in Kings, in: A. P. Otero/P. A. Torijano Morales (Hg.), Textual Criticism and Dead Sea Scrolls (JSJ.S 158), Leiden/Boston 2012, 99–114 • G. Hentschel, Alter und Herkunft der Synchronismen in den Königebüchern, in: J. Kotjako-Reeb u. a. (Hg.), Nichts Neues unter der Sonne? (BZAW 450), Berlin/New York 2014, 171–185 • C. Levin, Das synchronistische Exzerpt aus den Annalen der Könige von Israel und Juda: VT 61, 2011, 616–628 • M. Liverani, The Chronlogy of the Biblical Fairy-Tale, in: P. R. Davies/D. V. Edelman (Hg.), The Historian and the Bible (LHBOTS 530), New York/London 2010, 73–88 • O. Sergi, The Alleged Judahite King List: Semitica 56, 2014, 233–247.

2.1 Der Rückgriff auf Listenmaterial in der biblischen Darstellung

Mit dem 9. Jh. v. Chr. verändert sich die Quellenlage für die Geschichte Israels maßgeblich. Zwar liegen keine umfassenden Originaldokumente aus Staatsarchiven (Chroniken, Monumentalinschriften, Verwaltungsdokumente usw.) vor, doch sind die Angaben über die Regierungszeiten der Könige in den biblischen Texten weitaus genauer als bei Saul, David und Salomo. Ab 1 Kön 15,1 mit König Asa von Juda (908–868 v. Chr.) bis zu Hiskija von Juda (725–697 v. Chr.) finden sich sog. → Synchronismen, d. h. Angaben zu den Verschränkungen der Regierungsdaten in Jerusalem und Samaria (Beispiel 1 Kön 15,9–24).

Jeweils werden eine synchronistische Datierung, Angaben zur Regierungsdauer, eine → deuteronomistische Beurteilungsnotiz, ein Quellenverweis, eine Todesnotiz und Angaben zum Nachfolger gegeben. Für die Könige Judas treten der Name der Königsmutter, Angaben zum Alter bei der Thronbesteigung und eine Begräbnisnotiz hinzu (↗ dazu die idealisierte Übersicht über das Rahmenschema).

Könige Israels	**Könige Judas**
Synchronistische Datierung	Synchronistische Datierung
	Alter bei der Thronbesteigung
Regierungsdauer	Regierungsdauer
	Name der Mutter (und ab Amon 2 Kön 21,19 auch ihr Herkunftsort)
Beurteilung	Beurteilung (ab Joahas deutlich verändert)
Quellenverweis auf das Buch der Könige von Israel	Quellenverweis auf das Buch der Könige von Juda
Todesnotiz	Todesnotiz
	Bestattung(sort)
Nachfolger	Nachfolger

Die Königsbücher selbst nennen zwei Chroniken als Quelle dieser Daten: die Chronik der Könige von Juda (1 Kön 14,29; 2 Kön 24,5 u. ö.) und der Könige von Israel (1 Kön 14,19; 2 Kön 25,13 u. ö.). Während die Synchronismen (die Bezüge von Daten aufeinander) redaktionell geschaffen sind, geht man in der Forschung im Allgemeinen davon aus, dass den Redaktoren der Königsbücher listenartiges Material sowohl aus Israel als auch aus Juda vorgelegen hat. *L. L. Grabbe* geht nur von einer umfassenderen »Chronik der Könige von Juda« aus. Die Alternative, entweder von Quellenhaftigkeit oder von Konstruktionen auszugehen, erscheint in der Zuspitzung falsch. Vielmehr ist anzunehmen, dass zu den quellenhaften Anteilen sowohl der Synchronismen als auch der Regierungsdaten, ein gehöriges Maß an Konstruktion hinzutritt je weiter man in die Anfänge zurückgeht (↗ IV.7). Das legt sich nahe, wenn man die Entwicklung der Schriftlichkeit in Israel und Juda als Voraussetzung für die Listenführung annimmt. Hier ist nicht sinnvoll vor dem 9. Jh. v. Chr. mit Listenmaterial aus Israel und Juda zu rechnen.

Für die Annahme von vorgegebenen Listen lassen sich neben den bereits genannten Unterschieden weitere Besonderheiten ins Feld führen, die das ganze System der Datierungen zugleich ausgesprochen komplex machen: Offenbar liegen den Datierungen zum Teil unterschiedliche Kalender mit Jahresanfang im Herbst oder Frühjahr zugrunde. Regierungsübergänge werden unterschiedlich gezählt (↗ V.2.2) und Koregentschaften bei der Zählung anders berücksichtigt. Zählt man die Regierungszeiten der Könige von Israel und Juda für sich, so ergibt sich eine Differenz zwischen Israel und Juda von 22 Jahren. Kurz: Den Datierungen liegt *kein* einheitliches System zugrunde.

Die schriftliche Tradierung von Listen wird man für Juda im 8. Jh. v. Chr. etwa mit Ahas (leicht früher *O. Sergi:* nach Atalja) und in Israel etwa mit der Dynastie Omris ansetzen können. Über die Zuverlässigkeit der Listen vor dem 9. Jh. v. Chr. besteht Unsicherheit. Viele Indizien deuten darauf hin, dass die ab dem 9. Jh. v. Chr. existierenden Listen mit den zur Verfügung stehenden Informationen nach vorne hin fortgeschrieben worden sind. Die Differenz zwischen den auf die Jerusalemer Dynastie bezogenen Listen und den Angaben zum Königtum im Norden wurden oft als Zeichen besonderer Verlässlichkeit gedeutet. So wurde die Angabe der Königsmutter (sie fehlt lediglich bei Asa, Joram und Ahas) mit hetitischen Traditionen in Verbindung gebracht und als Reminiszenz an hetitisch-anatolische Einflüsse in der Frühgeschichte Jerusalems verstanden (*N. Naʾaman*). Alternativ dazu sind die Gründe für die Erwähnung der Mütter in der Geschichte Judas selbst, d. h. bei Atalja, gesucht worden (*O. Sergi*).

Die Darstellung der Königsbücher hat ein starkes Interesse daran, die davidische Dynastie in einer vollkommenen → genealogischen Kontinuität darzustellen (2 Sam 7; 2 Chr 3). Die Abkunft *aller* Könige Judas aus einem Geschlecht ist wahrscheinlich mindestens ebenso viel Konstruktion wie Wirklichkeit. Zumindest für Joram, Ahasja, Atalja, Joasch und vielleicht auch Amazja und Asarja muss in Betracht gezogen werden, dass sie *nicht* davidischer Abkunft gewesen sind. Erst ab Ahas konsolidiert sich anscheinend die davidische Dynastie.

Man kann davon ausgehen, dass den Verfassern der Königsbücher jeweils Listenmaterial aus dem Norden wie aus dem Süden vorgelegen hat, das dann durch das Rahmenschema und die → Synchronismen aufeinander bezogen wurde und mit Hilfe von mehr oder minder freien Ergänzungen zu einer Geschichte aus judäischer Perspektive komponiert wurde. Entweder handelt es sich bei der Vorlage um eine nach dem Untergang Samarias noch im 8. Jh. v. Chr. entstandene Quelle (*A. Jepsen, K.-P. Adam*) oder ein Exzerpt aus einer umfangreicheren Quelle aus dem 7. Jh. v. Chr. (*C. Levin*) oder die Verweise auf das »Buch der Geschichte der Könige von Israel/Juda« (1 Kön 22,39.46; 2 Kön 1,18; 8,23; 10,34 u. ö.) sind standardisierte fiktive Bezugnahmen.

Inzwischen hat sich ein relativer Konsens herausgebildet, dass diese erste Komposition der Königsbücher noch vorexilisch entstanden ist (anders *E. Aurelius, F. Blanco Wißmann*). Darauf deuten Veränderungen im Rahmenschema ab Hiskija bzw. Joschija und andere Indizien. Weiter diskutiert wird, ob eine erste Fassung schon unter Hiskija (725–697 v. Chr.) (*H. Weippert, G. Braulik*), unter Joschija (639–609 v. Chr.) (*F. M. Cross*) oder erst unter Jojakim (608–598 v. Chr.) (*M. Pietsch*) entstanden ist.

2.2 Zur Datierung der Könige von Israel und Juda

Die Angaben der Regierungsdaten sind nur annähernd festzulegen. Sie beruhen auf den Angaben zur Regierungsdauer in den → Synchronismen in den Königsbüchern. Abweichungen kommen durch unterschiedliche Textfassungen (→ MT/→ LXX) bzw. durch unterschiedlich gezählte Koregentschaften, einige Ungereimtheiten im System und die Festlegung des Jahresanfangs zustande. Eine synchronistische Übersicht findet sich im Anhang (↗ X.1.3). Die angegebenen Regierungsdaten im Einzelnen differieren nahezu in allen gängigen Geschichtsdarstellungen, da für das 2. und 1. Jt. v. Chr. nur wenige absolute Daten (z. B. 853 v. Chr. die Schlacht bei Qarqar) vorliegen, von denen aus die relativen Angaben der Bibel resp. der altorientalischen und ägyptischen Königslisten und Annalen in ein Beziehungssystem zueinander gebracht werden können (↗ I.8). Seit den Arbeiten von *Joachim Begrich* (1929) und *Alfred Jepsen* (1964) hat sich mehr oder minder die sog. »Kurze Chronologie« der Könige Israels und Judas durchgesetzt, die vermutlich ab 2 Kön 15,23 mit einem Wechsel des internen Datierungssystems unter assyrischem Einfluss rechnet. Dabei handelt es sich um die Datierungsweise des Regierungsübergangs: Während zunächst das letzte Jahr des Vorgängers und das erste Jahr des Nachfolgers als *zwei* Jahre gezählt werden, wird es dann nur noch als *ein* Jahr gezählt, d. h. es gibt ein nicht gezähltes Antrittsjahr. Dass das erste System Überschüsse erzeugt, lässt sich am Beispiel der Söhne Ahabs, Ahasja und Joram von Israel, zeigen. Geht man von dem absoluten Datum der Schlacht bei Qarqar im Jahr 853 v. Chr. aus (↗ V.4.6), muss König Ahab zu diesem Zeitpunkt regiert haben, denn er wird in der Monolith-Inschrift Salmanassars III. (859–824 v. Chr.) als Teil der antiassyrischen Koalition genannt, auch wenn die Schlacht biblisch nicht erwähnt wird. Zwölf Jahre später zahlt Jehu von Samaria Tribut an denselben Salmanassar III., was auf dem Schwarzen Obelisken (↗ Abb. 26) belegt ist (↗ V.2.4), auf dem die ersten 31 Regierungsjahre des assyrischen Königs aufgeführt werden und 841 v. Chr. als das 18. Jahr zählt.

Abb. 26: Ausschnitt des sog. Schwarzen Obelisken Salmanassars III. (859–824 v. Chr.). Die Szene zeigt den auf den Boden gebeugten knienden König Jehu vor dem assyrischen Großkönig und seinem Gefolge. Die Aufschrift nennt die kostbaren Abgaben, die der König mitgebracht hat, und benennt den Tributär: »Abgabe nahm ich in Empfang von Jehu vom *Bīt Ḫumrī* (Haus Omri)«.

Auch darüber gibt es biblisch keine Belege. Die biblischen Angaben setzen hingegen in die Zwischenzeit die Regierungszeiten der beiden Söhne Ahabs, Ahasja und Joram, geben jedoch zwei und zwölf Jahre für deren Regierungsdauer an

(1 Kön 22,52; 2 Kön 3,1). Zählt man 841 v. Chr. als das erste Regierungsjahr Jehus (*G. Hentschel, J. M. Robker, S. Hasegawa*; 842 v. Chr. *K. T. Andersen, A. Soggin*), scheint es naheliegend, als Regierungszeit Jorams von Israel 852–841 v. Chr. und für Ahasja von Israel etwa 852–851 v. Chr. als Regierungsdaten anzunehmen. 852 und 841 v. Chr. wären dann Jahre des Regierungswechsels, die in den biblischen Angaben doppelt gezählt werden. Datiert man den Putsch Jehus allerdings so »spät« (841 v. Chr.), bleibt für ein eigenständiges Handeln Jehus keine Zeit. Er kommt im Strudel der assyrischen Westexpansion an die Macht und zahlt nahezu sofort Tribut.

Die hier vorgelegte Rekonstruktion datiert Jehu »traditionell« 845 v. Chr. (*G. Begrich, A. Jepsen, H. Donner*) und lässt wenige Jahre für die Entfaltung der Nimschiden. Den Aramäern wird dabei für den Anfang der Regierungszeit Jehus eine maßgebliche Rolle zugeschrieben (↗ V.5.2). Zählt man die Regierungsjahre der Nimschiden zusammen, ergeben sich 103 Jahre. Ist die Datierung von Schallum in das Jahr 747 v. Chr. korrekt und sind die Übergänge der Regierungsjahre doppelt gezählt, kommt man etwa auf 845 v. Chr. als Beginn der Regierungszeit Jehus. Aber das bleibt alles sehr unsicher. Das zeigt sich, wenn man die Eroberung Samarias auf 722/20 v. Chr. und den Tribut Hoscheas an Tiglat-Pileser III. auf 732/31 v. Chr. datiert, was beides eine hohe Wahrscheinlichkeit hat. Zählt man aber jetzt die biblischen Angaben der Regierungszeiten der Könige von Jehu bis Pekach zusammen, ergeben sich 134 Jahre, was dann mit Jehus Tribut 841 v. Chr. selbst dann nicht zusammengeht, wenn man annimmt, die Regierungsübergänge seien doppelt gezählt (*S. Hasegawa*).

Gerade das Beispiel der Omriden und Nimschiden zeigt, dass die biblischen Angaben zugleich tendenziell sind und die Verschränkungen zwischen Juda und Israel, die im 9. Jh. v. Chr. historisch sehr wahrscheinlich sind, durch die vermeintlich exakten Jahreszahlen überblenden (↗ IV.7.5, V.4.6 und die Übersicht ↗ X.1.4). So wenig wie die absoluten Daten der Regierung Salmanassars III. (859–824 v. Chr.) feststehen, so wenig sollten die biblischen Angaben als feste Größen genommen werden.

> Hinweis: Die folgende Darstellung der Geschichte Israels und Judas fügt die Regierungsdaten der Könige nahezu bei jeder Erwähnung in Klammern hinzu. Damit soll lediglich die Orientierung auf der Zeitachse und im historischen Verlauf erleichtert werden. Die Erwartung einer jahresgenauen absoluten Datierung verbindet sich mit den Angaben in der Regel *nicht*. Das muss mit Nachdruck unterstrichen werden, damit keine Missverständnisse entstehen und aus den Datierungsangaben fälschlich die Vorstellung eines sicheren Geschichtsverlaufs abgeleitet wird.

2.3 Zuverlässigkeit der biblischen Angaben

Wie weit allerdings die Zuverlässigkeit der angegebenen Daten reicht und wie viel ergänzt oder verschleiert (z. B. die Anfänge der Königsherrschaft im 11./10. Jh. v. Chr., die wirtschaftliche und politische Vormachtstellung Israels über den Süden, die Herrschaft von Omriden und Nimschiden in Jerusalem) worden ist, wird weiter diskutiert. Neben Unsicherheiten in der Chronologie und Veränderungen im Darstellungsschema lässt etwa die auffallende Namensgleichheit von Königen in Israel und Juda vermuten, dass Ergänzungen vorgenommen worden sind. Geht man z. B. davon aus, dass sich hinter Ahasja, Joram, Joasch von Juda und Ahasja, Joram und Joasch von Israel dieselben Personen verbergen, stellt sich die Geschichte des Jerusalemer Königtums radikal anders dar (bereits ↗ IV.7.5).

Auch die Berücksichtigung des siebentägigen Königtums Simris (1 Kön 16,15) in der Chronologie der Könige Israels und die fehlende Einbindung Ataljas in die → synchronistische Chronologie Judas (2 Kön 11) könnte auf gezielte Bearbeitung hindeuten. Zudem gibt es Beispiele, in denen außerbiblischer und biblischer Befund gar nicht zusammenpassen. Besonders heikel ist z. B. die biblische Chronologie der letzten sechs Könige Israels im 8. Jh. v. Chr., wie die folgende Übersicht zeigt:

König	**Bibelstellen**	**Regierungszeit**	**Synchronismus**	**synchronistische Angaben Juda**
Secharja	2 Kön 14,29; 15,8	6 Monate	38. Jahr Asarjas/Usijas	Asarja/Usija von Juda wird im 27. Jahr Jerobeams II. König (2 Kön 15,1)
Schallum	2 Kön 15,10.13	1 Monat	39. Jahr Asarjas/Usijas	
Menahem	2 Kön 15,14.17	10 Jahre	39. Jahr Asarjas/Usijas	
Pekachja	2 Kön 15,22f.	2 Jahre	50. Jahr Asarjas/Usijas	
Pekach	2 Kön 15,25.27	20 Jahre	52. Jahr Asarjas/Usijas	im 2. Jahr Pekachs Wechsel von Asarja/Usija auf Jotam (2 Kön 15,32), im 17. Jahr Pekachs wird Ahas König von Juda (2 Kön 16,1)
Hoschea	2 Kön 15,30; 17,1	9 Jahre	20. Jahr Jotams 12. Jahr Ahas	

Auf 52 Jahre Asarjas/Usijas kommt man jedoch nicht, wenn man die Angaben in 2 Kön 15,1; 16,1 zugrunde legt, sondern nur, wenn man wegen 2 Kön 15,5 die Regierungszeiten Jotams und (gegen 2 Kön 15,7) Asas bis etwa in das Jahr 737 v. Chr. einrechnet. Secharja von Israel ist der direkte Nachfolger Jerobeams II., der nach 2 Kön 14,23 41 Jahre in Samaria regierte. Nach seinem 27. Jahr blieben noch mind. 12 übrig, in die keine 38 Jahre Regierungszeit Asarjas/Usijas passen. Die Angaben von Secharja bis Hoschea ergeben mind. 38 Jahre, was in Konflikt mit der Eroberung Samarias 722/20 v. Chr. tritt, wenn Jerobeam II. bis 747 v. Chr. regierte. Erst recht kann die Angabe nicht zusammengehen mit der Einsetzung Hoscheas durch Tiglat-Pileser III., die aus assyrischen Quellen auf das Jahr 732 v. Chr. fällt. Das Problem wird meist durch eine Verkür-

zung der Regierungszeit Pekachs »gelöst« (*H. Donner*: 735–732 v. Chr., *G. Hentschel*: 735–731 v. Chr.), zumal Menahem noch 738 v. Chr. Tribut an Tiglat-Pileser III. gezahlt hat, was ebenfalls eine zwanzigjährige Regierungszeit Pekachs unmöglich macht. Verschiedene Vorschläge sind gemacht worden, um das textlich gut abgesicherte »er regierte zwanzig Jahre in Samaria« aus 2 Kön 15,27 zu erklären. Entweder soll Pekach schon zuvor unter Menahem und Pekachja hohe Ämter bekleidet haben, die hier mitgezählt wurden, oder Pekach ein Gegenkönigtum in Gilead errichtet haben oder sich als einzig legitimer Nachfolger Secharjas und der Jehu-Dynastie begriffen haben (*N. Na'aman*), sodass seine Regierungsdauer von da an berechnet wurde (was aber auch nur mit Mühe 20 Jahre ergibt). Keine dieser Lösungen steht im biblischen Text, womit die Änderungen methodisch nicht unproblematisch sind. Insgesamt sind die Regierungszeiten der Könige viel zu hoch und die Angaben nur mit vielen Nebenannahmen in ein stimmiges chronologisches System zu bringen (*G. Hentschel*). Aus all dem folgt nicht nur, dass die Angaben nicht als verlässliche Anker der Ereignisgeschichte gesehen werden sollten, sondern auch, dass der Grad der Komplexität in der Rekonstruktion recht hoch ist. Trotz aller berechtigten Skepsis gegenüber der Zuverlässigkeit steht außer Frage, dass die Listen nicht vollständig konstruiert oder erfunden sind, sondern wenigstens z. T. auf authentisches Material zurückgehen. Dafür sprechen auch die übrigen außerbiblischen Quellen zumindest ab dem 9. Jh. v. Chr. Aus den Unsicherheiten (die durch Datierungen in den Prophetenbüchern noch vergrößert werden) ist jedoch die methodische Konsequenz zu ziehen, dass eine Rekonstruktion der Ereignisgeschichte nicht ausschließlich auf den biblischen Angaben fußen sollte. Eine Justierung der biblischen Angaben bis zur Stimmigkeit des biblischen Systems sollte jedenfalls nicht das Ziel der Darstellung einer Geschichte Israels sein.

Nur am Rande sei noch auf ein weiteres methodisches Grundproblem aufmerksam gemacht: Wenn die Verlässlichkeit der synchronistischen Daten und der Angaben zur Regierungsdauer nicht gegeben ist, kann sich bei Verschiebungen das historische Bild zum Teil erheblich verändern (*M. Liverani*). Geht man beispielsweise von einer geringeren Regierungsdauer der Könige *vor* den Omriden im 9. Jh. v. Chr. aus und löst sich gleichzeitig von dem → Synchronismus des Feldzugs Schischaks im fünften Jahr Rehabeams, rutschen David und Salomo vom Beginn an das Ende des 10. Jh.s v. Chr. Da das die Rekonstruktionen aber hoch kompliziert macht, wird im vorliegenden Zusammenhang von den biblischen Angaben der Regierungsdauer ausgegangen, wohl wissend, dass man darauf für das 10. Jh. v. Chr. kein Reich bauen sollte.

2.4 Die Könige Israels und Judas in außerbiblischen Quellen

Erstmals tauchen im 9. Jh. v. Chr. beide Größen »Israel« und »Juda« als politische Realitäten in außerbiblischen Texten und Inschriften auf. Von großer Bedeutung sind die in der Nähe von Dibon/*Ḏībān* 1868 gefundene moabitische Mescha-Stele (↗ Abb. 29), die Omri namentlich erwähnt und sich auch auf seinen Sohn Ahab bezieht (HTAT Nr. 105, TUAT I 646–659). Ob sie auch das »Haus Davids« erwähnt, ist umstritten (↗ IV.5.2). Daneben ist die erst 1993 gefundene aramäische Inschrift von Dan (TUAT Erg. 176–179, HTAT Nr. 116, ↗ IV.5.2 u. V.5.2) zentral, die möglicherweise Joram als König von Israel und Ahasja vom Haus Davids nennt. Die 2003 aufgetauchte und angeblich aus Jerusalem stammende sog. Joasch-Inschrift hingegen, die die Tempelrenovierung zu Beginn des 8. Jh.s v. Chr. erwähnt, ist eine Fälschung. Von einem israelitischen oder judäischen König gibt es nach wie vor keine Monumentalinschrift aus Palästina.

Zu den genannten Texten treten assyrische Quellen, in denen Könige Israels und Judas meist im Kontext anderer südsyrischer Größen wie Tyrus, Sidon, Damaskus usw. erwähnt werden. Zu nennen sind der Monolith Salmanassars III. (859–824 v. Chr.), der die Beteiligung Ahabs an einer antiassyrischen Koalition namentlich erwähnt (HTAT Nr. 106), und der Schwarze Obelisk des gleichen Königs aus Kalach, der Jehu darstellt (↗ Abb. 26) und seine Tributleistung 841 v. Chr. mit der Beischrift kommentiert: »Abgabe nahm ich in Empfang von Jehu vom Haus Omri (*Bīt Ḫumrī*): Silber, Gold, eine Schale aus Gold, ein *zuqutu*-Gefäß aus Gold, Becher aus Gold, Eimer aus Gold, Zinn, ein Zepter für die Hand des Königs und Jagdspieße« (vgl. TUAT I 263, HTAT Nr. 113). Jehu wird gleichermaßen als »Sohn Omris« noch in einem Annalenfragment und auf einer Marmorplatte Salmanassars III. erwähnt (HTAT Nr. 112). Joasch von Samaria schließlich wird in der *Tell er-Rimāḥ*-Stele Adad-nērārīs III. (811–783 v. Chr.) aus dem Irak als Tributzahler genannt (HTAT Nr. 122). Die Annalen Tiglat-Pilesers III. (745–724 v. Chr.) nennen wohl nicht Asarja von Juda, aber sicher Menahem, Pekach und Hoschea von Samaria bzw. Israel, die im Zusammenhang mit dem Untergang des Staates Israel 722/20 v. Chr. erwähnt werden (HTAT Nr. 140.147–149). Daneben wird in assyrischen Texten mehrfach von Samaria bzw. vom Land des Hauses Omri gesprochen.

Juda ist im Vergleich zu Israel in den assyrischen Quellen bis zum Ende des 8. Jh.s v. Chr. deutlich weniger präsent. Es wird dort nicht vergleichbar nach einem → Eponymen als »Haus Davids« benannt, sondern als Land Juda (*^{kur}Ia'ū-dāya*) bei der Tributzahlung von Ahas (*Yahū'aḫaz*) an Tiglat-Pileser III., als Land Juda *mât Ya'ûdu* in einer → Orthostateninschrift aus Nimrud/Kalḫu oder als Land/Stadt Juda (*$^{kur/uru}$Ia-ú-da-a-a*) in den Inschriften Sanheribs. Erwähnt werden neben Ahas als Tributpflichtiger Tiglat-Pilesers III. (Vasallenlisten Tiglat-Pilesers III., HTAT Nr. 140), Hiskija als Tributär Sanheribs (Chicago Taylor-Prismen, HTAT Nr. 181) und Manasse als → Vasall Assurbanipals (Prisma C, HTAT Nr. 191). Das verwundert nicht, weil die regionalen Unterschiede in der Entwicklung und – davon abgeleitet – die politische Bedeutung sehr verschieden sind.

2.5 Die Entwicklung Judas im Vergleich mit Israel

Aus archäologischer Sicht entwickelt sich Juda zeitverzögert zum Norden. Erst in der Eisen IIB sind Ansätze eines Flächenstaates zu erkennen, die im Ausbau von städtischer Infrastruktur, in administrativen Zentralbauten und im Anwachsen von Verwaltungsdokumenten bestehen. Der Vorstoß der Aramäer nach Süden im letzten Drittel des 9. Jh.s v. Chr. (↗ V.3), der mit einer Schwächung des einflussreichen Nordstaates Israel verbunden ist, führt zu einem Entwicklungsschub in Juda, der auch die West- und Südexpansion ermöglicht. Aber Juda war insgesamt ein kleiner, wirtschaftlich nicht sehr leistungsfähiger Staat, der in der Entwicklung jeweils um mind. 100 Jahre hinter Israel zurückbleibt. Die Städte des Südens sind kleiner, ärmer und nicht dem urbanen Standard des nördlichen Nachbarn Israel entsprechend. Deutlich länger ist Juda ein um die Stadt Jerusalem als Zentrum gruppierter Kleinstaat, umgeben von Dörfern, in denen Bergbauern und Kleinviehzüchter begrenzten Handel mit Agrarprodukten treiben. Bis zur Süd- und Westexpansion im 8. Jh. v. Chr. ist Jerusalem die einzige Stadt. Die Siedlungsdichte wächst langsam an und erreicht in der Eisen IIB-Zeit im 8. Jh. v. Chr. einen Höhepunkt. Im frühen 9. Jh v. Chr. lässt sich Juda am ehesten in Analogie zu der spätbronzezeitlichen Stadtstaatentradition verstehen (*A. Ofer*), wobei Jerusalem die Rolle des Zentrums spielt. Die ab der Eisen IIA-Zeit zunehmend besiedelte Schefela entwickelt sich als Handels- und Wirtschaftszone im Zwischengebiet zwischen Philistern und Judäern, die von der regionalen Entwicklung her gesehen dem Bergland überlegen ist (*H. M. Niemann*). Nach wie vor dominieren die Küstenbewohner dieses ökonomisch für den Außenhandel Judas wichtige Gebiet über weite Strecken. Das philistäische Gat, das im 9. Jh. v. Chr. die im 11./10. Jh. v. Chr. entwickelte Vormachtstellung Ekrons ablöst, ist eine auf über 30 ha ausgedehnte Stadt. Demgegenüber wirkt Jerusalem im 9. Jh. v. Chr. mit unter 10 ha eher bescheiden. Erst der Ausbau im 8./7. Jh. v. Chr. lässt die Stadt zu einer dominanten Größe (mit max. 60 ha Siedlungsfläche) anwachsen. Im späten 9. und 8. Jh. v. Chr. zeigen auch die Orte des Südens (etwa *Tell es-Sebaᶜ*, Bet-Schemesch, Lachisch) eine Entwicklung hin zu Städten mit Befestigungsanlagen, Zentralbauten, Verwaltungsgebäuden, Wasserversorgung usw., die auf einen organisierten Flächenstaat schließen lässt.

Zur Orientierung kann man sich als Merksatz »Nord vor Süd« vergegenwärtigen. D. h., dass sich die Umwandlung → tribaler Strukturen in regional zentrierte Häuptlingstümer und in später monarchische Flächenstaaten in der südlichen Levante tendenziell im Norden früher als im Süden vollzieht. Die aramäischen Staaten sind früher als Israel, der Staat Israel entsteht früher als der Staat Juda, Moab früher als Edom. Die Entwicklungsimpulse kommen im Norden aus Syrien und den phönizischen Küstenstaaten und im Süden aus der westlich gelegenen philistäischen Pentapolis.

Die Feststellung der verzögerten Entwicklung Judas steht in diametralem Gegensatz zu der biblischen Darstellung, nach der das Königtum der Davididen das bedeutendere Staatsgebilde gewesen ist. Die Omriden und Nimschiden waren bis zum 8. Jh. v. Chr. weit bedeutender als die Davididen.

Der nur etwa 200 Jahre existierende Nordstaat Israel entwickelt sich im 9. Jh. v. Chr. unter den Omriden zu einem potenten Flächenstaat, der als Mittelmacht der südlichen Levante über das südliche Juda dominiert und es als Filialkönigtum der eigenen Herrschaft angliedert. Die in früheren Darstellungen bemühte Konzeptualisierung der Abhängigkeit Judas von Israel als → Vasallitätsverhältnis (*H. Donner, I. Finkelstein*) erscheint angesichts der Entsendung von Herrschern von Samaria nach Jerusalem noch deutlich zu schwach (bereits ↗ IV.7.5). Grundsätzlich wird aber auch die Größe des Nordstaates Israel überschätzt, wenn wie im biblischen Befund davon ausgegangen wird, dass ab Jerobeam I. (927–907 v. Chr.) bis Hoschea (732–723 v. Chr.) der ganze Norden, d. h. von Bet-El im Süden bis nach Dan (1 Kön 12,29), von Israel beherrscht wurde. Diese Sicht wird biblisch durch die Aufteilung des Landes an die Stämme (Num 32; 34,1–14; Jos 13–21) und die idealisierte Vorstellung eines davidisch-salomonischen Großreiches bestimmt (1 Kön 5,4; 8,65; 2 Sam 8,2–15), ist aber den historischen Verhältnissen nicht entsprechend. De facto haben nur die Omriden und Nimschiden in einer relativ kurzen Phase über das verkehrsgeographisch und strategisch wichtige Gebiet nördlich des samarischen Berglandes herrschen können. Die Jesreel-Ebene, das Bet-Schean-Becken sowie das nördlich davon gelegene Gebiet um den See Gennesaret mit Untergaliläa und der Region entlang des Jordans bis zu seinen Quellen in Obergaliläa war wechselnden Einflüssen ausgesetzt (*G. Lehmann*). Gleiches gilt für das Ostjordanland nördlich des Jabbok, also Gilead und den Hauran (Baschan und Golan). Dabei spielen die Phönizier, die Assyrer und nicht zuletzt die Aramäer eine entscheidende Bedeutung.

Regional bildet das verkehrsgünstig gelegene nördliche Israel das Hinterland der südphönizischen Stadtstaaten (Tyrus und Sidon), deren politischer, ökonomischer und kultureller Einfluss sich auch in der Eisen II-Zeit fortsetzt. Als wichtiger Faktor tritt im 1. Jt. v. Chr. der Einfluss der Aramäer von Norden hinzu (*E. Lipiński*). Daneben hat das Ringen um die Vorherrschaft über Südsyrien und Nordpalästina zwischen den Aramäern und benachbarten Kleinstaaten und den nach Westen drängenden Assyrern entscheidenden Einfluss auf die Entwicklung der Region in der ersten Hälfte des 1. Jt.s v. Chr. genommen.

3. Die Aramäer und ihr Einfluss auf die Entwicklung Israels und Judas

R. Arav/R. A. Freund (Hg.), Bethsaida, Kirksville 2004 • D. Ben-Ami/N. Wazana, Enemy at the Gates: VT 63, 2013, 368–382 • A. Berlejung/M. P. Streck (Hg.), Arameans, Chaldaeans, and Arabs in Babylonia and Palestine in the First Millenium, Wiesbaden 2013 • G. Faßbeck u. a. (Hg.), Leben am See Gennesaret, Mainz 2003 • C. Frevel, State Formation in the Southern Levant, in: A. Berlejung/A. M. Maeir (Hg.), Researches on Israel and Aram, Tübingen 2018 (im Druck) • ders., Was Aram an Empire?: Semitica 60, 2018, 399–429 • S. Hafþórsson, A Passing Power (CB.OT 54), Lund 2006 • S. Hasegawa, Aram and Israel during the Jehuite Dynasty (BZAW 434), Berlin 2012 • A. Kleiman, A Late Iron IIA Destruction Layer at Tel Aphek in the Sharon Plain: TA 42, 2015, 177–232 • A. Kleiman/O. Sergi, The Kingdom of Geshur and the Expansion of Aram-Damascus into the Northern Jordan Valley: BASOR 379, 2018, 1–18 • E. Lipiński, The Aramaeans (OLA 100), Leuven 2000 • N. Naʾaman, The Kingdom of Geshur in History and Memory: JSOT 26, 2012, 88–101 • H. Niehr, König Hazael von Damaskus, in: E. Gass/H.-J. Stipp (Hg.), »Ich werde meinen Bund mit Euch niemals brechen!« (Ri 2,19) (HBS 62), Freiburg 2011, 339–356 • ders. (Hg.), The Arameans in Ancient Syria (HdO 106), Leiden 2014 • O. Sergi u. a. (Hg.), In Search for Aram and Israel (ORA 20), Tübingen 2016 • K. L. Younger, A Political History of the Arameans (Archaeology and Biblical Studies 13), Atlanta 2016.

Der Einfluss der Aramäer auf die Entwicklung des israelitischen wie des judäischen Staates wurde in der Vergangenheit häufig unterschätzt. Erst in jüngster Zeit wird den Aramäern eine zentrale Rolle zugemessen, die im Folgenden auf der Grundlage des in ↗ III.2–3 Gesagten, insbesondere zur frühen Geschichte und zu den politischen Organisationsformen, entfaltet wird. Dazu wird zunächst noch einmal auf die Regionalkönigtümer (↗ V.3.1) eingegangen und darunter besonders auf Geschur (↗ V.3.2), weil es für die Entwicklung des Nordstaates Israel bedeutsam ist. Danach werden die materielle Kultur (↗ V.3.3) und die aramäische Expansion nach Süden (↗ V.3.4) dargestellt.

Ein noch größeres Problem als bei den Königen Israels und Judas stellt die Chronologie der aramäischen Königreiche dar, da kein ausreichendes Quellen- oder Listenmaterial vorhanden ist. Das gilt besonders für die Könige des 10. Jh.s v. Chr. (Hadad, Ezron, Ḥaḏyān I., Tab-Rimmon), aber auch für Ben-Hadad I. (↗ V.3.4 u. V.4.3). In nahezu allen Varianten kommt es zu mehr oder minder unlösbaren Problemen in den → Synchronismen zwischen den außerbiblischen und biblischen Nachrichten (z. B. beim Jahr der Machtübernahme Hasaëls und der Ermordung Ahasjas und Jorams). Die Übersicht im Anhang ↗ X.1.3 zeigt die Unterschiede der Ansätze von *E. Lipiński, L. E. Younger* und *M. Liverani*, dem hier mit leichten Änderungen gefolgt wird.

3.1 Lokale aramäische Häuptlingstümer

Spätestens für das 9./8. Jh. v. Chr., wahrscheinlich aber schon ab dem 10. Jh. v. Chr., sind für die Geschichte Israels neben (Aram-)Damaskus und Hamat, den bedeutendsten in Syrien gelegenen aramäischen Kleinstaaten, einige lokale Häuptlingstümer von Bedeutung, deren genaue geographische Lokalisierung schwer fällt. Darunter vor allem die in Südsyrien und Nordpalästina zu verortenden Aramäerstaaten Bet-Rehob (Ri 18,28), Zoba (2 Sam 10,6), Geschur (Dtn 3,14; 13,37–38), Abel-Bet-Maacha (Dtn 3,14; 1 Kön 15,20.29) und Tob (2 Sam 10,6.8). Inwieweit Aram-Zoba und Bet-Rehob voneinander zu unterscheiden sind, wird diskutiert. Den Siedlungsmustern folgend unterscheidet *W. Zwickel* zwei Zentren, Rehob (*Tell er-Rahīb*) und das nördlichere Zoba (*Tell el-ʿUjūn*). Zum Teil wird aber auch davon ausgegangen, dass Zoba/Bet-Rehob und Geschur/Bet-Maacha jeweils das Gleiche bezeichnen (*E. Lipiński*) und zwei lokale Einheiten am Oberlauf des Jordan bis zur Bekaa-Ebene und um den See Gennesaret herum meinen. Die Informationen dazu sind spärlich, zumal die Übermalung im AT das gesamte Gebiet nördlich der Jesreel-Ebene und des Bet-Schean-Beckens, das im 10.–9. Jh. v. Chr. durchaus mal mehr, mal weniger aramäischem Einfluss unterstand, dem Großreich Davids bzw. später dem Nordstaat Israel zuschlägt. Zum Staatsgebiet Israels scheinen diese Gebiete jedoch vielleicht unter Joasch (802–787 v. Chr.), sicher aber erst unter Jerobeam II. (787–747 v. Chr.) gehört zu haben. Außerbiblische Zeugnisse hingegen belegen die Präsenz von Aramäern in Bet-Rehob und Zoba noch im 9./8. Jh. v. Chr. Die politische Autonomie der Aramäer endet jedoch wie diejenige Israels mit der assyrischen Westexpansion unter Salmanassar III. (859–824 v. Chr.) und dann endgültig unter Tiglat-Pileser III. (745–727

v. Chr.). Dazwischen erstarkt vor allem Aram-Damaskus und dominiert für eine kurze Phase auch die gesamte Region (↗ V.3.4).

3.2 Geschur

Nicht ohne Probleme ist die Annahme einer Identität für das Paar Bet-Maacha und Geschur, da Bet-Maacha meist mit Abel-Bet-Maacha verbunden ist, das mit dem *Tell Ābil el-Qamḥ* in Obergaliläa identifiziert wird, während Geschur in gerade jüngerer Zeit häufiger mit dem etwa 40 km südöstlicher liegenden *et-Tell* am Nordostufer des Sees Gennesaret verbunden wird (↗ IV.5.7). *et-Tell*, das spätere Betsaida, wurde im 10. Jh. v. Chr. gegründet und zu einer großen Stadt (20 ha) mit massiver Befestigung und riesiger Toranlage und einem syrischen Palast (*Bīt-Ḫilāni*) ausgebaut (Stratum VI), was den Eindruck eines Zentralortes unterstreicht. Im Eingangsbereich der Stadt wurde 1997 eine Kultinstallation mit einem Podium ausgegraben, die in die Eisen IIB-Zeit datiert. Darin befand sich eine große Stele mit einer stilisierten stiergestaltigen Gottheit mit mondförmig gebogenen Hörnern (↗ Abb. 27).

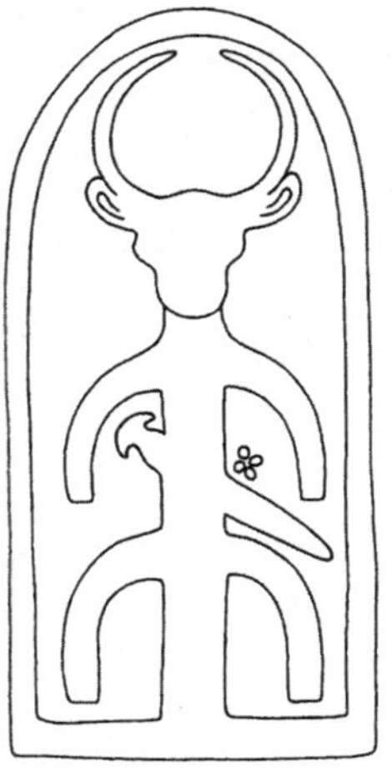

Abb. 27: 115 cm hohe Basaltstele von *et-Tell*/Betsaida (Eisen IIB-Zeit). Die Stele war zusammen mit anikonischen Stelen im Bereich des Stadttores in einer Kultinstallation auf einem Podium aufgestellt. Ikonographisch ist die Stele, von der Parallelen aus dem Hauran, vom *Tell es-Ašʿarī* und aus *eṭ-Ṭurra* in Jordanien bekannt sind, besonders, weil sie eine abstrakt-symbolische mit einer tiergestaltigen Darstellungsform kombiniert. Dargestellt ist ein bewaffneter Gott mit Stierkopf und halbmondförmig ausladenden Hörnern, wahrscheinlich ein Mondgott in Stiergestalt. Auf den Mondgott von Haran weist vielleicht auch die abstrakt stilisierte Mondsichelstandarte auf dem Siegel ↗ Abb. 28b (links) aus Nordsyrien. Der liegende Halbmond krönt als »Kopf« ein menschengestaltiges »Gestell«. Auch die rosettenartig angeordneten vier Kugelsterne und der aus dem Rumpf ragende »Dolch« zeigen Ähnlichkeiten zu der Basaltstele von *et-Tell*/Betsaida.

Die Stele weist → ikonographisch auf den nordsyrischen Mondgott von Haran, der in der aramäischen Religion eine große Rolle spielt (↗ Abb. 28) und in der Eisen IIC-Zeit seinen Siegeszug als Motiv auf Siegeln antreten wird.

Der mit der Hauptstadt des aramäischen Königtums Geschur identifizierte Ort Betsaida wurde erst 732 v. Chr. im Rahmen der assyrischen Westexpansion durch Tiglat-Pileser III. zerstört. Schon im 9./8. Jh. v. Chr. scheint er aber (nach der Eroberung durch Ben-Hadad I. ca. 900–875 v. Chr., Hadad-Eser ca. 875–845 v. Chr. oder Hasaël 845–800 v. Chr. von Damaskus) seine Zentralortfunktion verloren zu haben, da der Palast zur Textilproduktion weiter benutzt wurde. Zu dem

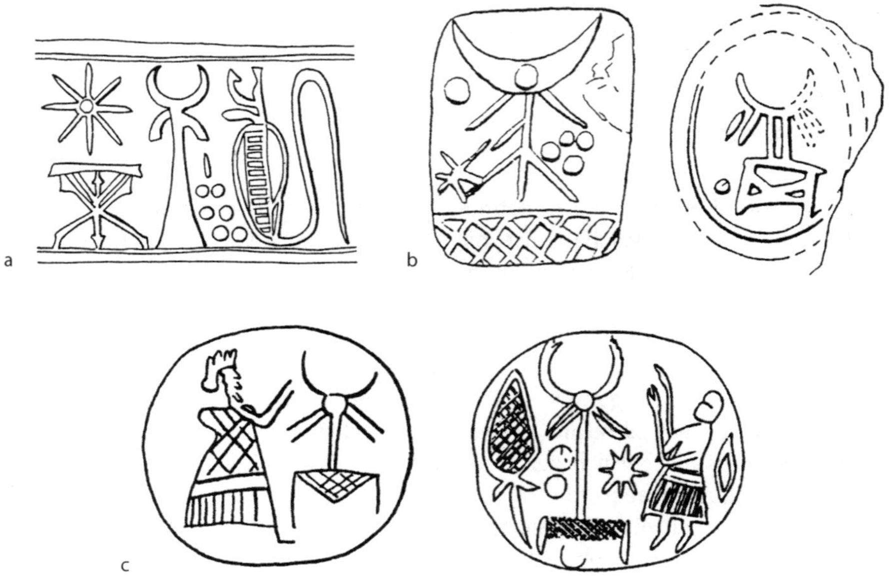

Abb. 28: Typisch für die Ikonographie des Mondgottes von Haran ist in der Eisen IIB-Zeit die Standarte, auf der eine liegende Halbmondsichel angebracht ist und von der auf beiden Seiten Troddeln herabhängen. (a) Rollsiegel mit dem Emblem des Mondgottes von Haran im Zentrum; links davon ein Opfertisch, darüber ein achtstrahliger Stern; rechts das Siebengestirn und eine Uräusschlange mit unterägyptischer Krone (7. Jh. v. Chr.). (b) Stempelsiegel aus dem Amanusgebirge mit einer stark stilisierten Mondsichelstandarte. Die rosettenartig angeordneten Kugeln symbolisieren vielleicht die Mondphasen. Daneben eine Bulle aus *Ḥorvat ʿUzzā* (7. Jh. v. Chr.) mit dem stilisierten Symbol des Mondgottes auf einem altarähnlichen Gestell. (c) Zwei Siegel-Amulette vom *Tell Ǧemme* und vom *Tel Shiqmona/Tell es-Samak* zeigen je einen Verehrer mit erhobenen Armen vor der Mondsichelstandarte des Mondgottes von Haran.

aramäischen Königtum Geschur werden neben dem Hauptort Betsaida/*et-Tell* (nach *R. Arav*: Zer) die am Ostufer des Sees gelegenen Orte *Tel Hadar*, *ʿĒn Gēv* und *Tel Dover/Ḫirbet ed-Duwēr* gerechnet. Zu dieser Kette handelsaktiver geschuritischer Städte wird oft auch Kinneret gezählt. Die am NW-Ufer des Sees gelegene Stadt auf dem *Tell el-ʿOrēme* wurde nach einer Siedlungspause im 11. Jh. v. Chr. neu gegründet und entwickelte sich schnell zu einem bis zu 9 ha großen bedeutenden urbanen Zentrum in der Region. Während die Wohnarchitektur Verbindungen nach Syrien aufweist, zeigt die Keramik ein typisches regionales Profil, wobei einige Gefäße charakteristische Parallelen in Syrien, im Jordanquellgebiet und der südlichen Bekaa-Ebene haben. Der Befund lässt sich sowohl für eine Zuordnung zu einer aramäischen Entität (wie das Königtum Geschur) als auch dagegen (*S. Münger*) auswerten. Die Nähe der Keramikassemblage zu *Tel Hadar* könnte für eine Zugehörigkeit zu Geschur sprechen, jedoch gibt es keine Indizien einer »aramäischen« materiellen Kultur.

3.3 Aspekte der materiellen Kultur der Aramäer

Eine eindeutige Zuordnung von Einzelfunden zu den Aramäern – hier verstanden als »Ethnikon«, das eine politische Zugehörigkeit zu einer anderen staatlichen Größe (wie z. B. zu Israel) ausschließt – ist nicht möglich. Auffallend ist die Befestigung gegenüber den gleichzeitigen Orten im samarischen Bergland oder der Jesreel-Ebene. Doch ist eine Klarheit hier gegenwärtig ebenso wenig zu gewinnen wie für den Befund des in Obergaliläa gelegenen Dan/*Tell el-Qāḍī*. Ri 18,28 verortet das dort Lajisch genannte Dan im Tal von Bet-Rehob und damit in einem Gebiet mit starkem aramäischen Einfluss. Die aramäische Inschrift von Dan (↗ V.4.3 u. V.5.2) zeigt klar, dass der Ort mindestens zeitweilig von Hasaël (ca. 845–800 v. Chr.) und vielleicht schon einem seiner Vorgänger okkupiert war. Möglicherweise hängt der Ausbau von Stratum IVA in der Eisen IIB-Zeit damit zusammen, sodass Dan erst im 8. Jh. v. Chr. unter Joasch (802–787 v. Chr.) bis zur assyrischen Eroberung durch Tiglat-Pileser III. (734/33 v. Chr.) israelitisch wurde (*I. Finkelstein, A. Berlejung*). Ähnlich ist die Geschichte von Hazor/*Tell Waqqāṣ* im Norden zu rekonstruieren, das unter Hasaël (Stratum VIII und VII) eine aramäische Stadt gewesen sein könnte, die erst unter Joasch (802–787 v. Chr.) oder Jerobeam II. (787 v. Chr.) wieder (im Anschluss an das omridische Hazor? ↗ IV.6.5) zu dem Königreich gehörte, das von Samaria aus regiert wurde (*I. Finkelstein, D. Ben-Ami/N. Wazana*).

Wie weit der Einfluss der Aramäer im 9. Jh. v. Chr. bis nach Süden reichte, ist nicht klar zu bestimmen. Der Städteriegel Jokneam, Megiddo, *Tel Rehov* und Bet-Schean scheint nicht einem der aramäischen Kleinkönigtümer gehört zu haben, auch wenn es von der materiellen Kultur, der Architektur und den Inschriften teilweise Übereinstimmungen gibt. Aber das gesamte Gebiet nördlich von Gilead und der Ebenen von Jesreel und Bet-Schean, das nördliche Unter- und auf jeden Fall Obergaliläa, mindestens aber das Gebiet des Ostufers und des Golan nördlich des Jarmuk sowie die Gegend südlich des Bekaa-Tals war regional von aramäischen Siedlern ab dem 11. Jh. v. Chr. geprägt und während des 11.–8. Jh.s v. Chr. nur in kurzen Zwischenphasen vor allem unter König Joasch (802–787 v. Chr.) und Jerobeam II. (787–747 v. Chr.) unter israelitischer Kontrolle. Die Vorstellungen, die man sich biblisch schon ab Jerobeam I. (927/26–907 v. Chr.) von der Ausdehnung des Königreiches Israel macht, scheinen mehr oder minder aus der nur kurz andauernden Situation der ersten Hälfte des 8. Jh.s v. Chr. heraus extrapoliert.

3.4 Aram-Damaskus als Hegemonialmacht

Über die Anfänge des aramäischen Staates von Aram-Damaskus ist nicht viel bekannt. Archäologisch sind alle Reste der Eisenzeit verschwunden oder mehrfach überbaut, sodass nicht mehr nachzuvollziehen ist, wann sich die Stadt zur Kapitale entwickelte. Schon die Liste ihrer frühen Herrscher ist unsicher. Der in 1 Kön 11,23–25 erwähnte Reson von Zoba erscheint legendär (Reson bedeutet »Anführer, Prinz«). Sein hebr. Name klingt an den Herrscher des 8. Jh.s v. Chr.

Rezin/Raṣyān an und sein Schicksal gleicht dem des Freischärlers David (*L. Younger*). Wie der zweite nach Edom versetzte Widersacher (Satan) Salomos namens Hadad (der freilich auch textgeschichtlich problematisch bleibt), scheint Reson eine legendenhafte spätere Bildung, um 1 Kön 5,18 zu kontrastieren. Die außerbiblischen Quellen wissen jedenfalls von einem frühen Herrscher aus Zoba in Damaskus nichts.

Biblisch häufig genannt wird der Name Ben-Hadad (1 Kön 15,18.20; 2 Kön 6,24 u. ö.). Zwischenzeitlich ging man aufgrund der Lesung der sog. Melqart-Stele (KAI 201, TUAT 1, 625) von vier Herrschern mit dem Namen Ben-Hadad aus (*F. M. Cross*). Die sekundär verbaute Inschrift aus der Nähe von Aleppo nennt zwar einen Ben-Hadad, jedoch paläographisch wohl erst im ausgehenden 9. oder gar im 8. Jh. v. Chr. und als Herrscher nicht für Damaskus, sondern wahrscheinlicher für das nordsyrische Arpad/*Bīt Agusi* (*W. T. Pitard, L. Younger*). Damit ist die Zahl der Ben-Hadads von Damaskus wieder auf zwei geschrumpft, wobei Ben-Hadad I., der in 1 Kön 15,18 (vgl. 2 Chr 16,2.4) als König von Aram in Damaskus sowie Sohn eines gewissen Tabrimmon und Enkel Hesjons genannt wird, außerbiblisch nicht bezeugt ist. Vielleicht ist der sogar in dem konstruierten Konflikt zwischen Asa und Bascha in 1 Kön 15 aus 2 Kön 13,3.24.25 eingetragen worden. Der Name seines vermeintlichen Großvaters Hesjon klingt jedenfalls sprachlich an den viel späteren Damaszener König Ḥaḏyān ca. 780–750 v. Chr. an. Auch die Auseinandersetzungen zwischen Aram-Damaskus und Ahab in 1 Kön 20 erzählen von einem gewissen Ben-Hadad, der Samaria belagert haben soll (1 Kön 20,1–20; 2 Kön 6,24), doch handelt es sich dabei wenn überhaupt um Hadad-Eser (875–845 v. Chr.). Noch wahrscheinlicher erscheint, dass die Erzählungen in 1 Kön 20 und 22 die späteren Auseinandersetzungen zwischen Ben-Hadad II. (800–780 v. Chr.) und den israelitischen Königen in die Frühzeit verschoben haben (↗ V.5.5). Auch der in 2 Kön 6,24 Ben-Hadad genannte Vorgänger Hasaëls ist wohl in Wirklichkeit Hadad-Eser (875–845 v. Chr.). In der Inschrift aus Dan/*Tell el-Qāḍī* (↗ IV.5.2 u. V.4.3) spricht der → Usurpator Hasaël davon, dass sein Vater Land an den König von Israel hatte abgeben müssen. Wenn dieser Vater nicht Ben-Hadad I. war, kommt eigentlich nur ein Lokalherrscher von Dan (*M. Weippert*) oder Hadad-Eser infrage. Denn mit Hadad-Eser betritt man sichereren Boden: nicht mit dem in Davids Zeitgenossenschaft in 2 Sam 8 genannten Herrscher des Reiches von Zoba, sondern dem in assyrischen Quellen Mitte des 9. Jh.s v. Chr. als Adad-Idri geführten Herrscher des »Eseltreiberlands« (*mātu ša imērīšu*), wie Damaskus dort genannt wird. Hadad-Eser (und nicht Ben-Hadad I.) scheint von dem »Sohn des Niemand« Hasaël von seinem Thron verdrängt worden zu sein (↗ V.5.1). Ist das richtig, dann gibt es historisch vielleicht nur *einen* Ben-Hadad, nämlich den Sohn Hasaëls, der ca. 800 v. Chr. den Thron in Damaskus besteigt und der nach der Zakkur-Inschrift (KAI 202, TUAT I, 626) 797 v. Chr. eine große Koalition gegen den König von Zakkur anführte und die Stadt Hazrak belagerte. Mit der Dominanz des aramäischen Damaskus ist es spätestens vorbei, als *Ḥaḏyān* 774 v. Chr. dem Assyrer Salmanassar IV. schweren Tribut zollen muss (HTAT Nr. 124). Die Einordnung der hier komprimiert wiedergegebenen Informationen zum Königreich Aram-Damaskus zeigt, dass die biblische Darstellung für die Anfänge stark konstruktive und idealisierende Züge zeigt. Wissenslücken werden für die Gründungserzählung einfach konstruktiv mit Bruchstücken aus späterer Zeit überbrückt. Darin gleicht sie bis in die »Erfindung« von Herrschern hinein, deren Namen später existierenden Königen gleichen, der biblischen Präsentation der voromridischen Frühzeit der beiden Staaten Israel und Juda (↗ IV.6 u. IV.7).

Historisch ist die sich allmählich im 9. Jh. v. Chr. entfaltende aramäische Dominanz gekennzeichnet durch das Aufhalten oder zumindest die Verlangsamung der neuassyrischen Westexpansion (dazu auch ↗ V.6.2). Sie hat auch biblisch, etwa in 2 Kön 8,7–8.28–29; 9,14–15; 10,32–33; 13,3–25; Am 1,3–5; Jer 49,23–27; Jes 8,4; 17,1–3 u. ö. ein zum Teil legendarisches Echo gefunden. Möglicherweise hat die LXX in 2 Kön 9,16 und 2 Kön 13,22 noch mehr von der hegemonialen Stärke Hasaëls bewahrt als der hebräische Text. Denn dort wird er als »starker Mann« bezeichnet und ihm in der lukianischen Rezension die Eroberung der Stadt Afek (wahrscheinlich *ʿĒn Gēv/Ḫirbet el-ʿĀšeq* oder *Fīq/Afik* bzw. weniger wahrscheinlich Afek/Antipatris/*Tell Rās el-ʿĒn,* ↗ V.5.5) zugeschrieben. Die tatsächliche regionale Stärke von Damaskus wurde jedoch bisher in der Geschichtsdarstellung eher unterschätzt bzw. gegenüber der assyrisch imperialen Stärke gering geschätzt. Hinzu kommt, dass aramäische Quellen für die aramäische Expansion im Unterschied zu den breiten Annalen der assyrischen Könige nahezu vollständig fehlen. Schriftquellen beschränken sich auf wenige Inschriften (z. B. aus *Tell ʿĀfīs* HTAT Nr. 119, ↗ V.5.2) und kurze Erwähnungen aramäischer Könige (z. B. Hasaëls auf Pferdeschmuck, *H. Niehr*). Längere Selbstzeugnisse wie etwa die Dan-Stele sind selten. Von entscheidender Bedeutung für die Expansion der Aramäer scheint zu sein, dass Damaskus in den assyrischen Feldzügen 841 v. Chr. und 838/37 v. Chr. nicht eingenommen wurde, auch wenn offenbar die Kontrolle über den Süden zunächst abgegeben werden musste. Denn Jehu (845–818 v. Chr.), der Usurpator des Throns von Samaria und vormalige → Vasall Hasaëls (↗ V.5) zahlt mit Hamat, Tyrus und Sidon im Jahr 841 v. Chr. Tribut an Salmanassar III. (859–824 v. Chr.) (HTAT Nr. 112–113). Noch 858 v. Chr. war Salmanassar III. beim Überschreiten des Orontes ein heftiger Widerstand der aramäischen und hetitischen Kleinstaaten entgegengeschlagen, die er jedoch erfolgreich niederrang. Einzig der aramäische Staat Bīt Adini leistet unter seinem Herrscher Aḫūni weiter Widerstand. Als Salmanassar III. 853 v. Chr. erneut den Versuch macht, nach Westen über den Orontes vorzudringen, tritt ihm die breite antiassyrische Koalition, an der sich auch die Omriden beteiligen, bei Qarqar (s. HTAT Nr. 106) entgegen (↗ V.4.4). Die Koalition wird von Hadad-Eser (ca. 875–845 v. Chr.) angeführt und scheint mindestens ein »Unentschieden« erreicht zu haben, auch wenn Salmanassar III. von sich behauptet, ihnen mit der »strahlenden Kraft, die mir mein Herr Assur gegeben hat« (HTAT Nr. 106) in einem fürchterlichen Gemetzel eine vernichtende Niederlage beigebracht zu haben. Salmanassar III. versucht anschließend mehrfach (849, 847, 845 v. Chr., HTAT Nr. 108–110) erfolglos diese Koalition zu brechen. Das gelingt ihm erst 841 v. Chr., ohne jedoch Damaskus erobern zu können (HTAT Nr. 111–112). Der »Sohn des Niemand«, Hasaël, scheint hier schon zu beachtlicher Stärke herangewachsen zu sein, auch wenn er die Koalitionäre nicht vor dem assyrischen Einfall schützen kann. Doch stellt er sich 838 und 837 v. Chr. dem assyrischen Druck ohne die syrischen Koalitionäre erfolgreich entgegen. Damaskus wird erst 732 v. Chr. von Tiglat-Pileser III. erobert (↗ IV.2.3) und der aramäische »Kleinstaat« damit in das assyrische Provinzsystem eingegliedert. Im letzten Drittel des 9. Jh.s erreicht die Macht der Aramäer in der südlichen Levante ihren Höhepunkt, in der Hasaël den Einfluss der Assyrer im Norden immer wieder bis an den Eufrat und nach Nordsyrien zurückdrängen konnte (HTAT Nr. 117). Mit dem Zug nach Süden im letzten Drittel des 9. Jh.s v. Chr. kräftigt Hasaël endgültig seine hegemoniale Stellung in der südlichen Levante.

Die Expansion der Aramäer nach Süden und die weitgehende Kontrolle über Israel und Juda erfolgt nicht auf einen Schlag und beschränkt sich auch nicht auf die Regierungszeit Salmanassars III. Mehrere sich überlagernde Phasen lassen sich unterscheiden (*A. Kleiman*): Während der Omridenherrschaft beschränken sich die Konflikte im Ostjordanland um die Vorherrschaft im Golan, im Hauran, im Baschan und besonders in Gilead. Vermutlich führen die Auseinandersetzungen zwischen 850 und 840 v. Chr. zu zunehmender Dominanz der Aramäer (s. 2 Kön 8,28–29; 2 Kön 9,24; 1 Kön 22). Was die Konflikte ausgelöst hat, ist umstritten. Entweder steht im Hintergrund eine expansive Politik Hasaëls oder es handelt sich um eine Rückeroberung von Gebieten, die der Omride Joram von Israel (851–845 v. Chr.) zuvor von den Aramäern reklamiert hat (1 Kön 22,1–4). Dass die Aggression von den Omriden ausging, behauptet auch der Autor des Textes auf dem → Orthostatenfragment aus Dan (↗ IV.5.2 u. V.4.3), wahrscheinlich Hasaël: Joram sei in das Land seines Vaters eingedrungen. Das mag für den Norden gelten, da Dan in der Eisen IIA-Zeit vermutlich nicht einmal israelitisch war (*Y. Thareani*), erklärt aber nicht das Vordringen Hasaëls im Ostjordanland. Für das expansive Vorgehen Hasaëls spricht, dass die Eroberungswelle bis hinunter zum Jabbok reicht, denn auch *Tell Dēr ʿAllā* wurde wahrscheinlich durch Hasaël zerstört (*H. Niehr*). Nach 838 v. Chr. folgt eine zunehmend expansivere Ausdehnung der Macht, die (in mehreren Schüben?) mit Annexionen von Gebieten im Ost- und Westjordanland (u. a. Gilead, Galiläa, Bet-Schean-Becken, Jesreel-Ebene) einhergehen und das Herrschaftsgebiet der Nimschiden stark einschränken. Um den Handel mit Rohstoffen zu kontrollieren (*A. Fantalkin/I. Finkelstein*), stößt Hasaël schließlich um 830 v. Chr. an der Küste entlang nach Süden vor, wobei er die Dominanz der philistäischen Regionalmacht Gat/*Tell eṣ-Ṣāfī* bricht und für kurze Zeit die gesamte südliche Levante unter seiner Kontrolle hat (2 Kön 12,18–19, ↗ V.5.4). Eine große Zahl von Eisen IIA-zeitlichen Städten und Siedlungen zeigt die militärische Kraft, die Hasaël dabei aufwendet. Nicht in allen Fällen werden die Städte zerstört, doch ist ein Bruch (mit dem dann die Eisen IIB-Zeit beginnt) vielfach zu beobachten. So werden etwa Dan (Stratum IVA), Hazor (Stratum IX), Megiddo (Stratum VA/IVB), Jokneam/*Tell Qēmūn* (Stratum XIV), Afek/*Tell Rās el-ʿĒn* (Stratum A7), Gat/*Tell eṣ-Ṣāfī* (Stratum A3), *Tel Rehov* (Stratum IV), Bet-Schean/*Tell el Ḥöṣn* (Stratum S-1b), *Tel ʿÁmál/Tell el-ʿAsī* (Stratum IV), Tel Michal/*Makmiš* (Stratum XIV) und weitere Städte bis hinunter in den Süden zerstört bzw. zeigen einen deutlichen Bruch (*A. M. Maeir, A. Kleiman*). Im Bet-Schean-Becken und der Schefela in der Gat-Region lassen sich Schwerpunkte des militärischen Eingreifens ausmachen. Wahrscheinlich deutet auch das auf die Kontrolle bzw. das Sistieren des Kupferhandels und der Metallverarbeitung hin. Die von Aram-Damaskus unter Hasaël geschickt entfaltete hegemoniale Macht war von relativ kurzer Dauer. Sein Sohn Ben-Hadad II. (ca. 800–780 v. Chr.) kann dem Druck nicht standhalten und muss die Dominanz der nach Westen drängenden Assyrer akzeptieren (HTAT Nr. 121, ↗ V.4).

Die Folgen der Expansion für die Entwicklung von Israel und Juda sind jedoch kaum zu unterschätzen. Durch die Schwächung des Nordstaates wird der Weg für Juda zu einer Loslösung frei, freilich zunächst unter dem Schutz des Vasallitätsherrn Aram-Damaskus. Zugleich ist die von Hasaël herbeigeführte Zerstörung Gats die Voraussetzung für die West- und Südexpansion Judas (↗ V.4.8).

4. *Israel und Juda unter den Omriden*

E. Arie, The Omride Annexation of the Beth-Shean Valley, in: O. Lipschits u. a. (Hg.), Rethinking Israel, Winona Lake 2017, 1–18 • W. B. Barrick, Another Shaking of Jehoshaphat's Familiy Tree: VT 51, 2001, 9–25 • J. A. Blakely/J. W. Hardin/D. M. Master, The Southwestern Border of Judah in the Ninth and Eight Centuries, in: J. R. Spencer u. a. (Hg.), Material Culture Matters, Winona Lake 2014, 33–51 • I. Finkelstein, Kadesh Barnea: TA 37, 2010, 111–125 • ders., Observations on the Layout of Iron Age Samaria, TA 38, 2011, 194–207 • ders., Stages in the Territorial Expansion of the Northern Kingdom: VT 61, 2011, 227–242 • ders., The Forgotten Kingdom, Atlanta 2013 • ders., Notes on the Historical Setting of Kuntillet 'Ajrud: Maarav 20, 2013 [2015], 13–25 • I. Finkelstein/O. Lipschits, Omride Architecture in Moab: ZDPV 126, 2010, 29–42 • I. Finkelstein/O. Lipschits/O. Sergi, Tell er-Rumeith in Northern Jordan: Semitica 55, 2013, 7–23 • N. Franklin, Samaria: Levant 36, 2004, 189–202 • dies., Jezreel, in: L. L. Grabbe (Hg.), Israel in Transition I, New York u. a. 2008, 45–53 • dies., Jezreel Revealed in Laser Scans: NEA 75, 2012, 232–239 • C. Frevel, Wicked Usurpers and the Doom of Samaria, in: S. Hasegawa/C. Levin/K. Radner (Hg.), The Last Days of the Kingdom of Israel (BZAW 511), Berlin 2018, 303–334 • A. Gilboa u. a., Capital of Solomon's Fourth District?: Levant 47, 2015, 51–74 • L. L. Grabbe (Hg.), Ahab Agonistes (LHBOTS 421), London/New York 2007 • ders., Omri and Son, Incorporated: VT.S 148, 2012, 61–83 • Z. Herzog/L. Singer-Avitz, Redefining the Center: TA 31, 2004, 209–244 • A. Kleiman, The Damascene Subjugation of the Southern Levant as a Gradual Process (ca. 842–800 BCE), in: O. Sergi u. a. (Hg.), In Search for Aram and Israel (ORA 20), Tübingen 2016, 57–76 • R. Kletter, Shrine Models and Volute Capitals, in: ders. u. a., Yavneh II (OBO S.A. 36), Göttingen 2015 • G. Lehmann/H. M. Niemann, When Did the Shephela Become Judahite?: TA 41, 2014, 77–94 • O. Lipschits, The Origin and Date of the Volute Capitals from the Levant, in: I. Finkelstein/N. Na'aman (Hg.), The Fire Signals of Lachish, Winona Lake 2011, 203–225 • A. M. Maeir, Philistia and the Judean Shephelah after Hazael, in: A. Berlejung (Hg.), Disaster and Relief Management (FAT 81), Tübingen 2012, 241–262 • N. Na'aman, The Kingdom of Judah in the 9th Century BCE: TA 40, 2013, 247–276 • ders., Tel Dor and Iron Age IIA Chronology: BASOR 376, 2016, 1–5 • R. S. Nam, Power Relations in the Samaria Ostraka: PEQ 144, 2012, 155–163 • H. M. Niemann, Geschichte Israels, Archäologie und Bibel (AOAT 418), Münster 2015 • O. Sergi, Judah's Expansion in Historical Context: TA 40, 2013, 226–246 • ders., The Alleged Judahite King List: Semitica 56, 2014, 233–247 • ders., State Formation, Religion and »Collective Identity« in the Southern Levant: HeBAI 4, 2015, 56–77 • ders., The Omride Dynasty and the Reshaping of the Judahite Historical Memory: Biblica 97, 2016, 503–526 • ders., The Emergence of Judah as a Political Entity Between Jerusalem and Benjamin: ZDPV 133, 2017, 1–23 • O. Sergi/Y. Gadot, Omride Palatial Architecture as Symbol in Action: JNES 76, 2017, 103–111 • I. Shai, Tel Burna, in:

O. Lipschits/A. M. Maeir (Hg.), The Shephelah during the Iron Age, Winona Lake 2017, 45–60 • M. J. Suriano, Wine Shipments to Samaria from Royal Vineyards: TA 43, 2016, 99–110 • C. Suter, Images, Tradition and Meaning, in: G. Frame u. a. (Hg.), A Common Cultural Heritage, Bethesda 2011, 219–241 • W. Thiel, Gelebte Geschichte, Neukirchen-Vluyn 2000 • S. Timm, Die Dynastie Omri (FRLANT 124), Göttingen 1982 • O. Zimhoni, Iron Age Pottery from Tel Jezreel: TA 19, 1993, 57–70.

4.1 Das Königtum in Israel von Jerobeam bis Omri

Die Darstellung der Königsbücher schildert die Geschichte des »Nordreiches« als eine Folge wechselnder und instabiler Herrschaften. Während für Juda ein durchgehendes dynastisches Königtum in der Nachfolge Davids in Jerusalem reklamiert wird, gelingt die Etablierung einer stabilen Herrschaft im Norden nicht. Die Orte der Herrschaft gerade zu Beginn wechseln (Sichem, Penuel, Tirza, Samaria) und die Hälfte der Könige des Nordstaates sind mehr oder weniger irregulär auf den Thron gelangt (Jerobeam I., Bascha, Simri, Tibni, Omri, Jehu, Schallum, Menahem, Pekach, Hoschea) (*C. Frevel*). Die geringen Ansätze der Dynastiebildung (Jerobeam I.-Nadab, Bascha-Ela, Menahem-Pekachja) werden immer wieder durch Königsmorde und (Militär-)Putsche beendet. Lediglich unter den Omriden und nach dem Putsch Jehus sollen für 40 bzw. 100 Jahre dynastische Verhältnisse geherrscht haben (Omriden: Omri-Ahab-Ahasja-Joram 882–845 v. Chr., Nimschiden: Jehu-Joahas-Joasch-Jerobeam II.-Secharja 845–747 v. Chr.). Unverkennbar ist in der Darstellung das Interesse an der Stabilität der davidischen Dynastie (2 Sam 7), das noch deutlicher wird, wenn man beginnt, an der ununterbrochenen genealogischen Kontinuität der Davididen in Jerusalem historische Zweifel zu hegen (↗ V.4.7 u. V.4.4). Umgekehrt hat die wenig stabile Herrschaft im Norden durchaus eine gewisse historische Plausibilität, wenn man berücksichtigt, dass gerade der Norden dem Druck der Aramäer und der Assyrer stark ausgesetzt war. Die Gesamtlinie der Darstellung des Nordstaates in den Königsbüchern ist dennoch stark tendenziös und (aus der Perspektive Judas) durchgehend an der Illegitimität dieses Staates interessiert. Das wird besonders in den Passagen deutlich, in denen Worte von Propheten die Deutung unterstreichen (1 Kön 11,29; 14,2.18; 15,12; 16,1.7.12; 19,16; 2 Kön 14,25; 17,13.33). Es bedarf daher einer zurückhaltenden Beurteilung der Historizität, besonders wenn, wie im Vorfeld der Regierung Omris (die Trunkenheit Elas 1 Kön 16,9, der Suizit Simris 1 Kön 16,18, die Spaltung des Volkes unter Tibni 1 Kön 16,21), das Chaos überhand nimmt oder für die Frühphase des Staates standardisiert von kriegerischen Auseinandersetzungen mit Juda die Rede ist (1 Kön 14,30; 15,6.7.16.32). Keines dieser Ereignisse hat außerbiblische Spuren hinterlassen. Überhaupt bleiben die außerbiblischen Daten für die frühe Eisen IIA-Zeit im samarischen Bergland, in Gilead, Galiläa oder im Baschan dünn. Staatliche Strukturen in Ökonomie und Verwaltung lassen sich nicht erkennen. Lediglich im Bet-Schean-Becken und in der Jesreel-Ebene sowie in der nördlichen Schefela und an der Küstenebene (Bet-Schean, *Tel Rehov*, Megiddo, Jokneam, Geser, Dor) können sich eine Reihe von Städten aus der Spätbronzezeit halten und regionale Zentren entfalten (»Neues Kanaan«,

↗ III.3.1), die weiterhin auf einem System von → Klientelbeziehungen einflussreicher Familien mit der Herrscherfamilie aufruhen (↗ II.2.2). Die übrigen Regionen, vor allem das Bergland Efraims und Manasses, sind dörflich bestimmt (↗ III.5). Sie haben keine Zentralorte und sind nicht erkennbar in den transregionalen Handel eingebunden. Spuren einer zentralen Administration fehlen ebenso wie Zentralorte mit Palästen, Tempeln etc. Deutlicher gesagt: Von einem Königtum im Norden fehlt im 10. Jh. v. Chr. noch jede Spur.

Der biblischen Darstellung nach regierte Jerobeam I. (927/26–907 v. Chr.) insgesamt 22 Jahre (1 Kön 14,24). Die Nachfolge tritt sein Sohn Nadab (907–906 v. Chr.) an (2 Kön 14,22), der jedoch bald von dem → Usurpator Bascha (906–883 v. Chr.) erschlagen wird. Als nach 23-jähriger Regierungszeit dessen Sohn Ela (883–882 v. Chr.) (1 Kön 15,33; 16,6.8) die Herrschaft 883 v. Chr. übernimmt, kommt es bald zu einer Militärrevolte, in der der Kommandeur Simri (882 v. Chr.) den König und dann dessen Geschlecht ausrottet, danach selbst aber von dem ebenfalls aus dem Militär stammenden und vom Volk unterstützten (1 Kön 16,16) General Omri bedrängt wird und im Palast in Tirza Selbstmord begeht. Doch auch Omri (882–871 v. Chr.) gelingt es zunächst nicht, eine stabile Herrschaft aufzubauen. Er wird von dem Gegenkönig Tibni über vier bzw. fünf Jahre bekämpft, bis er sich 878/77 v. Chr. schließlich als König in Israel durchsetzen kann (1 Kön 16,21f). Wie weit die Darstellung der Verhältnisse historisch ist, bleibt offen, da die → dtr Geschichtsschreibung erkennbar mehr Interesse daran hat, die Instabilität der Lage darzustellen als die tatsächlichen Leistungen der Omriden angemessen zu bewerten.

Omri ist der erste König des Nordstaates, dessen Name außerbiblisch in der moabitischen Mescha-Stele belegt ist. Durch das *Bīt Ḫumrī* »Haus Omri«, mit dem König Jehu (845–818 v. Chr.) dem Königtum in Samaria in den Annalen Salmanassars III. (859–824 v. Chr.) und auf dem Schwarzen Obelisken zugeordnet wird, ist zugleich die große Bedeutung erkennbar, die dem Königtum Omris für die Konsolidierung des Nordstaates zukommt. Das macht auch die Bezeichnung Israels als Land Omri, ^{KUR}*(māt) Ḫu-um-ri-i*, deutlich, die in der → Orthostateninschrift Adad-nērārīs III. (811–783 v. Chr.) aus Nimrud neben den Ländernamen Sidon, Tyrus oder Edom bis zu den Annalen Tiglat-Pilesers III. (745–727 v. Chr.) auftaucht (vgl. HTAT Nr. 105.112.113.121.146). Kurz: Der Staat Israel entsteht unter den Omriden.

4.2 Auseinandersetzungen mit Juda

Der Übergang vom 10. zum 9. Jh. v. Chr., in der biblischen Darstellung die ersten Jahrzehnte der getrennten »Reiche« Israel und Juda, bleibt in historischer und archäologischer Sicht dunkel. Außerbiblische Nachrichten fehlen ebenso wie Hinweise auf getrennte Ökonomien oder signifikante archäologische Entwicklungen staatlicher Strukturen. Die biblische Darstellung stilisiert die frühen Jahre der beiden Staaten als ausgesprochene Krisenzeit und setzt dabei die pro-judäische Perspektive fort (1 Kön 12,21.24.26). Stark stilisiert wird in 1 Kön 14,30; 15,6–7.16–17.32 darauf verwiesen, dass »ständig« Krieg zwischen Jerobeam I.

(927/26–907 v. Chr.) und Rehabeam (926–910 v. Chr.), zwischen Jerobeam I. und Abija (910–908 v. Chr.) und zwischen Bascha von Israel (906–883 v. Chr.) und Asa von Juda (908–868 v. Chr.) geherrscht habe. Wenn die biblische Darstellung von einer »Reichsteilung« zutreffend wäre, gäbe es auch wenig Grund, an Auseinandersetzungen zwischen den Staaten in der Konsolidierungsphase zu zweifeln. Zwar wird die Gründung des »Nordreiches« Israel biblisch als Absetzung des Nordens vom Süden unter Jerobeam I. stilisiert, doch wird die historische Wirklichkeit wohl eher umgekehrt gewesen sein, denn das kleine Juda steht im 9./8. Jh. v. Chr. permanent unter dem Einfluss des Nordens. Herrscher aus dem Herrscherhaus in Samaria waren zumindest zum Teil auch die Herren in Jerusalem. Aus dieser Abhängigkeit löst sich Juda erst im 8. Jh. v. Chr. (↗ IV.7). Die archäologische Entwicklung deutet darauf hin, dass die Konsolidierung eines stabilen Staates in Juda um etwa ein Jahrhundert später als im Norden einsetzte (so wie Juda generell im ersten Jahrtausend v. Chr. »entwicklungsverzögert« war), sodass die Konflikte zwischen den »Bruderstaaten« eher pauschale Angaben sind, die der abwertenden Darstellung der sog. Reichsteilung in 1 Kön 12 geschuldet sind. Vielleicht ist die Phase des frühen 9. Jh.s v. Chr. eher als temporäre Expansion der Machtansprüche der lokalen Herrscher in Sichem zu rekonstruieren, die nach und nach die lokalen Herrscher im Süden erfasst und schließlich in der Regierungszeit Joschafats von Juda (868–847 v. Chr.) in einer Suprematie der Omriden über den Süden mündet, die Jerusalem zum Filialkönigtum Israels macht.

1 Kön 15,18–20 schildert den Versuch Asas von Juda (908–868 v. Chr.), der Suprematie des »Nordreiches« durch ein Bündnis mit dem Aramäer Ben-Hadad I. (ca. 900–875 v. Chr.) zu entgehen, vielleicht auch um eigene Gebietsgewinne im Stammesgebiet Benjamins (Geba/*Ǧebaᶜ* und Mizpa/*Tell en-Naṣbe*) gegenüber dem Nordstaat zu halten und den für Jerusalem gefährlichen Ausbau von Rama/*er-Rām* beenden zu können (1 Kön 15,22) (*W. Thiel*, *N. Naʾaman*). Ben-Hadad I. von Damaskus habe daraufhin den Nordstaat empfindlich geschwächt und Ijon/*Tell Dibbīn*, Dan/*Tell el-Qāḍī*, Abel-Bet-Maacha/*Tell Ābil el-Qamḥ*, ganz Kinneret (d. h. die westliche Seeregion) sowie das ganze Land Naftali seinem Territorium hinzugefügt. Einerseits entspricht es der historischen Gesamtlage, dass sich das frühe Königtum in Israel ab dem 9. Jh. v. Chr. nicht nur mit den Philistern in der Küstenebene (genannt wird die Auseinandersetzung um Gibbeton [wahrscheinlich *Rās Abū Ḥamīd*] in der Schefela etwa auf der Höhe von Jerusalem ca. 20 km nördlich von Gat 1 Kön 15,27; 16,15.17), sondern – weit bedeutender – mit den in Aram-Damaskus erstarkenden Aramäern auseinanderzusetzen hat (1 Kön 15,20). Andererseits jedoch gibt es erhebliche Zweifel an der Historizität dieser frühen Auseinandersetzungen zur Zeit Asas und Baschas, ja sogar berechtigte Zweifel an der Existenz eines Ben-Hadad I. als frühen Herrscher in Aram-Damaskus (↗ V.3.4). Archäologisch lassen sich weder für den Ausbau von Rama/*er-Rām* noch für die Zugehörigkeit Gibbetons zu den Philistern (1 Kön 15,27) belastbare Hinweise für das in 1 Kön 15,22 berichtete Geschehen im Süden beibringen (*C. Frevel*). Vielmehr scheint die Herrschaft der Könige Israels vor den Omriden auf die Ebene Jesreel, das samarische Bergland und die zum Jordan hin abfallenden Niederungen im transjordanischen Gilead beschränkt gewesen zu sein. Gali-

läa, also Ijon/*Tell Dibbīn*, Dan/*Tell el-Qāḍī*, Abel-Bet-Maacha/*Tell Ābil el-Qamḥ* und wahrscheinlich auch Kinneret, gehörte nicht dazu. Auseinandersetzungen mit den Philistern in der Schefela sind damit ebenfalls eher unwahrscheinlich. Die in 1 Kön 15,20 reklamierten Gebietsgewinne sind Rückprojektionen aus der Zeit Hasaëls (ca. 845–800 v. Chr.) (*A. Berlejung*) oder seines Sohnes Ben-Hadad II. (ca. 800–780 v. Chr.). Fakt ist, dass Mitte des 9. Jh.s v. Chr. das Gebiet um den See Gennesaret ebenso wie Galiläa – also das als Stammesgebiet Naftalis (Jos 19,32–39) bezeichnete Gebiet – unter aramäischem Einfluss standen (↗ V.3).

4.3 Konsolidierung der Herrschaft

Wann und wie weit das omridische Königtum seine Herrschaft über die Jesreel-Ebene nach Norden bis nach Hazor oder gar Dan ausgeweitet hat, wird gegenwärtig intensiv diskutiert. Vielleicht ist es kein Zufall, dass in den Elija- und Elischa-Erzählungen (1 Kön 17–19; 21; 2 Kön 1–2; 8) zwar Orte im Karmelgebiet, der Jesreel-Ebene und in Gilead zentral sind, das Gebiet nördlich davon aber ausgespart bleibt. Die Inschrift von Dan/*Tell el-Qāḍī* (↗ IV.5.2 u. V.5.2) lässt den aramäischen König – und Sprecher ist aller Wahrscheinlichkeit nach Hasaël (ca. 845–800 v. Chr.) – sagen: »Da kam mein Vater, indem er hinaufzog [..., um] mit ʾ[...] zu kämpfen. Da legte sich mein Vater nieder, indem er zu seinem [Geschick] ging. Da war der König von Israel damals in das Land meines Vaters gekommen. [Da] machte Hadad mich zum König«. Man *kann* die Inschrift so lesen, dass die aramäische Herrschaft über Dan und Galiläa unter einem der Vorgänger Hasaëls (den er hier – obwohl er selbst den Thron unrechtmäßig erworben hatte – »mein Vater« nennt), sei es Ben-Hadad I. oder ein regionaler, nicht-damaszenischer, lokaler Herrscher, 883 v. Chr. erfolgte und dass nach dessen Tod 880 v. Chr. Omri (oder etwas später Ahab, vielleicht auch erst sein Sohn Joram) versucht hat, das Land für Israel zu reklamieren. In der Regierungszeit Hasaëls (ca. 845–800 v. Chr.) kam es dann zur Rückeroberung (oder erfolgreichen Verteidigung) einschließlich der Tötung der Ahab-Söhne Joram und Ahasja, womit sich der Verfasser der Inschrift rühmt. So verstanden, würde die Inschrift der Sache nach die Angaben von 1 Kön 15,20 plausibilisieren, was nicht ausschließt, dass 1 Kön 15,20 aus 2 Kön 15,29, das die traumatische Erfahrung der Westexpansion der Assyrer spiegelt, gebildet wurde (*C. Frevel*).

(a) Ausdehnung der Herrschaft der Omriden nach Transjordanien

Wie dem auch sei, eine territoriale Ausdehnung des Herrschaftsgebiets unter den Omriden erscheint sehr wahrscheinlich. Die Ausdehnung des Einflusses nach Süden wurde bereits angedeutet. Spätestens in der Regierungszeit Joschafats von Juda (868–847 v. Chr.) zeigt sich durch die Anwesenheit Ataljas in Jerusalem der Einfluss der Omriden, unabhängig davon, ob man in dem Koregenten Joram von Juda (852–845 v. Chr.) nun den Sohn Ahabs oder den Sohn Joschafats sieht. Dass auch das Ostjordanland vom östlichen Gilead bis zum moabitischen

Hochplateau dem omridischen Herrschaftsgebiet zugerechnet werden kann, zeigt nicht nur die Architektur (↗ V.4.5), sondern auch die Mescha-Inschrift.

Bei der bereits 1868 in Dibon/*Ḏībān* gefundenen moabitischen Mescha-Stele (↗ Abb. 29) handelt es sich um eine Bauinschrift aus dem 9. Jh. v. Chr.

Abb. 29: 1868 in Dibon entdeckte und im Louvre ausgestellte Stele des Königs Mescha von Moab, in der Auseinandersetzungen mit Israel erwähnt werden. In der Inschrift, die zu den wichtigsten außerbiblischen Quellen des 9. Jh.s v. Chr. gehört, rühmt sich der moabitische König Mescha, sich von Omri und seinem Sohn oder Enkel (Ahab, Ahasja oder Joram) losgesagt zu haben: »Als Om[r]i König von Israel war, unterdrückte er Moab lange Zeit; denn Kamōš zürnte seinem Land. Da folgte ihm sein Sohn nach und auch er sprach: ›Ich will Moab unterdrücken!‹ Zu meiner Zeit sprach er so. Da triumphierte ich über ihn und sein Haus; Israel aber ging für immer zugrunde. Da hatte Omri das Land Mōdabāʾ eingenommen und wohnte darin zu seiner Zeit und der Hälfte der Zeit seines Sohnes/seiner Söhne, vierzig Jahre; aber Kamōš brachte es zu meiner Zeit zurück« (Übersetzung *M. Weippert*, HTAT Nr. 105,4–9).

Die Anfertigung der Stele steht im Zusammenhang mit der Errichtung eines Heiligtums für den moabitischen Nationalgott Kemosch (Ri 11,24; 1 Kön 11,7.33; 2 Kön 23,13; Jer 48,7.13.46) in *Qarḥô*, das entweder in der Nähe der Hauptstadt Dibon liegt oder mit ihr identisch ist.

Der Text kann vor dem Hintergrund der Angaben von 2 Kön 3,4 gelesen werden, nach denen Mescha nach dem Tod Ahabs 852 v. Chr. eine Art → Vasallenverhältnis beendete, das als Tribut die Lieferung von Kleinvieh und Wolle an Israel vorsah. In dem Zusammenhang erwähnt Mescha Orte nördlich des Arnon/*Wādī el-Mōǧib*, die er in seinen Besitz gebracht haben will (u. a. Baal-Meon, Madaba, Kirjatajim/*Ḫirbet el-Qurēye*, Atarot/*Ḫirbet ʿAṭārūz*, Nebo/*Ḫirbet el-Muḫayyaṭ*, Jahaz/*Yahṣ*/*Ḫirbet el-Mudēyine*, Aroër/*Ḫirbet ʿArāʿir*) (↗ Karte 5). Ausdrücklich bringt er das mit *Ḫirbet ʿAṭārūz* zu identifizierende Atarot und das vielleicht mit *Ḫirbet el-Mudēyine* zu identifizierende Jahaz mit Baumaßnahmen Israels in Verbindung (↗ V.4.5). Anscheinend hatten die Omriden ihre Herrschaft bis in das strategisch wichtige und fruchtbare Gebiet nordöstlich des Toten Meeres ausgedehnt und Moab in das Kernland der *Arḍ el-Kerak* zwischen dem Arnon/*Wādī el-Mōǧib* und dem Sered/*Wādī el-Ḫesā* zurückgedrängt (↗ IV.2.5). Wie weit südlich Omri tatsächlich vorgestoßen ist (Atarot/Jahaz/Nebo) bzw. wo das Territorium zwar moabitisch blieb, aber zu Tributleistungen gezwungen war, ist nicht gänzlich aufzuklären.

(b) Das Herrschaftsgebiet der Omriden im Westen bis zur Küste

Bleibt die Frage der westlichen Ausdehnung des omridischen Herrschaftsgebietes. Die biblische Darstellung erweckt den Eindruck, als sei die südlich des Karmel gelegene Küstenebene immer schon zu Israel gerechnet worden (Jos 12,33; 17,11, anders Ri 1,27). Der Küstenstreifen, der südlich des Karmel sehr schmal beginnt, war in der Eisen II-Zeit bis hinunter zum Jarkon und den Philistermetropolen nur dünn besiedelt, hat aber mit Dor einen der wenigen natürlichen Häfen Israels. Die Hafenstadt Dor/*Tel Dor*/*Ḫirbet el-Burǧ*, die in einer ersten Phase phönizisch geprägt war, scheint nach friedlichem Übergang in der späten Eisen IIA-Zeit israelitisch geprägt (*A. Gilboa u. a., N. Na'aman*). Sie lässt sich daher als omridisches Emporium für den maritimen Außenhandel beschreiben (*I. Finkelstein*), doch ist das keinesfalls sicher. Der Befund der materiellen Kultur ist uneindeutig. Anders als die sonst im Land gefundene Philisterkeramik (↗ IV.2.2) der Eisen I-Zeit, die zu großen Teilen in der Philisterregion hergestellt ist, stammt die aus Dor z. T. aus der nördlichen Küstenregion (*M. A. S. Martin*), was eine Verbindung zu anderen phönizischen Orten nahelegt. Die Keramikassemblage der frühen Eisen IIA-Zeit weist eine Nähe zu Megiddo, Jokneam, Hazor und Dan auf, aber auch zu der Keramik aus der Ebene von Akko (*I. Sharon/A. Gilboa*). Für die einen spricht die materielle Kultur in ihrer Summe im 9./8. Jh. v. Chr. für eine Zugehörigkeit zu Israel (*T. Beyl*) und für eine in das israelitisch geprägte Binnenland ausgerichtete Ökonomie (*A. Gilboa u. a.*), für andere bleibt eine Zuordnung zum omridischen Herrschaftsgebiet sehr fraglich (*M. Weippert*). Geht man davon aus, dass der Karmel von den Omriden kontrolliert wurde (1 Kön 18), was aber auch keinesfalls sicher ist, wäre Dor von der phönizischen Küste verkehrsgeographisch abgeschnitten, was vielleicht für eine omridische Kontrolle über das Gebiet zwischen Karmel und dem Krokodilsfluss/Zerqā/*Wādī Taninîm* und der südlich davon gelegenen Scharon-Ebene sprechen könnte. Grundsätzlich denkbar wäre auch eine mit den süd-phönizischen Küstenstädten Sidon und Tyrus vergleichbare Eigenständigkeit Dors in der Eisen IIA-Zeit (*G. Lehmann*). Phönizien ist ja keine geschlossene ethnische Größe (*J. Quinn*), sondern eher eine Zuschreibung auf der Grundlage von Gemeinsamkeiten: urbane maritime Existenz, ausgeprägter Handel und eine davon geprägte materielle Kultur (↗ IV.2.1). Dor »phönizisch« zu bezeichnen bedeutet daher nicht notwendig, es in einem politisch geschlossenen Verbund mit anderen phönizischen Städten nördlich des Karmel zu sehen (*G. Lehmann*). Mit einer Integration in die omridische Herrschaft wären die genannten Charakteristika aufgegeben worden, wofür es auch Anzeichen gibt.

Für eine Zugehörigkeit zu Israel wird häufig die Liste der Verwaltungsbezirke Salomos 1 Kön 4 (↗ IV.6.2) ins Feld geführt, die dann aus dem 8. Jh. v. Chr. stammen soll (*N. Na'aman*). Den friedlichen Übergang von den Phöniziern zu den

Israeliten deutet *Na'aman* so, dass die Hafenstadt ein Brautgeschenk gewesen sei, das anlässlich der Heirat Ahabs mit Isebel an Israel übergeben wurde. Vielleicht sei sie auch von Ahab im Zuge einer israelitisch-tyrischen Allianz erworben worden. Da das alles sehr unsicher bleibt, ist eine belastbare Entscheidung, ob die Omriden über einen Zugang zum Mittelmeer verfügten, aufgrund der genannten Daten nicht möglich. Fest steht nur, dass Dor wahrscheinlich unter Tiglat-Pileser III. (745–727 v. Chr.) im 8. Jh. v. Chr. zerstört wurde und dann nach kurzer Besiedlungspause als assyrisches Zentrum wieder aufgebaut wurde.

4.4 Außen- und Innenpolitik der Omriden

(a) Heiratspolitik

Die ausgesprochen geschickte Innen- und Außenpolitik Omris dient der Abwehr des zunehmenden Drucks aus dem Norden. Die von → dtr Hand sehr negativ gewertete Verheiratung seines Sohnes Ahab mit der tyrischen Prinzessin Isebel (1 Kön 16,31) ist häufiger als der religionspolitische Versuch gewertet worden, zwischen »israelitischen« und »kanaanäischen« Bevölkerungsteilen einen Ausgleich zu schaffen (*A. Alt*). Wahrscheinlicher dient der Anschluss an die Phönizier der Küstenebene handfesten politischen und wirtschaftlichen Interessen. Isebels Vater Etbaal wird zwar König der Sidonier genannt, war jedoch wahrscheinlicher ein König von Tyrus. Dass die nur ca. 35 km entfernt voneinander liegenden Stadtstaaten einen gemeinsamen König hatten, wird immer wieder diskutiert (*J. Elayi*), bleibt aber eher unwahrscheinlich (*J. Quinn*). Da Hiram II. in Inschriften auf Bronzeschalen aus Limassol (Zypern) ebenfalls als König der Sidonier bezeichnet wird (KAI 31) und König von Tyrus ist und einzig der König von Tyrus in assyrischen Inschriften genannt wird, scheint das gegen *Stefan Timm* die plausiblere Variante. Wie dem auch sei, Isebel wird nicht aus religionspolitischen Gründen, sondern um der Wirtschaftsbeziehungen mit der phönizischen Küstenstadt willen verheiratet worden sein. Tyrus beginnt im 9. Jh. v. Chr. wirtschaftlich immer dominanter zu werden und zu expandieren (*B. Morstadt*). Auf ein handfestes Machtinteresse weist auch das Auftauchen Ataljas in Jerusalem (2 Kön 11). Ob Atalja Tochter Omris (2 Kön 8,26) oder (eher) Tochter Ahabs (2 Kön 8,18) war, lässt sich kaum noch aufklären, aber es scheint sicher, dass sie mit Joram von Juda (852–845 v. Chr.) liiert war (2 Kön 8,26). War Joram tatsächlich Davidide (zu den Zweifeln ↗ IV.7.5 u. V.4.7), wäre Atalja unter König Joschafat von Juda (868–847 v. Chr.) nach Jerusalem verheiratet worden, um das Band zwischen den beiden Staaten zu festigen (↗ V.4.7).

(b) Staatliche Verwaltung, Wirtschafts- und Steuerpolitik

Die guten Wirtschaftsbeziehungen führen zu einem wirtschaftlichen Aufschwung, der sich in phönizischen Luxus-Importen ablesen lässt. Die landwirtschaftlichen Erträge werden stärker abgeschöpft und wahrscheinlich werden auch (Natural-)Steuern erhoben, um den Ausbau des Reiches und die militärische Sicherung zu finanzieren. Für die Verwaltung des Reiches, die auf Patronatsbeziehungen gegründet gewesen sein dürfte, werden häufig die Samaria-→ Ostraka angeführt, die allerdings wohl nicht aus der Zeit der Herrschaft der Omriden stammen. Dennoch geben sie vielleicht einen Eindruck in die Organisation der Abgaben.

Diese im Palastbezirk 1910 gefundenen 102 sog. Samaria-Ostraka (s. Beispiele HTAT Nr. 125–138; ↗ Abb. 30), die neben Zeit- und Ortsangaben festgelegte Quantitäten an Agrarprodukten auflisten, lassen sich eventuell als Dokumente der Palastregistratur deuten und auf Abgaben der Landbevölkerung an den Hof zurückführen, die ein Steuerbeamter abgeliefert hat (*J. Renz*, *M. J. Suriano*, anders *R. Kessler*).

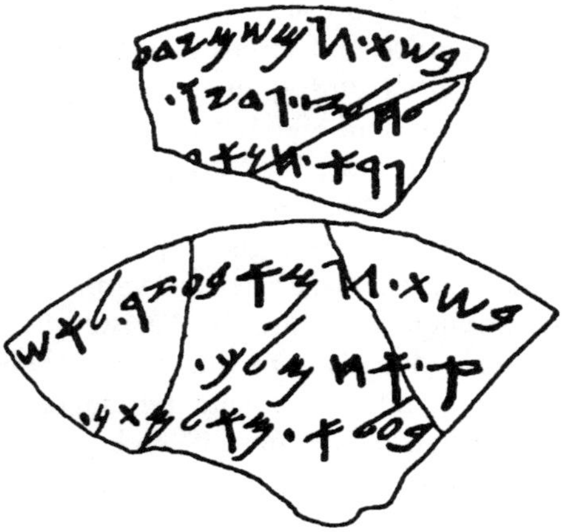

Abb. 30: Beispiele der Samaria-Ostraka (Nr. 30, 28). Die Inschriften dieses Typs beginnen jeweils mit einer Jahresangabe »im 15. Jahr« und nennen dann eine Sippe oder ein Gebiet »aus/von *ʾAbīʿezer*« oder »aus/von *Šemyādāʿ*« und anschließend einen Empfänger »an *ʾĀša*, (Sohn des) *ʾAḥīmelek*« und eine Herkunft »aus/von *ʾElmātan*«. Das System erlaubt verschiedene Interpretationen und Zuordnungen, jedoch deutet der → Hortfund der insgesamt 102 Ostraka auf eine Palastregistratur im 8. Jh. v. Chr.

Probleme bereitet die Interpretation der Dokumente dahingehend, als dass nicht klar ist, in welchem Verhältnis die auf den Ostraka genannten Sender und Empfänger zueinander stehen. Vielleicht handelt es sich um Clan-Eliten, die aus ihren Heimatorten mit Prestigegütern versorgt wurden (*H. M. Niemann*). *R. S. Nam* versteht sie weniger unter dem Aspekt der Finanzierung der Administration in einem Abgabensystem, denn als System von Gegengaben, mit denen der König sich durch Prestigegüter der Loyalität der lokalen Eliten versicherte. Die Ostraka zeigen damit die komplexen Interaktionen, mit denen die clanbasierte Gesellschaft und zentralisierte Monarchie aufeinander bezogen waren. Die Ostraka stammen allerdings erst aus der Zeit Jerobeams II. (787–747 v. Chr.) aus dem 2. Viertel des 8. Jh.s v. Chr. und können die geschilderte Praxis für die Omriden nicht sicher stützen. Es scheint jedoch nicht unwahrscheinlich, dass die lokalen Eliten auch unter den Omriden ähnlich in die Administration einbezogen waren.

Dass die Omriden Wirtschaftsbeziehungen zur phönizischen Küste unterhielten, scheint sehr plausibel. Nicht zuletzt spricht die Verheiratung Ahabs mit der sidonischen Prinzessin Isebel für engere Beziehungen. Unklar bleibt, ob der omridische Staat selbst Zugang zu einem Seehafen gehabt hat (↗ V.4.3) oder auch dafür auf die Kooperation mit den Phöniziern angewiesen war. Infrage kommt hier eigentlich nur Dor/*Ḫirbet el-Burğ*, dessen materielle Kultur aber eher nach Phönizien weist.

4.5 Baumaßnahmen der Omriden

Dass unter den Omriden der Staat in eine Blütephase eintritt, lässt sich auch an omridischen Bauten zeigen. Die repräsentativen Bauten dienen der Herrschaftskommunikation, d. h. sie gehen nicht in der Funktion als Verwaltungszentrum oder Amtssitz auf. Hier sind zunächst (a) Samaria, dann (b) Megiddo und Geser, (c) Jesreel und schließlich (d) weitere Orte zu betrachten.

(a) Unter den Omriden wird Samaria als Residenzort ausgebaut. Der vorher nur spärlich in der FB- und Eisen I-Zeit besiedelte und intensiv agrikulturell genutzte Ort (1 Kön 16,24) liegt verkehrsstrategisch günstig an einer Ost-West-Verbindung zur *via maris* und hat Anschluss an die Nord-Süd-Achse, die im Bergland Jerusalem und die Jesreel-Ebene verbindet. Für die Errichtung der ersten Repräsentationsbauten wird der Hügel begradigt und über einen in den Fels geschlagenen Steilhang eine Akropolis geschaffen. Archäologisch lässt sich die früheste aus Quadersteinen errichtete massive Palastanlage mit Omri verbinden, jedoch ist die charakteristische → Kasemattenummauerung des Palastbezirks vielleicht erst nachomridisch (*N. Franklin*). Sie stammt dann nicht von Ahab (871–852 v. Chr.), wie die frühen Ausgrabungen traditionell vermuteten, sondern erst aus dem 8. Jh. v. Chr., möglicherweise aus der Regierungszeit Jerobeams II. (787–747 v. Chr.). *O. Sergi* und *Y. Gadot* führen dafür zusätzlich die durch die Kasemattenmauer veränderte Repräsentativität des Palastes an. *I. Finkelstein* geht hingegen davon aus, dass das omridische Samaria nicht nur weit größer war als der 2,5 ha große Palastbezirk vermuten lässt, sondern auch dass die zur Abstützung der Plattform errichtete → Kasemattenmauer um den Palastbezirk Ahab zugeschrieben werden kann. Dagegen hat sich *H. M. Niemann* ausgesprochen, der Samaria weder im 9. noch im 8. Jh. v. Chr. als städtisches Zentrum sieht, sondern als »Residenz« eines noch immer weitgehend mobilen Königtums (↗ IV.7.3), das die Herrschaft mit flachen Hierarchien (mittelalterlichen *Pfalzen* vergleichbar) auf die anderen Orte mit Schlüsselstellung (Sichem, Tirza, Penuël, Megiddo, Jesreel, Hazor, Atarot, Jahaz etc.) rhizomartig verteilte. Samaria, das nicht größer war als die anderen omridischen Orte mit administrativer Funktion, diente demnach nicht einer »Zentralregierung« als Residenz, sondern nach wie vor lediglich einer lokalen Elite.

In allen Varianten war Samaria unter den Omriden aber nicht nur und ausschließlich Residenzort, sondern die Installationen weisen darauf hin, dass Samaria als Zentrum der Wein- und Olivenverarbeitung (mindestens) des südlichen samarischen Berglandes fungierte (s. Nabots Weinberg in 1 Kön 21, der vielleicht ursprünglich auch mit Samaria und nicht mit Jesreel verbunden war, *A. Schenker*). Die Verwaltung der agrarischen Produktion bildete das wirtschaftliche Rückgrat des omridischen Staates. Darauf weisen auch die Ostraka aus dem 8. Jh. v. Chr. hin (s. o.). In den Ausgrabungen 1909–1910, 1932 und 1935 wurden große Mengen von Elfenbeinen gefunden, die größtenteils als Möbelverzierungen die Inneneinrichtung schmückten (↗ Abb. 31). Wegen der Erwähnung des Elfenbeinhauses in 1 Kön 22,39 werden die unstratifizierten Stücke traditionell mit dem Omriden Ahab (871–852 v. Chr.) verbunden. Aus verschiedenen Gründen – unter anderem wegen Inschriften auf aus Samaria nach Nimrud verschleppten Stücken, die in das 8. Jh. v. Chr. datieren (HAE: Nim[8] 1–3) – ist aber ebenfalls denkbar, dass sie wie die Ostraka in die Eisen IIB-Zeit unter Jerobeam II. (787–747 v. Chr.) datieren (*C. Suter*). Die in syrischer Tradition geschnitzten Stücke deuten nicht nur auf einen erheblichen Luxus (Am 3,15; 6,4, Elfenbein musste nach dem Aussterben des syrischen Elefanten im 9./8. Jh. v. Chr. aus Ägypten importiert werden), sondern auch auf Handels- und Austauschbeziehungen mit Phönizien.

Abb. 31: Beispiele für die Elfenbeine aus dem Palastbezirk in Samaria. Die schreitenden Keruben vor einem Baum mit stilisierten Blüten (a und b) symbolisieren Prosperität, Vitalität und Schutz. So auch der Horusknabe in der geöffneten Lotusblüte (c), die knienden Figuren unter dem Blütenband (d) oder auch die stilisierten Lotusknospen und Blütenmotive (e und f), die den Luxus unterstreichen. Die Plaketten, die die ägyptisierenden Motive als Ausdruck des Luxus nutzen, wurden als Verzierungen an Möbeln befestigt. Sie datieren wahrscheinlich in das frühe 8. Jh. v. Chr.

(b) Weitere Festungs-, Palast- und repräsentative Funktionalbauten entstehen unter den Omriden in Megiddo, Hazor, Geser (↗ IV.6.5) und Jesreel. Während Megiddo und Jesreel im Kerngebiet der israelitischen Monarchie liegen, handelt es sich bei Hazor um die bedeutendste Stadt in dem von den Aramäern reklamierten Norden. Geser war bis zum Ausgang der Eisen IIB-Zeit 734 v. Chr. israelitischer Grenzort im Südwesten (*B. Brandl*).

(c) Der am Südostrand der Jesreel-Ebene zwischen Megiddo und Bet-Schean verkehrs- und militärstrategisch günstig gelegene Ort *Tell Yizreʿʾēl/Ḫirbet Zerʿīn* wird aufgrund der Angaben in 1 Kön 18,45–46; 2 Kön 8,29; 9,17.30; 21,1.23 oft als Winterresidenz der omridischen Könige geführt. Der biblische Befund kann allerdings weder die Annahme von zwei Hauptstädten (*A. Alt*) noch die einer Doppelresidenz mit Sommer- und Winterpalast zweifelsfrei stützen. Hinzu kommt, dass in Jesreel bisher *keine* Palastanlage freigelegt werden konnte (*N. Franklin*). Gefunden wurde eine durch einen Erdwall mit vorgelagertem Graben geschützte, rechteckige, mit einer → Kasemattenmauer umgebene 289x157 m große Anlage. Zwei große Ecktürme und ein auf der Langseite gelegenes Vier- (*A. Ben-Tor*) oder eher Sechskammertor (*D. Ussishkin*) bilden den Kern des Befundes, der durch das Fehlen von weiterer monumentaler Architektur im Innenbereich (die man eigentlich erwarten würde) schwer zu deuten bleibt. Am plausibelsten erscheint derzeit eine militärische Nutzung (*I. Finkelstein*). Wenn richtig ist, dass die Omriden (zunächst) Schwierigkeiten hatten das Bet-Schean-Becken zu kontrollieren (*E. Arie*), diente Jesreel als militärischer Stützpunkt. Während die Ausgräber die Anlage omridisch einordnen (*D. Ussishkin*), datiert *N. Franklin* die Anlage der zweiten Bauphase von Samaria (s. o.) nachomridisch zur Zeit Joaschs (802–787 v. Chr.) oder Jerobeams II. (787–747 v. Chr.), d. h. in die Eisen IIB-Zeit. Dagegen sprechen allerdings ein Großteil der Keramik und die vergleichbaren anderen omridischen Anlagen (*O. Zimhoni, I. Finkelstein/O. Lipschits*). Spekulativ bleibt die Annahme, dass Jesreel der Aufzucht und dem Training der Streitwagenpferde Ahabs diente, die in der Inschrift Salmanassars III. (859–824 v. Chr.) erwähnt werden (↗ V.4.6). Die Anlage wurde im ausgehenden 9. Jh. v. Chr. zerstört, vielleicht durch den Aramäer Hasaël (ca. 845–800 v. Chr.) (*N. Naʾaman*) (↗ V.5.4).

(d) Unabhängig von der Frage, ob Jesreel als »Palast« der Omriden anzusprechen ist, kann die Anlage u. a. wegen der Parallelen zur Bauweise in Samaria zu den omridischen Baumaßnahmen gezählt werden. Weitere Ausbaumaßnahmen in Sichem, Bet-El, *Tell el-Mālāt*, Tirza/*Tell el-Fārʿa* Nord, Dor, *Tell el-Qasīle* und Bet-Schean lassen sich ebenfalls omridisch datieren (*I. Finkelstein*). Vielleicht ist auch Ramot-Gilead als befestigter Ort in Gilead zu den Festungsorten zu zählen (wahrscheinlich mit *er-Ramṯā* zu identifizieren, *I. Finkelstein/O. Lipschits/O. Sergi*). Zumindest das 7 km südlich davon gelegene *Tell er-Rāmiṯ* weist das für die omridischen Anlagen charakteristische Zusammenspiel von Festungswall und -graben auf. Nimmt man die Mescha-Inschrift hinzu, nach der Omri seine Herrschaft auf Moab nördlich des Arnon/*Wādī el-Mōǧib* ausgedehnt hat (Z. 4 »als Om[r]i König in Israel war, unterdrückte er Moab lange Zeit«, HTAT Nr. 105), hat Omri auch Atarot (*Ḫirbet ʿAtārūz*) (Z. 11) und Jahaz/*Yahṣ* (Z. 19) ausgebaut. Letzteres ist vielleicht mit dem festungsartigen *Ḫirbet el-Mudēyine* im *Wādī eṯ-Ṯemed* im nördlichen Moab zu identifizieren (*I. Finkelstein*, traditionell *Ḫirbet er-Rumēl*), das eine Kasemattenmauer, einen Wall/Glacis und – wie Geser, Hazor und Megiddo – ein (allerdings kleineres) Sechskammertor aufweist. Eine ähnliche Anlage einschließlich eines regionalen Heiligtums wurde in Atarot/*Ḫirbet ʿAtārūz* ausgegraben.

Zu den Elementen omridischer Architektur gehören neben den von Kasemattenmauern umgebenen Plateaus, den Wallgrabenbefestigungen, den Sechskammertoren und den Quadersteinen auch proto-äolische Volutenkapitelle, die u. a. in Megiddo, Samaria, Hazor, Dan und auf dem Garizim gefunden wurden (*O. Lipschits*; ↗ Abb. 32). Vielleicht handelt es sich dabei sogar um eine genuine »Erfindung« der omridischen Architekten, die auf (spätere) Architekturformen in Juda (Jerusalem, *Rāmat Rāḥēl*, *ʿAin Joweizeh*), in Moab (*Ḫirbet Mudēbīʿ*), in Phönizien (*ʿAin Dāra*), im Palast Sargons II. (722–705 v. Chr.) in *Dur-Šarrukin*/Khorsabad, im Palast Sanheribs in Ninive und an anderen Orten Einfluss genommen haben könnten (*I. Finkelstein*, *O. Lipschits*, anders *R. Kletter*). Andere führen den Gebrauch der Volutenkapitelle auf einen »common market« von Stil-Elementen zurück, die nicht spezifisch omridisch sind, sondern der syro-phönizischen Hochkultur der Eisen II-Zeit insgesamt zuzurechnen sind (*D. Jericke*).

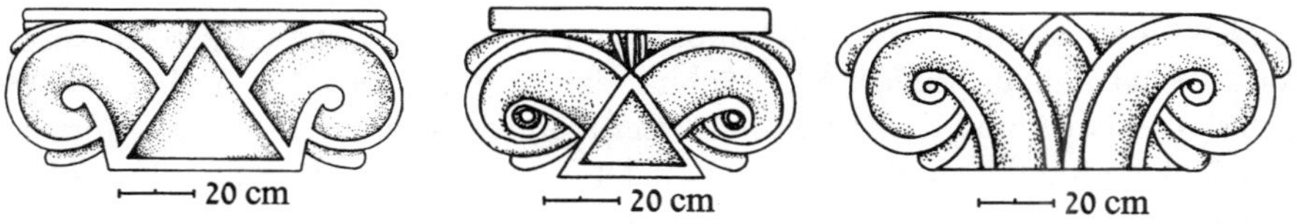

Abb. 32: Beispiele für Volutenkapitelle aus Samaria, Megiddo und Hazor. Die Kapitelle, die ihren Ursprung im omridischen Baustil im 9./8. Jh. v. Chr. haben und auch darüber hinaus Verbreitung erfuhren, zeichnen sich durch zwei nach außen gebogene Blütenblätter (Voluten) aus, die von einem zentralen Dreieck abgehen.

4.6 Die antiassyrische Koalition unter Ahab

Dass der Staat Israel sich unter den Omriden zu einer bedeutenden Kraft in der südlichen Levante entwickelt, zeigt vor allem der Eintritt in die antiassyrische Koalition unter dem Nachfolger Omris, seinem Sohn Ahab (871–852 v. Chr.), von der die Bibel ebenso wie von der Bautätigkeit der Omriden nichts berichtet. Auf dem Monolithen Salmanassars III. (859–824 v. Chr.) wird von einer Koalition unter der Führung von Damaskus und Hamat berichtet, die sich der Westexpansion des assyrischen Königs bei Qarqar am Orontes (*Ḫirbet Qerqūr*) in Syrien 853 v. Chr. entgegenstellt. Beteiligt sind 12 Könige, darunter Hadad-Eser (ca. 875–845 v. Chr.) aus dem »Eseltreiberland« (Aram-Damaskus), Irchuleni von Hamat, kleinere Kontingente aus Byblos, Ägypten und Nordarabien sowie »2000 Streitwagen und 10.000 Mann des Ahab von Israel« (II. Z. 91f, TUAT I 361, HTAT Nr. 106). Ahab wird an dritter Stelle der Koalitionäre genannt und hat das größte Streitwagenkontingent. Mag die Zahl auch übertrieben sein, zeigt sie doch die beachtliche militärische Potenz Israels an. Es fällt auf, dass in einer bis Nordarabien und Ägypten weiträumig ausgreifenden Koalition Juda und die phönizischen Küstenstädte nicht erwähnt werden. Das Fehlen von Tyrus und Sidon erklärt *Winfried Thiel* damit, dass diese bereits bei dem ersten Feldzug Salmanassars III. tributpflichtig wurden (Inschrift aus *Balawāt*). Vielleicht unterbleibt ihre Beteiligung daher aus politischen Gründen. Das Ziel des Feldzugs jedenfalls war die Sicherung der Südflanke des Zugangs zum Mittelmeer (*H. Weippert*). Dass Juda nicht genannt wird, könnte daran liegen, dass es *nicht* als eigenständige

Größe in den Kampf eintrat, sondern unter dem Kontingent Ahabs mitgezählt wird (*L. L. Grabbe*). Wenn die oben entfalteten Abhängigkeiten Judas von Israel zutreffend sind, erscheint das die wahrscheinlichste Lösung. Sicher ist das aber ebenso wenig wie der fulminante Sieg, dessen sich Salmanassar III. im Kampf gegen die Koalitionäre rühmt. Denn das Fehlen der Tributverpflichtung deutet vielleicht eher auf eine Niederlage der Assyrer hin (*W. Thiel*).

4.7 Die Abhängigkeit Judas von Israel

Für den vermuteten Einschluss auch judäischer Kräfte könnte die Abhängigkeit Judas von Israel sprechen, für das die Bezeichnung »verschleierte(s) → Vasallitätsverhältnis« (*H. Donner*) noch zu schwach scheint. Israel und Juda waren »Bruderstaaten«, aber nicht im Sinne einer engen Allianz, sondern tatsächlich, insofern in Jerusalem Brüder oder Söhne der omridischen Könige herrschten (bereits ↗ IV.7.5 und die Entfaltung unten). So wie Ahasja an der Seite Jorams in 2 Kön 3 kämpft, könnten auch Joschafat und Joram an der Seite Ahabs gekämpft haben. Ob den Herrschern in Jerusalem in ihrer familiären und politisch-militärischen Abhängigkeit überhaupt etwas Anderes übrig blieb? Die massive Dominanz des Nordens lässt die Formation Judas als eigenständiger Staat in Abhängigkeit von Samaria entstehen (anders *N. Na'aman*, *O. Sergi*) und da bleibt für militärisch eigenständiges Handeln wenig politischer Raum.

Die wirtschaftlich-politische Überlegenheit des Nordens spiegelt sich nicht nur in einer verzögerten Entwicklung des Südens, sondern noch deutlicher in dem massiven Einfluss Samarias auf Jerusalem im 9./8. Jh. v. Chr. Diese Suprematie des Nordens ist im Erfolg der omridischen Politik und der Nordexpansion Israels begründet und führte im wirtschaftlich wie politisch unterlegenen Süden zu einer geschickten familiären → Klientelpolitik der Omriden, die bis in das 8. Jh. v. Chr. anhielt. Das Abhängigkeitsverhältnis ging zum Teil über eine Vasallität deutlich hinaus und näherte sich einer Sekundogenitur an, wenn nicht Juda sogar zwischenzeitlich als nachgeordneter Bruderstaat ohne wirkliche staatliche Souveränität wahrgenommen wurde.

Für die Abhängigkeit gibt es eine Reihe von starken Indizien: (1) Berichte über politische und militärische Allianzen, (2) Omriden (und wahrscheinlich auch Nimschiden) regieren zeitweilig in Juda, (3) Aufschwung und Expansion Judas im 9./8. Jh. v. Chr. und schließlich (4) Handelsaktivitäten Israels im Süden.

(a) Allianzen zwischen Juda und Israel

In den Auseinandersetzungen Israels mit seinen Nachbarn wird mehrfach von einem freiwilligen Schulterschluss Judas mit Israel berichtet. So zwischen Ahab von Israel (871–852 v. Chr.) und Joschafat von Juda (868–847 v. Chr.) in der legendarischen Erzählung zum Krieg um Ramot-Gilead in 1 Kön 22,2–38, die ansonsten wenig historischen Wert besitzt. Joschafat kommt dabei, aus welchen Gründen auch immer, nach Samaria (1 Kön 22,2) und willigt ohne Zögern in das gemeinsame militärische Abenteuer ein (1 Kön 22,4). Als sich Moab nach dem

Tod Ahabs unter dem Nachfolger Joram (852–845 v. Chr.) die Unabhängigkeit der Madaba-Region von Israel erkämpft (belegt auch durch die Mescha-Stele, ↗ IV.5.2), beteiligt sich nach 2 Kön 3,4–27 erneut Joschafat (868–847 v. Chr.) an dem Versuch, das zu verhindern. Auch hier überwiegt das Legendarische der zu 1 Kön 22 sehr ähnlichen Prophetenerzählung und die namentliche Identifikation der Könige ist eher nachgetragen als ursprünglich. Im Hintergrund steht in beiden Fällen eine Beteiligung Joschafats an Kriegen, die nur sehr mittelbar die Interessen des kleinen Südstaates im 9. Jh. v. Chr. betreffen. Wenn die Vernetzung zwischen dem bedeutenderen Königtum in Samaria und dem (Filial-)Königtum in Jerusalem auf einem Abhängigkeitsverhältnis beruhte, war ein gemeinsames Vorgehen gegen die Aramäer oder gegen Moab nicht ein souveränes Handeln Joschafats, sondern eine vom Norden selbstverständlich geforderte Allianz (anders *N. Na'aman*). Die seltsame Notiz, dass Joschafat ohne Widerrede die Gefährdung hinnimmt, die durch die Verkleidung des Königs von Israel (1 Kön 22,30–31) entsteht, könnte vielleicht als verdeckter Hinweis auf ein Abhängigkeitsverhältnis gelesen werden (*O. Sergi*).

Ähnlich wird die Beteiligung Ahasjas (845 v. Chr.) von Juda bei einer erneuten Auseinandersetzung zwischen Joram (852–845 v. Chr.) und den Aramäern um Ramot-Gilead in 2 Kön 8,28 zu bewerten sein. Die Notiz wird ergänzt durch den Besuch Ahasjas bei dem erkrankten Joram in Jesreel nach dessen Verwundung im Kampf (2 Kön 8,29; 9,16). Wie Joschafat in 1 Kön 22,2 kommt er aus freien Stücken. Beide Besuche als bloße Familienangelegenheiten zu deuten, weil Atalja mit Joram schon sehr früh verheiratet wurde und damit Ahasja eventuell der Bruder Jorams war, greift zu kurz. Vielmehr dürften die Besuche als Hinweise zu lesen sein, dass die Herrscher in Jerusalem schon unter Joschafat von Juda von der omridischen Monarchie im Norden abhängig waren. Von einer militärischen Allianz zwischen Israel und Juda weiß auch das Orthostatenfragment aus Dan (↗ IV.5.2 u. V.5.2).

(b) Omriden in Juda im 9./8. Jh. v. Chr.

Es gibt eine historisch schwer zu durchschauende Vernetzung zwischen den Omriden und den Königen in Juda nach dem Tode Ahabs, die bereits oben im Abschnitt zur Reichsteilung (↗ IV.7.5) angesprochen und für die enge Verbindung von Juda und Israel ausgewertet wurde.

In Israel tritt Ahasja (852–851[?] v. Chr.), der ältere Sohn Ahabs, die Nachfolge seines Vaters für zwei Jahre in Samaria an (1 Kön 22,40). Der Übergang zu Joram von Israel ist biblisch klar durch die Legenden von 2 Kön 1 konturiert: Ahasja fällt durch das Dach seines Obergemachs und verletzt sich so schwer, dass er an den Folgen des Sturzes verstirbt. Da Ahasja kinderlos bleibt, wird sein Bruder Joram anschließend (852[?]/51–845 v. Chr.) König (2 Kön 1,17). Dass sich Ahasja nach Ekron wendet, spiegelt die unter den Assyrern enorm angewachsene Bedeutung des Ortes als Standort der Olivenölproduktion (Baal Zebub als »Herr der Ölfliegen«, ↗ IV.2.2), doch deuten sich darin vielleicht auch die internationalen Beziehungen der Omriden im Süden an. Der namensgleiche Ahasja von Juda soll nur ein Jahr in Jerusalem regiert haben (2 Kön 8,26). Ihm werden gute Beziehungen zu dem Königshaus in Samaria nachgesagt (2 Kön 8,27), die auch zu militärischen Kooperationen führten (2 Kön 8,28). Die Regierungsdaten sind hier sehr unsicher. In Juda regieren zu fast gleicher Zeit zwei Könige gleichen Namens (!) wie in Israel, zunächst Joram (847–845 v. Chr.), der als Koregent (oder Gegenkönig) schon 852–847 v. Chr. neben Joschafat regierte, und dann nach 2 Kön 8,26 recht kurz Ahasja von Juda im Jahr 845 v. Chr. Dieser Ahasja in Jerusalem wird in der Geschichtsdarstellung eng an die Dynastie Omri angebunden, denn es heißt von ihm wie von keinem anderen König in Jerusalem, dass er »den Wegen des Hauses Ahabs folgte« (2 Kön 8,27). Auffallend ist, dass beiden Ahasjas übereinstimmend eine relativ kurze Regierungszeit zugeschrieben wird.

Der → Synchronismus 2 Kön 1,17 lässt den judäischen Joram zwei Jahre vor dem israelitischen an die Macht gelangen, während 2 Kön 3,1 den israelitischen Joram in das 18. Jahr Joschafats datiert und 2 Kön 8,16 den judäischen Joram im fünften Jahr des israelitischen Joram ansetzt. Der hebräische Text benutzt zwei Namensformen, die kurze Joram (z. B. 2 Kön 8,21.28; 9,14.16; 11,2) und die längere Jehoram (z. B. 2 Kön 8,16.25; 9,15.17), unterscheidet dabei aber nicht zwischen dem judäischen und dem israelitischen Joram. Joram und Ahasja von Israel sind biblisch beides Söhne Ahabs (1 Kön 22,40), Joram von Juda wird hingegen als Davidide und Sohn Joschafats (1 Kön 22,51), Ahasja von Juda als Sohn Jorams von Juda und der Omridin Atalja (2 Kön 8,24.26) geführt, doch ist die politische Vernetzung zwischen Samaria und Jerusalem zur Zeit dieser Könige besonders eng (↗ V.4.6): Ahasja von Samaria schlägt Joschafat von Juda ein *Joint Venture* vor, das aber abgelehnt wird (1 Kön 22,50). Ahasja von Juda kämpft an der Seite Jorams von Israel gegen die Aramäer, begleitet Joram von Israel, als er Jehu entgegenfährt (2 Kön 9,21), und besucht den kranken israelitischen König in Jesreel (2 Kön 8,29; 9,16). Schon Joschafat von Juda soll Ahab in Samaria besucht haben (1 Kön 22,2) und ihm seine Loyalität im Kampf gegen die Aramäer zugesagt haben. Dieser Besuch wird meist mit der Verschwägerung der »Davididen« mit den »Omriden« in Verbindung gebracht (↗ V.4.4). Das alles zeigt die große Nähe von Israel und Juda in der Zeit der Omriden. Denkbar erscheint von den Regierungsdaten auch, dass Joram in einer Art Doppelregentschaft oder Personalunion über den Norden und den Süden herrschte und er dabei von seinem Bruder Ahasja für kurze Zeit mehr oder minder unterstützt wurde.

Nach 2 Kön 8,25–26 ist Ahasja von Juda Sohn von Joram von Juda und Atalja. Atalja wird allerdings in 2 Kön 8,18 Tochter Ahabs genannt. Sieht man sie nicht primär als Mutter Ahasjas (2 Kön 8,26), was sie eher Tochter Omris sein lässt, ist gut vorstellbar, dass Atalja Tochter Ahabs und damit Halbschwester Jorams gewesen ist. Ist Joram von Juda (852–847 v. Chr.) nicht Davidide, sondern Sohn Ahabs (s. u.), wird dieser von Ahab zum Filial- oder → Klientelkönig in Jerusalem erhoben und wechselt dann als Thronfolger nach Samaria. Mit Joram gelangt Atalja nach Jerusalem. Joram wird offenbar mit seiner Halbschwester verheiratet, was innerhalb der Königsfamilie nicht wirklich ungewöhnlich ist, um die Macht in der Familie zu halten. Wenn Atalja hingegen Tochter Omris war (2 Kön 8,26), wurde sie mit ihrem Neffen Joram verheiratet und zog als erfahrene Politikerin mit nach Jerusalem, als der junge Joram dort die Regentschaft übernahm. Schwierigkeiten bereitet dabei lediglich die Abfolge von Ahasja/Joram in Samaria gegenüber Joram/Ahasja in Jerusalem. Vielleicht haben Joram und Ahasja die Rollen in Samaria und Jerusalem getauscht.

Selbst wenn man der hier vorgeschlagenen Identität der Personen nicht zustimmt, ist Ataljas Heirat mit Joram Teil der omridischen Politik, die vornehmlich dazu dient, durch die politische Allianz Einfluss auf das Königtum im Süden zu nehmen (*O. Sergi*).

Als dann in der Jehu-Revolution 845 v. Chr. (bzw. in der Auseinandersetzung mit Hasaël, vgl. die Inschrift von Dan) Joram von Israel und (sein Bruder) Ahasja von Juda (!) umkommen (2 Kön 9,23–27), übernimmt Atalja in Jerusalem das Heft und rottet dafür nach Darstellung von 2 Kön 11 nahezu die gesamte Königsfamilie aus. Die legendarische Ausgestaltung erzählt, dass lediglich der unmündige Sohn Ahasjas, Joasch, als Thronfolger von seiner Tante Joscheba gerettet wird. Während Atalja implizit unterstellt wird, den Baalskult protegiert zu haben (2 Kön 11,19), wird Joasch von Juda im Tempel YHWHs für sechs Jahre verborgen und gelangt im siebten Jahr der Regierung Ataljas an die Macht (840–801 v. Chr.). Rechnerisch wäre das das Jahr 839 v. Chr., doch muss das 6/7-Schema aus 2 Kön 11,4 symbolisch verstanden werden. Vielleicht ist es auch von 2 Kön 12,1–2 her übertragen worden. Atalja hingegen wird in einem von Priestern geführten Volksaufstand umgebracht. Die in 2 Kön 11 eher implizit negative Wertung der Atalja wird in 2 Chr 24,7 explizit.

Für die Verschränkungen zwischen Juda und Israel im 9./8. Jh. v. Chr. sind in der Forschung verschiedene Lösungen vorgebracht worden (Überblicke bei *W. B. Barrick* und *J. M. Miller/J. H. Hayes*). *Eine* Möglichkeit ist, in den judäischen Königen Joram und Ahasja keine Davididen, sondern *Omriden* zu sehen. Damit wäre für die Phase der 2. Hälfte des 9. Jh.s v. Chr. von einer Aufteilung der Herrschaft über Israel und Juda unter den Söhnen Ahabs auszugehen. In dem Abschnitt zur Reichsteilung wurde diese Lösung, für die eine Reihe weiterer Indizien sprechen, favorisiert (↗ IV.7.5). Geht man noch einen Schritt weiter, legt sich nahe, dass auch Joasch kein Davidide war, sondern ein Nimschide aus dem Geschlecht, das mit Jehu die Macht in Samaria übernommen hatte (s. u.). Wahrscheinlich war er nicht ein Sohn Ahasjas, sondern ein Sohn oder Enkel Jehus. Für letzteres spricht die Nähe von Joahas/*yhw-ʾḥz* und Ahasja/*ʾḥz-yhw*. Joasch von Israel, der Sohn des Joahas, und Joasch von Juda, der vermeintliche Sohn Ahasjas, wären dann ebenfalls dieselbe Person.

Rekonstruiert man die Geschichte auf der Grundlage dieser Annahme, so lassen sich die militärischen Allianzen und *Joint Ventures* als Abhängigkeit des Südens vom Norden lesen und verstehen. Wahrscheinlich war schon König Joschafat von Juda (868–847 v. Chr.) von Israel abhängig, vielleicht sogar ein König von Ahabs Gnaden. Denn folgt man 2 Kön 8,15, so wurde Joram, der (setzt man die Identität der beiden Jorams voraus) Sohn Ahabs (2 Kön 1,17), noch zu Lebzeiten Joschafats König von Jerusalem. Es ist gut denkbar, dass der Wechsel in Jerusalem Folge der → Klientelpolitik Ahabs gewesen ist (s. auch 2 Kön 8,15.18). Joram hätte dann *de facto* als Neben- oder Gegenkönig Joschafat aus der Macht gedrängt.

Vielleicht verbirgt sich hinter dem Kooperationsangebot Ahasjas von Israel und seiner Ablehnung durch Joschafat von Juda in 1 Kön 22,51 und der Betonung des »Friedens« in 1 Kön 22,41 unter Joschafat der Beginn der Abhängigkeit von den Omriden.

Unklarheiten bestehen unter der Voraussetzung der Identität der gleichnamigen Personen bei den Angaben zu den beiden Ahasjas. Während der israelitische Ahasja Sohn Ahabs und der ältere Bruder Jorams von Israel gewesen ist (1 Kön 22,40; 2 Kön 1,18), ist er nach 2 Kön 8,25 der Sohn Jorams von Juda. Dort heißt es: »Im zwölften Jahr Jorams, des Sohnes Ahabs, des Königs von Israel, herrschte Ahasja, der Sohn Jorams, als König von Juda« (wobei die ältere Fassung der LXX das »König von Juda« auslässt). Bei Joram sind die Datierungen der Synchronismen besonders problematisch (↗ V.5.2), da von seiner Datierung die Einordnung des Putsches Jehus abhängt, der zum Zeitpunkt des assyrischen Tributs 841 v. Chr. bereits stattgefunden haben muss (↗ V.5). Da zudem die Angaben von 2 Kön 1,17; 3,1; 9,29 nicht völlig kompatibel sind, wird die Dauer der Regierungszeit Jorams in der Regel »justiert«. Während nach 2 Kön 11,2 Ahasjas Sohn Joasch von Juda verzögert auf den Thron gehoben wird, hat der Sohn Ahabs nach 2 Kön 1,17 keinen Sohn, weshalb ihm sein *Bruder* Joram von Israel auf den Thron in Samaria folgt. Die Abkunft Joaschs ist allerdings unsicher (s. u.). Wahrscheinlich waren Joram und Ahasja Brüder und die Omriden haben ihren Einfluss in Juda durch geschickte Familien-→ Klientelpolitik ausgebaut. Das Verhältnis von Ahasja und Joram ist ausgezeichnet (2 Kön 8,29) und spielt während der Jehu-Revolution eine wichtige Rolle. Beide kämpfen gemeinsam und werden nach biblischen Angaben von Jehu getötet (2 Kön 9,24.27). Durch ihren Tod ergeben sich sowohl in Jerusalem (Atalja) als auch in Samaria (Jehu) Irregularitäten in der Thronfolge. Dass der junge Ahasja von Juda an der Seite von Joram von Israel (der entweder sein Vater oder wahrscheinlicher als Sohn Ahabs sein Bruder war) gegen Hasaël im Ostjordanland mit 22 oder 23 Jahren gekämpft (845 v. Chr.) hat (2 Kön 8,26–28), war weniger der Souveränität des jungen Herrschers als der Abhängigkeit der Monarchie in Jerusalem von den Omriden geschuldet.

Der omridischen Abkunft Ahasjas von Juda kann nicht durch den Hinweis auf die Inschrift von Dan/*Tell el-Qāḍī* (↗ IV.5.2, IV.4.3 u. V.5.2) widersprochen werden. In dem 1994 gefundenen Fragment B_2 lauten die letzten beiden Zeilen ... *rm.br....yhw.br...*, was meist als Folge von zwei Königsnamen gelesen wird. Da in Fragment A von Israel und vom *byt.dwd* die Rede ist, werden die Namen zu »[Jo]ram, Sohn des [Ahab], König von Israel« und »[Ahas]ja, Sohn des [Joram], König vom Haus Davids« ergänzt. Wenn diese Rekonstruktion überhaupt richtig ist (die angenommene Breite der Inschrift, die der Rekonstruktion zugrunde liegt, bleibt ebenso hypothetisch wie das textliche Verhältnis der Fragmente A und B zueinander), bedeutet das nicht, dass *[Ahas]yahû* Davidide (und Sohn Jorams) gewesen ist, sondern lediglich, dass er die Herrschaft über das »Haus Davids«, d. h. Juda, ausgeübt hat. Vergleichbar wird auch Jehu auf dem Schwarzen Obelisken aus Nimrud/*Kalḫu* und den Annalen Salmanassars III. dem »Haus Omri« (Jehu von *Bīt Ḫumrī*) zugerechnet, ohne Omride zu sein (↗ V.2.4).

Als Jehu durch einen Putsch in Samaria die Omriden im Norden aus der Macht drängt, wahrt die Omridin Atalja im Süden für kurze Zeit noch die omridischen Ansprüche auf die Macht. Sie wird – der Übermacht des Nordens gehorchend – durch einen Nimschiden aus Samaria abgelöst. Damit endet die Herrschaft der Omriden auch in Jerusalem.

Die hier vorgeschlagene Rekonstruktion der Ereignisse hängt an der Voraussetzung, dass hinter der auffallenden Namensgleichheit der Könige in Samaria und Jerusalem auch eine Identität der Personen steht und die Geschicke der beiden Monarchien viel enger verknüpft waren, als es die biblische Sicht der »Reichsteilung« vermuten lässt. Sie setzt voraus, dass der Rekonstruktion der biblischen Geschichte keine in allen Punkten verlässlichen Listen der Könige und »Königsarchive« zugrunde lagen, sondern die Geschichte (unter Verwendung von Vorlagen) aus judäischer Perspektive konstruiert wurde, sodass die Verbindung zwischen den Omriden und dem Königshaus in Juda mehr verschleiert als offengelegt wurde. Über die hypothetische Rekonstruktion kommt man allerdings nicht hinaus, da über das politische Handeln der Nachfolger Ahabs und auch ihre exakte zeitliche Ansetzung keine wirkliche Klarheit zu bekommen ist. Das wird nicht zuletzt in der vorliegenden Darstellung darin deutlich, dass die hier zugrunde gelegte Chronologie (↗ V.2.2), die auf der weit akzeptierten sog. »Kurzen« Chronologie von *Alfred Jepsen* fußt (*H. Donner, W. Eder*), Ahasja von Juda und Joram von Israel *nicht* im gleichen Jahr sterben lässt, was sowohl 2 Kön 9,23–27 als auch der Rekonstruktion der Dan-Inschrift widerspricht.

Sowohl für die enge Anbindung von Königsherrschaften durch Verschwägerung als auch für die Einsetzung eines Mitglieds der Königsfamilie in einem benachbarten Staat gibt es zahlreiche Beispiele in der altorientalischen Geschichte. Die Stadtkönigtümer von Alalach und Irridu wurden im 17. Jh. von Aleppo aus als Filialkönigtum gegründet. Der Hetiter Šuppiluliuma (ca. 1355–1320 v. Chr.) gibt das Königtum in Karkemisch (und eine weitere strategisch wichtige Stadt am Eufrat) an seinen Sohn Pijašili/Šarri-Kušuḫa, der wiederum seinen Bruder Muršili II. (ca. 1318–1290 v. Chr.) bei den Kämpfen um die Thronfolge unterstützt. Wie Siegelfunde belegen, hat Šuppiluliuma auch selbst noch in die außenpolitischen Regierungsgeschäfte des syrischen Filialkönigtums eingegriffen. Der Hetiter Ḫattusili II. (ca. 1265–1240 v. Chr.) richtet später für seinen Bruder Kurunta-Ulmitesub in Tarḫuntassa in Kleinasien ein Filialkönigtum ein, das mit dem Königtum in Karkemisch protokollarisch gleichgestellt wird. In der neuassyrischen Periode wurden Babylon und Assur von Brüdern regiert, etwa von Assurbanipal (669–631 v. Chr.) und seinem älteren Bruder Šamaššumumkīn (668–648 v. Chr.), der von seinem Vater Asarhaddon (681–669 v. Chr.) als Herrscher über Babylon eingesetzt worden war, jedoch zeitlebens seinem jüngeren Bruder in der Ausübung der Macht nachgeordnet blieb. In der Forschung werden diese Nebenlinien auch als Sekundogenituren bezeichnet. Ob man nun wie hier von Filialkönigtümern oder von ↗ Klientelkönigtum oder Sekundogenitur spricht, kennzeichnend ist die Zwischenstellung zwischen Vasallität und territorialer Integration sowie die bleibende Anbindung der lokalen Herrschaften an die dominante »Mutter« (in hiesigem Fall Samaria).

Mit der hier vorgestellten Alternative zur Rekonstruktion der Geschichte Israels und Judas im 9./8. Jh. v. Chr. wird ein in sich plausibler Entwurf vorgelegt, der (a) die politische Stärke der Omriden ernst nimmt, (b) die auffallende Häufung von Königen gleichen Namens im 9./8. Jh. v. Chr. sinnvoll zur Rekonstruktion nutzt, (c) die verzögerte Entwicklung des 9./8. Jh.s v. Chr. im Süden plausibel erklären kann, (d) militärische Kooperationen zwischen Juda und Israel in den politischen Großkontext nachvollziehbar einordnen kann, (e) die Folgen der Jehu-Revolution auch für Jerusalem festhält und (f) den historischen Hintergrund verdeutlichen kann, der hinter der biblischen Fiktion einer geeinten Monarchie unter David und Salomo steht.

Die Darstellung von Juda und Israel als Bruderstaaten hat ihr historisches Wahrheitsmoment nicht in einer »Reichsteilung« eines unter David und Salomo geeinten und dann auseinandergebrochenen Reiches, sondern sie wurzelt in der Vorherrschaft des Nordens über den Süden. Die Politik der Omriden hat durch das Filialkönigtum im Süden seinen Herrschaftsbereich geschickt in den Süden ausgedehnt. Die Linie der Jerusalemer Davididen ist eher eine fiktive → genealogisch-dynastische Konstruktion eines *byt.dwd*, als dass sie auf einer tatsächlichen Blutsverwandtschaft beruht. Diese entstammt erst der Darstellungstendenz der Königsbücher. Von der stark projudäischen und prodavidischen Darstellung in den Königsbüchern muss man sich jedoch lösen, um den tatsächlichen Geschichtsverlauf erahnen zu können. Die biblische Darstellung hat lediglich Hinweise darauf bewahrt, etwa die *Joint Ventures* zwischen Israel und Juda, aber vielleicht auch das unausgewogene Verhältnis der zehn Nordstämme gegen den einen Südstamm Juda.

4.8 West- und Südexpansion Judas im 9. Jh. v. Chr.

Mit dem Einfluss der Omriden auf Juda nimmt Juda in der späten Eisen IIA- und Eisen IIB-Zeit etwas zeitverzögert Teil an dem wirtschaftlichen Aufschwung. Damit verbunden ist eine territoriale Ausdehnung des Staates Juda zwischen 850 und 820 v. Chr. sowohl in die Schefela als auch in den Negeb und das Beerscheba-Becken. Archäologisch lässt sich das am Ausbau etwa von Bet-Schemesch, Lachisch, *Tell es-Sebaʿ* und Arad festmachen. Zuvor umfasst das Staatsgebiet Judas nur Jerusalem, das judäische Bergland und den Übergang von der Schefela zum Bergland (östlich der Linie Bet-Schemesch-Aseka-*Tell Ǧudēde*). Wann diese Expansion chronologisch genau einzuordnen ist, wird nach wie vor debattiert; Einigkeit besteht lediglich darüber, dass sie nicht vor dem frühen 9. Jh. v. Chr. angesetzt werden kann (*O. Sergi*). *N. Naʾaman* optiert dafür, sie schon mit Joschafat (868–847 v. Chr.) und Joram (852–845 v. Chr.) einsetzen zu lassen. Wahrscheinlich setzt sie aber die Schwächung der Philistermetropole Gat/*Tell eṣ-Ṣāfī* voraus, die (wie die benachbarten Orte *Tel Zayit* und *Tell Ǧudēde*) durch den Aramäer Hasaël im letzten Drittel des 9. Jh.s v. Chr. (zwischen 840–830 v. Chr.) zerstört wurde (2 Kön 12,18). Zuvor war Gat/*Tell eṣ-Ṣāfī* mit mind. 40 ha so groß, dass eine Westexpansion Judas gegenüber dieser wirtschaftlich und politisch bedeutenden Metropole nur schwer denkbar ist, da sie den regionalen Interessen Gats zuwiderlief (*G. Lehmann/H. M. Niemann*).

(a) Die Westgrenze Judas und die Rolle der Stadt Gat

Allerdings besteht Unklarheit darüber, bis zu welchem Ausmaß das unbefestigte Gat diese Interessen gegenüber den judäischen Orten, die im Übergang von Bergland und Hügelland lagen (Bet-Schemesch, *Tel Burna* (Libna), *Tell Ǧudēde* (Moreschet-Gat),

Tel Zayit, Aseka, Marescha, Lachisch, die alle in etwa auf derselben Achse am Rand der Schefela liegen), durchsetzte. Das in etwa je 20 km zwischen Jerusalem und Gat gelegene Bet-Schemesch/*ʿĒn-Šems* im Sorek-Tal könnte schon in den Jahrzehnten *vor* der Zerstörung Gats von Juda ausgebaut und befestigt worden sein (*S. Bunimowitz/Z. Lederman*). In der materiellen Kultur von Gat/*Tell eṣ-Ṣāfī* selbst deutet sich ein Wandel, der auf judäische Dominanz hinweist, erst deutlich später nach dem Erdbeben Mitte des 8. Jh.s v. Chr. (um 762 v. Chr.) in der Regierungszeit Ahas' 741–725 v. Chr. an (*A. M. Maeir*). Doch vielleicht deuten auch 1 Kön 15,27; 16,15.17; 2 Kön 8,22 auf frühe Auseinandersetzungen mit der Regionalmacht in Gat hin (*G. Lehmann/H. M. Niemann*). Das würde bedeuten, dass die Monarchie in Jerusalem bereits ab der Mitte des 9. Jh.s v. Chr. in der Regierungszeit Joschafats (868–847 v. Chr.) und Jorams (852–845 v. Chr.) eine entsprechende regionale Stärke erlangt hat, was mit der Präsenz der Omriden Joram und Ahasja (↗ V.4.7) gut zusammenpasst. Denn durch die (erzwungene) Allianz konnte Jerusalem mit dem politischen und militärischen (↗ V.4.6) Gewicht des Nordens im Rücken ganz anders auftreten.

(b) Lachisch und die judäische Südgrenze

Ob Lachisch bereits vor oder erst nach Hasaëls Feldzug als judäische Festung ausgebaut wurde (Stratum IV), ist nach wie vor umstritten. Die Befestigung mit der 6 m starken Mauer könnte in der Mitte des 9. Jh.s v. Chr. angelegt worden sein, sodass das 15 km von Gat entfernte Lachisch der Absicherung der judäischen Grenze diente (*O. Sergi*). Die → Kasemattenbefestigung von *Tel Burna* (vielleicht das biblische Libna) dürfte ebenfalls aus der Eisen IIA-Zeit (9./8. Jh. v. Chr.) stammen (*J. Uziel/I. Shai*, *J. Uziel u. a.*), sodass sich die Anzeichen mehren, dass die Westgrenze Judas massiv befestigt wurde. Dazu zählen dann auch die südlichen Festungen in Arad und *Tell es Sebaʿ* (*Z. Herzog*), die die judäische Kontrolle im Negeb ausdehnten. Die Anlage auf dem *Tell el-Ḥesī* scheint im 9. Jh. v. Chr. einen Handelsweg von Gaza nach Lachisch gesichert zu haben und *Tell el-Milḥ*/Malatha, *Tell eš-Šuqaf/Tell Sheqef*, *Tel Qeshet* und auch *Tel ʿErani* in der Umgebung von Lachisch sichern möglicherweise den wichtigen Ort ebenfalls ab (*J. A. Blakely u. a.*).

In der zweiten Hälfte des 9. Jh.s v. Chr. scheinen sich in dem Gebiet die politischen Gewichte in einem graduellen Prozess verschoben zu haben (*O. Sergi*). Der Aufschwung der Region um *Ḫirbet el-Mšāš/Tel Maśōś* war im 10. Jh. v. Chr. mit der Intensivierung des Kupferhandels in der Araba verbunden und auch ägyptischen Interessen geschuldet (↗ IV.6.8). In der Mitte des 9. Jh.s v. Chr. bricht der Kupferhandel ab, während jetzt Juda die politische Kontrolle über die Region ausbaut. Die Süd- und Westexpansion Judas stimmt zusammen mit dem Aufschwung von Jerusalem als administrativem Zentrum in der späten Eisen IIA-Zeit (↗ V.6.1 u. V.7.1).

(c) Amazja als aramäischer Vasall

Mit dem Auftreten Hasaëls in der Schefela im letzten Drittel des 9. Jh.s v. Chr. verschieben sich jedenfalls die Gewichte und eine verstärkte Präsenz Judas im Süden wird zunehmend ermöglicht. Eine entscheidende Rolle könnte dabei die

Unterstützung der Aramäer gespielt haben. Als sich das südliche Filialkönigtum unter Joasch 840–802/01 v. Chr. dem Druck Hasaëls beugt und → Vasallitäts-Tribut leistet (2 Kön 12,19), scheinen die Voraussetzungen für die Entfaltung einer lokalen Stärke im Süden günstig. Als Joasch die Nachfolge von Joahas in Samaria antritt, wird Amazja (802/01–773 v. Chr.) als aramäischer Vasallenkönig eingesetzt. Über seine Herkunft lassen sich nur Vermutungen anstellen (ausführlich ↗ V.5.3). Biblisch wird er nach der »Ermordung« Joaschs ins Amt gebracht, soll aber als Sohn Joaschs Davidide gewesen sein (2 Kön 12,21–22). Die Palastrevolte gegen Joasch wirft allerdings auch eine ganze Reihe von Fragen auf und vielleicht war Amazja weder Davidide noch Nimschide, sondern ein von den Aramäern bestimmter Vasall.

Der Nimschide Joasch zieht sich in den Norden zurück und regiert weiter in Samaria. Er scheint ein starker König gewesen zu sein und – nimmt man die addierte Regierungszeit in Jerusalem und Samaria als Richtwert – außergewöhnlich lange regiert zu haben. In der instabilen Phase des Machtwechsels in Damaskus nach dem Tod Hasaëls (ca. 845–800 v. Chr.) gelingt ihm wahrscheinlich am Anfang der Regierungszeit Ben-Hadads II. (800–780 v. Chr.) die territoriale Rückgewinnung des an die Aramäer verlorenen Nordens (2 Kön 13,25). In dieser kurzen Phase, wo Juda nach Süden expandiert und Samaria unter starkem Druck der Aramäer steht, kann man von zwei souveränen Staaten in Jerusalem und Samaria sprechen.

(d) Die Rolle Edoms und die Kontrolle über den Süden

Mehrfach finden sich in den Königsbüchern für die Zeit des 9./8. Jh.s v. Chr. Angaben zu Aktivitäten der Könige Jerusalems im Süden bis tief hinunter zum Golf von Elat: Joschafat (868–847 v. Chr.) soll sich um den Seehandel bemüht haben, doch seine Schiffe zerschellten in Ezjon-Geber. Eine Kooperation mit Israel in dieser Angelegenheit lehnt Joschafat angeblich ab (2 Kön 22,49–50). Nach 2 Kön 8,20–22 soll Edom unter Joram von Juda (852–845 v. Chr.) abgefallen sein. Der biblische Bericht will zwar, dass Joram daraufhin sogar Zaïr (in dem Seïr, ein anderer Name für Edom, anklingt oder anklingen soll) unter seine Kontrolle bringt, gesteht aber im Widerspruch dazu zugleich ein, dass Edom nicht bezwungen werden konnte. Vielleicht war von den Ereignissen ursprünglich auch weniger günstig für Juda berichtet worden, dass nämlich nicht Joram Edom, sondern Edom Joram eine Niederlage beibrachte. Die jetzigen Widersprüche wären dann auf eine Korrektur der Darstellung zurückzuführen.

Amazja von Juda (802/01–773 v. Chr.) schließlich soll die Edomiter im Salztal bezwungen und die Stadt Sela erobert haben (2 Kön 14,7). Dabei handelt es sich vielleicht um den Namen der edomitischen Hauptstadt *Umm el-Biyyāra* im Felsmassiv bei Petra (↗ IV.2.6, Karte 6). 2 Kön 14,22 hingegen will, dass Asarja/Usija (787–736 v. Chr.) Elat/*Tell el-Ḫulēfe* von den Edomitern zurückgewinnt und ausbaut. Nach 2 Kön 16,6 geht Edom aufgrund des Eingreifens der Aramäer aber wieder verloren.

Die Historizität der Angaben ist schwer zu beurteilen, doch deuten sie in der Summe auf Auseinandersetzungen um die Vorherrschaft im Süden, nachdem der Einfluss der Ägypter, der bis zur frühen Eisen IIA-Zeit angehalten hat (↗ IV.6.8), in der Araba und im Negeb zurückgegangen war. Zaïr (2 Kön 8,21), das zudem in der ursprünglichen → LXX fehlt, steht dann vielleicht nicht wie angedeutet für Seïr und ganz Edom östlich der Araba, sondern eher für *Zoar* und die Gegend am Südende des Toten Meeres (*O. Sergi*). Dass hier Joram die Kontrolle noch nicht gelungen ist, könnte ebenso wie die Erfolge Amazjas dem historischen Verlauf der Expansion Judas entsprechen.

4.9 Handelsaktivitäten Israels im Süden

Ein weiteres Indiz für eine Abhängigkeit Judas gegenüber Israel ist ebenfalls indirekt und entstammt der Archäologie. Die festungsartig gesicherte Anlage von *Kuntilet ʿAǧrūd* (↗ IV.7.3, Karte 11), die einen großen Hof umschließt, lässt sich als Handels- bzw. Reisestation interpretieren. Sie liegt an einem Handelsweg (*Darb el-Ġazze*), der das 50 km nördlich gelegene Kadesch-Barnea (*Tell el-Qedērat*) mit Elat (*Tell el-Ḫulēfe*) verbindet. Sowohl von Kadesch-Barnea als auch von *Kuntilet ʿAǧrūd* selbst zweigen Ost-West-Verbindungen ab, die zur *via maris* an der Küste führen. Dort liegen mit *Tell Abū Salima, Tell er-Ruqēš* und Gaza wichtige Handelsplätze/Emporien, die im 8./7. Jh. v. Chr. auch von den Assyrern für den Fernhandel genutzt wurden (*J. M. Tebes*). Die Handelsstraße durch den Negeb ist mit dem Seehandel im zeitgleichen Ezjon-Geber (*Ǧezīret Farʿūn*) (↗ IV.6.8) zu verbinden. Bei den Handelsaktivitäten muss man nicht nur an den Import von Gewürzen, Harzen und Luxusgütern denken, sondern auch an den Exportüberschuss in der landwirtschaftlichen Produktion Israels. Die Ausgangsprodukte Wolle und Flachs wurden zu Textilien verarbeitet und in den Handel gebracht. Bei den Ausgrabungen in *Kuntilet ʿAǧrūd* wurden beachtliche Restmengen von aufwändig gefärbten Textilien u. a. aus Mischgewebe gefunden, die z. T. in der Anlage professionell (weiter) verarbeitet worden waren (*Z. Meshel*). Viel Anderes als Textilien hat Israel im Fernhandel ja auch nicht zu bieten. Auf den offiziellen Charakter der Wegstation in *Kuntilet ʿAǧrūd* weist ein Portrait einer sitzenden Figur auf einer Wandmalerei (↗ Abb. 33) im Eingangsbereich, die aufgrund von Ausdruck und Gestik als Darstellung eines Königs oder eines hohen Beamten gedeutet werden kann (*P. Beck, I. Ziffer*).

In der Anlage selbst, die spätestens zu Beginn des 8. Jh.s v. Chr. errichtet wurde und bis in das letzte Viertel des 8. Jh.s v. Chr. bestanden hat, fanden sich u. a. religionsgeschichtlich sehr bedeutsame Inschriften auf Vorratskrügen, die die Göttin Aschera neben YHWH von Teman (bzw. des Südens) und YHWH von Samaria erwähnen. Die Paläographie (→ Epigraphie) dieser Inschriften und die → theophoren Personennamen mit der Endung *-yw* statt der im Süden üblichen Endung *-yhw* für YHWH weisen nach Israel in das 8. Jh. v. Chr. (die Göttin Aschera ist neben YHWH »südlich« auch in einer Schachtkammergrabanlage in *Ḫirbet el-Kōm* in Inschrift Nr. 3 aus der Mitte des 8. Jh.s v. Chr. belegt). Die Datierung der Anlage von *Kuntilet ʿAǧrūd* in das 8. Jh. v. Chr. wird durch die Keramiktypologie und ^{14}C-Daten bestätigt. Die Daten werden allerdings vom Ausgräber *Z. Meshel* (ca. 820–755 v. Chr.) früher als von *I. Finkelstein/E. Piasetzky* (ca. 795–730/20 v. Chr.) datiert. Die Zeichnungen auf den Vorratskrügen und die Wandmalereien zeigen phönizischen Einfluss und weisen damit auch in den Norden.

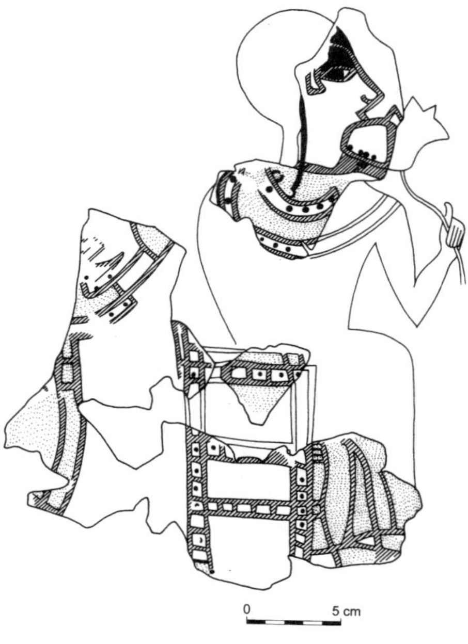

Abb. 33: Wandmalerei im Eingangsbereich der Anlage von *Kuntilet ʿAǧrūd.* Die ca. 30 cm hohe, in rot, gelb und schwarz auf den Wandverputz aufgebrachte Figur sitzt auf einem Thronschemel und hält sich eine Lotusblüte an Nase und Mund. Größe und Ausführung deuten ebenso wie die Haltung und der Kontext auf einen offiziellen Repräsentanten. Vielleicht war die Darstellung Teil einer Zeremonialszene (z. B. ↗ Abb. 15a).

Hinweise auf Juda fehlen nahezu vollständig. Das lässt mindestens den Schluss zu, dass die Station als *Joint Venture* im Fernhandel zusammen mit Israel betrieben worden ist. Das würde zu den Aktivitäten Jerobeams II. (787–747 v. Chr.), unter dem es im Norden nach der erneuten Expansion des Territoriums (↗ V.5.5) zu einer wirtschaftlichen Blüte kommt (↗ V.5.9), durchaus passen.

Nach 1 Kön 22,49–50 soll Joschafat (868–847 v. Chr.) versucht haben, den Fernhandel in Ezjon-Geber zu initiieren, und dabei Angebote zur Zusammenarbeit mit den Omriden im Fernhandel ausgeschlagen haben. Zu dem *Joint Venture* sei es aber nicht gekommen, weil die Schiffe in Ezjon-Geber zerschellten. Folgt man hingegen 2 Chr 20,36, so zerschellten die Schiffe gerade *wegen* des Zusammenschlusses mit den Omriden. Die Notiz bleibt in mehrfacher Hinsicht dubios. Zum einen erinnert sie sehr an Salomos Handelsverbindung mit Hiram von Tyrus (1 Kön 9,26–28; 10,22). Tarschisch, worunter wohl das südspanische Tartassos (und nicht das Türkis der Sinaihalbinsel oder ein anderer [Halb-]Edelstein Ex 28,20; Hld 5,14 u. ö.) zu verstehen ist, ist vom Golf von Elat, an dem Ezjon-Geber liegt, nicht zu erreichen. Eine Umschiffung des afrikanischen Kontinents ist logistisch quasi ausgeschlossen und eine Verbindung vom Golf von Elat zum Mittelmeer, die heute der Suez-Kanal darstellt, wurde erst unter Pharao Necho II. (610–595 v. Chr.) begonnen und unter Darius I. (522–486 v. Chr.) weiter ausgebaut (vgl. Hdt. Hist. II,158). Tarschisch steht sonst für die Partizipation am florierenden phönizischen Seehandel, zum Teil aber synonym für den Fernhandel überhaupt (Jes 2,16; 23,1.3.6.10; Jer 10,9; Ps 48,8; 72,10), insbesondere den mit Edelmetallen (2 Chr 9,21; Jes 60,9; Jer 10,9) und an manchen Stellen auch parallel zum Handel mit der arabischen Halbinsel (Ez 38,13). Als Ziel der Flotte Joschafats wird das legendäre Goldland »Ofir« genannt, was entweder auf der arabischen

Halbinsel oder auf dem afrikanischen Kontinent (Ägypten, Libyen) bzw. sogar auf dem indischen Subkontinent zu suchen ist. Ezjon-Geber ist wohl mit dem 14 km südlich von Elat gelegenen *Ǧezīret Farʿūn* zu verbinden. Die früher ebenfalls erwogene Identifikation mit dem *Tell el-Ḫulēfe* scheitert an dem fehlenden Hafenbecken, wohingegen die der Küste vorgelagerte Insel *Ǧezīret Farʿūn* einen Naturhafen besitzt. Der Handelsstützpunkt am Nordende des Golfs von Elat wurde dem Keramikbefund zufolge etwa zeitgleich mit *Kuntilet ʿAǧrūd* errichtet (*G. D. Pratico, W. Zwickel*). Damit kommt er wahrscheinlich für Joschafat gar nicht in Betracht. Wie dem auch sei, vielleicht spiegelt sich aber in der Ablehnung der Zusammenarbeit mit dem Omriden Ahasja (852–851 v. Chr.) gerade das Gegenteil, dass nämlich der mit phönizischer Beteiligung und Expertise geführte internationale Seehandel am Golf von Elat *de facto* von Israel und nicht von Juda kontrolliert worden ist.

5. *Der Putsch Jehus und die Herrschaft der Nimschiden*

S. Ahituv/A. Mazar, The Inscriptions from Tel Reḥov and their Contribution to the Study of Script and Writing during Iron Age, in: E. Eshel/Y. Levin (Hg.), »See, I will bring a scroll recounting what befell me« (Ps 40:8), Göttingen 2014, 39–68.189–204 • A. Berlejung, Nachbarn, Feinde und Gefährten, in: dies./M. P. Streck (Hg.), Arameans, Chaldeans, and Arabs in Babylonia and Palestine in the First Millenium B.C., Wiesbaden 2013, 57–86 • E. Blum, Die altaramäischen Wandinschriften vom Tell Deir ʿAlla und ihr institutioneller Kontext, in: F. E. Focken/M. R. Ott (Hg.), Metatexte (Materiale Textkulturen 15), Berlin 2016, 21–52 • I. Ephʿal, The 'Jehoash Inscription': IEJ 53, 2003, 123–128 • I. Finkelstein/K. Schmid (Hg.), Jeroboam's Israel: HEBAI 6, 2017, 259–261 • G. Fleischer, Von Menschenverkäufern, Baschankühen und Rechtsverdrehern (BBB 74), Frankfurt 1989 • H. Ghantou, The Elisha-Hazael Paradigm and the Kingdom of Israel, Abingdon/New York 2014 • Y. Goren, Authenticity Examination of the Jehoash Inscription: TA 31, 2004, 3–16 • S. Hafþórsson, A Passing Power (CB.OT 54), Stockholm 2006 • S. Hasegawa, Looking for Aphek in 1 Kgs 20*: VT 62, 2012, 501–514 • ders., Aram and Israel during the Jehuite Dynasty (BZAW 434), Berlin/New York 2012 • W. Houston, Was there a Social Crisis of the 8th Century, in: J. Day (Hg.), In Search of Ancient Israel, London 2004, 130–149 • O. Keel/C. Uehlinger, Der Assyrerkönig Salmanassar III. und Jehu von Israel auf dem schwarzen Obelisken aus Nimrud: ZThK 116, 1994, 391–420 • A. Lemaire, The Evolution of the 8th-Century B.C.E. Jerusalem Temple, in: I. Finkelstein/N. Naʾaman (Hg.), The Fire Signals of Lachish, Winona Lake 2011, 195–202 • A. M. Maeir, Tell es-Safi/Gath I (ÄAT 69), Wiesbaden 2012 • N. Naʾaman, Royal Inscriptions and the Histories of Joash and Ahaz, Kings of Judah: VT 48, 1998, 333–349 • ders., The Story of Jehu's Rebellion: IEJ 56, 2007, 160–166 • ders., Notes on Temple »Restorations« of Jehoash and Josiah: VT 63, 2013, 640–651 • H. Niehr (Hg.), The Aramaeans in Ancient Syria (HdO 106), Leiden u. a. 2014 • S. Otto, Jehu, Elia und Elisa (BWANT 152), Stuttgart 2001 • L. P. Petit, Settlement Dynamics in the Middle Jordan Valley During the Iron Age II (BAR International Series 2033), Oxford 2009 • J. M. Robker, The Jehu Revolution (BZAW 435), Berlin/New York 2012 • O. Sergi, The Alleged Judahite King List: Semitica 56, 2014, 233–247 • ders., Foreign Women and the Early Kings of Judah: ZAW 126, 2014, 193–207 • ders., The Emergence of Judah as a Political Entity between Jerusalem and Benjamin: ZDPV 133, 2017, 1–23 • Y. Shalev/S. Bar, An 8th Century B.C.E. Israelite Administrative Centre at *Tell el-Asāwir/Tẹ̄l ʾẸ̄sūr*: ZDPV 133,2, 2017[2018], 123–144 •

R. E. Tappy, The Archaeology of the Ostraca House at Israelite Samaria (AASOR 70), Boston, MA 2016 • W. Zwickel, Wirtschaftliche Grundlagen in Zentraljuda gegen Ende des 8. Jhs. aus archäologischer Sicht: SBAB 59, 2015, 143–178.

Die antiassyrische Koalition zwischen Aramäern und Israel unter König Ahab ist zwar eine »kopernikanische Wende« (*W. Thiel*) in der Außenpolitik, jedoch keine von Dauer. In den Berichten über die späteren Feldzüge Salmanassars III. (859–824 v. Chr.) nach Westen wird Israel nicht mehr eigens unter den Koalitionären genannt. Die Gründe dafür sind nicht restlos klar, werden aber meist als außenpolitische Schwäche der Nachfolger Ahabs gedeutet. Das Ende der außerordentlich erfolgreichen Herrschaft der Omriden steht mit dem Erstarken der Aramäer und dem zunehmenden Druck aus dem Westen in unmittelbarem Zusammenhang. Oft wird der Wechsel von Joram zu Jehu in der Literatur als *Revolution* bezeichnet, doch handelt es sich eher um den Putsch eines Militärs, der möglicherweise sogar durch die Aramäer veranlasst oder zumindest gedeckt war.

5.1 Auseinandersetzungen Israels mit den Aramäern

Sicher scheint, dass es zu Auseinandersetzungen zwischen Aramäern und Israel gekommen ist. Die Außenpolitik Hasaëls (ca. 845–800 v. Chr.) ist für das Geschehen in der südlichen Levante in der zweiten Hälfte des 9. Jh.s v. Chr. von zentraler Bedeutung. Hasaël wird in einer assyrischen Inschrift als Sohn eines Niemand (*mār lā mammāna*) eingeführt (HTAT Nr. 111), was auf das Fehlen einer dynastischen Abstammung hinweist. Vielleicht stammt er sogar aus dem Südlibanon oder aus Obergaliläa (*A. Berlejung*). Er reißt jedenfalls durch die Ermordung (?) Hadad-Esers (ca. 875–845 v. Chr.) die Macht an sich (theologisch reflektiert wird in 2 Kön 8,7–15 darauf angespielt), und das könnte den Hintergrund für die biblisch geschilderten Auseinandersetzungen darstellen. Vielleicht hat Joram von Israel (852–845 v. Chr.) den Regierungswechsel und den unmittelbar verstärkten Druck Salmanassars III. (859–824 v. Chr.) auf Damaskus 845 v. Chr. dazu genutzt, in aramäisches Gebiet vorzudringen bzw. solches zurückzugewinnen. Die biblische Überlieferung macht das an Ramot-Gilead im östlichen Gilead fest (2 Kön 8,28; 9,14f). Identifiziert man den Ort nicht mit dem *Tell el-Ḥiṣn*, sondern mit dem nördlich davon verkehrsstrategisch günstig am Königsweg nach Damaskus gelegenen Ort *ar-Ramṯā* (*E. Lipiński*), gibt die Archäologie möglicherweise Hinweise auf die wechselhafte Geschichte Gileads. 7 km südlich von *ar-Ramṯā* liegt ein mit einem Wall befestigter Außenposten namens *Tell er-Rāmiṯ*. Der vielleicht zunächst omridische Ort könnte von Hasaël 845 v. Chr. zerstört worden und erst unter Joasch (802–787 v. Chr.) oder Jerobeam II. (787–747 v. Chr.) an Israel zurückgefallen sein bis die Festung vor der endgültigen Zerstörung durch Tiglat-Pileser III. (745–727 v. Chr.) noch einmal durch Rezin von Damaskus (ca. 750–732 v. Chr.) zurückerobert wurde (*I. Finkelstein/O. Lipschits/O. Sergi*, die präferieren, dass *Tell er-Rāmiṯ* ein von Aramäern gegründeter Ort ist, der von den Omriden erobert wurde).

Joram wird jedenfalls nach 2 Kön 8,26 im Kampf um Ramot-Gilead verwundet und zieht sich in das Militärfort nach Jesreel zurück, wo ihn Ahasja, der König von Juda, besucht (2 Kön 8,29; 9,16), wahrscheinlich um in der Phase der Destabilisierung dem (familiär und politisch) eng verbundenen König (resp. Bruder) die Loyalität zu versichern. Der Heerführer Jehu, der zunächst noch in Ramot-Gilead gegen Hasaël weiterkämpft, nutzt – in biblischer Darstellung dank der Ermächtigung durch den Propheten Elija (1 Kön 19,15–17) die Schwäche des Königs aus und putscht. Der Versuch der beiden in Jesreel einträchtig versammelten Könige, den Umsturz zu verhindern, scheitert. Jehu bringt der biblischen Darstellung zufolge Joram direkt um (2 Kön 9,24) und verwundet den fliehenden Ahasja auf der Verfolgungsjagd so, dass dieser schließlich in Megiddo stirbt (2 Kön 9,27).

Der Protagonist der Machtübernahme, Jehu, wird als Oberster/Anführer (*śar*) tituliert und unter die Anführer des israelitischen Heeres gerechnet. Während er 1 Kön 19,16; 2 Kön 9,20; 2 Chr 22,7 als Sohn des Nimschi bezeichnet wird, wird in 2 Kön 9,2.13.20 angegeben, er sei ein Sohn Joschafats und Enkel Nimschis. Aufgrund der ersten Angabe führt man die Könige Jehu, Joahas, Joasch, Jerobeam II. und Secharja als »Nimschiden«. Nimschi ist inschriftlich als Name in den Samaria-Ostraka (Nr. 56, 8. Jh. v. Chr.), auf zwei judäischen Siegeln (CWSS Nr. 266, 574, 7. Jh. v. Chr.; ↗ Abb. 34), aber auch in zwei Inschriften vom *Tel Rehov* (9. Jh. v. Chr.) sowie einer sehr ähnlichen vom nahebei gelegenen *Tel ʿÁmāl/Tel al-ʿAsī* belegt (*S. Ahituv/A. Mazar*). Vielleicht stammt die Familie der Nimschiden aus dem oberen Jordantal bzw. dem Bet-Schean-Becken.

Abb. 34: Abdruck eines Siegels, das den Namen *nmš*/Nimschi belegt. Der anikonische perforierte Skaraboid datiert in die Eisen IIC-Zeit, entstammt jedoch keiner kontrollierten Grabung, sondern dem Antikenhandel in Jerusalem. Die durch eine Doppellinie zweigeteilte Inschrift liest »Dem Nimschi (zugehörig), dem Sohn *Neriyāhūs*«.

Die biblische Darstellung stilisiert Jehu (wegen seines Namens »YHWH ist er/es«) in 2 Kön 9–10 als Kämpfer gegen den omridischen Baalskult, doch scheint der Hintergrund seines *Coup d'Etat* ein Militärputsch zu sein. Die Bezeichnung als »Revolution« ist der biblischen Darstellung geschuldet, in der Jehu per Brief die Stadtaristokratie in den Umsturz einbindet (2 Kön 10,1.6). Die Darstellung ist literarisch eng mit der Ankündigung des Untergangs des Hauses Ahab in 1 Kön 21,18–24 wie auch der Darstellung des Umsturzes von Atalja in Jerusalem (2 Kön 11) verbunden. Das Niederreißen des Baalstempels in 2 Kön 10,27 gehört zur literarischen Stilisierung der »Revolution«, jedoch geht der Machtwechsel anscheinend auch mit der Zerstörung repräsentativer omridischer Bauten einher (*O. Sergi/Y. Gadot*). Geht man davon aus, dass die Ausgangslage eine Niederlage Israels gegenüber den Aramäern im Ostjordanland ist, dann ist sehr wahrscheinlich, dass der Putsch Jehus von den Aramäern, wenn nicht initiiert, dann doch gebilligt war. Vielleicht hat die Nähe von Hasaël und Jehu in 1 Kön 19,15–17 diesen Zusammenhang im Hintergrund. Dass die Nimschiden stark unter den Einfluss der Aramäer gerieten bzw. von Beginn an standen, lässt sich noch an der scharfen Gesellschaftskritik des Propheten Amos Mitte des 8. Jh.s v. Chr. ablesen, der die samarische Oberschicht kritisiert und dabei eng mit Damaskus in Verbindung sieht (Am 3,12; 4,1–3; 5,27 u. ö.).

5.2 Jehu und die Inschrift von Dan

Eine Einschätzung der Historizität des Erzählten ist in der jüngeren Diskussion eng mit der Inschrift von Dan/*Tell el-Qāḍī* (bereits ↗ IV.5.2 u. V.4.3) vernetzt. Dort berichtet ein aramäischer König, dass der König von Israel in aramäisches Gebiet *QDM* eingefallen sei. Das passt noch gut zu 2 Kön 8,28. Liest man allerdings in Fragment B_2 die Königsnamen Joram und Ahasja und nimmt an, dass der König, der den → Orthostaten in Dan Mitte des 9. Jh.s v. Chr. anfertigen und vielleicht im Stadttor anbringen ließ, trotz der Rede von »meinem Vater« und dessen friedlichem Ende (Z. 3) von dem → Usurpator Hasaël (ca. 845–800 v. Chr.) stammt, der in den Inschriften Salmanassars III. als »Sohn des Niemand« (d. h. als illegitimer Thronfolger) bezeichnet wird, dann ergibt sich ein Widerspruch zur biblischen Darstellung in 2 Kön 9,24.28. Der Sprecher reklamiert nämlich für sich, die beiden Könige getötet zu haben, was in der Bibel Jehu zugeschrieben wird.

Der Widerspruch wird von den Ersteditoren *A. Biran* und *J. Naveh* durch die Annahme aufgelöst, dass Jehu zu den Aramäern übergelaufen sei und als Verbündeter oder → Vasall Hasaëls die Macht in Samaria an sich reißt. *I. Kottsieper* ergänzt in Zeile 11 sogar die Erwähnung Jehus (TUAT Erg. 179, s. auch *M. Weippert* in HTAT Nr. 116). Andere haben versucht, den Widerspruch durch die Annahme zu harmonisieren, dass Jehu zwar die Könige getötet hat, *de facto* aber als Vasall im Auftrag Hasaëls handelt, weshalb dieser die Tötung in der Inschrift für sich reklamiert (*W. Schniedewind, B. Halpern*). Wenn die wegen des fragmentarischen Zustandes auch nicht annähernd lesbare aramäische Inschrift von *Tell ʿĀfis* (HTAT Nr. 119) tatsächlich neben Hasaël Jehu nennt, könnte das weitere Nahrung für die Annahme eines engen Verhältnisses zwischen den beiden sein. So bestechend diese Lösungen sind, hat *N. Naʾaman* die Spekulationen durch den richtigen Hinweis gedämpft, dass weitere Quellen für die Annahme fehlen, dass Jehu in einer ersten Phase seiner Regierung ein Verbündeter der Aramäer war. Für die Annahme, dass zwar Jehu der eigentlich Handelnde ist, aber Hasaël sich das Ergebnis zuschreibt, fehlen zudem andere außerbiblische Beispiele. Was ist historisch also glaubwürdiger: die biblische Erzählung oder die Inschrift von Dan? Beide sind »Tendenzliteratur«. Die Erzählung von der notwendigen Erholung Jorams und dem mit diesem Krankenlager verbundenen Besuch Ahasjas in 2 Kön 9,16 (vgl. 2 Kön 8,28–29) will das Geschehen in Jesreel verorten und dramatisch mit dem Fenstersturz der *Femme fatale* Isebel verknüpfen (2 Kön 9,22.30–37). 2 Kön 10, die Erzählung von den Ereignissen in Samaria, schildert die Revolution als religiös motiviert. Beide Texte sind tendenziös, von Propaganda durchzogen und sicher kein getreues Abbild historischer Geschehnisse. Es spricht also einiges für die Einschätzung, dass die beiden Könige (trotz der 2 Kön 9,24.28 stützenden Evidenz in Hos 1,4) nicht durch Jehu, sondern durch die Aramäer getötet wurden, die Bibel aber Jehu diese Morde zuschreibt, um dadurch dessen Illegitimität zu unterstreichen. Denn obwohl die Zeichnung Jehus und seines Putsches eine gewisse Sympathie erkennen lässt, lässt die biblische Darstellung doch keinen Zweifel daran, dass er irregulär an die Macht gekommen ist. Vielleicht hat sich in dem »die Aramäer aber schlugen Joram« in 2 Kön 8,28, das vom Kontext her als Verwundung des israelitischen Königs gelesen werden muss, ein Hinweis auf die Urheberschaft der Aramäer erhalten, denn das Verbum *nkh* (»schlagen«) kann auch für eine aktive Tötung gebraucht werden (*E. Lipiński, N. Naʾaman, S. Otto*).

Es ist davon auszugehen, dass Hasaël den Putsch Jehus mindestens gebilligt, wenn nicht sogar aktiv unterstützt hat oder Jehu gar von Hasaël eingesetzter Vasall der Aramäer gewesen ist. Hinter der Darstellung des Militärputsches in Ramot-Gilead (2 Kön 9,13) wäre dann die pragmatische Politik des Militärs zu erkennen, angesichts des Todes ihres Oberbefehlshabers König Joram die Seiten zu wechseln und sich in den Dienst des Überlegenen, also des Aramäers Hasaël zu stellen. Der Aramäer hätte sich dann durch die Verschonung seines Lebens der Loyalität versichert und den obersten Heerführer zum König in Samaria gemacht. Dass Jehu im Rahmen der Expansionspolitik Hasaëls zum Vasallen der Aramäer wurde, ist in sich plausibel, aber wirklich aufklären lässt sich das Verhältnis zwischen Jehu und den Aramäern letztlich nicht. Der These einer durchgehenden Vasallität Jehus jedenfalls steht die Tatsache gegenüber, dass Jehu offensichtlich die antiassyrische Koalition 841 v. Chr. verlässt, um Salmanassar III. (859–824 v. Chr.) Tribut zu zahlen; vielleicht nicht zuletzt, um den aramäischen Einfluss abzuschütteln und zeitgemäßer gegen den politisch erfolgreicheren der Neuassyrer einzutauschen.

Schwierig zu beurteilen ist der Historizitätsgehalt von 2 Kön 9,27–28, das als Teil einer älteren *judäischen* Annalennotiz reklamiert wird (*S. Otto, N. Naʾaman*). Dort werden die Flucht Ahasjas vor Jehu, die Verwundung in der Nähe von Jibleam, die zum Tod in Megiddo führt, und das Begräbnis in Jerusalem geschildert. Ahasja soll vor Jehu geflohen sein, als er in der Tötung des Bruders die Brutalität des Putschisten erkennt. Die Notiz setzt die Beteiligung am Kampf gegen die Aramäer und einen Aufenthalt im Norden voraus. Dass sich Ahasja überhaupt vom Machtanspruch Jehus bedroht fühlt, spricht mindestens für die enge Verbindung von Samaria und Jerusalem zur Zeit Jorams. Die biblisch angegebene Fluchtroute wirft jedoch Fragen auf. Die Orte Jibleam und Gur liegen am südöstlichen Ausgang der Jesreel-Ebene und südöstlich des Ortes Jesreel, wo sich die Könige aufgehalten haben sollen. Megiddo hingegen, wohin Ahasja sich verwundet wendet und dort verstirbt, liegt nordwestlich von Jesreel. Ahasja soll Richtung Bet-Gan geflohen sein. Verortet man dies nicht wie üblich in Jenin, d. h. in der Nähe von Jibleam und Gur (*W. Zwickel*), sondern in Untergaliläa (*Z. Gal*), versucht Ahasja nach biblischer Darstellung vielleicht sogar in den Einflussbereich Hasaëls zu fliehen, um sich als Vasall anzubieten und so dem Tod zu entgehen. Dann würde die biblische Darstellung vielleicht die Dominanz Hasaëls und dessen Liquidierung nicht nur der Omriden von Samaria, sondern auch der Omriden aus dem Haus David spiegeln. Aber das bleibt bloße Vermutung.

Wie auch immer die Spannung zwischen Dan-Inschrift und biblischen Angaben letztlich aufzulösen ist, Jehu jedenfalls ist auf dem Schwarzen Obelisken und in den Annalen Salmanassars III. für das Jahr 841 v. Chr. als Tributzahler Assurs aufgeführt (↗ V.2.4, HTAT Nr. 112–113 und ↗ Abb. 26) und damit *nicht* mehr Teil der antiassyrischen Allianz unter aramäischer Führung. Zu diesem Zeitpunkt muss er sich aus der aramäischen Klammer befreit haben, wobei er vielleicht die Stärke der Assyrer und den Tribut nutzen wollte, mit assyrischer Rückendeckung mehr Handlungsfreiheit zu gewinnen.

5.3 Der Sturz Ataljas

In der biblischen Darstellung steht die Installation des einzig überlebenden Davididen Joasch in Jerusalem nicht in unmittelbarem Zusammenhang des Geschehens in Samaria. Ahasja von Juda war an der Seite Jorams von Israel dem herannahenden Militär Jehu entgegengefahren (2 Kön 9,21). Als Joram die feindliche Absicht seines Heerführers Jehu erfasst, warnt er Ahasja, der die Flucht aus Jesreel ergreift (2 Kön 9,23.27, zur Fluchtroute s. o.). Er wird allerdings »beim Anstieg nach Gur« verwundet und versucht in Megiddo Zuflucht zu finden, wo er verstirbt. Nachdem Jehu die in Jesreel greifbaren Mitglieder der Regierung liquidiert hat, macht er sich auf den Weg in die Hauptstadt, um auch dort die Nachkommen Ahabs vollständig auszurotten. Er trifft auf die »Brüder Ahasjas«, die sich auf dem Weg nach Jesreel befinden, um den Söhnen des Königs Joram und Isebel ihre Aufwartung zu machen (2 Kön 10,13). Durch die Zuordnung wird das Königshaus von Jerusalem erneut in eine große Nähe zu Samaria gestellt (2 Kön 10,14). Die Omridin Atalja, die Mutter des getöteten Ahasja, zeigt nach biblischer Darstellung ihr wahres Gesicht und beginnt auch in Jerusalem alle verbliebenen Nachkommen der Davididen, die den Anspruch auf den Thron erheben könnten, mit den Angehörigen des Königshauses zu töten (2 Kön 11,1). Lediglich Joasch wird von seiner Schwester Joscheba (der Name bedeutet »YHWH hat geschworen«, Ps 89,4–34; 132,11) in der Bettenkammer und im Tempel versteckt, bis er von Jojada (»YHWH hat es gewusst«) gekrönt und als König installiert wird. Das Darstellungsinteresse ist in den Bezügen zur Exoduserzählung und zur Dynastieverheißung an David leicht zu erkennen. Atalja soll als »Unfall« in der Monarchie Jerusalems stilisiert werden, weil sie als Omridin die (konstruierte) davidische Dynastiefolge durchbricht. Als Tochter/Enkelin Omris ließ sie sich nicht *davidisieren*. Mit Joasch wird in der Erzählung der legitime Thronfolger in der dynastischen Linie förmlich aufgebaut. Atalja, die in der siebenjährigen Zwischenzeit die Regierungsgeschäfte übernommen hatte, wird auf einem Pferdeaufweg zum Palast getötet (2 Kön 11,16.20). Atalja und Isebel werden so im tödlichen Schicksal miteinander parallelisiert.

Zwar hat auf der Textebene der Sturz der Atalja nur eine lose direkte Verbindung in 2 Kön 11,1 zum Putsch Jehus, doch ist in der Stilisierung des Geschehens die Parallelisierung mit dem Putsch Jehus mit Händen zu greifen. So wie Angehörige des Königshauses in Jesreel und Samaria von Jehu liquidiert werden

(2 Kön 10,11.17), so sind auch die zu Ahasja von Juda Gehörenden an zwei Orten der tödlichen Bedrohung ausgesetzt (2 Kön 10,14; 11,1). In beiden Erzählungen spielt eine weibliche Protagonistin, die zugleich mit dem Baalsdienst verbunden wird, eine zentrale Rolle (Isebel in 2 Kön 9, Atalja in 2 Kön 11). Beide Umstürze beseitigen den Baalsdienst, der in einem Baalstempel in Samaria und in Jerusalem stattgefunden haben soll (2 Kön 10,25–28; 2 Kön 11,18). Unverkennbar hängen die beiden Umstürze Jehus und Ataljas auf der literarischen Ebene miteinander zusammen. Dass sie auch in historischer Sicht zusammenhängen, zeigt sich, wenn man Joram, Atalja und Ahasja als Omriden in Jerusalem sieht, die in großer Abhängigkeit zu den Omriden in Samaria agierten. Jehu musste also für den vollständigen Umsturz auch die Macht in Jerusalem übernehmen, was mit Hilfe der politisch einflussreichen Oberschicht durch die Installation des Joasch auch gelingt.

(a) Zum politischen Hintergrund Ataljas

Wie ihre Geschwister wird Atalja als Tochter Ahabs (2 Kön 8,18, ↗ V.4.4 u. V.4.7) in die omridische Politik eingeführt. Schon früh scheint sie mit Joram verheiratet worden zu sein. Wenn Joram von Israel und Joram von Juda dieselbe Person sind, kommt Atalja als Schwestergemahlin (2 Kön 8,18) mit dem jungen omridischen König nach Jerusalem. Nach dem Tod Ahasjas (nach 2 Kön 11,1 ihres Sohnes, möglicherweise auch ihres (Halb-)Bruders) führt sie die Regierungsgeschäfte fort und vertritt – wahrscheinlich anfänglich durchaus mit Unterstützung der lokalen Elite (*O. Sergi*) – weiter die omridischen Interessen. Beendet wird diese Phase mittelbar durch den Putsch Jehus in Samaria und die etwas später folgende Installation eines Nimschiden (Joasch) in Jerusalem. Zunächst verbleibt Atalja als Vertreterin der omridischen Herrschaftsansprüche in Jerusalem an der Macht. Durch den Machtwechsel in Samaria ist Jerusalem »abgeschnitten«; eine Kooperation zwischen den verfeindeten Herrschergeschlechtern ist nicht möglich. Jerusalem kann jedoch in der Abkoppelung von Samaria nicht prosperieren; für eine politisch autonome Monarchie ist es zu schwach. Als die städtische Elite in Jerusalem erkennt, dass sie durch Atalja in der Fortsetzung der Omridenpolitik mehr Nachteile als Vorteile hat, und das Land Juda von der allgemeinen Entwicklung wieder abgehängt wird, weil das »Protektorat« oder »Patronat« von Seiten Israels fehlt, wenden sie sich von Atalja ab und führen ihren Sturz herbei. Je stärker die Nimschiden unter Jehu in Samaria wurden, desto größer wurde der Druck auf die Anhänger der Omriden in Jerusalem, sich wieder in die zuvor eingeübten Bahnen der Abhängigkeit von Samaria zu begeben. Der judäische Landadel betreibt daraufhin den Sturz der Königin Atalja – vielleicht sogar mit aktiver Unterstützung der Nimschiden aus Samaria. Für Jehu wird der Machtwechsel erst abgeschlossen sein, wenn er wie die Omriden auch Einfluss in Jerusalem nimmt. Der junge Joasch wird (wie einst Joram unter den Omriden) nach der Ermordung Ataljas als Filial- bzw. → Klientelkönig der Nimschiden in Jerusalem eingesetzt. Damit ist die unter den Omriden eingeübte Konstellation wieder hergestellt. So wie zuvor Omriden in Jerusalem herrschten, so jetzt Nimschiden. Ataljas Regierung war nur ein kurzes Zwischenspiel der Unabhängigkeit, allerdings unter omridischen Vorzeichen bzw. als Refugium omridischer Machtinteressen. Mit dem Sturz der Atalja jedoch ist der Wechsel von den Omriden zu den Nimschiden abgeschlossen.

(b) Joasch von Jerusalem im Kontext des Sturzes der Atalja

Die chronologischen Angaben zu Atalja und Joasch von Juda sind auffallend pauschal: Joasch wird im siebten Jahr Jehus mit sieben Jahren König und regiert vierzig Jahre in Jerusalem. Damit bleiben für Atalja sieben Jahre in Jerusalem. Der konstruktive Charakter dieser Angaben ist mit Händen zu greifen (*M. Liverani*) und man kann fragen, ob der Aufwand nicht dazu dient, zu kaschieren, dass Joasch gar kein Davidide war. Mit den vierzig Jahren landet man in Jerusalem für den Thronwechsel im Jahr 801 v. Chr., wobei mind. das Jahr 802 v. Chr. ebenso wahrscheinlich scheint, wenn es sich bei Joasch von Juda und Joasch von Israel um dieselbe Person handelt. Vielleicht spricht auch die Angabe, dass seine Mutter aus Beerscheba, dem am weitesten im Süden gelegenen Ort Judas, stammt (2 Kön 12,2), dafür, die Herkunft aus dem Norden zu überdecken. Die legendarische Erzählung in 2 Kön 11 kann vielleicht dahingehend ausgewertet werden, dass Atalja Tendenzen im Königshaus, sich nach der Ermordung Jorams von Israel durch den Aramäer Hasaël (Dan-Inschrift) gegen omridische Interessen in Jerusalem zu stellen, durch hartes Durchgreifen unterdrückt. Mit anfänglicher Unterstützung der einflussreichen Eliten, die Vorteile in der Allianz mit der Omridin erkennen, führt Atalja die Regierungsgeschäfte in Jerusalem. Als der aramäisch gelenkte Putsch des Generals Jehu die omridische Herrschaft in Samaria beendet, wird kurze Zeit später auch die Tochter Ahabs in Jerusalem von dem Priester Jojada und dem judäischen Landadel (2 Kön 11,4) gestürzt. Das geschah wahrscheinlich, um separatistische Tendenzen der Monarchie in Jerusalem im Keim zu ersticken. D. h. auch der Sturz der Atalja wird von Samaria bzw. Damaskus aus zumindest beeinflusst, wenn nicht gelenkt gewesen sein.

(c) Nimschiden in Jerusalem

Setzt man voraus, dass die Namensgleichheit eine Gleichheit der Personen einschließt, wird an Stelle der Omridin Atalja von der einflussreichen und wahrscheinlich konservativen Aristokratie der Nimschide Joasch (840–802/01 v. Chr.) zum König gemacht, der später als Nachfolger von Joahas (818–802 v. Chr.) nach Samaria wechselt und Amazja (802/01–773 v. Chr.) den Thron überlässt bzw. überlassen muss. Die aramäische Dominanz ist nach der Expansion Hasaëls jetzt so groß, dass Amazja in Jerusalem nur in Abhängigkeit von den Aramäern in Damaskus regieren kann.

Die »Jehu-Revolution« hat die omridische Herrschaft auch in Juda zeitverzögert weggefegt. Die Jahre der Regierung der Omridin Atalja in Juda waren also nur die Nachwehen der omridischen Präsenz in Jerusalem, bis die Nimschiden die Geschicke nicht nur in Samaria, sondern auch in Jerusalem lenkten. Die Nimschiden haben also nach der Konsolidierung ihrer Macht im Norden den gleichen Anspruch auf den Süden erhoben wie zuvor die Omriden. Dem ist Atalja zum Opfer gefallen (*O. Sergi*).

Die nur durch das (wenn überhaupt) siebenjährige Interim Ataljas unterbrochene legitime dynastische Folge der Davididen von David bis Zidkija erweist sich als eine biblische Fiktion, die im Dienst einer konstruierten Kontinuität des davidischen Königtums steht. Weder vor noch nach Atalja waren die Könige in Jerusalem »Davididen« im Sinne einer Blutsverwandtschaft. Sie sind freilich Davididen in der Konstruktion der dynastischen Kontinuität, allerdings ohne von David abzustammen. Dass solche Konstruktionen nicht unüblich waren, zeigt beispielsweise das »mein Vater« in der Dan-Inschrift, das den → Usurpator Hasaël (ca. 845–800 v. Chr.) in die dynastische Linie Hadad-Esers (ca. 875–845 v. Chr.) einschreibt. Auch wird Jehu in den Annalen Salmanassars III. schlicht durch *mâr Ḫumrī* dem Haus Omris zugerechnet (HTAT Nr. 112–113), weil er sich selbst in Kontinuität zur Herrschaft der Omriden sah.

Wie die weitere Entwicklung unter Joasch, Amazja und Asarja zeigen wird, ist von Davididen in Jerusalem auch im 8. Jh. v. Chr. nicht viel zu sehen. Ahas (741–725 v. Chr.) ist der erste König, dem die dauerhafte Loslösung vom Norden gelingt – allerdings um den Preis der → Vasallität gegenüber Assur. In welchem genealogischen Verhältnis er zu David steht, wird sich nicht mehr wirklich aufklären lassen. Da sein Name nur die Kurzform von Ahasja oder Joahas ist, unterscheidet er sich jedenfalls nicht grundsätzlich von den Omriden und Nimschiden, die zuvor in Jerusalem regierten.

5.4 Die aramäische Expansion unter Hasaël

Die Assyrer erhöhen in der zweiten Hälfte des 9. Jh.s v. Chr. massiv den Druck auf Damaskus, um die Aramäer in die Knie zu zwingen. Nicht weniger als 21 mehr oder minder vergebliche Versuche bis zu Adad-nērārī III. (811–783 v. Chr.) sind von den Quellen aus nachzuvollziehen. In den Phasen, in denen der Druck – aus welchen Gründen auch immer – nachlässt, dehnt Hasaël seine Herrschaft über ganz Syrien bis an den Eufrat aus und stößt nach Süden vor, wahrscheinlich um den Kupferhandel im Negeb als wichtige Ressource für den weiteren Ausbau seiner Macht zu nutzen (↗ V.3.4). Die Datierung dieser Entwicklung und des Feldzugs nach Süden ist nicht völlig klar. Der Nachfolger Salmanassars III. (859–824 v. Chr.), Šamšī-Adad V. (824–811 v. Chr.), war im Westen de facto wenig präsent. Erst Adad-nērārī III. (811–783 v. Chr.), der fünfmal militärisch nach Syrien vorstößt (Eponymenchronik HTAT Nr. 120–121), sieht sich gezwungen, in die offenbar durch Aram-Damaskus bewirkte Verschiebung der Gewichte in der südlichen Levante einzugreifen und die expansive Außenpolitik seines Großvaters wieder aufzunehmen. Eine Orthostaten-Inschrift aus Nimrud/*Kalḫu* erwähnt summarisch die Erfolge: »Vom Euphrat an legte ich mir die Länder Ḫatti, Amurru in seiner Gesamtheit, Tyrus, Sidon, Omri, Edom (und) Philistäa bis zum Großen Meer des Westens unter die Füße; Abgabe (und) Tribut legte ich ihnen auf. Nach dem Land Aram zog ich. Mariʾ (= »mein Herr«; der Titel bezieht sich auf Hasaël [ca. 845–800 v. Chr.] oder wahrscheinlicher auf seinen Sohn Ben-Hadad II. [ca. 800–780 v. Chr.]), den König von Aram, schloss ich in Damaskus, seiner Königsstadt, ein. Die Furcht vor dem Schreckensglanz Assurs, seines Herrn, warf ihn nieder, sodass er meine Füße ergriff. Mein Vasall wurde er. 2300 Talente

Silber, 20 Talente Gold, 3000 Talente Bronze, 5000 Talente Eisen, Kleider aus buntem Leinenstoff, ein Elfenbeinbett, einen Elfenbeindiwan mit Plattierung (und) Einlegearbeit, sein Hab und Gut, das nicht zu wiegen war, empfing ich in Damaskus, seiner Königsstadt, in seinem Palast« (Übersetzung *M. Weippert*, HTAT Nr. 121,15–24).

Aram-Damaskus war offenbar zu stark geworden und bedrohte jetzt auch die wirtschaftlichen Interessen Assurs im Westen, sodass sich Adad-nērārī III. (811–783 v. Chr.) gezwungen sah, einzugreifen. Auf einer Stele aus dem nordostsyrischen *Tell er-Rimāḥ* erwähnt Adad-nērārī III. zusammen mit der Unterwerfung von Tyrus, Sidon, Arwad und dem Libanon auch einen Tribut Joaschs von Samaria (802–787 v. Chr.) (auch ↗ V.5.5). Wie das Expansionsstreben der Aramäer unter Hasaël sich zu der assyrischen Dominanz im Westen verhält, ist nicht restlos aufzuklären, jedoch ist der wirtschaftliche Aufschwung unter Joasch von Israel (802–787 v. Chr.) und Jerobeam II. (787–747 v. Chr.) (↗ V.5.5 u. V.5.9) wohl vor dem Hintergrund der Schwächung von Aram-Damaskus im beginnenden 8. Jh. v. Chr. zu sehen.

Unter der Voraussetzung, dass die Thronfolgeauseinandersetzungen nach dem Tod Salmanassars III. (859–824 v. Chr.) eine Schwächung des nach Westen ausgeübten Drucks bedeuten und Damaskus eine Atempause gönnen, wird das Expansionsstreben Hasaëls (ca. 845–800 v. Chr.) oft in die letzten beiden Jahrzehnte des 9. Jh.s v. Chr. oder auf das Jahr 810 v. Chr. datiert. Eine Orientierung bietet dabei der Tribut des Joasch von Juda (840–802/01 v. Chr.), der in 2 Kön 12,18f am Ende der Regierungszeit erwähnt wird. Nichts allerdings zwingt dazu, dieses nicht genauer datierte Ereignis an das *Ende* der Regierungszeit Joaschs zu setzen. Nähme man an, dass der Feldzug Adad-nērārīs III. gegen Damaskus 796 v. Chr. auf das Expansionsstreben der Aramäer *reagiert*, käme auch eine spätere Datierung infrage. Dem steht nicht nur die biblische Notiz, sondern auch die Zerstörung von Gat/*Tell eṣ-Ṣāfī* entgegen, die in das dritte Viertel des 9. Jh.s, etwa auf das Jahr 830 v. Chr., datiert werden kann (*A. M. Maeir*).

Ein wahrscheinliches Szenario setzt daher das Expansionsstreben Hasaëls früher an. Wenige Jahre nach Übernahme der Macht in Damaskus nutzt dieser eine kurzzeitige Schwäche der Assyrer aus und beginnt etwa ab 837 v. Chr. mit militärischem Druck die Kontrolle bis tief in den Süden an sich zu reißen. Die südlichen aramäischen Zentren von (Bet-)Maacha und Bet-Rehob werden spätestens jetzt (*A. Berlejung*, kaum schon unter Ben-Hadad I. 900–875 v. Chr., *E. Lipiński*, *H. Niehr*) Damaskus zugerechnet. Die Folgen für den unter den Omriden erstarkten Staat Israel sind durchgreifend. Nahezu die Hälfte des erweiterten Territoriums des omridischen Staates geht verloren und Israel muss sich erneut auf das Kerngebiet im Bergland beschränken. Hasaël nimmt das Ostjordanland in seinen Besitz (2 Kön 10,32f), zumindest das östliche Gilead bis zum Jabbok einschließlich Sukkot/*Tell Dēr ʿAllā* (dringt aber wohl nicht weiter in den Süden vor), zerstört Megiddo und besetzt die Jesreel-Ebene und die in der Nähe liegenden Städte (*Tel Rehov*, Bet-Schean, Taanach, Jokneam). Den Norden bringt er unter seine Kontrolle und baut Dan, Hazor und Betsaida als aramäische Städte aus.

Im Süden erobert er die Küstenregion und ihre wichtigste Stadt, das philistäische Gat (2 Kön 12,18), für deren Belagerung und Eroberung um 830 v. Chr. es auch archäologische Indizien gibt (*C. S. Ehrlich*, *A. M. Maeir*, anders *D. Ussishkin*). Auch in Bet-Schemesch, Afek, *Tell el-Fārʿa* (Süd) und *Tel Sera/Tell eš-Šerīʿa* sind

Spuren der Zerstörung zu erkennen, die mit Hasaëls Vorstoß in Verbindung stehen. Das Vordringen nach Süden dient der Kontrolle der Wirtschafts- und Handelswege und reicht vielleicht sogar bis an den Golf von Elat (2 Kön 14,22; 16,6). Wahrscheinlich verfolgt Hasaël das Ziel, den edomitischen Kupferhandel im Negeb unter seine Kontrolle zu bringen und so Zugriff auf eine Ressource zu gewinnen, die für sein Expansionsstreben ebenso zentral gewesen sein wird wie für seinen Widerstand gegen die Assyrer.

Der judäische König Joasch (840–802/01 v. Chr.) kann die Einnahme Jerusalems nach 2 Kön 12,18f nur durch hohe Tributleistungen verhindern. Vielleicht hat die judäische Monarchie von diesem diplomatischen Kotau sogar in der Folgezeit profitiert (*I. Finkelstein*). Dazu könnten die im Anschluss an den Feldzug stehende Ausdehnung des judäischen Territoriums in die westliche und südliche Schefela und der Ausbau von Lachisch (Stratum IV) gehören (*G. Lehmann/ H. M. Niemann*), die zuvor kaum möglich waren. Wie die Entwicklung im Einzelnen verlaufen ist, bleibt spekulativ, weil auch die archäologischen Daten für die Süd- und Westexpansion keine genaue Datierung erlauben (↗ V.4.8). Es legt sich allerdings nahe, die gestiegene politische und wirtschaftliche Bedeutung des Südstaates mit dem Feldzug Hasaëls und dem von Joasch errichteten Tribut in Verbindung zu sehen. Vielleicht hat die historische Entwicklung Juda in die Nähe einer politischen Autonomie gebracht, zumal der Druck der Aramäer auf Samaria und den Norden einerseits weiter wuchs und andererseits der Einfluss der Assyrer im Westen immer stärker wurde.

5.5 Joasch und die aramäische Dominanz im 8. Jh. v. Chr.

Als der ältere Sohn Jehus, der Nimschide, Joahas in Samaria (818–802 v. Chr.) verstirbt, wechselt sein Bruder (oder nach biblischer Darstellung Sohn, 2 Kön 13,10) Joasch von Jerusalem wahrscheinlich mit aramäischer Billigung nach Samaria. Der soll zuvor ungewöhnlich lange und glatte 40 Jahre in Jerusalem regiert haben (was ihn je nach Zählung bis 801 v. Chr. an der Macht ließe), doch war er nach dem Angriff der Aramäer in seinen letzten Jahren nur noch König von Hasaëls Gnaden, was sich auch in Samaria zunächst nicht grundlegend ändert. Dafür sind die Aramäer im ausgehenden 9. Jh. v. Chr. zu stark. In Jerusalem wird Amazja (vielleicht auch ein Nimschide, wenn er wirklich ein Sohn Joaschs gewesen ist, oder gar der »Sohn eines Niemand« aus dem Militär oder der bürgerlichen Elite, biblisch nach 1 Kön 12,22 als Sohn des »Davididen« Joasch) als aramäischer Vasallenkönig eingesetzt. Die Anzeichen für eine große Dominanz der Aramäer im Übergang vom 8. Jh. v. Chr. sind erkennbar, doch die Geschicke werden noch mehr durch die fortgesetzte Westexpansion der Neuassyrer bestimmt.

(a) Joasch von Samaria als aramäischer Vasall

Als Adad-nērārī III. (811–783 v. Chr.) sich 796 v. Chr. erneut den Tribut zusichern lässt (und Aram-Damaskus jetzt auch zum → Vasall wird), benennt er in der *Tell er-Rimāḥ*-Stele Joasch von Israel (802–787 v. Chr.) nicht mehr als König von *Bīt*

Ḫumrī (was er ja als Nimschide auch der → Genealogie nach nicht war, vgl. aber das einfache ^{KUR}*(māt) Ḫu-um-ri-i* »Land Omri[s]« für Samaria unter Adad-nērārī III. in der Orthostateninschrift aus Nimrud/*Kalḫu,* HTAT Nr. 121) und auch nicht als *Bīt Nimschi* o. ä., sondern ^{I}*Ia-ʾa-su* ^{kur}*Sa-mì-ri-na-a*, »Joasch aus dem/vom Land Samaria« (TUAT I 368, HTAT Nr. 122). Das deuten *J. M. Miller/J. H. Hayes* als Hinweis darauf, dass Israel unter der aramäischen Dominanz de facto nur noch eine Art Stadtstaat um Samaria geblieben ist. Da der Druck der Assyrer auf den Nachfolger Hasaëls, Ben-Hadad II. (ca. 800–780 v. Chr.), Anfang des 8. Jh.s v. Chr. zunimmt, ist die Tributzahlung der Aramäer an Assur 796 v. Chr. eine der Voraussetzungen für das Erstarken Israels.

Vielleicht führt der aramäische Druck den unter den Omriden innen- wie außenpolitisch ausgebauten Staat in eine kurze Phase der Rezession, weil der Handel Richtung Norden einbricht und die Zahlungen an Damaskus die Wirtschaft schwächen, aber das bleibt sehr unsicher. Ganz aufklären lässt sich nämlich die Rezession im Übergang zum 8. Jh. v. Chr. nicht. Neben den politischen Verschiebungen gehören vielleicht auch die ökonomischen Auswirkungen eines verheerenden Erdbebens (Am 1,1; Sach 14,5) dazu. Spuren dieses Bebens zeigen sich in vielen archäologischen → Strata u. a. in Hazor, Megiddo, *Tell Dēr ʿAllā*, *Tell ed-Dāmiye* (*L. P. Petit*) und *Tell el-Mazār* (*E. Lipińksi*). Die genaue Datierung des schweren Erdbebens, das die gesamte südliche Levante erfasste, bleibt allerdings unsicher. Oft wird es auf 762 v. Chr. datiert, jedoch ist die mögliche Spanne weit größer (etwa 800–760 v. Chr.) (*A. Fantalkin/I. Finkelstein, A. M. Maeir*).

(b) Joasch von Samaria versucht die Loslösung von Damaskus

Vielleicht schon unter Joahas (818–802 v. Chr.) (2 Kön 13,4–5) (*J. M. Miller/J. H. Hayes*), wahrscheinlicher aber unter Joasch von Samaria (802–787 v. Chr.), setzt sich Israel dann gegen die Aramäer erneut zur Wehr (2 Kön 13,25). Die Ankündigung, dass Joasch von Samaria den aramäischen König bei Afek vernichtend schlagen wird (2 Kön 13,17), wird als Testament des Propheten Elischa stilisiert, mit dem die Verflechtung von prophetischen Erzählungen mit der Geschichte der Omriden und Nimschiden (1 Kön 17–2 Kön 13) abgeschlossen wird. Inwieweit die knappe Notiz, dass nach dem Tod Elischas »moabitische Streifscharen« in das Land einfielen, historisch auszuwerten ist oder damit eine Verbindung zu 2 Kön 3 und dem Anfang der Elischaerzählungen geschlagen wird, bleibt unsicher. Mit Verweis auf 2 Kön 6,23 wird auch vermutet, dass moabitisch hier einfach für »aramäisch« steht und der aramäische Druck bis zum Tod Hasaëls gleichbleibend hoch blieb (2 Kön 13,22). Joasch jedenfalls wird angekündigt, dass er die Aramäer bei Afek endgültig zurückdrängen wird. Dieses befestigte »aramäische« Afek ist nicht sicher zu lokalisieren. Gesucht wird es entweder am Ostufer des Sees von Kinneret (*ʿĒn Gēv*), 6,5 km östlich davon im südlichen Golan in der Nähe von Hippos (*Fīq*/Afik), in der Jesreel-Ebene oder nördlich des Karmels in der Küstenebene auf dem *Tell Kurdane*. Während letzterer zwar imposant ist, aber nicht in der Eisen II-Zeit besiedelt war (*G. Lehmann*), passt *ʿĒn Gēv* am Ostufer des Sees zu der Expansion der Damaszener Herrscher in das Königreich von Geschur (↗ V.3.2 u. V.5.4). Die Erwähnung des Ortes lässt die Verbindung zu 1 Kön 20,26.30 (und vielleicht auch 1 Sam 4; 29, *S. Hasegawa*) erkennen. Wahrscheinlich sind 1 Kön 20 und 22, die biblisch in die Zeit Ahabs datiert werden, für die Zeit Joaschs von Israel (802–787 v. Chr.) zu reklamieren (*A. Lemaire*). Sollte 2 Kön 6,24–7,19 nicht gänzlich legendarisch sein, schlägt der Versuch Ben-Hadads II., Israel noch einmal in eine antiassyrische Koalition zu zwingen, fehl. Den Nimschiden Joasch von Israel (802–787 v. Chr.) (2 Kön 13,25) und Jerobeam II. (787–747 v. Chr.) gelingt die erneute Konsolidierung des Reiches mit erheblichem Rückgewinn an Territorium (Am 6,13), wenn auch wohl nicht, wie 2 Kön 14,25 schwärmt, von »Lebo-Hamat bis zum Meer der Araba«, d. h. vom Toten Meer bis nach Syrien. Die ökonomisch und geopolitisch bedeutenden Städte der Jesreel-Ebene kommen ebenso zurück unter die Kontrolle Israels wie die landwirtschaftlich wichtigen Zonen in Gilead, im Baschan und in Galiläa mit den wichtigen Städten Hazor und Abel-Bet-Maacha. Damit sind die für den Exportüberschuss wichtigen Regionen der Textilproduktion, die das Rückgrat der Wirtschaft des Nordens gebildet haben, wieder in der Hand Israels. Die Kontrolle des Küstenstreifens mit dem Zugang zum Meer in Dor ermöglicht die Einbindung in den Außenhandel. Die von den Nimschiden betriebene Handelsstation im Nordsinai in *Kuntilet ʿAǧrūd* (↗ V.4.9), zeigt das Engagement im Fernhandel u. a. mit Textilprodukten (*Z. Meshel*). Israel gelangt zu alter Stärke. Das sehr weit nördlich gelegene Dan/*Tell el-Qāḍī* könnte durchaus unter Joasch an Israel gefallen sein und damit die Nordgrenze markiert haben. Wenn auch im Norden bis zum endgültigen Untergang des Reiches Aram-Damaskus 732 v. Chr. unter Tiglat-Pileser III. (745–727 v. Chr.) die Herrschaft nördlich des Sees von Gennesaret begrenzt bleibt (anders 2 Kön 14,28) oder zumindest immer wieder wechselt, so zeigt die Episode 2 Kön 14,7–14 doch die alte omridische Stärke mit dem Ausgriff der Herrschaft Israels auf den Süden.

(c) Renovierungsarbeiten am Tempel

Als König Joasch (840–802/01 v. Chr.) vierzehn Jahre alt ist, ordnet er nach 2 Kön 12,2.5 die Sanierung des Jerusalemer Tempels an und verfügt, dass dafür das Abgaben- und Steueraufkommen des Tempels genutzt werden soll. Das System fruchtet aber nicht, sondern führt zu Veruntreuungen seitens der Priester, die sich ihrer Einkommensquelle beraubt sehen. Joasch lässt daher in seinem 23. Regierungsjahr einen Kollektenkasten installieren, in dem das Geld für die Renovierung des Tempels gesammelt wird. Die Erzählung in 2 Kön 12,1–16 ist detailliert und schildert eine Umorganisation des Abgabensystems am Tempel. Vergleichbare Installationen sind aus altorientalischen Texten über Tempelrenovierungen bekannt (*N. Naʾaman*), zugleich lässt der »Bericht« in 2 Kön 12 eine große Nähe zu dem Reformbericht 2 Kön 22 erkennen (*O. Lipschits*). Joasch soll zudem hier wie Jehu in Samaria (2 Kön 9–10) als YHWH und dem Tempel eng verbundener Herrscher stilisiert werden, was der Historizität zwar nicht entgegensteht, aber den literarischen Charakter deutlicher in der Vordergrund treten lässt.

Die seit *Julius Wellhausen* bemühte Zuordnung zu einem Tempelarchiv, das hier verarbeitet worden sein soll, ist eine Möglichkeit, bleibt aber Spekulation. Vermeintlich wurde die Annahme 2003 durch den Fund einer Inschrift auf dem

Tempelberg in Jerusalem bestätigt, in der sich Joasch als »Sohn Ahasjas« tituliert und rühmt, den Tempel in Jerusalem renoviert zu haben. Die Inschrift gilt als Fälschung (*Y. Goren, I. Eph^cal, E. A. Knauf*). Von einem Tempelarchiv fehlt jede Spur.

(d) Das Ende Joaschs von Juda und die Installation Amazjas als Nachfolger

Die biblische Darstellung will Joasch von Juda (840–802/01 v. Chr.) durch einen Königsmord liquidiert sehen, der von zwei Dienern mit fast gleichen Namen Josabad/Jehosabad (»YHWH hat geschenkt«) ausgeführt wurde (2 Kön 12,22). Der eine wird als Sohn Schimats (»der Botschaft«) und der andere als Sohn Schomers (»des Bewahrers«) eingeführt. Die Angaben erwecken nicht unbedingt den Eindruck, zuverlässige Informationen zu übermitteln. Vielleicht spiegelt sich in den Namen noch die Reflexion auf die kurzzeitige Loslösung vom Norden durch das Königtum Amazjas.

Sieht man in Joasch von Juda (840–802/01 v. Chr.) und Joasch von Israel (802–787 v. Chr.) *nicht* die gleiche Person, endet das Wirken Joaschs in Jerusalem durch die in 2 Kön 12,22 geschilderte Palastrevolte. Der Sohn Joaschs, Amazja (802/01–773 v. Chr.), wird an seiner Stelle zum legitimen König, ohne dass die von Josabad angezettelte Verschwörung Auswirkungen auf die Akzeptanz des Dynastiefolgers als König gehabt hätte. Ein solches Szenario lässt fragen, warum Joasch von hofnahen und einflussreichen Jerusalemern getötet worden sein soll. Denkbar wäre, dass sich die Politik Joaschs zunehmend gegen die Aramäer wandte und die Beamten des Jerusalemer Hofes darin eine Gefährdung erkannten. Deshalb setzten sie Joasch mit Hilfe der Aramäer ab und installierten den noch »formbaren« Amazja (mit Unterstützung von Damaskus?) als (Gegen-?)König in Jerusalem. Die biblisch im Anschluss geschilderte Auseinandersetzung Amazjas mit Joasch von Samaria dokumentiert vielleicht das damit verbundene Autonomiestreben des Südens, das jedoch unter dem Strich gehörig schief ging.

Nimmt man aber die Zweifel an der Ermordung Joaschs in Jerusalem ernst und geht von der Identität der Personen aus (Joasch von Juda *ist* Joasch von Israel), stellt sich das Geschehen anders dar: Joasch übernimmt nach dem Tod des Joahas (818–802 v. Chr.) die Regierungsgeschäfte in Samaria. Er wird also nicht ermordet, sondern wechselt im ausgehenden 9. Jh. v. Chr. (und auch hier zeigt sich wieder, dass man sich nicht an die aus den biblischen → Synchronismen erhobenen Regierungsdaten klammern darf) von Jerusalem nach Samaria. Der Nimschide Joasch war als sehr junger Sohn oder Enkel Jehus nach Juda »entsandt« worden, um im Einklang mit den Notabeln in Jerusalem die letzte Omridin Atalja zu entmachten (↗ V.5.3). In der Zwischenzeit hatte er Juda zu einer prosperierenden Entwicklung geführt (↗ V.4.8). Das Königtum in Samaria scheint er sich damit »redlich verdient« zu haben, zumal im Norden eine kluge und erfahrene politische Kraft gegen den aramäischen Druck benötigt wurde (↗ V.5.4). Denn Joahas' Regierung in Samaria war dem Druck der Aramäer nicht gewachsen gewesen. Gegen Ende seiner Regierungszeit (*J. M. Miller/J. H. Hayes* mit Bezug auf 1 Kön 20; 22) scheint sich – vielleicht mit Hilfe seines selbstbewussten und bereits erfahrenen Bruders Joasch (840–802/01 v. Chr.) von Jerusalem aus, sicher aber durch den Druck des Assyrers Adad-nērārī III. (811–783 v. Chr.) – eine Wende anzubahnen (↗ V.5.5). In seiner Regierungszeit gelingt den Nimschiden jedenfalls nicht nur gegen Hasaël (ca. 845–800 v. Chr.), sondern auch gegen seinen Nachfolger Ben-Hadad II. (800–780 v. Chr.) die Konsolidierung des Nordens (2 Kön 13,25; vgl. 1 Kön 20,34).

Die Oberschicht in Samaria ist darauf bedacht, die Handelsbeziehungen mit den Aramäern, die Wohlstand und Prosperität gesichert haben, nicht abbrechen zu lassen. Aber politisch versucht Joasch sich ganz von Damaskus zu lösen. Das politische Geschick, das er in der Führung des Südens nach Atalja gezeigt hatte, zeigt sich auch in der Amtszeit in Samaria. Von Samaria aus gelingt es Joasch erneut, den Süden mit Jerusalem in seinen Einflussbereich zu bringen (2 Kön 14,8–14), als Amazja versucht, sich von Samaria zu lösen. Das politische Geschick Joaschs hat sich vielleicht in dem (militärischen) Ehrentitel »Wagen Israels und sein Lenker« (2 Kön 13,14, andere Übersetzung »Wagen Israels und seine Reiter«) bewahrt.

Ob Joasch nun in Jerusalem aus dem Amt gedrängt wurde, wie die Erzählung von der Palastrevolte aus 2 Kön 12 nahelegt, oder nicht, er löst sich in Samaria politisch und militärisch von den Aramäern, denen er letztlich sein Königtum zu verdanken hatte. Sein Nachfolger in Jerusalem wird jedenfalls Amazja, der biblisch geradezu selbstverständlich in der → genealogischen Sukzession als Sohn Joaschs von Juda dargestellt wird (2 Kön 12,22; 14,13.17.23), doch bleibt das unsicher. Die Tatsache, dass Amazja einen Krieg gegen Joasch vom Zaun bricht und Israel angreift, spricht nicht unbedingt für enge familiäre Bande zwischen Amazja und Joasch, sondern eher für Amazja als einen aramäischen → Klientel, der den Thron → usurpierte und damit »Sohn eines Niemands« war. Denkbar wäre damit, dass der Wechsel Joaschs von Jerusalem nach Samaria nicht durch den Tod des Joahas, sondern vielmehr durch den Putsch in Jerusalem verursacht war. Dass sich Israel schon unter seinem Vater Joahas vom Einfluss der Aramäer zu lösen suchte, wäre denkbar. Dann hätte Aram-Damaskus durch Amazja versucht, wenigstens Jerusalem unter sicherem Einfluss zu halten und den Einfluss auf den schwächeren Staat im Süden verstärkt. Vielleicht hat Joasch von Samaria auch nach seinem Wechsel aus Jerusalem für wenige Jahre beide Reiche von Samaria aus in Personalunion geführt (2 Kön 14,1), was die Beamten in Jerusalem zum pro-aramäischen Putsch verführt haben könnte und Amazja an die Macht spülte. Das lässt sich aber letztlich nicht mehr aufklären. In allen Varianten jedoch erscheint ein gewaltsamer Regierungswechsel in Jerusalem wahrscheinlich.

5.6 Amazja und die erneute Abhängigkeit von Samaria

Unabhängig davon, ob Amazja (802/01–773 v. Chr.) nun als → Usurpator sein Königtum der politischen Elite in Jerusalem oder dem Einfluss Damaskus' oder dem Zusammenspiel beider zu verdanken hatte, jedenfalls führt er Juda in eine kurze Phase der Prosperität. Nach offenbar punktuellen Erfolgen gegen Edom im Süden und Südosten (2 Kön 14,7), versucht sich Amazja (787 v. Chr. oder etwas früher? Datum sehr unsicher) ganz von Israel loszusagen und bricht dafür einen Krieg mit Joasch vom Zaun (2 Kön 14,8). Dabei hat er sich offenbar völlig überschätzt. Aus dem Spott Joaschs 2 Kön 14,9–10 spricht die nach wie vor gegebene Überlegenheit des Nordens. Der militärische Versuch Amazjas misslingt vollständig. Er wird bei Bet-Schemesch/*ʿĒn-Šems* auf judäischem Territorium (!) vernichtend geschlagen. Der Nimschide Joasch führt ihn gefangen nach Jerusalem, bricht den Widerstand der Stadt und plündert Tempel und Palast. Er nimmt sich demnach offenbar den Tribut, der ihm als Sieger vermeintlich zusteht. Mit der Strafexpedition wird die politische Dominanz des Nordens über den Süden wiederhergestellt (2 Kön 14,8–14) und das Interim politischer Selbstständigkeit beendet. Auch der aramäische Einfluss auf Jerusalem ist damit zurückgedrängt.

Wie weit auch das Schicksal Amazjas damit besiegelt war, bleibt unklar. Vielleicht hat er eingelenkt und durfte die politischen Geschäfte in Jerusalem weiter führen. Da die Angaben von 2 Kön 14,2.23; 15,1 nicht wirklich kompatibel sind, geht man von einer Koregentschaft Asarjas nach der Niederlage in Bet-Schemesch aus. Dann wäre Asarja, vielleicht auch einer der Prinzen der Nimschiden, von Joasch als → Klientel in Jerusalem auf den Thron gehoben worden.

2 Kön 14,19//2 Chr 25,27 weiß von einer Verschwörung gegen Amazja, aufgrund derer er nach Lachisch in den Süden flieht. Lachisch/*Tell ed-Duwēr* war im frühen 8. Jh. v. Chr. eine bedeutende Stadt in der Schefela und von der Fläche her größer als Jerusalem. Vielleicht hat die Jerusalemer Aristokratie seine separatistischen Tendenzen und Autonomiebestrebungen nicht gutgeheißen, weshalb gegen ihn geputscht wurde. Aus dem Amt gejagt, versucht er möglicherweise kurzfristig im Süden gegen Asarja in Jerusalem ein Gegenkönigtum zu errichten (2 Kön 14,18), das aber auf Dauer gegen die Überlegenheit des Nordens keine Chance hat. Zwar legt 2 Kön 14,19 nahe, dass Amazja sofort nach seiner Flucht nach Lachisch ergriffen und ermordet wurde, doch gibt die erste Regentschaft Asarjas (787–773 v. Chr.) auch Raum für eine etwas längere Episode eines Gegenkönigtums. Asarja jedenfalls dehnt den Machtbereich Jerusalems wieder bis zum Golf von Elat aus. Spätestens dann ist es auch mit einer Herrschaft Amazjas in Lachisch vorbei und die Episode vorüber. Mit Asarja sind auch die alten Verhältnisse wieder hergestellt: Samaria herrscht mittels einer fundierten Klientelpolitik in Jerusalem.

5.7 Jotam und die letzten Nimschiden in Jerusalem

Ob nun mit oder ohne Rückendeckung der Aramäer, das militärische Abenteuer Amazjas gegen den in Samaria regierenden Joasch war ein schwerer außenpolitischer Fehler und eine völlige Überschätzung der tatsächlichen militärischen Leistungsfähigkeit des jungen Staates, der sich bisher nur im Schatten des Nordens entwickelt hatte. So verwundert es auch nicht, dass das gegen Asarja errichtete Gegenkönigtum Amazjas in Lachisch (↗ V.5.6) kaum Aussicht auf Bestand hatte.

Der nach der Niederlage Amazjas in Jerusalem als samarischer → Klientel installierte Asarja agiert zunächst sehr erfolgreich. Er dehnt die Herrschaft wieder bis zum Golf von Elat aus (2 Kön 14,22) und stellt die Verhältnisse eines »Großjuda« wieder her. Ökonomisch ist ohne die Schefela und den Negeb ebensowenig ein Staat zu machen wie ohne Zugang zu einem Seehafen.

Folgt man 2 Kön 14,21 war Asarja erst 16 Jahre alt, als er die Regierungsgeschäfte in Jerusalem übernimmt. Wahrscheinlich war er aus dem Hause der Nimschiden, vielleicht sogar ein Sohn Joaschs, aber darüber ist keine Klarheit mehr zu erlangen. Denn die biblische Darstellung sieht ihn selbstverständlich in der geforderten davidischen Sukzession als Sohn Amazjas, was aber angesichts der geschilderten Verhältnisse und der Unterlegenheit gegenüber Joasch von Samaria eine eher unwahrscheinliche Abstammung ist. Die biblischen → Synchronismen lassen Asarja in dem Jahr die Regierung in Jerusalem übernehmen, in dem der erfolgreiche Joasch verstirbt (2 Kön 13,13; 14,14). Vielleicht war Asarja der jüngere Sohn Joaschs, während der ältere, Jerobeam, dem Vater in Samaria auf den Thron folgte. Aber auch das bleibt Spekulation.

Offenbar hat Asarja – aus welchen Gründen auch immer (2 Kön 15,1–5) – nach den anfänglichen Erfolgen keine dauerhaft starke Position in Jerusalem erlangen können, sondern wird erst durch Jotam (756–741 v. Chr.), dann in seinen letzten 20 Lebensjahren durch Ahas (741–725 v. Chr.) ersetzt. In der biblischen Darstellung gibt eine Hauterkrankung den Grund dafür ab, dass ihm Jotam zum Regieren an die Seite gestellt wird. Die tatsächlichen Hintergründe bleiben jedoch im Dunkeln. Asarja wohnt jedenfalls noch nicht einmal mehr im Palast (2 Kön 15,5). Das Hebräische *bēt ḥāpšît* wird hier meist als »abgesondertes Haus« gedeutet und auf den Aussatz bezogen. Doch meint *ḥāpšî* auch »frei«, was meinen könnte, dass er zwar abgesetzt und entmachtet ist, aber einen gewissen Gnadenstand in Jerusalem genießt. Jotam hingegen hat »Generalvollmacht«, er ist *ʿal habbayit* »über das Haus« gesetzt und richtet den *ʿam hāʾāræṣ*. Das wiederum kann man als »Recht sprechen«, »regieren« (vgl. für Salomo 2 Kön 3,28 und in den Königsbüchern nur an diesen beiden Stellen!) oder als »Recht verschaffen« verstehen. Der *ʿam hāʾāræṣ*, den man als das ganze Volk oder nur die einflussreichen Notabeln verstehen kann, war in der Erzählung der Königsbücher zuletzt beim Sturz der Atalja in 2 Kön 11,14.18–20 genannt, wo die einflussreichen Bürger Jerusalems sich zu Jehu und Samaria bekennen und die Omridin Atalja gegen den Nimschiden Joasch austauschen. Man kann also 2 Kön 15,5 so lesen, dass Asarja die samarischen Erwartungen nicht erfüllt hat und deswegen von seiner Regierung abgesetzt und durch den Nimschiden Jotam ersetzt wurde. Jotam wird natürlich in der Darstellung der Königsbücher selbstverständlich als Davidide geführt (2 Kön 15,8), doch bedeutet das wahrscheinlich nicht viel mehr, als dass er im »Haus Davids« in Jerusalem die Regierungsgeschäfte führte.

Jotam ist der letzte König, der unter dem Einfluss der Nimschiden aus dem Norden steht. Ihm folgt immer noch zu Lebzeiten Asarjas, der erst 736 v. Chr. stirbt, Ahas (741–725 v. Chr.), der sich vom Norden lösen kann. Mit Asarja und Jotam ist die unter den Omriden erstmals praktizierte Organisation der Jerusalemer Herrschaft als Filialkönigtum wieder hergestellt, die unter den Autonomiebestrebungen Amazjas kurzfristig ins Wanken geraten war. Eine zu den Söhnen Ahabs erkennbare Namensgleichheit und ein Wechsel zwischen Jerusalem und Samaria ist allerdings nur bei Joasch gegeben.

Als das Ende der Jehu-Dynastie in Samaria durch die (von Rezin von Damaskus gelenkte) Ermordung Secharjas (747 v. Chr.) besiegelt wird, kommt es unter Ahas zur endgültigen Loslösung des Südens von Samaria. Erneut ist es die Außenpolitik, die das ermöglicht, denn durch eine geschickte Vasallitätspolitik schafft es König Ahas, sich unter der *pax assyriaca* (2 Kön 16,7–8) dem aramäischen Druck zu entziehen und bis zur Eroberung Samarias vom Norden loszusagen, allerdings um dem Preis der → Vasallität von den Assyrern. Jetzt erst, in den letzten Jahrzehnten des 8. Jh.s v. Chr., kommt es de facto zu zwei getrennten Reichen, die politisch über lange Zeit von den Omriden bis zu den Nimschiden außenpolitisch mehr oder minder gleichgeschaltet waren. Doch zuvor noch einmal zurück zu der Abhängigkeit Judas von Israel. Die manifestierte sich ein letztes Mal in der Einsetzung Asarjas nach dem misslungenen Versuch der Loslösung von Israel unter Amazja.

5.8 Die lange Regierungszeit Asarjas/Usijas

Folgt man 2 Kön 14,21, wird Asarja schon als Sechzehnjähriger auf den Thron in Jerusalem gehoben und regiert insgesamt lange 52 Jahre, was die Chronik dazu veranlasst hat, seine Erfolge ausführlicher auszugestalten. In historischer Sicht bleiben die Daten für die lange Regierungszeit aber dünn. Die aus akkadischen Quellen abgeleitete Annahme, er habe sich 738 v. Chr. maßgeblich an einem Aufstand der syrischen Provinzen von Hamat gegen Tiglat-Pileser III. (745–727 v. Chr.) beteiligt, hat nicht nur seine politische Bedeutung überschätzt, sondern ist inzwischen als Fehllesung widerlegt (*N. Naʾaman, M. Weippert*). Ein außerbiblischer Beleg für König Asarja fehlt. Unklarheit besteht auch bezüglich der Umbenennung Asarjas: Vor allem in den Prophetenüberschriften (Hos 1,1; Am 1,1; Jes 1,1, vgl. Sach 14,5), aber auch in 2 Kön 15,13.30.32.34 (und in der Chronik bis auf 1 Chr 3,12 ausschließlich) wird der König *Usija* genannt. Es gibt keinen äußeren Grund, die Identität der beiden Personen infrage zu stellen, zumal die Umbenennung unmotiviert scheint (1 Kön 15,8.13.17.27.30) und biblisch nicht begründet wird. Vielleicht ist sie der Nähe der beiden Wurzeln *ʿzr*/*ʿzz* geschuldet, aber sicher ist das auch nicht. Insgesamt 52 Regierungsjahre sind allerdings eine sehr lange Zeit, hinter der sich auch mehrere Herrscher verbergen könnten (zur »Koregentschaft«). Der Name Usija ist auf zwei Beamtensiegeln belegt (↗ Abb. 35) und es ist anzunehmen, dass es sich um Beamte des Königs Usija handelt (CWSS Nr. 3–4). Bemerkenswert dabei ist, dass die Namensformen der Siegelbesitzer typisch israelitisch und nicht judäisch sind. Auch das unterstreicht noch einmal die Verbindung des Königs und seiner Beamten nach Samaria.

Wie stark die Position Asarjas/Usijas in Jerusalem wirklich war, lässt sich nicht mehr aufklären. Die biblische Darstellung weiß, wie gesagt, von einer schweren Hauterkrankung, die es ihm unmöglich machte, zu regieren (2 Kön 15,1–5). An seiner Stelle führt Jotam (756–741 v. Chr.) die Regierungsgeschäfte als Koregent (↗ V.5.7). Selbst Ahas (741–725 v. Chr.) soll die ersten Jahre seiner Regierung noch zu Lebzeiten von Asarja in Jerusalem verbracht haben. Doch

Abb. 35: Siegel eines Beamten des judäischen Königs Usija (787–736 v. Chr.) aus der Eisen IIB-Zeit. Der mit einer gehörnten Sonnenscheibe geschmückte Horusknabe kniet segnend über drei Lotusblüten. Die daneben stehende Inschrift weist das Siegel »dem *Abiyau*, dem Diener/Beamten des *ʿUzziyau* (zugehörig)« zu. Durch das Motiv weist sich der Träger nicht nur als hoher Beamter, sondern auch als Angehöriger der ägyptisch beeinflussten Oberschicht aus.

auch hier sind die Daten ausgesprochen unsicher. Das alles lässt die 52 Regierungsjahre als eine Art Klammer erscheinen, in der sich die Loslösung Jerusalems von Samaria zumindest angebahnt, wenn nicht sogar vollzogen hat.

Denn wie lange die unter Asarja errichtete (erneute) Oberhoheit Israels über den Südstaat unter den Nimschiden aufrechterhalten werden konnte, bleibt unklar. Dazu sind die Angaben in den Königsbüchern zu spärlich und lassen nur jeweils Vermutungen zu. Nach *J. M. Miller/J. H. Hayes* dauert die Abhängigkeit von Israel bis zum sog. syrisch-efraimitischen Krieg (↗ V.6.4). Jedenfalls gibt die im Scheitern Amazjas sichtbare Überlegenheit Israels ein weiteres Zeugnis davon, dass Juda dem Nordstaat auch in der ersten Hälfte des 8. Jh.s v. Chr. nicht ebenbürtig war. Das zeigt sich auch in der Blüte, die Samaria in der späten Zeit der Nimischiden unter Jerobeam II. (787–747 v. Chr.), dem Nachfolger des starken und politisch klugen Joasch (802–787 v. Chr.), erlebte.

5.9 Die Blütezeit Israels unter Jerobeam II.

Die erneute politische Suprematie des Nordens über den Süden im 8. Jh. v. Chr. jedenfalls setzt einen starken Staat im Norden voraus, der von Joasch bis zu seinem Tod erfolgreich geführt wird. Als Nachfolger wird nun nicht der in Jerusalem als Koregent eingesetzte sechzehnjährige Nimschide Asarja bestimmt, sondern der (vielleicht schon ältere) Sohn Joaschs Jerobeam. Möglicherweise lagen die beiden Thronwechsel zu nah beieinander, sodass das zuvor praktizierte System, nach dem die Nachfolge durch den zunächst nach Jerusalem entsandten Sohn gestellt wurde, durchbrochen wird. Vielleicht wird Asarja aber auch zur Stabilisierung der Verhältnisse in Jerusalem benötigt (↗ V.5.6) oder er wird zu dem Zeitpunkt Koregent in Jerusalem als der Vater Joasch in Samaria stirbt. Dafür, dass ihn schon seine Krankheit (↗ V.5.8) an der Übernahme des Thrones in Samaria hinderte, gibt es keine Hinweise. Noch in der Regierungszeit Joaschs, spätestens aber unter Jerobeam II. (2 Kön 14,25) erlangt Israel die Kontrolle über die Territorien zurück, die seit dem Vorstoß der Aramäer unter Hasaël verloren gegangen waren (↗ V.5.5). Damit wird eine Entwicklung ermöglicht, die Israel in seine eigentliche Blütezeit in der ersten Hälfte des 8. Jh.s v. Chr. führt.

(a) Der wirtschaftliche Aufschwung unter Jerobeam II.

Jerobeam II. (787–747 v. Chr.) führt jedenfalls Israel in eine wirtschaftliche Blütezeit, die nach einer kurzen Phase der Rezession (↗ V.4.6–9) im Ausbau der jetzt stark befestigten Städte und dem hohen Standard der materiellen Kultur ablesbar ist. Er baut Kinneret/*Tell el-ʿOrēme* (Stratum II) zur Festung aus, erweitert Hazor (Stratum VI/VA), Jokneam und Jibleam. Besonders deutlich ist der Ausbau von Megiddo mit administrativen und militärischen Bauten, die jetzt 80% der Stadtfläche ausmachen. Auch die ländlichen Gebiete werden in die staatliche Verwaltung eingebunden. Darauf weist ein über die Keramik in die Eisen IIB-Zeit datiertes Gebäude in *Tel ʾĒsūr/Tell el-Asāwir* in der nördlichen Scharon-Ebene, das aus einem Turm und drei hallenartig angeschlossenen Langräumen besteht, die für Speicherzwecke genutzt wurden. Beides sind relativ typische Anzeichen für staatlich gelenkte Strukturen, die im Beispiel von *Tel ʾĒsūr/Tell el-Asāwir* die staatliche Organisation in der Peripherie aufzeigen (*Y. Shalev/S. Bar*). Vergleichbare (z. T. auch früher datierende) Strukturen finden sich oft in zentraleren oder wirtschaftlich bedeutsamen Orten wie in Kinneret, *Tel Hadar*, Megiddo, Hazor, Taanach, aber auch im Süden in Bet-Schemesch, Lachisch, *Tell es-Sebaʿ*. Derartige oft mit Pfeilerreihen unterteilte Hallenbauten (↗ Abb. 20) sind seit der Omridenzeit typisch und dienen multifunktionalen Zwecken, vor allem aber der zentralen Speicherung von landwirtschaftlichen Gütern (*H. Weippert/M. Weippert*). Nicht nur in der Ökonomie, sondern auch in der Religionspolitik zeigt sich der Zug der Nimschiden zur staatlichen Organisation und Standardisierung. In Dan (Stratum II), das jetzt (wieder) unter israelitischer Herrschaft steht, sowie in Bet-El gibt es bedeutende Kultzentren des Landes. Auch in Samaria muss es – wenn auch archäologisch nicht nachweisbar – ein Heiligtum gegeben haben (s. auch Hos 8,6; 1 Kön 16,32), wenn die Assyrer (Sargon II.) bei der Eroberung 722/20 v. Chr. Götterbilder entfernt haben (Nimrud-Prisma Sargons II., HTAT Nr. 151).

(b) Schriftlichkeit und Literaturproduktion in der Regierungszeit Jerobeams II.

Die in der Entwicklung des Landes ablesbare Stärke Jerobeams II. lässt es nicht unwahrscheinlich scheinen, dass er sich selbst als bedeutender Lenker des Staates Israel inszeniert hat. Das jedoch steht in Kontrast zu der biblischen Überlieferung, die nur ausgesprochen knapp auf seine Regierungszeit eingeht (2 Kön 14,23–29). Dort ist allerdings eine ungewöhnlich positive Einschätzung sowohl der Erweiterung des Gebietes (2 Kön 14,25.28, vgl. 1 Kön 8,65, aber auch Am 6,14) als auch in Bezug auf die Dauer des Bestandes Israels (2 Kön 14,27 »Er hatte nicht im Sinn, den Namen Israels unter dem Himmel auszutilgen«) mit Jerobeam II. (787–747 v. Chr.) verbunden, deren Substanz aus den Annalen Israels stammen könnte, weil sie der negativen Darstellungstendenz der judäischen Perspektive zuwiderläuft. Die Spannung zwischen der knappen Darstellung und dem tatsächlichen Erfolg hat zu der Vermutung geführt, dass einige Leistungen Jerobeams II. (wie z. B. die Errichtung der Heiligtümer in Bet-El und Dan) in die negative Darstellung Jerobeams I. (927/26–907 v. Chr.) eingeflossen sind (*T. Römer, E. A. Knauf*). Die Tendenz, die Leistungen zu schmälern, passt zu der abwertenden judäischen Perspektive, die vielleicht auch mit seinem Namen den negativen Anfang des Staates verbinden wollte. Das gilt besonders dann, wenn die hier vertretene These richtig ist, dass die Existenz des Reichsgründers Jerobeam I. und die Idee einer Reichsteilung Reprojektionen sind und nicht Jerobeam II. bewusst den Namen des historischen Reichsgründers trug (so *I. Finkelstein*).

Mit der Regierungszeit Jerobeams II. (787–747 v. Chr.) sind die administrativen und bildungspraktischen Voraussetzungen für eine Literaturproduktion gegeben. So lässt sich z. B. an den Samaria-Ostraka (↗ V.4.4, ↗ Abb. 30) ablesen, dass zunehmend Wirtschaftsvorgänge administrativ registriert wurden (*R. E. Tappy u. a.*). Die in der Karawanserei in *Kuntilet ʿAǧrūd* (↗ V.4.9) gefundenen Briefformulare zeigen den hohen Ausbildungsstand der Beamten und Schreiber. Die Formulare, die neben einer Anrede auch Segensformulare (»sei gesegnet durch YHWH und durch seine Aschera«) enthalten, zeigen, dass die diplomatische Korrespondenz hoch standardisiert war. Wahrscheinlich wurde sie über ein Schulwesen an die Schreiber vermittelt. Als literarische Komposition sind bereits die aramäischen Wandinschriften in *Tell Dēr ʿAllā* im Ostjordanland zu werten (↗ IV.8). Die ^{14}C-Daten der Zerstörungsschicht (das Gebäude wurde durch ein schweres Erdbeben zerstört) weisen auf das ausgehende 9. Jh. v. Chr. bzw. vielleicht auch den Beginn des 8. Jh.s v. Chr. (*E. Blum*). Die in rot und schwarz auf den Wandverputz geschriebene Inschrift (TUAT NF Bd. 8, 459–474) bietet in Kombination A eine weisheitlich gefärbte Prophetenerzählung mit dem Seher Bileam als Protagonisten, der auch mehrfach in der biblischen Überlieferung erwähnt wird und mit der Jabbok-Region verbunden ist (Num 22,5; 31,8; Mi 6,5 u. ö.). Kombination B, wo ein weisheitlicher Dialog zu erkennen ist, ist deutlich fragmentarischer, zeugt aber auch von einer literarischen Großform. Das ist besonders bemerkenswert, weil ein institutioneller Zusammenhang mit dem Staat oder ein Bezug zur Herrschaftskommunikation nicht zu erkennen ist. Für eine religiöse Funktion oder die Deutung als staatliches lokales Heiligtum fehlen Indizien. *Erhard Blum* hat die Hypothese erneuert, dass es sich um eine Schule gehandelt hat, was nicht ausgeschlossen, aber auch nicht sicher bestätigt werden kann. Die Interpretation als Prophetenversammlungsraum (*R. Wenning/E. Zenger*) schließlich ist eher ein der Erwähnung Bileams geschuldeter Notbehelf als eine sichere Deutung der Nutzung des Gebäudes.

Von der Anzahl und Qualität der Schriftzeugnisse her beurteilt, bietet die wirtschaftliche Blütezeit Israels im 8. Jh. v. Chr. genügend Anhaltspunkte, um über die Entstehung der biblischen Überlieferung zu spekulieren, die besonders mit dem Norden verbunden ist. Dazu gehören, abgesehen von der Elischa-Überlieferung, die ältere Jakobüberlieferung, die Exodusüberlieferung und die älteren Traditionen eines »Retterbuches« (*T. Römer, I. Finkelstein, E. A. Knauf*). Vielleicht gehört auch die sehr positive Stilisierung der Jehu-Revolution dazu, die die Regierungsphase der Nimschiden einleitete und die ebenfalls für die narrative Festigung der kulturellen Identität des Staates von großer Bedeutung gewesen sein wird.

(c) Armutsentwicklung und soziale Spannungen im 8. Jh. v. Chr.

Die wirtschaftliche Prosperität führt nicht nur zu einem kulturellen, ökonomischen und demographischen Aufschwung, sondern eng damit verbunden auch zu zunehmenden sozialen Spannungen, da nicht alle gleichermaßen von dem Reichtum profitieren (*W. Houston, G. Fleischer*). Wie unter den Omriden setzen sich die Grundbesitzer, auf die sich ein Großteil der Produktionsmittel konzentriert, in die Städte ab, während die ärmere Landbevölkerung in zunehmende Abhängigkeiten durch Überschuldung gerät. Die Finanzierung des staatlichen Verwaltungs- und Militärapparates durch Steuern und Abgaben tut das Ihre dazu. Anders als in der frühen Subsistenzwirtschaft müssen die Bauern jetzt das Land pachten und den Pachtzins durch die Erträge aufbringen (sog. *Rentenkapitalismus*). Das führt zu einer Verarmung der Unterschicht und zu einer zunehmenden Kluft zwischen den im Luxus lebenden Reichen und den verarmten Kleinbauern. Während in der Frühzeit Israels das Verhältnis von Bevölkerungszahl und Ackerbaufläche unproblematisch ist, kommt die Landwirtschaft mit dem starken Bevölkerungswachstum an Ressourcengrenzen. Ist dann der erwirtschaftete Ertrag niedriger als die Abschöpfung durch Staat und Grundbesitzer, sind Verarmung und Schuldknechtschaft die Folge. Die kleine Oberschicht, die das verfügbare Kapital kumuliert, profitiert vom Handel und finanziert damit ein Leben in Luxus, was die marktwirtschaftliche Entwicklung weiter antreibt: eine Spirale, in der die Abstände zwischen Arm und Reich immer größer werden. Auf das Auseinanderbrechen der Gesellschaft reagiert die prophetische Sozialkritik mit Amos zunächst in Israel und verzögert auch mit Micha (z. B. Mi 2,1–6; 6,9–16*) und Jesaja (z. B. Jes 5,8; 10,1–3) in Juda (*R. Kessler*). Dabei ist bei Amos eine Auseinandersetzung mit der aramäisch beeinflussten Oberschicht von Samaria noch deutlich zu erkennen, wenn der Luxus in Samaria und Damaskus gleichgeschaltet wird (Am 3,12) oder die Frauen von Samaria als Baschankühe tituliert werden, die zum Hermon hin verschleppt werden (Am 4,1–3). In beiden Gegenden ist der aramäische Einfluss dominant.

6. Juda unter assyrischem Einfluss und der Untergang Israels 720 v. Chr.

A. M. Bagg, Die Assyrer und das Westland (OLA 216), Leuven u. a. 2011 • B. Becking, The Fall of Samaria, Leiden 1992 • A. Berlejung, The Assyrians in the West: VT.S 148, 2012, 21–60 • J. A. Blakely/J. W. Hardin, Southwestern Judah in the Late Eighth Century B. C. E.: BASOR 326, 2002, 11–64 • P. Dubovskí, Why did the northern kingdom fall according to 2 Kings 15?: Biblica 95, 2014, 321–346 • J. Elayi, Sargon II, King of Assyria, Atlanta 2017 • I. Finkelstein/N. Na'aman, The Judahite Shephelah in the Late 8th and Early 7th Centuries BCE: TA 31, 2004, 60–79 • I. Finkelstein/B. Sass, The West Semitic Alphabet Inscriptions: HeBAI 2, 2013, 149–220 • E. Frahm, Einleitung in die Sanherib-Inschriften (AfO Beiheft 26), Wien 1997 • Y. Gadot u. a., A 7th Century BCE Bulla Fragment from Area D3 in the 'City of David'/Silwan: JHS 13, 2013, 1–10 • E. Gass, Im Strudel der assyrischen Krise (2. Könige 18–19) (BThSt 166), Neukirchen-Vluyn 2016 • ders., »Assur, Rute meines Zorns« (Jes 10,5): ZDPV 133, 2017, 53–83 • Y. Goren/E. Arie, The Authenticity of the Bullae of Berekhyahu Son of Neriyahu the Scribe: BASOR 372, 2014, 147–158 • A. De Groot/H. Bernick-Greenberg, Excavations at the City of David 1978–1985 (Qedem 54), Jerusalem 2012 • A. De Groot/A. Fadida, The Pottery Assemblage from the Rock Cut Pool near the Gihon Spring: TA 38, 2011, 158–166 • S. Hasegawa/C. Levin/K. Radner (Hg.), The Last Days of the Kingdom of Israel (BZAW 511), Berlin 2018 • S. Höhn, Das Beerscheba-Tal zur Zeit der Könige Judas (AOAT 442), Münster 2016 • I. Kalimi/S. Richardson, Sennacherib at the Gates of Jerusalem (CHANE 71), Leiden/Boston 2014 • O. Keel, Paraphernalia of Jerusalem Sanctuaries and their Relations to Deities Worshiped Therein During the Iron Age IIA–C, in: J. Kamlah (Hg.), Temple Building and Temple Cult (ADPV 41), Wiesbaden 2012, 317–342 • G. N. Knoppers, Jews and Samaritans, Oxford 2013 • G. Lehmann/H. M. Niemann, When Did the Shephelah Became Judahite?: TA 41, 2014, 77–94 • N. K. Matty, Sennacherib's Campaign Against Judah and Jerusalem in 701 B.C. (BZAW 487), Berlin/Boston 2016 • R. Müller, Ausgebliebene Einsicht (BThS 124), Neukirchen-Vluyn 2012 • N. Na'aman, The Historical Background to the Conquest of Samaria (720 BC): Biblica 71, 1990, 206–225 • B. Oded, Mass Deportations and Deportees in the Neo-Assyrian Empire, Wiesbaden 1979 • R. Reich u. a., Recent Discoveries in the City of David, Jerusalem: IEJ 57, 2007, 153–169 • O. Sergi, Judah's Expansion in Historical Context: TA 40, 2013, 226–246 • L. Singer-Avitz, The Date of the Pottery from the Rock-Cut Pool near the Gihon Spring in the City of David, Jerusalem: ZDPV 128, 2012, 10–14 • H. Spieckermann, Juda unter Assur in der Sargonidenzeit (FRLANT 129), Göttingen 1982 • H. Tadmor/S. Yamada, The Royal Inscriptions of Tiglath-pileser III (744–727 BC) and Shalmaneser V (726–722 BC) Kings of Assyria, Winona Lake 2001 • J. M. Tebes (Hg.), Unearthing the Wilderness, Leuven 2014 • M. C. Tetley, The Date of Samaria's Fall as a Reason for Rejecting the Hypothesis of Two Conquests: CBQ 64, 2002, 59–77 • D. Ussishkin, The Conquest of Lachish by Sennacherib, Tel Aviv 1982 • ders., Biblical Lachish, Jerusalem 2014 • J. Uziel/N. Shnaton, Recent Excavations Near the Gihon Spring and Their Reflection on the Character of Iron II Jerusalem: TA 40, 2015, 233–250 • R. A. Young, Hezekiah in History and Tradition (VT.S 155), Leiden 2012 • A. Zertal, The Province of Samaria (Assyrian Samerina) in the Late Iron Age (Iron Age III), in: O. Lipschits/J. Blenkinsopp (Hg.), Judah and the Judeans in the Neo-Babylonian Period, Winona Lake 2003, 377–412.

Am Ende des 8. Jh.s v. Chr. dreht sich die über zwei Jahrhunderte entwickelte und eingeübte Nachordnung Judas gegenüber Israel durch die Schwächung des Nordstaates erst allmählich, im 7. Jh. v. Chr. dann vollständig um. Für die »Geschichte Israels« bedeutet das, dass erst jetzt Juda als autonom handelnde Größe und als ausgebauter Staat in den Blick tritt. Um diesen Wechsel zu akzentuieren, wird jetzt in der Darstellung die Entwicklung Judas vorangestellt.

6.1 Die Entwicklung Judas im 8. Jh. v. Chr.

Der wirtschaftliche Aufschwung erreicht den Süden mit Verzögerung. Mit dem Übergang vom 9. zum 8. Jh. v. Chr. mehren sich die Indikatoren für eine administrative Organisation des Staates in Juda. Wahrscheinlich aus der Mitte des 8. Jh.s v. Chr. (*O. Keel*, früher datieren *I. Finkelstein/B. Sass*) stammt ein Jerusalemer → Hortfund von → Bullen (↗ Abb. 1). Die gesiegelten Tonbullen, die auf eine Verwaltungstätigkeit hinweisen, wurden in der Nähe der Jerusalemer Gihon-

Quelle, genauer dem sog. Rock Cut Pool (*R. Reich u. a., O. Keel*), gefunden. Insgesamt zeigt jedoch die große Anzahl von Bullen aus der Eisen IIB-/IIC-Zeit ein deutliches Anwachsen der Verwaltung (↗ V.7.2).

Auch die Anzahl der Inschriften aus dem Süden nimmt zu. Zwar stammt aus der Ofel-Grabung von *Eilat Mazar* eine in Teilen proto-kanaanäische Inschrift auf der Schulter eines Vorratskruges, die möglicherweise noch in das 10. v. Chr. datiert, doch bleibt diese ein Einzelfall und kann eine ausgebaute Schriftlichkeit der Verwaltung und die dafür notwendige Schreiberausbildung nicht belegen. Erst aus dem letzten Viertel des 8. Jh.s v. Chr. kommen vermehrt hebräische → Ostraka vom Ofel sowie aus der nach Westen expandierten Stadt (späte Eisen IIA-Zeit), die den Schluss auf ausgebaute staatliche Strukturen zulassen.

Die Entwicklung Jerusalems in der fortgeschrittenen Eisen IIA- und Eisen IIB-Zeit ist unbestritten. Die Siedlungsfläche Jerusalems dehnt sich spätestens im 8. Jh. v. Chr. nach Westen hin aus (↗ V.7.1). Umstritten ist allerdings, wann diese Entwicklung beginnt und wann der Charakter Jerusalems als bedeutender Eisen II-zeitlicher Stadt in absoluter Chronologie anzusetzen ist. Hier wirkt erneut der Streit um das 10. Jh. v. Chr. nach (↗ IV.6.6). Für diejenigen, die an einem bedeutenden davidisch-salomonischen Jerusalem im 10. Jh. v. Chr. festhalten, ergibt sich mit dem wirtschaftlichen Aufschwung Judas in Jerusalem quasi keine Veränderung: es ist ja alles schon da. Für die anderen setzt die Entwicklung Jerusalems erst im 9. Jh. v. Chr. ein und bringt erst jetzt massive Strukturen auf dem Ofel und über der »stepped stone structure« hervor (*I. Finkelstein*). Der Streit wird sich erst über belastbare ^{14}C-Daten aus den jüngeren Grabungen entscheiden lassen. Noch ist das Bild widersprüchlich: Unbestritten ist vom Keramikbefund her, *dass* der Südosthügel in der Eisen IIA-Zeit besiedelt ist (*A. De Groot/H. Bernick-Greenberg, D. Ben-Ami*). Die Grabungen im »*Givati Parking Lot*« zeigen einerseits den zunächst noch bescheidenen Charakter der Besiedlung des bis zum Ende des 8. Jh.s v. Chr. *unbefestigten* Bereichs südlich des Tempelbezirks in der Eisen IIA-Zeit (*D. Ben-Ami*). Andererseits lassen die jüngeren Grabungen von *E. Mazar* den Schluss zu, dass nordöstlich davon auf dem Ofel massive Baustrukturen nachweisbar sind, die für eine bedeutende Stadt in der (späten) Eisen IIA-Zeit sprechen. Die jüngsten archäometrischen Untersuchungen der massiven Anlage an der Gihon-Quelle deuten darauf hin, dass diese möglicherweise nicht schon in der Mittelbronzezeit errichtet wurde, sondern vielleicht erst dem Ausbau Jerusalems im 8./7. Jh. v. Chr. entstammt, zumindest dort aber massiv verändert wurde (*J. Regev u. a.*, anders *R. Reich*). Der Ausbau der Stadt stimmt gut zusammen mit dem territorialen Expansionsprozess Judas im 8. Jh. v. Chr. (↗ V.4.8).

Die Siedlungsdichte im Süden nimmt im 8. Jh. v. Chr. erkennbar zu (*A. Ofer*). Lachisch/*Tell ed-Duwēr*, die neben Jerusalem bedeutendste Stadt Judas, wird am Ende der Eisen IIA-Zeit im 9./8. Jh. v. Chr. (Stratum IV–III) als militärischer Stützpunkt und lokales Verwaltungszentrum der südlichen Schefela vergleichbar zu Megiddo ausgebaut und befestigt. Auch *Tell Bēt Mirsim* wird im 8. Jh. v. Chr. durch eine starke → Kasemattenmauer geschützt.

Jahrhundert	Aschdod	Ekron	Gat	Jerusalem
12	7	20	20	3
11	7	20	40	4
10	1 (+x)	4	45–50	5
9	7	4	45–50	8
8	30	4 (+x)	15–20	12
7	15	35	<1	> 50
6	15	0	0	4

Die Tabelle führt das Siedlungswachstum der philistäischen Städte (in ha) im Vergleich zu Jerusalem auf (angelehnt an *H. M. Niemann,* ergänzt durch Angaben zu Gat 2018 von *A. M. Maeir*).

Als größte philistäische Stadt löst Aschdod/*Esdūd* mit 30 ha Siedlungsfläche im 8. Jh. v. Chr. Gat/*Tell eṣ-Ṣāfi* bis zu seiner Zerstörung 711 v. Chr. ab. Ekron/*Tel Miqnē/Ḫirbet el-Muqannaᶜ* wächst dann im 7. Jh. v. Chr. exponentiell bis auf 24 ha an (s. o.) und entwickelt sich unter assyrischer Dominanz zum regionalen Zentrum der Olivenölproduktion in der Schefela. Jährlich werden ca. 1000 Tonnen Olivenöl produziert (↗ Abb. 36); in den weniger agrarintensiven Monaten verarbeitet die große Zahl von Arbeitern auch Wolle zu Textilprodukten. Das philistäische Aschkelon dehnt sich im riesigen Areal der MB II-zeitlichen Stadtummauerung aus, jedoch ist nicht klar, ob die gesamten 60 ha befestigte Fläche im 12.-7. Jh. mit Häsuern genutzt wurden (*L. Stager*) oder doch *nur* etwa 25–30 ha. Selbst unter dieser Voraussetzung ist Aschkelon aber noch weit größer als Jerusalem im 12.-8. Jh. v. Chr.

In der Nähe zu den drei großen philistäischen (und wirtschaftlich dominierenden) Städten in der Küstenregion etabliert sich das im Westen davon gelegene Bet-Schemesch nach einer Zerstörung im 8. Jh. v. Chr. neu und zeigt die Bedeutung der Schefela als Wirtschaftszone (Olivenöl- und Textilproduktion) auch für Juda an. Die in der 2. Hälfte des 9. Jh.s v. Chr. in Arad errichtete Festung (Stratum XI) wird im 8. Jh. v. Chr. (Stratum X/IX) weiter ausgebaut (*Z. Herzog*). In der Festung befindet sich jetzt ein lokales Heiligtum mit Opferaltar im Hof und einer Kultnische in der Cella (dem Hauptraum nachgelagerter Raum des Allerheiligsten). Eine Massebe markierte die Präsenz des verehrten Gottes (YHWH), zwei Räucheraltäre aus Kalkstein weisen auf kultische Aktivität im Eingang zum Allerheiligsten. Das Heiligtum wird bereits in Stratum VIII im ausgehenden 8. Jh. v. Chr. aufgegeben bzw. durch Überdeckung mit einer Erdschicht unbrauchbar gemacht. Der Funktionalort *Tell es-Sebaᶜ* (Stratum III–II) entwickelt sich im 8.–7. Jh. v. Chr. zu einer planvoll angelegten befestigten Siedlung mit → Kasemattenmauer, die als Militär- und Handelsstützpunkt dient. Jerusalem wächst langsam an und gewinnt an Bedeutung (*A. Mazar, Z. Herzog*), erreicht jedoch seine größte Ausdehnung erst *nach* dem Untergang des Staates Israel. Der Ausbau des ca. 12 km nordwestlich von Jerusalem gelegenen Mizpa/*Tell en-Naṣbe* sichert die Nordgrenze des kleinen Staates.

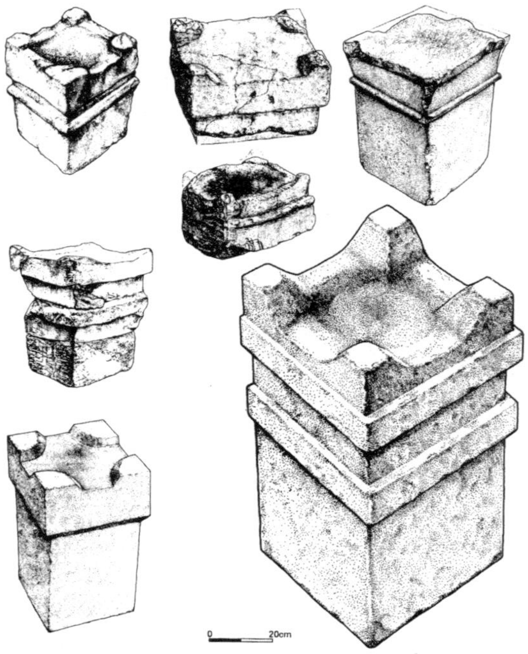

Abb. 36: Im philistäischen Ekron ist mit 19 Exemplaren die größte Ansammlung von Altären im Westjordanland (im Ostjordanland: *Ḫirbet el-Mudēyine*) aus der Eisen II-Zeit belegt. Sie datieren alle in das 7. Jh. v. Chr. und wurden in häuslichen wie gewerblichen Kontexten in verschiedenen Formen und Größen gefunden. Sie dienten vornehmlich dem Verbrennen von wohlriechenden Substanzen, weshalb sie oft als »Räucheraltärchen« bezeichnet werden. Ein Zusammenhang mit der Ölproduktion in Ekron liegt zwar nahe, lässt sich aber bisher nicht klar nachweisen.

Weitere Siedlungen im Süden werden befestigt (z. B. *Tell el-Milḥ/Tel Malḥātā*, *Ḫirbet el-Mšāš/Tel Māśōś*). Im südlichen Negeb werden eine Reihe von Festungen im 8. Jh. v. Chr. (Kadesch-Barnea/*Tell el-Qedērat*, Ezjon-Geber/*Ğezīret Farʿūn*, Elat/*Tell el-Ḫulēfe*) ausgebaut. Für die assyrische Großmacht ist der Süden wegen des edomitisch-arabischen Fernhandels von besonderer Bedeutung (s. Tiglat-Pilesers III. Zugriff auf Gaza 738 v. Chr.).

6.2 Die assyrische Expansionspolitik und ihre Folgen

Die Phase der Prosperität bis zur Mitte des 8. Jh.s v. Chr., in der jetzt auch Juda als voll ausgebauter Staat in Erscheinung tritt, wird durch die Politik Tiglat-Pilesers III. (745–727 v. Chr.) beendet. Nach einer Schwächephase, in der Assur von Urartu im Nordwesten unter Druck war, besteigt Tiglat-Pileser III. 745 v. Chr. nach einem Staatsstreich den Thron und setzt die Expansionspolitik Assurs mit Macht fort. Schon in seinen dritten Regierungsjahr 743 v. Chr. und dann in schneller Folge 742, 741, 740, 738, 734, 732, 731 v. Chr. führt er Feldzüge nach Westen bis ihm die gesamte Levante Tribut zahlt und große Teile zu assyrischen Provinzen umgewandelt sind (*A. Bagg*). Für Palästina entscheidend sind die Jahre 738, 734 und 733 v. Chr.

Mit dem Tod Jerobeams II. 747 v. Chr. gerät das Königtum in Israel erneut in eine instabile Phase. Gegen Secharja, den letzten Nimschiden auf dem Thron in Samaria, putscht nach den biblischen Angaben schon nach sechs Monaten Schallum (2 Kön 15,10), der selbst nur einen Monat durchhält (2 Kön 15,13) und von Menahem (747–738 v. Chr.) ermordet wird (2 Kön 15,14). Dass hinter den Putschen (sofern historisch) nicht nur Machtgelüste, sondern handfeste Debatten um die geeignete Außenpolitik angesichts der assyrischen Gefahr stehen, lässt sich nur vermuten, auch wenn unter Menahem vorerst für eine Dekade die Ruhe vor dem Sturm eintritt. 738 v. Chr. jedoch zieht Tiglat-Pileser III. erneut nach Westen und unterwirft Mittelsyrien und Kilikien. Der Feldzug im 8. Palu (Regierungsjahr) reichte nur bis in die Amuq-Ebene zur Stadt Kullani, aber das genügte, um von Byblos, Tyrus, Damaskus und auch *Bīt Ḫumrī* Tribut zu erhalten. Das »Eseltreiberland« Damaskus und Tyrus scheinen vielleicht schon 740 v. Chr., spätestens aber 738 v. Chr. Tributäre Assurs geworden zu sein. Die Übrigen wollen nicht erst warten, bis das assyrische Heer in das Land einfällt. 2 Kön 15,19 berichtet von dem 1000 Talente schweren Tribut, den Menahem (747–738 v. Chr.) zu zahlen hatte, und deswegen die Steuern für die Wohlhabenden erhöhte. Nimmt man die 1000 Talente für je etwa 34 kg, hätte es gut 60.000 starker Schultern mit je 50 Silberschekel (11,4 gr) Anteil bedurft, um den schweren Tribut aufzubringen. Das wird zahlenmäßig übertrieben sein, macht jedoch deutlich, dass Tribute nicht einfach aus der Handkasse des Königs bezahlt werden konnten, sondern die finanziellen Ressourcen des Landes abschöpften. Der Tribut wird diplomatisch fein als »damit seine Hand mit ihm sei, sein Königtum zu festigen« (2 Kön 15,19) umschrieben. *ᴵMi-niḫimme ᵏᵘʳSâmīrināya* »Menahem von Samaria« – wie er in den Annalen des assyrischen Königs genannt wird (Stele Tiglat-Pilesers III., Iran, HTAT Nr. 141) – durfte im Amt bleiben, starb aber noch 738 v. Chr.

Sein Sohn Pekachja wird für zwei Jahre König, aber 736 v. Chr. in einem Militärputsch von Pekach entmachtet und getötet. 2 Kön 15,25 lässt sich mit der Angabe, dass ihn 50 Gileaditer begleiteten, vielleicht so deuten, dass es im Hintergrund um die proassyrische Haltung Pekachjas und die antiassyrische Allianz mit Aram-Damaskus ging (↗ V.6.4). In diese Richtung können auch die Angaben zum weiteren Verlauf in 2 Kön 15,37 und Jes 7,1–9 gedeutet werden.

6.3 Ahas als neuassyrischer Vasall

Noch bleibt Juda von der → Vasallität zunächst verschont (*A. Schoors*, anders noch *H. Donner*, der eine Tributzahlung Asarjas/Usijas für wahrscheinlich hält, die Frage aber letztlich offen lässt), doch 734 v. Chr. rückt der assyrische König an der philistäischen Küste entlang bis nach Gaza (Feldzug Tiglat-Pilesers III. nach Gaza, HTAT Nr. 142), wohl auch mit dem Ziel, einen Stützpunkt (*Naḫal Muṣur* am *Wādī l-ʿArīš*) an der Grenze zu Ägypten und an der Endstation des arabischen Weihrauch- und Gewürzhandels zu etablieren. Wie Aschkelon, Ammon, Moab, Edom zahlt auch Ahas von Juda (741–725 v. Chr.) dem Druck gehorchend den geforderten Tribut mehr oder minder freiwillig (2 Kön 16,8; s. die Vasallenliste HTAT Nr. 140). Mit dem als *ᵐIa-ú-ha-zi ᵏᵘʳIa-u-da-a* in der Langform Joahas gelisteten König liegt der erste außerbiblische Beleg des Staates »Juda« vor, der nun nicht mehr wie zuvor in der Inschrift von Dan (↗ IV.5.2) *byt.dwd* genannt wird (s. ferner die aus dem Antikenhandel stammende → Bulle mit der

Aufschrift *lʾḥz yhwtm mlk yhdh* »[Siegelabdruck] des Ahas, [Sohn des] Jotam, König von Juda«, HAE II 2, 128 Nr. 1.33, vgl. HTAT Nr. 226).

Die Assyrer verbreiten auf ihren Feldzügen Angst und Schrecken, sodass eine Realpolitik, die an friedlicher Koexistenz der ungleichberechtigten Partner interessiert ist, lieber dafür den Tribut zahlt (*J. Bär*). Mit der Tributzahlung schafft sich Ahas (736–725 v. Chr.) den Freiraum zu eigenem politischen Handeln im Schatten der assyrischen Schutzmacht. Archäologisch ist nicht völlig klar, ob bereits durch Tiglat-Pileser III. das Gebiet Judas durch Annexion und Zerstörung (*Tell Bēt Mirsim, Tel Ḥalif, Tell es-Sebaʿ, Tell eš-Šēḫ*, Lachisch/*Tell ed-Duwēr, Tell ʿĒṭūn, Tell el-Ḥesī*, so *J. A. Blakely/J. W. Hardin*) zu einem Rumpfgebiet verkleinert wird (s. *J. M. Miller/J. H. Hayes*, die davon ausgehen, dass Juda bis zur Eroberung Samarias nach wie vor zum *Bīt Ḫumrī* gerechnet wird) oder ob die genannten Zerstörungen erst auf Sargon II. 712 v. Chr. bzw. (archäologisch am besten dokumentiert) Sanherib 701 v. Chr. zurückgehen (*I. Finkelstein/N. Naʾaman*).

6.4 Der Versuch einer Wiederauflage der antiassyrischen Koalition

Als der assyrische Großkönig wieder aus der Region abgezogen war, versuchen Rezin von Damaskus (ca. 750–732 v. Chr.), Hiram II. (ca. 739–730 v. Chr.) von Tyrus und der inzwischen nach erneutem Putsch (mit aramäischer Unterstützung?) in Samaria regierende Militär Pekach (735–733/32 v. Chr., 2 Kön 15,23.25) eine Wiederauflage der antiassyrischen Koalition. Wann genau das gewesen ist, wer sich alles an dem Versuch noch beteiligt hat und in welchem Zusammenhang die Ereignisse mit den Feldzügen Tiglat-Pilesers III. (745–727 v. Chr.) stehen, bleibt unklar. Die ältere Forschung datierte sie mit *J. Begrich* meist in den Zeitraum 738–734 v. Chr., *H. Donner* hat eine Einordnung kurz vor oder eher *nach* dem Feldzug nach Gaza 734 v. Chr. wahrscheinlich gemacht. König Ahas von Juda (741–725 v. Chr.) weigert sich jedenfalls, der antiassyrischen Koalition beizutreten. Darin ist nicht nur realpolitisch kluges Handeln zu erkennen, sondern auch der Versuch, gegenüber dem Norden eine politische Eigenständigkeit zu behaupten. Nach Jes 7,1.5f sollen Rezin und Pekach daher versucht haben, Ahas gewaltsam abzusetzen und stattdessen einen koalitionswilligen »Sohn Tabeals« (einen Aramäer oder Phönizier) an die Macht in Jerusalem zu bringen. Der Angriff wird als »syrisch-efraimitischer Krieg« bezeichnet, wobei in der Forschung umstritten ist, wie weit die militärischen Versuche der Koalitionäre tatsächlich reichen (2 Kön 16,5f; Jes 10,27–32; 2 Chr 28,5–15), und ob es zu einem Gegenangriff Judas gekommen ist (Hos 5,5–14). Nach biblischer Darstellung bittet Ahas Tiglat-Pileser III. (2 Kön 16,7f) gegen den Rat Jesajas (Jes 7,1–9 und andere Texte des Jesajabuches, ausführlich *O. Keel*) um Militärhilfe. Er unterstreicht dies durch einen zusätzlichen freiwilligen Tribut, für den er vielleicht sogar die aufwändigen Metallinstallationen im Tempelvorhof umarbeiten ließ (2 Kön 16,17–18). Zwar wird es der Aufforderung des unbedeutenden Juda, gegen die Aufständischen vorzugehen, nicht bedurft haben, aber der zusätzliche Tribut könnte unmissverständlich klar gemacht haben, dass Ahas treuer → Vasall Assurs und deshalb zu verschonen war.

Mit dem von Israel klar unterschiedenen außenpolitischen Handeln ist zugleich erkennbar, dass Juda nicht mehr in der Position der Schwäche gegenüber Israel aufgeht, sondern inzwischen durch die West- und Südexpansion und die *pax assyriaca* anders auftreten kann. Dass das letztlich das Überleben des Staates Juda ermöglicht hat, ist die andere Seite der Medaille.

6.5 Der Bau eines neuen Altars in Jerusalem und die Frage der Assyrisierung des Kultes

Mit dem Kotau des judäischen Monarchen vor Tiglat-Pileser III. wird in 2 Kön 16,10–18 ein Reformbericht verbunden, der viele Fragen aufwirft. Ahas lässt noch vor seiner Rückkehr einen großen Stufenaltar aus Steinen in Jerusalem nachbauen, den er bei seinem Besuch in Damaskus gesehen hat. Auf diesem Altar initiiert er nach seiner Rückkehr Brandopfer, die von da an auf diesem neuen großen Altar dargebracht werden sollen. Der mit Bronze überzogene Altar wird an die Nordseite gerückt und vielleicht anschließend für die Eingeweideschau – eine besonders im Zweistromland verbreitete Form der Divination – benutzt. Der Bericht ist oft als Hinweis auf eine freiwillige oder erzwungene Assyrisierung des Kultes gedeutet worden (*H. Spieckermann*), für die aber die Hinweise nicht ausreichen. Zum einen handelt es sich um einen aramäischen Stufenaltar (*O. Keel*), zum anderen muss auffallen, dass diese Maßnahme – anders als etwa die dem assyrischen Divinationskult dienenden Pferde des Sonnengottes (2 Kön 23,11, ↗ V.9.5) – weder kritisiert noch jemals in einer Gegenreform zurückgebaut wurden. Aus assyrischen Quellen gibt es keine belastbaren Hinweise auf eine Verpflichtung zur Einführung assyrischer Kulte, insb. eines Opferkultes. Die Einführung assyrischer Götter in fremde Tempel beschränkt sich auf Babylon und Haran. Jüngere Untersuchungen betonen, dass es weder ein politisches Programm noch eine *de facto* Assyrisierung gegeben hat (*A. Berlejung*). Assyrische Götter wurden in Palästina von Assyrern verehrt (z. B. im Kultraum von *Tell Abū Salima*, *R. Reich*), aber es gab keine assyrische Propaganda, die die Verehrung des Gottes Aššur (oder anderer assyrischer Gottheiten wie die Hauptgöttin Ištar, den Wettergott Adad, den Kriegsgott Ninurta u. a. m.) von den → Vasallen einforderte. Die explizite Präsenz assyrischer Gottheiten auf Plaketten, Amuletten oder Siegeln ist ausgesprochen gering (die große Göttin Ištar, die Heilgöttin Gula, die Dämonen Lamaštu und Pazuzu) und spart auffallenderweise den Hauptgott Aššur aus. Es gibt zwar eine generelle Tendenz zur Astralisierung im 8./7. Jh. v. Chr. im → ikonographischen Symbolsystem (*O. Keel/C. Uehlinger*), was aber eine regionale Entwicklung und nicht eine Assyrisierung des Kultes spiegelt. Die solare Symbolik etwa der *lmlk*-Krughenkelstempel im 8./7. Jh. v. Chr. (↗ Abb. 37) weist auf ägyptische und nicht assyrische Sonnensymbolik hin (*O. Keel*). Das alles schließt nicht aus, dass es Tendenzen gegeben haben mag, die Attraktivität der assyrischen Götter auf die eigenen zu übertragen und auch vereinzelt assyrische Praktiken einzuführen. Dass dies aber als Leistung von den Vasallen erwartet wurde, kann ausgeschlossen werden. Vor diesem Hintergrund beurteilt kann der Altarbau unter Ahas als Umorganisation des Opferkultes verstanden werden (*O. Keel*). Warum aber Ahas dazu gerade einen aramäischen Stufenaltar kopieren wollte, wo er sich andererseits gerade von Damaskus außenpolitisch absetzen will, bleibt nach wie vor eine nicht befriedigend zu beantwortende Frage. Vielleicht ist es ein unbestimmtes Moment der Attraktivität der (assyrisch vermittelten?) aramäischen Religion, die sich etwas später in der Eisen IIC-Zeit auch in der starken Verbreitung des Mondgottes von Haran zeigt, dessen Emblem (eine Sichelmondscheibe auf der Standarte mit Troddeln) vielfach auf Siegeln in Juda auftaucht (↗ Abb. 28).

6.6 Strafexpedition Tiglat-Pilesers III.

Kaum auf das Drängen des beflissenen judäischen Königs hin, sondern aus klarem Interesse am Machterhalt in der südlichen Levante, greift Tiglat-Pileser III. (745–727 v. Chr.) ab 733 v. Chr. in einer Strafexpedition gegen die Koalitionäre ein. Das Territorium Israels wird im Norden erheblich beschnitten, Galiläa und Gilead werden annektiert und den neu errichteten Provinzen Megiddo/*Magidû* und Gilead/*Galʾad* zugeschlagen. Die Städte Dan, Hazor, Bet-Schean, *Tel Rehov*, Megiddo, *et-Tell*, Kinneret und Jokneam weisen Zerstörungsschichten auf, die wahrscheinlich mit dem Feldzug Tiglat-Pilesers III. in Verbindung stehen. Teile der Oberschicht werden nach Assur verschleppt (2 Kön 15,29). Pekach wird kurze Zeit später von proassyrischen Kräften gestürzt und getötet (2 Kön 15,30). An seiner Stelle wird Hoschea (732–723 v. Chr.) mit assyrischer Billigung als König Israels eingesetzt bzw. bestätigt. Hoschea zahlt als → Vasall 731 v. Chr. in der babylonischen Stadt *Šarrabānu* Tribut an Tiglat-Pileser III. (Annalen Tiglat-Pilesers III., HTAT Nr. 147–149.152, vgl. TUAT I 263.266–267). Wahrscheinlich wird im gleichen Zuge 733/32 v. Chr. der Küstenstreifen als Provinz Dor/*Dūʾru* assyrischer Verwaltung unterstellt. Der assyrische Großkönig belagert Damaskus, das bis 732 v. Chr. Widerstand leistet, dann aber fällt: Aram-Damaskus wird ebenfalls in eine assyrische Provinz umgewandelt.

6.7 Der Abfall Hoscheas und die Belagerung Samarias

Nach dieser tiefgreifenden Umstrukturierung der Region bleibt es zunächst ruhig, auch nach dem Thronwechsel in Assur, als Salmanassar V. (727–722 v. Chr.) die Macht übernimmt. Aus nicht aufzuklärenden Gründen stellt Hoschea entweder direkt nach dem Thronwechsel (*N. Naʾaman*) oder – weniger wahrscheinlich – 724 v. Chr. (*H. Donner*) die Tributzahlungen ein und nimmt diplomatische Verhandlungen zur Bildung einer antiassyrischen Koalition mit Ägypten auf. Hinter *Sōʾ* in 2 Kön 17,4 verbirgt sich Osorkon IV. (730–713 v. Chr.) (*B. Schipper*). Der schwere außenpolitische Fehler wird von Salmanassar V. hart bestraft, der Hoschea gefangen nimmt (2 Kön 17,4) und den Rumpfstaat Israel besetzt. Die Eroberung Samarias reklamieren sowohl Salmanassar V. (Babylonische Chronik) als auch (deutlich häufiger) Sargon II. (Nimrud-Prisma, Prunkinschrift Sargons II. aus Khorsabad), der 722 v. Chr. an die Macht kommt, für sich (TUAT I 378–381.401f, HTAT Nr. 150–152). Die biblisch gegründete Sicht (2 Kön 17,3; 18,9f) lässt Samaria nach dreijähriger Belagerung unter Salmanassar V. 722 v. Chr. fallen und erst Sargon II. die Konsequenzen daraus ziehen (*H. Donner*). *J. M. Miller/J. H. Hayes* gehen wie viele andere von zwei Eroberungen 722/21 v. Chr. (Salmanassar V. nach erstem Zugriff 726/25 v. Chr.) und 720/19 v. Chr. (Sargon II.) aus, was die Frage aufwirft, was in der Zwischenzeit in Samaria passiert. *M. C. Tetley* hat deshalb vorgeschlagen, lediglich Sargon II. für die Eroberung verantwortlich zu machen und diese 721–718 v. Chr. anzusetzen. Plausibler scheint jedoch, eine Unterbrechung des Feldzugs wegen des Todes Salmanassars V. anzunehmen, sodass die endgültige Einnahme Samarias tatsächlich erst durch Sargon II. 720 v. Chr. erfolgt (*N. Na'aman*).

Außerhalb von Samaria sind die Folgen regional sehr unterschiedlich und erneut im Norden intensiver als im Süden, aber nicht vergleichbar mit der starken Zerstörung durch Tiglat-Pileser III. (↗ V.6.6). Eine flächendeckende Zerstörung des eroberten Gebietes hat es jedenfalls nicht gegeben, sondern die Assyrer beschränkten sich auf strategische und administrative Orte, darunter Dan, Betsaida, *Tel Hadar, Tel Qarnei Ḥiṭṭin, ʿĒn Gēv*, Hannaton, Dor, Dotan, Bet-Schean, Kedesch/*Tell Qedeš*, Tirza u. a. m. (*G. N. Knoppers*). Andere Orte wie Taanach, Jesreel oder *Tell Qirī*, vor allem aber Bet-El (2 Kön 17,28) werden nicht zerstört und weisen eine kontinuierliche Besiedlung vom 8. zum 7. Jh. v. Chr. auf.

6.8 Eingliederung in das neuassyrische Provinzsystem

Das verbliebene Israel wird in die assyr. Provinzen Samaria (*Šamīrīna*) und Megiddo (*Magidû*) umgewandelt und Statthaltern unterstellt. Zusammen mit den beiden Provinzen im Binnenland entsteht auch die Provinz Dor/*Dūʾru* an der Küste, wobei fraglich ist, ob Dor überhaupt zum Staatsgebiet des vormaligen Israel gehörte (↗ V.4.2). Sargon II. (722–705 v. Chr.) deportiert wie zuvor Tiglat-Pileser III. (745–727 v. Chr.) die Elite, handwerkliche Spezialisten und Soldaten (etwa nach Assur, Nimrud, Ninive, *Tell Šeḫ-Ḫamad* u. a. m.), siedelt aber anders als dieser eine neue Oberschicht an (2 Kön 17,6.24, s. Sargon II. HTAT Nr. 158, ↗ V.7.1). Die Umsiedlung macht die politische Kontrolle leichter, lässt aber zugleich die Wirtschaftskraft nicht zusammenbrechen. Auch wenn in 2 Kön 17 der Eindruck vermittelt wird, dass *ganz* Israel deportiert wurde (V. 18: »sodass der Stamm Juda allein übrig blieb«), was den Mythos von den verlorenen zehn Stämmen begründet hat, dürfte das kaum der Wirklichkeit entsprochen haben. Regionale Studien zu dem ostjordanischen Gilead (*M. Dijkstra/K. Vriezen*) oder zu den Städten im Hulebecken (Dan, Abel-Bet-Maacha, Hazor) und der Seeregion in Galiläa (Kinneret, Betsaida) (*Y. Thareani*) zeigen, dass die Assyrer nicht an einem »leeren Land« interessiert waren, sondern durch gezielte Ausbaumaßnahmen die Infrastruktur nicht zusammenbrechen ließen, sondern für die größtmögliche Abschöpfung der Wirtschaftskraft vorbereiteten.

Der mit der Eingliederung in das assyrische Provinzsystem verbundene Autonomieverlust hat nicht generell negative Folgen, da die Assyrer an einer intensiven Nutzung der Ressourcen und dem Fernhandel interessiert sind. Die aus Ninive erhaltene Zuteilungsliste von Ziegeln zeigt, dass die Provinzen im Westen nicht vernachlässigt wurden (Brief aus Ninive, HTAT Nr. 169). Aus *Qāqun* stammt das Fragment einer Stele Sargons II., aus der sich das politische Interesse am Westen noch implizit ablesen lässt. Wenn auch in geringerem Maße als Megiddo (Stratum III), Dor und Dan, wird Samaria zum Verwaltungssitz ausgebaut (s. zu Dokumenten und Hinweisen auf die Verwaltungstätigkeit in *Šamīrīna* und *Magidû* HTAT Nr. 164–179, zum Fehlen architektonischer Hinweise *R. E. Tappy*). In Megiddo, Kinneret/*Tell el-ʿOrēme* und Hazor sowie anderen Orten entstehen im 7. Jh. v. Chr. Palastanlagen in assyrischem Stil.

6.9 Deportation eines Teils der Bevölkerung im Norden

Zur generellen Kriegspraxis im antiken Vorderen Orient gehört die Deportation von Bevölkerungsanteilen aus den eroberten Gebieten. Zum einen wurden damit Humanressourcen (Eliten, Intellektuelle, Beamte, Soldaten etc.) abgeschöpft und neue Arbeitskräfte akquiriert, zum anderen durch das Zerstören gewachsener sozialer Strukturen politischer Widerstand dauerhaft gebrochen. Das Ziel war, dass sich die Fremden in der Fremde loyaler gegenüber den fremden Machthabern verhielten als zuvor. Zu den Besonderheiten der assyrischen Deportationspraxis gehört der *Austausch* von Eliten und Bevölkerungsteilen (sog. *two way deportation*). Für die Provinz *Šamīrīna* bedeutete das die Deportation von Bevölkerungsteilen in den Nordosten des Reiches und die Ansiedlung von Babyloniern, Elamitern und Proto-Arabern. In 2 Kön 17,6; 18,11 werden die Zielorte der Deportation eher pauschal gelistet: die Stadt Halach, wahrscheinlich *Ḫalaḫḫû* im Nordwesten Assurs (später im Talmud identifiziert mit Hulwan im Zagrosgebirge, wo es eine jüdische Gemeinde gab), die Gegend des Habor-Flusses (Ḫabūr im Nordosten Syriens) und die Städte der Meder (im heutigen Iran, später identifiziert mit der sassanidischen → Diaspora).

In den Provinzen Samaria (*Šamīrīna*) und Megiddo (*Magidû*) wurden dafür andere Unterlegene des Großkönigs angesiedelt. 2 Kön 17,24 nennt Babel, Kuta, Awa, Hamat und Sefarwajim als Herkunftsorte der angesiedelten Bevölkerung. Die Folge, die auch in 2 Kön 17,29–41 gebrochen durch das Interesse an einer reinen YHWH-Verehrung gespiegelt wird, war eine multiethnische und multireligiöse Mischgesellschaft mit ganz eigenen Herausforderungen. Der Westen wurde international, nicht assyrisch (*A. Berlejung*). Assyrische Verwaltungsgebäude in den Provinzstädten markieren die assyrische Präsenz. Insgesamt ist der Einfluss der assyrischen materiellen Kultur gering, wenn auch vereinzelt assyrische Dokumente etwa in Samaria, *Tel Ḥădīd* oder Geser (HTAT Nr. 164–167) gefunden wurden, die eine größere Anzahl von assyrischen Namen bezeugen.

Die Deportierten waren keine rechtlosen Kriegsgefangenen, die in Lagern interniert wurden, sondern hatten durchaus Rechte. Soziale Bindungen wurden respektiert und eine Mindestversorgung zugesichert, zum Teil sogar Häuser gebaut (*A. Berlejung*). Das im Zusammenhang mit dem Fluss 2 Kön 17,6 genannte Gosan, ist wahrscheinlich nicht die Landschaft, durch die der Habor/*Ḫabūr*-Fluss fließt, sondern der Name einer bedeutenden Stadt am Oberlauf des Flusses, die mit dem *Tell Halaf* zu identifizieren ist (*B. Becking*). Dort hat sich mit Hoschea auch ein israelitischer Name in einem Vertrag erhalten (*Tell Halaf* Z. 111). In einem weiteren Brief aus Ninive (HTAT Nr. 178) sind zwei Israeliten in eine Intrige des Gouverneurs von *Guzāna*/Gosan verstrickt (*B. Becking*). Das zeigt, dass dem »Bericht« in 2 Kön 17 trotz seiner fast bis zur Groteske gesteigerten Übertreibung und des judäischen *Bias* nicht *jede* Glaubwürdigkeit abzusprechen ist, wobei der Text wohl nicht exklusiv alle Orte nennt, in denen Israeliten im 8./ 7. Jh. v. Chr. angesiedelt wurden.

Die Vorstellung, dass *alle* Israeliten verschleppt werden (2 Kön 17,6.23f), entspricht sicher nicht dem historischen Verlauf (*E. A. Knauf*). Sargon II. (722–705 v. Chr.) gibt die Zahl der Deportierten mit 27.280 Personen (Nimrud-Prisma, Prunkinschrift aus Khorsabad, HTAT Nr. 151.152, TUAT I 379) an, was in etwa 10% der Gesamtbevölkerung entspräche. Verglichen mit anderen Massendeportationen der Assyrer scheint die Angabe im Großen und Ganzen glaubwürdig (*B. Oded, G. N. Knoppers*). Andere halten das für völlig übertrieben und gehen von einem weit geringeren Anteil von Betroffenen aus (3–4%, *M. Coggins*). Insgesamt sind die Folgen der Eroberung Samarias (abgesehen von den Zerstörungen und Kolateralschäden) in demographischer Hinsicht wohl weit weniger dramatisch als sie in der Bibel geschildert werden. Dem entspricht auch, dass die Propheten des 7. Jh.s v. Chr. weder auf eine erhebliche Verkleinerung der Bevölkerung noch auf fremdvölkische Elemente im Norden besonders abheben. Bei der Beurteilung ist immer zu berücksichtigen, dass die biblische Darstellung von judäischen Interessen geleitet ist und sich möglicherweise z. T. auch die nachexilische Opposition zwischen Judäern und Samaritanern darin spiegelt (↗ VI.8). Ein Teil der Landbevölkerung siedelt jedenfalls in die Städte um, ein anderer scheint (unter für die Literaturwerdung entscheidender Mitnahme von Traditionen) die Migration in den Süden – vor allem nach Jerusalem – anzutreten.

7. *Juda nach dem Untergang Israels unter Hiskija*

A. M. Bagg, Die Assyrer und das Westland (OLA 216), Leuven u. a. 2011 • ders., Israel under Assyrian Rule: JAOS 133, 2013, 119–144 • B. Becking, The Fall of Samaria (SHANE 2), Leiden 1992 • A. Berlejung, The Assyrians in the West: VT.S 148, 2012, 21–60 • J. A. Blakely/ J. W. Hardin, Southwestern Judah in the Late Eighth Century B. C. E.: BASOR 326, 2002, 11–64 • P. M. M. Daviau/M. L. Steiner, A Wayside Shrine in Northern Moab, Oxford 2017 • D. Ein Mor/Z. Ron, An Iron Age Royal Tunnel Spring in the Region of Nahal Rephaim, in: G. Stiebel u. a. (Hg.), New Studies in the Archaeology of Jerusalem and Its Region, Jerusalem 2013, 85–109 • dies., ʿAin Joweizeh: TA 43, 2016, 127–146 • A. Fantalkin, Ashdod-Yam on the Israeli Mediterranean Coast: Skyllis 14, 2014[2015], 45–57 • A. Faust, Judah in the Neo-Babylonian Period, Atlanta 2012 • ders., On Jerusalem's Expansion during the Iron Age II, in: E. van der Steen u. a. (Hg.), Exploring the Narrative, London u. a. 2014, 256–285 • I. Finkelstein, Comments on the Date of Late-Monarchic Judahite Seal Impressions: TA 39, 2012, 203–211 • ders., Migration of Israelites into Judah after 720 BCE: ZAW 127, 2015, 188–206 • I. Finkelstein/N. Naʾaman (Hg.), The Fire Signals of Lachish, Winona Lake 2011, 1–16 • C. Frevel, »Esau, der Vater Edoms« (Gen 36,9.43), in: M. Brett/J. Wöhrle (Hg.), The Politics of the Ancestors (FAT 128), Tübingen 2018, 329–364 • Y. Gadot/J. Uziel, The Monumentality of Iron Age Jerusalem Prior to the 8th Century BCE: TA 44, 2017, 123–140 • S. Ganor/I. Kreimerman, Going to the Bathroom at Lachish: BAR 43, 2017, 56–57 •

E. Gass, Im Strudel der assyrischen Krise (2. Könige 18–19) (BThSt 166), Neukirchen-Vluyn 2016 • H. Geva (Hg.), Jewish Quarter Excavations in the Old City of Jerusalem 1–6, Jerusalem 2000–2014 • ders., The Settlement on the Southwestern Hill of Jerusalem at the End of the Iron Age: ZDPV 122, 2006, 140–150 • L. L. Grabbe (Hg.), Like a Bird in a Cage (JSOT.S 363), Sheffield 2003 • G. M. Grena, LMLK, Redondo Beach 2004 • P. Guillaume, Jerusalem 720–705 BCE: SJOT 22, 2008, 195–2011 • Z. Herzog, The Date of the Temple of Arad, in: A. Mazar (Hg.), Studies in the Archeology of the Iron Age in Israel and Jordan (JSOT.S 331), Sheffield 2001, 156–178 • ders., The Fortress Mound at Tel Arad: TA 29, 2002, 3–109 • I. Kalimi/S. Richardson, Sennacherib at the Gates of Jerusalem, Leiden 2014 • H. Katz/A. Faust, The Assyrian Destruction Layer at Tel ʿEton: IEJ 62, 2012, 22–53 • E. A. Knauf, Hezekiah or Manasseh?: TA 28, 2001, 281–287 • ders., Who Destroyed Beersheba II?, in: U. Hübner/E. A. Knauf (Hg.), Kein Land für sich allein (OBO 186), Fribourg/Göttingen 2002, 181–195 • O. Lipschits, Archaeological Facts, Historical Speculations and the Date of the *LMLK* Storage Jars: JHS 12, 2012, 1–15 • ders., The Age of Empires, Jerusalem 2018 • O. Lipschits u. a., Royal Judahite Jar Handles: TA 37, 2010, 3–32 • N. K. Matty, Sennacherib's Campaign against Judah and Jerusalem in 701 B.C. (BZAW 487), Berlin 2016 • M. L. Miller u. a. (Hg.), The Economy of Ancient Judah in its Historical Context, Winona Lake 2015 • N. Naʾaman, Dismissing the Myth of a Flood of Israelite Refugees in the Late Eighth Century BCE: ZAW 126, 2014, 1–14 • ders., The *lmlk* Seal Impressions Reconsidered: TA 43, 2016, 111–125 • J. Regev u. a., Absolute Dating of the Gihon Spring Fortifications, Jerusalem: Radiocarbon 59, 2017, 1–23 • R. Reich, The Date of the Gihon Spring Tower in Jerusalem: TA 45, 2018, 114–119 • R. Reich/E. Shukron, The Date of the Siloam Tunnel Reconsidered: TA 38, 2011, 147–157 • A. Sneh u. a., The Why, How, and When of the Siloam-Tunnel Reevaluated: BASOR 359, 2010, 57–65 • Y. Thareani, Imperializing the province: Levant 48, 2016, 254–283 • B. D. Thomas, Hezekiah and the Compositional History of the Book of Kings (FAT II/63), Tübingen 2014 • D. Ussishkin, The Water Systems of Jerusalem during Hezekiah's Reign, in: M. Weippert (Hg.), Meilenstein (ÄAT 30), Wiesbaden 1995, 289–305 • ders., *Lmlk* Seal Impressions Once Again: Aula Orientalis 10, 2012, 13–23 • D. Vainstub/D. Ben-Shlomo, A Hebrew Seal and an Ostracon from Tel Hebron: IEJ 66, 2016, 151–160 • J. Wright/Z. Farber (Hg.), Eighth Century Judah, Atlanta 2018 • R. A. Young, Hezekiah in History and Tradition (VT.S 155), Leiden 2012 • A. Zertal, The Province of Samaria (Assyrian Samerina) in the Late Iron Age (Iron Age III), in: O. Lipschits/J. Blenkinsopp (Hg.), Judah and the Judeans in the Neo-Babylonian Period, Winona Lake 2003, 377–412.

7.1 Entwicklung Jerusalems im 8. Jh. v. Chr.

Indizien für eine Migration aus dem Norden zeigt die demographische Entwicklung in Juda im Übergang vom 8. zum 7. Jh. v. Chr., die nicht allein ökonomisch mit der einsetzenden Landflucht erklärt werden kann. Jerusalem wird auf dem Südosthügel und darüber hinaus in der *mišnæh* genannten Zweitstadt (Zef 1,10f; 2 Kön 22,14) nach Westen hin erheblich erweitert (↗ X.6, *Karte 16*), wahrscheinlich sukzessive schon im ausgehenden 8. Jh. v. Chr. unter Hiskija (725–697 v. Chr.), möglicherweise aber erst im 7. Jh. v. Chr. unter Manasse (696–642 v. Chr.) oder spätestens unter Joschija (639–609 v. Chr.). Die Bedeutung Jerusalems jedenfalls nimmt sowohl biblisch als auch außerbiblisch in Texten, die aus dem 8./7. Jh. v. Chr. stammen oder sich darauf beziehen, zu. Wahrscheinlich wurde die Stadt erst jetzt im Osten mit einem Mauersystem gesichert (*M. Steiner*). Der 5 m breiten Hauptmauer am Hang war eine 1 m breite Vormauer vorgelagert. Dazwischen lag ein 2–3 m breiter Wehrgang. Die genaue Datierung zwischen dem Ausgang des 8. Jh.s v. Chr. und dem frühen 7. Jh. v. Chr. ist unsicher. Eine weitere Mauer am Fuß des Abhangs sicherte die Stadt (vielleicht etwas später?) doppelt ab (*R. Reich/E. Shukron, D. Ben-Ami*). War also die Stadt jetzt an der Ostseite (und nach *Klaus Bieberstein* schon vorher um die Akropolis herum) befestigt, stellt sich die Frage der südlichen und westlichen Befestigung der erweiterten Stadt.

(a) Die Diskussion um die Ausdehnung der Stadt nach Westen

Von dem Ausbau der Stadt gibt das kurze Stück der 6,40–7,20 m breiten sog. »*broad-wall*« (*N. Avigad*) im Jüdischen Viertel der heutigen Altstadt ein relativ sicheres archäologisches Zeugnis. Diese massive Mauer (Neh 3,8?) ist Teil der Ummauerung des neuen Stadtteils im Westen und wahrscheinlich auch Teil einer Toranlage (Mitteltor?, ↗ X.6, *Karte* 16). Für den Verlauf im Westen sind mehrfach Teilstücke identifiziert worden, von denen sich (noch) keines als sicher und allgemein akzeptiert herausgestellt hat. Damit bleibt die Ausdehnung nach Westen und Süden uneindeutig, was *minimalistische* und *maximalistische* Positionen hervorgebracht hat (*H. Geva*). Während sich die maximalistische Position im Westen und Süden in etwa am Hangverlauf des Hinnomtals orientiert, folgt die minimalistische Position in etwa dem Verlauf der heutigen Altstadtmauer. In der Diskussion stehen zwei Teilstücke im Nordwesten im Bereich der sog. Davids-Zitadelle sowie auf dem heutigen Zionsberg und am Südabhang des Südwesthügels (*K. Bieberstein*). Die Bevölkerung Jerusalems wächst jedenfalls schon im 8. Jh. v. Chr. beträchtlich an, was auch die Besiedlungsdichte an anderen Stellen der Stadt zeigt. Allerdings bleibt umstritten, wie dicht die Besiedlung in dem Westteil der Stadt tatsächlich war (*H. Geva, A. Faust*). Meist wird die Annahme, dass die nach Südwesten ausgedehnte Stadt sehr dicht besiedelt war, mit dem Aufwand der Befestigung und der aufwändigen Wasserversorgung verbunden. Von der relativ dichten Besiedlung in den nordwestlichen Arealen wird dann auf die ganze erweiterte Stadt geschlossen. Andere argumentieren jedoch, dass Zisternen fehlen und das zugeführte Gihon-Quellwasser für eine dichte Besiedlung gar nicht ausgereicht habe, und gehen auch aufgrund der insgesamt eher spärlichen Architekturreste von Hürden (die als mobile Begrenzungen für Kleinvieh archäologisch kaum nachweisbar sind) und einer sehr dünnen Streubesiedlung aus. Die Wahrheit in der Mitte wird sich kaum erweisen lassen, da großflächige Grabungen fehlen und wegen der dichten Besiedlung der heutigen Altstadt auch kaum möglich sind. Flankierend kann man argumentieren, dass die späteren z. T. ärmlichen Hausbauten im Südostteil der Stadt aus der Eisen IIC-Zeit kaum gebaut worden wären, wenn es auf dem neu erschlossenen Südwesthügel innerhalb der Mauern noch genügend Platz gegeben hätte. Andererseits fehlt auch auf dem Südosthügel für das 8. Jh. v. Chr. die Evidenz für eine dichte Besiedlung, die vor der Erweiterung der Stadt nach Westen zu vermuten gewesen wäre. Bei der Errichtung der *broad wall* wurden existierende Hausbauten der Eisen IIB-Zeit überbaut, was man bei geringer Bebauung des Areals hätte vermeiden können. Das wiederum könnte für eine dichtere Besiedlung sprechen, auch wenn man den Verlauf der Mauer unter strategischen Gesichtspunkten beurteilen muss. Auch erscheint nicht sehr wahrscheinlich, dass ein weitgehend unbebautes Gebiet mit einer massiven Mauer eingefriedet wurde. Die Frage lässt sich aufgrund fehlender Grabungen kaum klären. *A. Faust* argumentiert daher flankierend mit dem Jerusalemer Hinterland. Auch dort sei für das 8./7. Jh. v. Chr. von einem erheblichen Anwachsen der Gehöfte auszugehen, die in einem engen wirtschaftlichen Austausch mit der florierenden Stadt standen. Jerusalems Bedeutung und Bevölkerungsdichte lasse sich darin erkennen. Eine solche Sicht setzt die Dichte der Besiedlung in Jerusalem eher voraus, als dass sie sie aufzeigt.

Der genaue Verlauf der Stadtmauer und auch die Fläche, die im Südwesten dadurch in das Stadtgebiet eingegliedert wurde, bleiben auch aufgrund der Anschlüsse an die nachgewiesene östliche Stadtummauerung im Bereich der Davidsstadt und an das Tempel-Palast-Areal unklar. Die Datierung der Ummauerung der Weststadt wird nicht vor der Sicherung der Ostflanke erfolgt sein. Ob sie gleichzeitig war, lässt sich kaum noch sicher erheben, da eine Verbindung beider Mauersysteme derzeit nicht erkennbar ist. Bautechnisch sind die Systeme nicht gleich und auch die Art der Siedlungsexpansion auf dem Westhügel unterscheidet sich von der des östlichen Abhangs der Davidsstadt (*R. Reich/E. Shukron*). Als Argument für eine Frühdatierung der Westummauerung werden die fehlenden *lmlk*-Stempel in den Siedlungsschichten des Südwesthügels angeführt, die dem Mauerbau vorangehen. Da aber die Stempel im letzten Viertel des 8. Jh.s v. Chr. (nach 732 v. Chr.) eingeführt werden (*O. Lipschits u. a.*, anders *N. Naʾaman*: nach 714 v. Chr.), ist das Argument nur bedingt brauchbar, es sei denn man datiert den Mauerbau direkt an den Anfang der Regierungszeit Hiskijas (725–697 v. Chr.) (*K. Bieberstein*). Außerdem ist fraglich, ob die *lmlk*-Stempel außerhalb der administrativen Zonen der Stadt überhaupt erwartet werden können (↗ V.7.2).

(b) Demographische Entwicklung Jerusalems im 8./7. Jh. v. Chr.

Die Diskussion ist eng verbunden mit der Frage, wie viele Flüchtlinge am Ende des 8. Jh.s v. Chr. nach der Eroberung Samarias nach Jerusalem gekommen sind. Der *maximalistischen* Position, die von einer Bevölkerungsexplosion durch israelitische Migranten nach Juda ausgeht, steht eine *minimalistische* Position gegenüber, die den Flüchtlingsstrom aus dem Norden für einen modernen Mythos hält (*P. Guillaume*) und von einem graduellen Bevölkerungswachstum ausgeht. Dieser Annahme scheint der Keramikbefund mehr zu entsprechen, der sich nicht auf das letzte Viertel des 8. Jh.s v. Chr. als Beginn der Besiedlung der Weststadt eingrenzen lässt und keine signifikanten Einflüsse aus dem Norden erkennen lässt (*N. Naʾaman*). Jüngst haben auch *Y. Gadot* und *J. Uziel* mit Verweis auf das ausgehende 9. Jh. v. Chr. dafür plädiert, Jerusalem nicht mit einem Schlag im späten 8. Jh. v. Chr. zur florierenden Stadt werden zu lassen. Demgegenüber hält *I. Finkelstein* mit Hinweis auf die sehr kurzfristige Entwicklung in Jerusalem und auf die im Süden weiter tradierten und angepassten Traditionen des Nordens (↗ V.5.9) weiter an einer signifikanten Zuwanderung nach Jerusalem fest. Seiner Einschätzung nach wächst die Stadtbevölkerung von 1500 in der Eisen IIA-Zeit auf 10.000 Bewohner in der Eisen IIB-Zeit (s. u.). Die meisten Zuwanderer kommen seiner Ansicht nach aus den südlichen Teilen des Nordstaates Israel. Die Argumente für den Zuwachs durch Flüchtlinge sind allerdings nur wenig belastbar: Die Konstitution literarischer Ursprungsmythen wie der Verbindung der Jakob-Tradition mit Orten des Südens und der Abraham-Tradition hängen zwar ursächlich mit der kollektiven Identitätsbildung in Juda im 8. Jh. v. Chr. zusammen (*C. Frevel*), müssen aber keine Massenimmigration voraussetzen. Das Wachstum der Bevölkerung in Jerusalem ist eher graduell statt explosiv. Ein punktueller Zuwachs direkt 722/21 v. Chr. ist schwer nachzuweisen, zumal auch nach der Kampagne Sanheribs 701 v. Chr., die mit der Verschonung Jerusalems endet (↗ V.7.5), Zuwanderungen aus der Schefela denkbar sind (*N. Naʾaman*). Richtig ist, dass die Zahl der Siedlungen im südlichen Teil des ehemaligen Nordreiches deutlich zurückgeht, während die Bevölkerung in der Schefela in der Eisen IIB-Zeit massiv anwächst. Ob es sich um Flüchtlinge nach 722 v. Chr. handelt und Bewohner des Nordreiches migriert sind, lässt sich dem Befund nicht so einfach entnehmen. Belastbare Spuren in der materiellen Kultur des sog. Nordreiches gibt es nicht. Die jüngsten Grabungen in der Davidsstadt, auf dem Ofel, an der Gihon-Quelle und dem *»Givati Parking Lot«* sprechen gegen die Annahme, die Stadt sei in der Eisen IIA-Zeit nur auf dem Gelände des heutigen Tempelbergs besiedelt gewesen. Vielmehr gibt es bereits eine signifikante Besiedlung des Südosthügels schon vor der Eroberung Samarias (*Y. Gadot/J. Uziel*), was die These eines graduellen Anwachsens eher stützt, auch wenn es den Flüchtlingszuwachs im ausgehenden 8. Jh. v. Chr. nicht ausschließt. Mit den von *I. Finkelstein* kalkulierten 1500 Bewohnern der Stadt in der Eisen IIA-Zeit wird man wahrscheinlich nicht auskommen. Der von ihm ins Feld geführte Kulturtransfer in bau- und landwirtschaftlichen Produktionstechniken, Speichertechniken und Bestattungssitten lässt sich kaum auf die Zeit nach dem Untergang Samarias begrenzen. Insgesamt beurteilt wird man Flüchtlinge aus dem Nordstaat Israel und einen moderaten Zuwachs der Bevölkerung in Juda nicht vollständig ausschließen können, aber gegenüber einer Massenmigraton aus dem Norden vorsichtig bleiben müssen. Wie auch immer es kausal zu erklären ist, wandelt sich Jerusalem in Folge der assyrischen Eroberung des Nordens und der Schefela im 8. und vor allem 7. Jh. v. Chr. massiv in demographischer, geostrategischer und religionspolitischer Hinsicht. Denn es ist de facto zunächst die einzige verbleibende *Stadt* Judas und die Region erholt sich schrittweise im 7. Jh. von der assyrischen Strafexpedition (↗ V.7.5).

Der Ofel, der Zwischenbereich zwischen Tempelberg und Südosthügel, wird spätestens jetzt erstmals dichter besiedelt. Östlich der MB-zeitlichen Stadtmauer werden in der Davidsstadt eng aneinander einfache Häuser gebaut und am Fuß des Abhangs – vielleicht schon zur Zeit Hiskijas, oder aber erst unter Manasse (2 Chr 33,14) – durch eine 2 m breite Mauer geschützt (*R. Reich/E. Shukron*). So beläuft sich die Anzahl der Bewohner am *Ende* des 8. Jh.s v. Chr. je nach Flächenannahme und vermuteter Siedlungsdichte zwischen 8000 (Minimalisten z. B. *H. Geva*) und 26.000 (Maximalisten z. B. *O. Lipschits*) Personen (Übersicht bei *O. Keel*, *A. Faust*). Jerusalem war die damit größte und bevölkerungsreichste Stadt Judas, deutlich größer als die regional bedeutsamen Städte Bet-Schemesch, Geser, Timna, *Tell Bēt Mirsim*, Hebron, Aseka, Lachisch/*Tell ed-Duwēr*, *Tell es-Sebaʿ* oder Arad. Es kann kaum ein Zweifel bestehen, dass Jerusalem, dessen Bedeutung im 7. Jh. v. Chr. noch einmal zugenommen hat, von der sog. *assyrischen Krise* profitiert hat.

(c) *Der Ausbau der Wasserversorgung im 8./7. Jh. v. Chr.*

Die Wasserversorgung der Stadt Jerusalem ist nahezu vollständig auf die perennierende Gihon-Quelle am östlichen Abhang des Kidrontals angewiesen, die strategisch ungünstig außerhalb der Stadtmauern liegt. Die Rogel-Quelle im Süden der Stadt (Jos 18,16) ist hingegen für eine stabile Wasserversorgung nicht geeignet. Erwähnt werden daneben noch der »untere Teich« (Jes 22,9), wahrscheinlich der Schiloach-Teich im Süden der Stadt, und der »obere Teich« an der Walkerfeldstraße (Jes 7,3; 2 Kön 18,17; Jes 36,2). Dieser wird auch im Süden gelegen und mit dem früheren Kanalsystem am Hang in Verbindung gestanden haben. Alternativ wird vorgeschlagen, dass er außerhalb der Stadtummauerung im Norden lag, entweder im Nordwesten (*Birkat Hammam al-Batraq*, ↗ X.6, *Karte 16*) oder im Bereich des in Joh 5,2 »Betesda« benannten Teiches im Nordosten. Dass der Quellbereich des Gihon schon in der MB II-Zeit durch eine massive Befestigungsanlage gesichert war, galt längere Zeit als unbestritten (*R. Reich/E. Shukron*). Inzwischen sind massive Zweifel daran aufgekommen (*D. Ussishkin*) und es ist vorgeschlagen worden, die gesamte Anlage der Eisen IIB zuzurechnen. Bei dem Quellturm handelt es sich um die massivste bekannte vor-hellenistische Anlage in Jerusalem. Die Bautechnik hat Parallelen in der MB-Zeit in Schilo und Hebron und bisher gibt es keine einzige vergleichbare Zyklopenmauer aus der Eisenzeit (*R. Reich*). Das lässt dabei zögern, die ^{14}C-Daten, die in die Eisen IIA-Zeit und das ausgehende 9. Jh. v. Chr. weisen (*J. Regev u. a.*), der *Errichtung* der Anlage zuzuschreiben. Auf jeden Fall aber finden in dieser bzw. etwas späterer Zeit massive Bauarbeiten an der Befestigungsanlage der Wasserversorgung statt (*Y. Gadot/J. Uziel*).

Das Wasser wurde über ein Tunnelsystem in ein südwestlich davon gelegenes, in den Felsen geschlagenes 15x10 m großes Speicherbecken geleitet, das ebenfalls durch einen massiven Bau gesichert war. Dieser sog. *Pool Tower* ist nördlich von dem bis zu 14 m tiefen Becken nachgewiesen, für den südlichen Bereich kann vielleicht ein Pendant vermutet werden. Der Zugang zum Wasser vom Inneren der Stadt aus erfolgte über ein Tunnelsystem. Im Pool, in dem das Wasser immer nur bis zu einer geringen Höhe anstand, konnte das Wasser dann geschöpft und in die Stadt gebracht werden. Zusätzlich führte der Gihon-Kanal (oft auch Siloam-Kanal genannt) das an der Quelle aufgestaute Wasser zur Bewässerung am Hang entlang nach Süden und ergoß sich (im ausgehenden 8. Jh. v. Chr. *A. Sneh u. a.*, die 2 Chr 32,30, vgl. 2 Kön 20,20 darauf beziehen) am Ende in ein Rückhaltebecken (*R. Reich/E. Shukron*). Dieses effiziente Wasserversorgungssystem, das eine der angreifbarsten Stellen der Stadt stark bewehrte, wurde in der Eisen IIB-Zeit aufgegeben und umgewidmet. Das große Becken wurde verfüllt und auf ihm ein Haus errichtet; der Keramikbefund der Verfüllung (unter anderem eine Unmenge von Fischgräten und etwa 180 → Bullen, ↗ V.7.3) reicht von der Eisen IIA- bis zur Eisen IIB-zeitlichen Keramik, weshalb die Datierung zwischen dem ausgehenden 9. Jh. (*R. Reich/E. Shukron*) und der zweiten Hälfte des 8. Jh.s v. Chr. (*L. Singer-Avitz*) angesetzt wird. Wahrscheinlich wurde in dieser Zeit ein direkterer Zugang zur Quelle geschaffen und der sog. Gihon-Kanal im südlichen Verlauf als Tunnel bis in das Areal der *Birkat el-Ḥamra* (häufig »Teich Schiloach« benannt) am südlichen Ende des Davidsporns fortgeführt (↗ X.6, *Karte 16*). Für die im Westen anwachsende Besiedlung der Stadt war die Wasserversorgung jedoch auf Dauer nicht ausreichend und zudem durch den teilweise außerhalb der Mauern verlaufenden und z. T. nur mit Steinen abgedeckten Gihon-Kanal unsicher.

Wahrscheinlich diente der Bau des 533 m langen Tunnels von der Gihon-Quelle bis zu einem Becken am südlichen Ende (sog. Schiloach-Inschrift oder Hiskijatunnel-Inschrift, HTAT Nr. 180, TUAT I 555f ↗ X.6, *Karte 16*) der (unter der Voraussetzung der maximalistischen Position der Stadtummauerung) sicheren und ausreichenden Wasserversorgung des neu besiedelten Stadtgebietes im Südwesten unter Hiskija (2 Kön 20,20; Jes 22,9) (aufgrund der biblischen Angaben traditionell zuletzt *O. Keel*) oder Manasse (*E. A. Knauf*). Die absolute Datierung des Tunnelsystems ist archäologisch schwierig, da Anhaltspunkte fehlen und die in die Wand eingelassene Inschrift am südlichen Ausgang paläographische Besonderheiten (→ Epigraphik) aufweist, die eine genauere Einordnung erschweren. So reichen die Datierungen vom Ende des 9. Jh.s v. Chr. (*R. Reich/E. Shukron*) bis an den Anfang des 7. Jh.s v. Chr. (*A. Sneh u. a.*). Die allgemein akzeptierte Verbindung der Wasserversorgung mit der Stadterweiterung hat zuletzt *D. Ussishkin* bezweifelt. Aufgrund fehlender Hinweise auf den südlichen Verlauf des Mauersystems der Weststadt schlägt er alternativ zu Verteidigungsmaßnahmen den Bau königlicher Gärten in assyrisierendem Stil vor. Wegen des hohen Aufwands ist darin allerdings keine gleichermaßen sinnvolle Alternative zur Wasserversorgung der Weststadt zu erkennen. Der Tunnel, für den mehrere Jahre Bauzeit anzunehmen sind, wurde von zwei Seiten aus – wahrscheinlich entlang von existierenden Felsspalten – geschlagen. Am südwestlichen Ausgang wurde eine Bauinschrift angebracht, die zwar das Vorhaben beschreibt, nicht aber den Bauherren nennt (s. u.). Im Unterschied zu dem älteren Gihon-Kanal lag er auf dem Niveau der Quelle, sodass durch den Tunnel die Verluste minimiert wurden und so die Quelle optimal genutzt und zugleich die Wasserversorgung vor Zugriffen geschützt werden konnte.

Text der Schiloach-Inschrift

[Dies ist] der Durchstich. Und mit dem Durchstich verhielt es sich so: Als noch die Mineure die Hacke schw[angen], einer gegen den anderen, und als noch drei Ellen durchzubrechen waren, da konnte man hören, wie einer dem anderen zurief. Denn es war ein Riss (?) im Felsen auf der rechten und auf [der lin]ken Seite. Und am Tag des Durchstichs schlugen die Mineure einer dem anderen entgegen, Hacke auf Hacke. Da floss das Wasser von der Quelle zum Teich auf (einer Länge von) tausendzweihundert Ellen. Und hu[nd]ert Ellen betrug die Höhe des Felsens über den Köpfen der Mineure.
(Übersetzung *M. Weippert*, HTAT Nr. 180)

2013 wurde ein 215 m langer Tunnel in dem 8 km von Jerusalem entfernten *ʿAin Joweizeh* entdeckt (*D. Ein-Mor/Z. Ron*), der wahrscheinlich ebenfalls in die Eisen IIB-Zeit in das 8./7. Jh. v. Chr. datiert. Das legt das Fragment eines protoäolischen Volutenkapitells nahe. Dieses Architekturelement findet sich in der omridischen Architektur Israels in Samaria, Megiddo, Hazor, Dan, vereinzelt im Ostjordanland sowie in Juda in Jerusalem und vor allem in *Rāmat Rāḥēl* (*O. Lipschits*) (↗ Abb. 32). Es wurde in königlichen administrativen und repräsentativen

Bauten eingesetzt, was den Schluss nahelegt, dass auch der neu entdeckte Bewässerungskanal in einen solchen Kontext gehört. Insgesamt ist eine Vielzahl von vergleichbaren Wassertunneln bekannt. Diese haben allerdings bei weitem nicht die Ausmaße der hier genannten Anlagen.

7.2 Ausbau der Verwaltung in Juda

Mit dem Ausbau Jerusalems ist ohne Zweifel eine Aufwertung der Stadt verbunden, die wenn auch nicht ausschließlich, so doch auch die politische Stabilisierung des Staates gegenüber der assyrischen Macht zum Ziel hat. Unter Hiskija (725–697 v. Chr.) und seinem Nachfolger Manasse (696–642 v. Chr.) zeigt Juda »endlich« die unzweifelhaften Anzeichen ausgebauter Staatlichkeit, die zuvor mehr oder minder schmerzlich vermisst wurden: militärischer Ausbau und Verwaltungsausbau (Jerusalem, Lachisch/*Tell ed-Duwēr* III, *Tell es-Sebaʿ* II, Arad IX, *Rāmat Rāḥēl/Ḫirbet Ṣāliḥ* Vb), sprunghaftes Anwachsen der Schriftlichkeit, königliche Verwaltung. Aus den Ausgrabungen in Jerusalem stammen → Hortfunde von → Bullen (↗ Abb. 1), ca. 180 Exemplare aus dem 9./8. Jh. v. Chr. aus der Füllschicht des Speicherbeckens (*R. Reich u. a.*) (↗ V.7.1) und ca. 50 Exemplare aus der 2. Hälfte des 7. Jh.s v. Chr. aus dem sog. Haus der Bullen (»House of Bullae«) am östlichen Abhang der Davidsstadt (*Y. Shilo*). Zu den Hortfunden kommen über 200 weitere Bullen aus den Grabungen am Ofel und in der Davidsstadt, sodass die Gesamtanzahl der Tonbullen aus Jerusalem, die überwiegend aus dem 8. Jh. v. Chr. stammen, inzwischen mehrere hundert Exemplare beträgt (*Y. Goren/E. Arie*).

Die Bullen wurden in Archiven nach Gebrauch verwahrt. Darauf deutet ein Fund aus Lachisch, in dem 17 Bullen in einem Krug in einem Archivraum aufbewahrt wurden. Die Siegel und die Dokumente, die mit den gestempelten Tonklumpen verschlossen wurden, sind nicht erhalten geblieben, doch weisen einige Titel in Jerusalem auf (königliche) Beamte hin. So wurde in der Davidsstadt ein Fragment einer Bulle aus dem 7. Jh. v. Chr. gefunden, das vielleicht auf einen Beamten des Königshauses verweist (*Y. Gadot u. a.*). Derlei Siegel(-abdrücke) mit dem Titel »Diener des Königs« gibt es mehrfach u. a. auch aus Lachisch, Mizpa und anderen Orten sowie aus dem Antikenhandel. Alleine über 20 Siegelabdrücke von elf verschiedenen Siegeln von Beamten Hiskijas sind aus dem Antikenhandel bekannt (*E. Mazar*). Aus der Grabung am Ofel wurde jüngst ein ca. 1 cm großer Siegelabdruck mit einer geflügelten Sonnenscheibe publiziert, der die Aufschrift *ḥzqyh ʾ[ḥ]z mlk yhwd* »Hiskija, (Sohn des) Ahas, König von Juda« bezeugt, was eher auf die Zugehörigkeit zur königlichen Verwaltung als auf den König persönlich hindeutet. Siegelabdrücke, die namentlich mit König Hiskija verbunden sind, waren bisher nur aus dem Antikenhandel bekannt (*A. Lemaire*), sodass deren Authentizität nicht als gesichert gelten konnte. So wird z. B. der Siegelabdruck mit der Aufschrift *lbrkyhw bn nryhw hspr* (»[Zugehörig] dem Berechyahu, dem Sohn Neriyahus, dem Schreiber«), der häufiger mit Baruch in Verbindung gebracht wurde und als authentisch in den Antikenhandel kam, inzwischen als Fälschung angesehen (*Y. Goren/D. Arie*). Insgesamt zeigt jedoch die Anzahl der Bullen aus kontrollierten Grabungen (*O. Keel*) ein deutliches Anwachsen administrativer Tätigkeiten in der Eisen IIB- und Eisen IIC-Zeit.

Die Tonbullen lassen sich der Wirtschaftsverwaltung zuweisen. Die zunehmende Verwaltungsaktivität wird auch durch die sog. *lmlk*-Stempelsiegel (↗ Abb. 37) im letzten Drittel des 8. Jh.s (und frühen 7. Jh. v. Chr., *O. Lipschits u. a.*) dokumentiert.

Abb. 37: Beispiele der verschiedenen Typen der *lmlk*-Siegelabdrücke, die im Kontext eines staatlichen Verwaltungssystems in Juda im späten 8. Jh. v. Chr. zu sehen sind. Grob kann zwischen einem vierflügeligen Skarabäus (oben) und einer geflügelten Sonnenscheibe (unten) unterschieden werden. Als zweites Kriterium einer Typologie werden Art und Platzierung der Inschrift angesehen. Alle Abdrücke weisen das Wort *lmlk* »dem König gehörig« im oberen Register auf, meist ergänzt durch einen der vier Orte *ḥbrn, šwkh, zyp* und *mmšt* im unteren Register, z. T. kombiniert mit Privat- oder Beamtensiegeln.

Kein anderes → epigraphisches Objekt ist so häufig. Inzwischen sind mehr als 1.400 Siegelabdrücke von über 50 Orten und insg. mind. 22 Stempeln bekannt (↗ Karte 10). Nimmt man die *lmlk*-Stempel aus nicht kontrollierten Grabungen und die mit Privatsiegeln hinzu, sind es bereits über 2000, die tatsächliche Zahl muss noch viel höher gelegen haben. Regelmäßig kommen neue Exemplare hinzu, jüngst wurden alleine 30 weitere *lmlk*-Stempel in *Rāmat Rāḥēl* gefunden (*O. Lipschits*). Bei den *lmlk*-Stempeln handelt es sich um Siegelabdrücke wahrscheinlich zunächst eines vierflügeligen Skarabäus, einer vier- und später zweiflügeligen Sonnenscheibe und der Aufschrift *lmlk* »für den König«, die auf Transport- und Vorratskrügen z. T. kombiniert mit Privat- oder Beamtensiegeln angebracht wurden. Der Typ Vorratskrug, auf dessen Henkeln sich die Stempelabdrücke finden, wurde noch ohne die Stempel auf den Henkeln im 9./8. Jh. v. Chr. eingeführt, d. h. der Krugtyp wurde für die zentrale Verwaltung adaptiert. Nach den Tonanalysen wurden die vierhenkeligen Vorratskrüge in der Gegend von Lachisch produziert, was auf eine zentralisierte staatliche Verwaltung hindeutet. Inzwischen sind aus ganz Juda (zusammen mit anderen Typen) über 2.000 Siegelabdrücke auf Krughenkeln bekannt, jedoch noch keines der Siegel gefunden worden (*G. M. Grena*).

Über die Verteilung lassen sich die Grenzen des Staatsgebietes im ausgehenden 8. Jh. v. Chr. relativ gut bestimmen. Die südlichsten Exemplare wurden in Beerscheba (1), *Tel ʿĪrā* (1) und Arad (7) gefunden, die nördlichsten in Mizpa (>50) und Gibeon (>70). Einen Schwerpunkt gibt es in Jerusalem und *Rāmat Rāḥēl* (>400) und in Lachisch (>380). Die als »dem König gehörend« gestempelten Krüge sind durch vier Ortsangaben näher bestimmt: Hebron, Socho, Sif und *mmšt*. Die ersten beiden sind fraglos mit Hebron und *Ḫirbet ʿAbbad* zu identifizieren. Erste Rätsel gibt Sif auf, das gewöhnlich mit dem *Tell Zīf* identifiziert wird.

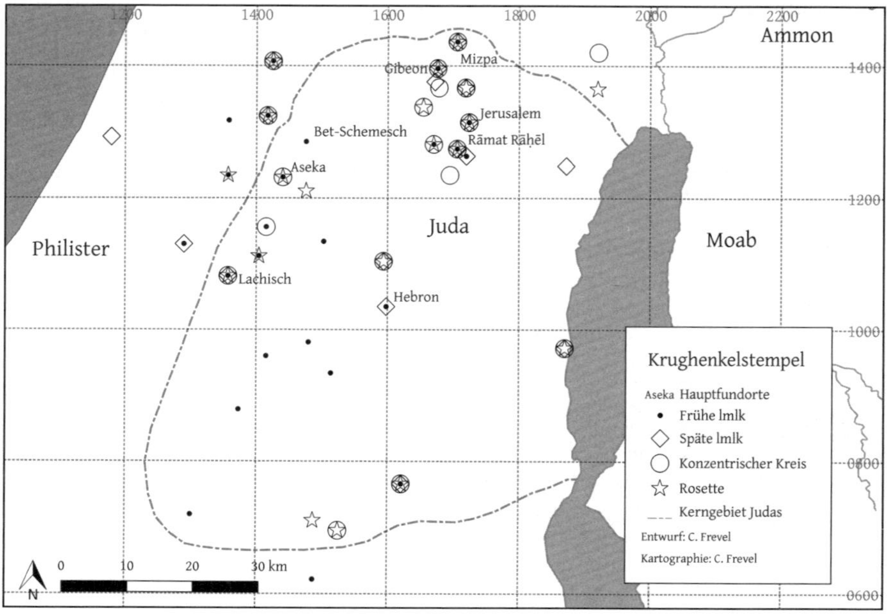

Karte 10: Verteilung der gestempelten Krughenkel in den vier ineinander übergehenden Varianten von Verwaltungsstempeln: (1) Frühe *lmlk* aus dem 8. Jh. v. Chr. mit zweiflügeliger Sonnenscheibe, dem Ortsnamen unten und *lmlk* oben, (2) späte *lmlk* Varianten, in denen die genannte Anordnung variiert wird und z. T. nur noch *lmlk* steht, (3) konzentrische Kreise im 7. Jh. v. Chr. und (4) Rosettenstempel im 7./6. Jh. v. Chr. Die beschrifteten Orte stellen die Fundorte mit den meisten Exemplaren dar. Die gestrichelte Linie gibt das Kerngebiet Judas an, das sich in etwa auch über die Funde von Pfeilerfigurinen (↗ Abb. 39 u. V.7.3) und beschrifteten Gewichtssteinen bestimmen lässt (*R. Kletter*).

Der Ort liegt südöstlich von Hebron und vielleicht schon außerhalb der judäischen Administration (Jos 15,24.55; 2 Chr 11,8). Der Schluss bleibt allerdings gewagt, weil er nur auf dem fehlenden Befund von Krughenkelstempeln in *Tell Zīf* aufruht. Daneben wurde auch das judäische Achsib als Ort vorgeschlagen, der mit den *lmlk*-Krügen in Verbindung steht. Das biblische Achsib suchen einige auf der *Ḫirbet Tell el-Bēḍā/Tell Lavnīn* 7 km von Marescha, andere in *Khirbet ʿĒn el-Kizbe* (*B. Zissu/E. Gass*), wo zwei gestempelte Henkel herstammen. Am schwierigsten ist die Zuordnung von *mmšt,* für das Jerusalem, Mampsis, Eschtemoa, Marescha, *Tel Maśōś/Ḫirbet el-Mšāš* und andere Orte vorgeschlagen wurden. In jüngerer Zeit werden *ʿAmwās* (*A. Lemaire*), Bet Kerem (*W. Zwickel*), aber auch *Rāmat Rāḥēl/Ḫirbet Ṣāliḥ* (*G. Barkay*) als Identifikation diskutiert. Letzterer Vorschlag macht viel Sinn, bleibt aber unsicher. Wie die vier Orte mit den Stempeln in Verbindung stehen, ob als administrative Zentren, Krongüter oder besondere Produktions- oder Handelsorte, ist nach wie vor offen. Für Hebron, wo insg. unter 10 *lmlk*-Stempel gefunden wurden, lässt sich sagen, dass der Ort im 8./7. Jh. v. Chr. ausgebaut und befestigt worden ist. Ein Ostrakon mit einer Liste von Namen und ein Beamtensiegel eines *Šepatyāhū ben Sāmak* aus der Eisen IIB-

Zeit (*D. Vainstub/D. Ben-Shlomo*) deuten auf eine administrative Nutzung. Hebron selbst liegt am äußersten südöstlichen Ende des Verbreitungsgebietes der *hbrn* gestempelten Krughenkel, die in einem Gebiet zwischen *Tell Bēt Mirsim* und Mizpa gefunden worden sind. Die gestempelten Krüge dienten entweder der Vorratshaltung für den Fall militärischer Bedrohung oder der Versorgung des Hofes mit Wein aus den königlichen Weingütern bzw. mit Olivenöl. Die hohe Anzahl der Stempel, die in *Rāmat Rāḥēl* und Jerusalem gefunden wurde, stützt die These, dass die in den Krügen gemessenen Öle und Weine (der Krongüter, *O. Lipschits*) zentral verwaltet wurden, um durch diese Ressource über einen Markt das notwendige Silber für den Tribut zu erwirtschaften oder darüber Steuern zu erheben. Die Krüge stehen jedenfalls im Zusammenhang mit einer signifikanten Veränderung im ökonomischen und administrativen System – wahrscheinlich im Kontext der assyrischen → Vasallität Judas – und zeigen eine ausgebaute und organisierte Verwaltung des Staates unter Hiskija und seinen Nachfolgern. *Oded Lipschits u. a.* haben jüngst gegen *David Ussishkin* unterstrichen, dass eine Beschränkung der Verwendung in der zentralisierten Verwaltung auf wenige Jahre der unmittelbaren assyrischen Bedrohung vor 701 v. Chr. unwahrscheinlich ist. Stattdessen schlagen sie vor, die *lmlk*-Stempel im Kontext eines ab 734 v. Chr. sich entwickelnden Verwaltungssystems zu sehen, das mit den Verpflichtungen gegenüber dem Vasallitätsherrn bzw. der Hegemonialmacht Assur in Verbindung steht. Es entwickelt sich von frühen *lmlk*-Stempeln (Ende des 8. Jh.s v. Chr.) über späte *lmlk*-Stempel (erstes Drittel des 7. Jh.s v. Chr.) zu den konzentrischen Kreisen (im zweiten Drittel des 7. Jh.s v. Chr.) und wird durch die Rosettenstempel (7./6. Jh. v. Chr.) in babylonischer Zeit bis zum Untergang Judas fortgesetzt (zu den Rosettenstempeln ↗ V.9.4, ↗ Abb. 38). Das administrative System setzt sich dann unter babylonischer Verwaltung (zu den Löwensiegeln ↗ V.11.1) auch in persischer Zeit (zu den Jehud-Siegeln ↗ VI.3.1) bis in die hellenistische Zeit (späte *yhwd*-Stempel und *yršlm*-Stempelsiegel) fort. *I. Finkelstein* hat den Vorschlag gestützt und dahingehend ergänzt, dass die Stempel mit konzentrischen Kreisen nicht mehr Hiskijas (725–697 v. Chr.), sondern Manasses Regierungszeit (696–642 v. Chr.) zugeordnet werden können. Dagegen ordnet *D. Ussishkin* alle *lmlk*-Stempel *und* diejenigen mit konzentrischen Kreisen der kurzen Phase vor 701 v. Chr. zu; die Rosettenstempel (↗ Abb. 38) hingegen sollen zu einem anderen administrativen System in die Phase kurz vor dem Untergang Judas 587/86 v. Chr. gehören. *N. Na'aman* hat sich ebenfalls gegen die frühe Einführung ausgesprochen und die zweiflügeligen *lmlk*-Stempel erst nach 704 v. Chr. eingeordnet, während die ersten Stempel mit vierflügeligem Symbol mit dem Datum 714 v. Chr. verbunden werden. Die Diskussion entzündet sich immer wieder am Vorhandensein oder Fehlen von *lmlk*-Stempeln in datierbaren Straten, jedoch ist offen, ob eine jahrgenaue Feinjustierung immer möglich ist. Dass das System mit dem Ausbau der Verwaltung und der wachsenden Notwendigkeit administrativer Koordination angesichts des assyrischen Drucks zusammenhängt, dürfte einen Konsens darstellen. Auch der gut begründeten chronologischen Differenzierung von *O. Lipschits* folgen inzwischen viele Forscher.

Abb. 38: Die Rosettenstempelabdrücke folgen im 7. und frühen 6. Jh. v. Chr. auf die *lmlk*-Siegelabdrücke (↗ Abb. 37). Sie zeugen von der administrativen Kontinuität (Markieren und Verwalten von Gütern) in Juda (95% stammen aus dem Kerngebiet des Staates Juda).

Wie sein Vorgänger Ahas ist auch der Name Hiskijas auf → Bullen aus dem Antikenhandel aufgetaucht, die ihn als König von Juda ausweisen. Auch hier ist die Authentizität nicht gesichert (*M. Weippert*); eine Fälschung ist durchaus denkbar, zumal 2015 die mit Jer 36,1–4 in Verbindung gebrachten Bullen des *Berekyahu, Sohn des Neriyahu* als Fälschungen identifiziert wurden. Die insgesamt sechs Abdrücke mit der jeweilig identischen Inschrift *lḥzqyhw ʾḥz mlk yhdh* »(Siegel[abdruck] des) Hiskija, (Sohn des) Ahas, König von Juda« lassen sich auf zwei verschiedene Siegel zurückführen (vgl. *M. Weippert,* HTAT Nr. 226). Die Siegel, die Bauinschrift sowie eine deutlich gewachsene Anzahl von Schriftzeugnissen zeigen zum einen an, dass man im 7. Jh. v. Chr. eine weit größere Literarizität voraussetzen kann, zum anderen, dass die Bedeutung Jerusalems weiter gewachsen ist.

Welche Bedeutung Jerusalem als Stadt und (einzigem) Zentralort des expandierenden Staates zukommt, zeigen die Inschriften aus *Ḫirbet Bēt Lay,* die in einer Grabkammeranlage 8 km östlich von Lachisch/*Tell ed-Duwēr* gefunden wurden. Inschrift Nr. 1 (HAE: BLay[7] 1) liest »YHWH ist der Gott des ganzen Landes, die Berge Judas gehören dem Gott Jerusalems« und organisiert die Zuständigkeit des Landesgottes vom Zentrum und der Funktion als Stadtgott her. Zugleich zeigt die Inschrift aus dem Übergang vom 8. zum 7. Jh. v. Chr. bei allen Unsicherheiten der Lesung, dass die West- und Südexpansion in Schefela und Negeb noch nicht die Wahrnehmung des Landes verändert hat, da das ganze Land Juda als »Bergland Judas« wahrgenommen wird.

7.3 Kultzentralisation und eine Kultreform Hiskijas?

Der biblische Bericht sieht Hiskija (725–697 v. Chr.) als Reformer, der den YHWH-Kult in Jerusalem zentralisiert und von fremden Einflüssen reinigt bzw. ihn durch die Beseitigung mehrdeutiger Symbole vereindeutigt (2 Kön 18,4.22).

(a) Kultbezogene Notizen in der Geschichtsdarstellung

Die Darstellung der Geschichte Judas durchziehen Notizen zu Baumaßnahmen am salomonischen Tempel, deren Historizität im Einzelnen schwer zu beurteilen ist. Diese gipfeln in den ausführlichen Renovierungsmaßnahmen im Tempel unter König Joschija (639–609 v. Chr.), die im Hintergrund der sog. Kultzentralisation geschildert werden (2 Kön 22–23, ↗ V.9.5). Neben Bau- und Renovierungsnotizen finden sich Notizen zur Umorganisation des Kultes und/oder zur

Plünderung des Tempelschatzes in 1 Kön 14,26–28 (Rehabeam); 1 Kön 15,12.15.18 (Asa); 1 Kön 22,47 (Joschafat); 2 Kön 11,18; 12,5–17.19 (Joasch); 2 Kön 14,14 (Amazja); 2 Kön 15,30 (Jotam); 2 Kön 16,8.10–18 (Ahas); 2 Kön 18,4.15–16 (Hiskija); 2 Kön 21,3–5.7 (Manasse) und schließlich 2 Kön 22–23 (Joschija). Ausgenommen davon sind nur die »Omriden« in Jerusalem Joram, Ahasja und Königin Atalja sowie der an Aussatz erkrankte Asarja/Usija und die je nur zwei Jahre in Jerusalem regierenden Abija und Amon, für die keine Notizen existieren. Unschwer ist die Regierungszeit Joschijas als Höhepunkt der Darstellung zu erkennen. Er entspricht voll und ganz dem als Maßstab stilisierten König David (2 Kön 23,2). Nach Joschija wird der Tempel nur noch geplündert (2 Kön 24,13; 2 Kön 25,13–17) und in Brand gesetzt (2 Kön 25,9). Zuvor kennt die Darstellung zwei negative Höhepunkte, die Umorganisation des Kultes unter Ahas (2 Kön 16,10–18) und Manasse (2 Kön 21,4–5.7). Daneben wird das Bild durch die sog. Höhenkultformel getrübt, die Juda die Errichtung oder Beibehaltung von Kulthöhen und den Fremdgötterdienst unterstellt (1 Kön 14,23; 15,14; 22,44; 2 Kön 14,1; 15,1 u. ö.). Unter dem Strich ist die Darstellung von der kultischen Kontinuität im Jerusalemer Tempel dominiert. Ganz anders die Stilisierung der Kultgeschichte des Nordstaates. So wie die (vermeintliche) Kontinuität des davidischen Königtums gegen die wechselhafte und von Umstürzen, Putschen und Königsmorden gekennzeichnete Geschichte des Nordens steht, so die in der Kultreinheit und Kulteinheit gipfelnde kultische Kontinuität im Jerusalemer Tempel gegen die Kultgeschichte des Staates Israel. Der Norden hat kein zentrales Heiligtum, sondern strebt mit Bet-El und Dan (die »Sünde Jerobeams« 1 Kön 12,29–33; 14,16; 15,30; 2 Kön 13,2; 15,28 u. ö.) einerseits und dem von Ahab errichteten Baalstempel in Samaria (1 Kön 16,32) andererseits von der Alleinverehrung YHWHs mit Macht weg. Nur Joram (2 Kön 3,1) und Jehu (2 Kön 10,26–28) sollen die offizielle Linie des Baal-Staatskultes korrigiert haben. Dass 2 Kön 17,15–16.21–22 in den kultbezogenen Abweichungen den Grund für den Untergang des Staates sieht, zeigt die Tendenz der Gesamtdarstellung, die Kultgeschichte Israels gegenüber Juda abzuwerten.

Nimmt man das als Grundlage, erscheint es ausgesprochen fraglich, die Notizen als historische Informationen zu nehmen und sie zur Grundlage einer Kultgeschichte zu machen. Die Zweifel werden zusätzlich durch die außerbiblische Evidenz genährt, die einerseits einen Baal gewidmeten Staatskult im Norden nicht belegen können, andererseits Zweifel an der ausschließlichen Orientierung an YHWH im Süden nähren. Zwar bestätigen → Epigraphie, → Ikonographie und → Onomastikon (über die → theophoren Personennamen) eine im 8./7. Jh. v. Chr. zunehmende monolatrische Tendenz (*O. Keel/C. Uehlinger, R. Albertz/R. Schmitt*), aber eben auf allen Ebenen sowohl der familiären, regionalen als auch nationalen Frömmigkeit keine ausschließliche Verehrung YHWHs. Dass die diametrale Gegenüberstellung von Nordstaat und Südstaat kaum religionsgeschichtlich zutreffend ist, zeigt etwa das Verteilungsmuster der sog. weiblichen »Pfeilerfigurinen« (↗ Abb. 39) von denen unzählige in nahezu jedem Ort in Judäa gefunden wurden, jedoch nur wenige Exemplare aus dem Norden stammen. Im Norden gibt es eine größere Vielfalt, insgesamt aber eine geringere Dichte an weiblichen Figurinen.

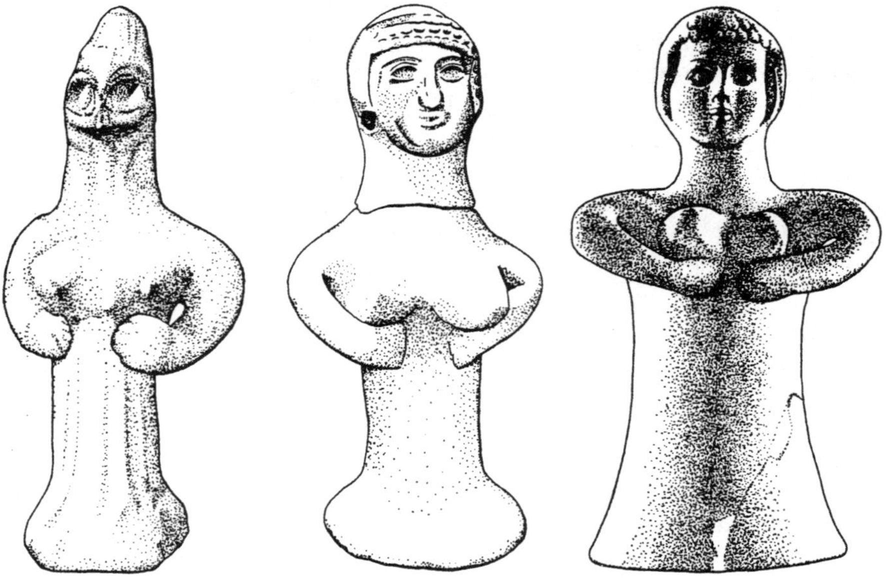

Abb. 39: Drei Beispiele sog. judäischer Pfeiler- oder Säulenfigurinen (*Judean Pillar Figurines*, Abkürzung: JPF). Charakteristisch sind die großen, oft ausladenden oder herabhängenden Brüste, die von beiden Händen gestützt werden. Die Köpfe sind entweder durch das Zusammenkneifen des noch feuchten Tons nur angedeutet (sog. *pinched-nose*) oder in einem Model separat gepresst und aufgesetzt. Dabei sind die großen, mandelförmigen Augen und die eng gewickelte Perllockenfrisur charakteristisch. Die meisten Statuetten sind zwischen 12 und 15 cm groß. Mittlerweile sind über 1000 Figurinen(-Fragmente) aus dem 8./7. Jh. v. Chr. aus privaten bzw. häuslichen, aber auch offiziellen Kontexten nahezu ausschließlich aus Juda belegt. Ihre Deutung ist umstritten, wahrscheinlich repräsentieren die Figurinen die Vitalität und Lebenskraft der in Juda verehrten Göttin Aschera.

Aschera als Partnerin an der Seite YHWHs ist sowohl für den Norden (YHWH von Samaria und seine Aschera) in den Inschriften von *Kuntilet ʿAǧrūd* als auch für den Süden in *Ḫirbet el-Kōm* und *Kuntilet ʿAǧrūd* belegt. Die wirtschaftliche Entwicklung und die Einbindung in den internationalen Fernhandel mit Phönizien und den Aramäern spricht für eine stärkere religiöse Pluralisierung und Internationalisierung des Nordens, die sich auch im → ikonographischen Befund erkennen lässt, doch bleibt das auffallende Verteilungsmuster der Pfeilerfigurinen ein noch nicht gänzlich aufgeklärtes Phänomen. Schon diese wenigen Bemerkungen zeigen, dass eine eigenständige, regional differenzierende Religionsgeschichte Israels und Judas für die Geschichtsdarstellung von großer Bedeutung ist. Zumindest muss eine Bewertung der Historizität der Kult(reform)notizen auch vor dem Hintergrund der religiösen Entwicklung in beiden Staaten gelesen werden.

Das bedeutet jedoch nicht automatisch, dass die in den Notizen gegebenen Informationen von vornherein als unhistorisch betrachtet werden können. Grundsätzlich sind Renovierungsarbeiten an einem Gebäude, das mehrere Jahrhunderte in Nutzung steht, mehr als wahrscheinlich. Auch ein sukzessiver Ausbau des Tempel-Palast-Komplexes, der mit dem zunehmenden Ausbau des Staates einhergeht, ist durchaus plausibel, wenn man sich von der Salomo-Fiktion löst (*N. Na'aman*). Ob diese Umwandlung von der »Palastkapelle« zum Nationalheiligtum aber mit konkreten Notizen, etwa der Erwähnung des Neutores (Jer 26,10; 36,10) oder dem oberen Tor (2 Kön 15,35) zu verbinden ist (*A. Lemaire*), ist wenig sicher. Die vermuteten Maßnahmen lassen sich nicht direkt mit den biblischen Notizen in Verbindung bringen. Die Forschung hat seit jeher dazu geneigt, die Historizität der Notizen nach ihrer Ausführlichkeit und dem Grad ihrer Konkretion zu beurteilen: Konkretes sei nicht erfunden, Ausführliches habe einen Bezug zu tatsächlichem Geschehen. Beide Kriterien können jedoch höchstens eine Tendenz angeben, sind aber letztlich nicht ausreichend, die Historizität einzelner Angaben zu beurteilen. Das gilt umso mehr, als dass der Tempelberg in Jerusalem archäologischen Untersuchungen entzogen ist.

(b) Zentralisationstendenzen im 8. Jh. v. Chr.

Eine *programmatische Kultreform* Hiskijas lässt sich archäologisch nicht nachweisen, aber auch kaum widerlegen. Während für die Eisen I- und Eisen IIA-Zeit eine große Anzahl von Strukturen nachgewiesen ist, die als Sakralarchitektur interpretiert wird (s. u.), fehlt es an Heiligtümern der ausgehenden Eisen IIB-Zeit neben dem Jerusalemer Tempel (nahezu *de facto Zentralisation*) und damit an der »kritischen Masse«. Zwar polemisiert das Jeremiabuch, dass die Götter Judas so zahlreich wie die Städte gewesen seien (Jer 2,28; 11,13) und die deuteronomistische Polemik sieht Heiligtümer »auf allen hohen Hügeln und unter jedem üppigen Baum« (1 Kön 14,23; 2 Kön 17,10; Jer 2,20; Ez 20,28 u. ö.), doch archäologisch sicher nachgewiesen ist diese Fülle für das 8./7. Jh. v. Chr. nicht. Dennoch ist für die Eisen II-Zeit inzwischen eine beträchtliche Anzahl von regionalen und lokalen Kultstätten archäologisch mehr oder minder sicher nachgewiesen. Für die Eisen II-Zeit begrenzt sich die Zahl der Orte bereits erheblich. Neben den Heiligtümern im Norden (Dan, Betsaida, Taanach, Megiddo, Bet-Schean, Bet-El) und im Ostjordanland (Pella/*Ṭabaqāt Faḥil*, *Tell ed-Dāmiye*/Adama, *Ḫirbet el-Mudēyine, Wādī eṯ-Ṯamad WT-13* [bei *Ruǧm er-Rumēl*], Atarot/*Ḫirbet ʿAtǎrūz*), im »edomitischen« Süden (*Ḥorvat Qiṭmīt* und *ʿĒn Ḥaṣeva*) und in der Küstenebene (*Tell el-Qasīle*, Ekron, Aschdod, *Tell Abū Salima*) sind *aus Juda* Heiligtümer und Kultinstallationen nur in *Tel Moẓa*, *Tell es-Sebaʿ*, Arad und Lachisch nachgewiesen. Eine Sonderrolle spielt die Karawanserei *Kuntilet ʿAǧrūd* im nördlichen Sinai, wo im Eingangsbereich auf Bänken viele Gefäße als Votivgaben abgestellt wurden.

Für die im Deuteronomium in Dtn 12,13–18 vorgeschriebene Opferzentralisation und die damit vermeintlich in Zusammenhang stehenden Kultreformen der Könige Hiskija und Joschija, kommen nur die wenigen letztgenannten Heiligtümer aus Juda in Betracht. Die in *Tell es-Sebaʿ* sekundär in Stratum II verbauten Teile eines größeren Kalksteinaltars lassen sich keinem Heiligtum in dem Funktionalort zuordnen. Deswegen auf die intentionale Zerstörung eines Heiligtums auf dem *Tell es-Sebaʿ* durch König Hiskija zu schließen, bleibt methodisch eine unzulässige Übertragung von 2 Kön 18,22 auf den eigentümlichen Befund. Warum das Heiligtum in Arad ab Stra-

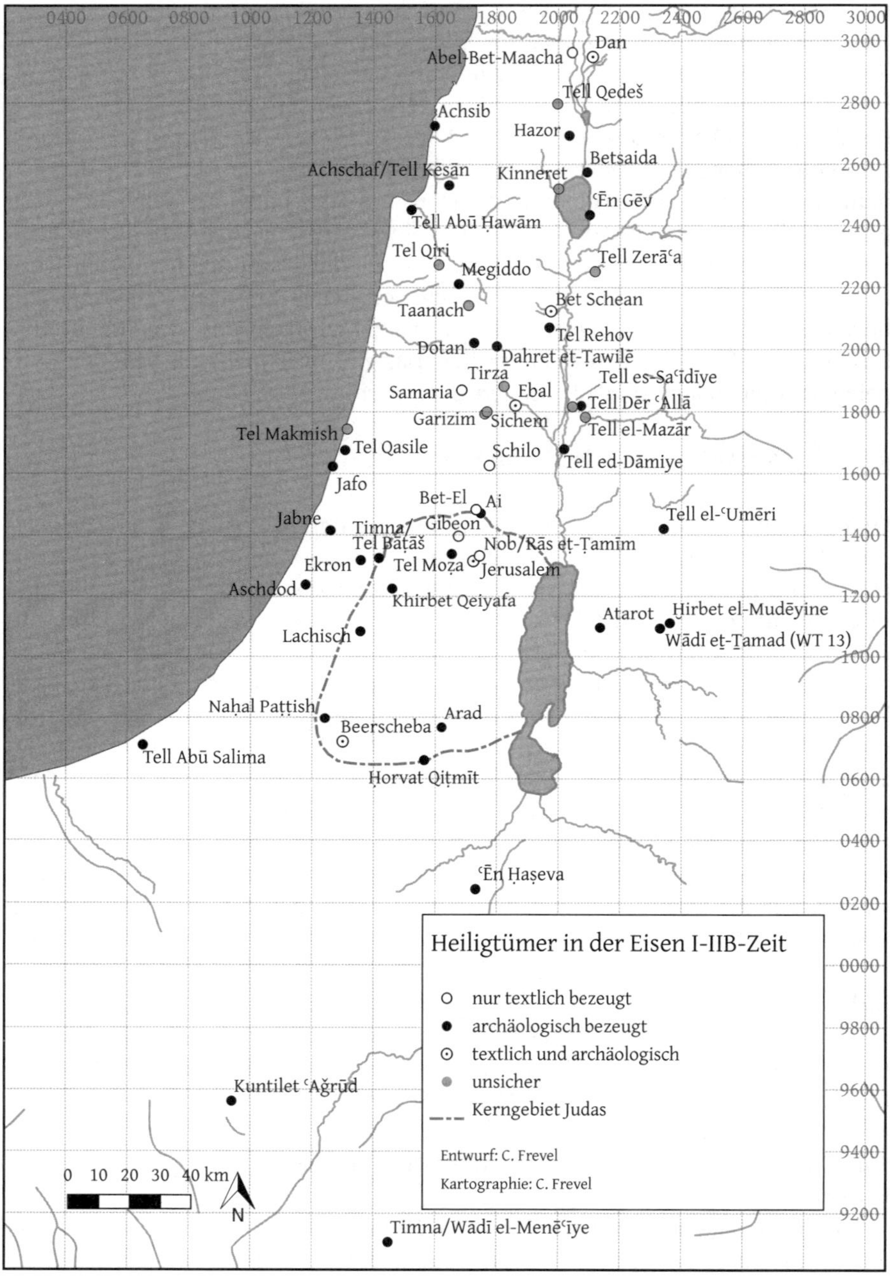

Karte 11: Heiligtümer in der Eisen I-, Eisen IIA- und Eisen IIB-Zeit. Die Karte soll der Orientierung dienen und erfasst weitmaschig die Orte, für die biblisch ein Heiligtum bezeugt ist. Dabei wird nicht zwischen Tempeln und offenen Anlagen unterschieden. Auch bei den archäologisch nachgewiesenen Heiligtümern ist der Befund mit großer Toleranz erfasst, um die Problematik der Kultzentralisation zu verdeutlichen. Dabei wird nicht zwischen Heiligtümern im Torbereich, in Stadttempeln oder in offenen Heiligtümern unterschieden.

tum VIII – wahrscheinlich in der Zeit Hiskijas (*Z. Herzog*) – aufgegeben wurde (↗ V.6.1), und ob vielleicht intendiert war, die sorgfältig vergrabenen Kultobjekte wieder zu verwenden, ist eine offene Frage (*C. Uehlinger*). Eine Möglichkeit der Interpretation ist die Verbindung mit Maßnahmen des Königs zur Stärkung der Bedeutung des zentralen Heiligtums in Jerusalem (2 Kön 18,22). Die wahrscheinlich historische Entfernung des Nehuschtan, eines Schlangenbildes aus dem Tempel (2 Kön 18,4), lässt als Einzelmaßnahme kaum zu, auf eine Kult*reform* zu schließen (*O. Keel*). Neu in die Diskussion eingebracht wurde das Heiligtum im Torbereich in Lachisch, das bei den jüngsten Nachgrabungen freigelegt worden ist (*S. Ganor/I. Kreimerman*). Von den Ausgräbern wird mit Hinweis auf 2 Kön 10,27 in Anschlag gebracht, dass ein in einem der südlichen Räume des Sechskammertors gefundener Toilettenstein das Heiligtum im ausgehenden 8. Jh. v. Chr. unter Hiskija absichtlich verunreinigen und so unbenutzbar machen sollte. Das Torheiligtum sei zuvor stillgelegt und dann durch den Einbau der Toilette desakralisiert worden. Die These ist gewagt. Eine Kultreform Hiskijas lässt sich damit jedenfalls nicht beweisen, zumal nicht minimalste Spuren von Fäkalien nachweisbar waren. Das spricht eher dafür, dass die Toilette niemals in Betrieb war. Warum das Torheiligtum anscheinend aufgegeben wurde, ist noch ungeklärt. Der Rückbau von Kultstätten ist schließlich auch aus dem Befund von *Tel Moẓa* (↗ V.9.5) zu erkennen, wahrscheinlich sogar schon deutlich früher als in Beerscheba und Arad (*S. Kisilevitz*). Mit der Aufgabe der genannten Heiligtümer bestätigt sich die Tendenz einer schrittweisen Reduktion lokaler Heiligtümer in Israel *und* Juda, die im 7. Jh. v. Chr. zu einer *de facto* Kultzentralisation führt. Ein dem Jerusalemer Tempel vergleichbares Gebäude hat es in Juda sowieso nie gegeben. Der Rückbau der regionalen Heiligtümer ist kein gleichzeitiger, sondern eher ein gradueller Prozess, der sehr unterschiedliche Gründe haben kann. Unabhängig davon, ob man die Entwicklung für kultpolitisch intentional einstuft oder nicht, spiegelt sich in dem Prozess die Aufwertung des zentralen nationalen Heiligtums in Jerusalem.

7.4 Außenpolitik Hiskijas am Ende des 8. Jh.s v. Chr.

Hiskija (725–697 v. Chr.) verhält sich außenpolitisch zunächst wie sein Vater Ahas (741–725 v. Chr.) als treuer Partner in Abhängigkeit von Salmanassar V. (727–722 v. Chr.) und Sargon II. (722–705 v. Chr.). Offenbar hat in dieser Phase die → Vasallität gegenüber der Schutzmacht ihren Zweck erfüllt, denn der zu zahlende Tribut scheint den wirtschaftlichen Aufschwung im Land nicht verhindert, sondern durch die Beteiligung am Fernhandel eher befördert zu haben. An dem Aufstand des Ḫanūnu von Gaza mit Ilubiʾdi von Hamat 720 v. Chr. scheint sich Hiskija nicht beteiligt zu haben (Annalen Sargons II., HTAT Nr. 154, TUAT I 378, Nimrud-Brief Nr. 16), denn das hätte deutliche Spuren der Strafexpedition hinterlassen. Das folgende Jahrzehnt, in dem Assur seine Aufmerksamkeit dem Reich von Urartu im Norden zuwenden muss, erlaubt Juda eine Phase wirtschaftlichen Wachstums und der Prosperität. Es ist wahrscheinlich, dass auch Juda von dem assyrisch protektionierten Fernhandel der Edomiter mit Arabien im Negeb und der Küstenregion profitiert (*L. Singer-Avitz, I. Finkelstein/N. Naʾaman*). Hiskija nutzt die Gelegenheit zur militärischen Sicherung und möglicherweise auch zur geringfügigen Ausdehnung des

Staatsgebietes nach Westen (2 Kön 18,8). Die *lmlk*-Stempel und ein bronzenes *lmlk*-Gewicht aus Geser könnten auf die judäische Kontrolle dieses wichtigen Ortes unter Hiskija hinweisen (*B. Brandl*).

Das erkennbare Erstarken Ägyptens scheint Jamān, einen Fürsten von Aschdod, der den proassyrischen Aḫimīt 713 v. Chr. mit Hilfe der Stadtaristokratie verdrängt hatte, bewogen zu haben, eine Wiederauflage der antiassyrischen Koalition mit Ägypten, Moab, Edom und Juda anzuregen (Sargons II. Feldzug gegen Aschdod, HTAT Nr. 160–163, TUAT I 381). Der Prophet Jesaja spricht sich nach biblischer Überlieferung wie schon unter Ahas (741–725 v. Chr.) vehement gegen eine Beteiligung aus (Jes 20,1–6). Sargon II. reagiert 711 v. Chr., erobert Aschdod und Gat und wandelt das südliche Philistäa zur assyrischen Provinz um, damit Ruhe einkehrt. Aber politische Ruhe ist nicht alles, es gilt auch die assyrischen Interessen auf den Handelswegen zu sichern. Der Ausbau der Gaza-Satelliten *Blakhiyah*, *Tell er-Ruqēš* und *Tell Abū Salima* zielt auf die Kontrolle des Endpunkts der Weihrauchstraße und der Abwehr eines Zugriffs seitens Ägyptens (*N. Na'aman*). Ob Sargon II. in Ashdod-Yam die aus Aschdod verbliebene Bevölkerung umgesiedelt hat (*I. Finkelstein/L. Singer-Avitz*), ist umstritten. Er baut jedenfalls *Aschdod-Yam* als assyrische Residenz und Emporium weiter aus und sichert den Transport der Handelsgüter durch die Anlage eines künstlichen Hafens (*A. Fantalkin*). Sowohl die Zerstörung Aschdods als auch die Umstrukturierung der ökonomischen Basis machen deutlich, wo die Interessen der Assyrer lagen. Das zeigt auch, dass der Widerstand gegen den imperialen Druck nicht bloß aus außenpolitischem Interesse erfolgte, denn die lokale Abschöpfung von Ressourcen wurde durch die Assyrer deutlich beschnitten (*Y. Thareani, A. Fantalkin*).

Der Thronwechsel von Sargon II. zu Sanherib (705–681 v. Chr.) führt zu erneuten Unruhen im Westen, an denen neben Vertretern der gesamten Küstenregion Aschkelon, Ekron, Arwad, Sidon und Byblos die ostjordanischen Staaten und jetzt auch Hiskija von Juda (2 Kön 18,7) maßgeblich beteiligt sind. Die Koalitionäre stellen die Tributzahlungen 706 v. Chr. auf einen Schlag ein. Man bemüht sich anscheinend auch um den Kuschiten Schabaka/Sabakon (715/13–700/698 v. Chr.) (*B. Schipper*), nach anderer Chronologie Schebiktu/*Šabataka*/Shebtiqo (*E. Gass*), denn ohne Ägypten hat ein Widerstand gegen die Großmacht kaum Aussicht auf Erfolg (Jes 18,1–7; 31,1). Hiskija von Juda ist offenbar *spiritus rector* (*H. Donner, E. Gass*) der Koalition. Padī, der König von Ekron/*Tel Miqnē*, der in den Inschriften Sanheribs als »vereidigter Vasall« bezeichnet wird, wird von den führenden Eliten der Stadt wegen seiner proassyrischen Haltung abgesetzt und an Hiskija ausgeliefert. Er wird später von Sanherib (aus Jerusalem?) befreit bzw. von Hiskija nach Verhandlung freigegeben (↗ V.7.5).

7.5 Der Feldzug Sanheribs und die Eroberung von Lachisch 701 v. Chr.

Kaum ein Ereignis der südlichen Levante ist so gut in den Quellen »dokumentiert« wie der sog. *dritte* Feldzug Sanheribs, über den nicht nur ein ausführlicher Bericht (in mehrfachen Ausführungen einschließlich Kurzfassungen) existiert

(HTAT Nr. 181–182), sondern auch Bildquellen, die die Eroberung Lachischs auf einem ursprünglich 27 m langen Relief im Palast Sanheribs in Ninive zeigen (↗ Abb. 40). Auch im AT wird an mehreren Stellen zum Teil nahezu wortgleich von dem Feldzug Sanheribs gegen Jerusalem »berichtet« (2 Kön 18–19; 2 Chr 32; Jes 36–38; 2 Makk 8,19; Sir 48,18). Trotz der guten Quellenlage sind aber nicht alle Aspekte des Feldzugs aufzuhellen.

Zunächst hatte Sanherib (705–681 v. Chr.) in seinem Land mit dem Ausbau der neuen Hauptstadt Ninive offenbar genug zu tun, sodass die Strafexpedition gegen die untreuen → Vasallen im Westen zunächst ausbleibt. Die Auseinandersetzungen mit Babylon, das er erst 689 v. Chr. endgültig bezwingen kann, fordern seine ganze Aufmerksamkeit und (militärische) Kraft. Als Sanherib seine Strafexpedition verspätet 701 v. Chr. beginnt, bricht jedenfalls die antiassyrische Koalition rasch auseinander, sobald die Erfolge der an der Küste entlangziehenden Assyrer bekannt werden. Lūlī, der König von Sidon, tritt gleich die Flucht nach Zypern an, als er vom Anmarsch der Truppen Sanheribs erfährt. An seine Stelle wird Tūbaʾlu als treu(er)er Vasall in Sidon eingesetzt. Nicht anders ergeht es dem aufständischen König Ṣidqā, der durch Šarru-lū-dari ausgetauscht wird. Dessen Name zeigt schon, wo er herkommt und hingehört: nach Assyrien. Kurz: Arwad, Byblos, Sidon und Aschdod zahlen ebenso wie Ammon, Moab und Edom erneut Tribut. In Elteke (vielleicht *Tell eš-Šallāf*) in der Küstenebene etwa auf der Mitte zwischen Jafo und Ekron/*Tel Miqnē* kommt es wahrscheinlich 701 v. Chr. zur Schlacht zwischen dem assyrischen und dem aus dem Nildelta zusammengezogenen ägyptischen Heer (*B. Schipper*). In 2 Kön 19,9//Jes 37,9 wird der kuschitische Pharao Tirhaka (Tarhaka) genannt, der aber erst 690 v. Chr. auf den Thron gelangte und bis 664 v. Chr. regierte. Der Chronologie nach kann es nur Schabataka gewesen sein, auch wenn nicht ausgeschlossen werden kann, dass die Truppen vom noch jungen Kronprinzen angeführt wurden (*K. Kitchen, B. Schipper*). Jes 30,2–5; 31,1–3 wird oft als Beteiligung oder gar Herbeiführung der Konfrontation zwischen den Ägyptern und Assyrern bei Elteke gedeutet, die in der Folge des Aufstands gegen Assur zuvor vereinbart gewesen sei (*M. Weippert, K. Koenen*). Der Text setzt sich kritisch mit der außenpolitischen Hinwendung nach Ägypten auseinander, ohne auf die Schlacht von Elteke konkret einzugehen. Inwieweit die Belagerung Lachischs und die assyrischen Eroberungen in der südlichen Schefela mit der Schlacht von Elteke zusammengehören, bleibt ebenso unklar, wie ob es einen eindeutigen Sieger gegeben hat. Herodot (Hdt. Hist. II,141) weiß gar von einem Sieg der Ägypter in Pelusium/*Tell el-Faramā* im östlichen Nildelta. Vielleicht blieben die Kräfte auch in etwa gleichgewichtig. Nach Sanheribs eigener Darstellung haben die Assyrer *natürlich* fraglos gesiegt, obwohl der Bericht im Vergleich noch zurückhaltend ausfällt (*E. Frahm*): »Die Minister?, Großen und Leute von Ekron, die ihren König Padī, einen vereidigten Vasallen des Landes Assyrien, in eiserne Fesseln geschlagen und dem Hiskia von Juda in feindlicher Absicht ausgeliefert hatten – wegen der Freveltat, die sie verübt hatten, geriet ihr Herz in Furcht. Die Könige des Landes Ägypten, die Bogentruppen, Streitwagen (und) Pferde des Königs des Landes Äthiopien, unzählige Truppen, holten sie zu Hilfe, und sie kamen zu ihrer Unterstützung. In der Flur von Eltheke lagen sie mir in Schlachtordnung gegenüber, indem sie ihre Waffen schärften.

Abb. 40: Ausschnitte aus Reliefplatten im Thronsaal des Südwestpalastes Sanheribs in Ninive. Die zwölf Reliefs stellen die Belagerung, Eroberung und Plünderung der Stadt Lachisch 701 v. Chr. dar. Auf dem ersten Relief sieht man links die assyrische Belagerungsrampe und die darauf anrückenden Bogenschützen, während die Bewohner von Lachisch die Stadt von den Türmen aus zu verteidigen suchen. In der Mitte und rechts sieht man den Abtransport der Kriegsbeute und Gefangenen nach der erfolgten Eroberung. Rechts unten und auf dem anschließenden Relief unten ist die harte Bestrafung der Judäer dargestellt. Oben werden die Gefangenen dem rechts thronenden Großkönig zugeführt, den sie um Gnade anflehen.

Im Vertrauen auf meinen Herrn Assur kämpfte ich mit ihnen und brachte ihnen eine Niederlage bei. Die ägyptischen Wagenkämpfer und Prinzen samt den Wagenkämpfern des Königs des Landes Äthiopien nahmen meine Hände lebend mitten in der Schlacht gefangen« (HTAT Nr. 181, II.73–III.6, Übersetzung *M. Weippert*). Ekron, das möglicherweise zuvor von Hiskija annektiert worden war (HTAT Nr. 180), wird erobert und der in Jerusalem festgehaltene assurtreue Padī wieder eingesetzt (↗ V.7.4): »Ihren König Padī holte ich aus Jerusalem heraus und setzte ihn (wieder) auf den Herrscherthron über sie und legte ihm Tribut an meine Herrschaft auf« (Chicago-Taylor-Tonprismen Sanheribs, HTAT Nr. 181, III.14–16, Übersetzung *M. Weippert*). Darüber, ob Padī durch Verhandlungen mit Hiskija freikam, militärisch befreit wurde oder er vielleicht *von*, aber nicht *in* Jerusalem selbst gefangen war, lässt sich nur spekulieren. Auch darüber, dass mit der assyrischen Eroberung Ekrons zunächst eine Zwischenlösung gefunden wurde und Padī erst nach der Belagerung Jerusalems frei kam und wieder in der Stadt als assurtreuer König eingesetzt wurde (*O. Keel*). Von der Küstenebene aus greift Sanherib dann auf die Schefela aus und zerstört zahlreiche Städte in Juda (2 Kön 18,13//Jes 36,1).

(a) Die Eroberung von Lachisch

Eine besondere Rolle nimmt unter den 46 Städten, die Sanherib eingenommen haben will, die Stadt Lachisch in der Schefela ein. Auf den Palastreliefs in Ninive ist die assyrische Belagerung und Eroberung von Lachisch/*Tell ed-Duwēr*, die Bestrafung der Soldaten und die Deportation der Bevölkerung anschaulich zur propagandistischen Selbstvergewisserung der eigenen Stärke dargestellt (↗ Abb. 40). Lachisch kam offenbar eine paradigmatische Bedeutung zu, nicht nur weil es trotz der relativ bescheidenden Größe mit höchstens 2000 Einwohnern nach der Hauptstadt Jerusalem der bedeutendste befestigte Ort in Juda war, sondern auch, weil Sanherib Jerusalem offenbar nicht eroberte (↗ V.7.6). Nach 2 Kön 18,14.17; Jes 36,2; 2 Chr 32,9 war zudem das Lager Sanheribs in Lachisch, von dem aus er die judäischen Städte attackierte. Eine massive Doppelmauer diente vor allem dem Schutz einer für judäische Verhältnisse riesigen Anlage im Zentrum des nahezu rechteckigen Tells. Der Gebäudekomplex, dessen Geschichte und Funktion sich nicht mehr vollständig aufklären lassen, gehörte zu den größten Gebäuden in Juda überhaupt. Der große Hof und die »Stallanlagen« deuten auf eine militärische Teil-, wenn nicht Hauptnutzung, sodass Lachisch in erster Linie ein militärisches Fort war. Im Bereich des Aufgangs zu dem massiven Sechskammertor konnten die Ausgrabungen eine riesige Aufschüttung freilegen, die als assyrische Belagerungsrampe zu identifizieren ist. Ein entsprechendes Widerlager als Gegenrampe fand sich in der südwestlichen Ecke des Tells.

(b) Zerstörungen im Zusammenhang mit dem Feldzug Sanheribs

Neben vielen anderen Städten werden Lachisch, *Tel ʿErani*, Timna/*Tel Bāṭāš*, *Tell Bēt Mirsim*, Bet-Schemesch/*ʿĒn Šems*, Arad, *Tell ʿĒṭūn*, *Tell el-Ḥuwēlifa/Tel Ḥalif*/Rimmon,

Tel ʿĪrā/Ḫirbet el-Ġarra, Tel Burna/Libna, Mizpa/*Tell en Naṣbe* und *Tell es-Sebaʿ* (dazu abweichend *E. A. Knauf*) zerstört (*I. Finkelstein/N. Naʾaman, D. Ussishkin, J. A. Blakely u. a.*), wobei die Region nördlich von Jerusalem weniger in Mitleidenschaft gezogen wird (*E. A. Knauf*). Sanherib rühmt sich in seinen Annalen, insgesamt 46 Städte belagert und eingenommen zu haben (2 Kön 18,13//Jes 36,1): »Von Hiskia von Juda, der sich meinem Joch nicht unterworfen hatte, belagerte (und) eroberte ich 46 seiner Festungsstädte, ummauerte Orte und kleine Ortschaften in ihrer Umgebung ohne Zahl, indem ich Dämme aufführte und Mauerbrecher heranbrachte, mit Infanteriekampf, Minen, Breschen und Sturmleitern. 200.150 Menschen klein und groß, männlich und weiblich, Pferde, Maultiere, Esel, Kamele, Rinder und Kleinvieh ohne Zahl holte ich daraus heraus und rechnete (sie) zur Beute« (Chicago-Taylor-Tonprismen Sanheribs, HTAT Nr. 181,1–24, Übersetzung *M. Weippert*). Die Siedlungsfläche in der Schefela reduziert sich in der Folgezeit um fast zwei Drittel (*D. Ussishkin*). Doch auch wenn die Annalen und die Darstellung weggeführter Gefangener auf den Lachisch-Reliefs (und 2 Kön 18,31–32) einen anderen Eindruck vermitteln, bleiben die Hinweise auf Massendeportationen aus Juda im ausgehenden 8. Jh. v. Chr. abgesehen von den Siedlungsabbrüchen und -reduktionen eher dünn. Indizien gibt es aus dem Einsatz von judäischen Fremdarbeitern bei der Errichtung des Palastes von Ninive (*D. Ussishkin*). Hinweise auf einen Elitenaustausch wie in der Provinz *Šamīrīna* (↗ V.6.7) fehlen für 701 v. Chr. aber gänzlich (*A. Bagg*). Schon zuvor waren arabische Bevölkerungsteile zur Sicherung des Fernhandels im Negeb angesiedelt worden (*A. Berlejung*). Wie stark übertrieben die Angabe von 200.000 deportierten Judäern ist, lässt sich letztlich nicht mehr aufklären, auch nicht, wie viele der Bewohner in der Schefela von den Assyrern getötet wurden, aus den Siedlungen abwanderten oder vielleicht in den »sicheren« philistäischen Küstenstreifen geflohen sind. Die stark expandierende assyrische Provinzstadt Ekron jedenfalls scheint im beginnenden 7. Jh. v. Chr. auch einer größeren Anzahl von Judäern Heimat und Brot gegeben zu haben (*N. Naʾaman, S. Gitin*). Vielleicht lässt sich Ähnliches auch für die unter assyrischer Hand prosperierenden Städte Aschdod, Bet-Schemesch und Timna vermuten, wenn auch die Bevölkerung dort nicht so stark anwächst wie in Ekron.

(c) Folgen des Feldzugs Sanheribs in Juda

Sanheribs Politik zielte weder auf eine Annexion noch auf die völlige Zerstörung der Infrastruktur, sondern – abgesehen von der Maßregelung Hiskijas – auf die Errichtung einer Pufferzone zwischen Ägypten und Palästina, die zu einer erneuten *balance of power* führte. Dieses Ziel wurde durch die Schwächung Judas, die Eroberung der Orte in der Schefela und die Errichtung einer Kette von Festungen und vereinzelter Handelsposten im Negeb vollumfänglich erreicht. Die Kontrolle über das Beerscheba-Becken und den Negeb war nicht nur der sicheren Pufferzone zu Ägypten geschuldet, sondern zugleich für die seit der Eroberung Gazas durch Tiglat-Pileser III. (734 v. Chr.) etablierten ökonomischen Interessen zentral: 1. in Bezug auf den Kupferhandel aus der Araba zu den maritimen Häfen am Mittelmeer, 2. zur Kontrolle über den zunehmend wichtiger werdenden arabischen Fernhandel samt des Endpunktes der sog. »Weihrauchstraße« in Gaza und 3. für die Kontrolle über den maritimen Handel entlang der *via maris.* Juda war eher Mittel zum Zweck als – abgesehen von der Demonstration der Dominanz über die Aufrührer – Ziel des Feldzugs.

7.6 Der Abzug Sanheribs von Jerusalem 701 v. Chr.

In der assyrischen Praxis war es üblich, nicht die Hauptstadt zuerst anzugreifen. Was geschah 701 v. Chr. in und mit Jerusalem? Sanherib rühmt sich, Hiskija »wie einen Käfigvogel« in Jerusalem eingeschlossen zu haben. »Befestigungen legte ich ringsum gegen ihn an und verleidete ihm das Herausgehen aus dem Tor seiner Stadt« (Chicago-Taylor-Tonprismen Sanheribs, HTAT Nr. 181). Es ist umstritten, ob die Wendung eine Belagerung der Stadt voraussetzt. Während *L. Massmann* davon ausgeht, dass die ökonomische Potenz Judas abgesehen von der Schefela so gering war, dass Sanherib kein Interesse an der Eroberung Jerusalems gehabt habe, und *E. A. Knauf* annimmt, dass das assyrische Heer für eine Belagerung schon zu geschwächt war, wird meist im Anschluss an die biblischen Texte (2 Kön 18,17; Jes 36,2) mit starkem militärischem Druck auf Jerusalem gerechnet. Josephus kennt in der Beschreibung der Belagerung und Eroberung Jerusalems durch Titus (70 n. Chr.) einen Ort – wahrscheinlich in der Nähe der nördlichen Umfassungsmauer des Tempelbezirks (*D. Ussishkin*) – den er das »Lager der Assyrer« nennt (Jos. Bell. V,303.504–508). Unklar ist aber, wie weit das Vorhaben, Jerusalem von jeglicher Versorgung abzuschneiden, die Mauern anzugreifen und die Stadt zu erobern, überhaupt unter den assyrischen Militärs Tartan, Rabsari und Rabschake (2 Kön 18,17) in die Tat umgesetzt wurde. *A. van der Koij, W. Mayer u. a.* haben herausgestellt, dass aus den Formulierungen keine militärische Belagerung im Vollsinn abgeleitet werden kann. Aus letztlich unklaren Gründen (eine im Anschluss an 2 Kön 19,35f//Jes 37,36f vermutete Seuche, eine von Herodot [Hdt. Hist. II,141] für Ägypten bezeugte Mäuseplage oder [ein Gerücht über] die innenpolitische Lage in Assyrien [*N. K. Matty*] bieten alle keine wirklich plausible Begründung) kommt es jedenfalls zum unerwarteten Abzug Sanheribs aus Juda, ohne dass Jerusalem erobert wird. Biblisch ist der Umstand zur wundersamen Rettung Jerusalems ausgestaltet worden (2 Kön 18,17–19,37//Jes 36,2–37,38) und hat die Literaturproduktion und Entwicklung der Zionstheologie beflügelt. Jerusalem wird zur uneinnehmbaren Feste stilisiert, die vom Stadtgott Jerusalems beschützt wird (z. B. Ps 46; 48). Was theologisch den Mythos Jerusalems als Mittel- und Fluchtpunkt bestärkt hat, zeigt sich aus historischer Perspektive eher als unvermeidbare Niederlage. Die Annalen Sanheribs und 2 Kön 18,13 lassen erkennen, dass Hiskija hohe Tributzahlungen leistet, um Juda bzw. Jerusalem zu verschonen (anders *N. K. Matty*, die die Tributzahlung dem Abzug Sanheribs nachordnet). Sanherib lässt das in idealisierender Weise so darstellen: »Jenen Hiskia warf die Furcht vor dem Schreckensglanz meiner Herrschermacht nieder, sodass er die ... und seine Elitetruppen, die er zur Verstärkung der Stadt Jerusalem, seiner Königsstadt, hineingebracht und zu Hilfe genommen hatte, zusammen mit 30 Talenten Gold, 800 Talenten Silber, erlesener Antimonpaste, großen Blöcken von ...-Gestein, Elfenbeinbetten, (mit) Elfenbein (überzogenen) Lehnstühlen, Elefantenhaut, Elfenbein, Ebenholz, Wacholderholz, allem möglichen, einem schweren Schatz, sowie seinen Töchtern, seinen Palastfrauen, Sängern, Sängerinnen nach Nineve, der Stadt meiner Herrschaft, mir nachbringen ließ und zum Leisten des Tributs und zur Huldigung seinen Gesandten schickte« (Chicago-Taylor-Tonprismen Sanheribs, HTAT Nr. 181,37–49, Übersetzung *M. Weippert*).

7.7 Die Unterwerfung Judas durch Sanherib

Wahrscheinlich hat man also von einer Unterwerfung Hiskijas auszugehen, die die Stadt verschont hat (*O. Keel, M. Weippert, D. Ussishkin*). Juda wird erneut in die assyrische → Vasallität gezwungen und die politische Eigenständigkeit weiter eingeschränkt. Zur Strafe für die Organisation des regionalen Widerstands wird das Gebiet Hiskijas verkleinert. Die erst mit der Expansion im ausgehenden 9. Jh. v. Chr. judäisch gewordene Schefela wird – assyrischer Praxis entsprechend (*A. Berlejung*) – zumindest teilweise den Philisterfürsten von Aschdod, Ekron und Gaza zugeschlagen. »Seine (scil. Hiskijas) Städte, die ich geplündert hatte, trennte ich von seinem Lande ab und gab sie Mitint, dem König der Stadt Aschdod, Padī, dem König der Stadt Ekron und Ṣil-Bēl dem König der Stadt Gaza, und verkleinerte so sein Land« (Chicago-Taylor-Tonprismen Sanheribs, HTAT Nr. 181,30–34, Übersetzung *M. Weippert*). Lachisch/*Tell ed-Duwēr* wird im Anschluss an die Eroberung zur assyrischen Festung und möglicherweise der Kontrolle Judas entzogen. An vielen anderen Orten besonders im Süden entstehen im 7. Jh. v. Chr. assyrische Bauten: Residenzen, administrative Gebäude, Speicheranlagen und militärische Forts. So etwa an der Küste in Aschdod, *Naḥal Shiqma/Wādī el-Hesi*, Gaza, *Blakhiyah*, *ar-Ruqēš/Tell er-Ruqēš*, *Tell Ğemme*, *Tell Abū Salima*, südlich von Lachisch im Binnenland in *Tell Abū Hurēra/Tel Haror*/Gerar, *Tel Sera/Tell eš-Šeriʿa*, *Ḥorvat Huga*, *Tell Bēt Mirsim*. Auch dabei wird der Norden Judas abgesehen von Geser und *Rāmat Rāḥēl/Ḫirbet Ṣāliḥ* ausgespart, ein Muster, das in der Verteilung »assyrischer« Objekte der materiellen Kultur ebenfalls bestätigt wird (*A. Berlejung* mit Verteilungskarte).

Mit dem Entzug der Kontrolle über die westliche Schefela und den Negeb wird Hiskija das wirtschaftliche und militärische Rückgrat genommen und Juda gezwungen, sich zu der in der Küstenebene und der westlichen Schefela sehr präsenten assyrischen Besatzung loyal zu verhalten. Weiteren Aufständen in der südlichen Levante ist damit zumindest für die erste Hälfte des 7. Jh.s v. Chr. der Boden unter den Füßen weggezogen. Zum Schaden der Entwicklung des judäischen Staates sollte das nicht sein.

8. Juda im 7. Jh. v. Chr. unter Manasse

H. M. Barstad, Jeremiah the Historian, in: G. Khan/D. Lipton (Hg.), Studies on the Text and Versions of the Hebrew Bible (VT.S 149), Leiden u. a. 2011, 87–98 • C. L. Crouch, The Making of Israel (VT.S 162), Leiden u. a. 2014 • E. Gass, Die kultischen Vergehen Manasses, die Königebücher und das Deuteronomium, in: ders., Menschliches Handeln und Sprechen im Horizont Gottes (FAT 100), Tübingen 2015, 157–187 • L. L. Grabbe (Hg.), Good Kings and Bad Kings, London 2007 • L. K. Handy, Rehabilitating Manasseh, in: D. V. Edelman/E. Ben Zvi (Hg.), Remembering Biblical Figures in Late Persian and Early Hellenistic Periods, Oxford 2013, 221–235 • E. A. Knauf, Hezekiah or Manasseh?: TA 28, 2001, 281–287 • G. Lehmann, Survival and Reconstruction of Judah in the Time of Manasseh, in: A. Berlejung (Hg.), Disaster and Relief Management (FAT 81), Tübingen 2012, 289–309.

De facto bleibt nach 701 v. Chr. als einzige Stadt Judas nur Jerusalem übrig, die Gebiete der Schefela (85% werden im 7. Jh. v. Chr. nicht mehr besiedelt!) werden der Verwaltung der Küstenstädte Gaza, Aschdod und Ekron überstellt. Das südliche Bergland Judas ist deutlich geringer besiedelt als im 8. Jh. v. Chr. (*A. Ofer*, anders *I. Finkelstein*).

8.1 Die Außenpolitik Manasses

Das 7. Jh. v. Chr. ist durch den assyrischen Einfluss auf die Politik Judas bestimmt und die Regierungszeit Manasses (696–642 v. Chr.) fällt in die Zeit der größten Ausdehnung und wirtschaftlichen Blüte des neuassyrischen Großreiches. Zwischen der 25. Dynastie von Ägypten (ca. 746–656 v. Chr.) und Asarhaddon (681–669 v. Chr.) herrscht gewissermaßen eine Pattsituation. Weder gelingt es den Ägyptern, ihre Macht auf die syro-palästinische Landbrücke auszudehnen, noch können die assyrischen Könige Ägypten dauerhaft unter ihre Herrschaft bringen. 674 v. Chr. wird das assyrische Heer am Ostdelta zurückgeschlagen, dringt aber auf dem zweiten Feldzug 671 v. Chr. bis Memphis vor. Nachdem Asarhaddon 669 v. Chr. auf dem dritten Feldzug erkrankt und stirbt, setzt sein Sohn Assurbanipal (669–631 v. Chr.) das Unternehmen fort. Er erobert 667 v. Chr. Memphis und 664 v. Chr. Theben (Nah 3,8–10), kann aber die Herrschaft über Ägypten gegen den wieder erstarkenden Psammetich I. (664–610 v. Chr.), der durch den Lydier Gyges und griechische Söldner unterstützt wird (*B. Schipper*), nicht aufrechterhalten. Es kommt offenbar zu einer Kooperation zwischen Assur und den Pharaonen der 26. Dynastie (672–526/25 v. Chr.), die die Küstenebene und Palästina im ausgehenden 7. Jh. v. Chr. erneut unter starken ägyptischen Einfluss bringt, welcher bis zu Necho II. (610–595 v. Chr.) und zur Eingliederung Judas in das neubabylonische Provinzsystem andauert (2 Kön 24,7). An den Feldzügen Assurbanipals nach Ägypten soll sich Manasse (696–642 v. Chr.) mit anderen Vasallen beteiligt haben (Prisma C, HTAT Nr. 191, vgl. TUAT I 397).

8.2 Die Diskrepanz zwischen dem biblischen und dem historischen Manassebild

Da von der Keramiktypologie eine scharfe Unterscheidung von Phasen im 7. Jh. v. Chr. aufgrund fehlender Zerstörungsschichten kaum möglich ist, wird derzeit intensiv diskutiert, wie der Auf- und Ausbau Judas im 7. Jh. v. Chr. historisch einzuordnen ist. Dabei stellt sich heraus, dass Manasse (696–642 v. Chr.) der in der Forschung bisher wohl am meisten unterschätzte judäische König ist. In der → dtr Darstellung ist Manasse ein paradigmatisch schlechter König, der für den Zusammenbruch des Staates 587/86 v. Chr. verantwortlich gemacht wird (2 Kön 21,1–23; 23,26; 24,4). Demgegenüber wird sein Enkel Joschija (639–609 v. Chr.) als

YHWH-treuer königlicher Held (2 Kön 22–23) geradezu glorifiziert. Häufig hat sich die Forschung dem einfach angeschlossen und erst unter Joschija eine Restaurationsphase Judas angenommen. In jüngerer Zeit wird dem widersprochen und die enorme Leistung des Wiederaufbaus nach 701 v. Chr. eher Manasse als Hiskija zugesprochen (*L. L. Grabbe, E. A. Knauf*).

8.3 Manasse als treuer Vasall Assurs

Manasse (696–642 v. Chr.), der möglicherweise schon bald nach 701 v. Chr. als von proassyrischen Kräften unterstützter Koregent Hiskijas eingesetzt wird, regiert nach 2 Kön 21,1 55 Jahre. Das ist die längste Regierungsdauer unter den Königen Judas. Da eine lange Regierungszeit ein langes Leben voraussetzt und dieses im weisheitlichen Tun-Ergehen-Zusammenhang auf ein den Geboten Gottes entsprechendes Handeln schließen lässt, hat die Chronik mit dem Gebet Manasses dessen Umkehrwilligkeit unterstrichen und seine Bautätigkeit positiv gewertet (2 Chr 33,13–16). Zwar ist die Darstellung als theologische Konstruktion zu werten, doch liegt die Chronik mit der teilpositiven Wertung näher an der historischen Wirklichkeit als das negative Pauschalurteil der → Deuteronomisten. Manasse ist treuer → Vasall der assyrischen Großkönige Asarhaddon (681–669 v. Chr.) und Assurbanipal (669–631 v. Chr.) (Vasallenliste Asarhaddons, Prisma C, HTAT Nr. 188.191) und leistet wahrscheinlich auch den neuassyrischen Loyalitätseid (*adê*-Vereidigung), sei es schriftlich oder mündlich. Es wird derzeit diskutiert, ob die mit einer → Kasemattenmauer umschlossene (Palast-)Anlage in *Rāmat Rāḥēl/Ḫirbet Ṣāliḥ* Stratum VA trotz des Fehlens eindeutig assyrischer Funde als Zentrum der assyrischen Präsenz in der Nähe der Hauptstadt (4 km südlich von Jerusalem) zu interpretieren ist (*N. Naʾaman, R. Reich*). Alternativ diente die Anlage, die als administratives Zentrum unter Hiskija auf Initiative der Assyrer errichtet und unter Manasse weiter ausgebaut wurde, als zweite Residenz des Königs von Juda (*O. Lipschits u. a.*).

8.4 Der wirtschaftliche Ausbau des Reiches unter Manasse

Durch sein politisches Handeln führt er Juda in eine Phase erneuter Prosperität. Wie im vorausgegangenen Abschnitt erwähnt, sind die Ausbaumaßnahmen in Jerusalem nicht Hiskija, sondern eher Manasse (696–642 v. Chr.) zuzuschreiben. Die Bevölkerung wächst weiter an, und um die Stadt herum entsteht ein dichter Ring von kleineren Gehöften, Dörfern und Festungen, die die Stadt versorgen und schützen. Nach der Zerstörung 701 v. Chr. werden Lachisch/*Tell ed-Duwēr, Tell Bēt Mirsim, Tell ʿĒṭūn, Tel Ḥalif, Ḫirbet el-Mšāš* wieder besiedelt. Vielleicht kommen auch Teile der Schefela bereits unter Manasse in die Verwaltungshoheit Judas zurück (*O. Keel*). Eine Reihe von Festungen im Süden und Osten des Reiches (Arad, *Ḥorvat ʿUzzā/Ḫirbet Ġazze, Ḥorvat Raddum, Tel ʿĪrā/Ḫirbet el-Ġarra*, En-Gedi u. a. m.), die meist Joschija zugeschrieben werden, sind wahrscheinlich unter Manasse gebaut bzw. restauriert worden. Auffallend ist die damit verbundene Besiedlung der semiariden Randzonen am Westufer des Toten Meeres zwischen der Gegend von Jericho bis En-Gedi einerseits und im Beerscheba-Becken andererseits. Der Aufschwung des Negeb zeigt sich nicht nur in den festungsartigen Bauten, die zur Absicherung der assyrisch protektionierten Handelsaktivitäten gegen marodierende Banden dienten, sondern auch im Nordwesten des Negeb in *Tell eš-Šerīʾa* oder *Tell Ǧemme*, wo assyrische Keramik und Architektur einen Aufschwung spiegeln. Aufgrund der fehlenden Wirtschaftsfläche in der Schefela scheint aber Manasse auf die weniger zugänglichen Gebiete ausgewichen zu sein, um im Beerscheba-Becken Getreide produzieren zu lassen. Am assyrisch protektionierten Fernhandel im südlichen Negeb scheinen vor allem die Edomiter bzw. mobile arabisch-edomitische Gruppen, zu einem geringeren Teil aber auch Juda, zu partizipieren (Kadesch-Barnea/*Tell el-Qedērat*, *ʿĒn Ḥaṣeva*, *Ḥorvat Qiṭmīt*), jedoch führt die *pax assyriaca* zu verstärktem Handel auch im Binnenland.

Die Wirtschaftsaktivitäten scheinen unter assyrischer Protektion regional konzentriert zu werden. Das philistäische Ekron/*Tel Miqnē*/*Ḫirbet el-Muqannaʿ* entwickelt im 7. Jh. v. Chr. eine monopolartige Stellung in der Ölproduktion, was vielleicht sogar zur Aufgabe nahegelegener judäischer Ölproduktionszentren (*Tell Bēt Mirsim*, *Tel Ḥalif*, *Tell ʿĒṭūn*, Bet-Schemesch/*ʿĒn Šems*) führt (*I. Finkelstein/N. Naʾaman*). Das Hinterland von Aschkelon spezialisiert sich auf die Weinproduktion. Juda scheint wie der Negeb zur Getreideproduktion genutzt zu werden (*A. Faust/E. Weiss*). Dass dies nicht nur der Selbstversorgung dient, sondern Überschuss produziert und in den Handel eingebracht wird, zeigen Funde in der regional bedeutenden Hafenstadt Aschkelon, wo Reste von Weizen nachgewiesen wurden, der aus Juda stammt.

8.5 Assyrischer Kulturdruck und religiöse Entwicklung

Auch die weiter anwachsende Schriftlichkeit zeigt, dass sich Juda unter Manasse (696–642 v. Chr.) weit besser entwickelt als es die biblische Darstellung glauben machen will. Darin wird Manasse vorgeworfen, den Alleinverehrungsanspruch YHWHs massiv infrage gestellt zu haben (2 Kön 21,3–7). Unter der Überschrift »assyrische Krise der israelitischen Religion« (*H. Donner*) ist daher in der Forschung diskutiert worden, ob den → Vasallen die Verpflichtung auferlegt wurde, assyrische Gottheiten zu verehren (*H. Spieckermann*). Manasse habe assyrische Kulte in einer *interpretatio canaanitica* (*H. Donner*) als Baal, Aschera und Himmelsheer gefördert. In der → Ikonographie lässt sich ab dem ausgehenden 9. Jh. v. Chr. eine verstärkte Präsenz uranischer und astraler Symbole (Himmel und Gestirne, vor allem des im 8./7. Jh. v. Chr. prominenten assyrisch-aramäischen Mondgottes von Haran; ↗ Abb. 28) erkennen, sodass eine Engführung auf Manasse und den assyrischen Imperialismus bzw. die starke assyrische Präsenz nach 701 v. Chr. zu kurz greift. Das Erzwingen assyrischer Kulte ist im Regelfall kein Herrschaftsmittel der Assyrer (*M. Cogan*, ↗ V.6) und die Verehrung assyrischer Gottheiten auch nicht der Ersatz für die besiegten und anschließend deportierten (z. B. aus Gaza, Aschkelon, Aschdod, Gat, Samaria, vgl. HTAT Nr. 142.151.160; Hos 10,5–6, auch ↗ Abb. 16) Gottheiten. *O. Keel* weist jedoch zu Recht auf den zunehmenden assyrisch-aramäischen

Einfluss auf das ikonographische Symbolsystem im 8./7. Jh. v. Chr. hin, der durch den schwindenden ägyptischen Einfluss, die Deportation der Eliten, die Präsenz assyrischer Beamter und Soldaten und den florierenden assyrischen Wirtschaftsraum bestärkt wird. Die Präsenz aramäisch-assyrischer Kultelemente und Symbole ist daher eher auf den assyrischen *Kulturdruck* im Vasallenstaat Juda als auf eine gezielte Religionspolitik seitens Manasse zurückzuführen. Die unzweifelhafte Attraktivität der Sieger hat zu einer Verehrung aramäisch-assyrischer Gottheiten wie des Mondgottes von Haran oder der Himmelskönigin sowie zur »modischen« Angleichung der lokalen Gottheiten (YHWH, Aschera, El, Baal, Astarte) an Ištar, Aššur und andere Gottheiten geführt (↗ V.6.5), die aber biblisch namentlich nicht erwähnt werden (Jes 3,18; Jer 8,2; 19,13; 44,17; Zef 1,4f; Dtn 8,2 u. ö.). Die Entwicklung im religiösen Symbolsystem ist damit analog zur materiellen Kultur, wo ebenfalls in Keramik, Schmuck, Bauformen u. a. m. moderater assyrischer Einfluss erkennbar ist.

Der modischen Angleichung an die assyrische Kultur und Religion stehen führende konservative Kräfte skeptisch gegenüber, da sie darin die Preisgabe der gewachsenen, traditionellen Identität sehen. Dass dadurch eine produktive Spannung in der Gesellschaft entsteht, die nicht zuletzt die Literaturproduktion im 7. Jh. v. Chr. enorm anregt, sollte davor bewahren, den kulturellen Wandel mit den → Deuteronomisten pauschal zu verurteilen.

9. *Juda im Kräftespiel zwischen Assur, Babylon und Ägypten – Joschija*

M. Arneth, Die antiassyrische Reform des Joschija: ZAR 7, 2001, 189–216 • A. Fantalkin, Meẓad Ḥashavyahu: TA 28, 2001, 3–165 • C. Frevel, Wovon reden die Deuteronomisten?, in: M. Witte (Hg.), Die deuteronomistischen Geschichtswerke (BZAW 365), Berlin/New York 2006, 247–277 • E. Gass, Nebukadnezzar ante portas: ZAW 128, 2016, 247–266 • Z. Greenhut/A. De Groot, Salvage Excavations at Tel Moza (IAA Reports 39), Jerusalem 2009 • P. Guillaume, The Myth of the Edomite Threat: KUSATU 15, 2013, 97–108 • S. Kisilevitz, The Iron IIA Judahite Temple at Moza: TA 42, 2015, 147–164 • S. Kisilevitz u. a., Moza, Tel Moza: HA-ESI 126, 2014 • I. Koch, The »Chariots of the Sun« (2 Kings 23:11): Semitica 54, 2012, 211–219 • I. Koch/O. Lipschits, The Rosette Stamped Jar Handle System and the Kingdom of Judah at the End of the First Temple Period: ZDPV 129, 2013, 55–78 • O. Lipschits, Archaeological Facts, Historical Speculations and the Date of the LMLK Storage Jars: JHS 12, 2012, 1–15 • O. Lipschits/O. Sergi/I. Koch, Judahite Stamped and Incised Jar Handles: TA 38, 2011, 5–41 • O. Lipschits u. a., What Are the Stones Whispering, Winona Lake 2017 • A. Malamat, The Kingdom of Judah between Egypt and Babylonia: StTh 44, 1990, 65–77 • N. Naʾaman, The Kingdom of Judah under Josia: TA 18, 1991, 3–71 • ders., An Assyrian Residence at Ramat Rahel: TA 28, 2001, 260–281 • ders., Notes on the Temple »Restorations« of Jehoash and Josiah: VT 63, 2013, 640–651 • M. Pietsch, Die Kultreform Josias (FAT 86), Tübingen 2013 • B. Schipper, Egypt and the Kingdom of Judah under Josiah and Jehojakim: TA 37, 2010, 200–226 • Y. Takahashi, Reconsidering Meẓad Ḥashavyahu: AJBI 39, 2013, 5–19 • C. Uehlinger, Was There a Cult Reform under King Josiah?, in: L. L. Grabbe (Hg.), Good Kings and Bad Kings (ESHM 5), London 2007, 297–316 • S. Wimmer, A New Hieratic Ostracon from Ashkelon: TA 35, 2008, 65–72.

9.1 Innenpolitische Widerstände gegen Assur

Der Widerstand gegen die Politik Assurs formiert sich bereits in der Regierungszeit Manasses (696–642 v. Chr.), der aber Emanzipationsbestrebungen klug eine Absage erteilt. Doch mit seinem Tod scheinen antiassyrische Kräfte an Boden zu gewinnen. Ob die Ermordung seines Sohnes Amon (641–640 v. Chr.) mit antiassyrischen Aufstandsbewegungen in Regierungskreisen in Beziehung steht, lässt sich nicht mehr eruieren. An seine Stelle tritt jedenfalls der von einflussreichen aristokratischen Kreisen (*ʿam hāʾāræṣ* 2 Kön 21,24; 22,1, Schafaniden) unterstützte achtjährige Joschija (639–609 v. Chr.). Damit ist anscheinend die Kontinuität in der Außenpolitik gewahrt, Juda bleibt folgsamer assyrischer → Vasall und die prosperierende Phase der Restauration Judas kann fortgesetzt werden.

9.2 Der Niedergang des assyrischen Großreiches

Die Regierungszeit Joschijas (639–609 v. Chr.) ist sehr von der Verschiebung der politischen Gewichte im Vorderen Orient mitbestimmt. Gegen Ende der Regierungszeit Assurbanipals (669–631 v. Chr.) beginnt der rasche Zerfall des neuassyrischen Reiches. Das zähe Aufbegehren Babylons und Elams kann zunächst abgewehrt werden, doch gerät das neuassyrische Reich auch aus dem Norden durch Skythen, die bis an die Grenze Ägyptens vordringen (Hdt. Hist. I,105), zunehmend unter Druck.

Der Verbund der Neubabylonier mit den Medern im Südosten des Reiches bringt es schließlich ins Wanken und zum Sturz. Nabopolassar, der Begründer der neubabylonischen chaldäischen Dynastie, ergreift den Thron in Babylon 626 v. Chr. und beginnt mit militärischen Nadelstichen gegen Assur, die nach und nach ins Kernland reichen. 614 v. Chr. fällt Assur, 612 v. Chr. nach dreimonatiger Belagerung Ninive. De facto ist damit das assyrische Imperium besiegt. Der letzte assyrische Herrscher Aššur-uballiṭ II. (612–610 v. Chr.), der schon nicht mehr ordnungsgemäß in Assur inthronisiert werden konnte, wird nach seinem Rückzug in die Provinz in Haran/*Ḫarrān* 610 v. Chr. geschlagen, kann aber fliehen. Die im Untergang begriffenen Assyrer suchen Hilfe bei Pharao Necho II. (610–595 v. Chr.), der zwar Haran 609 v. Chr. zurückerobern, das Ende der assyrischen Dynastie und des zuvor glanzvollen Assyrien aber nicht mehr aufhalten kann. In der Phase der schwindenden assyrischen Macht entsteht in Südsyrien und Palästina allerdings *kein* Machtvakuum. Dafür sorgen schon die ägyptischen Interessen in der Region, die in der zweiten Hälfte des 7. Jh.s v. Chr. wieder erkennbar anwachsen.

9.3 Juda unter ägyptischer Kontrolle

Bereits unter Psammetich I. (664–610 v. Chr.), dessen Expansionswille nach Syrien ein → Ostrakon aus Karnak dokumentiert (HTAT Nr. 256), scheint es ein Kooperationsabkommen zwischen Ägypten und Assur gegeben zu haben, das Ägypten zu militärischem Beistand verpflichtet und dafür die Kontrolle über die südliche Levante zusichert (*N. Na'aman, B. Schipper*). Dass die Ägypter tatsächlich an der Seite Assurs gekämpft haben, belegen die Babylonische Chronik Gadd (BM 21901,10f, HTAT Nr. 258) und Jer 46,2. Je schwächer Assur wird, desto stärker greift Ägypten auf Palästina aus. Herodot berichtet von der Einnahme Aschdods (Hdt. Hist. II,157), und die Skythen scheinen durch den ägyptischen Herrscher aus der Küstenebene verdrängt worden zu sein (Hdt. Hist. I,105). Auf einer Stele Psammetichs I. behauptet der Pharao 612 v. Chr. wohl zu Recht die Abhängigkeit der syro-palästinischen Herrscher von Ägypten (*B. Schipper*). Archäologisch ist die Sicherung des Horuswegs und der *via maris* durch den Bau von Festungen in der Küstenebene (*Məṣad Ḥăšavyāhū*), durch ägyptische Skarabäen (*O. Keel*) und durch griechische Importware in Aschkelon, Ekron, Timna/*Tel Bāṭāš, el-Kabrī, Məṣad Ḥăšavyāhū*, Dor und anderen Orten (*R. Wenning*) nachzuverfolgen, die durch griechische Söldner in der ägyptischen Armee und durch den Handel mit der Ägäis eingeführt wird. Der Befehlshaber der Garnison in Arad *Eljaschib* wird in den Arad-Ostraka angewiesen, Nahrungsmittel an die Kittäer (Griechen) zu liefern (HAE: Arad[6] 1.2.4.7.8.10.11.14). Es liegt nahe anzunehmen, dass es um griechische Söldner geht, die im Dienst der Ägypter stehen. Die Negeb-Festungen in Arad und *ʿĒn el-Qudērat* standen im ausgehenden 7. Jh. v. Chr. wohl nicht nur unter Einfluss, sondern auch unter Kontrolle der Ägypter. Auf der Nilinsel Elephantine gibt es schon zur Zeit der 26. Dynastie (672–526/25 v. Chr.) unter Psammetich I. (664–610 v. Chr.) und seinem Nachfolger Necho II. (610–595 v. Chr.) ein Kontingent judäischer Söldner zur Sicherung der Südgrenze Ägyptens. Die Anwesenheit Nechos in Megiddo (2 Kön 23,29) schließlich deutet wie auch der archäologische Befund der Stadt darauf hin, dass der Ort wie unter Schischak I. (946/45–924 v. Chr.) (↗ IV.8.) als Stützpunkt der ägyptischen Oberherrschaft dient (*A. Malamat*). Der Schluss, dass Juda in der Zeit Joschijas nominell zwar assyrischer, *de facto* aber ägyptischer Kontrolle unterlag (2 Kön 24,7), ist unausweichlich (*J. M. Miller/J. H. Hayes*). In diese Richtung weisen auch die Zunahme hieratisch-ägyptischer Inschriften (*S. Wimmer*) sowie die an Quantität und Qualität zunehmenden ägyptischen Kleinfunde in der Küstenregion und im Binnenland (etwa Skarabäen der ägyptischen Herrscher der 26. Dynastie, bes. Psammetich I.) (*B. Schipper*). Beschriftete Siegelabdrücke und ein in der Echtheit umstrittenes Ostrakon können vielleicht sogar belegen, dass Juda unter Joschija an Ägypten Vasallitätssteuern abführte (*S. Wimmer*).

9.4 Keine signifikante Ausdehnung der Reichsgrenzen unter Joschija

Unter dieser Voraussetzung stellt sich das politische Handeln Joschijas (639–609 v. Chr.), der in keiner außerbiblischen Quelle erwähnt wird, in einem anderen Licht dar. Der Abzug der Assyrer hinterlässt *kein* Machtvakuum. An eine umfassende Ausdehnung der Reichsgrenzen und die »Restauration des israelitisch-judäischen Staates« (*A. H. J. Gunneweg*, Geschichte, 121) mit der Wiedervereinigung von Israel und Juda nach dem »nie erloschenen Ideal des davidisch-salomonischen Gesamtreiches« durch einen der »glänzendsten, begabtesten und faszinierendsten Gestalten auf dem Throne Davids« (*H. Donner*, Geschichte Israels, 374.380) ist nicht zu denken und das nicht nur, weil das Ideal vielleicht zur Zeit Joschijas erst im Entstehen war. *Məṣad Ḥăšavyāhū*, das häufig wegen der Anwesenheit von Judäern für Joschijas Interessen an der Küste reklamiert wird, ist ein ägyptischer Stützpunkt bzw. eine von Söldnern gesicherte griechisch-ägyptische Handelskolonie (*A. Fantalkin*). Die Küstenebene steht wie die assyrische Provinz *Magidû* unter ägyptischer Kontrolle und weist ebenso wenig wie die Provinz *Šamīrīna*, Galiläa oder das Ostjordanland Zeichen joschijanischer Expansion auf (*N. Na'aman*). *R. Kletter* hat vorgeschlagen, anhand markanter Eisen IIC-zeitlicher Elemente der materiellen Kultur annäherungsweise das judäische Gebiet zu bestimmen. Die sog. Pfeilerfigurinen (sog. »Pillar Figurines«, ↗ Abb. 39), die beschrifteten Gewichte und vor allem die Rosettenstempelsiegelabdrücke (↗ Abb. 38), die den *lmlk*-Stempeln Hiskijas im 7. Jh. v. Chr. nachfolgen, zeigen in ihrer Verteilung (↗ V.7.2 mit *Karte 10*) kaum eine Ausweitung über das Kerngebiet Judas hinaus.

Ob die Kontrolle des Negeb und der Schefela über die von Manasse hinausging, wird derzeit diskutiert. Als indirekte Evidenz der joschijanischen Expansion werden in der Forschung häufiger die Städtelisten im Josuabuch (Jos 15,21–62; 18,21–28; 19,2–8.40–46) bzw. die → dtr Landeroberungserzählung genannt, die als aus der Zeit Joschijas stammend angesehen werden, doch können diese lediglich als Programm, nicht als Beleg für dessen Umsetzung ins Feld geführt werden. Wahrscheinlich bleibt lediglich eine maßvolle Nordexpansion Joschijas, die Jericho und Bet-El einschließt, sodass das Gebiet des Staates Juda am Ausgang des 6. Jh.s v. Chr. etwa den Umfang der späteren persischen Provinz Jehud hat (*O. Lipschits*, ↗ VI.3 mit *Karte 12*) bzw. lediglich im Süden über deren Ausdehnung hinausgeht. Diese geringe Nordexpansion scheint allerdings die Sicht beflügelt zu haben, die Geschichte der beiden Reiche Israel und Juda in der ersten Fassung der Königsbücher auf der Grundlage von Listenmaterial (und vielleicht ersten Entwürfen aus dem Norden aus der Zeit Jerobeams II., ↗ V.5.9) miteinander zu verbinden und vielleicht jetzt auch erstmals die Idee eines geeinten Reiches unter den → eponymen Königen David und Salomo zu konstruieren. Dabei sahen sie Juda in joschijanischer Brechung naturgemäß als stärker, bedeutender etc. und übertrugen diese Sicht auch auf die Geschichte des untergegangenen Nordreiches. Dass die Theologen damit eine Darstellung begründeten, die später als Norm der »Geschichte Israels« angesehen würde, war sicher anfänglich nicht intendiert.

9.5 Die Kultreform Joschijas

Das bringt die Frage nach der Historizität der Kultreform Joschijas 622 v. Chr. (2 Kön 22–23) auf. In 2 Kön 22,3 wird Schafan, ein Mitglied der Regierung und hochstehender Beamter mit einer Tempelrenovierung beauftragt. Schafan ist in der anschließenden Erzählung Bindeglied zwischen der Tempelverwaltung und der Staatsregierung. Die nach dem hier namentlich erwähnten Protagonisten benannte einflussreiche Familie der Schafaniden nahm in den letzten Jahrzehnten vor dem Untergang Jerusalems und auch noch danach eine wichtige Rolle ein. Mehrere Mitglieder der auch außerbiblisch auf Siegeln mehrfach belegten Familie, die dem Propheten Jeremia nahestand, bekleidete hohe Staatsämter: Erwähnt sind die Söhne Schafans Ahikam (2 Kön 22,12.14; Jer 26,24), Elasa (Jer 29,3), Gemarja (Jer 36,12.25) und Jaasanja (Ez 8,11) sowie seine Enkel Micha(ja) (Jer 36,11–13) und vor allen Dingen Gedalja (2 Kön 25,22–25; Jer 40,5; 43,6 u. ö., ↗ V.11.2). In der Erzählung von der Kultreform ist die Familie erstmals in den biblischen Texten greifbar. Schafan ist Erstleser des im Tempel gefundenen Buches, *bevor* er es zum König bringt. Nachdem dem König der Inhalt des Buches (das seit W. M. L. De Wette 1806/1807 mit dem Deuteronomium identifiziert wird, was aber wegen der Bezeichnung *sæfær habb^e^rît* »Bundesbuch« nicht die einzige Möglichkeit bleibt) vorgelesen worden ist, wird es mit einer Gesandtschaft in die Weststadt zur Prophetin Hulda gesandt (2 Kön 22,14). Der König reagiert auf die Einschätzung der Prophetin bzw. den Inhalt des Buches (2 Kön 23,24) mit einer Kultreform, die den Jerusalemer Tempel von fremden Kulteinflüssen reinigt und mit Maßnahmen verbunden ist, die bis in die Städte Samarias im Norden ausgreifen (2 Kön 23,17.19).

Für eine historische Beurteilung sind *Kultzentralisation* und *Kultreinigung* getrennt voneinander zu betrachten. *De facto* ist der Opferkult in Juda im 7. Jh. v. Chr. bereits auf Jerusalem zentralisiert. Der Tempel in Arad und das (nur implizit über den Opferaltar nachweisbare) Heiligtum vom *Tell es-Sebaᶜ* bestehen zur Zeit Joschijas nicht mehr (↗ V.7.3 und Karte 11). Lediglich Kultstätten niederen Rangs wie z. B. Torheiligtümer könnten den Bemühungen des Königs um die Einheit des Kultes zum Opfer gefallen sein. Neue Fragen wirft allerdings das Heiligtum von *Tel Moẓa* 7 km nordwestlich von Jerusalem auf. Im Hof von Gebäude 500 wurden nicht nur Fragmente von Figurinen und kultischen Gefäßen sowie eine Favissa (→ Hortfund), sondern auch ein aus Feldsteinen errichteter Altar gefunden (*S. Kisilevitz u. a.*). In unmittelbarer Nähe fanden sich Knochen und Asche, die eindeutig auf Tieropfer hinweisen. Der in syrischer Tempelbautradition stehende Komplex wurde zunächst in das 8./7. Jh. v. Chr. datiert (*Z. Greenhut/A. De Groot*), jedoch wurde dieses Datum aufgrund der jüngsten Grabungen korrigiert. Der Gebäudekomplex wurde demnach im 9. Jh. v. Chr. errichtet, doch offenbar bereits im 8. Jh. v. Chr. nicht mehr als solcher opferkultisch benutzt, da die Erhöhung des Fußbodens die Kultgefäße, Figurinen und die Reste des Altars mit einer dicken Schicht Erde bedeckten (*S. Kisilevitz u. a.*). Das Gebäude selbst wird im Rahmen der administrativen Funktion, die *Tel Moẓa* anscheinend regional wahrnahm, weiterbenutzt. Damit scheint der Befund von *Tel Moẓa* in eine ähnliche Richtung wie derjenige von Arad und Beerscheba zu weisen und eher an den Anfang der Entwicklung zu gehören. Es gab eine sukzessive Aufgabe von regionalen Heiligtümern zugunsten Jerusalems, die im AT als Reform und Kultzentralisation gedeutet wird. Der zuvor regionale Kult wird *de facto* national zentriert.

Mit der Ausdehnung der Reichsgrenzen nach Bet-El ist die Frage verbunden, wie Joschija mit dem ehemaligen Reichsheiligtum verfuhr. 2 Kön 23,4.15.17.19 geht von einer Zerstörung aus, die zwar im Programm einer Konzentration des nationalen Kultes auf Jerusalem plausibel (*K. Koenen*), jedoch archäologisch nicht nachzuweisen ist (*E. A. Knauf*). Über ihre Historizität lässt sich daher kaum entscheiden. Ein Ausgreifen der Maßnahmen Joschijas auf weite Teile des in biblischer Darstellung zum »Nordreich« gehörenden Territoriums (2 Kön 23,18f) kann hingegen ausgeschlossen werden (↗ V.9.4).

An einem »begründeten Minimum« (*C. Uehlinger*) einer *Kultreinigung* in Jerusalem ist festzuhalten (2 Kön 23,5.6f*.11.12, *C. Frevel*). Diese setzt zum einen die auch im → ikonographischen Symbolsystem des 7. Jh.s v. Chr. sich abzeichnende Monolatrisierung (*Monolatrie* bezeichnet die Verehrung nur einer Gottheit ohne Ausschluss der Existenz anderer Gottheiten) um (*O. Keel/C. Uehlinger*), zum anderen beseitigt sie mit den Pferden und Sonnenwagen in assyrischen Divinationspraktiken des Šamaš-Kultes verwendete Elemente und reduziert den assyrisch-aramäischen Einfluss (*O. Keel*). Die maßvolle Kultreform Joschijas – eher progressive als konservative Restauration – führt damit nicht zu einem grundsätzlichen Paradigmenwechsel, wohl aber zur *de facto* Alleinverehrung YHWHs im Jerusalemer Tempel und im Staatskult. Diese ist innenpolitisch die Grundlage für eine auf die Gottesverehrung gegründete nationale Identität und theologiegeschichtlich eine wichtige Voraussetzung auf dem Weg zum explizit formulierten Monotheismus der Exilszeit. Die Kultreform Joschijas hat keine gezielt *antiassyrische* Stoßrichtung (so *M. Arneth*), sondern setzt innenpolitisch das um, was außenpolitisch Fakt ist: Die Assyrer sind geschwächt und spielen als Einflussfaktor in der südlichen Levante eine immer geringere Rolle. Die in den Maßnahmen Joschijas erkennbare Aufwertung der Stadt Jerusalem setzt die Entwicklung unter Hiskija und Manasse fort.

9.6 Der Tod Joschijas und die Absetzung Joahas'

Der in 2 Kön 23,29f erzählte Tod Joschijas 609 v. Chr. gibt Rätsel auf, da er nicht zu der → deuteronomistischen Idealisierung des Königs passt. Eine militärische Auseinandersetzung Joschijas mit Pharao Necho II. (610–595 v. Chr.), die in 2 Chr 35,20–24 auf der Grundlage von 2 Kön 23,29 entfaltet wird, ist historisch unwahrscheinlich und der Formulierung in V. 29 (*wörtl.* »und er ging ihm entgegen«) auch nicht zu entnehmen. Die genauen Hintergründe sind spekulativ, doch hat der Vorschlag einige Plausibilität, dass Joschija wegen vermuteter oder tatsächlicher Untreue im Kontext des Machtwechsels von Psammetich I. (664–610 v. Chr.) auf Necho II. (610–595 v. Chr.) als → Vasall nach Megiddo einbestellt und durch den Pharao Necho II. getötet wird (*O. Keel*).

Als Nachfolger wird der jüngere Sohn Joschijas Joahas (Jer 22,11: Schallum) von der judäischen Aristokratie als König eingesetzt, aber von Pharao Necho II. nicht akzeptiert. Als dieser drei Monate nach der Einsetzung von der Unterstützung der Assyrer im Kampf um Haran/*Ḫarrān* zurückkehrt und in Ribla am Orontes Station macht, bestellt er Joahas (609 v. Chr.) ein, setzt ihn als König ab und bringt ihn gefangen nach Ägypten (2 Kön 23,33f). Necho II. ersetzt ihn durch den anscheinend (wegen seiner proägyptischen Haltung?) übergangenen älteren Sohn Joschijas Eljakim, den er in Jojakim (608–598 v. Chr.) umbenennt, und erlegt ihm einen hohen Tribut auf (2 Kön 23,33.35). Über den Hintergrund dieser nun formellen Vasallität zu Ägypten kann spekuliert werden. Anhand eines → Ostrakons aus der Festung Arad (HAE: Arad[6] 88, auch ↗ V.9.3) ist auf die Vorbereitung eines Kriegs gegen Ägypten geschlossen worden, doch handelt es sich wahrscheinlich nicht um einen Brief, sondern um die Abschrift eines offiziellen Dokuments vielleicht als Schülerübung. Kriegsvorbereitungen *gegen* Ägypten gibt der Text nicht her (*B. Schipper*), sodass der Grund für die Absetzung Joahas' durch den Pharao unklar bleibt.

10. Das Ende des Staates Juda

R. Albertz, Die Exilszeit (BE 7), Stuttgart 2001 • ders., Die Zerstörung des Jerusalemer Tempels 587 v. Chr., in: J. Hahn (Hg.), Zerstörungen des Jerusalemer Tempels (WUNT 147), Tübingen 2002, 23–39 • H. M. Barstad, The Myth of the Empty Land, Oslo 1996 • ders., History and the Bible (FAT 61), Tübingen 2008 • B. Becking, The betrayal of Edom: HTS 72(4): a3286, http://dx.doi.org/10.4102/hts.v72i4.3286, 2016 (Zugriffsdatum 23.7.2018) • A. Berlejung, Notlösungen, in: U. Hübner/E. A. Knauf (Hg.), Kein Land für sich allein (OBO 186), Fribourg/Göttingen 2002, 196–230 • C. L. Crouch, Jehoiachin: ZAW 129, 2017, 234–246 • A. Faust, Deportation and Demography in Sixth-Century B.C.E. Judah, in: B. E. Kelle u. a. (Hg.), Interpreting Exile, Atlanta 2011, 91–104 • ders., Judah in the Neo-Babylonian Period, Atlanta 2012 • H. Geva, The Settlement on the Southwestern Hill of Jerusalem at the End of the Iron Age: ZDPV 122, 2006, 140–150 • P. Guillaume, The Myth of Edomite Threat, in: R. G. Lehmann/A. E. Zernecke (Hg.), Schrift und Sprache (KUSATU 15), Kamen 2013, 97–108 • A. Lemaire, New Aramaic Ostraca from Idumea and Their Historical Interpretation, in: O. Lipschits/M. Oeming (Hg.), Judah and the Judeans in the Persian Period, Winona Lake 2006, 409–452 • O. Lipschits, The Fall and Rise of Jerusalem, Winona Lake 2005 • E. Meyers, Exile and Restoration in Light of Recent Archaeology and Demographic Studies, in: G. N. Knoppers/L. L. Grabbe (Hg.), Exile and Restoration Revisited, London 2009, 166–173 • N. Na'aman, Ostracon 40 from Arad reconsidered, in: C. G. den Hertog u. a. (Hg.), Saxa loquentur (AOAT 302), Münster 2003, 199–204 • H.-J. Stipp, The Concept of the Empty Land in Jeremiah 37–43, in: E. Ben Zvi/C. Levin (Hg.), The Concept of Exile in Ancient Israel and Its Historical Contexts (BZAW 404), Berlin/New York 2010, 103–154 • J. Stöckl/C. Waerzeggers (Hg.), Exile and Return (BZAW 478), Berlin 2015.

10.1 Jojakim als neubabylonischer Vasall und der Abfall von Babylon 601 v. Chr.

Mit dem Erstarken der neubabylonischen Herrschaft unter Nabû-kudurri-uṣur (»Nabu, schütze meinen Erbsohn!«), dem biblischen Nebukadnezzar (bzw. gr. und lat. Nabuchodonosor) (605–562 v. Chr.), gerät die syro-palästinische Landbrücke erneut zwischen die Fronten der Großmächte Ägyptens und Mesopotamiens. 605 v. Chr. greift Nebukadnezzar die Ägypter bei Karkemisch am Eufrat an und schlägt diese vernichtend. Das geht nicht nur aus der babylonischen Chronik (HTAT Nr. 258) hervor, sondern ist auch in einem aramäischen Brief des Königs *ʾAdūn* von *Ekron* (HTAT Nr. 260) belegt (vgl. TUAT I 403f; 633; Jer 46,2–12). Der anschließende Eroberungszug durch Syrien (in dem Nebukadnezzar kaum nach Jerusalem gekommen sein dürfte; Dan 1,1 beruht auf einer Verwechslung von Jojakim und Jojachim, *O. Keel*) muss durch die Thronbesteigung nach dem Tod seines Vaters Nabopolassar unterbrochen werden. In den Folgejahren werden die Ägypter weiter zurückgedrängt, jedoch gelingt es den Neubabyloniern nicht, bis nach Ägypten vorzustoßen. Mit dem Vordringen Nebukadnezzars ins Ḫatti-Land (Syrien/Palästina) bzw. das ganze Land Ḫamat (Nordsyrien) wird Jojakim von Juda wie die Nachbarprovinzen der Region widerstandslos (lediglich Aschkelon leistet erfolglos Widerstand) babylonischer → Vasall (604 v. Chr.), was er für die ersten drei Jahre auch bleibt (2 Kön 24,1). Als die Entscheidungsschlacht gegen Necho II. 601 v. Chr. an der ägyptischen Grenze unentschieden bleibt, Nebukadnezzar hohe Verluste hinnehmen muss und Ägypten wieder zu erstarken scheint, fällt Jojakim von Babylon ab. Die Hoffnung auf Ägypten erweist sich als trügerisch. Nebukadnezzar muss in einem drohenden Bündnis den erneuten Verlust der syro-palästinischen Landbrücke fürchten. Das erklärt das harte exemplarische Vorgehen gegen ^{URU}*ia-a-ḫu-du* »die Stadt Judas« (*R. Albertz*).

10.2 Die erste Eroberung Jerusalems 597/96 v. Chr.

Nebukadnezzar reagiert (wegen der hohen Verluste unter seinen Truppen?, *O. Lipschits*) jedoch nicht sofort, sondern nach der Babylonischen Chronik in seinem siebten Jahr 597 v. Chr. (HTAT Nr. 258, Jer 52,28–30) mit dem Zug gegen Jerusalem. Bezüglich der Datierung bestehen leichte Unsicherheiten, da 2 Kön 24,12 das Ereignis in das achte Jahr Nebukadnezzars datiert, was 596 v. Chr. entsprechen würde. Eine vergleichbare Differenz ergibt sich für das Jahr 587/86 v. Chr., wenn man 2 Kön 24,18 mit Ez 33,21 vergleicht. Die unterschiedlichen Angaben rühren wahrscheinlich von unterschiedlichen Datierungssystemen her (einmal wird das Akzessionsjahr mitgezählt, das andere mal nicht, *K. Koenen*).

Jojakim erlebt die erste Eroberung der Stadt nicht mehr. Ob er von probabylonischen Kräften ermordet wurde, als sich die Strafaktion abzeichnete (Jer 22,18f), von Nebukadnezzar getötet (Jos. Ant. X,97) oder abgesetzt und nach Babylon geführt wurde (2 Chr 36,6) oder tatsächlich drei Monate vor der Einnahme der Stadt (während der Belagerung?) im Dezember 597 v. Chr. eines natürlichen Todes starb (2 Kön 24,6), wird sich nicht mehr sicher klären lassen, auch wenn der Version 2 Kön 24,6 in der Forschung meist ein Prä eingeräumt wird (*R. Albertz, O. Lipschits*). Sein Sohn Jojachin übernimmt am 10. Dezember 597 v. Chr. die Führung und kapituliert bald angesichts der babylonischen Übermacht (2 Kön 24,12), um die Zerstörung der Stadt im letzten Moment aufzuhalten. In der Babylonischen Chronik wird der 2. Adar des 7. Regierungsjahres für dieses entscheidende Ereignis angegeben, was dem 16. März 597 v. Chr. entspricht. Die Babylonische Chronik weiß jedoch nichts von einer Kapitulation, sondern geht von der Eroberung der Stadt aus: »Der König von Akkad bot seine Truppen auf und zog nach Ḫattu und schlug gegen Juda (sein Lager) auf und nahm die Stadt am 2. Adar ein. Den König nahm er gefangen. Einen König nach seinem Herzen setzte er darin ein. Seine schwere Abgabe na[hm er entgegen un]d brachte (sie) nach Babylon« (Übersetzung *M. Weippert*, HTAT Nr. 258). Dass die Babylonische Chronik es lieber sieht, dass der König mit der *eroberten* Stadt gefangen genommen wurde, dürfte angesichts der propagandistischen Zwecke nachvollziehbar sein. Doch spricht vor allem die Versorgung des gefangen genommenen und nach Babylon verbrachten Jojachin (2 Kön 24,15), die für das Jahr 592 v. Chr. mehrfach in babylonischen Archivnotizen belegt ist (vgl. die Angaben in den Rationenlisten TUAT I 412f, HTAT Nr. 265–267), für eine freiwillige Aufgabe des Widerstands. Trotz des Handelns Jojachins sind die Folgen für Jerusalem und Juda schwerwiegend: Nebukadnezzar setzt Mattanja, den Onkel Jojachins, als König ein (↗ V.10.4). Er nimmt einen hohen Tribut als Kriegsbeute mit nach Babylon, darunter einen Teil der Tempelgeräte (2 Kön 24,13; vgl. Jer 27,18–22). Neben einem großen Teil der Königsfamilie und der Jerusalemer Führungsschicht (u. a. Ezechiel) führt er spezialisierte und kriegstechnisch versierte Handwerker sowie einen Teil der Bevölkerung Judas nach Babylon (2 Kön 24,15–16; Jer 29,2).

Die Dokumente aus dem Archiv der Verwaltung des babylonischen Palastes zeigen, dass neben Jojachin und den Angehörigen des Königshauses auch andere Angehörige von Herrscherhäusern und Eliten am Königshof in Babylon versorgt wurden und sehr unterschiedliche Ämter bekleideten. Die Eroberten wurden keinesfalls alle gleich behandelt, sondern entsprechend dem Grad ihres Widerstands, ihrer Loyalität und ihrer Funktion. In den Zuteilungsnotizen aus dem Jahr 592 v. Chr. wird Jojachin mehrfach zusammen mit seinen fünf Söhnen erwähnt (HTAT Nr. 267). 1 Chr 3,17–18 kennt sogar sieben in der Gefangenschaft geborene Söhne Jojachins namentlich. Das Schicksal Jojachins endet am Hof Ewil-Merodachs (Amēl-Marduk 562–560 v. Chr.), wo er im Jahr 561 v. Chr. zu dessen Regierungsantritt am *Akitu*-Fest nach 37 Jahren Gefangenschaft begnadigt wird (2 Kön 25,27//Jer 52,31). Damit verlieren sich die Nachrichten über diesen König, was sein Schicksal für prodavidische Restaurationshoffnungen öffnete (↗ V.11.3).

10.3 Deportation der judäischen Bevölkerung

Die biblische Darstellung sieht jeden der bedeutenden Einschnitte in der Stadtgeschichte Jerusalems bis zur Eroberung mit der Wegführung von Bewohnern aus Juda verbunden. Nachdem Jojachin 597 v. Chr. die Stadt vor der Eroberung durch Nebukadnezzar gerettet hat, findet die erste Deportationswelle statt. Die Formulierung in 2 Kön 24,14 lässt das Ausmaß exorbitant erscheinen, wenn Nebukadnezzar »ganz Jerusalem« gefangen fortführt und erst danach Oberste, Krieger, Schmiede und Schlosser, sodass ausdrücklich nur »das geringe Volk des Landes« verbleibt. Die Verbindung der letzten Phrase mit der Schilderung der zweiten Deportation 587/86 v. Chr. in 2 Kön 25,11–12 ist überdeutlich, denn dort werden von diesem Rest nur noch einige Weingärtner/Winzer und Ackerbauern übrig gelassen. Noch radikaler ist der Erzählerkommentar 2 Kön 25,21, der »*ganz* Juda« weggeführt sein lässt (auch Jer 13,19; 20,4; 52,27; Klgl 1,3). Der Fokus der biblischen Aussagen liegt oft auf der Stadt (z. B. Jer 1,3 »Wegführung Jerusalems«), doch in anderen Aussagen ist standardisiert von »Juda und Jerusalem« die Rede (Jer 27,20; 29,1; 40,1). Kaum eine Aussage ist in den alttestamentlichen Texten so vielfältig variiert wie die der Exilierung der judäischen Bevölkerung im 6. Jh. v. Chr. Manche Texte versteigen sich sogar zu der Ansicht, das Land sei während der Jahre des Exils vollkommen entleert gewesen und habe brach gelegen (Jer 44,22; 2 Chr 36,20–21 u. ö.). Diese als »Mythos des leeren Landes« (*H. M. Barstad*) bezeichnete Sicht dient der theologischen Vergewisserung, dass die als Strafe gedeutete Exilierung vollständig war. Zugleich wird damit die → Gola, die Gemeinschaft der Rückkehrer aus dem Exil, in eine Position versetzt, die sie zum *eigentlichen* Israel werden lässt. Denn so wie »ganz Israel« ins Exil gegangen ist, so kehrte »ganz Israel« daraus zurück (↗ VI.4.4). Schon diese wenigen Andeutungen zeigen die enorme Bedeutung des Exils für die Konstruktion der kollektiven Identität des nachexilischen Israel. Die in der Sekundärliteratur für den Sachverhalt gebrauchte Terminologie ist vielfältig und auch darin ist die Bedeutung des Ereignisses für die »Geschichte Israels« zu erkennen: Deportation, Exilierung, Verbannung, erzwungene Migration oder Wegführung. Man spricht von der babylonischen Gefangenschaft, von den Exiljudäern oder der Gola. Die Begriffe haben jeweils andere Konnotationen und sind entweder auf den Vorgang oder das Ergebnis bezogen. Die hinter den biblischen Notizen stehende historische Wirklichkeit ist schwer zu beurteilen und reicht von Positionen, die die Bedeutung der Exilierung nahezu vollständig negieren, bis hin zu maximalistischen Positionen, die an den »Mythos vom leeren Land« heranreichen.

Ein großes Problem stellen die biblischen Zahlenangaben dar: Schon die Angaben zur ersten, umfangreichsten Deportation 597/96 v. Chr. differieren zwischen 10.000 + x (2 Kön 24,14), 8000 (2 Kön 24,16) und 3023 (Jer 52,28) Personen. Während die Chronik keine konkreten Zahlen angibt (2 Chr 36,20) und 2 Kön 25,11f (Jer 52,15f; 39,9) durch die Wegführung der gesamten verbliebenen Bevölkerung bei der zweiten Exilierung das Land *leer* macht und damit den »Mythos des leeren Landes« begründet, nennt Jer 52,28–30 die konkretesten Zahlen: 597/96 v. Chr. 3023 *y^e^hûdîm* (»Judäer«), 587/86 v. Chr. 832 Personen aus Jerusalem und 582 v. Chr. 745 Personen; insgesamt die runde Zahl von 4600 Personen. Über die Gesamtanzahl der Deportierten in den drei Exilierungswellen wird in der Forschung viel diskutiert, und Sicherheit ist bei den Schätzungen nicht zu gewinnen. Wird nur die Zahl der Männer angegeben (*E. A. Knauf*) oder bezieht sich die Zahl 832 nur auf die bis zum Schluss in der Stadt Verbliebenen (*R. Albertz*)? Wegen der großen Bedeutung der Exilsgemeinde (Gola) in Babylon, die sich an mehreren Orten in geschlossenen Gruppen aufhält (s. u.), wird meist mit einem Anteil von 10–30% der Gesamtbevölkerung gerechnet, auch wenn durchweg zugestanden wird, dass die niedrigeren Annahmen in Jer 52,28–30 historisch wahrscheinlicher klingen. Die Schätzungen der Gesamtbevölkerung Judas im 6. Jh. v. Chr. differieren zwischen 80.000 und 200.000 Menschen. *En gros* kommen *R. Albertz*, *O. Keel* und *E. A. Knauf* trotz unterschiedlicher Berechnungen zu der Angabe von rund 20.000 Deportierten. *O. Lipschits* hingegen rechnet *insgesamt* mit einem weit größeren Bevölkerungsschwund im 6. Jh. v. Chr.: Lediglich ca. 30.000 von ca. 110.000 Personen verbleiben nach Tötung, Hunger, Seuchen, Exilierung, Flucht und Auswanderung in der demographisch kollabierenden und wirtschaftlich geschwächten babylonischen Provinz.

Wie unter den Assyrern werden vorwiegend die landbesitzende Elite und handwerkliche Spezialisten nach Babylon verbracht, jedoch im Unterschied zur neuassyrischen Praxis in einer *one way*-Deportation. Das bedeutet, dass nicht wie von den Assyrern in der Provinz *Šamīrīna* gezielt Bevölkerungsanteile in Juda anstelle der Weggeführten angesiedelt worden sind. Einer der Hintergründe für die veränderte Praxis ist das geringere Interesse an wirtschaftlicher Entwicklung der Provinzen und deren Einbindung in ein internationales Wirtschaftssystem (*O. Lipschits*). Die Sorge der neubabylonischen Herrscher, die sich nicht wie die Assyrer als Weltherrscher verstehen, gilt Babylon und seiner wirtschaftlichen Prosperität. Entsprechend wurden die Deportierten als Arbeiter in den staatlichen Bauprojekten der Neubabylonier eingesetzt. Der Hinweis, dass nur »die geringen Leute« übrig bleiben (2 Kön 24,14; Jer 40,7; 52,15f), ist demnach zwar tendenziell richtig, spiegelt aber die Perspektive der Gola, die sich vom Selbstverständnis her als das *wahre Israel* definiert.

10.4 Zidkija und die trügerische Hoffnung auf Ägypten

Nebukadnezzar setzt einen dritten Sohn Joschijas, Mattanja, als König »nach seinem Herzen« ein, dem er den Thronnamen Zidkija (598/97–587/86 v. Chr.) verleiht (2 Kön 24,17–20). Ob die Einsetzung mit einer Gebietsverkleinerung (das Gebiet südlich von Hebron wird den immer weiter nach Nordwesten expandierenden Edomitern zugeschlagen, *E. A. Knauf*) einhergeht oder das Gebiet Judas weiterhin bis Aroër reicht (*O. Lipschits*), wird diskutiert. Zunächst ist Zidkija der erwartete treue → Vasall bis sich wieder die Gewichte in Ägypten und Babylon verschieben. 594/93 v. Chr. bricht eine Rebellion in Babylon aus, die Nebukadnezzar innenpolitisch bindet. Im gleichen Jahr kommt in Ägypten Psammetich II. (595–589 v. Chr.) an die Macht, der nach militärischem Ausbau und Feldzügen nach Nubien 591 v. Chr. zu einer Machtdemonstration auf die syro-palästinische Landbrücke aufbricht (*B. Schipper*). Die gerade »befriedete« Region stellt 594/93 v. Chr. möglicherweise bereits Überlegungen zu einem Aufstand an (Jer 27), dem wie unter Hiskija durch Jesaja – diesmal von Jeremia und Ezechiel – prophetischer Widerspruch entgegengebracht wird. Als der Nachfolger Apries (589–570 v. Chr.), der biblisch Hofra (Jer 44,30) genannt wird, die Asienpolitik seines Vaters aggressiver und entschlossener fortsetzt, kündigt Zidkija die Vasallität gegenüber Babylon auf, was sich erneut als ein schwerer außenpolitischer Fehler erweist. Ob er nur auf Ägyptens Beistand gehofft hat oder diesen sogar vertraglich vereinbart hatte (*R. Albertz*), muss offen bleiben.

10.5 Die zweite Eroberung Jerusalems 588/87 v. Chr.

Die zweite Strafaktion gegen Jerusalem wird wie die erste als Sicherungsmaßnahme gegenüber ägyptischen Ansprüchen zu interpretieren sein. Nebukadnezzar beteiligt sich diesmal (vielleicht aus Verachtung gegenüber dem vormaligen Günstling Zidkija) nicht direkt, sondern verbleibt in Ribla (2 Kön 25,6). Der Militär Nabu-zēru-iddina, biblisch Nebusaradan, beginnt 588 v. Chr. die Belagerung Jerusalems (2 Kön 25,8.11.20; Jer 52,12 u. ö.).

(a) Unterbrechung der Belagerung Jerusalems

Der Ägypter Apries (589–570 v. Chr.) nutzt die Konzentration der Truppen auf Juda als Gelegenheit zum Ausgriff auf phönizische Küstenstädte und vielleicht den Libanon (*B. Schipper*), was zur Unterbrechung der Belagerung Jerusalems führt. Der babylonische König Nebukadnezzar (605–562 v. Chr.) muss sich erst mit den Ägyptern auseinandersetzen, um deren Ansprüche im Zaum zu halten und zugleich den wichtigen Handelsweg an der Küste (*via maris*) unter seine Kontrolle zu bringen. Die Lachisch-→ Ostraka (↗ Abb. 41) belegen möglicherweise, dass in der bedrängenden Situation der Kontakt zu Ägypten gesucht worden ist: »Der Oberkommandierende des Heeres *Konyāhū*, der Sohn des *ʾElnātān*, ist hinabgestiegen, um nach Ägypten hineinzugehen.« (HAE: Lak[6] 1.3, Übersetzung *J. Renz*)

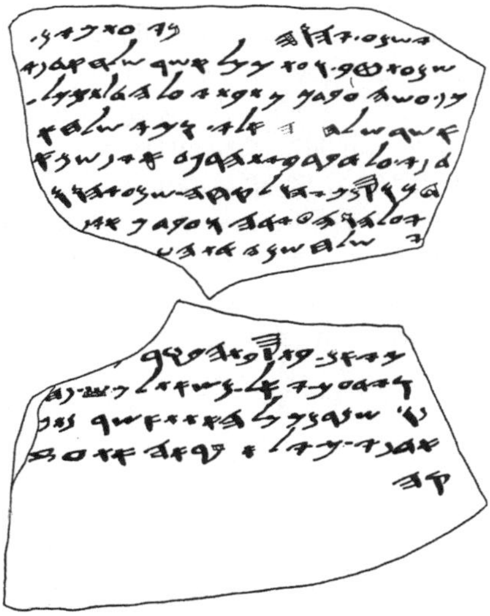

Abb. 41: Lachisch-Ostrakon Nr. 4. (HAE: Lak [6] 1.4). Der Brief beginnt ohne Adresse mit einem Segenswunsch »Es möge Jahwe meinen Herrn jetzt heute eine Nachricht des Guten hören lassen«. Dann schildert der Berichterstatter die Situation und versichert seinen Gehorsam gegenüber dem Vorgesetzten. Er endet mit einem Hinweis auf die Signalübertragung in einer Postenkette zwischen Lachisch und Aseka: »Und er (mein Herr) möge wissen, dass wir auf die Signale von Lachisch achten entsprechend allen Zeichen, die mein Herr gibt. Denn wir können Aseka nicht sehen« (Übersetzung *J. Renz*). Auch dieses Ostrakon gibt Zeugnis von der militärisch prekären Situation im 6. Jh. v. Chr. in der südlichen Schefela.

Vielleicht hat sich der Befehlshaber aber auch in der aussichtslosen Lage nach Ägypten abgesetzt, denn Apries wird zurückgeschlagen haben (Jer 37,5) und hat offenbar gar kein Interesse, tatsächlich *für* Juda in die Bresche zu springen (*B. Schipper*, anders *R. Albertz*). Die bedrohliche Lage für Jerusalem wird vermutlich noch durch die Edomiter verstärkt, die zunehmend expansiven Druck in der südlichen Schefela ausüben, was das Zusammenziehen von Truppen nach Jerusalem zusätzlich erschwert. In einem der Arad-→ Ostraka (HAE: Arad[6] 24, *D. V. Edelman*) ersucht *ʾElyāšāʿ*, der Kommandant von Ramat-Negeb, einer der Negeb-Festungen (wahrscheinlich *Ḫirbet el-Ġarra/Tel ʿIrā*), *ʾElyašib*, den Kommandanten von Arad, eindringlich, seine Truppenkontingente zur Verteidigung zu verstärken, »damit der Stadt nicht etwas zustößt. Und das Wort des Königs liegt bei euch, auf euren Seelen. Siehe ich habe, um euch zu ermahnen, heute (dieses Schreiben) gesandt: Die Männer sollen bei *ʾElyāšāʿ* (sein), damit Edom nicht dorthin kommt« (Übersetzung *J. Renz*). Auch Ostrakon 40, das etwas früher, aber paläographisch wohl auch in das 7. Jh. v. Chr. zu datieren ist (*N. Naʾaman*), erwähnt Edom und vielleicht einen administrativen Austausch zwischen Edom und dem Kommandanten von Arad. Das könnte darauf hindeuten, dass es einen Konflikt mit dem südlichen Nachbarn Judas gegeben hat, der zunächst versucht wurde auf diplomatischem Weg zu lösen. Mit dem Druck auf Juda drohte die Situation aber zunehmend zu eskalieren. Diese von der biblischen Darstellung nicht unbeeinflusste Sicht bleibt allerdings hoch spekulativ (*P. Guillaume*). Sicheren Boden betritt man damit ebensowenig wie mit der Beteiligung Edoms an der Eroberung Jerusalems.

(b) Die Einnahme der Stadt Jerusalem und die Flucht Zidkijas

Das kurzzeitige Aufatmen während der Belagerungspause ist trügerisch (Jer 37,6–10), politisch geht es in Jerusalem drunter und drüber. Folgt man der biblischen Darstellung, reagiert Zidkija zunehmend unsicher: Jeremia wird unter Kollaborationsverdacht mit den Babyloniern in einer Zisterne festgehalten (Jer 37,11–16, vgl. 32,6–15). Im Spätsommer 588 v. Chr. wird die Belagerung wieder aufgenommen. Nach einem Jahr wird am 29. Juli 587 (*R. Albertz*) eine Bresche in die Stadtmauer geschlagen (2 Kön 25,3f; Jer 39,2; 52,6). Zidkija versucht zu fliehen, wird aber bei Jericho gestellt und zur Bestrafung zum babylonischen Großkönig nach Ribla in Syrien gebracht (2 Kön 25,4–7; Jer 39,4f). Dort muss er zunächst mitansehen, wie seine Söhne getötet werden, wird dann geblendet und nach Babylon in die Gefangenschaft verbracht, wo sich seine Spur verliert (2 Kön 25,7; Jer 52,11).

(c) Die Zerstörung des Tempels

In der Zwischenzeit bleibt die niedergezwungene Stadt in einem Schwebezustand (2 Kön 25,4–8; Jer 39,6–8). Erst einen Monat nach der Gefangennahme Zidkijas und nach dem Verhör ergeht der Befehl an Nebusaradan, die Stadt zu zerstören. 587/86 v. Chr. kommt es zur endgültigen Eroberung Jerusalems, das Einreißen der Häuser der Wohlhabenden, dem Schleifen der Mauern und zur Zerstörung von Tempel und Palast. Die Zerstörung des Tempels, die in Jer 39,8 nicht erwähnt wird, ist für eine babylonische Strafaktion ungewöhnlich hart, wenn auch nicht undenkbar (*W. Mayer*). Mit *C. Hardmeier* und *R. Albertz* kann angenommen werden, dass die in der Tempelaristokratie und Priesterschaft zu verortenden führenden antibabylonischen Kräfte besonders hart getroffen werden sollten und der Tempel als »Hort und Symbol der nationalen Erhebung« (*R. Albertz*) begriffen wurde. An die Tempelzerstörung 586/87 v. Chr. wird im Judentum am Tischa beAv, dem 9. Tag des Monats *Ab* (zusammen mit der Zerstörung des Zweiten Tempels 70 n. Chr., Mischna Taʾanit 4,6) bis heute erinnert. Der Tempelkult in Jerusalem bricht in der Exilszeit jedoch nicht vollständig ab, sondern man findet *Notlösungen* (*A. Berlejung*) und Übergangsregelungen, wovon neben Sach 7,3; 8,19; Ez 33,25 auch Jer 41,4f Zeugnis geben.

(d) Auswirkungen der Strafaktion auf Juda

Die Strafaktion Nebukadnezzars bleibt weitestgehend auf Jerusalem und seine Umgebung beschränkt (*O. Lipschits*). Archäologische Spuren der Zerstörung lassen sich an mehreren Stellen der Stadt finden. Beispielhaft ist die Zerstörung der Häuser von Kaufleuten, die im 7. Jh. v. Chr. auf den Fuß der gestuften Substruktion am Südosthügel (*stepped stone structure*) gesetzt wurden und in denen sich starke Zerstörungsspuren nachweisen lassen (Haus des Ahiel, Haus der Bullen). An mehreren Stellen der Stadt wurden (skythische) Pfeilspitzen gefunden (*N. Avigad, H. Geva*), die als Spuren der Eroberung durch die Neubabylonier gewertet werden können.

Wie weit die Zerstörung des Umlandes reicht, ist umstritten. *A. Faust* zufolge ist sie weiträumig, sodass 80–90 % der vormaligen Fläche nicht mehr besiedelt sind. Auch wenn das vom Befund her unhaltbar ist, muss doch ein massiver Rückgang der Bevölkerungszahlen vorausgesetzt werden. *O. Lipschits* geht mit regionalen Differenzierungen von 60–70 % Zerstörungsquote aus. *I. Finkelstein* kommt aufgrund von Neuberechnungen zu einer Bevölkerung in den perserzeitlichen Siedlungen von 12.000 Menschen, was noch weit weniger als die oben angegebenen 30.000 sind und im Vergleich mit dem vormaligen Juda nur noch 10 % der Bevölkerung ausmacht. Hier ist in der Literatur noch manches im Fluss und die Zahlen werden auf unterschiedlichen Grundlagen erhoben. Es scheint sich jedoch als Konsens herauszustellen, dass die Diskontinuität insgesamt größer als die Kontinuität ist, es aber regionale Differenzen gibt. Die Bestimmung des Verhältnisses von Kontinuität und Diskontinuität ist von großer Bedeutung, denn je stärker der Bruch mit dem vorhergehenden konstituiert wird, desto größer wird im 6. Jh. v. Chr. der Einfluss der Gruppen zu deuten sein, die aus dem Exil zurückkehren (→ Gola).

Die Eroberung Judas ist vor allem im Süden (südliche Schefela, Beerscheba-Becken, Negeb, s. u.) ein einschneidendes Ereignis, während Orte nördlich von Jerusalem zum Teil sogar eine ungebrochene Kontinuität aufweisen (↗ V.11). Auch das spricht noch einmal dafür, die politisch-militärische Rolle der Ägypter als potentieller oder tatsächlicher Partner Judas gegen die Neubabylonier im Zusammenspiel der Faktoren nicht zu gering zu schätzen. Zum anderen zeigt sich in dem unterschiedlichen Grad der Zerstörung auch eine unterschiedlich strategische und ökonomische Bedeutung. Die Rolle der Ägypter bei der Zerstörung bleibt insgesamt unklar, da der Negeb für sie die »Pufferzone« zu den Neubabyloniern darstellt.

Nennenswerte Zerstörungen von Siedlungen, die mit der Strafaktion Nebukadnezzars in Verbindung stehen, lassen sich vor allem im Süden des Landes nachweisen. Jer 34,7 erwähnt Lachisch und Aseka, die während der Belagerung Jerusalems als übriggebliebene Städte von dem neubabylonischen Heer bekämpft werden. Für Lachisch/*Tell ed-Duwēr* ist eine Zerstörung von Stratum II nachweisbar, für Aseka/*Tell Zakarīye* ist sie nicht eindeutig. Zu nennen sind ferner für das 6. Jh. v. Chr. *Tell ʿArād* Stratum VI, *Ḥorvat ʿUzzā/Ḫirbet Ġazze, Ḥorvat Raddum, Tel ʿĪrā/Ḫirbet el-Ġarra, Tell el-Milḥ/Tel Malḥātā, Ḥorvat ʿAnim, Ḥorvat Tōv* u. a. m. (IV.2.6, ↗ Karte 6) Dabei ist unklar, auf wen die letztgenannten Zerstörungen zurückgehen und wann sie *genau* (597/96, 587/86, 582 v. Chr. oder später) stattgefunden haben. Neben Babyloniern und Ägyptern kommen für die Festungen im Negeb anders als für Lachisch am ehesten die Edomiter bzw. protoarabische halbnomadische Stämme in Betracht. Offensichtlich haben die Edomiter aus dem Untergang des Staates Juda politisch Kapital schlagen können (*A. Lemaire*) und vielleicht sogar mit den Neubabyloniern bei der Einnahme Jerusalems kooperiert (anders *M. Weippert*), was ihre ausgesprochen »schlechte Presse« in Teilen des AT (z. B. Jer 49,20–22; Klgl 4,21f; Joël 4,19; Obd 1,2.8; Ps 137,7) begründen mag.

(e) Die Rolle der Edomiter

Hier gilt es jedoch genauer hinzuschauen, denn ob und wenn ja, inwieweit sich die Edomiter an der Eroberung beteiligt haben, ist nicht so leicht zu beantworten. Vor allem Obd 1,11–14 wirft Edom vor, schadenfroh gewesen zu sein als Jerusalem erobert wurde (auch Ez 25,12; 35,5.10–11.15; 36,5). Obd 1,14 lässt sie sogar die aus der Stadt Flüchtenden plündern und niedermetzeln. Es gibt keinen belastbaren Hinweis aus babylonischen Quellen, dass sich die Neubabylonier auch der Unterstützung von Hilfstruppen bedienten, auch wenn das nicht ausgeschlossen werden kann. Wenige Jahrzehnte später verbrachte König Nabonid (556–539 v. Chr.) zehn Jahre seiner Regierung in der nordwestarabischen Oase Tayma, was auf gute Beziehungen schließen lässt. Dass die proto-arabischen Stämme im Negeb von dem Vorstoß der Babylonier profitierten, wird man ebenfalls kaum abstreiten können. Man wird auch nicht ausschließen können, dass sie an der Zerstörung von Siedlungen und Militäranlagen im Negeb beteiligt gewesen sind. Eine aktive Rolle bei der Eroberung Jerusalems jedoch ergibt sich streng besehen aus *keiner* der vorliegenden Informationen. Insbesondere in dem ausführlichsten »Bericht« in 2 Kön 25,8–21 wird nichts davon erwähnt. Skythische Pfeilspitzen weisen vielleicht auf asiatische Söldner hin, für andere Beteiligungen fehlen archäologische Hinweise. Benötigt haben Nebusaradans Truppen die Hilfe jedenfalls kaum (*B. Becking*). Die Edomiter bzw. die unter diesem Namen firmierenden Stämme in Südpalästina, im Negeb und zu beiden Seiten des Araba-Grabens profitieren von der Schwächung des Zentrums und der Zerstörung der Infrastruktur im Süden, was vielleicht die in biblischen Texten tiefe Feindschaft zwischen Edom und Israel begründet. Durch die Aufwertung der späteren Provinz Idumäa und ihrer Konkurrenz zu Jehud wird die Lage in der fortgeschrittenen Perserzeit nicht entspannter gewesen sein.

Wie dem auch sei, der letzte neubabylonische König Nabonid (556–539 v. Chr.) beendet 553/52 v. Chr. auch die Eigenstaatlichkeit Edoms. In der Folgezeit, in der das edomitische Kerngebiet, das zur Provinz Arabia gerechnet wird, zunehmend unter den Einfluss proto-arabischer Stämme aus der syrischen Wüste gerät, ist der politische Status des Negeb bis zur Errichtung einer persischen Provinz Idumäa um 400 v. Chr. nicht völlig klar (↗ VI.3). Die Zerstörung der ökonomischen Basis des judäischen Staates und die Folgen des Bevölkerungsschwundes lassen Juda in der Entwicklung gegenüber Samaria wieder stark zurückfallen, was in der Perserzeit erneut zutage tritt (↗ VI.3.1 u.VI.3.2 sowie VI.8.1).

11. Die Provinz Judäa nach dem Untergang des Staates

J. J. Ahn/J. Middlemas (Hg.), By the Irrigation Canals of Babylon (LHBOTS 526), New York 2012 • R. Albertz, Die Exilszeit (BE 7), Stuttgart 2001 • H. M. Barstad, The Myth of the Empty Land, Oslo 1996 • B. Becking, From David to Gedaliah (OBO 228), Göttingen/Fribourg 2007 • E. Ben-Zvi/C. Levin (Hg.), The Concept of Exile in Ancient Israel and Its Historical Contexts (BZAW 404), Berlin u. a. 2010 • A. Berlejung, Notlösungen, in: U. Hübner/E. A. Knauf (Hg.), Kein Land für sich allein (OBO 186), Fribourg/Göttingen 2002, 196–230 • J. Blenkinsopp, The Age of the Exile, in: J. Barton (Hg.), The Biblical World I, London/New York 2004, 416–439 • A. Faust, Judah in the Neo-Babylonian Period, Atlanta 2012 • A. K. Gudme/I. Hjelm (Hg.), Myths of Exile, London 2015 • E. A. Knauf, Wie kann ich singen im fremden Land?: BiKi 55, 2000, 132–139 • G. N. Knoppers/L. L. Grabbe (Hg.), Exile and Restoration Revisited, London 2009 • A. Lemaire, New Aramaic Ostraca from Idumea and Their Historical Interpretation, in: O. Lipschits, The Rural Settlement in Judah in the Sixth Century B.C.E.: PEQ 136, 2004, 99–107 • ders., The Fall and Rise of Jerusalem, Winona Lake 2005 • A. Lemaire/J. Blenkinsopp (Hg.), Judah and the Judeans in the Neo-Babylonian Period, Winona Lake 2003 • O. Lipschits/M. Oeming (Hg.), Judah and the Judeans in the Persian Period, Winona Lake 2006 • J. Middlemas, The Trouble of Templeless Judah, Oxford 2005 • dies., The Templeless Age, Louisville/London 2007 • R. Poser, Das Ezechielbuch als Trauma-Literatur, Leiden 2012 • D. Ron-Shiloni, Exclusive Inclusivity (LHBOTS 543), New York/London 2013 • D. L. Smith-Christopher, Biblical Theology of Exile, Minneapolis 2002 • H.-J. Stipp, Gedalja und die Kolonie von Mizpa: ZAR 6, 2000, 155–171 • ders., Legenden der Jeremia-Exegese II: VT 64, 2014, 654–663 • D. Vanderhooft, The Neo-Babylonian Empire and Babylon in the Latter Prophets, Harvard 1999 • J. R. Zorn/A. J. Brody (Hg.), »As for me, I will dwell at Mizpah ...«, Piscataway 2014.

Den Jahrzehnten nach der Eroberung Jerusalems wurde lange Zeit wenig Aufmerksamkeit geschenkt. Die Stadt und ihr Tempel galten als vollständig zerstört und die Infrastruktur als vollkommen zusammengebrochen. Der Blick der Forschung richtete sich nach Babylon auf die Exilierten, die »an den Strömen von Babel saßen und weinten« (Ps 137,1). Dass man sich damit vollkommen an der biblischen Darstellung orientierte, nach der die → Gola, die Exilsgemeinde, ins Zentrum rückte und das Land leer zurückgelassen wurde, hat man lange Zeit gar nicht bemerkt. Das hat sich inzwischen stark verändert, doch zeigt sich die Unentschiedenheit im Umgang mit der Chronologie. Der Epochenwechsel wird dadurch unterstrichen, dass die Eisen IIC-Zeit ca. 700–587/86 v. Chr. abrupt endet. Den nächsten Einschnitt stellt mit dem Sieg Kyrus' II. die sog. Perserzeit dar, die man 539 v. Chr. beginnen lässt. Die Zwischenzeit fällt auch terminologisch oft unter den Tisch, womit der »Mythos vom leeren Land« mehr oder minder unkritisch fortgeschrieben wird. Oft ist auch von einer babylonisch-persischen Zeit die Rede, die dann aber die weite Zeitspanne von 587/86–333 v. Chr. umfasst. Die sich jetzt anstelle der Metallzeitalter an den politischen Umbrüchen orientierenden Bezeichnungen bleiben gerade in Bezug auf die Übergänge unscharf. Alternativ wird die Zeit von 587/86 v. Chr. bis zum Auftreten Kyrus' II. als Eisen III-Zeit angesprochen (*M. Steiner, W. G. Dever*), aber hier kommt es in der Forschung zu Überschneidungen mit der Eisen IIC-Zeit, die von manchen ebenfalls als Eisen III-Zeit geführt wird. Daher empfiehlt sich die kombinierte Bezeichnung babylonische Zeit/Eisen III-Zeit, wobei zum einen die Unschärfe in Kauf genommen werden muss, dass die Neubabylonier deutlich früher als 587/86 v. Chr. auf Juda einwirken, und zum anderen, dass die materielle Kultur weder den Übergang von der Eisen IIC- zur babylonischen Zeit noch den von der babylonischen Zeit zur Perserzeit eindeutig markiert. Damit ist bereits ein Charakteristikum der folgenden Periode benannt: Das 6. Jh. v. Chr. ist von Abbrüchen ebenso wie von Kontinuitäten bestimmt.

11.1 Kontinuität und Diskontinuität nach 587/86 v. Chr.

In archäologischer Hinsicht beschreibt *Oded Lipschits* die erste Hälfte des 6. Jh.s v. Chr. als Periode des Übergangs von der Eisen II- zur Perserzeit, der sowohl von Kontinuität als auch Diskontinuität geprägt ist. Mit der Zerstörung des Zentrums ist nicht ein genereller Abbruch in der materiellen Kultur verbunden. Die dörflichen Ansiedlungen im judäischen Bergland weisen eine höhere Kontinuität auf als die Grenzorte im Westen der Provinz, die wie Jerusalem zerstört wurden. In der Schefela, im Beerscheba-Becken und im östlichen Hinterland Judas setzt sich die landwirtschaftliche Blüte des 7. Jh.s v. Chr. im 6. Jh. v. Chr. nicht fort, sondern bricht markant ab. Für das Gebiet Benjamins hingegen ist trotz erheblichen Bevölkerungsschwundes die Kontinuität auffallend. Das 12 km nordwestlich von Jerusalem gelegene Mizpa/*Tell en-Naṣbe* bleibt verschont und spielt in Stratum II bis zur Mitte des 5. Jh.s v. Chr. als administratives Zentrum eine bedeutende Rolle (*J. R. Zorn*). Gibea/*Tell el-Fūl* wird nur partiell zerstört, weist aber wie Gibeon/*el-Ǧīb* und Bet-El/*Bētīn* deutliche Anzeichen für Kontinuität auf. Während die biblische Darstellung von einem völligen Zusammenbruch ausgeht, weist die materielle Kultur auf eine Ökonomie, die zumindest in administrativer Hinsicht in Kontinuität zu dem Verwaltungssystem der assyrischen Provinz steht. Anstelle der *lmlk*- und Rosettenstempel (↗ V.7.2) werden jetzt bis zur beginnenden Perserzeit sog. Löwensiegel verwendet (*O. Lipschits/D. Vanderhooft*), die aber eine deutlich geringere Standardisierung aufweisen als die vorher zur Markierung von Krughenkeln verwendeten Stempelsiegel.

Siegelabdrücke mit der Aufschrift *mṣ(w)h* stammen aus der Gegend um Jerusalem, vornehmlich aus Mizpa/*Tell en-Naṣbe* (30), aber auch aus Jerusalem (4), Gibeon/*el-Ǧīb* (4), Jericho (2), *Rāmat Rāḥēl* (1), *Bēt Ḥanīnā* (1), *Ṣūbā*/Soba. Die Gefäßstempel gehören möglicherweise zu einem (vielleicht auf Mizpa bezogenen, lokalen) Verwaltungssystem der Öl-und Weinproduktion in der Mitte des 6. Jh.s v. Chr. vor der Errichtung der Provinz Yehûd und vor den frühen Yehûd-Stempeln (*O. Lipschits/D. Vanderhooft*). Ob auch die 62 Siegelabdrücke eines weiteren »Systems« mit Orts- und Personennamen, das auf Gibeon/*el-Ǧīb* konzentriert, aber nicht begrenzt ist, in eine ähnliche Richtung weist, wird weiter diskutiert. Vielleicht datieren die Abdrücke auf Weinkrughenkeln paläographisch etwas früher als die *mṣ(w)h*-Stempel. Beide weisen auf eine administrative Aktivität hin, sodass der Eindruck von einem völligen Erliegen der Wirtschaft nach 587/86 v. Chr. fehl geht.

11.2 Gedalja als babylonischer Verwaltungsbeamter

Von einem entvölkerten Land kann nicht die Rede sein, auch wenn die Exilszeit in ökonomischer und demographischer Hinsicht zu starken Reduktionen führt. Mit der Frage der politischen Kontinuität im Land ist die Gedalja-Episode (2 Kön 25,22–

25; Jer 40,7) eng verknüpft. Die Zerstörung des Tempels und der Stadt ist im Kontext des außenpolitischen Interesses der Babylonier an der Aufrechterhaltung der Macht auf der syro-palästinischen Landbrücke zu sehen. Die selektive Bestrafung zielt auf die Niederschlagung der antibabylonischen Aufstandsbewegung in Jerusalem. Dass die Neubabylonier über die politische Situation in Jerusalem recht genau unterrichtet waren, zeigt nicht zuletzt die Freisetzung des Jeremia (Jer 39,13f), dem nach Jer 40,4f wegen seiner probabylonischen Haltung sogar freigestellt wird, mit den Exilierten zu gehen oder in Juda zu verbleiben (*H.-J. Stipp*). Eine vollkommene Zerstörung Judas liegt offenbar nicht im Interesse der Neubabylonier. Als die Neubabylonier abziehen, betrauen sie den probabylonischen Schafaniden Gedalja (zu den Schafaniden ↗ V.9.5) mit der Verwaltung der Provinz (2 Kön 25,22; Jer 40,5.7.11; 41,2 u. ö.). Mehrere Siegelabdrücke belegen zwar einen hohen Beamten namens Gedalja vermutlich in der Regierungszeit Zidkijas, doch wahrscheinlich *nicht* den Verwaltungsbeamten in Mizpa (*O. Keel, P. G. van der Veen*). Eines der Siegel stammt aus Lachisch und nennt einen Palastvorsteher Gedalja (↗ Abb. 42), ein weiteres aus dem Antikenhandel Gedalja, den Diener des Königs. Beide datieren paläographisch (→ Epigraphik) in das 7. oder vielleicht in das frühe 6. Jh. v. Chr., doch bleibt eine Zuordnung zu dem Verwaltungsbeamten Gedalja unsicher.

Abb. 42: Bulle aus Lachisch aus dem 7./6. Jh. v. Chr. mit der Inschrift »Dem *Gedalyāhū* (zugehörig), der über dem Haus ist«. Der Titel weist auf den Palastvorsteher, also einen hohen Beamten. Der Abdruck wurde unstratifiziert 1936 gefunden und gilt heute als verloren.

Infrage käme auch der in Jer 38,1 genannte Gedalja oder ein in der Bibel nicht erwähnter Träger dieses häufigen Namens. Aus den Grabungen in Jerusalem stammt eine weitere → Bulle, die die Aufschrift »Gedalja, Sohn des Paschhur« trägt (↗ Abb. 43).

Abb. 43: Bulle mit der Aufschrift *lgdlyhw | bn pšḥwr* »Dem Gedalja (zugehörig), dem Sohn des Paschhur« aus den Grabungen in der Davidsstadt in Jerusalem (2008).

Der Fund erregt Aufsehen, da wenige Jahre zuvor in der Nähe ein Siegelabdruck von »Juchal, Sohn Schelemjas« gefunden wurde, der auch in Jer 38,1 neben Gedalja genannt ist. Doch auch der als Gegner Jeremias in Jer 38,1 aufgeführte Gedalja, Sohn des Paschhur, kann nicht mit dem Verwalter in Mizpa identifiziert werden. Dieser wird nämlich meist als Sohn Ahikams und Enkel Schafans bezeichnet (2 Kön 25,22; Jer 39,14; 40,15 u. ö.). Gedalja, »YHWH ist groß/hat groß gemacht«, war ein recht häufiger Name (s. etwa neben den Siegeln auch HAE: Arad[8] 71.3; Arad[6] 110.2; Zef 1,1; Esra 10,18; 1 Chr 25,3.9). Kurz, eine außerbiblische Bezeugung Gedaljas und eines mit ihm verbundenen Titels liegt nicht vor.

Der Status Gedaljas, der vermutlich in Mizpa residiert, wird in den Texten selbst nicht genannt (EÜ ergänzt: »Statthalter«, 2 Kön 25,22–23; Jer 40,7.11). *J. M. Miller* und *J. H. Hayes* gehen davon aus, dass Gedalja als probabylonischer → Vasallenkönig eingesetzt wurde und damit die Babylonier einen Nicht-Davididen als Nachfolger Zidkijas inthronisiert haben. Als Gründe werden genannt, dass Jischmael in Jer 41,1 als einer der »Großen des Königs« bezeichnet wird und Jer 41,10 von »Töchtern des Königs« spricht. In *Tell en-Naṣbe* wurde im Schutt eines byzantinischen Grabes (5.–7. Jh. n. Chr.) ferner ein Siegel gefunden, dass mit *ly'znyhw ʿbd mlk* beschriftet ist, also »Jaasanja, dem Diener des Königs« gehört hat (↗ Abb. 44).

Abb. 44: Siegel aus einem byzantinischen Grab in Mizpa/*Tell en-Naṣbe* mit der Aufschrift *ly'znyhw* | *ʿbd mlk* »Dem Jaasanja (zugehörig), dem Beamten des Königs«. Die Inschrift datiert um 600 v. Chr. Der Hahn im unteren Register, der vielleicht schon mit Kampfeslust und Stolz assoziiert wurde, ist möglicherweise ein Familiensymbol.

Da Jaasanja in 2 Kön 25,23 erwähnt wird, wurde daraus geschlossen, dass Gedalja in Mizpa den Königstitel trug (*G. I. Davis*). Da Gedalja den probabylonischen Kräften zuzurechnen ist und kein Davidide war, wird er von dem »nationalen Patrioten« Jischmael, der selbst der davidischen Linie angehört (2 Kön 25,25//Jer 41,2), ermordet. Das erwähnte Siegel datiert nicht in das 6. Jh. v. Chr. Abgesehen davon, scheint der im 7. Jh. v. Chr. recht häufige Titel »Diener des Königs« nach dem Untergang Judas keine Verwendung mehr zu finden. Wie Gedalja war Jaasanja (»möge YHWH hören«) ein häufiger Name (Jer 35,3; 40,8; Ez 8,11; 11,1), sodass eine Identifikation mit dem Maachatiter Jaasanja (2 Kön 25,23) und eine Zuordnung zu Gedalja in Mizpa nicht sehr wahrscheinlich ist (*B. Becking*, anders *P. G. van der Veen*). Selbst wenn, würde das Siegel eher aus der Tätigkeit am Hof Zidkijas stammen (*R. Albertz*). So kann der Königstitel über das Siegel nicht für Gedalja reklamiert werden. Die Königstöchter von Jer 41,10 müssen auch nicht Gedaljas Töchter sein. *H.-J. Stipp* hat darauf aufmerksam gemacht, dass die ältere Überlieferung der → LXX den Königstitel für Gedalja nicht deckt und sein Status daher offen bleiben sollte. Die (nach Jer 40,14 unter ammonitischer Anstiftung erfolgte) Ermordung Gedaljas durch den Davididen Jischmael zeigt lediglich, dass es Gedalja nicht gelungen ist, sich als von den Babyloniern protegierter Gouverneur in Mizpa durchzusetzen und sich antibabylonische Kräfte nach 587 v. Chr. nicht in Luft aufgelöst haben. Dass sein Regierungsprogramm an die → deuteronomische Reform Joschijas anknüpft und er »im Sinne der dtn. Bruderschaftsethik« eine Land- und Sozialreform durchführt, schließt *R. Albertz* aus Jer 39,10 in Kombination mit Jer 40,10; Ez 11,14–21; 33,23–29. Doch auch hier ist Vorsicht geboten, zumal Jer 39,10 aus dem (proto-)masoretischen Sondergut stammt und im ältesten Text des Jeremiabuches noch nicht enthalten war (*H.-J. Stipp*). So könnte es sich auch um eine spätere Angleichung an das deuteronomisch-deuteronomistische Sozialprogramm handeln, um Gedalja aufzuwerten. Dass es aber zu Übergriffen auf den Landbesitz der Exilierten und möglicherweise auch zu behördlichen Einweisungen in landwirtschaftlich zu nutzende Flächen gekommen ist, bleibt historisch wahrscheinlich. Konflikte mit Rückkehrern sind damit vorprogrammiert (↗ VI.4).

11.3 Eine dritte Deportation nach der Ermordung Gedaljas?

Wie lange Gedalja als babylonischer Verwaltungsbeamter in Mizpa gewirkt hat und was genau nach seiner Ermordung passierte, ist unsicher. Der biblischen Darstellung zufolge soll Jischmael nach der Ermordung der Getreuen Gedaljas versucht haben, die in Mizpa verbliebene Bevölkerung in das Ostjordanland zu verschleppen, was aber vereitelt wird (Jer 41,10–14). Die Betroffenen versuchen danach, nach Ägypten zu entkommen. Eine Ausweisung aus Mizpa, die in einer Massenflucht der Bewohner nach Ägypten endet (Jer 41,17–18; 43,7), ist ebensowenig wahrscheinlich wie die flammende Warnung des Propheten Jeremia an die Restgemeinde, bloß nicht nach Ägypten zu fliehen (Jer 42). Denkbar ist, dass vereinzelt verbliebene Bewohner die Situation nach der Ermordung Gedaljas als bedrohlich empfunden haben und an sichere Orte emigriert sind. Eine Massenflucht, die das Land vollkommen leergefegt hat, ist allerdings historisch nicht plausibel (*O. Keel*). Unter den nach Ägypten Emigrierten sind biblischen Angaben nach auch der Prophet Jeremia und sein Schreiber Baruch (Jer 43,6). Von einer »Verschleppung« des Propheten nach Ägypten kann aber nicht geredet werden (*H.-J. Stipp*), auch wenn sich dessen Spuren in Ägypten verlieren. Die in Jer 43,6 zusammen mit Jeremia und Baruch genannten »Königstöchter« oder »Prinzessinnen«, die noch im Land verblieben sind (Jer 41,10), sind nicht Töchter Gedaljas, sondern als Töchter Zidkijas das Gegenstück zu den Königssöhnen, die bereits getötet wurden (2 Kön 25,7//Jer 39,3//52,10).

Mit der Ermordung des babylonischen Repräsentanten war nach biblischer Darstellung die Episode »Mizpa« beendet, zumal keine judäische Bevölkerung mehr in Mizpa verblieb. Nimmt man jedoch an, dass dies dem »Mythos vom leeren Land« (↗ V.10.3) geschuldet ist, stellt sich die Frage, wie die Verwaltung der babylonischen Provinz fortgesetzt wurde. Weder biblisch noch außerbiblisch gibt es Hinweise auf Gouverneure oder Statthalter nach Gedalja, doch wird man aufgrund des archäologischen Befundes von Mizpa/*Tell en-Naṣbe* annehmen dürfen, dass die Verwaltung noch eine gute Zeit lang in Mizpa verblieb bis sie wieder nach Jerusalem wechselte. Wann das war, ist kaum noch aufzuklären.

In den biblischen Texten wird der Anschein erweckt, als seien die Ereignisse in die unmittelbare Nähe zur Eroberung Jerusalems zu setzen und die Tätigkeit Gedaljas damit auf wenige Wochen zu begrenzen. Da Jer 52,30 aber von einer dritten Deportation 582 v. Chr. ausgeht und unklar ist, wieso noch einmal eine Strafaktion gegen Juda (und die Nachbarstaaten Ammon und Moab, *U. Hübner*) erfolgt, geht man mit Bezug auf Josephus (Jos. Ant. X,180–182) häufig von einem längeren Zeitraum für den »Reformversuch« Gedaljas aus. Das erneute Eingreifen der Neubabylonier (wohl während der Belagerung von Tyrus 585–572 v. Chr., Jos. cont. Ap. I,156; Jos. Ant. X,228; Ez 26,7–14; 29,17–21) könnte zu einer weiteren Verschlechterung der wirtschaftlichen und politischen Lage in Juda geführt haben (*R. Albertz*). Dass sie auch zu einer Verschlechterung der Bedingungen für den nach Babylon verbrachten Jojachin geführt haben, bleibt eine Vermutung, die die Spannung zwischen den Versorgungsnotizen aus den babylonischen Archiven (↗ V.10) und den in 2 Kön 25,27.29; Jer 52,31.33 berichteten Haftbedingungen aufzulösen versucht. Nach 2 Kön 25,27–30 wird Jojachin unter Ewil-Merodach (Amēl-Marduk 562–560 v. Chr.) begnadigt, was die restaurativen davidischen Hoffnungen in der Phase des Niedergangs des neubabylonischen Reiches unter Nabonid (556–539 v. Chr.) bestärkt haben wird (↗ VI.1). Diese kommen eher nicht schon in dem Text 2 Kön 25,27–30 selbst zum Ausdruck, auch wenn mit der »Erhebung des Hauptes« (*nś' r'š*, vgl. akk. *rēša našu*) und den Wendungen »er sprach Gutes« und »er setzte seinen Thron über den Thron der Könige, die bei ihm in Babel waren« eine Sonderbehandlung angedeutet wird (*B. Becking*). Das Schicksal Jojachins verliert sich am babylonischen Königshof. Weder von ihm noch von seinen Söhnen wird berichtet, dass er aus dem Exil zurückkehren durfte. Auch scheint die Begnadigung keinen Einfluss auf die Behandlung der Judäer im babylonischen Exil gehabt zu haben.

12. Die babylonische und ägyptische Diaspora

T. E. Alstola, Judeans in Babylonia (Ph.D. Diss.), Leiden 2017 • H. M. Barstad, The Myth of the Empty Land, Oslo 1996 • B. Becking, Yehudite Identity in Elephantine, in: ders., Ezra, Nehemiah, and the Construction of Early Jewish Identity (FAT 80), Tübingen 2011, 128–142 • ders., Centre, periphery, and interference, in: E. Ben-Zvi/C. Levin (Hg.), Centres and peripheries in the early second temple period (FAT 108), Tübingen 2016, 65–78 • B. Becking u. a., From Babylon to Eternity, London/New York 2014 • A. J. Botta, In the Shadow of Bezalel, Leiden u. a. 2013 • J. D. S. Cohen/E. S. Freirichs (Hg.), Diasporas in Antiquity (Brown Judaic Studies 288), Atlanta 1993 • A. Fitzpatrick-McKinley, Preserving the cult of YHWH in Judean garrisons, in: J. S. Baden/H. Najman, Sibyls, scriptures, and scrolls 1 (JSJ.S 175/1), Leiden 2017, 375–408 • G. Granerød, Dimensions of Yahwism in the Persian Period (BZAW 488), Berlin 2016 • F. Joannès/A. Lemaire, Trois tablettes cunéiformes à l'onomastique ouest-sémitique: Transeuphratène 17, 1999, 17–34 • W. Kaiser u. a., Stadt und Tempel in Elephantine: MDAI.Kairo 55, 1999, 142–145 • E. A. Knauf, Elephantine und das vor-biblische Judentum, in: R. G. Kratz (Hg.), Religion und Religionskontakte im Zeitalter der Achämeniden, Gütersloh 2002, 179–188 • R. G. Kratz, Elephantine und Alexandria, in: T. Georges u. a. (Hg.), Alexandria, Tübingen 2013, 193–208 • A. Lemaire, Judean Identity in Elephantine, in: O. Lipschits u. a. (Hg.), Judah and Judeans in the Achaemenid Period, Winona Lake 2011, 365–373 • F. R. Magdalene/C. Wunsch, Slavery Between Judah and Babylon, in: L. Culbertson (Hg.), Slaves and Household in the Near East, Chicago 2011, 113–134 • M. E. Mondriaan, Anat-Yahu and the Jews at Elephantine: JSem 22, 2013, 537–552 • M. Müller, Unter den ägyptischen Priestern auf der Insel Elephantine, in: M. Böhm (Hg.), Kultort und Identität (BthSt 155), Göttingen 2016, 45–96 • L. F. Pearce, New Evidence for Judaeans in Babylonia, in: O. Lipschits/M. Oeming (Hg.), Judah and the Judeans in the Persian Period, Winona Lake 2006, 397–408 • L. F. Pearce/C. Wunsch, Glimpses on the Lives of Deportees in Rural Babylonia, in: A. Berlejung/M. P. Streck (Hg.), Arameans, Chaldeans, and Arabs in Babylonia and Palestine in the First Millenium B.C., Wiesbaden 2013, 247–260 • dies., Documents of Judean Exiles and West Semites in Babylonia in the Collection of David Sofer (CUSAS 28), Bethesda 2014 • B. Porten, Textbook of Aramaic Ostraca from Idumea, Vol. 1, Winona Lake 2014 • A. Rohrmoser, Götter, Tempel und Kult der Judäo-Aramäer von Elephantine (AOAT 396), Münster 2014 • D. Rom-Shiloni, The Untold Stories: Die Welt des Orients 47, 2017, 124–134 • J. Stökl/C. Waerzeggers (Hg.), Exile and Return (BZAW 478), Berlin 2015.

12.1 Die babylonische Diaspora

Die in den drei Deportationswellen 597/96, 587/86 und 582 v. Chr. nach Babylon verbrachten Judäer werden in geschlossenen Gruppen angesiedelt. Textlich belegt sind die Orte Tel Abib am Fluss Kebar bei Nippur (Ez 3,15), *Tel Melaḥ*, *Tel Ḥaršā*, Kerub-Addon und Immer (Esra 2,59; Neh 7,61), Kasifja (Esra 8,17) sowie Nehardea, Pumbedita, Sura (Jos. Ant. XVIII, 311, 314, 369, 379). Eine ganze Reihe von Dokumenten aus babylonisch-persischer Zeit belegen judäische Namen in babylonischen Verwaltungskontexten. Besonders zu nennen sind das 1893 entdeckte spätachämenidische *Muraššû*-Archiv bei Nippur mit über 700 Tontafeln. Belegt sind vor allem die Geschäfte der Nachkommen *Muraššûs* Enlil-šum-iddin und Rīmūt-Ninurta aus der zweiten Hälfte des 5. Jh.s v. Chr. (ca. 455–403 v. Chr.). Das von der Familie *Muraššû* betriebene Bank- und Handelshaus archivierte etwa Steuerquittungen, Kredit-, Pfand- oder Pachtverträge von Geschäften im Umkreis bis zu 100 km von Nippur. Unter den 2200 Personennamen findet sich eine erhebliche Anzahl von west-semitischen, auch → theophoren Personennamen, die auf exilierte, aber inzwischen wirtschaftlich und sozial gut integrierte Judäer schließen lassen.

Neben das *Muraššû*-Archiv treten jetzt etwa 200 Texte aus *āl-Jāḫūdu* und *Bīt Našar* (bei Sippar), deren Publikation begonnen hat (*L. Pearce*, *C. Wunsch*) (s. die Auswahl HTAT Nr. 274–281). Diese Texte, die einen tieferen Einblick in eine »Exilsgemeinde« geben, datieren zum Teil etwa ein Jahrhundert früher als die *Muraššû*-Dokumente, überwiegend aber auch in persische Zeit bis zu Xerxes I. (486–465 v. Chr.). Sie stammen vermutlich aus Karkara, Kes und Nippur (*C. Wunsch*). Der Name *āl-Yāḫūdu* (»Juda-Stadt«) oder wie es in frühen Texten sogar heißt *āl-Yāḫūdāya* (»Judäer-Stadt«) zeigt an, dass es sich um eine Stadt handelt, in der Judäer angesiedelt sind, was auch die Personennamen bestätigen (*F. Joannès/A. Lemaire* sprechen vom »Jerusalem von Babylonien«). Mehrfach erwähnt wird auch die im Südosten von Babel gelegene Siedlung *Bīt Abī-râm*, die

Stadt von Abrams Haus. Die Bewohner lebten nicht vereinzelt, sondern in sippengebundenen Sozialverbänden, die als Solidargemeinschaft fungierten. Bis zu vier Exils-Generationen sind über die Patronyme (d. h. die Vatersnamen) aus den Dokumenten zu rekonstruieren. Die neubabylonischen Dokumente zeigen, dass die Exulanten in persischer Zeit sozial, rechtlich und ökonomisch gut integriert sind. Integration und Status werden sich über längere Zeit entwickelt haben, sodass begrenzt auch Schlüsse auf die neubabylonische Zeit möglich sind (skeptisch demgegenüber *R. Poser*). Neben die Bewirtschaftung des aus dem königlichen Krongut zugewiesenen Landes zur Selbstversorgung treten Geschäftskontakte. Handelsbeziehungen und Vertragsabschlüsse sind ihnen erlaubt, und die ehemalige judäische Elite scheint das ebenso wie ihre Möglichkeit zur Selbstverwaltung zu ihrem Nutzen auch umgesetzt zu haben. Die Exulanten sind familiär in Vaterhäusern organisiert, schließen Heirats- und Erbverträge. Eine strikte Praxis der Endogamie (Heirat innerhalb der eigenen Gruppe) lässt sich ebensowenig nachweisen wie eine ethnische Homogenität. Dennoch ist der Grad verwandtschaftlicher Solidarität hoch und ein wesentlicher Faktor für den Zusammenhalt der Gruppen. Der Wochensabbat und die Beschneidung scheinen sich in der babylonischen → Gola als Identitätsmarker herauszubilden. Sicher wird man nicht aus den Wirtschaftsdokumenten auf einen generell akzeptablen Status der Exilierten schließen dürfen.

Die Neubabylonier verbanden mit den Deportationen ein wirtschaftliches Interesse, das die Arbeitskraft der Exilierten in Infrastruktur- oder Bauprojekten einsetzte. Dazu zählen besonders die Kanalbau- und Kanalpflegeprojekte, die zur Landgewinnung und -bewirtschaftung (Getreide und Dattelpalmen) dienten (vgl. die Kanäle von Babel in Ps 137,1). Von der etablierten Landwirtschaft lebten die Exilierten, während die Babylonier das wirtschaftliche → Surplus durch Steuern und Abgaben abschöpften. Die Vorstellung von Gefangenen oder Sklaven (Ps 137,3; Bar 4,32; Ez 34,27) geht jedoch in die Irre, und es wird verständlich, warum nicht alle Exilierten nach 539 v. Chr. nach Juda zurückkehren. Die Dokumente lassen sogar den Eindruck zu, dass nur ein Bruchteil der Migranten mit Beginn der Perserherrschaft das mühsam aufgebaute neue soziale und ökonomische Netz der inzwischen multiethnischen Exilskontexte wieder verlassen haben.

12.2 Judäer in Ägypten und die Militärkolonie auf der Nilinsel Elephantine

Im Unterschied zur → Gola in Babylonien sind die Judäer nach Ägypten nicht deportiert worden, sondern überwiegend durch Auswanderung und Flucht dorthin gelangt. Die Gruppe, die sich nach der Ermordung Gedaljas (↗ V.11.3) (aus Furcht vor babylonischen Racheakten?) nach Ägypten absetzt, kommt vermeintlich bis Tachpanhes am Nildelta (Jer 43,7). Jer 44,1 nennt zuvor bestehende Ansiedlungen in Migdol, einer weiteren Grenzfestung im östlichen Nildelta, Memphis/Nof unterhalb des Deltas und kumulativ Patros/Oberägypten. Die Anfänge der ägyptischen → Diaspora reichen vor die Zerstörung Jerusalems zurück. Möglicherweise sind bereits nach dem Untergang des Staates Israel 722/20 v. Chr. Israeliten nach Ägypten gelangt (*E. A. Knauf*). Sicher sind Judäer in der 26. Dynastie (672–526/25 v. Chr.) im 7./6. Jh. v. Chr. als Händler oder Söldner nach Ägypten gekommen und in Militärkolonien zur Sicherung der Grenzen Ägyptens angesiedelt worden. Die größte und textlich am besten bezeugte Militärkolonie ist die auf der Nilinsel Elephantine/Jeb bei Assuan/Syene, wo Exil-Judäer (zusammen mit Samariern?) in persischer Zeit (407 v. Chr.) in aramäischen → Papyri (s. die Auswahl HTAT Nr. 283–294) um die Erlaubnis bitten, den 410/09 v. Chr. zerstörten *Yhw/*Yahō*-Tempel wieder zu errichten (↗ VI.6.2). Der Hintergrund der vom Kommandanten von Syene *Nāfina* verantworteten Zerstörung ist nicht klar. Zum einen wird ein religiöser Konflikt mit den Priestern des benachbarten Chnum-Tempels vermutet. Spekulation bleibt, dass die Schaf- und Widderopfer der *Yahō*-Priester von den Priestern des widdergestaltigen Gottes Chnum als Affront gewertet wurden. Darauf könnte vielleicht hindeuten, dass die erhaltene Erlaubnis zum Wiederaufbau (HTAT Nr. 287) Schlacht- und Brandopfer nicht mehr explizit erwähnt. Vielleicht waren es aber auch keine religiösen Gründe, die zur Feindschaft zwischen Chnum- und *Yahō*-Priestern führten, sondern schlicht Grenzstreitigkeiten, da die heiligen Bezirke sehr nah beieinander lagen.

Der Tempel ist auch archäologisch nachweisbar, allerdings sehen die Ausgräber keine ausreichende Evidenz, einen Grundrissplan anzugeben (*W. Kaiser*). Die im Dienst des achämenidischen Großkönigs stehenden Söldner auf Elephantine bilden eine Garnison, die teilautonom verwaltet wurde und eigene Rechte besaß. Das geht aus dem Korrespondenz-Archiv hervor, in dem sich die Verantwortlichen mit diversen Anliegen an die persischen, judäischen und samarischen Autoritäten richten. Der über eine offizielle Tempelsteuer (HTAT Nr. 288) finanzierte *Yhw/*Yahō*-Tempel bildet das Zentrum des politischen wie religiösen Lebens der »Juden«/Judäer (die Doppelbezeichnung macht deutlich, dass eine scharfe terminologische Grenze nicht gezogen werden kann). Das Steuerregister, das auf reguläre Abgaben für den Tempelkult schließen lässt, enthält einige Frauennamen, die ihre Abgabe von zwei Schekeln für den Kult des Gottes *Yahô* entrichtet haben. Zugleich weist die Liste darauf hin, dass neben dem Hauptgott in besagtem Tempel auch *Anat-Yahō* (vielleicht die Gemahlin des *Yhw*) und *Ašīm-Bethel* verehrt wurden. Auch wenn die Identität der Götter hinter den Kompositbezeichnungen (Bethel ist eine eigene göttliche Größe oder lediglich Ersatzname für **Yahō*) und ihr Verhältnis zueinander nicht restlos aufzuklären sind, zeigt der Befund zum einen Bezüge nach Samaria und zum anderen, dass sich der Monotheismus hier noch nicht durchgesetzt hat (↗ VI.9). Die »Juden«/Judäer von Elephantine feierten das Mazzôt- und das Pascha-Fest; Klage und Fasten gehörten zu den religiösen Bräuchen. Auch der Sabbat wird mehrfach als Wochentag erwähnt, jedoch gibt es keine Hinweise, dass er als Ruhe- und Feiertag galt (*R. G. Kratz*).

Im Unterschied zur babylonischen → Diaspora kehren die Judäer aus Ägypten nicht in Gruppen zurück, sondern gehen in der bedeutenden hellenistischen Diaspora mit ihrem Zentrum in Alexandria auf (↗ VII.1.1). Während in Elephantine biblische Texte (zumindest den schriftlichen Zeugnissen zufolge) *noch* keine explizite und verbindliche Rolle spielen, ergibt sich ein ganz anderes Bild über das spätere alexandrinische Judentum (↗ VII.2.2).

VI. Geschichte Israels in der Perserzeit

B. Becking, From David to Gedalja (OBO 228), Fribourg/Göttingen 2007 • ders., Ezra, Nehemiah, and the Construction of Early Jewish Identity (FAT 80), Tübingen 2011 • J. W. Betlyon, A People Transformed: NEA 68, 2005, 4–58 • J. Bremer, Wo Gott sich auf die Armen einlässt (BBB 174), Göttingen 2016 • C. E. Carter, The Emergence of Yehud in the Persian Period (JSOT.S 294), London 1999 • P. R. Davies u. a. (Hg.), Second Temple Studies (JSOT.S), Sheffield 1991–2002 • J. Dušek, Aramaic in the Persian Period: HeBAI 2, 2013, 243–264 • D. V. Edelman, The Origins of the »Second« Temple, London 2005 • dies., Apples and Oranges: VT.S 148, 2012, 133–144 • A. Faust, Forts or Agricultural Estates?: PEQ 150, 2018, 34–59 • C. Frevel, Reichsinteresse und Lokalpolitik in der Levante im Spiegel der materiellen Kultur, in: R. Achenbach (Hg.), Die Religionspolitik der Achaimeniden und die Rolle der Lokalheiligtümer (BZAOR), Wiesbaden 2018 • K. Galling, Studien zur Geschichte Israels im persischen Zeitalter, Tübingen 1964 • E. Gerstenberger, Israel in der Perserzeit (BE 8), Stuttgart 2005 • L. L. Grabbe, A History of the Jews and Judaism in the Second Temple Period Volume 1. Yehud (LSTS 47), London 2004 • K. G. Hoglund, Achaemenid Imperial Administration in Syria-Palestine and the Missions of Ezra and Nehemiah (SBL Dissertation Series 125), Atlanta 1992 • L. C. Jonker (Hg.), Historiography and Identity (Re)Formulation in Second Temple Historiographical Literature (LHBOTS 534), London/New York 2010 • G. N. Knoppers, Jews and Samaritans, Oxford u. a. 2013 • D. Langgut/O. Lipschits, Dry Climate during the Early Persian Period and its Impact on the Establishment of Idumea: Transeuphratène 49, 2017, 135–162 • O. Lipschits u. a. (Hg.), Judah and the Judeans in the Fourth Century B. C. E., Winona Lake 2007 • O. Lipschits u. a. (Hg.), Judah and the Judeans in the Achaemenid Period, Winona Lake 2011 • J. Schaper, Priester und Leviten im achämenidischen Juda (FAT 31), Tübingen 2000 • E. Stern, Material Culture of the Land of the Bible in the Persian Period 538–332 B. C., Warminster 1982 • K. Weingart, What makes an Israelite an Israelite?: JSOT 42, 2017, 155–175 • R. Wenning, Griechischer Einfluss auf Palästina in vorhellenistischer Zeit?, in: S. Alkier/M. Witte (Hg.), Die Griechen und das antike Israel (OBO 201), Fribourg/Göttingen 2004, 29–60 • T. Willi, Israel und die Völker (SBAB 55), Stuttgart 2013 • H. G. M. Williamson, Studies in Persian Period History and Historiography (FAT 38), Tübingen 2004.

1. *Überblick über die Geschichte des persischen Großreiches*

A. Kuhrt, The Achaemenid Persian Empire (c. 550–c. 330 BCE), in: S. E. Alcock u. a. (Hg.), Empires, Cambridge 2001, 93–123 • dies., The Persian Empire, London 2007 • dies., The Persian Empire, c. 550–330 BC, in: P. Leriche (Hg.), Art & Civilisations de l'Orient Hellénisé, Paris 2014, 51–60 • M. Waters, Ancient Persia, New York 2014 • J. Wiesehöfer, Das frühe Persien, München [5]2015.

Das nach dem → Eponymen und Sohn des Perseus Achaimenes, gr. Ἀχαιμένης auch Achämenidenreich genannte Großreich, löst das mit etwa 100 Jahren Dauer relativ kurzlebige neubabylonische Reich ab und existiert bis zur politischen Vorherrschaft der Griechen ab 332 v. Chr. Es umfasst in der größten Ausdehnung den östlichen Mittelmeerraum, von der Ägäis bis Kleinasien, Syrien und Palästina, Ägypten und Libyen, das gesamte Zweistromland, das Gebiet des iranischen Hochlandes bis zum Indus (↗ X.6, *Karte 17*). Über die ersten Herrscher Kyros I. und Kambyses I. bis zur zweiten Hälfte des 6. Jh.s v. Chr. weiß man wenig und nur aus späteren Quellen.

1.1 Kyrus der Große und der Untergang des babylonischen Reiches

Kyrus II. (559–530 v. Chr.), genannt der Große, ist bereits persischer König in der Region von Anschan östlich des persischen Golfes und damit → Vasall des Mederreiches. Ab 550 v. Chr. verschieben sich die Machtverhältnisse im Großraum, als Kyrus II. den Mederkönig Astyages, seinen Großvater, 547/46 v. Chr. besiegt und die Reichsgrenzen am Tigris entlang über Elam bis nach Kleinasien (Einnahme von Sardes und Sieg über den Lyder Krösus 546 v. Chr.) ausdehnt. 539 v. Chr. greift er Nabonid (556–539 v. Chr.), den letzten babylonischen König, an: Babylon fällt kampflos, weil die politisch einflussreichen Marduk-Priester mit Kyrus kooperieren. Hintergrund der schließlich reichszersetzenden Kollaboration der Marduk-Priester mit dem Perserkönig sind die Bestrebungen Nabonids, dem Mondgott Sin im babylonischen Reich größeres Gewicht zu geben und durch ihn das Reich zu einen. Das führt zu Aufständen der Traditionalisten und Marduk-Parteigänger, die schließlich in Kyrus einen Verbündeten gegen Nabonid suchen und ihn bei der Übernahme der Stadt als Befreier feiern.

Propagandistisch wird das u. a. im *Kyrus-Zylinder* Z. 15–23 gespiegelt: »Er befahl ihm, nach seiner Stadt Babel zu gehen, und er ließ ihn den Weg nach Babel einschlagen. Gleich einem Freunde und Genossen ging er an seiner Seite. Seine umfangreichen Truppen, deren Zahl gleich dem Wasser eines Flusses unermesslich war, marschierten waffengerüstet an seiner Seite. Ohne Kampf und Schlacht ließ er ihn in seine Stadt Babel einziehen. Babel rettete er aus der Bedrängnis. Nabonid, den König, der ihn nicht verehrte, überantwortete er ihm. Die Einwohner von Babel insgesamt, das ganze Land Sumer und Akkad, Fürsten und Statthalter knieten vor ihm nieder, küssten seine Füße, freuten sich über seine Königsherrschaft, es leuchtete ihr Antlitz. ›Der Herr, der durch seine Hilfe die Toten lebendig gemacht hat, der in Not und Unheil allen wohlgetan hat‹ – so huldigten sie ihm freudig, sie verehrten seinen Namen. Ich, Kyrus, der König des Weltreichs, der große König, der mächtige König, der König von Babel, der König von Sumer und Akkad, der König der vier Weltsektoren, ... dessen Regierung Bel und Nebo lieb gewannen und dessen Königsherrschaft sie zur Erfreuung ihres Herzens wünschten – als ich friedlich in Babel eingezogen war, schlug ich unter Jubel und Freude im Palaste des Herrschers den Herrschaftssitz auf« (TUAT I 408–409, Übersetzung *Rykle Borger*, in etwas anderer Übersetzung HTAT Nr. 273, vgl. Jes 44,28; 45,1.4).

1.2 Kambyses II. – Aufstände in Persepolis

Im Zuge der Ausdehnung des Reiches nach Osten stirbt Kyrus II. 530 v. Chr. bei einem Feldzug im Nordosten gegen die Massageten. Seinem Sohn und Nachfolger Kambyses II. (530–522 v. Chr.) gelingt die Eingliederung Ägyptens in die persische Herrschaft 525 v. Chr. Schon bald brechen unter der Führung des Priesters bzw. Magiers Gaumata, der sich als Bruder und Thronanwärter ausgibt (Behistun-Inschrift § 11, TUAT I 421–449), Aufstände in Persepolis aus, die den als Pharao der 27. Dynastie (526/25–401 v. Chr.) herrschenden Kambyses II. zur Rückkehr zwingen. Kambyses II. verstirbt auf dem Rückweg unter ungeklärten Umständen und Gaumata lässt sich zum König ausrufen. Gaumata wird daraufhin von persischen Stammesadeligen getötet. Aus den Wirren um die Thronfolge geht Darius I., der Sohn des Hystaspes (522–486 v. Chr.), als Sieger hervor. Den Vorgang schildert die dreisprachige Behistun-Inschrift (elamisch, babylonisch, altpersisch) aus dem Westiran im ausgehenden 6. Jh. v. Chr., die als eine der bedeutendsten Urkunden der vorderasiatischen Antike gilt. Dort führt sich Darius I. auf den Ahnvater Achaimenes zurück und wählt die Selbstbezeichnung »Achämeniden« (Behistun-Inschrift § 1–3).

Aus historischer Perspektive ist nicht klar, ob im Hintergrund des Thronwechsels nicht doch der Misserfolg des Kambyses II. gegen die Nubier steht, der den Aufstand Gaumatas bzw. den Thronanspruch des Bruders Bardya (griech. Smerdes), den Kambyses II. nach der Behistun-Inschrift § 10 bereits *vor* dem Ägyptenfeldzug umgebracht haben soll, zu suchen ist. Die Umstände des Todes Kambyses' II. auf dem Rückweg in Syrien bleiben ungeklärt, ebenso die Machtübernahme Darius', der möglicherweise Kambyses II. aus Ägypten begleitet und als → Usurpator den Thron an sich reißt (und den rechtmäßigen Thronerben Bardya getötet haben könnte).

1.3 Die Instabilität des Reiches nach dem Abfall Ägyptens

Die strategische und wirtschaftliche Bedeutung der Zugehörigkeit Ägyptens zum Perserreich ist für die südliche Levante bzw. die syro-palästinische Landbrücke nicht zu unterschätzen. Mehrfach jedoch kommt es nach der Eingliederung in das persische Großreich zu Aufständen (bes. bedeutsam ist die Tötung des Satrapen Achaimenes durch den Libyer Inarus 464 v. Chr.) und 404 v. Chr. fällt Ägypten nach dem Tode Darius' II. vom Perserreich ab. Ab dem 5. Jh. v. Chr. nimmt die Instabilität im Reich zu. An den westlichen Reichsgrenzen kommt es immer wieder zu Auseinandersetzungen mit den Griechen: ionische Aufstände 500–494 v. Chr., Schlacht bei Marathon 490 v. Chr., Schlacht von Salamis 480 v. Chr., Niederlage bei Plataeae 479 v. Chr. Ob die folgenden Perserkriege unter Xerxes I. (486–465 v. Chr.) und Artaxerxes I. (465–424/23 v. Chr.) durch den sog. Kallias-Frieden mit den griechischen Städten 449 v. Chr. tatsächlich beendet werden konnten (Hdt Hist. VII,151f), wird in der Forschung mehrheitlich bezweifelt. 449 v. Chr. kommt es zum Aufstand der westlichen Satrapien unter der Führung des persischen Feldherrn und Satrapen Megabyzos und am Ende des 5. Jh.s v. Chr.

zu Aufständen der Satrapen in Medien und Kleinasien (410 v. Chr.). Der Westen des Reiches bleibt auch unter Artaxerxes II. Mnemon (405/04–359/58 v. Chr.) unruhig und droht zu kollabieren. Ägypten löst sich unter Pharao Amyrtaios von Saïs (404–399 v. Chr.) für 60 Jahre aus der persischen Hegemonie und expandiert seinen Herrschaftsbereich zu Beginn des 4. Jh.s v. Chr. zwischenzeitlich sogar wieder an die phönizische Küste.

Für das 4. Jh. v. Chr. fehlen weitestgehend ereignisgeschichtliche Daten für Syrien und Palästina. Unter Artaxerxes III. Ochos (359/58–338 v. Chr.) kann Ägypten noch einmal kurz in das Perserreich eingegliedert werden (343 v. Chr.), nachdem auch die Satrapenaufstände in Phönizien niedergedrückt worden sind. Mit dem Einzug Alexanders d. Gr. (356–323 v. Chr.) nach der gegen Darius III. Kodomannos (336–330 v. Chr.) gewonnenen Schlacht von Issos (333 v. Chr.) und der Schlacht bei Gaugamela (331 v. Chr.) endet die Herrschaft des persischen Großkönigs nach rund 200 Jahren, und das hellenistische Zeitalter beginnt.

2. *Wirtschaft und Verwaltung des Perserreiches*

R. Achenbach, Satrapie, Medinah und lokale Hierokratie, in: R. Achenbach/H. Neumann (Hg.), Konkurrenz und wechselseitiger Einfluss divergenter Rechtsordnungen im Alten Orient (BZAR 14), Wiesbaden 2010, 1–41 • P. Altmann, Economics in Persian-Period Biblical Texts (FAT 109), Tübingen 2016 • D. T. Ariel, The Coins from the Surveys and Excavations of Caves in the Northern Judean Desert: Atiqot 41, 2002, 281–304 • D. Barag, A Silver Coin of Yohanan the High Priest and the Coinage of Judea in the Fourth Century B.C.: INR 9, 1986, 4–21 • P. B. Bedford, The Economic Role of the Jerusalem Temple in Achaemenid Judah: Comparative Perspectives, in: M. Bar-Asher (Hg.), Shai le-Sara Japhet, Jerusalem 2007, 3*–20* • ders., Temple Funding and Priestly Authority in Achaemenid ludah, in: J. Stöckl/C. Waerzeggers (Hg.), Exile and Return (BZAW 487), Berlin 2015, 336–351 • H. Gitler, The Earliest Coin of Judah: INR 6, 2011, 21–32 • H. Gitler/O. Tal, The Coinage of Philistia of the Fifth and Fourth Centuries BC., Mailand 2006 • B. Jacobs, Die Satrapienverwaltung im Perserreich zur Zeit Darius III., Wiesbaden 1994 • H. Klinkott, Der Satrap, Frankfurt 2005 • ders., Xerxes in Ägypten, in: S. Pfeiffer (Hg.), Ägypten unter fremden Herrschern zwischen Satrapie und römischer Provinz, Frankfurt 2007, 34–54 • E. A. Knauf, The Persian Administration in Arabia: Transeuphratène 2, 1990, 201–217 • A. Kuhrt, Can we understand the Gods of Others?: AfR 15, 2013, 149–165 • dies., State Communication in the Persian Empire, in: K. Radner (Hg.), State Correspondence in the Ancient World, Oxford u. a. 2014, 112–140 • H. Niehr, Abgaben an den Tempel im Yehud der Achämenidenzeit, in: H. Klinkott u. a. (Hg.), Geschenke und Steuern, Zölle und Tribute, Leiden u. a. 2007, 141–158 • R. J. van der Speek, Cyrus the Great, Exiles and Foreign Gods, in: M. Kozuh u. a. (Hg.), Extraction and Control, Chicago 2014.

2.1 Persische Toleranzpolitik und ihre Grenzen

Die signifikante Differenz zur Herrschaft der Assyrer und Neubabylonier wird gerne als persische *Toleranzpolitik* bezeichnet. Dabei wird insbesondere abgehoben auf die Rücknahme der babylonischen Deportationspolitik, die Förderung der Lokalautonomie in den Provinzen und die pragmatische Religionspolitik, die nicht von einer zentralen Bedeutung des persischen Gottes Ahura Mazda bestimmt ist. Die jüngere Forschung ist jedoch deutlich skeptischer gegenüber einer zu großen Liberalität in der persischen Religionspolitik, insbesondere gegenüber der Annahme einer aktiven, dauerhaften, zentralen (insb. finanziellen) Subventionierung lokaler Kulte wie auch gegenüber der sog. Reichsautorisation lokaler Gesetze. Manches, was aus den Quellen als Toleranz erscheint, ist durch propagandistische (wie die Nähe Kyrus' zu Marduk, Sin und Nebo) oder tendenzielle (Förderung des YHWH-Kultes in Jerusalem, ↗ VI.4.) Darstellung verzerrt. Tempel wurden nicht nur wieder aufgebaut, sondern wohl auch auf Befehl der Perser zerstört. Diskutiert werden gewaltsame Eingriffe durch Darius I. (522–486 v. Chr.) in Didyma oder Xerxes I. (486–465 v. Chr.) in Athen (*J. Schaper, L. Fried*). Die Zerstörung der Mardukstatue in Babylon durch Xerxes I. ist hingegen nicht historisch. Doch auch das bei Herodot (Hdt. Hist. VII,7) berichtete Vorgehen Xerxes' I. gegen die Priester in Ägypten bleibt – zieht man die dem griechischen Perserbild geschuldete und völlig überzogene Negativzeichnung ab (*H. Klinkott*) – ein wenig tolerantes, politisch motiviertes Vorgehen gegen religiöse Institutionen. Festzuhalten ist jedoch, dass eine religiöse Zentralisierung nicht als Herrschaftsmittel eingesetzt wird, um das persische Reich zu einen. Der dominanten persischen Internationalisierung steht ein kultureller und religiöser Regionalismus als Gegengewicht gegenüber. Die »Toleranz«, die dort endet, wo die Loyalität gegenüber dem Großkönig infrage gestellt wird, ist Teil der politischen Strategie der Perser.

2.2 Das Verwaltungssystem des persischen Reiches

Zum Zusammenhalt des riesigen Reiches zielt die persische Politik vor allem auf die Sicherung der Grenzen und die Bewahrung der Ordnung und des inneren Friedens, der immer wieder durch Aufstände der hohen Verwaltungsbeamten und Adeligen und ab dem 5. Jh. v. Chr. durch das Vordringen der Griechen bedroht ist. Das riesige Perserreich wird durch ein – keinesfalls im ganzen Gebiet völlig einheitliches – Verwaltungssystem regiert, das Satrapien und Provinzen kennt. Die größeren Verwaltungseinheiten sind untergliedert, doch ist die Unterscheidung in Ober- und Untersatrapien (*B. Jacobs*) umstritten (*H. Klinkott*). Die lokalen Statthalter unterstehen den regionalen Satrapen, die administrative, juristische und militärische Kompetenzen haben und selbst wieder gegenüber dem persischen Großkönig verantwortlich sind. Der innere Zusammenhalt wird dabei durch die ausgewogene Spannung von Loyalität gegenüber dem persischen Großkönig und seiner Zentralgewalt auf der einen Seite und Teilautonomie der Provinzen auf der anderen Seite gewährleistet. Daneben spielen (a) eine zentrale Personalpolitik (Ernennung von Satrapen und Provinzstatthaltern, Integration der lokalen Elite in die zentrale Herrschaft), (b) die Geldpolitik (Einführung des Münzgeldes), (c) die ökonomische Globalisierung (internationaler »Welthandel«), (d) auf die einzelnen Provinzen bezogene Regierungserlasse, (e) die Entsendung von Sonderbeauftragten, (f) eine einheitliche Verwaltungs- und Regierungssprache (das sog. Reichs-Aramäisch als *Lingua franca*) sowie (g) ein reichsübergreifendes Nachrichtensystem als Herrschaftsmittel eine bedeutende Rolle. Der persische Hof lässt sich durchgehend durch »die Ohren des Königs«, eine Art Geheimdienst aus der Peripherie, in Kenntnis setzen, um über Unruheherde rechtzeitig informiert zu sein. (h) Die militärische Präsenz in wieder »beruhigten« Aufstandsgebieten bzw. generell in struktur- und verkehrspolitisch bedeutenden Regionen und Orten ist nicht zu unterschätzen (*J. W. Betlyon*).

2.3 Steuern und Abgaben

Finanziert wird die Verwaltung durch ein gegliedertes System von zentralen und lokalen steuerlichen Abgaben, die vom Statthalter eingenommen bzw. später auch über die Tempeladministration koordiniert werden. Jede Satrapie hat jährlich ein bestimmtes Steueraufkommen in Edelmetall zu erbringen (Neh 5,4 *middat hammælæk* »Königssteuer«; Esra 6,8; 4,20 *middat* *ᶜᵃbar nᵃharāh* »Steuer von Transeuphratene«), das in den Provinzen erwirtschaftet werden muss. Daneben treten lokale Abgaben, die der Finanzierung des Statthalters (Neh 5,14f), der lokalen Verwaltungsaufgaben, der Aufrechterhaltung des lokalen Kultes sowie der Tempelverwaltung dienen (z. B. Neh 10,33–35; 13,12).

Die Wirtschaftsgeschichte der Perserzeit hängt eng mit dem Aufkommen des Münzgeldes in der südlichen Levante zusammen. Da unterschiedliche Währungen, d. h. anfänglich unterschiedliche Gewichtsklassen von Edelmetallen, aufgrund der Standardisierung leicht untereinander austauschbar sind, werden der Handel, die Bezahlung, das Abgaben- und Kreditwesen etc. erleichtert. Vor allem die Einführung kleiner Nominale (→ Numismatik) führt zu einer Intensivierung des lokalen Handels und damit zu einem ökonomischen Aufschwung. Durch die Zuordnung von Prägestätten sowie durch die Fundverteilung von Münzen lassen sich Herrschafts- und Wirtschaftsräume leichter voneinander abheben. Als erstes Münzgeld tauchen griechische Silbermünzen in Palästina ab dem ausgehenden 6. Jh. v. Chr. auf. Sieht man von den importierten Münzen ab, nimmt die Verbreitung in den phönizischen Küstenstädten ihren Anfang. Erste Prägungen entstehen in der Mitte des 5. Jh.s v. Chr. in der phönizischen Küsten- und Handelsstadt Byblos, zunächst Imitationen griechischer Tetradrachmen, dann zunehmend eigene Prägungen (*H. Gitler/O. Tal*). Wenig später werden parallel dazu Münzen in Tyrus und sicher in dem philistäischen Gaza, vielleicht auch in Aschkelon und Aschdod geprägt. Am Beginn stehen attische Motive und auch griechische Münzstandards. Die nahezu autonome Sonderstellung der im Seehandel bedeutenden Städte wird durch das Münzrecht noch unterstrichen, auch wenn das Recht eigener Prägungen nicht völlig unabhängig von den persischen Provinzgouverneuren gewährt worden sein wird. Genutzt wurden die Münzen zunächst von der handeltreibenden Elite in den Hafenstädten. Im vierten Jahrhundert werden Silbermünzen in verschiedenen Nominalwerten in Samaria und in Jerusalem geprägt. Die allermeisten heute bekannten Münzen entstammen dem Antikenhandel. Jehud-Münzen aus kontrollierten Grabungen (nicht viel mehr als 25) stammen aus verschiedenen Grabungen im Stadtgebiet Jerusalems (insg. 14 Exemplare u. a. Ketef Hinnom, French Hill, Mount Zion, Har Adar, *Ḥorvat Zimri/Pisgat Zeev* und inzwischen drei weitere Exemplare aus dem Temple Mount Sifting-Project), Bet-Zur (1), *Ḥorvat ʿEtri* (3), *Tell Ǧemme* (4) sowie zwei aus *Khirbet Qeiyafa* (*D. T. Ariel*). Für die frühen Münzen aus Samaria sind vor allem zwei → Hortfunde aus dem Antikenhandel von Bedeutung (↗ Abb. 45), einer aus Samaria (334 Münzen), der andere aus Nablus (965 Silbermünzen, vermutlich aus dem *Wādī ed-Dālīye* stammend, ↗ VII.2.2), die in der Mitte bzw. zweiten Hälfte des 4. Jh.s v. Chr. vergraben wurden. Zur Einordnung der Zahlen und Veranschaulichung der Münzverteilung sei erwähnt, dass im Heiligtum auf dem Garizim 14.000 Münzen gefunden wurden, darunter *eine* aus Jehud aus ptolemäischer Zeit (Ptolemäus I. und Berenike). 25 Münzen stammen aus der Provinz Samaria, das ist etwa ein Drittel der perserzeitlichen Münzen. Alle anderen Münzen sind später (*G. Bijovsky*).

Abb. 45: Samarische Münzen weisen ein internationales Bildrepertoire auf, das wesentlich durch das Kopieren, Adaptieren und Modifizieren von sidonischen, kylikischen, ägyptischen, persischen sowie griechischen Motiven gekennzeichnet ist. Besonders prominent sind Darstellungen vom persischen Großkönig (a-c), von Bes (a und e), von Männern und Frauen in persischer oder griechischer Kleidung (d) sowie von Athena bzw. der attischen Eule (f).

In der Provinz Jehud beginnen die ersten Eigenprägungen (möglicherweise erst außerhalb in Aschkelon oder Gaza, später dann in Jerusalem) vielleicht schon im ausgehenden 5. Jh. v. Chr. Die meisten Münzfunde stammen jedoch erst aus dem 4. Jh. v. Chr. Die athenische Tetradrachme bildet zunächst den Prototyp. Die frühen Münzen tragen ein Bild Athenas auf der Vorder- und eine Eule auf der Rückseite. Später treten ein Falke, ein Ohr, eine Lilie und ein Abbild des persischen Großkönigs an deren Stellen (↗ Abb. 46).

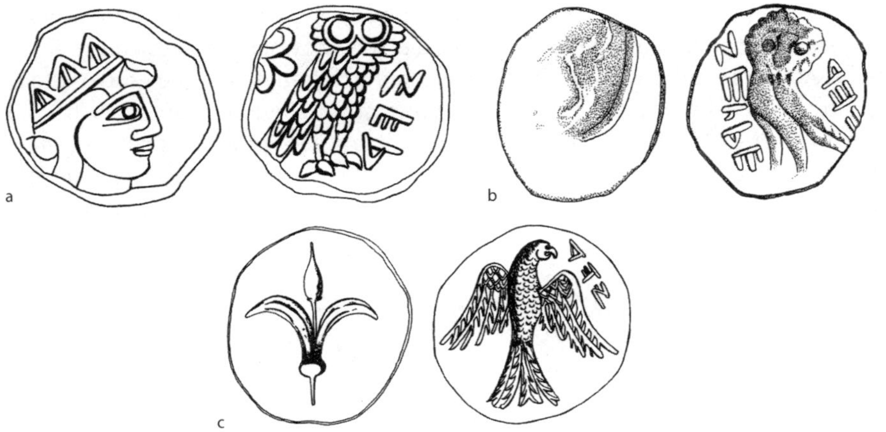

Abb. 46: Im Vergleich zu den philistäischen und den samarischen Münzen sind diejenigen aus der Provinz Jehud nicht nur quantitativ unterrepräsentiert, sondern insbesondere auch hinsichtlich ihres ikonographischen Motivrepertoires restriktiv. Die ikonographische Gestaltung umfasst überwiegend den Kopf der Athena (a), die attische Eule (a und b), das Ohr (b), die Lilie und den Falken (c).

In den vergangenen Jahren ist eine Drachme im Antikenhandel aufgetaucht, die möglicherweise einen frühen Jehud-Münztyp darstellt, der vielleicht noch außerhalb für die Provinz geprägt wurde (*H. Gitler*). Auf der Vorderseite ist ein Gorgoneion mit schlangenförmigen Hathorlocken dargestellt, auf der Rückseite ein liegender Stier, der von einem Löwen angegriffen wird (↗ Abb. 47). Die Münzen sind jeweils durch die Aufschrift *yhd* bzw. (etwas später) *yhwd* der Provinz Jehud zuzuordnen. Namen und Titel der Statthalter finden sich erst Mitte des 4. Jh.s v. Chr. – die meisten nennen *yḥzqyh hpḥh* (»Hiskija, der Statthalter«).

Abb. 47: Im Unterschied zu der vergleichsweise eingeschränkten Ikonographie der Jehud-Münzen weist eine neue Drachme aus Jehud einen bemerkenswerten ikonographischen Mischstil auf. Die Vorderseite zeigt einen frontalen weiblichen Kopf (vermutlich mit Hathorfrisur), ein Motiv, das oft auf samarischen Münzen belegt ist und seinen Vorläufer in den Arethusa-Köpfen aus Tarsos hat. Die Rückseite zeigt neben der Aufschrift »Jehud« eine Tierkampfszene (ein Löwe greift einen Stier an). Der Mischstil der Drachme könnte darauf hinweisen, dass sie in Philistäa geprägt worden ist und die Münzautorität der Jehud-Münzen erst später nach Jerusalem verlagert worden ist.

Der Statthalter ist für die Verwaltung der Steuern zuständig. Diese wurden lokal eingesammelt und über den Satrapen an die Schatzhäuser des Großkönigs überstellt. Ab wann und inwieweit die Tempeladministration dabei eine größere Rolle spielte, ist eine diskutierte Frage, die nicht nur an der Einschätzung von Sach 11,13 hängt (*J. Schaper*), sondern auch im Zusammenhang der Einführung einer eigenen Münzprägung am Jerusalemer Tempel (Münze mit der Aufschrift *ywḥnn hkwhn* »Johanan, der Priester«; ↗ Abb. 48) im 4. Jh. v. Chr. zu bewerten ist (*R. Achenbach*).

Abb. 48: Die Jehud-Münze zeigt auf der Vorderseite ein Gesicht *en face* und auf der Rückseite eine Eule mit der Inschrift »Johanan, der Priester«. Sie datiert vermutlich in die Übergangszeit von der persischen hin zur ptolemäischen Epoche. Eine Identifikation des dargestellten »Porträts« ist angesichts der groben Ausführung und fehlender Charakteristika nicht möglich.

Wahrscheinlich handelt es sich nicht um den in Neh 13,22 erwähnten Johanan (ca. 415–395 v. Chr.), sondern um Johanan II. (ca. 350–340 v. Chr.). Unsicher bleibt trotz ähnlicher Motive die Identifizierung des sonst nicht belegten Statthalters Hiskija mit dem Priester Johanan (*D. Barag*), sodass das Münzrecht gänzlich dem Tempel zustand. Eher wird man aus dem Nebeneinander auf eine große politische wie wirtschaftliche Nähe von Tempelaristokratie und Provinzleitung schließen können. Da die Hinweise im 5. Jh. v. Chr. aber dünn bleiben, wird man für eine aktive Rolle des Tempels bis in ptolemäische Zeit vorsichtig bleiben müssen (*L. L. Grabbe*), zumindest für die frühe Zeit. Dennoch ist bei aller Zurückhaltung auffallend, dass sich die Ausbildung eines Hohepriesteramtes in sehr späten biblischen Texten (etwa mit dem Titel *hakkohen haggādōl* »Hohepriester«, Lev 21,10; Num 17,16–26; 27,19.21; 35,25.28; Jos 20,6 u. a. m., s. u.) mit dem Auftauchen des Priesters auf dem Münzgeld in etwa zeitlich deckt.

Neben der offiziellen Steuer für den Großkönig stehen die Abgaben für die Unterhaltung des lokalen Kultes, die ein Parallelsystem darstellen (*H. Niehr*). Davon zeugen unter anderem Neh 10,33 und die Angaben in Ex 30,13.15, die einen Drittel- bzw. Halbschekel als pro Kopf und Jahr zu erhebende Tempelabgabe nennen. Näheres lässt sich nicht mehr sagen, da belastbare Belege für eine sich etablierende Tempelwirtschaft fehlen. Die aus der fortgeschrittenen Perserzeit stammenden Texte in Lev 27; Num 15; 18 und 30 zeigen die Bedeutung der Finanzierung des Heiligtums und des Kultpersonals. Die Annahme, dass die Tempelsteuer aufgrund der hohen Steuerlast bald nach ihrer Einführung wieder fallengelassen und erst in der Hasmonäerzeit wieder eingeführt wurde, kann nicht erklären, wie der Betrieb des Kultes ohne ausreichende finanzielle Ressourcen (nur mit Naturalien, Opfergaben und freiwilligen Abgaben) sichergestellt werden konnte. Abgaben an die Tempelverwaltung, die für Bauarbeiten verwendet wurden, belegen auch die Elephantine-→ Papyri mit einer Steuerliste (HTAT Nr. 287–288). Ansätze einer Tempelwirtschaft in der späten Perserzeit sind also durchaus zu erkennen.

Die hohe Steuerlast belastet die lokalen Wirtschaftssysteme des Reiches in unterschiedlicher Weise. Während etwa die in der Perserzeit prosperierenden phönizischen Küstenstädte, in denen ein → Vasallenkönigtum etabliert ist, durch die Außenhandelsbeziehungen das Steueraufkommen leichter aufbringen können, führt die Abgabenlast in Palästina aufgrund der überwiegend subsistenzwirtschaftlichen Struktur zunehmend zur Überschuldung und infolgedessen zur Verarmung. Das gilt insbesondere in der ersten Phase der Perserzeit, in der die wirtschaftlichen Bedingungen kaum die Erwirtschaftung eines → Surplus ermöglichen (↗ V.10.5). Die Schere zwischen Arm und Reich geht weiter auf, was vermehrt zu sozialen Spannungen führt (Klgl 5; Ez 18,7–8 oder die im 5. Jh. v. Chr. aktualisierten sozialkritischen Texte aus dem 8./7. Jh. v. Chr. wie Mi 6,9–15; 7,2–5* u. a. m.). Eine kleine Oberschicht, die Grundbesitz kumuliert und Luxuswaren konsumiert, steht einer Unterschicht gegenüber, die in ärmlichen Verhältnissen vom geringen Ertrag der Landwirtschaft lebt. Ernteausfälle oder Sonderleistungen wie der Mauerbau in Jerusalem oder der Tempelbau führen zu zusätzlicher Verschärfung, sodass es Mitte des 5. Jh.s v. Chr. zu sozialen Unruhen kommt. Neh 5,1–13 scheint diese Sicht – auch unabhängig von einer eventuell späteren Datierung – zu bestätigen.

3. *Die Provinz Jehud und ihr politischer Status*

D. Edelman, Settlement Patterns in Persian-Era YEHUD, in: Y. Levin (Hg.), A Time of Change (LSTS 65), London 2007, 52–64 • J. Elayi, Achemenid Persia and the Levant, in: M. L. Steiner/A. Killebrew (Hg.), The Oxford Handbook of the Archaeology of the Levant, Oxford u. a. 2014, 107–122 • J. Elayi/J. Sapin, Beyond the River, Sheffield 1998 • A. Faust, Settlement Dynamics and Demographic Fluctuation in Judah from the Late Iron Age to the Hellenistic Period, in: Y. Levin (Hg.), A Time of Change (LSTS 65), London 2007, 23–51 • ders., Forts or agricultural estates?: PEQ 150, 2018, 34–59 • I. Finkelstein, Persian Period Jerusalem and Yehud: JHS 9, 2009, 2–13 • ders., The Territorial Extent and Demography of Yehud/Judea in the Persian and Early Hellenistic Periods: RB 117, 2010, 39–54 • O. Lipschits, Persian Period Finds from Jerusalem: JHS 9, 2009, 2–30 • ders., Between Archaeology and Text: VT.S 148, 2012, 145–165 • O. Lipschits/M. Oeming (Hg.), Judah and the Judeans in the Persian Period, Winona Lake 2006 • O. Lipschits u. a., Seventeen Newly Excavated Yehud Stamp Impressions from Ramat Raḥel: TA 34, 2007, 74–89 • O. Lipschits/D. S. Vanderhooft (Hg.), The Growing Corpus of Yehud Stamp Impressions: TA 34, 2007, 3–120 • dies., The Yehud Stamp Impressions, Winona Lake 2011 • dies., Continuity and Change in the Persian Period Judahite Stamped Jar Administration, in: C. Frevel/K. Pyschny/I. Cornelius (Hg.), A »Religious Revolution« in Yehûd? (OBO 267), Fribourg/Göttingen 2014, 43–66 • Y. Ronen, Some Unrecorded Yehud Coins: INJ 18, 2015, 27–30 • J. Schaper, Numismatik, Epigraphie, alttestamentliche Exegese und die Frage nach der politischen Verfassung des achämedischen Juda: ZDPV 118, 2002, 150–168.

Kyrus d. Gr. (559–530 v. Chr.) übernimmt mit der Eroberung des babylonischen Großreiches 539 v. Chr. – wie in anderen Gebieten auch – zunächst die Verwaltungsstrukturen des eroberten Gebietes. Juda gehört dementsprechend zur Satrapie Babylonien und Transeuphratene (hebr. Neh 2,7.9; 3,7; Esra 4,20; 8,36 *ʿebær hannāhār,* »jenseits des Stroms [Eufrat]«). Als Satrap wird zunächst der persische General Gubaru/Gobryas, der die Einnahme Babylons koordiniert, eingesetzt (nach *J. Wiesehöfer* handelt es sich um verschiedende Personen und Gubaru wird erst 536 v. Chr. im 4. Regierungsjahr des Kyrus II. Statthalter von Babylonien/Transeuphratene). Daneben ist Ostanes/*Uštani* von 521–516 v. Chr. als Satrap bezeugt. Die Satrapie umfasst zunächst neben dem babylonischen Kernland auch Syrien, Phönizien, Kilikien und Zypern. Vielleicht schon unter Darius I. Hystaspes (522–486 v. Chr.) (Dan 6,2–3), spätestens aber unter Artaxerxes I. (465–424/23 v. Chr.) (*T. Willi*), wird die Verwaltung des Reiches neu geordnet. Nach Herodot (Hdt. Hist. III,89ff) gehört die Provinz Jehud/Juda nun zu der kleineren, von Babylon abgetrennten fünften Satrapie Transeuphratene, die das Gebiet des heutigen Syriens, Jordaniens und Israels umfasst. Sie ist umgeben von den Provinzen Idumäa, Aschdod, Dor, Samaria, Gilead, Ammon und Moab (im Uhrzeigersinn beginnend im Süden). Wo der Verwaltungssitz der Satrapie war, ist wie viele andere Details nicht klar. Infrage kommen Sidon, Tripolis oder Damaskus (*J. Elayi*). Für Damaskus spricht die zentrale Lage, die Bedeutung unter Darius III. (336–330 v. Chr.) und dass es auch nach der Eroberung Alexanders d. Gr. 332 v. Chr. als Verwaltungssitz diente.

3.1 Grenzen der Provinz Jehud

Die territoriale Ausdehnung der Provinz Jehud (zum Status ↗ VI.3.3) ist bescheiden. Es handelt sich um ein Gebiet von höchstens 50x50 km um Jerusalem als Zentrum herum. Neh 3 legt nahe, dass die Provinz in mind. fünf *pælæḥ* genannte Distrikte (Jerusalem, Bet-Kerem, Mizpa/*Tell en-Naṣbe*, Bet-Zur, Keïla) unterteilt wird. Zwar ist der Grenzverlauf nicht exakt dokumentiert, doch steht er weitestgehend in Kontinuität zur babylonischen Provinz Juda: Die Ostgrenze schließt Jericho ein, läuft ein Stück am Jordan entlang vom Nordende des Toten Meeres nach Norden. Die Nordgrenze schließt Bet-El sicher ein, verläuft aber nicht wesentlich höher im Norden. Am unsichersten ist die Westgrenze, insofern die Zugehörigkeit der Orte der nördlichen Schefela (etwa Geser/*Tell el-Ǧazarī*) umstritten ist. Gleiches gilt auch für die Orte Ono, Nebellat, Lot, Hadid und Gittajim, die in Esra 2/Neh 7 und Neh 11 genannt sind.

Man kann sich kaum an den Funden der Jehud-Stempelabdrücke orientieren, obwohl von denen inzwischen über 530 bekannt sind, da sich diese auf wenige Orte konzentrieren (z. B. stammen über 80% aus *Rāmat Rāḥēl* [307] und Jerusalem [163]) und nicht westlicher als die Linie (von Nord nach Süd) *Khirbet Nisya*, Mizpa, Gibeon, *Nebi Samwil/an-Nabī Ṣamūʾīl*, *Tel Moẓa*, *Ṣūbā*, Rogem Gannim, *Battīr* und *Ḥūsān* gefunden wurden (*O. Lipschits/D. Vanderhooft*). Im heutigen Stadtgebiet von Jerusalem liegen die beiden Fundorte *Ramot Forest* und *Binyanei Haʾuma,* nördlich von Jerusalem lediglich *Tell el-Fūl*/Gibea und *Khirbet ʿAlmit.* Das östliche judäische Bergland weist keine Siegelfunde auf, lediglich Jericho und En-Gedi im Jordangraben bzw. am Toten Meer. Den Jordan bzw. das Tote Meer nimmt man als Indiz für die Ostgrenze der Provinz. Schwieriger ist die Westgrenze im Über-

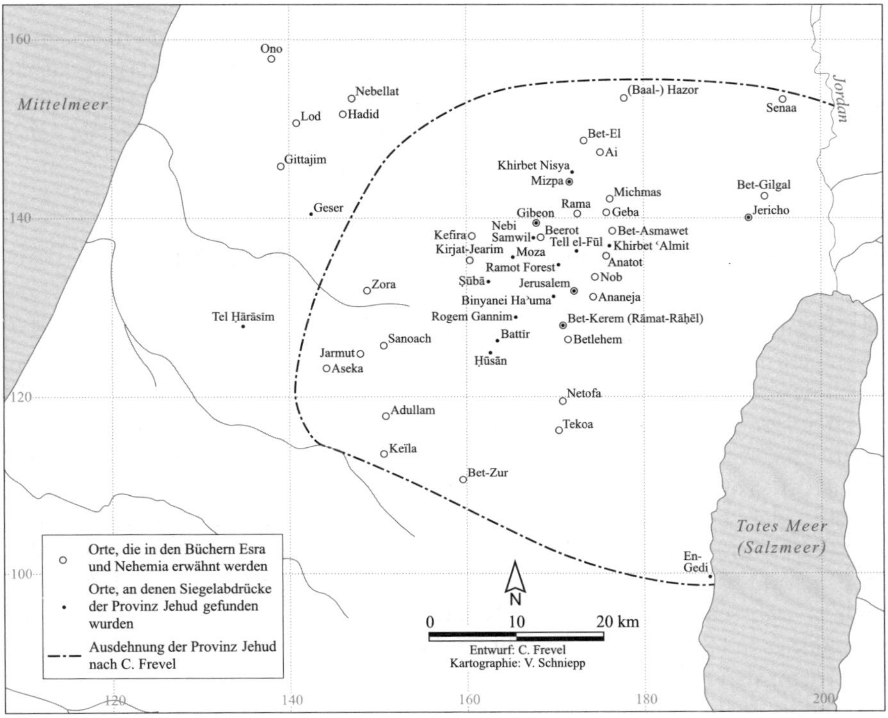

Karte 12: Die persische Provinz Jehud

gang vom Bergland zur Schefela: Eschtaol, Bet-Schemesch/*ʿĒn-Šems*, Aseka/*Tell Zakarīye* und Socho sind wahrscheinlich dazu zu rechnen. Geser hingegen bleibt trotz des Fundes von insg. acht Jehud-Stempeln (allerdings überwiegend späte hellenistische Typen) eher außerhalb der persischen Provinz zumindest in deren Frühzeit. Gleiches gilt für den *Tel Ḥārāsīm*, obwohl dort ein mit *lḥnwnh yhd* (»der Hanuna [in] Jehud«) beschrifteter Siegelabdruck gefunden wurde (↗ Abb. 3). Die Südgrenze schließt Keïla/*Tell Qīla* und Bet-Zur und unsicherer auch En-Gedi am Toten Meer ein; Lachisch/*Tell ed-Duwēr* hingegen gehört eher nicht dazu oder wenn, dann nur als Subdistrikt von Jehud. Der Palast in Lachisch spricht eher für die These, dass es wie das Beerscheba-Becken und der Negeb zu der zeitgleich zu Jehud oder erst um 400 v. Chr. gegründeten Provinz Idumäa gehörte (*D. V. Edelman*) (zur Orientierung ↗ IV.2.6, *Karte 6*). Dafür könnte auch sprechen, dass die Krüge, auf deren Henkel sich die Jehud-Stempel befinden, anders als die *lmlk*-Krüge im ausgehenden 8. Jh. v. Chr. den Tonanalysen zufolge nicht mehr in der Gegend von Lachisch (↗ V.7.2 mit *Karte 10*), sondern in der Gegend von Jerusalem produziert wurden. Da die materielle Evidenz für eine perserzeitliche Besiedlung von Gibeon oder die Bedeutung Bet-Zurs in der Perserzeit marginal sind, werden zunehmend Zweifel an der Zuverlässigkeit von Neh 3 laut (*I. Finkelstein*). Ob Jerusalem von Beginn an das Verwaltungszentrum der Provinz Jehud war, ist bis zur Mitte des 5. Jh.s v. Chr. unklar.

In der Exilszeit spielt Mizpa/*Tell en-Naṣbe* eine zentrale administrative Rolle, gibt diese dann in der Perserzeit möglicherweise an *Rāmat Rāḥēl* ab (*C. E. Carter, O. Lipschits*). Der in der späten Königszeit luxuriös ausgestattete Palast in *Rāmat Rāḥēl* wurde intensiv weitergenutzt und mit einem persischen Lustgarten (Pardes) ausgestattet. Er diente gleichzeitig als administratives Zentrum. *Rāmat Rāḥēl* ist der Ort mit den meisten Jehud-Stempeln auf Krughenkeln.

3.2 Wirtschaftlicher Aufschwung im 5. Jh. v. Chr.

Das bereits in der Königszeit ausgeprägte Gefälle zwischen Nord und Süd setzt sich auch in der Perserzeit fort, zumal zunächst der weitgehende Zusammenbruch der ersten Hälfte des 6. Jh.s v. Chr. nachwirkt. Die Provinz Samaria ist die dominantere und wirtschaftlich potentere Schwester, was *A. Alt* zu der Annahme geführt hat, dass Jehud zunächst keine eigenständige Provinz war (↗ VI.3.3 zum Status der Provinz).

Satrap der übergeordneten Verwaltungseinheit Transeuphratene unter Darius I. (522–486 v. Chr.) wird Tattenai (Esra 5,3.6; 6,6.13). Da jedoch mehrere Satrapen der Großsatrapie Babylon-Transeuphratene noch nach Darius I. namentlich bekannt sind, ist wahrscheinlicher, dass die Satrapie erst unter Xerxes I. (486–465 v. Chr.) bzw. Xerxes II. (424/23 v. Chr.) geteilt wird und Tattenai eher als bevollmächtigter Amtsträger denn als Satrap anzusprechen ist (*H. Klinkott*). Sicher scheint zu sein, dass die strategische Bedeutung der syro-palästinischen Landbrücke nach der Eingliederung Ägyptens 525 v. Chr. in das Perserreich zunimmt. Damit verbunden ist ein bescheidener wirtschaftlicher Aufschwung, der sich als Folge der Einbindung in den Welthandel auch für das abseits gelegene Jehud im 5. Jh. v. Chr. einzustellen beginnt und auch archäologisch nachweisbar ist. Die Anzahl und Größe der Siedlungen (und damit die Bevölkerungsdichte) wächst (*D. V. Edelman, A. Faust*), die Zahl der griechischen Importe steigt (*E. Ambar-Armon/A. Kloner*), die Siegel- und Münzfunde nehmen signifikant zu, was auf zunehmende Wirtschaftsaktivitäten hinweist. Für den Vorschlag zwischen einer Perserzeit I (539–450 v. Chr.) und einer Perserzeit II (450–333 v. Chr.) zu unterscheiden, mangelt es an Differenzierungsmöglichkeiten in der materiellen Kultur (*C. E. Carter*). Auch in der Keramiktypologie ist kein Bruch zu erkennen (*O. Lipschits*). An einem signifkanten demographischen Wachstum, das als Indikator eines wirtschaftlichen Aufschwungs genommen werden könnte, ist daher kaum begründet festzuhalten, wenn man die perserzeitlichen Siedlungen nicht wirklich in Phasen einteilen kann. Die Berechnung der Gesamtbevölkerung der Provinz schwankt in den jeweiligen Berechnungen, was mehrere Gründe haben kann. (1) Der zugrunde gelegte Koeffizient (Bewohner pro ha besiedelter Fläche) schwankt zwischen 200 und 250 Menschen, (2) das gezählte Siedlungsgebiet wird unterschiedlich abgegrenzt (z. B. mit oder ohne die Schefela) und bewegt sich zwischen 61 und 120 ha besiedelter Fläche und (3) die Annahme von archäologisch schwer nachweisbaren Einzelgehöften oder von intensiver hellenistischer Überbauung persischer Häuser differiert erheblich. Die Spanne, in der die Gesamtbevölkerung für die Perserzeit angegeben wird, liegt in jüngeren Untersuchungen zwischen 12.000 (*I. Finkelstein*), 20.650 (*J. C. Carter*) und 30.125 (*O. Lipschits*). Insgesamt handelt es sich also auf jeden Fall um eine sehr kleine und gegenüber dem judäischen Staat im ausgehenden 7. Jh. v. Chr. stark reduzierte Größe.

3.3 Politischer Status der Provinz Jehud

Die Bedeutung Jehuds im Riesenreich der Perser darf daher von vornherein nicht überschätzt werden. Mit der ärmlichen materiellen Kultur und der demographischen Entwicklung stellen sich zwei zentrale historische Fragen: Wie ist demgegenüber die biblisch beschriebene Massenrückkehr aus dem Exil zu bewerten und welchen politischen Status hat Jehud in der frühen Perserzeit?

Für den politischen Status werden drei Modelle diskutiert:

1. Jehud ist Teil der Provinz Samaria und zunächst nicht eigenständig (*A. Alt*, *H. Donner*, dagegen *S. Mittmann*). Provinzstatus erhält Jehud erst unter Artaxerxes I. (465–424/23 v. Chr.) mit dem ersten Statthalter Nehemia (445–433 v. Chr.).
2. In Jehud ist wie in den phönizischen Stadtstaaten ein → Vasallenkönigtum etabliert (*P. Sacchi*, *H. Niehr*, dagegen *N. Naʾaman*). Für diese Lösung wird die Bedeutung des Davididen Serubbabel und der Titel *nāśîʾ* »Fürst« angeführt, der Scheschbazzar in Esra 1,8 beigegeben wird.
3. Jehud ist eigene Provinz mit eigenem Statthalter/Gouverneur (*pæḥāh*) von Kyrus II. an in Kontinuität zur babylonischen Verwaltung (*L. L. Grabbe*, *O. Keel* u. v. a.).

Da einerseits bereits vor Nehemia inner- wie außerbiblisch Statthalter bzw. als *pæḥāh* bezeichnete Funktionäre für Juda bezeugt sind (Esra 5,14–16; 6,7; Hag 1,1.14 sowie Siegelabdrücke; ↗ Abb. 49) und andererseits die Sonderstellung, die den phönizischen Stadtstaaten aufgrund ihrer strategischen Bedeutung und ihrer wirtschaftlichen Potenz zukommt, für das unbedeutende Jehud sehr unwahrscheinlich ist, sprechen derzeit die meisten Argumente für die dritte Lösung.

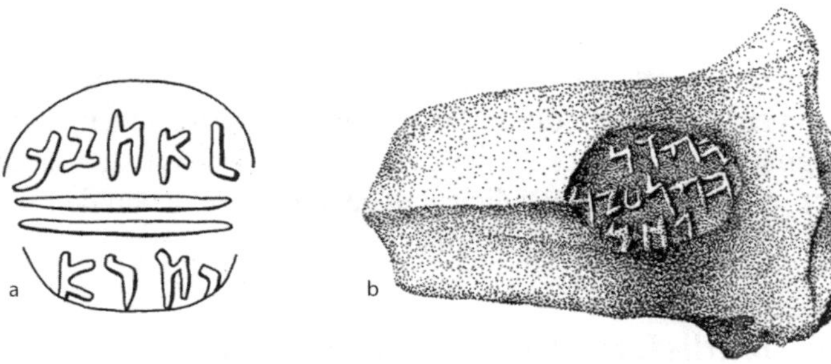

Abb. 49: Der Titel des Statthalters ist für die Provinz Jehud nicht nur auf Münzen, sondern insbesondere auch auf Siegeln bzw. Siegelabdrücken belegt. Davon zeugen beispielsweise ein Siegelabdruck aus *Rāmat Rāḥēl* mit der Inschrift *lʾḥsw | pḥwʾ* »Dem Achsai, dem Statthalter (gehörig)« (a) oder ein gestempelter Krughenkel aus Jerusalem, der die dreizeilige Aufschrift *yhwd | yhwʿzr | pḥw* »Jehud, *Jehoʿezer*, Statthalter« trägt (b). Beide datieren in das frühe 5. Jh. v. Chr.

Gesichert ist der Provinzstatus jedoch erst ab der zweiten Hälfte des 5. Jh.s v. Chr. durch Münzfunde mit der Aufschrift *pḥh* »Statthalter«! Eine vollständige Liste der Statthalter lässt sich nicht rekonstruieren. Die Diskussion um den Status Jehuds im 6. und 5. Jh. v. Chr. zeigt nicht nur die schwierige Quellenlage, sondern wohl auch die relativ geringe Bedeutung der Provinz Jehud in der frühen Perserzeit (*C. E. Carter, R. Kessler*).

4. Das Kyrus-Edikt und die Rückkehr aus dem Exil

B. Becking, »We All Returned as One!«, in: O. Lipschits/M. Oeming (Hg.), Judah and the Judeans in the Persian Period, Winona Lake 2006, 3–18 • E. Ben-Zvi/C. Levin (Hg.), The Concept of Exile in Ancient Israel (BZAW 404), Berlin 2010 • L. S. Fried, The Priest and the Great King (Biblical and Judaic Studies 10), Winona Lake 2004 • S. Grätz, Das Edikt des Artaxerxes (BZAW 337), Berlin/New York 2004 • ders., Kyroszylinder, Kyrosedikt und Kyrosorakel, in: M. Meyer-Blanck/L. Schmitz (Hg.), Geschichte und Gott (VWGTh 44), Leipzig 2016, 339–353 • G. Knoppers, Exile, Return and Diaspora, in: L. Jonker (Hg.), Texts, Contexts and Readings in Postexilic Literature (FAT II/53), Tübingen 2011, 29–61 • K. Koch, Der Artaxerxes-Erlaß im Esrabuch, in: M. Weippert u. a. (Hg.), Meilenstein (ÄAT 30), Wiesbaden 1995, 87–98 • L. Pearce, New Evidence for Judeans in Babylonia, in: O. Lipschits/M. Oeming (Hg.), Judah and the Judeans in the Persian Period, Winona Lake 2006, 397–408 • J. Stöckl/C. Waerzeggers (Hg.), Exile and Return (BZAW 478), Berlin 2015.

Zu den wichtigsten in der Bibel wiedergegebenen »Dokumenten« gehört das Kyrus-Edikt, welches in den Kontext der frühen Perserherrschaft nach der Eroberung Babylons gehört. Das Dokument ist am Ende der Chronikbücher (2 Chr 36,22–23) und am Beginn des Buches Esra (Esra 1,2–3) zweifach überliefert, was den Eindruck der Authentizität noch unterstreicht. Es hat den Perserkönig Kyrus II. (559–530 v. Chr.) zum Sprecher und ist verknüpft mit dem Beginn seiner Herrschaft 539 v. Chr. Neben dem Auftrag zum Tempelbau erlaubt es die Rückkehr der Exilierten. Der Text in Esra 1,2–4 (in der Version der EÜ) hat folgenden Wortlaut: »Der Herr, der Gott des Himmels, hat mir alle Reiche der Erde verliehen. Er selbst hat mir aufgetragen, ihm in Jerusalem in Juda ein Haus zu bauen. Jeder unter euch, der zu seinem Volk gehört – sein Gott sei mit ihm –, der soll hinaufziehen nach Jerusalem in Juda und das Haus des Herrn, des Gottes Israels, aufbauen; denn er ist der Gott, der in Jerusalem wohnt. Und jeden, der irgendwo übrig geblieben ist, sollen die Leute des Ortes, in dem er ansässig war, unterstützen mit Silber und Gold, mit beweglicher Habe und Vieh, neben den freiwilligen Gaben für das Haus Gottes in Jerusalem.«

4.1 Zur Überlieferung des Kyrus-Ediktes

In beiden Belegen wird das Kyrus-Edikt eng verknüpft mit der Prophetie des Jeremia (2 Chr 36,21–22; Esra 1,1) und dessen auf die Wiederherstellung Israels und des Tempels gerichtete Aussagen (Jer 25,11–14; 29,10). Daneben finden sich in Esra 6,3–5 in aramäischer Sprache die Erlaubnis zum Tempelbau und die

Anordnung der Rückführung der bei der Eroberung Jerusalems 587/86 v. Chr. nach Babylon verschleppten Tempelgeräte (2 Kön 24,13f; 2 Chr 36,7.18; Jer 52,17–20, vgl. Jer 27,19–22), wovon ausführlich in Esra 1,8–11 und Esra 5,14–15 erzählt wird.

4.2 Zur Authentizität des Kyrus-Ediktes

Die Authentizität der Dokumente ist in der Forschung sehr umstritten und eine Einschätzung nicht einfach. Zum einen unterscheidet sich die aramäische Fassung, die Details zur Ausführung und auch Regelungen zur Finanzierung durch den königlichen Hof enthält, von der hebräischen Fassung, wo der Tempelbau mit der Rückkehr der → Gola zusammengebunden wird. Zwar gibt sich das aramäische Dokument stärker den Anschein der Historizität durch die Umstände des Tempelbaus, sodass es in der Forschung lange als unzweifelhaft authentische Kopie aus dem Archiv in Ekbatana galt, doch erheben sich in jüngerer Zeit auch dagegen grundsätzliche Zweifel angesichts der Ausmaße des achämenidischen Weltreiches und der demgegenüber geringen Bedeutung der Provinz Jehud. Hat sich Kyrus (559–530 v. Chr.) (noch dazu selbst?) um das unbedeutende Juda gekümmert, bevor die syro-palästinische Landbrücke mit der Ausdehnung der Macht auf Ägypten wieder strategische Bedeutung erlangt hat? Die perserzeitliche Politik ist zwar tolerant, zielt aber nicht auf ein aktives Protegieren oder gar Finanzieren unbedeutender lokaler Kulte, wie es in Esra 6,4 bestimmt wird. Zumindest für das erste Regierungsjahr des Kyrus II. als persischer Großkönig 539/38 v. Chr. scheint das wenig wahrscheinlich. Außerdem bezeichnet sich Kyrus II. in anderen persischen Dokumenten *nicht* als »König von Persien« (Esra 1,2). Der Segenswunsch »sein Gott sei mit ihm« und die Aufforderung zur Unterstützung der zurückkehrenden Exulanten durch die Landbevölkerung (Ex 3,21f; 11,2f; 12,35f) verweisen – zumindest in der hebräischen Fassung – auf eine judäische Redaktion und den Einfluss der Gola (*L. L. Grabbe*, *R. Albertz*). Mehrheitlich wird daher die Authentizität des in Esra 1 wiedergegebenen Dokuments infrage gestellt und die Spanne von 18 Jahren zwischen Erlaubnis zum Tempelbau unter Kyrus II. (539–530 v. Chr.) und Ausführung unter Darius I. (522–486 v. Chr.) als Konstruktion bewertet.

4.3 Plausibilität der Rückführung der Tempelgeräte

Damit ist jedoch das in dem Kyrus-Edikt geschilderte Geschehen nicht pauschal als unhistorisch oder unplausibel zu qualifizieren: Dass sich Kyrus nicht Ahura Mazda, sondern »YHWH, dem Gott des Himmels« unterordnet und ihm seine Weltherrschaft verdankt, muss nicht verwundern. Es lässt sich mit dem propagandistischen Duktus des in Babylon gefundenen Kyrus-Zylinders (Z. 33f) vergleichen, wo Kyrus »auf Befehl Marduks« etwa die Götter von Sumer und Akkad zurückführt und die Fürsprache Bels und Nebos erwünscht (Z. 35f). Der Großkönig verstand sich als Garant des Kultes und als von den Göttern der Tempel zur Herrschaft legitimiert (etwa in einer Ziegelinschrift im Eanna-Tempel in Uruk).

Im Nabonid-Zylinder von Sippar aus Ur sieht sich Kyrus II. durch den Gott Sin gar mit der Weltherrschaft betraut. Zum anderen ist die Rückführung von eroberten Götterstatuen und Gottessymbolen aus Babylon in ihre Ursprungskontexte mehrfach in anderen Dokumenten bezeugt (Kyrus-Zylinder, Nabonid-Chronik, Tonzylinder aus Sippar, Steleninschrift aus Haran, vgl. HTAT Nr. 268.270.272), was die Anordnung zur Rückführung der (oder wahrscheinlicher *einiger*, vgl. 2 Kön 24,13) Tempelgeräte nach Jerusalem historisch plausibel macht. In der Forschung wird daher häufig lediglich dieses Teilmoment des Ediktes als historisch eingestuft (*R. Albertz, A. Berlejung*). Doch rühmt sich der Großkönig im Kyrus-Zylinder auch des Wiederaufbaus zerfallener Tempel und der Rückführung von Deportierten: »Von Ninive, Assur und Susa, Akkad, Eschnunna, Zamban, Meturnu und Der bis zum Gebiet von Gutium, die Städte jenseits des Tigris, deren Wohnsitz von alters her verfallen war – die dort wohnenden Götter brachte ich an ihren Ort zurück und ließ sie eine ewige Wohnung beziehen. Alle ihre Leute versammelte ich und brachte sie zurück zu ihren Wohnorten« (Z. 30–32, TUAT I, 408–409, HTAT Nr. 273). Damit ist die Plausibilität des Kyrus-Ediktes *nicht* auf die Rückführung der Tempelgeräte einzuschränken.

4.4 Die Rückkehr der Exulanten und die demographische Entwicklung in Jehud

Nun besteht andererseits ein Konsens in der Forschung, dass mit einer größeren Rückwanderungswelle ab 539 v. Chr. unter Kyrus II. (559–530 v. Chr.) nicht gerechnet werden kann. Die Figur Scheschbazzar, der mit der Rückführung der Tempelgeräte die ersten Rückkehrer angeführt haben soll (Esra 1,8.11; 5,14.16), verliert sich im Dunkel (↗ VI.5.2). Zwar bietet Esra 2 eine (in Neh 7 noch einmal wiedergegebene) detaillierte Auflistung der Rückkehrer und berechnet 42.360 aus dem Exil unter der Führung von Serubbabel und Jeschua zurückgekehrte Personen (Esra 2,64//Neh 7,66), doch ist dies aus historischer Sicht mehr als unwahrscheinlich. Zum einen ist die Zahl im Vergleich zu den tatsächlich nach Babylon Deportierten selbst den biblischen Angaben zufolge (↗ V.10.3) zu hoch, zum anderen ist davon auszugehen, dass eine große Zahl der Deportierten im Exil verbleibt. Das legen auch die babylonischen Archive aus *Muraššû* und *āl-Jāḫūdu* (↗ V.12) nahe. Die biblischen Angaben werden nicht plausibler, wenn sie lediglich von 538 v. Chr. in die Zeit Darius' I. (522–486 v. Chr.) auf 520 v. Chr. verschoben werden (*K. Galling*). Berechnet man die Zahl der Einwohner der persischen Provinz Jehud zu Beginn der Perserzeit mit 12.000 (*I. Finkelstein*), 13.350 (*C. E. Carter*) oder großzügiger mit etwa 30.000 Personen (*O. Lipschits*), dann erweist sich die hohe Anzahl der Rückkehrenden geradezu als Fortschreibung des »Mythos vom leeren Land« (*H. M. Barstad, E. A. Knauf*). Vom archäologischen Befund her ist eine kollektive Massenrückkehr nach Jehud sowohl unter Kyrus II. als auch unter Darius I. auszuschließen (*C. E. Carter, B. Becking*). Weder in Jerusalem noch in der Umgebung ist ein derartiger Anstieg an Siedlungsfläche nachweisbar. Während die frühe Perserzeit noch in starker Kontinuität zur Eisenzeit III steht, beginnt erst um 450 v. Chr. die Anzahl der Siedlungen mit der zunehmenden wirtschaftlichen Prosperität signifikant zu wachsen (*K. G. Hoglund, C. E. Carter*). *Bob Becking* berechnet aufgrund der Angaben zur Siedlungsentwicklung die Zahl der Rückkehrer mit 4.000 Personen und geht von kleineren Rückkehrergruppen aus, die im 6. und 5. Jh. v. Chr. nach Jehud zurückgekehrt sind. Selbst wenn diese minimalistische Einschätzung überzogen sein sollte, ist von einer Massenimmigration in zwei Wellen historisch nicht auszugehen. Vielmehr wird man von einem langsamen Einsickern der Rückkehrer in Jerusalem und Juda ausgehen müssen (*L. L. Grabbe, E. A. Knauf*). Zwischen den Rückkehrern und der im Lande verbliebenen Bevölkerung kommt es zwangsläufig zu Konflikten um Nutzungsrechte an Boden und Immobilien. Der Einfluss der → Gola war trotz der relativ kleinen Gruppe recht hoch.

5. Restauration Jerusalems und der Bau des Zweiten Tempels

J. Blenkinsopp, Judaism, Grand Rapids 2009 • Z. Cziglányi, Der Wiederaufbau des Zweiten Tempels als Ergebnis eines gesellschaftlichen Kompromisses, in: A. Schart/J. Krispenz (Hg.), Die Stadt im Zwölfprophetenbuch (BZAW 428), Berlin u. a. 2012, 385–401 • D. V. Edelman, The Origins of the »Second« Temple, London 2005 • I. Finkelstein, Archaeology and the List of Returnees in the Books of Ezra and Nehemiah: PEQ 140, 2008, 7–16 • ders., Jerusalem in the Persian (and Early Hellenistic) Period and the Wall of Nehemiah: JSOT 32, 2008, 501–520 • ders., Persian Period Jerusalem and Yehud: JHS 9, 2009, 2–13 • ders., The Territorial Extent and Demography of Yehud/Judea in the Persian and Early Hellenistic Periods: RB 117, 2010, 39–54 • S. Grätz, Chronologie im Esrabuch, in: J. Kotjatko-Reeb u. a. (Hg.), Nichts Neues unter der Sonne? (BZAW 450), Berlin u. a. 2014, 213–225 • M. Jursa/M. W. Stolper, From the Tattannu Archive Fragment: WZKM 97, 2007, 243–281 • D. Ussishkin, On Nehemiah's City Wall and the Size of Jerusalem during the Persian Period, in: I. Kalimi (Hg.), New Perspectives on Ezra-Nehemiah, Winona Lake 2012, 101–130 • T. Willi, Esra, Leipzig 2012.

5.1 Jerusalems Zustand in der Mitte des 6. Jh.s v. Chr.

Die Bedeutung Jerusalems zu Beginn der Perserzeit ist marginal. Die Besiedlung ist auf den schmalen Südosthügel begrenzt, und die »einst so volkreiche Stadt« (Klgl 1,1) schrumpft mit höchstens 1250 Einwohnern auf die Maße des vordavidischen bzw. frühisraelitischen Zion bzw. ist, wenn die spätere Mauer Nehemias auf der Ostseite nicht der eisenzeitlichen Mauer folgte, sogar noch kleiner als Jerusalem zu Beginn des 1. Jt.s v. Chr. Wie weit der Ofel, der Zwischenbereich zwischen Südosthügel und Tempelberg, in der frühen Perserzeit besiedelt war, wird derzeit kontrovers diskutiert. Während *O. Lipschits* hier den Schwerpunkt der Besiedlung sehen will, geht *I. Finkelstein* wegen der fehlenden archäologischen Evidenz von einer weitestgehenden Nichtbesiedlung des Areals aus und rechnet mit einer Stadtgröße von 2–2,5 ha. Die Grabungen im »*Givati Parking Lot*« weisen eine größere Menge perserzeitlicher Keramik und möglicherweise auch einen datierbaren Fußboden aus der Perserzeit auf (pers. Mitteilung *Y.*

Gadot), was die Bedeutung des perserzeitlichen Jerusalems anheben könnte. Weniger optimistische Schätzungen zur demographischen Entwicklung Jerusalems gehen von einer Bevölkerungszahl von 200–500 Bewohnern zu Beginn der Perserzeit aus, die im Verlauf des 5./4. Jh.s v. Chr. bis zum Ende der Perserzeit auf höchstens 3000 ansteigt (*W. Zwickel*, *I. Finkelstein*, einen Überblick bietet *O. Lipschits*). Nach der biblischen Darstellung liegen weite Teile der Stadt in Schutt und Asche, Mauern und Tore sind zerstört (2 Kön 25,4; Neh 1,3; 2,3.13; Klgl 2,8) und der Tempelberg liegt ohne funktionsfähiges Heiligtum verlassen und verwüstet dar (Klgl 5,18; Jer 10,20; 12,10; Ps 74,3 u. ö.). An dem Bild der totalen Verwüstung wird man erhebliche Abstriche machen müssen, da es sich um stilisierte Stadtuntergangs- bzw. Stadtzerstörungsklagen handelt. Weder sind alle Mauern und Tore bis auf die Fundamente vollständig zerstört noch jedes Haus dem Erdboden gleichgemacht. Im Tempel sind (wahrscheinlich) Dach und Mauern durch die Feuersbrunst eingestürzt, jedoch scheinen Priester – folgt man Jer 41,4–9; Sach 7,3; 8,19 – durch einen Opferkult und periodische Klagefeiern im Tempelareal oder sogar in den bereits wieder kultisch gereinigten Ruinen des Tempels eine reduzierte kultische Kontinuität zu wahren. Doch auch abzüglich der überzeichnenden Darstellung der totalen Zerstörung ist Jerusalem zunächst unbefestigt, in der Besiedlungsdichte erheblich dezimiert und politisch marginalisiert. Für den Wiederaufbau geht die biblische Darstellung von mehreren Phasen aus, wobei Tempelbau und Wiederaufbau der Mauern und Tore voneinander unterschieden werden.

5.2 Baubeginn des Zweiten Tempels unter Scheschbazzar

Der biblischen Darstellung nach soll Scheschbazzar schon 539 v. Chr. mit der Rückführung der Tempelgeräte von Kyrus II. (559–530 v. Chr.) beauftragt worden sein (Esra 1,8; 5,14). Ein Schatzmeister händigt ihm die Geräte vollständig aus, wobei auffallend ist, dass die Aufzählung Esra 1,9–11 mit keiner der Angaben zur Wegführung (2 Kön 25,14–15//Jer 52,18–19; Bar 1,8; Dan 1,2; 2 Chr 36,10.18) exakt übereinstimmt. Der Schatzmeister trägt den (sehr häufigen) persischen Namen Mitredat, was die Angabe plausibler erscheinen lässt. Scheschbazzar, dessen Name einen babylonischen Hintergrund hat (*Šamaš-aba-uṣur* »Schamasch schütze den Vater«), kehrt mit den Rückkehrern nach Jerusalem zurück (Esra 1,8), wird aber nicht in der Liste der Rückkehrer erwähnt. Stattdessen wird dort Serubbabel an erster Stelle genannt, der auch einen babylonischen Namen trägt (*Zēr-Bābili* »Spross Babels«). Da zudem Scheschbazzar nur in diesem Kontext angeführt wird, hat das zu einer Gleichsetzung mit Serubbabel geführt, die aber durch nichts sonst gedeckt ist. Während Esra 1,8 ihn mit dem Titel *hannāśîʾ lîhûdāh* »Oberer/Fürst für Juda« belegt (auch Ez 44,3; 45,7–8 u. ö.), wird er in Esra 5,14 als Statthalter (*pæḥāh*) bezeichnet. Damit kann kaum der Satrap oder Gouverneur für die ganze Satrapie Transeuphratene/*Ebirnāri* gemeint sein, denn die umfasst unter Kyrus II. neben Babylonien auch Phönizien, Syrien etc. Wenn es sich um eine historische Figur handeln sollte (und Zweifel sind durchaus angebracht, *D. V. Edelman*, *H. Donner*, anders *O. Keel*), handelt es sich bei Scheschbazzarbazzar eher um einen Distriktverwalter oder höheren Beamten. Der »Repatriierungskommissar«, wie er häufiger auch bezeichnet wird, bleibt historisch gesehen im Dunkeln.

Esra 5,16 schreibt ihm die Grundsteinlegung für die Wiedererrichtung des Tempels zu (vgl. aber die Rolle Serubbabels in Esra 3,6.11; Hag 1f; Sach 4,9). Dass der Tempel erst 515 v. Chr. vollendet wird (Sach 1,12) und damit 18 Jahre zwischen Baubeginn und Fortsetzung liegen, hat sowohl biblisch als auch in der Geschichtsschreibung unterschiedliche Erklärungsansätze herausgefordert. Der Beginn des Baus unter Kyrus II. wird in Esra 1–6 unzweifelhaft als von dem Gott Israels bewirkte Heilswende stilisiert und durch die Rückführung der Tempelgeräte und durch die Wiederaufnahme der Opfer (Esra 3,1–5) die Kontinuität zum Ersten Tempel wiederhergestellt. Das spricht eher für eine theologische Konstruktion als für die oben anhand des aramäischen Kyrus-Ediktes entfaltete historische Plausibilität. Entsprechend wurde Scheschbazzar in der Forschung als fiktive Gestalt eingestuft. Warum aber trägt er dann als »Wiedergutmachungskommissar« (*H. Donner*) einen babylonischen Namen und verschwindet so klanglos aus der Geschichte wie er in sie hineingekommen ist? Die Identifikationen mit Schenazzar, einem der Söhne Jojachins (1 Chr 3,17f), oder gar mit Serubbabel, dem Enkel Jojachins (1 Chr 3,17–19; Esra 3,2), der zur Zeit Darius' I. (522–486 v. Chr.) den Tempelbau betrieben haben soll, sind nur unbeholfene Versuche, der Schlussfolgerung zu entkommen, dass über Scheschbazzar und die Historizität seiner Mission nichts Näheres zu erfahren ist.

5.3 Serubbabel und der Wiederaufbau des Tempels

Weit deutlicher als Scheschbazzar ist biblisch der Davidide Serubbabel mit dem Tempelbau verbunden (Esra 3,2; Hag 2,4; Sach 4,6–10 u. ö.). Auch er wird als Kommissar bzw. Statthalter Jehuds geführt (*paḥat yᵉhûdāh* Hag 1,1.14; 2,2.21), was auf eine offizielle Funktion schließen lässt. Ein restaurativ monarchischer Anspruch Serubbabels ist umstritten; er wäre durch die persische Autorität auch kaum geduldet worden. Zusammen mit Jeschua, dem im babylonischen Exil geborenen Sohn des Jozadak (1 Chr 5,40f) aus priesterlicher Linie, wird der Tempelbau vorangetrieben. Zu prominenten Protagonisten werden die beiden vor allem durch die auf das Jahr 520 v. Chr. datierten propagandistisch für den Tempelbau werbenden Propheten Haggai und Sacharja (Hag 1,1.12.14; 2,2.4.23; Sach 4,6f; 6,11 u. ö.). Jeschua ben Jozadak, der in Hag und Sach Joschua (*yᵉhôšuʿāh*) heißt, wird dort mit dem Titel *hakkohen haggādōl* (wörtl. »großer Priester«) zum Ahnherrn der Hohepriester, dem Führungsamt, das seit dem Zweiten Tempel → genealogisch weitergegeben (↗ VI.2.3) und in hellenistischer Zeit politisch stark aufgewertet wird (zur Liste ↗ VII.4.3). Durch das Zusammenwirken des aus königlichem Geschlecht stammenden Davididen Serubbabel mit dem herausgehobenen Priester Jeschua und den Führern des Volkes – unter Billigung und Förderung durch die persische Oberhoheit – wird der Tempel in den Texten zu einem identitätsstiftenden Gemeinschaftsunternehmen, das als Voraussetzung einer universalen Erneuerung der ganzen Weltordnung verstanden bzw. erhofft wird. Indem der Tempel nach seiner Einweihung zum Zentrum der Steuerbehörde und zu einem entscheidenden Wirtschaftsfaktor wird, ist er »faktisch ein persisches Reichsheiligtum und imperiales Herrschaftsinstrument« (*A. Berlejung*, Geschichte, 160).

5.4 Widerstand gegen den Tempelbau

Der biblischen Darstellung zufolge kommt es nach der feierlichen Grundsteinlegung (Esra 3) zum Widerstand gegen den Tempelbau, nachdem Serubbabel eine Beteiligung der Bewohner der Provinz Samaria abgelehnt hatte (Esra 4). Der begonnene Bau wird sistiert und erst unter Darius I. in dessen 6. Jahr, also 515 v. Chr., vollendet. Im gleichen Text wird anschließend von fortgesetztem Widerstand gegen den Wiederaufbau Jerusalems (nicht des Tempels!) unter Xerxes I. (486–465 v. Chr.) (Esra 4,6) und Artaxerxes I. (456–424/23 v. Chr.) (Esra 4,7–23) berichtet. Eine Koalition von Führungspersonen aus Samaria und der übrigen Transeuphratene versucht, eine Erstarkung Jerusalems durch denunziante Infragestellung ihrer Loyalität gegenüber dem persischen Großkönig zu verhindern. Die Angaben sind unvollständig und in sich nicht ohne chronologische und textliche Widersprüche, jedoch entbehrt der Widerstand der Nachbarn gegen ein Erstarken Jerusalems in der ersten Hälfte des 5. Jh.s v. Chr. nicht einer historischen Plausibilität. Das in Esra 4,6–23 geschilderte Geschehen ist chronologisch und sachlich mit der Mission Nehemias zu verbinden (↗ VI.6). V. 24 lenkt zum Bau des Tempels zurück und datiert die Fertigstellung des Tempels auf das 2. Jahr des Königs Darius. Damit und über Esra 5,1 wird der Vorgang zu den Angaben in Hag 1,1.15; 2,10; Sach 1,1.7 parallelisiert. Wenn aber der genannte Perserkönig Darius *nach* Xerxes I. (486–465 v. Chr.) und Artaxerxes I. (465–424/23 v. Chr.) zu datieren wäre, wie Esra 4,6–23 nahelegen, dann könnte es sich nur um Darius II. (423–405/04 v. Chr.) handeln. Damit wäre eine Fertigstellung des Tempels um fast ein Jahrhundert später anzusetzen (s. u.). Mit den Propheten Haggai und Sacharja kommen aber auch Serubbabel und Jeschua ins Spiel (Hag 1,1.12.14; Esra 5,2 u. ö.), die nach Esra 2,2 unter den Rückkehrern waren, was wieder Darius II. vollkommen unwahrscheinlich werden lässt. Die ahistorische Abfolge von Darius → Xerxes → Artaxerxes in Esra 4,5–7 rührt wahrscheinlich von der Einfügung der (fiktiven) Artaxerxeskorrespondenz Esra 4,6–23 her (und stellt einen Vorverweis auf den nehemianischen Stadtbau dar, *M. Häusl*), womit sich der dort berichtete Widerstand nur gegen den Wiederaufbau der Stadt richten kann (und so Tempel und Stadt parallelisiert werden). Während des Baus, so erzählt dann Esra 5,3–6,15, sei es zu Zweifeln an der Rechtmäßigkeit der Erlaubnis zum Wiederaufbau gekommen, die aber durch eine Recherche in Ekbatana ausgeräumt werden konnten. Die Angaben sind ziemlich konkret: Zunächst lässt Darius im Schatzhaus in Babel recherchieren. Fündig wird er aber im Königsarchiv in der Zitadelle der medischen Hauptstadt Ekbatana, der frühen Residenzstadt Kyrus' II. (559–530 v. Chr.), wo auch andere Quellen ein Archiv belegen (*H. Klinkott*). Der antike Schriftsteller Xenophon berichtet, dass die Stadt von Darius nur noch als Sommerresidenz genutzt wurde, weshalb der erste Zugriff auf Babel plausibel ist. Das in Esra 6,3–5 zitierte aramäische Dokument bestimmt die Bauweise des Tempels und regelt neben der Finanzierung durch den königlichen Hof die Rückführung der Tempelgeräte (↗ VI.4.3). Obwohl dieses Dokument gegenüber dem Kyrus-Edikt plausibler ist, wird es in der Forschung inzwischen überwiegend als ahistorisch eingestuft (*R. Lux, L. L. Grabbe, S. Schwiderski, S. Grätz*, anders *T. Pola, R. Albertz*).

5.5 Zweifel an der Datierung des Tempelbaus

Aufgrund des Dokumentes wird Tattenai, der Statthalter von Transeuphratene und Anstifter der Infragestellung (Esra 5,3), angewiesen, den Bau nicht weiter zu behindern (Esra 6,6–12), was er auch pflichtschuldigst einlöst (Esra 6,13). Lässt sich der Tempelbau über die Erwähnung Tattenais als involvierter Satrap eindeutig datieren? Als Satrapen unter Darius I. sind Gubaru und Ostanes belegt, nicht aber Tattenai. Zwar hatte *A. Ungnad* diesen Tattenai in einem babylonischen Brief identifiziert, der in das Jahr 502 v. Chr. datiert, doch ist die Identifikation der beiden Tattenai genannten Personen mehr als unsicher (*M. Jursa/ M. W. Stolper*). Tattenai war zudem ein recht häufiger Name, der auch im *Muraššû*-Archiv (↗ V.12.1) belegt ist (*D. V. Edelman*). Damit fällt – die Historizität einmal vorausgesetzt – die außerbiblische Erwähnung für die Datierung des Vorgangs von Esra 5,3 aus.

Der biblischen Chronologie in Esra 6,15 zufolge erfolgt dann die Einweihung am 3. Adar des 6. Regierungsjahres des Königs Darius. Bleibt man bei Darius I., ist das im April des Jahres 515 v. Chr. Nimmt man die in Jer 25,8.11; 29,10–14.20 genannte Spanne von 70 Jahren als für die biblischen Schriftsteller bindend an und versteht die Wiederrichtung des Tempels als Vollendung der Rückführung, könnte der Zeitraum von 586–515 v. Chr. gemeint und so das Datum der Fertigstellung rein vom Verheißungs-Erfüllungs-Modell der biblischen Vorgaben diktiert sein.

Gegen den weitgehenden Konsens, dass die Wiedereinweihung des Tempels 515 v. Chr. vor der Restauration unter Nehemia Mitte des 5. Jh.s v. Chr. vollendet wurde, hat u. a. *Diana V. Edelman* Stellung bezogen und beide in die Regierungszeit Artaxerxes' I. (465–424/23 v. Chr.) datiert. Das setzt die weitestgehende Fiktionalität des Esra-Berichtes in Esra 1–6 voraus, der als Erfüllung der prophetischen Voraussagen verstanden wird (Jes 44,28; 52,11; Jer 25,11–12; 27,22, 29,10; 30,16; 31,33). Während die Zweifel an der Historizität von Esra 1–6 gut begründet sind, ist die positive Festlegung der Bauzeit auf die Regierungszeit Artaxerxes' I. nicht von gleicher Überzeugungskraft. So lässt sich fragen, warum dann biblisch nicht Nehemia mit dem Tempelbau verbunden wurde. Neh 2,8 (»für das Haus« = der Tempel) kann diese Last jedenfalls nicht tragen! Dennoch erscheint es historisch durchaus plausibel, dass entweder zunächst die Stadt mit ihren Mauern restauriert und dann erst der Tempel bzw. Tempel und Stadt gleichzeitig wiederhergestellt wurden. Die finanziellen Ressourcen zum Wiederaufbau des Tempels hat die Ökonomie der Provinz auch erst in der Mitte des 5. Jh.s v. Chr. aufbringen können (↗ VI.3.2). Zu viel Vertrauen sollte man daher in das eingeübte Datum 515 v. Chr. für die Einweihung des Zweiten Tempels nicht mehr hegen.

5.6 Einweihung des Zweiten Tempels 515 v. Chr.?

Während Esra 4,1–4.24 den Widerstand gegen den Tempelbau von außen thematisieren, wird in Haggai der von der desolaten wirtschaftlichen Lage verstärkte innere Widerstand in den Vordergrund gerückt (Hag 1,2–11; 2,15–19; vgl. Sach 8,9–13). Das erscheint angesichts der kaum → Surplus erwirtschaftenden agrarischen Ökonomie des weitestgehend dörflichen Juda (nur etwa 10 % der Bevölkerung haben *keine* landwirtschaftliche Existenzgrundlage) auf der einen Seite und der hohen steuerlichen Belastung durch die persische Zentrale auf der anderen Seite plausibel. Nichts deutet aus den persischen Quellen darauf hin, dass die Zentralregierung den Wiederaufbau von Heiligtümern finanzierte, sodass der Wiederaufbau von dem Abgabenaufkommen neben den Zentralsteuern zu finanzieren war. Da also nicht davon auszugehen ist, dass – abgesehen allerhöchstens von einer »Anschubfinanzierung« (*E. Gerstenberger*) – die Kosten der Wiedererrichtung von den Persern getragen werden, erscheinen die geschilderten sozioökonomischen Probleme plausibel. Ob die wirtschaftliche Realität jedoch auch der in Esra 6,15 gemachten Angabe einer Bauzeit von 5 Jahren widersprechen muss (*L. L. Grabbe*), ist zweifelhaft, denn der Zweite Tempel ist nicht mit einer mittelalterlichen Kathedrale zu vergleichen. Es handelt sich um einen sehr bescheidenen Nachfolgebau, was in Hag 2,3 (in Bezug auf die erste Bauphase), in Sach 4,10 und vielleicht auch Esra 3,12 reflektiert wird. Im *biblischen* »System« macht die Fertigstellung trotz der (nachträglichen) Erwähnung Artaxerxes' in Esra 6,14 im 6. Jahr des Darius, d. h. im Frühjahr des Jahres 515 v. Chr., durchaus Sinn. Löst man sich mit *D. V. Edelman* von der leitenden Annahme der Historizität der biblischen Angaben, dann ist über ein konkretes Datum der Wiedereinweihung des Tempels kaum eine Aussage zu treffen.

6. *Die Reorganisation der Gemeinde unter Nehemia*

J. Blenkinsopp, Judaism, Grand Rapids 2009 • I. Finkelstein, Archaeology and the List of Returnees in the Books of Ezra and Nehemiah: PEQ 140, 2008, 7–16 • ders., Jerusalem in the Persian (and Early Hellenistic) Period and the Wall of Nehemiah: JSOT 32, 2008, 501–520 • S. Mittmann, Tobia, Sanballat und die persische Provinz Juda: JNSL 26, 2000, 1–50 • T. Reinmuth, Der Bericht Nehemias (OBO 183), Fribourg/Göttingen 2002 • W. Zwickel, Jerusalem und Samaria zur Zeit Nehemias: BZ 52, 2008, 201–222.

Da außerbiblische Zeugnisse für Person und Wirken Nehemias fehlen, ist man zunächst auf die biblischen Angaben als Quelle angewiesen.

6.1 Der Bericht Nehemias

Über den Hintergrund, die konkrete Gestalt und exakte Datierung der Sendung Nehemias besteht keine Klarheit. Lange Zeit war die Annahme einer authentischen sog. »Nehemia-Denkschrift« in Neh *1–7; *11–13 aus der 2. Hälfte des 5. Jh.s v. Chr. die Basis, von der aus die Geschichte Nehemias rekonstruiert wurde. Inzwischen sind Historizität, Entstehungshintergrund und Intention dieser Texte stark umstritten. Die *Maximalposition* sieht in den Angaben der Konflikte, der Sendung Nehemias und der von ihm initiierten Maßnahmen ein weitestgehend historisches Geschehen, das durch den Ich-Bericht Nehemias authentisch bezeugt wird (z. B. *R. Kessler, R. Reinmuth, R. Rothenbusch*). Die *Minimalposition* bezweifelt hingegen selbst die Historizität der Person Nehemias. Sie sieht in der Nehemia-Quelle kein authentisches Dokument, sondern einen fiktiven Bericht späterer Schriftsteller mit theologischer Intention, die Nehemia zum Vorbild eines politischen Volksführers stilisieren. Der Bericht wird als ein *typisches* Szenario weitestgehend ohne geschichtlichen Wert begriffen (z. B. *J. Becker, E. Gerstenberger*). Dass die Entsendung Nehemias vom persischen Hof in Susa tatsächlich als Reaktion auf die gedrückte Stimmung des Mundschenks wegen der als Schande empfundenen anhaltenden Zerstörung Jerusalems zurückzuführen ist (Neh 2), wird man als legendenhafte Ausgestaltung werten dürfen (*D. V. Edelman*). Ob im Hintergrund der Restaurationsmaßnahmen – zusätzlich motiviert durch die von den Aufständen in Ägypten (Inarus 464 v. Chr.) und der Satrapie Transeuphratene (Megabyzos 449 v. Chr.) zunehmend destabilisierte Lage auf der syro-palästinischen Landbrücke – außenpolitische Interessen der Perser zu vermuten sind (*H. Donner, K. E. Hoglund, D. V. Edelman*) oder die Wiederbefestigung der Stadt schlicht der ökonomischen, demographischen und politischen Entwicklung Jerusalems geschuldet ist (*O. Keel*), lässt sich nicht entscheiden, auch wenn rein innerjudäische Interessen aufgrund der geringen Bedeutung der Provinz nicht sehr wahrscheinlich scheinen. In der Darstellung bei Nehemia nimmt die Erneuerung der Ummauerung Jerusalems und der Umbau der Stadt zur befestigten *bîrāh* eine große Rolle ein, doch weist der archäologische Befund eher auf eine marginale Bedeutung Jerusalems Anfang des 5. Jh.s v. Chr. (*O. Lipschits*).

6.2 Nehemia als Statthalter und die Datierung seines Wirkens

Unklar ist auch der Status Nehemias, dessen Tätigkeit in der Forschungsliteratur mit Titeln wie »Wiederaufbaukommissar« oder »Sondergesandter« u. a. m. umschrieben wird. Einerseits wird zum Zeitpunkt des Eintreffens Nehemias ein Statthalter der Provinz vorausgesetzt, wenn auch nicht namentlich genannt (Neh 2,7), andererseits bezeichnet sich Nehemia selbst als Statthalter *pæḥāh* (Neh 5,14). Zwar kann der Titel auch andere Aufgabenbereiche umfassen, doch scheint für Nehemia das Amt des Provinzstatthalters für Jehud sehr wahrscheinlich. Es gibt allerdings keine belastbaren Hinweise auf einen Statthalter Nehemia aus den außerbiblischen Quellen. Auch über die absolute Datierung Nehemias besteht keine wirkliche Klarheit. Neh 2,1 datiert die Ankunft in Jerusalem auf das zwanzigste Jahr des Artaxerxes, und nach Neh 5,14 blieb Nehemia zwölf Jahre lang (Neh 13,6). Welcher der insg. vier persischen Herrscher mit Namen Artaxerxes aber gemeint ist, bleibt offen. Der einzige außerbiblische Anhaltspunkt für die absolute Datierung ist ein → Papyrus aus Elephantine, in dem aus dem 17. Jahr der Regierungszeit Darius' II. Nothos (423–405/04 v. Chr.) am 25.11.407 eine Anfrage der Bewohner der Nilinsel an den

Statthalter von Juda Bagoas ergeht, den drei Jahre zuvor von den Chnum-Priestern zerstörten *Yāhō*-Tempel auf Jeb wieder aufbauen zu dürfen (TUAT I, 254–256, HTAT Nr. 285, vgl. 284–288, ↗ V.12.2). Der Brief erwähnt, dass die Angelegenheit auch Dalayah und Schelemyah, den Söhnen des Sinʿuballit, dem Statthalter von Samaria, zur Kenntnis gegeben wurde. Unter der Voraussetzung, dass Sinʿuballit mit dem in Neh 2,10.19; 3,33; 4,1; 6,1.2.5.12.14; 13,28 erwähnten Sanballat identisch ist und nicht eine Namensgleichheit vorliegt (↗ VI.6.3), ist Nehemias Tätigkeit am wahrscheinlichsten in die Regierungszeit Artaxerxes' I. Longimanus (465–424/23 v. Chr.) von 445–433 v. Chr. zu datieren.

6.3 Die Restauration des Mauersystems Jerusalems

Das Mauersystem der eisenzeitlichen Stadt war durch das Schlagen von Breschen und das Schleifen der Mauern im Zuge der Eroberung 587/86 v. Chr. wohl stark geschädigt (↗ V.10.5). Zumindest legen das die Berichte über die Eroberung nahe. Die Wiedererrichtung eines Befestigungssystems und der Ausbau Jerusalems zur *bîrāh* (»Festung«, Neh 2,8; 7,2) ist biblisch eng mit der Person Nehemias verbunden (Neh 2). Die Rolle Nehemias legt nahe, dass der Mauerbau nicht ausschließlich Eigeninteressen der Stadt folgt und von der persischen Autorität zumindest gebilligt wurde. Darauf weisen der *terminus technicus bîrāh* sowie der Hinweis, dass die persische Autorität Baumaterialien zur Verfügung stellt. Neh 2,8–9 deutet unabhängig des Wahrheitsgehaltes dieser Notiz darauf hin, dass der Mauerbau im Kontext persischer Interessen zu sehen ist (*D. V. Edelman*). Dass den damit verbundenen Autonomiebestrebungen der erstarkenden Provinz von den Nachbarn mit Skepsis und mit handfestem Widerstand begegnet wurde, ist nicht unwahrscheinlich. Ob dieser Widerstand an den historisch zu wertenden Figuren des Sanballat für Samaria im Norden, Tobija für Ammon im Osten und Geschem für die Provinz Idumäa im Süden (Neh 2,10.19; 3,33; 4,1; 6,1.2.5) und schließlich Aschdod im Westen festzumachen ist oder es sich bei den Einzelpersonen um (als Ausländer) stilisierte Gegner handelt, bleibt umstritten (*S. Mittmann*). Das *[...]ʿyhw bn [Snʾ]blṭ pḥt Šmrn* »[Dela]yahû, Sohn des Sanballat, Statthalter von Samaria« auf einer → Bulle auf einem Samaria-→ Papyrus aus dem *Wādī ed-Dālīye* (↗ Abb. 50) bezeugt *indirekt* Sanballat als Statthalter der Provinz Samaria auch außerbiblisch, wenn man von einem vererbten Amt ausgeht.

Abb. 50: Der Abdruck eines ovalen gefassten Siegels aus *Wādī ed-Dālīye* (ca. 375–335 v. Chr.) auf einer Bulle mit einer fragmentarischen zweizeiligen Inschrift in althebräischer Schrift: *[ldl/lyš]yhw bn* <*snʾ*> | *blṭ pḥt šmrn* »Dem [Dela/Jescha]jahu, dem Sohn [San]ballats, dem Statthalter von Samaria (gehörig)« .

Wahrscheinlich handelt es sich dabei um Sanballat II. unter Artaxerxes II. (405/04–359/58 v. Chr.). Unsicher ist die Attribuierung Sanballats als »Horoniter« (Neh 2,10.19), die entweder auf Bet-Horon (ca. 17 km nordwestlich von Jerusalem), das südmoabitische Horanajim (*ed-Dēr*) oder den Hauran als Herkunftsort zielt. Bei Tobija, der als »ammonitischer Knecht« qualifiziert wird (Neh 2,10.19; 3,35), handelt es sich wahrscheinlich um einen in der Ammanitis tätigen Verwaltungsbeamten in persischen Diensten, der wie die (in hellenistischer Zeit!, ↗ VII.4.) einflussreiche ostjordanische Tobiaden-Familie Beziehungen zur Jerusalemer Elite unterhielt (Neh 6,17–19; 13,4–9). Wenn Geschem (Neh 2,19; 6,1–2.6) mit dem inschriftlich bezeugten *Guśam ben Śahr*, einem Anführer nordwestarabischer Wüstenstämme, zu verbinden ist (*E. A. Knauf*), könnte es sich dabei um einen einflussreichen persischen Funktionär in der südlichen Provinz Idumäa handeln. Damit könnte bei Sanballat, Tobija und Geschem von authentischen Personen auszugehen sein.

Die eigentliche Tätigkeit Nehemias bleibt aus historischer Perspektive im Dunkeln. Von der nach dem nächtlichen Ritt (Neh 2,12–14) in Angriff genommenen und in 52 Tagen (Neh 6,15) fertiggestellten Neubefestigung der Stadt sind trotz der scheinbar genauen topographischen Angaben (Neh 3,1–32; 12,37–43) kaum archäologische Spuren gesichert. So lässt sich auch nicht entscheiden, ob Nehemia lediglich das vorexilische Mauersystem restauriert, bereits vorhandene frühnachexilische Befestigungen erweitert oder neue Mauern bauen lässt. Die minimalste Position verbindet den Baubericht Nehemias erst mit der hasmonäischen Stadtbefestigung im 2. Jh. v. Chr. (*I. Finkelstein*). Kaum sichereren Boden betritt man mit den übrigen Maßnahmen Nehemias. Nach Neh 7,4; 11,1f soll er nach dem Mauerbau das demographische Verhältnis von Stadt und Land durch einen sog. Synoikismus (Zusammenschluss kleinerer Einheiten mit der Stadt) zugunsten Jerusalems verändert haben, um der Stadt als dem organisatorischen und kultischen Zentrum der Provinz größeres Gewicht zu verleihen. Geht man von dem Mauerverlauf um den Südosthügel und den Tempelberg aus, bietet das bescheidene Jerusalem des 5. Jh.s v. Chr. kaum ausreichend Siedlungsfläche für eine solche durch Losentscheid erzwungene (Neh 11,1) bzw. auf Freiwilligkeit bauende (Neh 11,2) Umsiedlung von 10 % der Landbevölkerung Jehuds, d. h. etwa 3.000 zusätzliche Bewohner.

6.4 Weitere Maßnahmen Nehemias

Neben die Anordnung einer verstärkten Sabbatobservanz (Neh 13,15–22) und die Neuordnung der Finanzierung des Tempeldienstes bzw. eine Aufwertung der Position der Leviten am Tempel (Neh 13,10–14) tritt die Sozialfürsorge, mit der Nehemia auf die zunehmende Verelendung der bäuerlichen Unterschicht in der perserzeitlichen Provinzialgesellschaft reagiert. Zwar erscheinen die Maßnahmen für das 5. Jh. v. Chr. durchaus plausibel, jedoch ist zugleich in den Texten die Orientierung des Handelns Nehemias an der Tora zu erkennen. Nehemia wird als Idealgestalt stilisiert, die sich torakonform engagiert. Das macht die historische Bewertung sehr schwer, zumal andere Quellen fehlen. Er bewegt die

Elite zu einem umfassenden Schuldenerlass für die Armen (Neh 5,1–13), um so das soziale Gleichgewicht annähernd wieder herzustellen. Die Steuerlast gegenüber der persischen Zentrale bleibt jedoch ebenso wie der an den Tempel abzuführende Zehnte nach wie vor ein belastender Wirtschaftsfaktor. In der Verurteilung der Mischehen (Neh 13,1–3.23–29) schließlich wird dem idealtypischen Nehemia wie bei der Sorge für den Sabbat (Neh 13,15–22) torakonformes Verhalten attestiert (Dtn 7,1–4; 23,4). Bei einem der Söhne des Hohepriesters, Jojada, der sich mit Sanballat, dem Statthalter von Samaria, verschwägert haben soll (Neh 13,28), greift Nehemia (wegen Lev 21,13–15) zu drastischeren Maßnahmen und verweist ihn aus seinem Gebiet. Wie auch immer diese Einzelmaßnahmen historisch zu beurteilen sind, zeigen sie eine zunehmende Abgrenzungstendenz der nachexilischen Gesellschaft Jehuds, die sich auch in den Konflikten Nehemias mit den Führungspersonen der Nachbarprovinzen spiegelt (*R. Albertz, S. M. Olyan*). Durch die Forderung, nur Frauen aus den eigenen Sippen zu heiraten und die eigenen Töchter nicht an Fremde zu verheiraten (Endogamieforderung), wird eine an den Vorgaben der Tora orientierte sprachlich (Neh 13,24–27), kulturell und religiös homogene Gesellschaft konstruiert, die einerseits die Entstehung des Frühjudentums als Idealtypus entscheidend geprägt hat, andererseits aber in der Geschlossenheit *de facto* kaum dauerhaft durchzuhalten war, weil sie die → Diaspora faktisch ausgrenzte. Die Maßnahmen Nehemias – wie auch in ähnlicher Weise die mit Esra verbundenen Aktivitäten (↗ VI.7.) – verfolgen ein ideologisches Konzept, das *Joseph Blenkinsopp* mit dem Begriff »ritual ethnicity« bezeichnet, d. h. eine religiös begründete Identitätskonstruktion in Abgrenzung vom »Anderen«. Inwieweit dabei zwischen intra- und interreliösen Konflikten zu unterscheiden ist, wird ebenso diskutiert, wie die Frage der innerbiblischen Wurzeln und Parallelen, zu denen die exilisch-frühnachexilisch entwickelte → deuteronomistischen Theologie und der Entwurf des Zweiten Tempels in Ez 40–48 gehören.

7. *Die Mission Esras*

R. Achenbach, Satrapie, Medinah und lokale Hierokratie, in: R. Achenbach/H. Neumann (Hg.), Konkurrenz und wechselseitiger Einfluss divergenter Rechtsordnungen im Alten Orient (BZAR 14), Wiesbaden 2010, 1–41 • B. Becking, Ezra, Nehemiah, and the construction of early Jewish identity (FAT 80), Tübingen 2011 • J. Blenkinsopp, Judaism, Grand Rapids 2009 • P. Frei/K. Koch, Reichsidee und Reichsorganisation im Perserreich (OBO 55), Fribourg/Göttingen ^{2}1996 • L. S. Fried, The Priest and the Great King (Biblical and Judaic Studies 10), Winona Lake 2004 • S. Grätz, Das Edikt des Artaxerxes (BZAW 337), Berlin/New York 2004 • ders., The Adversaries in Ezra/Nehemiah – Fictitious or Real?, in: R. Albertz/J. Wöhrle (Hg.), Between cooperation and Hostility (JAJ.S 11), Göttingen 2013, 73–87 • ders., Chronologie im Esrabuch, in: J. Kotjatko-Reeb u. a. (Hg.), Nichts Neues unter der Sonne? (BZAW 450), Berlin 2014, 213–225 • ders., Geschichte Israels: ThLZ 139, 2014, 1404–1417 • R. Heckl, Neuanfang und Kontinuität in Jerusalem (FAT 104), Tübingen 2016 • R. Rothenbusch, » ... abgesondert zur Tora Gottes hin« (HBS 62), Freiburg 2012 • U. Rüterswörden, Die persische Reichsautorisation der Thora: ZAR 1, 1995, 47–61 • J. W. Watts (Hg.), Persia and Torah, Atlanta 2002 • J. Wiesehöfer, Das antike Persien, Düsseldorf ^{2}1998 • ders., »Reichsgesetz« oder »Einzelfallgerechtigkeit«?: ZAR 1, 1995, 36–46 • J. C. VanderKam, From Joshua to Caiaphas, Minneapolis 2004 • T. Willi, Esra, Leipzig 2012 • J. L. Wright, Rebuilding Identity (BZAW 348), Berlin/New York 2004.

7.1 Die biblische Darstellung

In der biblischen Darstellung ist Esra ein von Artaxerxes in dessen 7. Regierungsjahr gesandter Priester, der das »Gesetz des Himmelsgottes« bekannt machen und die Einhaltung der Tora in der Provinz durch eine geordnete Rechtssprechung überprüfen soll (Esra 7,14.25f). Seine → Genealogie wird über viele Generationen hinweg mit dem → eponymen Priester Aaron verbunden (Esra 7,1–5), sodass man den Eindruck gewinnt, er sei legitimer Hohepriester. Mit beachtlicher finanzieller Unterstützung des persischen Hofes soll er den Kultbetrieb am Jerusalemer Tempel wieder in Gang bringen (Esra 7,1–18; 8,26f) und durch die geregelte Beteiligung am Steueraufkommen der Satrapie Transeuphratene dauerhaft sichern (Esra 7,20–23; Hdt. Hist. III,89–91). Mit den kultbezogenen Aktivitäten sichert er den Anschluss des Kultbetriebs an den zerstörten ersten salomonischen Tempel. Zugleich wird Esra als Schriftgelehrter (wörtl. »ein in der Tora des Mose versierter Schreiber«) gekennzeichnet (Esra 7,6, vgl. 7,11), wodurch sein Wirken mit der Tora als Gesetz verknüpft ist.

7.2 Probleme des zeitgleichen Wirkens Esras und Nehemias

Esra wird biblisch zeitgleich zu Nehemia datiert (Neh 8; 12,26), was allerdings zu Widersprüchen führt: Esra kommt in Jerusalem an, geht gegen Mischehen vor (Esra 9f), verliest das »Gesetz des Himmelsgottes« aber erst im 13. Jahr seines Wirkens (Esra 7,7–9: »im 7. Jahr des Artaxerxes«, d. h. 458 v. Chr.; Neh 1,1; 2,1: »im 20. Jahr des Artaxerxes«, d. h. 445 v. Chr.). Wenn unter Esra bereits die existierenden Mischehen geschieden wurden (Esra 10,19), wieso greift dann Nehemia Jahre später nicht darauf zurück, als das Problem anscheinend erneut virulent ist (Neh 13)? Esra preist in Esra 9,9 die schützende Mauer (*gādar*) um Juda und Jerusalem, was – wenn es auf die Ummauerung Jerusalems zu beziehen ist – Nehemias Wirken voraussetzt. Ebenso könnte Esra 10,6 darauf deuten, dass Eljaschib zur Zeit Esras nicht mehr der Hohepriester war (Neh 3,1.20; 12,22f; 13,4.7). Wenn der dort genannte Johanan mit dem in den Elephantine-→ Papyri bei der im Jahr 407 v. Chr. verfassten Anfrage zum dortigen Tempelneubau erwähnten Hohepriester Yahohanan identisch ist (TUAT I, 254, HTAT Nr. 285, ↗ VI.6.2 u. V.12.2), sind die Ereignisse in das ausgehende 5. oder beginnende 4. Jh. v. Chr. zu datieren. Allerdings ist die frühe Abfolge der Hohepriester in Jerusalem nicht sicher (anders *J. C. VanderKam*), und neben Neh 12,22f bietet auch die von Josephus (Jos. Ant. XI,121.147.158.297.302) bezeugte Abfolge (Joschua, Jojakim, Eljaschib, Johanan, Jojakum, Eljaschib, Jojada, Johanan, Jaddua) mehrere Möglichkeiten zur Einordnung Johanans. Dem zweiten Johanan, der um ca. 350–340 v. Chr. das Amt bekleidete, dürfte die Münze mit der Aufschrift »Johanan, der Priester« zuzurechnen sein (↗ Abb. 48). Doch auch die Liste in Neh 7,7–72 scheint die nach Esra 8,1–14 mit Esra Zurückgekehrten nicht zu kennen, was bei einer Zeitgleichheit von Esra und Nehemia verwundert. Insgesamt muss auffallen, dass Esra und Nehemia – abgesehen von Neh 8 – *nicht* gemeinsam auftreten.

7.3 Datierung der Mission Esras

Eine Textänderung in Esra 7,7 verlegt daher das Wirken Esras vom 7. in das 37. Jahr des Artaxerxes und damit in die nach Neh 13 anzunehmende und von ihrer Ausdehnung unbestimmte zweite Wirkungsphase Nehemias in das Jahr 428 v. Chr. Da das eine eher willkürliche Lösung ist, wird alternativ zu der Datierung Esras unter Artaxerxes I. Longimanus (465–424/23 v. Chr.) in der Forschung die Datierung unter Artaxerxes II. Mnemon (405/04–359/58 v. Chr.) diskutiert, sodass das Auftreten Esras in Jerusalem *nach Nehemia* in das Jahr 398 v. Chr. fällt. Die Schwierigkeit der Verlesung der Tora auf dem Platz vor dem Wassertor im Nehemiabericht kann dann nur redaktionsgeschichtlich gelöst werden, was häufig durch den griechischen 1 Esdras untermauert wird, wo Neh 8 auf Esra 7–10 folgt.

7.4 Zur Frage der Historizität der Maßnahmen Esras

Zwingende Argumente für die Datierung Esras lassen sich nicht gewinnen. Dass die Frage aus historischer Perspektive nicht zu entscheiden ist, liegt an der fehlenden historischen Greifbarkeit Esras überhaupt, für dessen Verortung außerbiblisch keine Indizien anzuführen sind. Auch hier schwankt die Forschung zwischen historischer Figur eines reichsaramäischen Beamten und literarisch verklärter Legende eines *Mose redivivus*. Wie bei Nehemia steht man in der historischen Bewertung vor der Schwierigkeit einer hoch artifiziellen Einbindung der Notizen über Esra in ein Netzwerk von biblischen Bezugstexten, vor allem aus der Tora. Das setzt auf der Textebene die Geltung der Tora voraus, die in der Regel mit Esra 7 verknüpft wird.

Eine Beurteilung hängt an dem Quellenwert des Artaxerxes-Reskripts in Esra 7,12–26. In der Maximalposition wird die Mission Esras wegen der aramäischen Sprache für historisch gehalten, in der Minimalposition wird selbst die Existenz Esras bestritten. Die Analyse von *Sebastian Grätz* spricht dem Dokument den achämenidischen Hintergrund ab und weist es der hellenistischen Zeit zu.

(a) Die sog. Reichsautorisation der Tora

Es besteht in der Forschung immer noch ein weitgehender Konsens, dass die Tora, d. h. der Pentateuch/die sog. fünf Bücher Mose, in der zweiten Hälfte des 5. Jh.s v. Chr. zu einem formativen Abschluss kommt. Ob der Abschluss von innen heraus gefunden wird, mit den Auseinandersetzungen mit den Samaritanern (↗ VI.8) in Verbindung steht oder einem äußeren Anlass geschuldet ist, wird in der Forschung diskutiert. Die These der sog. Reichsautorisation geht davon aus, dass die Tora den Persern vorgelegt wurde und dann von diesen als Reichsgesetz installiert wurde. Diese von *Peter Frei* und *Klaus Koch* in die Diskussion gebrachte und in den vergangenen Jahrzehnten intensiv diskutierte These sieht in Esra 7 die Dokumentation eines Verwaltungsvorgangs, in dem im Kontext der permissiven Politik der Perser lokales Recht zu persischem Reichsrecht (aram. *dāt*) erhoben wird. Da ein solcher Vorgang sich nicht wirklich über Parallelen im persischen Reich absichern lässt und Esra 7 zudem eindeutige Zeichen literarischer Gestaltung aus »israelitischer« Perspektive aufweist (*J. Wiesehöfer, U. Rüterswörden, C. Karrer, S. Grätz*), kann die These in dieser Form zumindest als unplausibel, wenn nicht als widerlegt gelten. Das gilt umso mehr, wenn Esra 7 ein Dokument aus spätpersischer Zeit ist und als Beleg für die sog. Reichsautorisation ausfällt.

(b) Esra als Idealgestalt

Damit zerrinnen die Ansatzpunkte für eine historische Bewertung der Mission Esras *de facto* zwischen den Fingern: »Die Figur des Esra hat in Kap. 7 seines Buches, aber auch in allen anderen Texten, die ihren Namen verwenden, derartig wenig Fleisch und Blut, dass man sie mit Fug für ein literarisches Produkt halten könnte. ... Wenn es den Menschen Esra ... einmal gegeben hat, dann ist er durch die gestaltende, überhöhende, theologisierende Tradition derartig ins Prototypische hineinstilisiert, dass wir von seiner konkreten Biographie so gut wie nichts mehr erkennen« (*E. Gerstenberger*, Perserzeit, 82f). Diese schon 1896 von *Charles C. Torrey* stark gemachte Sicht hat Folgen für die Bewertung der übrigen Maßnahmen Esras, insbesondere der in Esra 9f inszenierten Zwangsscheidung von Mischehen.

(c) Die Scheidung der Mischehen unter Esra

Während aufgrund der Vielzahl positiver wie negativer Stellungnahmen zu dem Problem in alttestamentlichen Texten (Gen 16,3; 27,46; Ex 2,21; 18,2; 34,15f; Lev 21,13–15; Num 12; Dtn 7,1–5; Ri 3,6; 1 Kön 11; Rut; Tobit u. v. a. m.) unbezweifelbar ist, dass die Endogamieforderung als zentrales Instrument der Identitätsbildung in frühnachexilischer Zeit prominent und zugleich heftig umstritten ist, lassen sich die in Esra 10 geschilderten konkreten Maßnahmen historisch kaum eindeutig zuordnen. Eine auf eine größere Anzahl von sog. Mischehen gerichtete Zwangsscheidung ist auf literarischer Ebene programmatisch, aber sozialgeschichtlich und historisch wenig wahrscheinlich. Vielmehr wird in der stilisierten Zwangsscheidung die Trennung von den Völkern literarisch profiliert. Die Erwählung Israels wird darin zum Trigger der Demarkation (Abgrenzung). Dem stehen andere Texte gegenüber (Integration), die mit gleicher Vehemenz an der Utopie einer Universalisierung der Erwählung festhalten. So z. B. in Texten, die Fremde und Ausländer in die Gemeinschaft integrieren (Ex 12,10; Lev 16,29; Jes 56,3; 66,19–21; Rut 3; Ps 100 u. a. m.) oder in den Texten der Völkerwallfahrt zum Zion, wo Jerusalem ein abgetrennter, aber eben die Völker verbindender Ort wird. Indem die Vorstellung eines Bundes Gottes mit Israel nicht exklusiv, sondern inklusiv für alle Völker gedacht wird, wird der ablehnenden Haltung von Esra 10 heftig widersprochen. Der Diskurs um die Mischehen geht jedenfalls auch in hellenistischer Zeit in außerbiblischen Texten (Jubiläenbuch, Levi-Literatur, Tempelrolle, 4QMMT) weiter. Dabei nimmt Esra 9–10 mit seiner Rede von der nachexilischen Gemeinschaft als »heiligem Samen« (Esra 9,2) eine Schlüsselstellung ein (*C. Hayes*), auf die spätere Texte aus hellenistischer Zeit zurückgreifen.

8. Samaria, die Samarier und die Samaritaner

J. Bourgel, The Destruction of the Samaritan Tempel by John Hyrcanus: JBL 136, 2016, 505–523 • J. Dušek, Les manuscrits araméens du Wadi Daliyeh et la Samarie vers 450–332 av. J.-C. (CHAN 30), Leiden 2007 • ders., Archaeology and Texts in the Persian Period: VT.S 148, 2012, 117–132 • ders., Aramaic and Hebrew Inscriptions from Mt. Gerizim and Samaria between Antiochus III and Antiochus IV Epiphanes (CHAN 54), Leiden/Boston, 2012 • ders., Mt. Gerizim Sanctuary, Its History and Enigma of Origin: HeBaI 3, 2014, 111–133 • ders., Languages and Scripts of Samaria in the Persian and Hellenistic Periods, in: U. Hübner/H. Niehr (Hg.), Sprachen in Palästina im 2. und 1. Jahrtausend v. Chr. (ADPV 43), Wiesbaden 2017 • C. Frevel, Reichsinteresse und Lokalpolitik in der Levante im Spiegel der materiellen Kultur, in: R. Achenbach (Hg.), Die Religionspolitik der Achaimeniden und die Rolle der Lokalheiligtümer (BZAOR), Wiesbaden 2018 • C. Frevel/K. Pyschny/I. Cornelius (Hg.), A »Religious Revolution« in Yehûd (OBO 264), Fribourg/Göttingen 2014 • J. Frey u. a., Die Samaritaner und die Bibel, Berlin u. a. 2012 • A. K. de Hemmer Gudme, Before the God in this Place for Good Remembrance (BZAW 441), Berlin/New York 2013 • B. Hensel, Samaritanische Identität in nachexilischer Zeit, in: W. Zwickel/M. Kõszeghy (Hg.), Ethnizität und Identität im Alten Testament und seiner Umwelt, Waltrop 2015, 67–115 • ders., Juda und Samaria (FAT 110), Tübingen 2016 • ders., Das JHWH-Heiligtum am Garizim: VT 68, 2018, 73–93 • M. Kartveit, The Origins of the Samaritans (VT.S 128), Leiden 2009 • ders., Samaritan Self-Consciousness in the First Half of the Second Century B.C.E. in Light of the Inscriptions from Mount Gerizim and Delos: JSJ 45, 2014, 449–470 • G. N. Knoppers, Jews and Samaritans, New York 2013 • I. Kottsieper, Aramäische Archive aus achämenidischer Zeit und ihre Funktion, in: M. Faraguna (Hg.), Archives and Archival Documents in Ancient Societies, Trieste 2013, 175–200 • Y. Magen, The Dating of the First Phase of the Samaritan Temple on Mount Gerizim in Light of the Archaeological Evidence, in: O. Lipschits u. a. (Hg.), Judah and the Judeans in the Fourth Century B. C. E., Winona Lake 2007, 157–211 • Y. Magen u. a., Mount Gerizim Excavations I, Jerusalem 2004 • Y. Meshorer/S. Qedar, The Coinage of Samaria in the Fourth Century BCE, Jerusalem 1991 • dies., Samarian Coinage (NSR 9), Jerusalem 1999 • R. Pummer, The Samaritans in Flavius Josephus (TSAJ 129), Tübingen 2009 • ders., Was There an Altar or a Temple in the Sacred Precinct on Mt. Garizim: JSJ 47, 2016, 1–21 • ders., The Samaritans, Grand Rapids 2016 • A. Schenker, Nach dem Exil wurden im Land Israel zwei Tempel errichtet, in: A. P. Otero/P. A. Torijano Morales (Hg.), Textual Criticism and Dead Sea Scrolls Studies in Honour of Julio Trebolle Barrera (JSJ.S 158), Leiden/Boston 2012, 303–316 • S. Schorch, The Construction of Samari(t)an Identity from the Inside and from the Outside, in: R. Albertz/J. Wöhrle (Hg.), Between Cooperation and Hostility (JAJ.S 11), Göttingen 2013, 135–149 • E. Stern/Y. Magen, Archaeological Evidence for the First Stage of the Samaritan Temple on Mount Gerizim: IEJ 52, 2002, 49–57 • M. Vogel, Von der schlechten Gewohnheit, schlecht übereinander zu reden: ZNT 19/37, 2016, 35–46 • J. Zangenberg, The Sanctuary on Mount Gerizim, in: J. Kamlah (Hg.), Temple Building and Temple Cult, Wiesbaden 2012, 399–420 • J. Zsengellér (Hg.), Samaria, Samarians, Samaritans, Berlin u. a. 2011.

Die Religionen der »Samaritaner« und der »Juden« haben denselben Ursprung und formieren sich nicht unabhängig voneinander. Ihre Entstehung wurzelt in einem sehr langen Prozess, der die Geschichte der beiden Staaten Israel und Juda in der ersten Hälfte des 1. Jt.s v. Chr. mit umgreift. Dabei sind die Pfade weit deutlicher verschränkt als voneinander getrennt (»interferente Formation« des Frühjudentums). Gerade in den letzten Jahren sind in der Samaritanerforschung die gemeinsame Entstehung und die Beziehungen zwischen Jerusalem und Samaria neu bedacht worden. Am Ende der komplexen Prozesse stehen »Juden« und »Samaritaner« als getrennte Religionsgemeinschaften, die bis heute Bestand haben. Wichtige Weichenstellungen finden in der Perserzeit statt. Wie bei dem Terminus »Juden« eine enge Verschränkung mit der Bezeichnung »Judäer« vorliegt und bis in das 2. Jh. n. Chr. nicht immer leicht zu entscheiden ist, ob die geographische, politische, ethnische oder religiöse Bedeutung im Vordergrund steht, ist auch zwischen »Samariern« und »Samaritanern« oft nicht zu unterscheiden. »Samaritaner« sind erst die Bewohner der seleukidischen Provinz im 3. Jh. v. Chr. (*J. Dušek*). Zuvor (und auch noch danach) sprechen die Texte von den »Samariern«. Die Anfänge der Terminologie liegen etwa in dem *haššom*ᵉ*ronîm* bzw. οἱ Σαμαρῖται »den Samari(t)ern« in 2 Kön 17,29, womit die Vorbewohnern der Provinz *Šamīrīna* bezeichnet werden (vgl. das Σαμαρεῖται in Lk 10,33). Einen Ansatz bietet auch die Septuaginta, die das »der König von Assur verschleppte die Israeliten« in 2 Kön 18,11 mit τὴν Σαμάρειαν wiedergibt.

Die Überlieferungen der Perserzeit spiegeln eine sich sukzessive verschärfende Rivalität zwischen den beiden Provinzen Samaria und Jehud. Deren Wurzeln liegen in der wirtschaftlichen Entwicklung der ersten Hälfte des 1. Jt.s v. Chr., in der der vormalig selbstständige Staat Israel (»Nordreich«) – entgegen der biblischen Darstellung – der stärkere, politisch und ökonomisch bedeutendere und »modernere« Staat gewesen ist (↗ V.). Die politische Dominanz des Nordens mit der Hauptstadt Samaria über den Süden mit dem Zentralort Jerusalem, die tief bis in das 8. Jh. v. Chr. anhielt (↗ IV.7 u. V.4–5), hat sich ebenfalls tief als Rivalität in das kollektive Gedächtnis eingegraben und die Identitätskonstitution schon im 7./6. Jh. v. Chr. in den ersten Entwürfen einer Geschichte Judas in den Königsbüchern stark beeinflusst. Die Darstellung des Nordens ist durchgehend negativ und wird negativ fortgeschrieben und verstärkt (s. z. B. die Erzählung vom Untergang Samarias 2 Kön 17). Für das Verständnis der Konkurrenz in nachexilischer Zeit ist zugleich von zentraler Bedeutung, dass »Israel/Samaria« und »Juda/Jerusalem« denselben Gott YHWH verehren, mit der Exoduserzählung einen gemeinsamen Gründungsmythos teilen und sich in persischer Zeit (abgesehen von einigen Differenzen) auf dieselbe Tora als identitätskonstituierende literarische Grundlage berufen.

8.1 Entwicklung der persischen Provinz Samaria

Obwohl mit dem Fall Samarias 722/20 v. Chr. Israel gut ein Jahrhundert vor Juda untergegangen ist und sich auch in der Perserzeit neben Samaria und Sichem (mit jeweiligem Umland) keine nennenswerten urbanen Zentren in der Provinz

Samaria ausbilden, setzt sich das Gefälle in der nachexilischen Zeit fort (*G. N. Knoppers*). Durch die auch archäologisch nachweisbare relative Kontinuität seit der assyrisch-babylonischen Zeit haben die Samarier in der Perserzeit einfach den besseren Start. Samaria entwickelt sich in der achämenidischen Epoche zur größten und bedeutendsten Stadt in Palästina, deren Einfluss nicht unbedeutend ist (*A. Zertal*).

Abb. 51: Die Münz- und Siegelbilder aus Samaria zeugen nicht nur von einem achämenidischen, sondern auch von einem hellenistischen Einfluss auf die Ikonographie. Während sich ersteres insbesondere an Darstellungen des persischen Großkönigs auf samarischen Münzen (a-c) festmachen lässt, wird letzteres überwiegend an Bildnissen von Hermes (d), Soldaten (e) und dem sehr beliebten Herakles mit Löwenfell (f) aus *Wādī ed-Dālīye* deutlich.

Nach Ausweis der Personennamen der → Papyri aus dem *Wādī ed-Dālīye* (375–332 v. Chr.), die wahrscheinlich aus Samaria stammen, waren die Bewohner mehrheitlich YHWH-Verehrer (etwa Johanan, Hananja, Ananja, Delaja, Nehemia etc.), wobei jedoch auch aramäische, edomitische, akkadische oder phönizische Namen belegt sind. Ausländische Gottheiten in den Namen (Qôs, Šamaš, Sin) sind dennoch eher selten. Der multiethnische und multireligiöse Charakter der Provinz Samaria war Folge der Ansiedlung fremder Bevölkerungsteile nach der Eroberung durch die Neuassyrer (↗ V.5.9). Dieser Umstand bedingt für sich genommen schon einen höheren Grad an Internationalität im Vergleich zu Juda (↗ V.9.3). Einen hohen Grad an Internationalität zeigen auch die samarischen Münzen des 5. Jh.s v. Chr., die den phönizische Halbgott Bes, den Baal von Tarsus, vielleicht den persischen Ahura Mazda, aber auch griechische Götter wie Zeus, Aphrodite und vor allem Herakles abbilden (↗ Abb. 51). Demgegenüber sind die Münzen aus Jehud mit der athenischen Eule und der lokalen Lilie, geradezu provinziell (↗ Abb. 46).

Gleiches gilt für die Bildauswahl, die auf den Siegeln verwendet wurde (wobei die meisten anikonisch sind!). Im *Wādī ed-Dālīye* finden sich neben Satryr und Eros, Hermes, Perseus, Herakles, Nike etc. Keines dieser Motive wurde bisher für die späte Perserzeit aus Jehud nachgewiesen, was ebenfalls für die verzögerte Entwicklung und stärkere internationale Einbindung Samarias spricht. Aus der Differenz sind in der Forschung weitreichende Schlüsse gezogen worden, unter anderem, dass Jehud sich wegen eines strengeren Monotheismus bewusst von der Bildwelt seiner Nachbarn distanzierte. Mit solchen Schlussfolgerungen sollte man allerdings sehr vorsichtig sein (*C. Frevel/K. Pyschny/I. Cornelius*), zumal wenn ökonomische und politische Erklärungsmuster zur Verfügung stehen.

Der Vorsprung des Nordens vor dem Süden ist auch in der Provinz Galiläa zu beobachten, die in der Perserzeit stark phönizisch geprägt ist. Dort bilden sich in der wirtschaftlich und verkehrsgeographisch bedeutenden Jesreel-Ebene mit Megiddo, *Mišmar hā-ʿĒmeḵ*, *Tell Qirī* und *Tell Qēmūn*/Jokneam mehrere städtische Zentren heraus. Nach Ausweis der Keramikfunde reichte im Bet-Schean-Becken und in der Jesreel-Ebene die Siedlungsdichte an die Blütezeit im 8. Jh. v. Chr. heran.

8.2 Das sog. samaritanische Schisma

Entsprechend kommt es in der Phase der Restauration Jerusalems zu Spannungen zwischen den Führungseliten, die sich im Widerstand gegen die Befestigung der Stadt und den Tempelbau zeigen (↗ VI.5 u. VI.6). Die engen Kulturkontakte, die einenden politischen Interessen unter persischer Herrschaft und die vielen Gemeinsamkeiten (Sprache, Tradition, Kultur), insbesondere der gemeinsame YHWH-Glaube, haben die Risse nicht kitten können. Die beiden Zentren entwickeln sich in kontrastiver Profilierung zueinander, doch werden die Brücken für lange Zeit nicht abgebrochen, sondern immer wieder Versuche der Integration gemacht. Die judäische Literatur hat in vielen Teilen Spuren eines Diskurses erhalten, der die Frage von Integration oder Separation bzw. Inklusion oder Demarkation aus unterschiedlichen Perspektiven und mit differenten Positionen spiegelt (*G. Knoppers*). Die Trennung zwischen Judäern und Samariern bezeichnet man als samaritanisches Schisma, wobei die Vorstellung, eine Partei hätte sich von der anderen zu einem fixen Zeitpunkt gelöst, der allmählichen Entwicklung nicht entspricht. Formation und Separation greifen als Prozesse ineinander. Wann die Trennung soweit vollzogen war, dass man von einer klaren Trennung zwischen der Jerusalemer Kultgemeinde und den Samaritanern sprechen kann, wird in der Forschung nach wie vor diskutiert, da die Quellenlage unzureichend ist. Festzumachen ist die Trennung kaum schon an der bloßen Existenz eines Tempels auf dem Garizim (*Tell er-Raʾs* oder *Ǧebel aṭ-Ṭūr*, sw von Sichem/*Tell Balāṭa*), der literarisch (2 Makk 6,2), → epigraphisch (als »Haus YHWHs« und als ΑΡΓΑΡΙΖΕΙΝ [*(h)ar garizein*] in zwei späteren griechischen Inschriften aus Delos, 3./2. Jh. v. Chr.) (*M. Kartveit*, *B. Hensel*) und archäologisch bezeugt ist (*E. Stern*/*Y. Magen*, *Y. Magen*), und auch nicht an der Texttradition des *samaritanischen* Pentateuch, in der die Forderung der Kultzentralisation etwa in der Überlieferung des Deuteronomiums konsequent (gegen Jerusalem in judäischer Interpretation) auf den Garizim gedeutet wird. Denn auch die samaritanischen Lesarten haben sich erst entwickelt; sie sind zum Teil noch im Qumran nachzuweisen und bewahrt (*E. Tov*) (↗ VII.6.9). Außerdem zeigt die jüngere Pentateuchforschung auf, dass innerhalb des Hexateuch vielfach »judäische« und »samarische« Positionen aufeinander bezogen bzw. miteinander in einen Diskurs gebracht werden. Auch das spricht für die *interferente Formation* und das Abrücken von einem zeitlich fixen Schisma.

Einen relativ sicheren Anhaltspunkt bot in der bisherigen Forschung die bei Josephus (Bell. I,63–65, Ant. XIII,254–256, 275–279) berichtete Zerstörung des Tempels auf dem Garizim bei der Eroberung Samarias durch Johannes Hyrkan I. (135/34–104 v. Chr.), die traditionell 129/28 v. Chr. datiert wurde, inzwischen aber erst 111/10 v. Chr. angesetzt wird (↗ VII.6.5). Versteht man dies als Versuch, dem Jerusalemer Tempel eine Monopolstellung zu sichern, setzt das eine klare Konkurrenz der beiden Tempel voraus. Vielleicht verbindet sich aber mit der machtvollen Durchsetzung judäischer Interessen die Hoffnung einer *de facto* Einigung durch den Wegfall des konkurriernden Heiligtums (*G. Knoppers*, *J. Bourgel*). Das ist misslungen, denn die Zerstörung des Tempels führt nicht zur Wiedervereinigung, sondern zur Stärkung der samaritanischen → Diaspora, die es (wie eine judäische Diaspora) bereits vorher in Ägypten oder auf der Insel Delos gegeben hat (1 Makk 15,23; Jos. Ant. XV,10) (*M. Böhm*). Nach der Zerstörung des Tempels auf dem Garizim waren jedenfalls »Samaritaner« und »Judäer« *de facto* mindestens getrennter als zuvor. Damit ist die Zerstörung des Tempels entscheidender für die Trennung von Judäern und Samaritanern als die Errichtung des Heiligtums auf dem Garizim (*R. Pummer*), wann auch immer die erfolgt ist.

Flavius Josephus sieht den Ursprung der Trennung in der Verschwägerung des Manasse, eines Bruders des Hohepriesters Jaddua, mit einer Tochter des Statthalters von Samaria unter Darius III. (336–330 v. Chr.) namens Sanballat (Jos. Ant. XI,302f). Als es wegen der Mischehe mit Nikaso zum Konflikt mit Jerusalem gekommen sei, habe Sanballat mit ausdrücklicher Billigung Alexanders d. Gr. (333–323 v. Chr.) den Tempel auf dem Garizim bauen lassen (vgl. Jos. Ant. XI,306–346; XIII,254–256). Man kann sich des Eindrucks nicht erwehren, dass für diese legendenhafte (geradezu midraschische, *L. L. Grabbe*) Ausgestaltung Neh 13,28f Pate gestanden hat, auch wenn in den → Papyri aus dem *Wādī ed-Dālīye* (14 km nordwestlich von Jericho) ein »Sanballat, Statthalter von *Samerīna*« zwischen 360 und 354 v. Chr. bezeugt ist. Für die Annahme eines dritten Statthalters (*F. M. Cross*) namens Sanballat ist Josephus jedoch die einzige Quelle (*J. Frey, R. Pummer*). Vielleicht greifen auch Neh 13,28f und Josephus auf dieselbe Tradition im Hintergrund zurück und nutzen sie zur Kritik an der hohepriesterlichen Familie (*J. L. Wright*). Dass Manasse, nachdem er Hohepriester des neu errichteten samaritanischen Tempels geworden war, seinen Namen in Jerobeam geändert habe und in politischer Funktion unter *diesem* Namen auf samarischen Münzen als politischer Funktionär (Statthalter) bezeugt ist (*Y. Meshorer/S. Qedar*), bleibt hoch spekulativ.

8.3 Das Heiligtum auf dem Garizim

Neuere archäologische Untersuchungen legen zudem nahe, dass der hellenistische Tempel auf dem Garizim bereits um 450 v. Chr. einen perserzeitlichen Vorgängerbau gehabt hat (*E. Stern/Y. Magen*, anders *M. Mor*). Ob es sich dabei um einen Tempel oder um ein offenes Heiligtum gehandelt hat (*J. Zangenberg*), wird weiter diskutiert. Knochenfunde und eine spätere aramäische Inschrift (*bbyt dbḥ*ʾ »im Haus des Opfers«) weisen auf Tieropfer hin. Die älteste Münze, die im Bereich des Heiligtums gefunden wurde, stammt aus Zypern und datiert 480 v. Chr. (*Y. Magen, M. Kartveit*) (↗ Abb. 4). Vielleicht liegt auch in 1 Esdras 5,49 eine frühe Erwähnung des samaritanischen Tempelbaus vor, die die Errichtung eines Heiligtums auf dem (nicht genannten) Garizim mit dem Bau des Zweiten Tempels parallelisiert (*A. Schenker*). Die samaritanische Religionsgemeinschaft, die lediglich die Tora als verbindliche Autorität anerkennt und bis heute existiert, dürfte daher ihren formativen Ursprung am ehesten in der Frühphase des Zweiten Tempels im 5. Jh. v. Chr. haben. Damit relativiert sich einerseits die Frage nach einem besonderen Ereignis, das zu dem endgültigen Schisma geführt hat, andererseits ist die Geschichte der Samarier im 5.–3. Jh. v. Chr., die in die Geschichte der Samaritaner als eigener Religionsgemeinschaft mündet, höchst bedeutsam für die Ausbildung differenzierter Identitäten des frühen Judentums. Die auf der Grundlage der archäologischen und → epigraphischen Evidenz zu schreibende Geschichte der Provinz Samaria und die Reflexe darauf in den biblischen Büchern (z. B. Dtn 27, die späte Ausgestaltung von Jos 24 oder die »Briefe Hiskijas« an Efraim und Manasse zur Feier des Paschafestes in 2 Chr 30,1 u. v. a. m.) erfahren dabei eine umfassende und derzeit kontrovers diskutierte Neubewertung (*G. N. Knoppers, R. Pummer, C. Nihan u. a.*). Dabei ist besonders bedeutsam, dass sich die Samaritaner (wie wahrscheinlich zur selben Zeit die Judäer) als »Israel« verstanden, wie etwa aus den Inschriften von Delos (2. Jh. v. Chr.) hervorgeht. Die etwa 400 aramäischen, hebräischen und samaritanischen Weihinschriften aus dem Tempelbezirk des Garizim aus persischer und hellenistischer Zeit zeigen YHWH-Verehrer, die sich auch von ihren Personennamen kaum von den Judäern/Jehuditern unterscheiden. Die Inschriften wurden nicht *in situ* gefunden, sondern in sekundärer Verwendung. Möglicherweise waren sie ursprünglich als Wandverkleidung an einer der Wände des Heiligtums angebracht (*Y. Magen, A.-K. de Hemmer Gudme*). Nur sehr wenige Inschriften sind in Hebräisch, keine datiert in die Frühphase des Heiligtums. Eine Inschrift in Paläo-Hebräisch (eine alte Form hebräischer Buchstaben) liest das Tetragramm YHWH (Nr. 383), eine aramäische »der eine/einzige YHWH« (Nr. 391). In den Inschriften sind die aus dem Buch Numeri bekannten Namen Pinchas und Eleasar als Priester belegt. Die frühe Geschichte der Samaritaner zeigt eher die Zusammengehörigkeit denn die spätere scharfe Trennung zwischen Judäa und Samaria. Auch die 37 → Papyri (meist Verträge von Transaktionen, Sklavenverkaufsverträge, Quittungen) aus dem *Wādī ed-Dālīye* (375–332 v. Chr.) zeigen, dass Samaria in denselben Rechtstraditionen zu Hause war, die sich etwa auch in den (späteren) judäischen Dokumenten aus dem *Wādī Murabbaʿāt* und dem *Naḥal Ḥever* finden lassen, die ebenfalls in Aramäisch verfasst sind (*B. Hensel*). Enge Kontakte und die Bedeutung des samaritanischen »Judentums« werden auch über die Korrespondenz der Elephantine-Papyri belegt (↗ VI.9).

9. *Heiligtümer in der Perserzeit und die pluriforme Gestalt der YHWH-Verehrung*

J. Frey, Temple and Rival Temple, in: B. Ego u. a. (Hg.), Gemeinde ohne Tempel (WUNT 118), Tübingen 1999, 171–203 • J. Kamlah, Zwei nordpalästinische »Heiligtümer« der persischen Zeit und ihre epigraphischen Funde: ZDPV 115, 1999, 163–190 • M. D. Knowles, Centrality Practiced, Leiden 2007 • R. G. Kratz, Elephantine und Alexandria, in: T. Georges u. a. (Hg.), Alexandria, Tübingen 2013, 193–208 • A. Lemaire, Das Achämenidische Juda und seine Nachbarn im Lichte der Epigraphie, in: R. G. Kratz (Hg.), Religion und Religionskontakte im Zeitalter der Achämeniden, Gütersloh 2002, 210–230 • ders., New Aramaic Ostraca from Idumea and Their Historical Interpretation, in: O. Lipschits/M. Oeming (Hg.), Judah and the Judeans in the Persian Period, Winona Lake 2006, 409–452 • Y. Levin (Hg.), A Time of Change, London 2007.

Die Rolle des samaritanischen Tempels auf dem Garizim war im 5. Jh. v. Chr. nicht die eines »Gegentempels« o. ä., sondern die eines, wenn nicht *des* bedeutend(st)en Heiligtums der YHWH-Religion. Das zeigt die Korrespondenz der »judäischen« Bewohner auf der Nilinsel Elephantine, die nicht nur in Jerusalem, sondern auch in Samaria nachfragen, als sie den Tempel auf der Nilinsel in Ägypten wieder aufbauen wollen (↗ VI.8.3). Die Bedeutung des samaritanischen Tempels lässt fragen, ob es daneben noch andere Zentren der YHWH-Religion gegeben hat, die mit einem Tempel ausgestattet waren.

Als Ausgangspunkt der Rückfrage nach weiteren YHWH-Heiligtümern in der Perserzeit muss die *de facto* Zentralisation im ausgehenden 7. Jh. v. Chr. in Juda gelten. Nur in Jerusalem gibt es ein zentrales Heiligtum für ganz Juda (↗ V.9.5). Dem entspricht, dass abgesehen von dem – freilich ebenfalls nur literarisch bezeugten – Zweiten Tempel kein Heiligtum in Jehud nachgewiesen werden konnte, weder in Bet-El (*J. Blenkinsopp*) noch in Mizpa/*Tell en-Naṣbe* (*J. R. Zorn*). Da sich der materielle Befund der Perserzeit in der Provinz Jehud etwa durch das (nahezu vollständige) Fehlen von weiblichen Figurinen signifikant von dem der umliegenden Provinzen – vor allem der Küstenebene – unterscheidet, hat

Ephraim Stern von einer monotheistischen »Revolution« gesprochen. Damit habe sich Jehud bewusst von den Nachbarn unterschieden (zur Ideologie in den Büchern Esra und Nehemia ↗ VI.6.4 u. VI.7.4). Dass sich der spätvorexilisch und exilisch entwickelte Monotheismus in der Perserzeit weitestgehend durchgesetzt hat, ist zutreffend, doch gibt es keine Anzeichen einer gezielten *monotheistischen* (Säuberungs-)Politik, die Jehud von den übrigen Provinzen unterschieden hätte (*C. Frevel/K. Pyschny*). Insbesondere in der ersten Phase der Perserzeit bis 450 v. Chr. sollten auch ökonomische, sozialhistorische und andere Gründe für den *de facto* Monotheismus in Betracht gezogen werden. So fällt z. B. auf, dass das → ikonographische Repertoire auf den Münzen aus der besser entwickelten Provinz Samaria weit »internationaler« ist als das gleichzeitige Programm in Jehud. Gleiches gilt für die Siegelabdrücke aus *Wādī ed-Dālīye* im Vergleich zu dem Motivrepertoire aus Jehud (↗ VI.8.1). Beide zeigen ein hohes Maß an Internationalisierung, griechischen und phönizischen Einfluss und eine Mehrzahl von Gottheiten. Nimmt man nur diesen Befund, ist Jehud vermeintlich monolatrisch. Dass es so einfach nicht ist, zeigen etwa die sog. persischen Reiterfigurinen, die es sowohl innerhalb Jehuds als auch aus den umliegenden Provinzen, vor allem aber im Süden (Beerscheba, Marescha, *Tel Ḥalif* etc.), gibt (*I. Cornelius*) und die einen bärtigen, wahrscheinlich kriegerischen Mann (vielleicht eine Gottheit [YHWH?]) mit einer typischen Kopfbedeckung zeigen (↗ Abb. 52).

Abb. 52: Persische Pferd- und Reiterterrakotten, wie beispielsweise das Exemplar aus *Tel ʿErani* (5. Jh. v. Chr.), stehen in einer Motiv-Kontinuität zu den Eisen IIB-C-zeitlichen Pferd- und Reiterfigurinen. Sie sind überregional, d. h. im Norden, in der Küstenebene, in der Schefela, im Süden und anhand von Fragmenten (selten) auch in der Provinz Jehud belegt. Es wird diskutiert, ob es sich bei den Terrakotten aufgrund ihrer Stilmerkmale (Bart, persische Kopfbedeckung, Mantel, Brustschild) um Repräsentanten der Kavallerie oder um die Darstellung einer männlichen Gottheit handelt.

Auch ist das Fehlen von Figurinen nicht zugleich Nachweis für das Fehlen der Verehrung einer weiblichen Größe. Das zeigt sich, wenn man bedenkt, dass die Verbreitung der spätvorexilischen Pfeilerfigurinen (s. o.) nahezu vollständig auf das Gebiet Judas beschränkt war, die Göttin Aschera aber dem epigraphischen Befund folgend auch im Norden verehrt wurde.

Schaut man auf den Tempel auf dem Garizim, dann scheint dort auch *ausschließlich* der »samaritanische« YHWH verehrt worden zu sein. Weder die

→ Ikonographie noch die → Epigraphie dürfen exklusiv für eine Entscheidung zwischen Monotheismus und Polytheismus ins Feld geführt werden; eher führt die exklusive Entscheidung in die Irre.

Das zeigt sich auch im epigraphischen Befund, der Hinweise auf einen polytheistischen Kontext bewahrt hat. So etwa eine um 400 v. Chr. zu datierende Steuerliste aus Elephantine, die für den dortigen Tempel neben *Yhw/*Yahō* auch die Verehrung von *Anat-Bethel* bzw. *Anat-Yahō* und *Ašīm-Bethel* bezeugt (HTAT Nr. 288).

Eine Auseinandersetzung mit Jerusalem im Kontext der Wiedererrichtung des Tempels (↗ V.12.2) ist nicht erkennbar. Dass YHWH nicht ausschließlich und exklusiv nur in Jerusalem verehrt wurde, zeigt neben dem Tempel in Elephantine und dem samaritanischen Tempel auf dem Garizim auch ein im ausgehenden 5. oder eher beginnenden 4. Jh. v. Chr. zu datierendes → Ostrakon aus einem Hortfund, der wahrscheinlich aus *Ḫirbet el-Kōm* stammt, das mit Makkeda zu identifizieren sein dürfte. Dort wird neben einem Tempel der (edomitischen?) Göttin *(al-)ʿUzzā* ein (in der Lesung unsicherer) Tempel des (aramäischen) *Nabû* sowie ein Tempel *Yahōs* erwähnt, für dessen Einordnung aber bisher weitere Hinweise fehlen. Außerhalb von Jehud ist mit dem sog. »solar shrine« ein Heiligtum in Lachisch/*Tell ed-Duwēr* aus hellenistischer Zeit nachgewiesen, dass wahrscheinlich schon in der Perserzeit existierte (*E. Stern*, *M. D. Knowles*). Ob dort neben anderen Gottheiten auch YHWH verehrt wurde, worauf der → theophore Personenname *Maḥalya* auf einem Räucheraltärchen hinweisen könnte (↗ Abb. 53), muss offen bleiben.

Abb. 53: Das mind. 16,5 cm hohe und 11–12 cm breite, teilweise beschädigte Objekt stammt aus einem → Hortfund aus Lachisch (Höhle 534) und datiert in das 5. Jh. v. Chr. Auf die leicht eingetiefte Oberfläche wurde Räucherwerk gelegt und verkohlt. Die nicht klar zu lesende Inschrift lautet wahrscheinlich »Räucherwerk/Räucheraltar des *ʾIyyōš*, des Sohnes *Maḥalyas*, aus Lachisch«.

Sieht man von der Küstenebene ab, in der es archäologische oder textliche Indizien für eine Reihe von phönizischen Heiligtümern gibt (Dor, *ʾElyāḵīn*, *Makmiš*, Jafo, Nahariyya, *Nebī Yūnis*, Aschkelon) (*J. Kamlah*), ist für den Norden auf *Miṣpē Yammīm/Ǧebel el-Arbʿīn* und den Sakralbezirk in Dan hinzuweisen. Bei beiden muss offen bleiben, ob neben anderen Gottheiten auch YHWH verehrt worden sein könnte. Größere

Mengen an Figurinen stammen in der Perserzeit und der hellenistischen Zeit aus Favissae, d. h. aus Gruben, in denen Figurinen deponiert wurden (Marescha/*Tell Sandaḥanna, Tel Ḥalif/Tell el-Ḥuwēlifa, Tel ʿErani* u. a. m.). Dazugehörige Heiligtümer wurden allerdings nicht entdeckt. Ende 2017 wurden in der Nähe von Marescha in *Horvat ʿAmuda* zwei kleine Räucheraltäre gefunden, darunter einer mit einem Stierrelief, der zudem durch lunare Symbole auf den Mond-Zyklus bezogen ist. Die Funde gehören zu hellenistischen architektonischen Strukturen aus dem 2. Jh. v. Chr., die von den Ausgräbern einem »idumäischen« Tempel oder Palast zugewiesen werden, der 112/11 v. Chr. zerstört wurde als *Johannes Hyrkan I.* (135/34–104 v. Chr.) Idumäa eroberte (↗ VII.6.5). Für eine Beurteilung, ob es einen Vorgängerbau gegeben hat und ob die Zuweisung »idumäisch« sich halten lässt, wird man die Publikation abwarten müssen.

Ob es in Transjordanien einen YHWH-Tempel gegeben hat, ist eine offene Frage, da sich weder direkte textliche, epigraphische noch archäologische Zeugnisse erhalten haben. Lediglich die in Jos 22 geschilderten Auseinandersetzungen zwischen den ostjordanischen und den westjordanischen Stämmen, die aus der Perserzeit stammt, könnte in diese Richtung weisen. Zum vermeintlichen Gegentempel in *ʿIrāq el-Amīr* im 2. Jh. v. Chr. ↗ VII.4.2 und zum Tempel in Leontopolis ↗ VII.4.7.

10. Die Perserzeit als formative Periode des späteren Judentums – Zusammenfassung

D. Boyarin, Rezension zu P. R. Davies, On the Origins of Judaism: RBL 6, 2015 (http://www.bookreviews.org/pdf/8176_8933.pdf, Zugriffsdatum 2.8.2018) • S. Cohen, The Beginnings of Jewishness, Berkeley u. a. 1999 • P. R. Davies, On the Origins of Judaism, London 2011 • R. G. Kratz, Historisches und biblisches Israel, Tübingen ²2017 • ders., Das Judentum im Zeitalter des Zweiten Tempels, Tübingen ²2013.

Wie auch immer die Ereignisse in der Perserzeit im Einzelnen aus historischer Perspektive einzuordnen sind, machen sie sichtbar, welche Bedeutung das ausgehende 6. und 5. Jh. v. Chr. für die Entstehung und Ausdifferenzierung des Frühjudentums in Kernland und → Diaspora gehabt haben. »Die Epoche der Restauration unter Nehemia und Esra war die Geburtsstunde des Judentums« (*H. Donner*, Geschichte Israels, 431). Das sich in der Perserzeit formierende »Judentum« ist allerdings schon in seinen Anfängen weit vielgestaltiger als es bisher in der Forschung aufgrund des dominanten Eindrucks des judäischen Jerusalemer Frühjudentums in der Bibel erscheint. Die regionale Diversität und interne Pluriformität kann mit Schemata wie »Orthodox/Heterodox«, »Synkretismus«, »Sekten« etc. nur unzureichend beschrieben werden, da es die *eine* Referenzgröße nicht gibt. In der englischsprachigen Literatur findet man dafür gelegentlich den Plural »Judaisms« (*J. Neusner, D. V. Edelman, G. I. Davies*). Mit der Aufwertung der Perserzeit als formativer Periode des Frühjudentums soll hingegen nicht ausgesagt werden, dass es zur Perserzeit schon so etwas wie ein »Judentum« oder eine jüdische Religion (schon gar nicht im Singular) gab (*D. Boyarin*). Dagegen spricht schon die fehlende Einheitlichkeit einer Selbst- und auch einer

Fremdbezeichnung. Weit eher handelt es sich um ein Set von kulturellen, sozialen und religiösen Optionen, die ihre formative Kraft dann bis zum 3./2. Jh. v. Chr. entfalten. Die formative Phase des Frühjudentums jedoch ist nicht erst in hasmonäischer Zeit, sondern beginnt entscheidend in der späten Perserzeit. Wichtig ist dabei, dass die verschiedenen Formen nicht unterschieden (im Sinne von getrennt) waren, sondern in gegenseitiger Kenntnisnahme voneinander und Einflussnahme aufeinander sich langsam herausbildeten (*interferente Formation*).

Doch kann die Bedeutung nicht darüber hinwegtäuschen, dass das 4. Jh. v. Chr. nach wie vor ereignisgeschichtlich arm ist und aus historischer Sicht als *dunkles Jahrhundert* gelten muss. »Die Dunkelheit reicht über Alexander hinaus bis ins 3. und 2. Jahrhundert v. Chr. Unter diesen Umständen ist es völlig aussichtslos, den Verlauf der Geschichte des palästinischen Judentums auch nur in den Hauptlinien nachzeichnen zu wollen« (*H. Donner*, Geschichte Israels, 433f). Viele Darstellungen der Geschichte *Israels* enden mit der Eroberung Alexanders und sehen die Fortsetzung in einer Geschichte des Judentums, die bis in die Gegenwart reicht. Problematisch an einer solchen Sicht ist die scharfe Zäsur mit 333 v. Chr., die vorgibt, dass eine zuvor als Einheit gesehene Geschichte Israels nun zu Ende ist. Dass es diese Einheitlichkeit auch zuvor nicht gegeben hat und der Übergang von einem politischen Israel zum Judentum weit differenzierter ist, hat die Darstellung gezeigt. Dass sie auch nach Alexander noch nicht abgeschlossen ist, wird der folgende Abschnitt über die hellenistische Zeit zeigen.

VII. Geschichte Israels in hellenistischer Zeit

J. J. Collins, The Invention of Judaism, Oakland 2017 • L. L. Grabbe, Judaism from Cyrus to Hadrian, London 1994 • ders., First Century Judaism, London 1995 • ders. (Hg.), Did Moses speak Attic? (JSOT.S 317), Sheffield 2001 • ders., A History of the Jews and Judaism in the Second Temple Period. Volume 2, London/New York 2008 • E. Haag, Das hellenistische Zeitalter (BE 9), Stuttgart 2003.

1. Überblick über die Geschichte der hellenistischen Epoche

J. J. Collins/D. C. Harlow (Hg.), The Eerdmans Dictionary of Early Judaism, Grand Rapids 2010 • M. den Dulk, Seleucus I Nicator in 4 Maccabees: JBL 133, 2014, 133–140 • B. Eckardt, Vom Volk zur Stadt?: JNS 45, 2014, 199–228 • B. Eckardt, Ethnos und Herrschaft (Studia Judaica 72), Berlin 2012 • B. Ego, Alexander der Große in der alttestamentlichen Überlieferung: VT.S 163, 2014, 18–39 • I. Finkelstein, The Territorial Extent and Demography of Yehud/Judea in the Persian and Early Hellenistic Periods: RB 117, 2010, 39–54 • D. Gera, Judaea and Mediterranean Politics 219 to 161 B. C. E., Leiden 1998 • H. Hauben/A. Meeus (Hg.), The Age of the Successors and the Creation of the Hellenistic Kingdoms (323–276 B.C.) (Studia Hellenistica 53), Leuven 2014 • K. G. Hoglund, The Material Culture of the Seleucid Period in Palestine in: P. R. Davies/J. M. Halligan (Hg.), Second Temple Studies III (JSOT.S 340), London 2002, 67–73 • G. Hölbl, Geschichte des Ptolemäerreiches, Darmstadt 1994/2004 • O. Lipschits u. a. (Hg.), Judah and the Judeans in the Fourth Century B. C. E., Winona Lake 2007 • E. M. Meyers (Hg.), Galilee through the Centuries, Winona Lake 1999 • E. M. Meyers/M. A. Chancey, Archaeology of the Land of the Bible 3, New York 2013 • S. Müller, Alexander der Große, Stuttgart 2018 • M. Saur, Gedeutete Gegenwart, in: M. Niemann/M. Augustin (Hg.), »My Spirit at Rest in the North Country« (Zechariah 6.8), Frankfurt 2011, 77–84 • M. J. Taylor, Antiochus the Great, Barnsley 2013 • I. Worthington, By the Spear, Oxford/New York 2014.

Die hellenistische Zeit ist in zwei nicht scharf voneinander zu trennende Phasen einzuteilen. Grob gesprochen ist die Zeit der ptolemäischen Vorherrschaft bis zum Beginn des 2. Jh.s v. Chr. von der Phase der seleukidischen Herrschaft zu trennen. In diese Zeit fallen die Krise unter Antiochus IV. Epiphanes (175–164 v. Chr.), der Makkabäeraufstand und die Zeit des hasmonäischen Königtums, in dem sich die Provinz Judäa von etwa 142 v. Chr. bis zum Beginn der römischen Herrschaft in Palästina (63 v. Chr.) noch einmal zu einem eigenständigen Staat entwickeln kann.

1.1 Das Ende des Perserreiches und der Aufstieg Alexanders

Das allmähliche Auseinanderbrechen der persischen Herrschaft im 4. Jh. v. Chr. lässt Raum für eine neue aufstrebende Macht, die nicht aus dem Zweistromland oder aus Persien kommt, sondern vom Nordwestrand des Ägäischen Meeres (↗ X.6, *Karte 17*). In der Schlacht bei Perinthus (Trakien) 340 v. Chr. schlägt Artaxerxes III. (359/58–338 v. Chr.) den Makedonen Philipp II. (360/59–336 v. Chr.) zwar noch zurück, aber nicht vernichtend. 338 v. Chr. gewinnt Philipp von Makedonien die Schlacht bei Chaironeia, und nach seinem Tod beginnt sein Sohn, der 22-jährige Alexander III. (356–323 v. Chr.), als Nachfolger 334 v. Chr. seinen Siegeszug, zunächst mit dem Sieg über die kleinasiatischen Satrapen am Granikus bei Troja. Ein Jahr später schlägt Alexander III., der in der Literatur meist Alexander d. Gr. genannt wird, bei Issos (333 v. Chr.) das persische Reich gegen Darius III. (336–330 v. Chr.), womit der Weg über Phönizien nach Süden frei ist. Während Alexander die Eroberung von Damaskus seinem Feldherrn Parmenios überlässt, stößt er selbst an die syro-phönizische Küste vor, wo ihm im Norden wenig Widerstand entgegentritt. Arwad und Byblos ergeben sich, doch die als Insel in das Meer gebaute Festungsstadt Tyrus widersetzt sich der neuen Macht. Nach siebenmonatiger aufwändiger Belagerung von Tyrus (vielleicht in Ez 26,5b.8b-12.14aγ gespiegelt, *M. Saur*) und weiteren zwei Monaten Belagerung Gazas zieht Alexander nach Ägypten, wird zum Pharao gekrönt und lässt sich als Sohn des Gottes Amon feiern. In der Folgezeit fällt das persische Reich geradezu wie eine Reihe von Dominosteinen an die Makedonen. 332 v. Chr. wird der letzte Satrap kampflos geschlagen, Babylon liefert sich ebenso wie Jehud der neuen Herrschaft ohne Gegenwehr aus. Dass Alexander selbst Jerusalem besucht und sogar gegenüber dem Hohepriester Privilegien für die Juden eingeräumt habe (Jos. Ant. XI,329–339), gehört in das Reich der Legenden. Mit der Eroberung des Binnenlandes war wie bei Damaskus der Feldherr Parmenios beauftragt. Belegt ist der erwartungsgemäß erfolglose Widerstand Samarias 332/31 v. Chr., woraufhin die Stadt strategisch nicht ungeschickt strafweise zur makedonischen Militärkolonie gemacht wird. Mit der Schlacht bei Gaugamela (*Tell Gōmil* im heutigen Irak 35 km nördl. von Mossul) 331 v. Chr. ist das Ende des Perserreiches endgültig besiegelt. Im gleichen Jahr wird Alexandria im Nildelta gegründet. Mit dem Indienfeldzug 325 v. Chr. erreicht das makedonische Reich die größte Ausdehnung.

Das Auftauchen Alexanders in der Weltgeschichte wird in der Regel mit dem Begriff »Hellenismus« und »Hellenisierung« (↗ VII.2.2) verbunden. Das Ereignis ist zwar nicht der oft als solcher stilisierte Paukenschlag und die ausschließliche Geburtsstunde der Entwicklung, doch kann der Anspruch Alexanders auf die »Weltherrschaft« als maßgeblicher Motor für die Entwicklung gesehen werden, die auch die südliche Levante in den kommenden zwei Jahrhunderten zutiefst prägte.

1.2 Der Tod Alexanders und die Kämpfe der Diadochen

Die umfassend befriedete »Weltherrschaft« kann Alexander d. Gr. (356–323 v. Chr.) jedoch nicht lange ausüben. In den Vorbereitungen für weitere Eroberungsfeldzüge nach Westen und nach Arabien stirbt der 33-Jährige 323 v. Chr. in Babylon. Da es an einem Nachfolger mangelt (Alexanders erstes Kind ist noch nicht geboren, sein Halbbruder Arrhidaios gilt als »schwachsinnig«), ringen seine Feldherren (Diadochen, gr. διάδοχοι, »Nachfolger«) um die Macht in dem Riesenreich, nachdem eine friedliche Einigung durch Aufteilung von Satrapien fehlschlägt. Die Reichseinheit zerbricht in den bis 281 v. Chr. andauernden sog. vier Diadochenkriegen. Es verbleibt Kassandros in Griechenland, Thrakien und Kleinasien fallen an Lysimachos, der Rest Kleinasiens und Syrien sowie das Zweistromland an Seleukos (latinisiert: Seleukus) und Ägypten an Ptolemaios (latinisiert: Ptolemäus). Die syro-palästinische Landbrücke ist zwischen Ptolemäern, Seleukiden und Antigoniden zunächst hart umkämpft. Mehrfach durchziehen Heere das palästinische Binnenland. 320 v. Chr. übernimmt Ptolemäus I. Soter (323–306 v. Chr. Satrap von Ägypten, 306–283 v. Chr. ptolemäischer König) die Herrschaft über die Satrapie Syrien-Transeuphratene, kann das Gebiet aber nicht dauerhaft halten. Antigonus I. Monophtalmos und sein Sohn Demetrius Poliorketes machen es ihm streitig. Seleukus I. Nikator (321–305 v. Chr. Satrap von Babylonien, 305–281 v. Chr. seleukidischer König) erkämpft an der Seite der Ptolemäer einen Sieg gegen Demetrius bei Gaza 315 v. Chr. und gewinnt so »seine« Satrapie Babylonien zurück. 302 v. Chr. besetzt Ptolemäus schließlich Jerusalem. Freiwillig – und vielleicht z. T. auch unfreiwillig (Jos. Ant. XII,3–9) – ziehen viele Bewohner nach Ägypten, was zur Blüte Alexandrias als Stadt des hellenistischen Judentums weiter beiträgt. Nach der Schlacht zwischen Antigonus I. Monophtalmos gegen den Feldherrn Lysimachos bei Ipsos in Phrygien 301 v. Chr. geht Syrien/Palästina gegen den Widerstand Seleukus' an die Ptolemäer.

1.3 Machtkämpfe zwischen Ptolemäern und Seleukiden

Ein Gleichgewicht der Kräfte gibt es nur für etwa 30 Jahre, zu kurz für eine umfassende Erholung der Region. Die Folgezeit ist weiter von Machtkämpfen zwischen den in Alexandria regierenden Ptolemäern und den von Antiochia aus agierenden Seleukiden geprägt, auch wenn die Ptolemäer in den folgenden syrischen Kriegen ihre Dominanz über die Levante verteidigen können.

		Ptolemäer	Seleukiden
1	274–271 v. Chr.	Ptolemäus II. Philadelphos (285/83–246)	Antiochus I. Soter (281–261)
2	260–253 v. Chr.	Ptolemäus II. Philadelphos (285/83–246)	Antiochus II. Theos (261–246)
3	246–241 v. Chr.	Ptolemäus III. Euergetes (246–221)	Seleukus II. Kallinikos (246–226)
4	221/19–217 v. Chr.	Ptolemäus IV. Philopator (221–204)	Antiochus III. Megas (222–187)
5	202–198/94 v. Chr.	Ptolemäus V. Epiphanes (204–180)	Antiochus III. Megas (222–187)
6	170–168 v. Chr.	Ptolemäus VI. Philometor (180–145)	Antiochus IV. Epiphanes (175–164)

Die syrischen Kriege zwischen Ptolemäern und Seleukiden

Am Ende des 4. syrischen Kriegs 217 v. Chr. versucht Antiochus III. Megas (222–187 v. Chr.) den Einfluss der Seleukidenherrschaft auszudehnen und Phönizien und Palästina unter seine Oberherrschaft zu zwingen, doch Ptolemäus IV. Philopator (221–204 v. Chr.) siegt in der Schlacht von Raphia erneut. In restaurativer Anknüpfung an die Anfänge des Seleukidenreiches dehnt Antiochus III. als »Großkönig« jedoch in der Folgezeit seine Herrschaft über Kleinasien (216–213 v. Chr.) und die östlichen Satrapien (212–204 v. Chr.) aus. Die syro-palästinische Landbrücke bleibt aber weiter ausgespart. Erst 200 v. Chr. (nach älteren Datierungen 198 v. Chr.), als der Nachfolger auf dem ptolemäischen Thron Ptolemäus V. Epiphanes (204–180 v. Chr.) noch ein Kind war, gelingt im 5. syrischen Krieg in der Schlacht von Paneas/*Bāniyās* (dem späteren Cäsarea Philippi am Fuß der Golanhöhen) gegen den ptolemäischen Feldherrn Skopas die Durchsetzung der Vorherrschaft der Seleukiden.

In Jerusalem, das Skopas kurz zuvor verwüstet und die im Süden des heutigen Tempelplatzes gelegene burgähnliche Akra besetzt hatte, erkennen die proseleukidischen Tobiaden (↗ VII.4) die Zeichen der Zeit und bereiten den Wechsel durch Verhandlungen vor. Der Hohepriester Simeon II. (ca. 215–196 v. Chr.) – Vertreter einer kulttheologischen Restauration – scheint auf politischem Wege einen Steuererlass für die Tempelwirtschaft in der »Stadt des Heiligtums« (zu der Bezeichnung Neh 11,1 u. ö.) erreicht zu haben (Sir 50,1–4). Flavius Josephus zitiert einen Brief, nachdem Antiochus III. den Wiederaufbau der Stadt und des Tempels gefördert und Maßnahmen zur Absonderung von allem Fremden und Unreinen angeordnet hat (Jos. Ant. XII,138–144). Damit wird zunächst das konservative Element durch die Seleukiden am Beginn des 2. Jh.s v. Chr. gestärkt.

Antiochus III. (222–187 v. Chr.) unterhält diplomatische Kontakte zu den Ptolemäern, bestärkt nicht zuletzt durch die bereits 196 v. Chr. beschlossene diplomatische Heirat zwischen Ptolemäus V. Epiphanes (204–180 v. Chr.) und seiner Tochter Kleopatra I., die ca. 193 v. Chr. in Raphia bei Gaza geschlossen wurde. Dass Kleopatra das Steuerprivileg von Samaria, Judäa, Phönizien und Koilesyrien als Mitgift in die Ehe gebracht habe (Jos. Ant. XII,154–155), wird in der Forschung zu Recht sehr skeptisch beurteilt, zumal es dafür keinen Anlass gab. Josephus bringt diese Notiz als Einleitung des sog. »Tobiadenromans« (Jos. Ant. XII,154–236), dessen Geschehen er → anachronistisch an den Beginn des 2. Jh.s v. Chr. setzt.

1.4 Entwicklungen im 2. Jh. v. Chr.

Auch unter den Seleukiden kehrt in der Provinz Koilesyrien keine Ruhe ein. Im Gegenteil: Das 2. Jh. v. Chr. ist nicht nur von den Auseinandersetzungen zwischen den großen politischen Kräften (den sich immer weiter in Nachfolgestreitigkeiten verstrickenden Seleukiden, den nach einer Wiederherstellung des Einflusses auf Syrien/Palästina strebenden Ptolemäern, den außenpolitisch immer stärker eingreifenden Römern und den aus Eurasien in die Levante drängenden Parthern) bestimmt, sondern auch durch andauernde Machtkämpfe im Inneren zwischen proptolemäischen und proseleukidischen Parteigängern.

Die seleukidische Expansion gerät schon wenige Jahre später an ihre Grenzen. Die Römer übernehmen von dem Makedonier Philipp V. (222–179 v. Chr.) nach der

Niederlage in der Schlacht von Kynoskephalai im zweiten makedonisch-römischen Krieg (200–197 v. Chr.) die Vorherrschaft in Makedonien. Der zusammen mit Hannibal unternommene Versuch Antiochus' III. Megas (222–187 v. Chr.), auch Griechenland unter seine Kontrolle zu bringen, scheitert an den Römern. Der Seleukide verliert die Schlacht bei den Thermopylen 191 v. Chr. und die Schlacht bei Magnesia 190 v. Chr. vernichtend und muss sich dem 188 v. Chr. geschlossenen Frieden von Apamea beugen, der den Einfluss der Seleukiden auf das Gebiet Syriens, Mesopotamiens und den Iran begrenzt. Unverkennbar hat die neue Weltmacht Rom nun die Bühne in der Levante betreten. Auch wenn die Oberherrschaft Roms die syro-palästinische Landbrücke erst mit dem Eroberungszug des Pompeius 64/3 v. Chr. erreicht, ist die Macht Roms auch jetzt schon zu spüren, da Antiochus III. erhebliche Reparationszahlungen (15.000 Talente Silber, d. h. über 400 t, davon 3.000 Talente sofort) an die Sieger erbringen muss.

Die Steuerprivilegien, die er dem proseleukidischen Hohepriester Simeon II. (ca. 215–196 v. Chr.) zugestanden hatte, werden zurückgenommen, und die Zugriffe auf die Wirtschaftsgüter des Tempels durch Konfiszierungen bzw. Plünderungen nehmen zu. Mit Tempelplünderungen reagiert Antiochus III. auch in anderen Gebieten auf die Lage, um seine Vertragspflichten zu erfüllen und die in Rom gehaltenen Geiseln aus der Familie nicht zu gefährden. Bei dem Versuch, den Baal-Tempel bei Susa zu schröpfen, wird Antiochus III. 187 v. Chr. getötet. Da der rechtmäßige Thronfolger Antiochus IV. in Rom gefangen gehalten wird, besteigt Seleukus IV. Philopator (187–175 v. Chr.) den Thron und versucht auf den Jerusalemer Tempelschatz zuzugreifen. Die Erfolglosigkeit des damit beauftragten Heliodor wird in 2 Makk 3 (vgl. Dan 11,20) legendenhaft geschildert und bleibt historisch schwer einzuschätzen (↗ VII.4.5).

Das Folgegeschehen nach der Ermordung Seleukus' IV. Philopator durch Heliodor in Antiochien, in dem das Seleukidenreich weiter ins Wanken gerät, ist so eng mit den inneren Entwicklungen in der Provinz Judäa verknüpft, dass es aus dem Überblick gelöst und in einer Einzeldarstellung (↗ VII.6) erläutert werden soll.

2. *Hellenismus*

R. Albertz/J. Wöhrle (Hg.), Between Cooperation and Hostility (JAJ.S 11), Göttingen 2013 • S. Alkier/M. Witte (Hg.), Die Griechen und das antike Israel (OBO 201), Fribourg/Göttingen 2004 • R. Bichler, Hellenismus, Darmstadt 1983 • J. M. S. Cowey, Das ägyptische Judentum in hellenistischer Zeit, in: S. Kreuzer/J. P. Lesch (Hg.), Im Brennpunkt 2, Stuttgart 2004, 24–43 • J. M. S. Cowey/K. Maresch, Urkunden des Politeuma der Juden von Herakleopolis (144/3–133/2), Berlin 2001 • G. Dorival, The Septuagint between Judaism and Hellenism, in: W. Kraus (Hg.), Die Septuaginta, Tübingen 2014, 26–38 • B. Eckardt, Ethnos und Herrschaft (Studia Judaica 72), Berlin 2012 • A. Erlich, The Art of Hellenistic Palestine, Oxford 2009 • H.-J. Gehrke, Geschichte des Hellenismus, München 1990 • T. Georges u. a. (Hg.), Alexandria, Tübingen 2013 • M. Goodman (Hg.), Jews in a Graeco-Roman World, Oxford 1998 • M. Himmelfarb, Between Temple and Torah (TSAJ 151), Tübingen 2013 • T. Kruse, Das jüdische Politeuma von Herakleopolis in Ägypten, in: T. Schmitt/V. V. Dement'eva (Hg.), Volk und Demokratie im Altertum, Göttingen 2010, 93–105 • T. Kruse/O. Keel/

U. Staub, Hellenismus und Judentum (OBO 178), Fribourg/Göttingen 2000 • M. J. W. Leith, Wadi ed-Daliye (DJD 24), Oxford 1997 • A. Lykke/F. T. Schipper (Hg.), Kult und Macht (WUNT II/319), Tübingen 2011 • J. Mélèze Modrzejewski, How to be a Jew in Hellenistic Egypt?, in: J. D. S. Cohen/E. S. Freirichs (Hg.), Diasporas in Antiquity (Brown Judaic Studies 288), Atlanta 1993, 65–92 • H. H. Schmitt/E. Vogt (Hg.), Lexikon des Hellenismus, Wiesbaden 2005.

2.1 Der Begriff Hellenismus

Der erstmals in 2 Makk 4,13 für den Einfluss der griechischen Kultur auf Jerusalem belegte Begriff Ἑλληνισμός bezeichnet seit der Antike zunächst den korrekten Gebrauch des *Koinē*-Griechisch (ἡ κοινὴ διάλεκτος, »die gemeinsame Sprache«), das als Verkehrssprache im Alexanderreich etabliert wurde. Seit *J. G. Droysen* (1836) wurde »Hellenismus« als Epochenbegriff benutzt und bezeichnet dabei die Verschmelzung griechischer und orientalischer Kultur durch die Politik Alexanders d. Gr. (*R. Bichler*). Konventionell bezeichnet er bis heute das komplexe Phänomen des Einflusses der griechischen Kultur auf den nicht-griechischen Machtbereich im Großreich Alexanders, der mit der Einbeziehung Ägyptens in das römische Reich durch Kaiser Augustus 30 v. Chr. endet. Der Begriff ist mehrfach problematisiert worden, zum einen weil er mit geistesgeschichtlichen Wertungen verbunden wurde, zum anderen weil die klare raum-zeitliche Eingrenzung des griechischen Kultureinflusses so nicht nachvollziehbar ist. So gab es etwa ab dem 7. Jh. v. Chr. griechische Söldner im ägyptischen und später persischen Heer, die auch Elemente der griechischen Kultur mitbrachten. Griechische Münzfunde sind ab dem 6. Jh. v. Chr. archäologisch belegt, ab dem 6. Jh. v. Chr. expandiert der Handel mit hochwertigen griechischen Importen in der Levante (*R. Wenning*) und bereits gegen Ende des 5. Jh.s v. Chr. löst der griechische Einfluss die Vorherrschaft des ägyptischen ab. Diese Rezeptions- und Transformationsprozesse sind nicht wie im 3./2. Jh. v. Chr. mit durchgreifenden Veränderungen der kollektiven Identität verbunden, bereiten diese aber vor. Trotzdem sollte man nicht so tun, als sei der Hellenismus als Kultur erst nach 333 v. Chr. den »Barbaren« (so wurden die nicht-griechischen Bewohner genannt) der Levante übergestülpt worden. »Der Hellenismus ist nicht die Schöpfung Alexanders des Großen und auch nicht das zivilisatorische Nebenergebnis seiner Welteroberung« und »Der Hellenismus ist älter als Alexander und spricht nicht immer griechisch« (*A. Gunneweg*, Geschichte, 156.158). Das Stichwort »Revolution« (*M. Hengel*), das eher der Schwarz-Weiß-Darstellung (*L. L. Grabbe*) in den Makkabäerbüchern entspricht, ist daher unzutreffend. Eine aus der biblischen Darstellung abgeleitete fundamentale Opposition zwischen Judentum und Hellenismus gibt die Komplexität des Prozesses zu verkürzt wieder.

2.2 Hellenisierung

Die regionalen Akkulturationsprozesse beginnen langsam und haben ihre Wurzeln in persischer Zeit, kommen aber erst in hellenistischer Zeit zum Tragen. Ein deutlicher Schub in der Levante ist mit der seleukidischen Herrschaft verbunden. Die

»Hellenisierung« betrifft nicht nur die Sprache oder griechische Importe, sondern alle Lebensbereiche von der Mode über die Bildung (παιδεία) und Geisteshaltung bis zur Architektur, Religion, Kultur, Literatur und sozialen Organisation. Es wird nicht einfach das griechische Vorbild adaptiert, schon gar nicht in einem gesteuerten Handeln von den griechischen Herrschern mit kulturellem Sendungsbewusstsein oktroyiert, sondern die griechischen Vorstellungs- und Ausdrucksformen werden eher mit den lokalen Traditionen amalgamiert und von den lokalen Eliten für die eigene Machtposition funktionalisiert. *Johann Maier* spricht vom kulturellen Phänomen des »synkretistischen« Hellenismus, das weder auf das alexandrinische → Diaspora-Judentum zu beschränken ist noch überall in Palästina gleichförmige Gestalt annimmt, sondern regionale und gruppenspezifische Schattierungen kennt (*J. J. Collins, L. L. Grabbe*). Auch bei dem Grad der Hellenisierung erweist sich das Frühjudentum regional divers und intern pluriform (↗ VI.10).

(a) Die Frage einer vor-alexandrinischen Hellenisierung

Als die zentrale Schaltstelle Syriens hatte Alexander d. Gr. (356–323 v. Chr.) Damaskus unmittelbar nach der Unterwerfung Kleinasisens 333 v. Chr. in Auseinandersetzung mit Darius III. Kodomannos (336–330 v. Chr.) in seinen Herrschaftsbereich eingegliedert. Sieben Monate belagert der Stratege dann das im Meer gelegene Tyrus, um seine militärische Überlegenheit zu demonstrieren. Bevor er 332/31 v. Chr. nach Ägypten weiterzieht, scheint ihm sich schon ganz Palästina einschließlich Samaria und Jehud unterworfen zu haben. Zuletzt wird der Widerstand Gazas gebrochen. Bei *Netiv HaAsarah* zwischen Gaza und Aschkelon wurde 2014 ein persischer militärischer Außenposten ausgegraben, der auf dem Zug Alexanders nach Ägygten zerstört wurde (*Y. Abadi-Rice*). Folgt man dem antiken Geschichtsschreiber Arrian von Nikomedien, gehörte Alexander zu diesem Zeitpunkt schon ganz Palästina-Syrien (Arrian, Anábasis Alexándrou 2.25.4). Alexander zieht erfolgreich nach Ägypten, huldigt ägyptischen Göttern und wird als Pharao verehrt. Propagandistisch besucht er die Oase von Siwa, um das bedeutende Amun-Re-Orakel zu befragen und seinen Anspruch auf die Weltherrschaft weiter zu legitimieren. Als Alexander sich in Ägypten befindet wird der Gouverneur Syriens Andromachus von Bewohnern Samarias ermordet. Eusebius zeichnet daraufhin in seiner Chronik ein Bild grausamer Vergeltung an den Bewohnern Samarias: Die Stadt wird von ihm oder seinem General Perdikkas in eine makedonische Kolonie umgewandelt (*G. Knoppers*).

Auch wenn die Hintergründe des Aufstands und sein Verlauf nicht wirklich aufgrund der Quellenlage aufzuhellen sind, ist es nicht unwahrscheinlich, dass die Funde aus einer Höhle im *Wādī ed-Dālīye* (ca. 14 km nw von Jericho) von Flüchtlingen aus Samaria dorthin verbracht wurden. Während diejenigen, die sich in der Höhle vor den Soldaten Alexanders verbargen, einem Massaker zum Opfer fielen, hat sich ihr mitgebrachtes Hab und Gut erhalten. Der bedeutende → Hortfund umfasst 18 aramäische → Papyri, mehr als 170 → Bullen aus Ton sowie Schmuck und zahlreiche Münzen. Ein weiterer Hort von Münzen aus dem Antikenhandel kann recht wahrscheinlich ebenfalls der Höhle zugewiesen werden. Die Funde haben unschätzbaren Wert für die Rekonstruktion der Geschichte der persischen Provinz Samaria (↗ VI.8), aber auch für die Frage der Anfänge der Hellenisierung Palästinas. Hier galt neben wenigen Figurinen bis dahin der vor allem im Küstenbereich seit dem 8./7. Jh. v. Chr. nachgewiesene Import griechischer Keramik als wichtigster Indikator (*R. Wenning, A. Nunn*). Die aus Samaria stammenden Münz- und Siegelbilder des 4. Jh.s v. Chr. (↗ Abb. 1 g–h, 4, 51) zeigen neben achämenisierenden Tendenzen einen starken Einfluss griechischer → Ikonographie, sei es in der Körperhaltung, der dargestellten Nacktheit oder in den abgebildeten Gottheiten (*S. Schroer/F. Lippke*). Wie die Münzen, denen man generell einen höheren Grad an Internationalität und Hellenentum zuzubilligen bereit ist, bilden die Siegel griechische Gottheiten (Herakles, Hermes, Perseus, Dionysos, Nike) und Motive ab. Zu Recht ist davor gewarnt worden, hier von Hellenisierung zu sprechen (*R. Wenning*), zumal darin keine Programmatik erkennbar ist. Dennoch beginnt der Hellenismus in Palästina offenbar nicht schlagartig 333 v. Chr. oder mit dem Alexanderfeldzug und seinem hellenischen Programm der Weltherrschaft, sondern vielmehr durch modische Gräzisierungen, die die Attraktivität und langsame Verbreitung der ägäischen Kultur in der späten Perserzeit bezeugen und den Grund für die spätere Hellenisierung gelegt haben. Alexander hat die griechische Kultur ja nicht erfunden und die griechischen Bildthemen waren einfach auch in der südlichen Levante auf dem Markt.

(b) Alexandria als Symbolisierung der Weltherrschaft der Ptolemäer

Nachdem das Perserreich in der Schlacht bei Gaugamela 331 v. Chr. besiegt ist, wird im Nildelta im gleichen Jahr als erste der vielen Alexanderstädte die Stadt Alexandria gegründet. Auf einer großen säulengesäumten Prachtstraße, der *Via Canopica*, und der großen Agora, dem Markt- und Versammlungsplatz, konzentrierte sich das öffentliche Leben mit den herrschaftsstabilisierenden Ritualen und dem ökonomischen Puls der hellenistischen Stadt. Die Bevölkerung der Stadt ist »international« und ethnisch wie religiös vielfältig: Ägypter, Griechen, Juden, Lykier, Phrygier etc. Markant sind das Theater, die Bibliothek und der Leuchtturm Pharos. Der Leuchtturm wurde wahrscheinlich schon unter dem Nachfolger Alexanders d. Gr. Ptolemäus I. Soter (323–283 v. Chr.) 297 v. Chr. begonnen und unter Ptolemäus II. Philadelphos (285/83–246 v. Chr.) 280/70 v. Chr. vollendet. Obwohl sich das »Weltwunder« über die bewundernden und übertreibenden Berichte in der Literatur nicht realistisch beschreiben lässt, kann das erst etwa 1100 n. Chr. durch ein Erdbeben zerstörte 130 m hohe Gebäude als technische und architektonische Meisterleistung bezeichnet werden.

Auch die legendäre ptolemäische Bibliothek, in der eine beeindruckende Zahl von Büchern (vielleicht deutlich mehr als 40.000 Bände, *H.-G. Nesselrath*) gesammelt wurden, wurde wahrscheinlich schon unter Ptolemäus I. Soter (323–283 v. Chr.) gebaut. Alexandria war durch seine zwei großen Häfen unübertroffener Umschlagplatz von Waren des internationalen Seehandels. So entwickelte sich die Hafenstadt im Nildelta unter den Ptolemäern zur größten Handelsmetropole im östlichen Mittelmeerraum und zum hellenistischen Zentrum der Künste, der Wissenschaften, der Literatur und der Philosophie.

Seit der Gründung der Stadt durch Alexander d. Gr. (356–323 v. Chr.) gehörten (judäische und samarische) Juden zu den Bewohnern, jedoch wurden erst im ausgehenden 4. Jh. v. Chr. nach der Schlacht von Gaza 312/11 v. Chr. Juden als Kriegsgefangene nach Alexandria gebracht (Jos. Ant. XII,7) und als Söldner zur Verteidigung der Stadt eingesetzt (*J. Zangenberg*). Weitere jüdische Bewohner kamen als Händler und Handwerker sowie im 3./2. Jh. v. Chr. als Flüchtlinge in die florierende Stadt. So entwickelte sich Alexandria zu einem der bedeutenden jüdischen Zentren der Antike, das ein eigenes von der Internationalität der Stadt geprägtes Denken entwickelte. Philo von Alexandrien (ca. 15 v. Chr.–50 n. Chr.) gilt als dessen bedeutendster Repräsentant. Der Aristeasbrief, ein pseudepigraphischer Briefroman aus dem späten 2. Jh. v. Chr., lässt erkennen, dass die Juden in Alexandria wie in Herakleopolis, Leontopolis und Berenike (*J. M. S. Cowey/ K. Maresch*) als *Politeuma* galten, was eine Zugehörigkeit zur Stadtgemeinschaft ausdrückt und mit einer begrenzten Selbstverwaltung verbunden war, jedoch kein volles Bürgerrecht einschloss. Dem *Politeuma* (πολίτευμα) wurden Rechte zugestanden, sich in inneren Angelegenheiten einschließlich der Religionsausübung, der lokal begrenzten Administration und der Rechtsprechung selbst zu organisieren und zu verwalten. Dem jüdischen »Gesetz«, der Tora, kommt damit in der ägyptischen → Diaspora eine wichtige Bedeutung zu. Vielleicht ist das einer der Hintergründe für die Entstehung der griechischen Übersetzung der Tora in Ägypten.

(c) Die Entstehung der Septuaginta in Alexandria

Sehr wirksam für die Vorstellung von der Wirkung der Hellenisierung war die legendarische Schilderung der Entstehung der Septuaginta unter Ptolemäus II. Philadelphos (285/83–246 v. Chr.) im Aristeasbrief. Der Aristeasbrief ist ein um 125 v. Chr. entstandenes pseudepigraphisches Werk eines gelehrten Juden in Form eines hellenistischen Briefromans, der in den hellenistischen Bildungsdiskurs des 2. Jh.s v. Chr. gehört, aber *nicht* als historische Schilderung der Entstehung der Septuaginta verstanden werden darf. Danach ließ der ptolemäische König auf Anraten seines Bibliothekars Demetrius eine Übersetzung der jüdischen Tora für die Bibliothek in Alexandria anfertigen. Die Aufgabe wurde von je sechs Übersetzern aus den zwölf Stämmen (daher Septuaginta/→ LXX von κατὰ τοὺς ἑβδομήκοντα »gemäß den Siebzig«) in 72 Tagen so erledigt, dass (nach Philo) das Ergebnis jeweils am Ende identisch war. Mit der von dem ptolemäischen König veranlassten Übersetzung war ein äußerer Anlass für die hellenisierenden Tendenzen der Übersetzung verantwortlich, nicht ein innerer Adaptionsprozess des hellenistischen Judentums selbst. Diese Sicht lässt sich heute nicht mehr aufrecht halten. Durch die Auswahl der Repräsentanten der Stämme, die geistgelenkte Übersetzung wie auch mit der Bitte an den Jerusalemer Hohepriester Eleasar, die Übersetzer auszuwählen und zu entsenden, soll der autoritative Status des heiligen Textes unterstrichen werden. Unwahrscheinlich ist die Übersetzung der biblischen Bücher wie selbst des Pentateuch (Gen–Dtn) in einem Rutsch, da die Teilübersetzungen der einzelnen Bücher stilistisch und in der Übersetzungstechnik stark differieren. Ob es für die Übersetzung, wie die Aristeaslegende vorgibt, *einen* äußeren Anlass gegeben hat, ist weiter unklar. Diskutiert werden der Wunsch der in Alexandria lebenden Juden, die Überlieferung ihrer Väter in ihrer Verkehrssprache vorliegen zu haben (wobei die alexandrinische Bibliothek durchaus als Trigger gewirkt haben könnte), um sich gegenüber der hellenistischen Umwelt besser akkulturieren zu können, sie in der Erziehung einsetzen zu können oder die biblischen Texte im Gottesdienst zu nutzen. Weder für die *literarische* noch für die *pädagogische* oder *liturgische* Verwendung lassen sich positive Belege beibringen. Das gilt letztlich aber auch für eine *juridische* Motivation als Anlass der Übersetzung. Diese geht davon aus, dass die Übersetzung der Tora veranlasst wurde, um sie als eines der partikularrechtlichen πολιτικοὶ νόμοι (»Stadt-/Bürgerrechte«) der nicht-ägyptischen Bevölkerungsteile im ptolemäischen Rechtssystem zu installieren (*J. Mélèze-Modrzejewski*). Das ließe sich vielleicht mit den Papyri aus Herakleopolis (*J. M. S. Cowey/K. Maresch*) stützen, die explizit den Status der jüdischen Gemeinschaft als *Politeuma* belegen (↗ VII.3.3).

Die Übersetzung beginnt jedenfalls im 3. Jh. v. Chr. (erste nachgewiesene → Papyrusfragmente stammen aus dem 2. Jh. v. Chr.) mit den Büchern des Pentateuch, wobei die eher literarische Übersetzung der Genesis früher ist als die formale und stärker wörtliche des Numeribuches. Möglicherweise wurden ältere Teilübersetzungen partiell als Vorlage genutzt oder eingearbeitet, aber das ist in der Forschung umstritten (*S. Kreuzer*). Im 2. Jh. v. Chr. folgen die meisten anderen Bücher, deren Übersetzungen ebenfalls noch im Umfeld der ägyptischen → Diaspora erfolgt. Für die spätesten Übersetzungen aus dem 1. Jh. v. Chr. (Est, Rut, Dan, Hld, Koh) lässt sich das jedoch keinesfalls mehr behaupten. Inzwischen ist auch das palästinische Judentum so hellenisiert, dass auch dort Übersetzungen von hebräischen Büchern ins Griechische erfolgen. Ab dem 2. Jh. v. Chr. entstehen Bücher nicht mehr nur auf Hebräisch oder Aramäisch, sondern auch auf Griechisch. Auch diese gehen in die Sammlung der Septuaginta ein. Von manchen ist ein Hebräisches Original bekannt (so etwa in Fragmenten von Jesus Sirach aus der Kairoer Geniza und aus Qumran oder durch die aramäischen und hebräischen Fragmente des Tobitbuches aus Qumran), von anderen wird es vermutet (Baruch, Makkabäerbücher), von wieder anderen muss man davon ausgehen, dass die Schriften von Beginn an auf Griechisch verfasst wurden (z. B. Judit, Weisheit).

(d) Gymnasion und Ephebeion als Ausdruck der Hellenisierung

Als zentraler Ausdruck der Hellenisierung gilt die Übernahme des griechischen Erziehungsideals, das junge Männer in die von Aristokraten dominierte Führungsschicht der *Polis* einüben will. Militärische Aspekte wie Strategie, Führung und Kampfkunst, die zunächst den Fokus bildeten, wirkten auch im klassischen παιδεία-Ideal, das meist an Athen und Sparta festgemacht wird, weiter. Gymnasion, Ephebeion, Palaistra und Museion sind die Einrichtungen und Bauten, die auf die Erziehung ausgerichtet sind. Die hellenistische Bildung ist identitätsstiftender Ausdruck eines kollektiven hellenischen Bewusstseins. Dies lässt sich vor allem mit dem Gymnasion und Ephebeion verbinden. Das Gymnasion (γυμνάσιον): eine Bildungsinstitution, in der durch musikalische und literarische Bildung sowie durch das Zur-Schau-Stellen des (in manchen Städten auch) nackten (männlichen) Körpers in Wettkämpfen und sportlichen Übungen eine kollektive hellenistische Identität und Lebensform vermittelt und öffentlich inszeniert wird. Im Ephebeion (ἐφεβεῖον) wird der Übergang junger Männer in die Volljährigkeit als *Polis*-Bürger durch Kleidung und Frisur sichtbar gemacht und bei Festen und Kulthandlungen ritualisiert öffentlich in Szene gesetzt. Beide Institutionen werden 2 Makk 4,9 als der Hellenisierung dienendes Anliegen des Hohepriesters Jason erwähnt.

3. *Wirtschaft und Verwaltung der hellenistischen Reiche*

G. G. Apherghis, The Seleukid Royal Economy, Cambridge 2004 • Z. H. Archibald/J. K. Davies/V. Gabrielsen (Hg.), The Economies of Hellenistic Societies, Oxford 2011 • Z. H. Archibald u. a. (Hg.), Hellenistic Economies, London/New York 2001 • A. M. Berlin/S. C. Herbert, Kedesh of the upper Galilee, in: D. A. Fiensy/J. R. Strange (Hg.), Galilee in the late Second Temple and Mishnaic periods 2, Minneapolis 2015, 424–441 • G. Bugh, The Cambridge Companion to the Hellenistic World, Cambridge ^{2}2006 • J. M. S. Cowey/K. Maresch, Urkunden des Politeuma der Juden von Herakleopolis (144/3–133/2), Berlin 2001 • J. Dušek, Ruling of Inscriptions in Hellenistic Samaria: Maarav 14, 2007, 43–65 • A. Erlich, Happily Ever After?: AJA 121, 2017, 39–59 • S. C. Herbert/A. Berlin, A new administrative center for Persian and Hellenistic Galilee: BASOR 329, 2003, 13–59 • J. Pastor, Land and Economy in Ancient Palestine, London/New York 1997 • H. H. Schmitt/E. Vogt (Hg.), Lexikon des Hellenismus, Wiesbaden 2005.

Ptolemäus I. Soter (306–282 v. Chr.) und Ptolemäus II. Philadelphos (283–246 v. Chr.) sind strategisch geschickt in der Umsetzung der griechischen Vorstellung der Organisation eines hellenistischen Staates, in dessen Zentrum der König steht. Dabei kommen die Traditionsvorgaben der ägyptischen Pharaonenzeit dem ausgedehnten Herrscherkult entgegen. Außerhalb von Ägypten übernehmen die Ptolemäer die Verwaltungsstrukturen des Perserreiches, was für Stabilität in der jetzt Judäa genannten Provinz sorgt.

3.1 Die Hyparchien und der Provinzstatus Judäas

Wie in persischer Zeit ist Judäa umgeben von dem westlichen Teil Idumäa im Süden (mit Marescha/*Tell Sandaḥanna* als Zentralort), der Stadtkolonie Samaria mit dem Garizim als kultischem Zentrum im Norden, Aschdod mit dem Zentrum Jamnia im Westen und der Ammonitis im Osten mit Adorajim als Zentralort (↗ X.6, *Karte 18*). Die Verwaltungseinheiten werden Hyparchien oder Eparchien genannt und besitzen in inneren und religiösen Angelegenheiten weitgehende Autonomie, was die Stellung des Hohepriesters in Jerusalem stärkt. Für Judäa spricht man deshalb oft von einer »Tempelprovinz«, was die wirtschaftliche Bedeutung des Tempels, der das Steuerprivileg verwaltet (vgl. Jos. Ant. XII,138–146), unterstreicht. Zwar ist der Hohepriester mit der *Prostasia*, der Leitung des Volkes, betraut, doch ist seine Machtfülle nicht unbeschränkt. Zum einen wird er wohl – auch wenn darüber aus den Quellen recht wenig zu erfahren ist – von weiteren einflussreichen Priestern, Notabeln und wirtschaftlich potenten Bürgern, die den Ältestenrat, die Gerusia, bilden, unterstützt. Über die inneren Angelegenheiten hinaus war zum anderen eine Zusammenarbeit mit ptolemäischen Beamten etwa in Finanz- und Wirtschaftsangelegenheiten auch in Jerusalem unerlässlich. Der jeweilige Hyparch (ὕπαρχος) der Verwaltungseinheiten ist dem Befehlshaber (στρατηγός) von ganz Syrien-Phönizien unterstellt und rechenschaftspflichtig. Die Hyparchien wiederum sind untergliedert in kleinere Verwaltungseinheiten (Toparchien), einzelne Städte (z. B. die griechische Kolonie Skythopolis/Bet-Schean oder Dor, Jafo, Aschkelon und Gaza an der Küste) sind als teilautonome *Poleis* ausgegliedert. Die Rolle des im ptolemäischen Ägypten für wirtschaftliche Belange zuständigen Ökonomen (ὀικονόμος) bzw. Steuerverwalter (διοκητής) und des für politisch-administrative Angelegenheiten eingesetzten Komarchen (κωμάρχης) hingegen bleibt für die Provinz Judäa im Dunkeln (*O. Keel*).

3.2 Wirtschaft und Steuersystem in der Provinz Judäa

Zu den wichtigsten Veränderungen gehört die Etablierung eines finanzbasierten Wirtschafts- und Steuersystems. Der auf Gewinn ausgerichtete Handel wird ausschließlich mit Münzgeld durchgeführt, das in großen Mengen zur Verfügung gestellt wird. Die Steuer wird an den Meistbietenden verpachtet, d. h. mit privaten ökonomischen Interessen verknüpft, sodass sie sich zum eigenen ertragsorientierten Wirtschaftsfaktor entwickelt, der letztlich auch dem Staat zugute kommt. Wirtschaftlich profitiert Palästina zunächst von der Herrschaft der Ptolemäer, die auch Ägypten durch ihren Staatsmerkantilismus im 3. Jh. v. Chr. zu neuer Blüte treiben. Die Siedlungsdichte im Bergland, vor allem im Stammesgebiet Benjamins, nimmt enorm zu. Insgesamt leben in den Grenzen der ehemaligen Provinz Jehud jetzt mind. 40.000 Menschen (*I. Finkelstein*). Allerdings kommt der durch intensivierten Export von Wirtschaftsgütern finanzierte Aufschwung nicht allen zugute. Durch die verwaltete Verpachtung von königlichem Land kommt es zur Akkumulation der Erträge des Landbesitzes in den Händen weniger wohlhabender Familien, die dadurch in der Lage sind, den staatlich geforderten Ertragszuwachs zu gewährleisten. Die Verpachtung von Steuereinnahmen für den ptolemäischen König führt zur verschärften finanziellen Abschöpfung der Landbevölkerung. Die Folgen sind eine starke soziale Spreizung zwischen wenigen Wohlhabenden, die vom wirtschaftlichen Aufschwung profitieren, und einer zunehmend verarmenden Unterschicht. Die Landbevölkerung reagiert darauf mit einer Landflucht (Anachoresis), was den unter den Ptolemäern beginnenden Prozess der → Urbanisierung weiter beschleunigt. Im Verlauf des 2. Jh.s v. Chr. werden beispielsweise Gaza, Bet-Zur, Lachisch, Sichem, Bet-El, Dotan und Schilo ganz oder teilweise aufgegeben. Das hellenisierte Jerusalem wächst in hasmonäischer Zeit wieder auf den SW-Hügel mindestens bis auf die Maße der spätvorexilischen Zeit an. Zu den wirtschaftlichen Folgen der Diadochenkriege gehört auch eine Rezession im 2. Jh. v. Chr. Der wirtschaftliche Abschwung forciert sich unter den Seleukiden, die durch Reparationszahlungen finanziell geschwächt sind und erbarmungslos auf die Ressourcen des Landes, die Tempel- und Landwirtschaft, zugreifen. So erhöhen sich mit der Steuerquote auch die sozialen Spannungen (s. u.).

Ein Beispiel für ein florierendes Verwaltungszentrum in seleukidischer Zeit haben die Ausgrabungen auf dem *Tell Qedeš* , der antiken Stadt Kedesch in Obergaliläa freigelegt. Das mit Stuck und Mosaiken aufwändig ausgestattete Gebäude wurde bereits in persischer Zeit um 500 v. Chr. errichtet und nach einer kurzen Zwischenphase und Umbauten ab ca. 300 v. Chr. auch in ptolemäischer und ab dem Beginn des 2. Jh.s in seleukidischer Zeit verwendet. In der Mitte des 2. Jh.s kommt es an ein abruptes Ende (↗ VII.6). In dem mehrräumigen Speicher- und Verwaltungsgebäude wurden über 2000 Tonbullen in den Ausgrabungen entdeckt. Die Siegel stammten hauptsächlich von Privatleuten, daneben von einigen Offiziellen, darunter Antiochus III. (222–187 v. Chr.), Antiochus IV. (175–164 v. Chr.) sowie vom Statthalter (»der, der über dem Land ist«), und der Kudissos genannten griechischen Stadt (*A. Berlin/S. C. Herbert*). Neben wenigen phönizischen Motiven auf etwa 5% der Siegelabdrücke finden sich auf ca. 75 % griechisch-mythologische Motive und auf weiteren 20 % hellenistische Porträts im hellenistischen Stil (*A. Erlich*). Vergleichbar scheint der noch unpublizierte Hortfund aus Marescha.

3.3 Organisation der Diasporajuden in Ägypten

Am Beispiel von Herakleopolis, einer Stadt in Mittelägypten am südlichen Eingang zum Oasengebiet des Fayum, kann die Organisation der Juden in der ägyptischen → Diaspora erhellt werden. Wie die Juden in Alexandria und an anderen Orten waren auch die Juden in Herakleopolis als *Politeuma* (πολίτευμα) organisiert (↗ VII.2.2). Davon geben insgesamt 20 Papyri aus der zweiten Hälfte des 2. Jh.s v. Chr., wahrscheinlich aus den Regierungszeiten Ptolemäus VI. Philometor (180–145 v. Chr.) und Ptolemäus VIII. Euergetes II. (145–116 v. Chr.) Zeugnis. Es scheint, als habe die Makkabäerkrise (↗ VII.4–5) zu einer verstärkten Zuwanderung nach Ägypten geführt. Wie in Elephantine (↗ V.12.2), Alexandria (↗ VII.2.2) und Leontopolis (↗ VII.4.7) handelt es sich auch in Herakleopolis um Juden, die zu militärischen Zwecken angesiedelt wurden. In der Festung gab es offenbar auch eine Synagoge zur liturgischen Versammlung. Das *Politeuma*, zu dem nur die jüdischen Bewohner von Herakleopolis gehörten, wurde von einem Politarchen und mehreren jährlich gewählten Archonten geleitet, deren Einfluss aber über die Stadt selbst hinausging. Dokumentiert sind in den Papyri Schlichtungen von Streitfällen unter jüdischen Bewohnern (auch aus den umliegenden Dörfern), die auf außergerichtliche Einigung zielen, was von *J. M. S. Cowey* und *K. Maresch* als Zugeständnis der ptolemäischen Behörden zu einer Sondergerichtsbarkeit unter Juden gedeutet wird. Dabei wird Recht nicht wie in griechischen Dikasterien festgestellt, sondern geltendes Recht umgesetzt (Rechtshilfeersuche, Petitionen) oder Ansprüche, die sich aus dem Recht ergeben, eingelöst. Das Recht des Königs war eindeutig dem Recht des *Politeuma* vorgeordnet. Die griechisch und nicht mehr wie die Bewohner von Elephantine aramäisch sprechenden Juden von Herakleopolis waren »hellenisiert«. Sie tragen wie die übrigen Juden im ptolemäischen Ägypten überwiegend griechische Namen. Ihre Verträge entsprechen der ptolemäischen Verwaltungspraxis und die Juden waren – wie die Diasporajuden in Babylon – entsprechend der ptolemäischen Usancen angepasst. Das Eherecht lässt eine spezifisch jüdische Prägung erkennen (*J. M. S. Cowey/K. Maresch*). Ansonsten fehlen Belege für »jüdische« Verhaltensweisen, die sich exklusiv aus der Tora ableiten ließen (z. B. wurde für Darlehen *entgegen* dem biblischen Zinsverbot in Ex 22,24; Lev 25,35–38; Dtn 23,20–21 der übliche Zins von 24 % auch von Juden verlangt). Die Dokumente beziehen sich auf ein πάτριος νομός (Vätersitte/Vätergesetz), womit aber nicht zwingend die Tora gemeint sein muss. Es ist zwar nicht ausgeschlossen, dass das Gewohnheitsrecht mit der Tora identifiziert wurde (*M. Mélèze-Modrzejewski*), doch fehlen belastbare positive Hinweise dafür.

4. *Tobiaden, Oniaden und die Hintergründe des Makkabäeraufstandes*

W. Ameling, Die jüdische Gemeinde von Leontopolis nach den Inschriften, in: M. Karrer (Hg.), Die Septuaginta (WUNT 219), Tübingen 2008, 177–233 • ders., Seleukidische Religionspolitik in Koile-Syrien und Phönizien nach der neuen Inschrift von Maresha, in: S. Kreuzer/M. Meiser (Hg.), Die Septuaginta (WUNT 286), Tübingen 2012, 337–359 • V. Babota, The institution of the Hasmonean High Priesthood (JSJ.S 165), Leiden/Boston 2014 • J. C. Bernhardt, Die jüdische Revolution, Berlin/Boston 2017 • H. Cotton/M. Wörrle, Seleukos IV to Heliodoros: ZPE 159, 2007, 191–205 • J. Frey, Temple and Rival Temple, in: B. Ego u. a. (Hg.), Gemeinde ohne Tempel (WUNT 118), Tübingen 1999, 171–203 • D. Gera, Olympiodoros, Heliodoros and the Temples of Koilē Syria and Phoinikē: ZPE 161, 2009, 125–155 • R. Kessler, Political Elites in Ancient Judah, in: ders. u. a. (Hg.), State Formation and State Decline in the Near and Middle East, Wiesbaden 2016, 135–143 • R. G. Kratz, Elephantine und Alexandria, in: T. Georges u. a. (Hg.), Alexandria, Tübingen 2013, 193–208 • D. Rooke, Zadok's Heirs, Oxford 2000 • J. C. VanderKam, From Joshua to Caiaphas, Minneapolis 2004.

4.1 Die Familie der Tobiaden und ihre Vorgeschichte

In der Entwicklung des 2. Jh.s v. Chr. spielt die Familie der Tobiaden eine führende ökonomische und politische Rolle in Judäa. Wie weit die Informationen, die Josephus über die Aktivitäten der Familie gibt (Jos. Ant. XII,154–236), als historisch zuverlässig einzuschätzen sind, wird in der Forschung diskutiert. Ihr Einfluss wird häufig bereits mit Tobija, dem als »Knecht von Ammon« (Neh 2,10.19) bezeichneten Gegner Nehemias, einem persischen Verwaltungsbeamten aus dem Ostjordanland (↗ VI.6.3), in Verbindung gebracht. Dieser soll mit dem Hohepriester Eljaschib verschwägert gewesen sein und über eine Kammer im Vorhof des Tempels verfügt haben (Neh 13,4–5), was auf einen gewissen Einfluss im Tempelbetrieb schließen lässt. Eine Verbindung dieses Ahnherrn mit den Tobiaden im 2. Jh. v. Chr. bleibt jedoch Spekulation. In den Zenon-→ Papyri um 260 v. Chr. ist ein Tobija genannter Grundbesitzer als Befehlshaber einer ptolemäischen Kleruchie (griechische Militärkolonie) in der Ammonitis belegt, für den die Verbindung mit den Tobiaden schon näher liegt. Auch dieser ist mit der hohepriesterlichen Familie durch die Heirat mit einer Schwester Onias' II. (ca. 220–215 v. Chr.) verwandt.

4.2 Die Entwicklungen unter Onias II. und die Flucht Hyrkans in das Ostjordanland

Wahrscheinlich unter Ptolemäus III. Euergetes (246–221 v. Chr.) (so nach *J. Maier, E. Haag, O. Keel*) weigert sich Onias II., wohl in Hoffnung auf den erstarkenden Seleukus II. Kallinikos (246–226 v. Chr.), den Tribut an die Ptolemäer zu zahlen, wodurch es zum Konflikt kommt. Die Ptolemäer drohen mit der Enteignung des Landes und der strafweisen Umwandlung in eine Militärkolonie. Politisch geschickt lässt Onias II. zu, dass der Tobiade Josef, sein Neffe, die *Prostasia* (die Leitung des Volkes, die *de facto* eine Regierungsvollmacht einschließt ↗ VII.3.1) an seiner Stelle erhält. Dass sich Josef durch das Höchstgebot die Generalsteuerpacht über ganz Koilesyrien *und* Phönizien erkaufte und für 21 Jahre hielt, dürfte übertrieben sein (*L. L. Grabbe*), spiegelt aber wohl den enormen politischen Einfluss der Tobiaden in der Provinz, der bis in die Hyparchie (↗ VII.3.1) reicht. Im sog. Tobiadenroman (Jos. Ant. XII,154–236) wird legendenhaft ausgeschmückt erzählt, wie Josef das Steuerprivileg zum Nutzen der Stadt Jerusalem und nicht zuletzt zum Vorteil der Familie ausfüllt. Wegen seines offensichtlichen Geschicks bezeichnet *Martin Hengel* ihn als »ersten uns bekannten jüdischen Großbankier« und bedient damit ungewollt ein gängiges antijüdisches Klischee.

Die Familie der Tobiaden ist überwiegend proseleukidisch und der Hellenisierung Jerusalems gegenüber aufgeschlossen. Hyrkan hingegen versucht die proptolemäische Politik seines Vaters Josef fortzusetzen. Er lässt sich durch geschickte Verhandlungen von Ptolemäus IV. Philopator (221–204 v. Chr.) zum Vorsteher Judas ernennen, kann sich dann aber nicht gegen seine sieben älteren proseleukidischen Brüder und gegen den inzwischen amtierenden Hohepriester Simeon II. (ca. 215–196 v. Chr.) durchsetzen. Er sucht daraufhin in dem Tyrus genannten palastartigen Familienbesitz *Qaṣr el-ʿAbd* in *ʿIrāq el-Amīr* im Ostjordanland (17 km westl. von Amman) Zuflucht, wo er 175 v. Chr. Selbstmord begeht. Die archäologischen Gebäudereste, die man in *ʿIrāq el-Amīr* aus dem 3./2. Jh. v. Chr. gefunden hat, wurden mehrfach als Sakralarchitektur interpretiert. Angemessener ist die Anlage als Festung zu deuten, sodass Hyrkan *keinen* Gegentempel zu Jerusalem bauen ließ.

4.3 Das Amt des Hohepriesters

In den Konflikten um den Einfluss in Jerusalem zeigt sich die ab dem ausgehenden 3. Jh. v. Chr. zunehmende Bedeutung des Hohepriesteramtes. Ohne Frage handelt es sich dabei um ein in der älteren Tradition überkommenes Amt (bereits ↗ VI.2.3 u. VI.5.3). In Dtn 26,3 ist von *einem* Priester die Rede, doch bleibt dort noch unklar, ob er den anderen Priestern vorsteht. In den priesterlichen Texten in Ex 29; Lev 8–9; Num 8; 18 u. a. m. ist jedoch klar, das Aaron bzw. einer seiner Söhne (Eleasar und Pinchas) dem familiär strukturierten Priesteramt vorstehen. Der Titel *hakkohen haggādōl* »Hohepriester« ist in Lev 21,7; Num 35,25.28; Jos 20,6; 2 Kön 12,11 und an anderen Stellen belegt (↗ VI.2.3), wobei Hilkija (2 Kön 22,4.8; 23,4; 2 Chr 34,9); Eljaschib (Neh 3,1.20), Jojada (Neh 13,28), Jeschua/Joschua (Hag 1,12.14; 2,2.3; Sach 3,1.8; 6,11) mit Namen genannt werden. Das Amt ist lebenslänglich mit einer Person verbunden (Num 35,28.32; Jos 20,6) und wird – geht man vom Vorbild der Aaroniden aus (Lev 6,15; Num 20,28), innerhalb der Familie an den jeweils ältesten Sohn weitergegeben. Neben der Rückführung des Priestertums auf den → Eponymen Aaron hat sich in den Überlieferungen die Tradition der Jerusalemer Priesterfamilie der Zadokiden (2 Sam 8,17; 15,24–37; 1 Kön 1,8; 2,22; 1 Chr 5,34–41; 29,22, vgl. Ez 40,46; 44,6–16 u. ö.) bewahrt. In nachexilischer Zeit werden beide zusammengeführt. Als letzter Hohepriester, der in vermeintlich ungebrochener Kontinuität zum Eponymen Aaron steht, gilt Onias III. (196–174 v. Chr.) (2 Makk 4,27–38) (↗ VII.4.9), wobei die Verhältnisse zuvor sich wegen fehlender Informationen nicht wirklich aufklären lassen. Die Auseinandersetzungen um Menelaus zeigen hingegen, dass die Legitimation bzw. De-Legitimation über die Abstammungslinie im 2. Jh. v. Chr. eine entscheidende Rolle gespielt hat. Das setzt sich unter den Hasmonäern in verschärfter Weise fort (↗ VII.6). Zwar hat der Hohepriester in der biblischen Tradition eine herausgehobene kultische Funktion (Lev 4; 16), doch fließen schon in den biblischen Texten politische Führung und kultische Vorsteherschaft zusammen. Ansätze der Hierokratie (so bezeichnet man die weltliche Herrschaft von Priestern oder einer sakralen Institution), sind in der Tradition vorgegeben und werden im 2. Jh. v. Chr. zunehmend rezipiert (↗ VII.5). Mit dem Bau des Zweiten Tempels in Jerusalem (↗ VI.5) nimmt der Einfluss des Priesters in Jerusalem auf die Provinzverwaltung Judas mehr und mehr zu (anders *D. Rooke*). Durch die enge Anbindung der Verwaltung an den Tempel (Steuerprivileg, Tempelwirtschaft, Münzrecht) kommt es zu einer Verflechtung von Kompetenzen, die in der Hasmonäerzeit zu schweren Konflikten führt (↗ VII.6).

Liste der Hohepriester bis in römische Zeit	
Onias I., Sohn Jadduas	ca. 300 v. Chr.
Simeon I., Sohn Onias' I.	ca. 300–280 v. Chr.
Eleasar, Sohn Onias' I.	ca. 280–240 v. Chr.
Manasse, Bruder Onias' I.	ca. 240–220 v. Chr.
Onias II., Sohn Simeons I.	ca. 220–215 v. Chr.
Simeon II., Sohn Onias' II.	ca. 215–196 v. Chr.
Onias III., Sohn Simeons II.	196–174 v. Chr.
Jason, Sohn Simeons II.?	174–171 v. Chr.
Menelaus, Sohn des Tempelvorstehers Simeon (*Nicht-Zadokide*)	171–162 v. Chr.

Liste der Hohepriester bis in römische Zeit	
Alkimus/Jakeimus/Joachim	162–159 v. Chr.
siebenjährige Vakanz	159–152 v. Chr.
Jonatan Apphus, Bruder des Judas Makkabäus (*Nicht-Zadokide*)	152–142 v. Chr.
Simeon, Bruder des Judas Makkabäus	142–134 v. Chr.
Johannes Hyrkan I., Sohn des Simeon Makkabäus	135/34–104 v. Chr.
Judas Aristobul I., Sohn Johannes Hyrkans I.	104–103 v. Chr.
Alexander Jannai, Sohn Johannes Hyrkans I.	103–76 v. Chr.
Johannes Hyrkan II., Sohn des Alexander Jannai	76–67 (und noch einmal 63–40 v. Chr.)
Aristobul II., Sohn des Alexander Jannai	67–63 v. Chr.
Johannes Hyrkan II., Sohn des Alexander Jannai	63–40 (und zuvor 76–67 v. Chr.)
Antigonus-Mattatias, Sohn Aristobuls II.	40–37 v. Chr.

Grundlage: O. Keel, Die Geschichte Jerusalems und die Entstehung des Monotheismus (OLB IV,1), Göttingen 2007, 1148f. Eine Gesamtliste bietet J. C. VanderKam, From Joshua to Caiaphas, Minneapolis/Assen 2004, 491f. Als Quelle der z. T. unsicheren Rekonstruktion dient neben den Makkabäerbüchern vor allem Josephus (Jos. Ant. XI–XIV).

4.4 Konflikte zwischen proseleukidischen und proptolemäischen Parteigängern

Schon in dem Konflikt unter Onias II. spiegeln sich die Auseinandersetzungen zwischen proseleukidischen und proptolemäischen Parteigängern in Jerusalem, die sich im 2. Jh. v. Chr. unter Seleukus IV. Philopator (187–175 v. Chr.) verschärfen und den historischen Hintergrund für den Makkabäeraufstand formen. Dabei geht es nicht in erster Linie um theologische Positionen oder um den Gegensatz von Judentum und Hellenismus, sondern vornehmlich um politische und finanzielle Interessen, in die neben den lokalen Eliten vor allem das Hohepriesteramt zunehmend verwickelt wird. Die Machtkämpfe führen schließlich dazu, dass das Hohepriesteramt käuflich und die *zadokidische* → Genealogie, also das in einer Familie ererbte Amt, durchbrochen wird. Der letzte legitime Hohepriester ist Onias III. (196–175 v. Chr.), der als Enkel Onias' II. (ca. 220–215 v. Chr.) und Sohn Simeons II. (ca. 215–146 v. Chr.) das Amt unter Seleukus IV. Philopator übernimmt und in die sog. Heliodor-Affäre verstrickt ist.

4.5 Die Heliodor-Affäre

Der seleukidische König muss die von seinem Vater vereinbarten hohen Reparationszahlungen für die Römer erbringen und sucht wie dieser als Geldquellen vor allem die Tempelwirtschaft abzuschöpfen. Er beauftragt seinen Kanzler Heliodor, dabei auch auf den Tempelschatz in Jerusalem zuzugreifen, nachdem

Simeon, Marktaufseher und Vorsteher des Tempels, bei dem στρατηγός Apollinius, dem höchsten seleukidischen Beamten in Jerusalem, den hohen Wert des Tempelschatzes verraten hatte (2 Makk 3,6). Die Plünderung des Tempelvermögens soll aber *in flagranti delicto* durch die wundersame Erscheinung eines Reiters auf einem aufbäumenden Pferd (2 Makk 3,25) bzw. durch zwei junge Männer, die Heliodor züchtigen (2 Makk 3,26), verhindert worden sein. Beide Motive haben Vorbilder in der hellenistischen Literatur und sind legendenhafte Ausgestaltungen, sodass sich der historische Wert allerhöchstens auf die Erfolglosigkeit des Unternehmens beschränkt. Dass Seleukus IV. Philopator (187–175 v. Chr.) tatsächlich durch bürokratische Maßnahmen fiskalisch stärker auf die Tempel in Koilesyrien und Phönizien zurückgreift, ist durch eine Inschrift auf einer Stele mit einem Schreiben des Königs an Heliodor belegt (*H. Cotton/M. Wörrle*), von der 2009 drei weitere, aus Marescha stammende Fragmente publiziert wurden (*D. Gera*). Dort weist Seleukus IV. dem Höfling Olympiodor Befugnisse über die Heiligtümer in Koilesyrien und Phönizien zu, was zweifellos zu Interessenskonflikten geführt haben wird. Die in 2 Makk 3 erzählten proseleukidischen Zugeständnisse des Tempelverwalters Simeon und der Widerstand Onias' III. (196–175 v. Chr.), dessen proptolemäische Haltung nach *Othmar Keel* auch in dem Hinweis auf die Finanzmittel Hyrkans im Tempelschatz (2 Makk 3,11) zu erkennen ist, zeigen die heftigen Auseinandersetzungen der Parteigänger in Jerusalem um die tragfähigere außenpolitische Position zwischen proptolemäischen und proseleukidischen Akzenten.

4.6 Die Absetzung des Onias III.

Trotz des Rückzugs Heliodors lässt die Affäre erkennen, dass die proptolemäische Haltung Onias' III. (196–175 v. Chr.) auf Dauer nicht durchzusetzen war. Die Gewichte verschieben sich kurze Zeit später, als der Kanzler Heliodor am 3.9.175 v. Chr. Seleukus IV. Philopator (187–175 v. Chr.) in Antiochien ermordet (Dan 11,20) und Antiochus IV. Epiphanes (175–164 v. Chr.) den Thron besteigt. Der Machtwechsel führt wie so oft zu politischer Instabilität. Onias III. versucht zunächst die Situation auszunutzen und vertreibt die proseleukidischen Tobiaden, die zu dem neuen seleukidischen König nach Antiochia fliehen, was 174 v. Chr. zur Absetzung des Hohepriesters führt. Über den Machtwechsel gibt es widerstreitende Quellenangaben. Bei Josephus (Jos. Ant. XII,237) ist es der natürliche Tod Onias' III., der dessen Bruder Jason (174–171 v. Chr.) in das Amt kommen lässt. Nach 2 Makk 4,7–10 hingegen betreibt eben dieser Jason aktiv die Absetzung, indem er dem König ein höheres Steueraufkommen und die Hellenisierung der Stadt Jerusalems verspricht. Onias III. flieht nach Antiochien und wird später dort durch Menelaus (171–162 v. Chr.) (↗ VII.4.9) ermordet.

4.7 Der Tempel in Ägypten (Leontopolis/Heliopolis)

Mit der Absetzung Onias' III. (196–175 v. Chr.) wird der nur literarisch bezeugte Tempel im SO-Rand des Nildeltas in Verbindung zu bringen sein, da der Distrikt von Heliopolis auch »Land des Onias« genannt wird (Jos. Ant. XIV,131; Jos. Bell. I,190, zum inschriftlichen Befund *W. Ameling, J. Frey*). Dort erlaubt Ptolemäus VI. Philometor (180–145 v. Chr.) dem jüdischen Hohepriester sich (vielleicht in einer bereits existierenden proptolemäischen jüdischen Siedlung) anzusiedeln und einen YHWH-Tempel zu errichten (Jos. Ant. XII,388; XIII,65–71), der nach Josephus bis 71 n. Chr. bestanden hat (Jos. Bell. VII,421–436). Wo dieser Tempel (wohl im Verbund mit einer Festung) gebaut wurde, ob in Leontopolis (*Tell el-Yehūdīye*), wie meist angenommen wird (*J. Frey*), oder in Heliopolis (dem biblischen On, Gen 41,45; heute ein Stadtteil im Nordosten von Kairo) selbst, wofür in jüngerer Zeit zunehmend votiert wird (*J. M. S. Cowey*), ist unsicher. In der Forschung wird ferner diskutiert, ob es sich dabei, wie Josephus im *Jüdischen Krieg* angibt, um Onias III. handeln kann oder, was wahrscheinlicher ist, um dessen Sohn Onias IV., der, nachdem er keine Chance mehr auf die rechtmäßige Nachfolge hatte, nach Ägypten übersiedelte und den Tempel erbaute (Jos. Ant. XIII,62–63; vgl. Jos. Ant. XII,237–239). Der den Juden freundlich gegenüber agierende Ptolemäus VI. Philometor (180–145 v. Chr.) verschafft Onias IV. Leitungspositionen im ptolemäischen Heer, was seine Versorgung sicherte. *Jörg Frey* schlägt als Datierung den Zeitraum zwischen 163–145 v. Chr. vor. Zerstört wurde der Tempel erst nach dem jüdischen Krieg (66–70 n. Chr.).

4.8 Die Hellenisierung Jerusalems unter Jason

Durch die Errichtung eines Gymnasions und eines Ephebeion (↗ VII.2.2), die griechische Mode (2 Makk 4,12) und den Rückgang der Beschneidung (1 Makk 1,15) sowie durch ein Bürgerverzeichnis, soll die Umwandlung der Stadt in eine antiochenische Polis vorbereitet werden (2 Makk 4,9). Mit der aktiven Hellenisierung der Stadt könnten auch religionspolitische Zugeständnisse verbunden gewesen sein. Darauf deuten die Polemik über die Abwendung der Priester vom Tempelkult in 2 Makk 4,14 und die Episode 2 Makk 4,18–20, wo Jason anlässlich des Besuches Antiochus' IV. (175–164 v. Chr.) in Tyrus eine Gesandtschaft schickt, um sich mit einer finanziellen Zuwendung am Opferkult des Herakles zu beteiligen und sich damit der Gunst des Königs zu versichern. In der Wertung der Makkabäerbücher führt die Politik Jasons zur nachhaltigen Preisgabe jüdischer Identität, doch wird man sich dem schroffen traditionalistischen Urteil kaum so einfach anschließen können. Jason versucht durch die genannten Zugeständnisse an die hellenistischen und proseleukidischen Kräfte, Jerusalem in eine wirtschaftlich politische Bedeutung zurückzuführen, für die die Politik der Seleukiden die Rahmenbedingungen schafft. Jason bleibt allerdings kaum Zeit, den Traditionalisten zu beweisen, dass das proaktive Handeln gegenüber Antiochus IV. der Stadt Vorteile bringen könnte.

4.9 Die Absetzung Jasons als Hohepriester

Wenn Josephus Recht hat, dass die Tobiaden Menelaus protegierten und an die Macht zu bringen suchten (Jos. Ant. XII,239), scheint Jason schon bald die führenden proseleukidischen Kräfte in Jerusalem gegen seine Politik aufgebracht zu haben. Vielleicht hat er sich die Gunst sowohl der Seleukiden als auch der Tobiaden im Kontext des Besuchs Antiochus' IV. 173/72 v. Chr. in Jerusalem (2 Makk 4,21f) verscherzt. Vielleicht hat Jason aber auch aus politischem Kalkül die Fronten gewechselt, denn nach seiner Absetzung flieht er in das Ostjordanland, vermutlich in die Festung Hyrkans nach *ʿIrāq el-Amīr*, wo eine antiseleukidische Haltung Bundesgenossen finden konnte (↗ VII.4.2).

Der Nachfolger Menelaus war nach Josephus (Jos. Ant. XII,238f) ein Bruder Jasons und damit Zadokide. Danach hätte er grundsätzlich rechtmäßiger Hohepriester werden können. Nach der wahrscheinlicheren Überlieferung in 2 Makk 4,23 jedoch war er ein Sohn des in der Heliodor-Affäre (↗ VII.4.5) aktiven proseleukidischen Tempelvorstehers Simeon (*J. Maier, O. Keel*) und damit wohl kein Zadokide. Als er von Jason geschäftlich nach Antiochia geschickt wird, handelt er wie zuvor dieser selbst. Er bietet dem König einen nahezu um das Doppelte höheren Tribut, um das Hohepriesteramt und damit die Macht zugesprochen zu bekommen. Antiochus IV. (175–164 v. Chr.) willigt ein, und Jason muss in das Ostjordanland fliehen. Die Zusage von jährlichen 660 Talenten Silber überfordert die wirtschaftliche Leistungsfähigkeit der kleinen Provinz Judäa, auf der schon durch Jasons Zusagen der Steuerdruck immer stärker lastet (*K. Bringmann*). Menelaus vergreift sich schließlich selbst am Tempelschatz, um das Geld aufzubringen.

Nach 2 Makk 4,32 erhält der abgesetzte Onias III. davon Kenntnis und kritisiert Menelaus scharf, wahrscheinlich durch Intervention am seleukidischen Königshof in Antiochia. Folgt man der Darstellung der Makkabäerbücher, ist Onias III. (196–174 v. Chr.) daraufhin auf Betreiben von Menelaus in Daphne bei Antiochia umgebracht worden und nicht eines natürlichen Todes gestorben (so Jos. Ant. XII,237 s. o.).

Die Tatsache, dass das Hohepriesteramt nicht nur käuflich geworden ist, sondern durch Menelaus auch die Traditionslinie der Zadokiden durchbrochen wurde, führt zu Verwerfungen mit den Traditionalisten und Gegnern der hellenistischen Politik. In der älteren Forschung hat man angenommen, dass sich die nicht hellenisierten Zadokiden *deshalb* nach Qumran absetzen (↗ VII.6.9) und dort eine separatistische Gemeinschaft gründen. Der archäologische Befund aus *Ḫirbet Qumrān* spricht jedoch für die schmale (Neu-)Besiedlung erst im fortgeschrittenen 2. Jh. v. Chr., frühestens in der Regierungszeit Jonatans (161–142 v. Chr.) oder Simeons (142–134 v. Chr.). Aufgrund der Münz- und Keramikfunde erscheint eine Datierung erst unter Johannes Hyrkan I. (135/34–104 v. Chr.) bzw. – verbunden mit dem Ausbau der Siedlung – unter Alexander Jannai (103–76 v. Chr.) wahrscheinlicher (*A. Lange, H.-J. Fabry, J. Zangenberg*).

5. *Die Krise unter Antiochus IV. und der Makkabäeraufstand*

F. Avemarie u. a. (Hg.), Die Makkabäer (WUNT 382), Tübingen 2017 • E. J. Bickermann, Der Gott der Makkabäer, Berlin 1937 • ders., Studies in Jewish and Christian History, Leiden 2007 • K. Bringmann, Hellenistische Reform und Religionsverfolgung in Judäa, Göttingen 1983 • J. J. Collins, Jewish Cult and Hellenistic Culture (JSJ.S 100), Leiden 2005 • J. Dušek, Antiochus IV Epiphanes (CHAN 54), Leiden/Boston 2012 • B. Eckart (Hg.), Jewish Identity and Politics between the Maccabees and Bar Kokhba (JSJ.S 155), Göttingen 2012 • O. Keel/U. Staub, Hellenismus und Judentum (OBO 178), Fribourg/Göttingen 2000 • Ł. Niesiołowski-Spanò, Antiochus IV Epiphanes and the Jews, in: I. Hjelm/T. Thompson (Hg.), History, Archaeology and the Bible Forty Years After »Historicity«, New York 2016, 130–140 • J. Schnocks, Was the Maccabean Revolt the First Religiously Motivated War in History (J. Assmann)?, in: P. Carstens u. a. (Hg.), Cultural Memory in Biblical Exegesis, Piscataway 2012, 327–342 • D. Schwarz, Judeans, Jews, and their Neighbors, in: R. Albertz/J. Wöhrle (Hg.), Between Cooperation and Hostility (JAJ.S 11), Göttingen 2013, 13–32 • N. Thiel, »Israel« and »Jew« as Markers of Jewish Identity in Antiquity: JSJ 45, 2014, 80–99.

5.1 Die Ägyptenpolitik von Antiochus IV.

Antiochus IV. (175–164 v. Chr.) ist 173/72 v. Chr. nicht nach Jerusalem gekommen, um der Stadt und ihrem Hohepriester die Ehre zu erweisen oder gar die Stadt feierlich zur *Antiochia* genannten Polis zu erheben. Vielmehr scheint den geschickten Strategen die außenpolitische Lage zu diesem Besuch veranlasst zu haben. Die Spannungen mit dem Ptolemäerreich in Ägypten sind wieder einmal größer geworden und Palästina drohte dem Seleukidenreich entwunden zu werden. Antiochus demonstriert daher schon einmal vorsorglich seine militärische Stärke (2 Makk 4,21). Wenige Jahre später im Winter 170/69 v. Chr. beginnt Antiochus IV. Epiphanes seinen Ägyptenfeldzug im sog. 6. syrischen Krieg, der durch die Vormundschaftsregierung Ptolemäus VI. Philometor (180–145 v. Chr.) angezettelt worden war.

5.2 Jason ergreift erneut die Macht in Jerusalem

Ein Gerücht, der seleukidische König sei in Ägypten umgekommen, bewegt den Hohepriester Jason dazu, die Macht in Jerusalem brutal zurückzugewinnen. Doch der erfolgreiche Antiochus kehrt aus Ägypten 169 v. Chr. zurück, wertet den Machtwechsel als Rebellion und bestraft Jerusalem hart. Dabei werden der Tempel geplündert und die kultischen Geräte entwendet (so zuletzt *O. Keel*). Jasons Parteigänger werden getötet, doch Jason selbst gelingt die Flucht nach Sparta. Nach *Klaus Bringmann*, dem in jüngerer Zeit z. B. die Darstellung von *Ernst Haag* folgt, datiert der Machtwechsel mit der Festsetzung des Hohepriesters Menelaus auf der befestigten Akra erst in die Zeit des zweiten Ägyptenfeldzugs 168 v. Chr., den Antiochus IV. (175–164 v. Chr.) wegen eines römischen Ultimatums abbrechen muss. Einigkeit besteht darin, dass sich im Herbst des Jahres 168 v. Chr. die Krise verschärft, als Antiochus IV. den Heerführer Apollonius mit Soldaten nach Jerusalem schickt, um die proseleukidische Position durchzusetzen und eine nicht-jüdische Garnison auf der

Akra einzurichten (2 Makk 5,24f). Da das offensichtlich nicht friedlich gelingt und der Widerstand der Traditionalisten gegen die nicht-jüdische Besiedlung in der Davidsstadt und im südlichen Tempelbezirk zu bürgerkriegsähnlichen Zuständen führt, folgen Strafaktionen und Zwangsmaßnahmen.

5.3 Einordnung und Bewertung der Maßnahmen von Antiochus IV.

Die Maßnahmen, für die als stark parteiische Quellen das Danielbuch und die Makkabäerbücher zur Verfügung stehen, sind in der Forschung viel diskutiert worden. Die jüngere Forschung ist zurückhaltender gegenüber drastischen Schlagworten wie »Kulturkampf«, »Abschaffung der jüdischen Religion« oder »systematische Religionsverfolgung«. Zwar liegt eine der Wurzeln der Märtyrertheologie in den Makkabäerbüchern, doch wird die tatsächliche Zahl der Opfer eher gering gewesen sein (*E. Bickermann*). Auch dass die Maßnahmen Antiochus' IV. Epiphanes (175–164 v. Chr.) in den Zusammenhang einer Religionspolitik zu stellen seien, die auf eine Vereinheitlichung der Lokalreligionen zugunsten griechischer Kulte im gesamten Seleukidenreich zielt (so 1 Makk 1,41–59; vgl. 2 Makk 6,1–9), ist historisch auszuschließen (*E. Haag*). Wahrscheinlich hat Antiochus IV. grundsätzlich an der Politik seines Vaters Antiochus' III. d. Gr. (222–187 v. Chr.) festgehalten und den Lokalkulten Autonomie zugebilligt. In Jerusalem geht es Antiochus IV. nicht um eine Abschaffung des YHWH-Kultes, sondern um die Konsolidierung und Befriedung der durch die Verwerfungen zerstrittenen und damit im seleukidischen System stabilisierter Machtverhältnisse als unberechenbarer Faktor unsicher gewordenen Stadt. Als wirtschaftlich und kulturell blühende hellenistische Stadt war Jerusalem weit wichtiger für Antiochus denn als traditionsgebundene und isolierte Tempelstadt. Die massiven Reformen sind also weit mehr politisches Mittel als religiöse Überzeugung oder seleukidische Ideologie.

Inwieweit der Hohepriester Menelaus die Maßnahmen aktiv unterstützt oder gar betrieben hat (*Ernst Haag*, Das hellenistische Zeitalter, 69 bezeichnet ihn als »intellektuellen Urheber des Religionsverbotes«) und aus welchen Beweggründen er dies getan hat, bleibt vor der Folie der Makkabäerbücher, die ihn als skrupellos und machtversessen verzeichnen (2 Makk 4,39–50; 5,15; 13,4), kaum aufzuhellen.

Die Zwangshellenisierung Jerusalems beruht auf verschiedenen Anordnungen, die das jüdische Leben und den Kult betreffen und zugleich eine Änderung überkommener Gebräuche und Gesetze bedeuten (Dan 7,25; 2 Makk 6,1–7; 1 Makk 1,41–43.49). Den biblischen Quellen zufolge wird die Beschneidung verboten (2 Makk 6,6.10), der Sabbat und andere Festzeiten werden unterdrückt (Dan 7,25; 2 Makk 6,6.11) und die Unterscheidung von reinen und unreinen Tieren durch den Verzehr von Schweinefleisch durchbrochen. Umstritten ist, ob daneben der Zwang auferlegt wurde, andere Gottheiten als YHWH zu verehren (1 Makk 1,47). Zwar wird der Tempel Zeus Olympios gewidmet (2 Makk 6,2), aber dabei scheint es sich mit *Othmar Keel* eher um die *interpretatio graeca* für YHWH zu handeln, jedenfalls nicht um die Aufstellung einer Zeus-Statue (↗ Abb. 54)

Abb. 54: Tetradrachme Antiochus' IV. (ca. 167–164 v. Chr.), die auf der Vorderseite seinen Porträtkopf zeigt. Die Rückseite hat im Zentrum einen thronenden Zeus, der in der vorgestreckten Hand eine Figur der Siegesgöttin Nike hält. Die umgebenden Inschriften lauten »des Königs Antiochus« (rechts), »des Siegbringers« (unten) und »des offenbar gewordenen Gottes« (links).

im Tempel. Dafür spricht, dass auch der Tempel auf dem Garizim dem hellenischen Zeus Xenios geweiht wird (2 Makk 6,2).

Unsicherheit besteht in der Interpretation des »Gräuels der Verwüstung« (Dan 8,13; 1 Makk 1,54 u. ö.), dessen Aufstellung auf dem Brandopferaltar als Gipfel der Maßnahmen bezeichnet wird. Wahrscheinlich handelt es sich nicht um eine oder mehrere Masseben, die als augenfälliger Ausdruck des erzwungenen Synkretismus und zur Verehrung der Götter Hadad-Zeus, Anat-Athene und Adonis-Dionysos aufgestellt wurden (*J. A. Goldstein, E. Haag*), sondern um einen Altaraufbau im Zusammenhang mit den neu eingeführten Schweineopfern (Jos. Bell. I,34, *O. Keel*). Aus der Sicht nicht-jüdischer Hellenisten ist das Opfern von Schweinen und der Verzehr ihres Fleisches unproblematisch, doch für die Juden in der Aufhebung der Unterscheidung von *rein* und *unrein* ein unverzeihliches Sakrileg, das nicht nur den Traditionalisten, sondern auch den hellenistischen Reformern zu weit geht und den Makkabäeraufstand auslöst.

5.4 Der Makkabäeraufstand

Unter der Führung des Priesters Mattatias aus Modeïn und seiner Söhne formiert sich der Widerstand der Traditionalisten gegen die Hellenisten bzw. maßgeblich gegen Menelaus. Josephus (Jos. Ant. XII,265; Jos. Bell. I,36) nennt als Ahnvater der Familie Hasmon, weshalb die gesamte Dynastie Hasmonäer genannt wird. Die Bezeichnung Makkabäer leitet sich von hebr. *maqqæbæt* bzw. aram. *maqqabaʾ* »Hammer« ab, dem Beinamen des dritten Sohnes Judas, der den bewaffneten Widerstand anführt. Die Makkabäer mobilisieren die traditionalistische Landbevölkerung, die unter dem enormen Steuerdruck leidet, und führen sie mit einem Teil der Jerusalemer Hasidäer, einem lockeren Verbund von »Frommen« (1 Makk 2,42; 7,13; 2 Makk 14,6), die wahrscheinlich der Oberschicht angehörten und zuvor schon passiven Widerstand gegen die Politik Menelaus' geleistet hatten, für den Guerrillakampf gegen die proseleukidische Führung und die hellenistische Oberschicht in Jerusalem zusammen.

(a) Ausweitung der politischen Ziele des Aufstandes

Anfängliches Ziel der von den Makkabäerbüchern glorifizierten Makkabäerkriege (167–143/42 v. Chr.) ist die Befreiung aus dem Hellenisierungszwang und die Wiedereinsetzung der Sozial- und Kultgesetzgebung der Tora, doch schon bald verbinden sich handfeste politische Interessen mit dem Kampf, der nach den Kriegen in eine Phase mündet, in der Judäa nahezu politisch autonom und unter den Hasmonäerkönigen erneut monarchisch geführt wird (↗ X.6, *Karte 18*).

Makkabäer und Hasmonäer	
Mattatias (*aus dem Geschlecht Hasmons*)	167–166/65? v. Chr.
Judas Makkabäus, Sohn des Mattatias	166/65–161 v. Chr.
Jonatan, Sohn des Mattatias	161–142 v. Chr.
Simeon, Sohn des Mattatias	142–134 v. Chr.
Johannes Hyrkan I., Sohn Simeons	135/34–104 v. Chr.
Aristobul I., Sohn Johannes Hyrkans (*trägt erstmals den Königstitel?*)	104–103 v. Chr.
Alexander Jannai, Sohn Johannes Hyrkans	103–76 v. Chr.
Salome Alexandra, Frau Aristobuls und Alexander Jannais	76–67 v. Chr.
Aristobul II., Sohn Alexander Jannais und Salome Alexandras	67–63 v. Chr.
.... *ohne oder mit geminderter weltlicher Herrschaft*	
Johannes Hyrkan II., Sohn Alexander Jannais und Salome Alexandras	63–40 v. Chr.
Mattatias Antigonus, Sohn des Aristobul II.	40–37 v. Chr.

(b) Wiedereinweihung des Tempels 164 v. Chr.

Anfängliche militärische Erfolge gegen seleukidische Truppen lassen die Bewegung wachsen. Den Makkabäern kommt dabei entgegen, dass Aufmerksamkeit und Kräfte Antiochus' IV. Epiphanes (175–164 v. Chr.) zunehmend durch die Auseinandersetzungen mit den Parthern im Osten des Reiches gebunden werden. 164 v. Chr. gelingt Judas Makkabäus der Einzug in Jerusalem. Offenbar führen die Verhandlungen zur Einigung mit Menelaus (2 Makk 11,13–38) mit dem Ziel eines friedlichen »Nebeneinanders« von Toraobservanz und hellenistischem Lebensstil. Der Hohepriester vollzieht am 25. Kislew 164 v. Chr. feierlich die Wiedereinweihung des Tempels (woran bis heute das jüdische Hanukka/Chanukka-Fest erinnert, vgl. 1 Makk 4,56–59). Die Wiedereinweihung des Tempels kann als Markstein hasmonäischer Ideologie verstanden werden. Die Erzählung, die die Altarweihe für die jüdische Identität funktionalisiert und die Gemeinschaft nach außen scharf abgrenzt, kann als »invented tradition« (*E. Regev*) oder vielleicht wegen des Rückgriffs auf Ex 29 und Lev 8 besser als »re-invented tradition« verstanden werden. Die mit der Aufwertung des Tempels verbundene Tempelsteuer und die intensivierte Wallfahrt können als hasmonäische Innovationen verstanden werden, die die Bedeutung des Tempels für das Selbstverständnis weiter unterstreichen.

(c) Lysias und erste Misserfolge der Makkabäer

Judas Makkabäus baut in Jerusalem eine Festung in der Davidsstadt und unternimmt anschließend z. T. unter Führung seiner Brüder Eroberungsfeldzüge nach

Gilead, Galiläa, Idumäa und in die Küstenebene, offenbar nicht nur aus religiösen, sondern auch aus machtpolitischen Gründen. Sein von den Thronwirren nach dem Tod Antiochus' IV. (175–164 v. Chr.) begünstigter Versuch, in Jerusalem auch das seleukidische Machtzentrum in der Akra zu erobern und die politische Autonomie zu besiegeln, führt zu erneut hartem Eingreifen der Seleukiden in Judäa und Jerusalem. Der seleukidische Statthalter Lysias, der die Geschäfte des unmündigen Antiochus' V. Eupator (164–162 v. Chr.) führt, erobert das von den Makkabäern befestigte Bet-Zur, belagert Jerusalem und gewinnt es erfolgreich zurück (162 v. Chr.). Lediglich die Thronstreitigkeiten in Antiochia, die letztlich Demetrius I. Soter (162–151/50 v. Chr.) mit römischer Hilfe an die Macht bringen, verhindern die totale Niederlage der Makkabäer.

(d) Alkimus und das Abdrängen der Makkabäer in den Untergrund

Da Menelaus – nach 1 Makk 13,3–7 auf Anraten des Lysias – ermordet worden war, geht mit dem Kompromissfrieden in Jerusalem ein Wechsel im Hohepriesteramt einher. Alkimus (162–159 v. Chr.), ein »Aaronide« (1 Makk 7,14, d. h. kein Zadokide), der versucht, sich durch einen genealogischen Rückgriff auf Aaron zu legitimieren, erreicht die Zustimmung der konservativen Hasidäer durch das Zugeständnis, eine torakonforme Lebensweise zu tolerieren, und so werden die weiter gegen die Seleukiden opponierenden Makkabäer mehr oder minder in den Untergrund abgedrängt. Erneut gelingen den Makkabäern beachtliche Erfolge (Schlacht gegen Nikanor Kafar-Salama 1 Makk 7,31f und Hadascha 1 Makk 7,39–49), was Demetrius I. militärisch mit der Entsendung des Statthalters Bakchides beantwortet. In der Schlacht bei Elasa kommt Judas Makkabäus 161 v. Chr. zu Tode und sein jüngster Bruder Jonatan Apphus (161–142 v. Chr.) übernimmt die Führung der von Bakchides verfolgten Partisanen, die sich in die unzugängliche Wüste Juda zurückziehen.

6. *Die Hasmonäer*

R. Albertz/J. Wöhrle (Hg.), Between Cooperation and Hostility (JAJ.S 11), Göttingen 2013 • A. I. Baumgarten, The Flourishing Jewish Sects in the Maccabean Era, Leiden 1997 • ders., Josephus and ancient Jewish groups from a social scientific perspective, in: S. J. D. Cohen/ J. J. Schwartz (Hg.), Studies in Josephus and the varieties of ancient Judaism, Leiden 2007, 1–13 • R. Bergmeier, Die Qumran-Essener-Hypothese, Neukirchen-Vluyn 2013 • K. Berthelot/M. Rigaud, In Search of the Promised Land? (JAS.S 24), Göttingen 2018 • R. R. Cargill, The State of the Archaeological Debate at Qumran: CBR 10, 2011, 101–118 • J. J. Collins, Beyond the Qumran Community, Grand Rapids 2010 • R. Deutsch u. a., Studies in Memory of Dan Barag: INJ 18, 2015 • B. Eckardt (Hg.), Jewish Identity and Politics between the Maccabees and Bar Kokhba (JSJ.S 155), Leiden u. a. 2012 • ders., Ethnos und Herrschaft, Berlin 2013 • A. Erlich, Happily Ever After?: AJA 121, 2017, 39–59 • M. Fidanzio (Hg.), The Caves of Qumran (STDJ 118), Leiden 2016 • U. Hübner, Tradition und Innovation, in: C. Frevel (Hg.), Medien im antiken Palästina (FAT II/10), Tübingen 2005, 171–187 • D. M. Jacobson, The Lily and the Rose: NEA 76, 2013, 16–27 • J. Jokiranta, Social Identity and Sectarianism in the Qumran Movement, Leiden 2013 • E. Netzer, Die Paläste der Hasmonäer und

Herodes' des Großen, Mainz 1990 • S. Ostermann, Die Münzen der Hasmonäer (NTOA 55), Fribourg 2005 • J. Pastor (Hg.), Flavius Josephus (JSJ.S 146), Leiden 2011 • Qumran, WUB 87, 2018 • U. Rappaport, The Inscriptions of the Yehud and the Hasmonean Coins, in: E. Eshel/Y. Levin (Hg.), »See, I will bring a scroll recounting what befell me« (Ps 40:8) (JAJ.S 12), Göttingen 2014, 143–158 • E. Regev, The Hasmonaeans (JAJ.S 10), Göttingen 2013 • D. Schwarz/Z. Weiss (Hg.), Was 70 a Watershed in Jewish History?, Leiden 2012 • G. Stemberger, Pharisäer, Sadduzäer und Essener (SBS 144), Stuttgart 1991 • S. Stern (Hg.), Sects and Sectarians in Jewish History, Leiden 2011 • D. Stökl Ben Ezra, Qumran, Tübingen 2016 • N. Thiel, »Israel« and »Jew« as Markers of Jewish Identity in Antiquity: JSJ 45, 2014, 80–99 • W. M. Thiel, Vom Ornament zum Medium, in: C. Frevel (Hg.), Medien im antiken Palästina (FAT II/10), Tübingen 2005, 189–235 • J. Zangenberg, Das Galiläa des Josephus und das Galiläa der Archäologie, in: C. Böttrich (Hg.), Tendenzen und Probleme der neueren Forschung, Greifswald 2007, 265–294 • J. Zangenberg u. a. (Hg.), Religion, Ethnicity, and Identity in Ancient Galilee, Tübingen 2007 • J. Zsengellér, Being Jewish as the Controversial Ideology of the Hasmonean Political Power: BN 161, 2014, 53–67.

6.1 Eine Parallelregierung in Michmas

Eine Wendung bringt erneut das politische Geschehen im Seleukidenreich. Als Alexander Balas (150–145 v. Chr.) versucht, Demetrius I. (162–151/50 v. Chr.) vom Thron zu verdrängen, sollen die ständigen Auseinandersetzungen die politische Lage in Judäa nicht weiter destabilisieren. Der König braucht Verbündete, weshalb der Stratege Bakchides von Demetrius beauftragt wird, mit dem Makkabäer Jonatan Apphus zu verhandeln. Neben einem Gefangenenaustausch wird Jonatan zugestanden, mit eigener Gerichtsbarkeit von Michmas aus »eine Art Parallelregierung« (*O. Keel*) zu etablieren. Der nö von Jerusalem bei Geba gelegene Ort weist Besiedlungsspuren auf, sodass eine makkabäische Nutzung möglich bleibt, jedoch fehlen architektonische Strukturen, die auf eine administrative Funktion hinweisen. Wie dem auch sei, je stärker Demetrius bei den Machtkämpfen gegen den → Usurpator Alexander Balas unter Druck gerät, desto mehr Zugeständnisse macht er.

6.2 Jonatan als Hohepriester in Jerusalem

Als Alexander Balas 152 v. Chr. zunächst eine Parallelregierung in Akko installiert, zieht Demetrius I. (162–151/50 v. Chr.) sogar seine Truppen von Jerusalem und Bet-Zur ab und überlässt den Makkabäern das Feld, um sich der Loyalität gegenüber dem Thronkonkurrenten zu versichern. Dieser bietet jedoch seinerseits dem Makkabäer Jonatan Apphus (161–142 v. Chr.) das seit dem Tod des Alkimus verwaiste Priesteramt an und versucht ihn durch dieses weitere Zugeständnis politischer Macht auf seine Seite zu ziehen. Für die Makkabäer ist damit die Möglichkeit einer teilautonomen Regierung von Jerusalem aus verbunden (↗ X.6, *Karte 18*). Zwar stammt Jonatan aus einer priesterlichen Familie, die jedoch erneut eindeutig außerhalb der zadokidischen Oniadengenealogie liegt, was den Widerstand in bestimmten Kreisen der »Frommen« hervorruft.

Geza Vermes und andere sehen in der Abspaltung zadokidischer Kreise vom Tempelkult in Jerusalem den Ursprung der Gemeinschaft von Qumran und mit dem in den dortigen Texten genannten *Frevelpriester* Jonatan bzw. dem *Lehrer der Gerechtigkeit* den legitimen Hohepriester. Wie oben ausgeführt (↗ VII.4.9) ist dies unter Berücksichtigung des archäologischen Befundes in Qumran unwahrscheinlich, wenn auch priesterlich dominierte Absetzbewegungen der Zadokiden im 2. Jh. v. Chr., die z. T. mit der später entstandenen Qumrangemeinschaft (↗ VII.6.9) vielleicht in Verbindung gebracht werden können, plausibel bleiben (↗ VII.4.7 zum »Onias-Tempel« in Leontopolis).

6.3 Der Anschluss an die Seleukiden und der Machtzuwachs unter Jonatan

Für die Makkabäer bringt der engere Anschluss an die Seleukidenregierung politischen Erfolg. *Jonatan* und seine Brüder bringen Jafo, Aschkelon und Gaza unter ihre Kontrolle (s. u.) und stoßen in den folgenden Jahren oder erst in den Thronfolgekämpfen zwischen Alexander Balas und Demetrius II. bis weit in den Norden vor. Das Verwaltungsarchiv in Kedesch (↗ VII.3) kommt 144/43 v. Chr. an ein abruptes Ende, was vielleicht mit Jonatans Vorstoß in Verbindung steht (1 Makk 11,63.73) (*A. Berlin/S.C. Herbert*). Als sich Alexander Balas (150–145 v. Chr.) durch die Heirat mit Kleopatra Thea, einer Tochter Ptolemäus' VI. Philometor (180–164 v. Chr.), mit den Ptolemäern verschwägert, macht er den Makkabäer Jonatan zum militärischen Strategen und Meridarchen (»Teilherrscher«) über die Provinz Koilesyrien. Mit politischem Geschick und neuen Machtzugeständnissen im Norden rettet sich Jonatan gewinnbringend über die Thronwirren, nachdem Demetrius II. Nikator 145 v. Chr. Alexander Balas besiegt und in die Flucht geschlagen hat. Da jedoch das Seleukidenreich instabil bleibt und Demetrius II. (145–140 v. Chr.) schon bald in Antiochus VI. (145–142/38? v. Chr.), einem Sohn des Alexander Balas, einen Gegenkönig hat, wird Jonatan in den Auseinandersetzungen um die politische Macht aufgerieben. Er wendet sich zunächst von Demetrius II. ab, weil dieser nicht zu weiteren Zugeständnissen bereit ist, und erobert für die Gegenregierung den südlichen Teil Palästinas. Durch politische Kontakte zu Rom und Sparta versucht er, seinen politischen Einfluss auszudehnen, was den Argwohn der Seleukiden hervorruft. Tryphon, General und Vertreter des noch jugendlichen Antiochus' VI., lockt ihn bei Akko in einen Hinterhalt und lässt ihn kurze Zeit später in Gilead hinrichten.

6.4 Juda als teilautonomer Staat unter Simeon

Nach dem Tod Jonatans übernimmt der ältere Bruder des Judas Makkabäus Simeon (142–134 v. Chr.) die Führung der Makkabäer. Von Demetrius II. wird er als Hohepriester bestätigt (1 Makk 13,42; 14,38) und mit weitgehenden Rechten sowie einer Steuerfreiheit ausgestattet. De facto wird Judäa damit ein autonomer Staat, auch wenn Simeon den Titel *König* nicht für sich gebraucht.

Da auch die Makkabäerbücher, die Simeon als *David* und *Salomo redivivus* glorifizieren (*A. Schenker*), den Beginn seiner Herrschaft als Einschnitt sehen (1 Makk

13,42), spricht der überwiegende Teil der Forschung ab hier nicht mehr von den Makkabäern, sondern den Hasmonäern. Unter Simeon erobern die Hasmonäer die Akra in Jerusalem und beseitigen damit den letzten Anker seleukidischer Macht. Der Machtbereich wird weiter nach Westen ausgedehnt und durch die Einbindung von Jafo ein Mittelmeerzugang zunächst erreicht (1 Makk 13,43–48) und später gegen den seleukidischen Feldherrn Kendebäus an der Steige von Bet-Horon erfolgreich verteidigt (1 Makk 15,25–36) (↗ X.6, *Karte 18*). Ein Mittelmeerhafen ist nach wie vor die maßgebliche Voraussetzung für eine unabhängige wirtschaftliche Entwicklung und ertragreichen Handel. Das 139 v. Chr. von Antiochus VII. Sidetes (138–129 v. Chr.) aus politischem Kalkül eingeräumte und später doch nicht gewährte Recht zur eigenen Münzprägung (*U. Hübner*) kann ebenfalls als Ausdruck wachsender wirtschaftlicher Potenz der Provinz Judäa in der Regierungszeit Simeons gewertet werden. Sicher wurden jedenfalls nach einer Abstinenz von 150 Jahren unter Johannes Hyrkan I. (135/34–104 v. Chr.) wieder eigene kleinere Münzen geprägt (↗ Abb. 55). Dem entspricht archäologisch die zunehmende Bautätigkeit der Hasmonäer (*W. M. Thiel*), von der literarisch nur das von Simeon erbaute Grabmal in Modeïn (1 Makk 14,27–30) greifbar ist. Dabei muss es vorläufig bleiben, auch wenn in den vergangenen Jahren große Anstrengungen unternommen wurden, z. B. einen großen Grabkomplex in der Nähe von Modeïn mit dem Grabmal der Hasmonäer zu identifizieren.

Abb. 55: Münze Johannes Hyrkans I. (bronzene Perutah), die auf der Vorderseite die von einem Kranz umgebene Aufschrift »Johanan, der Hohepriester und die Gemeinschaft/Genossenschaft der Juden« trägt. Auf der Rückseite sind zwei Füllhörner mit Bändern, einem Granatapfel, herabhängenden Weintrauben und Getreideähren abgebildet. Die Münze datiert wahrscheinlich in die Zeit 110–104 v. Chr.

6.5 Johannes Hyrkan I.

Simeon wird zusammen mit zweien seiner Söhne von seinem Schwiegersohn Ptolemäus 135 v. Chr. bei Jericho ermordet. Einzig Johannes Hyrkan I. (135/34–104 v. Chr.), Provinzgouverneur in Geser, entkommt dem Anschlag und tritt die Nachfolge seines Vaters in Jerusalem an. Mit diesem Ereignis schließt 1 Makk, und für die folgende Zeit des hasmonäischen Königtums steht als Quelle nur noch Flavius Josephus zur Verfügung.

Nach anfänglicher Anfechtung durch Antiochus VII. Sidetes (138–129 v. Chr.) gelingt es Johannes Hyrkan I., seine Position durch militärische Expansion auszubauen, als der seleukidische König gegen die Parther 129 v. Chr. fällt und der in parthischer Gefangenschaft gehaltene Demetrius II. (129–126/25 v. Chr.) zu einer zweiten Amtszeit kommt. Er führt mit seinem eigenen Heer Eroberungsfeldzüge in das Ostjordanland, um mit Madaba und Samaga die Kontrolle über den wichtigsten Handelsweg von Süden nach Norden, die Königsstraße, zu erhalten. Noch unter Antiochus VII. Sidetes werden 132/31 und 131/30 v. Chr. Bronzemünzen in Jerusalem geprägt, die auf der einen Seite den Anker als Symbol der Seleukiden tragen und auf der anderen Seite eine Lilie, die schon auf den frühen Münzen der Perserzeit im 4. Jh. v. Chr. mit der judäischen Tempelsymbolik in Verbindung stand und als Symbol der Hasmonäer interpretiert werden kann. Die Hasmonäer verstanden ihre Herrschaft als Angelegenheit des jüdischen Volkes, und ihnen wird oft ein »Nationalbewusstsein« unterstellt (was allerdings ein → Anachronismus ist, da »Nationalstaaten« im eigentlichen Sinn erst 19. Jh. n. Chr. entstehen). Die enge Anbindung der Ideologie an den Tempel, die enge Verwobenheit von Tempelwirtschaft und nationaler Ideologie deuten in diese Richtung. So findet sich zur Kennzeichnung der Münzautorität auf den in Jerusalem geprägten Münzen (↗ Abb. 48) die Aufschrift *yhḥnn hkhn* »*Yehoḥanan*/Johanan, der Hohepriester, und Oberster des *ḥeber*« bzw. »*Yehoḥanan*, der Hohepriester, und der/des *ḥeber hayehudîm*«, was entweder als jüdische Ratsversammlung (und damit als Vorläufer der Gerusia bzw. des Synhedrion/Sanhedrin) (so *D. Sperber*, *Y. Meshorer*) oder als jüdisches Volk (so *U. Rappaport*, *E. Regev*) gedeutet werden kann. Johannes Hyrkan I zerstört den samaritanischen Tempel auf dem Garizim, wahrscheinlich noch nicht zu Beginn seiner militärischen Expansionspolitik 129/28 v. Chr., wie der Bericht bei Josephus nahelegt (Bell. I,63–65, Ant. XIII,254–256, 275–279), sondern dem archäologischen Befund der Zerstörungen in Maresha, Beerscheba, Sichem etc. folgend erst 112/11 v. Chr. (*J. Bourgel*). Die Stadt auf dem Garzim weist starke Spuren einer in den gleichen Zeitraum datierten Zerstörung auf, die vermutlich auch das konkurrierende Heiligtum der Samaritaner getroffen hat (*R. Pummer*, *Y. Magen*). Über den Grund für die gewaltsame Zerstörung der samaritanischen Infrastruktur ist viel gerätselt worden. Ob sie auf die Herstellung einer Monopolstellung des Jerusalemer Tempels zielte, als torakonforme Durchsetzung der auf Jerusalem bezogenen deuteronomischen Zentralisationsforderung (Dtn 12) verstanden werden muss und/oder der religionspolitischen Einigung des »einen« »jüdischen« Volkes (*G. Knoppers*, *J. Bourgel*) dienen sollte, ist nicht deutlich. Am wahrscheinlichsten erscheinen letztlich machtpolitische Gründe, wobei die Einheitsperspektive eine Rolle gespielt haben kann. Für eine ideologisch begründete und erzwungende Einheit spricht vielleicht die Annexionspolitik der Hasmonäer, allerdings erfordert diese nicht die Zerstörung der »Tempelstadt« auf dem Garizim. Wie dem auch sei, Johannes Hyrkan I., versteht sich jedenfalls als Repräsentant des ganzen Volkes.

Der selbstbewusste hasmonäische Herrscher expandiert auch von Judäa aus weiter in den Norden bis nach Galiläa und setzt dabei die Expansionspolitik des Jonatan Apphus (153–142 v. Chr.) und Simeon Makkabäus (142–134 v. Chr.) fort. 112/11 v. Chr. annektiert er auch Idumäa und gliedert die Bewohner gewaltsam in den jüdischen Staat ein. Die Befestigung Jerusalems stellt Johannes Hyrkan I. wieder her und baut als Gegengewicht zur seleukidischen Akra nördlich des Tempelbezirks als Residenz der Hasmonäer die Burg Baris, die spätere Antonia. In Jericho/*Tulūl Abū l-ʿAlāʾik* lässt Johannes Hyrkan I. im Kontext eines königlichen Landgutes (Produktion von Datteln und Balsam) einen Winterpalast im hellenistischen Stil errichten, der später von Herodes weiter ausgebaut wird (*E. Netzer*).

Der politische Erfolg der Hasmonäer und ihr Expansionsstreben nähren den politischen Widerstand der Pharisäer (↗ VII.6.9), die zunehmend für eine Trennung von weltlicher Herrschaft und Hohepriesteramt eintreten (Jos. Ant. XIII,290–292).

6.6 Aristobul I. und Alexander Jannai

Nach dem Tod Johannes Hyrkans I. (135/34–104 v. Chr.) übernimmt Judas Aristobul I. (104–103 v. Chr.) sowohl das Hohepriesteramt als auch die weltliche Macht. Seine Brüder und seine Mutter bringt er ins Gefängnis, um seine Ansprüche alleiniger Herrschaft durchzusetzen. Aristobul setzt die Expansionspolitik seines Vaters im Norden fort (↗ X.6, *Karte 18*), was eine verstärkte Siedlungsentwicklung Galiläas im 1. Jh. v. Chr. zur Folge hat (*J. Zangenberg, E. M. Meyers*). Er soll – folgt man Jos. Ant. XIII,301 – als erster auch den Titel »König« angelegt haben, was nicht unwahrscheinlich ist, sich aber vom Münzbefund (↗ Abb. 56) her erst mit der Aufschrift ΒΑΣΙΛΕΩΣ ΑΛΕΞΑΝΔΡΟΥ »(von) König Alexander« bzw. dem hebräischen Namen entsprechend YHWNTN HMLK »König Jonatan« ab der Regierungszeit seines Nachfolgers Alexander Jannai (103–76 v. Chr.) bestätigen lässt (*U. Hübner, E. Regev*).

Abb. 56: Ein in Jerusalem geprägter Silber-Obolus (wahrscheinlich um 312 v. Chr.), der auf der Vorderseite den Kopf Alexanders mit Elefantenkopfhaut darstellt. Die Rückseite zeigt die mit Schild und Speer kämpfende Göttin Athena und rechts unten einen Rinderkopf; sie trägt die Inschrift »<Alex>androu«.

Als Aristobul I. stirbt, befreit seine Witwe Salome Alexandra die gefangenen Brüder, heiratet den ältesten Bruder ihres verstorbenen Mannes und überträgt ihm die Herrschaft. Unter Alexander Jannai (103–76 v. Chr.), der sich jetzt als *König* und Hohepriester tituliert und ganz als hellenistischer Herrscher regiert, erreicht der Hasmonäerstaat seine größte Ausdehnung (↗ X.6, *Karte 18*). Er führt brutale Eroberungskriege, die mit Zwangsjudaisierung und der Vertreibung von Nichtjuden, die sich der Beschneidung widersetzten, einhergegangen sein sollen. Sein Herrschaftsgebiet umfasst jetzt ganz Galiläa, den Golan, das Ostjordanland bis an das Südende des Toten Meeres und das gesamte Westjordanland einschließlich Samaria, Idumäa und den Küstenstreifen mit den wichtigen Handelshäfen Gaza und Cäsarea Maritima (Stratonsturm). Einzig Aschkelon konnte seine Unabhängigkeit bewahren. In der Literatur wird die Ausdehnung häufig mit dem »davidischen« Großreich verglichen, das es so jedoch nicht gegeben hat (↗ IV.5). »Sein Reich war größer als das Einflussgebiet Davids je gewesen sein kann« (*O. Keel*, Jerusalem, 1260).

Dem außenpolitischen Erfolg stehen jedoch nicht zuletzt wegen der grausamen Herrschaft zunehmend Spannungen im Inneren gegenüber, die sich zu einem blutigen Bürgerkrieg auswachsen. Die Pharisäer, die nach Josephus schon unter Johannes Hyrkan I. (135/34–104 v. Chr.) Kritik an der hasmonäischen Vereinigung von Hohepriesteramt und *de facto* Königtum geäußert hatten, formieren sich zur Oppositionspartei (↗ VII.6.9). Sie versuchen mit Hilfe des Seleukiden Demetrius III. Eukairos (95–87 v. Chr.) den König zu verdrängen, was aber wegen dessen außenpolitischer Schwäche nicht dauerhaft gelingt. Josephus beschreibt die darauf folgende Rache Alexander Jannais an den Widerständigen als Ausübung brutaler Gewalt (Jos. Ant. XIII,380.410). Am Ende seiner Regierungszeit soll Alexander Jannai die Macht des Zorns der Pharisäer erkannt und auf dem Totenbett eine Änderung der Politik empfohlen haben (Jos. Ant. XIII,398–406). Wie viel davon Legende ist, bleibt angesichts der ambivalenten Sympathie des antiken Historikers für die Pharisäer im Dunkeln.

6.7 Salome Alexandra

Salome Alexandra (76–67 v. Chr.), die Frau Aristobuls und spätere Gemahlin Alexander Jannais (103–76 v. Chr.), übernimmt nach dessen Tod die Führung des Staates und sucht einen Ausgleich mit den Pharisäern. Diese unterstützen auch ihren Sohn Johannes Hyrkan II. (76–67/63–40 v. Chr.), den Alexandra Salome ersatzweise in das Amt des Hohepriesters einsetzt. Die Sadduzäer hingegen, die eine tempelzentrierte zadokidische Position vertreten (↗ VII.6.9), halten sich an dessen Bruder Aristobul II. (67–63 v. Chr.), der von Salome mit der militärischen Führung betraut ist. Mit dem Tod Salome Alexandras 67 v. Chr. bricht der Machtkampf zwischen den Brüdern aus, der erst durch das Eingreifen der Römer beendet wird. Aristobul II. bemächtigt sich eines großen Teils der militärischen Festungsanlagen, sodass Johannes Hyrkan II. zunächst unterlegen ist. Er verliert im Kampf bei Jericho die Führungsrolle, erhält aber dann Unterstützung durch den einflussreichen Idumäer Antipater und den Nabatäerkönig Aretas III. Da diesem ostjordanisches Territorium versprochen wird, greift er zugunsten Johannes Hyrkans II. Jerusalem an. Aristobul wird geschlagen und verschanzt sich mit einigen Sadduzäern im Jerusalemer Tempel. Auf die mit den Kämpfen verbundene Störung der politischen Ordnung reagiert die römische Staatsmacht durch das Eingreifen des römischen Feldherrn Pompeius, der bereits bis nach Syrien vorgedrungen war.

6.8 Das Eingreifen der Römer und das Ende des hasmonäischen Staates

Zunächst schicken sowohl Johannes Hyrkan II. (76–67/63–40 v. Chr.) als auch Aristobul II. (67–63 v. Chr.) Gesandte zu dem römischen Legaten Scaurus, damit dieser – unterstützt durch Geldzahlungen – zugunsten eines der beiden entscheidet. Scaurus gibt Aristobul II. den Vorzug und bewegt so die Nabatäer aus Furcht vor den Römern zum Rückzug aus dem regionalen Machtkampf. Das entschärft die Situation jedoch noch nicht. Nachdem in Antiochia der römische Feldherr Pompeius 64 v. Chr. die Seleukidenherrschaft endgültig mit der Absetzung Philipps II. (67–65 v. Chr.) beendet und Syrien in eine römische Provinz verwandelt hat, versuchen die Parteien erneut auf diplomatischem Weg, Einfluss zu nehmen. Nach Flavius Josephus tauchen 63 v. Chr. drei Gesandtschaften in Damaskus auf. Neben den Ansprüchen Aristobuls II. und Johannes Hyrkans II. versuchen die Pharisäer auf eine Trennung von weltlicher Herrschaft und Hohepriesteramt hinzuwirken. Auf Drängen der Pharisäer zieht Pompeius mit seinem Heerführer Gabinius in Jerusalem ein und nimmt Judas Aristobul II. gefangen. Den verdrängten Johannes Hyrkan II. (63–40 v. Chr.) setzt er als Hohepriester wieder in sein Amt ein. Die weltliche Herrschaft allerdings wird ihm 57 v. Chr. entzogen. Auch wenn seine politische Führungsrolle durch Julius Cäsar noch einmal formal bestätigt wird, kommt die Phase eines eigenständigen Hasmonäerstaates mit Johannes Hyrkan II. endgültig an ein Ende. Judäa steht ab jetzt unter römischer Herrschaft. Das Herrschaftsgebiet des Hasmonäerstaates wird erheblich beschnitten und durch die Ausgliederung der ostjordanischen Dekapolisstädte wie der Küstenstädte beträchtlich in der wirtschaftlichen Leistungsfähigkeit geschwächt. Auch dem unter Johannes Hyrkan I. (135/34–104 v. Chr.) annektierten Samaria wird die Eigenständigkeit als Stadt zurückgegeben und der Kult auf dem Garizim wieder aufgenommen. Als 40 v. Chr. die Parther einfallen, werden Johannes Hyrkan II. die Ohren abgeschnitten und er so für das Hohepriesteramt untauglich gemacht (Lev 21,18). Ein letzter Hasmonäer Mattathias Antigonus (40–37 v. Chr.) übernimmt für wenige Jahre bis zu Herodes das Amt, doch wird er bei der Eroberung Jerusalems 37 v. Chr. abgesetzt, nach Antiochia verbracht und dort getötet (↗ VIII.3). Johannes Hyrkan II. wird zunächst von Herodes d. Gr. (37–4 v. Chr.) aus der Gefangenschaft zurückgebracht, dann aber 31/30 v. Chr. auf dessen Befehl ebenfalls hingerichtet (Jos. Ant. XIV,80–369). Mit dem Tod Johannes Hyrkans II. endet der Einfluss der Hasmonäer auf die religiöse Führung des Volkes dann endgültig.

6.9 Religiöse Gruppierungen in der Hasmonäerzeit

Zu keinem Zeitpunkt sind eine Religion bzw. eine Gesellschaft ein monolithischer Block. Es gibt immer unterschiedliche Positionen, Richtungen und Gruppierungen, die die regionale Diversität und interne Pluralität bestimmen. Das 2. Jh. v. Chr. ist aber in besonderer Weise eine Phase der Diversifizierung in der Entwicklung des Frühjudentums. Das liegt zum einen daran, dass das Auseinandertreten von Positionen in den Quellen besonders deutlich hervortritt und etwa die Samaritaner, der *Yaḥad* in Qumran oder auch die Makkabäer in Selbst- und Fremdzeugnissen erscheinen, zum anderen an der spannungsreichen Entwicklung der zweiten Hälfte dieses Jahrhunderts, in dem Identität und Politik in besonderer Weise dynamisch aufeinander einwirken. Daher verbindet man in der Forschung die Ausbildung eines pluriformen Frühjudentums besonders mit der Hasmonäerzeit (aber ↗ VI.10).

Die häufig zu findende Bezeichnung »Sekten« oder »Religionsparteien« erweckt den Eindruck, dass es sich um Selbstbezeichnungen von Gruppen mit festen Außengrenzen und klaren Kriterien einer Zugehörigkeit handelt. Die Engführung auf Pharisäer, Sadduzäer und Essener bestärkt zudem die falsche Vorstellung, es habe nur diese drei Gruppierungen gegeben. Dieser Gesamteindruck wird allerdings eher durch die spätere (tendenziöse) Rezeption und die antiken wie rabbinischen Quellen hervorgerufen, denn weder für die Sadduzäer, noch die Pharisäer oder Essener gibt es zeitgenössische emische Quellen, die das Selbstbild spiegeln würden. In Wirklichkeit war die Vielfalt der Positionen und die soziologische Pluriformität größer (*A. Baumgarten, J. C. VanderKam, H. Najman*). Es ist unklar, ob, wann und von wem genau Pharisäer, Sadduzäer und Essener als Selbstbezeichnung gewählt wurde. Hauptquelle für die Beschreibung ist Josephus, der von drei jüd. *philosophíai* oder *hairéseis* »Philosophenschulen«, »Gruppen, Sekten« im jüdischen Volk spricht und darunter Pharisäer, Sadduzäer und Essener zählt (vgl. Jos. Ant. XIII,171–173.288–298; XVIII,11–17; Jos. Bell. II,119. 162–166).

Während in der obigen Darstellung die Vernetzungen der Gruppierungen mit der wechselvollen Politik der Hasmonäer dargestellt wurde, soll jetzt noch einmal auf die wichtigsten Gruppierungen einzeln eingegangen werden.

(a) Pharisäer

Der Name »Pharisäer« (griech. Φαρισαῖος) leitet sich wahrscheinlich von dem hebräischen Verb *prš* »(sich) absondern« ab, wobei schon unklar ist, wovon sich die Pharisäer absonderten (von Unreinheit, von einer existierenden Gemeinde, von der Gesetzlosigkeit?). Der Name kommt im griechischen AT und auch in zeitgenössischen Quellen des 2. Jh.s v. Chr. nicht vor. Als Selbstbezeichnung ist Φαρισαῖος für Paulus in Apg 23,6 (vgl. Apg 26,5; Phil 3,5) belegt, selten danach im rabbinischen Schrifttum. Die Anfänge der Pharisäer liegen im Dunkeln, werden aber gewöhnlich in der Hasmonäerzeit in der Mitte des 2. Jh. v. Chr., seltener früher (*J. Schaper*), vermutet. Historisch haben Pharisäer und Essener vielleicht denselben Ursprung in der Gruppe, die als die *ḥasidîm* »die Frommen« gr. Ασιδαῖοι »Asidäer/Hasidäer« (1 Makk 2,42; 7,13; 2 Makk 14,6) bezeichnet werden, doch ist auch die Existenz der »Chasidim« als Gruppe sehr unsicher (*G. Stemberger*). Da die Pharisäer nach Josephus (Jos. Ant. XIII,288–298) die hasmonäische Verquickung von politischer Führung und Hohepriesteramt (1 Makk 14,41–49) kritisiert haben und diese hierokratische Position vor allem in priesterlichen Texten zum Ausdruck kommt (↗ VII.4.3 u. VII.6.5), ist der »Pharisäismus« oft als Laienbewegung mit einer antimonarchischen Tendenz charakterisiert worden. Als pharisäische Position wird dann skizziert, dass sie gegenüber der Konzentration auf die Jerusalemer Priesterschaft auf die Heiligkeit und Reinheit des *ganzen* Volkes gerichtet ist und damit die Toraobservanz »demokratisiert«. Zum Bruch der Pharisäer mit Johannes Hyrkan I. (135/34–104 v. Chr.) sei es wegen der Auseinandersetzung um das Hohepriesteramt gekommen. Sowohl die Positionsbestimmung als auch die Einordnung sind in jüngerer Zeit zu Recht hinterfragt worden, da die Belege dafür in den Quellen mehr als dünn bleiben (*B. Eckhardt*). Man wird sich eingestehen müssen, dass über pharisäische Positionen im 2. und 1. Jh. v. Chr. fast nichts bekannt ist und das Meiste aus Rückprojektionen aus späterer

Zeit stammt. Da die Pharisäer nach dem jüdischen Krieg 70 n. Chr. eine entscheidende Rolle bei der Neukonstitution des rabbinischen Judentums spielen und sich dort erst das mit einem Bildungsbegriff verbundene charakteristische Schriftverständnis herausbilden, werden die soziologischen Charakteristika oft unzulässigerweise schon in die Zeit der Anfänge der Pharisäer übertragen.

(b) Sadduzäer

Ähnlich wie bei den Pharisäern ist auch bei den Sadduzäern die Quellenlage für das 2. Jh. v. Chr. dünn, Selbstzeugnisse fehlen ganz. Hauptquellen sind auch hier Josephus und das NT, wo die Sadduzäer als Gegenspieler Jesu auftauchen (Mt 3,7; Lk 20,27; Apg 5,17 u. ö.). Die Herkunft und Bedeutung des Namens (griech. Σαδδουκαῖοι) von hebr. *ṣdq* »gerecht sein« bzw. die Verbindung mit dem Eigennamen Zadok (2 Sam 15,24 u. ö.) wird in der Forschung kontrovers diskutiert. Dabei schwankt die Deutung zwischen einem Ehrentitel als Selbstbezeichnung oder zu Legitimationszwecken und einer polemischen Fremdbezeichnung pharisäischer Kreise gegen die hasmonäischen Hohepriester. Die Anfänge der Sadduzäer lassen sich mit den Auseinandersetzungen um die Führung in Jerusalem und der Absetzung Onias' III. (196–174 v. Chr.) bzw. mit dessen Sohn Onias IV. nach Ägypten verbinden (↗ VII.4.7). Josephus sieht Johannes Hyrkan I. (135/34–104 v. Chr.) sich den Pharisäern anschließen (Jos. Ant. XIII,288–298); die Episode wird im babylonischen Talmud unter Alexander Jannäus (103–76 v. Chr.) datiert (Qiddushin 66a).

Da nicht alle Sadduzäer Priester gewesen sind, sondern auch Angehörige der Jerusalemer Eliten sich den Sadduzäern zugerechnet zu haben scheinen, ist die Identifikation mit der Priestergruppe der Zadokiden eine Engführung, wenn auch eine Orientierung am Jerusalemer Tempel und eine priesterliche Dominanz für die Gruppe der Sadduzäer sicher scheinen. Damit verbindet sich eine konservative nationalstaatliche, am Tempel orientierte Ideologie. In der Forschung werden die Sadduzäer meist nur durch die Abhebung von den rivalisierenden Pharisäern (vgl. Jos. Ant. XIII,171–172.288–298) als Gruppe charakterisiert. Die Gruppencharakterisierung, die die Sadduzäer die Auferstehung der Toten leugnen lässt und ihren Kanon gegenüber der Breite der schriftlichen und mündlichen Überlieferung exklusiv auf die Tora engführt, ergibt sich erst aus späteren Quellen. Für die Hasmonäerzeit fehlen jegliche belastbare Hinweise. Dazu gehört auch die Vermutung, »Manasse« in dem qumranischen Pescher zu Nahum wäre als Anspielung auf die Sadduzäer zu verstehen, was häufig angenommen wurde, inzwischen aber mehrheitlich abgelehnt wird (*J. C. VanderKam*). Das gilt auch für die »Söhne Zadoks« als Bezeichnung der Sadduzäer.

(c) Essener und die Siedlung von Ḫirbet Qumrān

Anders als die Pharisäer und die Sadduzäer sind die Essener nicht in den neutestamentlichen Texten benannt, dafür aber ist die antike Quellenlage etwas besser und geht mit Philo (Quod omnis § 75–91; Hypothetica 11.1–8) und Plinius d. Ä. (Plin. Nat. V,73) über Flavius Josephus (Jos. Bell. II,119–161; vgl. auch Jos. Ant. XV,371–

379), von dem erneut die umfänglichste Charakterisierung stammt, hinaus. Dennoch liegen auch hier die Anfänge im Dunkeln und die Bezeichnung der »Partei« oder Bewegung als »Essener« hat sich nicht als Selbstbezeichung in Texten erhalten. Wie die Frühgeschichte bleibt die Herleitung der Bezeichnung unklar. Die Vorschläge umfassen einen Zusammenhang mit »Frömmigkeit« (vgl. aram. *ḥasayyaʿ*), »Heiligkeit« (vgl. aram. *ḥzn* und *hosiotes, hosioi* bei Philo), »Heilung« (vgl. aram. *asayyaʿ* und *therapeutai* bei Philo) oder dem Ort Essa in der Region Damaskus. Ein direkter Zusammenhang mit der Siedlung am Toten Meer ist nicht zu erweisen, auch wenn Plinius eine Essener-Siedlung bei En-Gedi erwähnt, was die Zuordnung von Qumran zu den Essenern schon früh maßgeblich geleitet hat. Doch die in Qumran gefundenen Texte selbst bieten keine eindeutigen Hinweise auf die Essener, weshalb die sog. Essener-Hypothese, die die Besonderheiten der Schriften entweder mit den Charakteristika des *yaḥad*, der Gemeinschaft von Qumran gleichsetzt, oder aber die Gemeinschaft von Qumran anhand der Angaben bei Josephus beschreibt, inzwischen vielfach abgelehnt wird. Lediglich für einzelne (allerdings gewichtige) Texte wie die sog. Sektenregel (1QS), das Fragment 4QMMT oder die Damaskusschrift (CD) wird ein Bezug weiter intensiv diskutiert. Dabei werden aus der Damaskusschrift oft die Hypothesen für die Entstehung der Essener im 2. Jh. v. Chr. abgeleitet. Während dabei in der Regel angenommen wird, dass sich eine bestimmte Gruppe von Essenern aufgrund von Konflikten mit den Makkabäern bzw. Hasmonäern in die judäische Wüste zurückgezogen haben, sieht *E. Regev* die Wurzeln der Essener erst in der Qumrangemeinschaft. *S. Mason* hingegen lehnt jede Verbidnung zwischen den bei Flavius Josephus skizzierten Essenern und Qumran aus methodologischen Gründen ab.

Folgt man den jüngeren Interpretationen des archäologischen Befundes (↗ VII.6.2), wurde die erstmalig in der Eisen IIB-Zeit bis 586 v. Chr. besiedelte Anlage in Qumran am Nordende des Toten Meeres in der späten Regierungszeit Johannes Hyrkans I. (135/34–104 v. Chr.) wieder besiedelt und ausgebaut. In der ersten, vielleicht noch säkularen Phase (*J. Humbert*) wurden die eisenzeitlichen Strukturen wieder genutzt und ausgebaut. Später in der Zeit Alexander Jannais (103–76 v. Chr.) wurde die Anlage durch einen großen Wachturm und andere Gebäude erweitert. Die 100x80 m große Anlage umfasst Lagerräume, Werkstätten für Keramik, Produktionsräume ebenso wie Wasserinstallationen, Zisternen, Ritualbäder und einen großen Versammlungsraum. Wegen dieses 10 qm^2 großen auch als Speisesaal für ca. 200 Personen genutzten Versammlungsraums wurde sie in den Anfängen als »Kloster« gedeutet, was heute nicht mehr vertreten wird. Ein größerer Teil der Bewohner hat zudem nicht in der Anlage selbst gewohnt, sondern vielleicht in der näheren Umgebung in Höhlen und Zelten (*J. Zangenberg*). Auch wenn dafür nur wenige archäologisch verwertbare Spuren zu finden sind, deutet nicht nur eine große Zahl an Höhlen darauf hin, in denen (die gleiche) Keramik gefunden wurde, sondern auch der große Friedhof mit über 1000 Bestattungen von Männern *und* Frauen (auffallend ohne Ossuarien für Zweitbestattungen). Dass es sich »nur« um eine landwirtschaftlich genutzte römische *villa rustica* gehandelt hat (*P. Donceel-Voûte/R. Donceel*), kann den Zusammenhang mit den Schriftfunden und die auf Reinheitsbedürfnisse ausgerichteten Wasserinstallationen nicht schlüssig erklären (*J. Magness*). Das gilt auch für die Deutung als militärische Festung (*N. Golb*), die sich an dem großen zweistöckigen Turm festmacht. Ein Zusammenhang mit einer religiösen Gemeinschaft, wahrscheinlich einer (nicht unbedingt homogenen) Gruppe von Essenern bzw. essenischen Siedlern, die sich von dem 21 km westlich gelegenen Jerusalem abgewandt und in das untere Jordantal bzw. die Uferzone des Toten Meeres abgesetzt haben, ist damit nach wie vor die plausibelste Annahme. Allerdings besteht über die genaue Datierung der »essenisch« oder »sektarisch« genannten religiösen Gemeinschaft in Qumran von ca. 150–200 Personen keine Einigkeit. Sicher ist die zweite Hälfte des 1. Jh.s v. Chr., möglich aber auch schon ein früheres Datum um 100 v. Chr. Nach wie vor nicht völlig geklärt ist auch, wie sich die Anlage in Qumran zu den 3 km südlich gelegenen Werkstätten und den Dattel- und Balsamplantagen in *ʿAin Feskha* sowie zu den südlicheren Siedlungen in *ʿĒn Boqēq* und En-Gedi verhält, auch wenn inzwischen akzeptiert ist, dass die Siedlung *Ḫirbet Qumrān* in die regionale Ökonomie (Landwirtschaft, Handwerk und Handel) integriert und keinesfalls isoliert war.

Nach einem Brand 9./8. v. Chr. (*J. Magness*) wird die zerstörte Anlage unter Archelaus (4 v. Chr.–6 n. Chr.) wieder aufgebaut und weiter genutzt, bis sie 68 n. Chr. im Kontext des jüdischen Kriegs von Flavius Vespasian zerstört und nicht weiter von Essenern besiedelt wird. Es schließt sich eine kurze Nutzungsphase an, in der die wieder aufgebaute Anlage als römische Garnison während der Belagerung Masadas weitergenutzt worden ist (↗ VIII.6.4).

Aus der zweiten Nutzungsphase um die Zeitenwende stammt das sog. Scriptorium, der Raum, in dem Schreibutensilien gefunden wurden. Ein Zusammenhang zwischen Siedlung und der Produktion der Rollen wird daher von den meisten Interpreten angenommen, auch wenn ein solcher streng genommen sehr unsicher bleibt. Die erstmals 1947 aufgetauchten Rollen wurden nicht in der Siedlung gefunden, sondern in 11 (seit 2017: 12) nahegelegenen Höhlen, die zum Teil schwer erreichbar künstlich in den Mergelterassen angelegt waren. Zumindest ein kleiner Teil der insgesamt über 10.000 Fragmente, die zu ca. 900 Rollen (überwiegend → Pergament, etwa 10 % → Papyrus, ein Dokument auf Kupferblech) gehören, scheinen in Qumran selbst geschrieben worden zu sein, worauf auch wenige Stücke leeres Pergament aus Qumran aus dem Antikenhandel hindeuten. Zuletzt 2014 wurde der Bestand der Texte aus Qumran noch einmal leicht erweitert, als neun Phylakterien/Tefillin aus Leder geöffnet wurden, die kleine Stücke beschriftetes Pergament (mit dem Dekalogtext) enthielten (*Y. Adler*). In der 2017 entdeckten zwölften Höhle fanden sich außer zerbrochenen Krügen und etwas Pergament keine weiteren Rollen (*O. Gutfeld*). Während einige Rollen mit hoher Wahrscheinlichkeit in Qumran geschrieben wurden (auch wenn die Bezeichnung »Skriptorium« für den Raum mit Tischen und Schreibutensilien wohl eher unzutreffend ist), sind andere Rollen sicher älter als die Siedlung und wurden von den Siedlern mitgebracht oder während der jüdischen Aufstände dort versteckt. In Höhle 1 wurden die Rollen in charakteristischen Krügen aufbewahrt (↗ Abb. 57); ähnliche Keramik wurde in der Nähe von Jericho und Masada gefunden (*R. Bar-Nathan*).

Auch die überwiegend lokal produzierten Keramiktypen der Wohnhöhlen und der Siedlung (unter denen das Fehlen römischer *Terra Sigillata* ebenso auffällt wie der Import von Stücken, die in Jerusalem produziert wurden) zeigen Paralle-

Abb. 57: Typische Krüge aus Qumran aus Höhle 1 zur Aufbewahrung der Schriftrollen.

len zur judäischen Keramik im unteren Jordangraben und den anderen Siedlungen am Westufer des Toten Meeres.

Die in Qumran gefundenen Handschriften umfassen etwa 200 Abschriften biblischer Bücher, sowie Übersetzungen, Kommentare, Paraphrasen, teils in Qumran entstandene und auf die Gemeinschaft bezogene (sog. »sectarian«) und teils von der Gemeinschaft unabhängige (sog. »non-sectarian«) Schriften. Die Rollen datieren überwiegend zwischen der Mitte des 3. Jh. v. Chr. und 70 n. Chr. Das älteste Rollenfragment ist 4Q17, das Teile von Exodus und Levitikus enthält und um 250 v. Chr. datiert. Alle alttestamentlichen Bücher außer Ester und Nehemia sind in Fragmenten oder vollständig belegt, besonders häufig die Psalmen (40 Rollen und Rollenfragmente), das Deuteronomium (29) und der Prophet Jesaja (21). Der »Beliebtheit« dieser Bücher in Qumran entspricht die starke Rezeption dieser Bücher im Neuen Testament. Neben den biblischen Büchern sind sog. Apokryphen (Jubiläenbuch, Henochliteratur) mehrfach belegt. Die Manuskripte sind in Althebräisch (überwiegend assyrische Quadratschrift), Aramäisch (ca. 70, davon 22 vor-qumranische Traditionen spiegelnde Texte) und Griechisch (8 biblische Texte) verfasst. 12 biblische Manuskripte benutzen die archaisierende paläohebräische Schreibweise, die in Bibelmanuskripten sonst nur für das Tetragramm gebraucht ist. Ausgesprochen bedeutsam ist, dass in Qumran unterschiedliche Textformen nebeneinander belegt sind (z. B. für das Jeremiabuch). Neben sog. protomasoretischen Handschriften, d. h. Handschriften mit Textformen, die älter sind als die masoretische Tradition, finden sich protosamaritanische und solche, die die hebräische Vorlage für den Septuaginta-Text enthalten könnten oder ihr nahe stehen (*E. Tov, A. Lange*). Wie bereits oben erwähnt, findet sich die Unterscheidung in »sectarian« und »non-sectarian«, um die Schriften zu markieren, die der Gemeinschaft von Qumran zugeordnet werden können. Die Qumraner bildeten allerdings religionssoziologisch keine Sekte, weshalb die Bezeichnung »sectarian« von manchen Forschern zu Recht abgelehent wird. Von anderen wird sie jedoch weiter neutral verwendet (*S. Stern*), um die linguistischen Besonderheiten der Texte sowie den Bestand der Ideen und Konzepte, die für die Qumran-Gemeinschaft leitend und identitätsstiftend waren, zu umreißen.

VIII. Geschichte Israels in römischer Zeit – Ein Ausblick

M. Bernett, Der Kaiserkult in Judäa unter den Herodiern und Römern (WUNT 203), Tübingen 2007 • K. Bringmann, Geschichte der Juden im Altertum, Stuttgart 2005 • W. Eck, Rom und Judaea, Tübingen 2007 • B. Eckhardt (Hg.), Jewish Identity and Politics between the Maccabees and Bar Kokhba (JSJ.S 155), Leiden u. a. 2012 • K. Erlemann u. a., Neues Testament und Antike Kultur Bd. 1–5, Neukirchen-Vluyn 2007 • H. Frankemölle, Frühjudentum und Urchristentum, Stuttgart 2006 • L. L. Grabbe, First Century Judaism, London 1995 • E. M. Meyers/ M. A. Chancey, Archaeology of the Land of the Bible. 3, New York 2013 • B. Ritter, Judeans in the Greek Cities of the Roman Empire (JSJ.S 170), Leiden u. a. 2015 • E. Schurer/G. Vermez, The History of the Jewish People in the Age of Jesus Christ 1, Edinburgh 1973 • C. Seeman, Rome and Judea in Transition, New York u. a. 2013 • P. Tomson/J. Schwartz (Hg.), Jews and Christians in the First and Second Centuries, Leiden 2014 • C. Weikert, Von Jerusalem zur Aelia Capitolina (Hypomnemata 200), Göttingen 2016 • J. Wilker, Für Rom und Jerusalem, Frankfurt 2007.

Der Überblick über die Geschichte Israels könnte hier enden, nicht weil die Geschichte Israels endet, sondern weil die Texte des AT abgesehen von wenigen Ausnahmen keinen Bezug auf Ereignisse nach 63 v. Chr. nehmen. Daher ist die weitere jüdische Geschichte unter römischer Herrschaft bis zum Bar-Kochba-Aufstand 135 n. Chr. (im Theologiestudium) traditionell Gegenstand der *neutestamentlichen Zeitgeschichte*. Zu den Ausnahmen gehört aber beispielsweise das griechische Buch der Weisheit, das erst nach der Verdrängung des Marcus Antonius durch den späteren Cäsar Octavianus Augustus entstanden ist. Diese macht man gewöhnlich an der Eroberung Alexandrias (30 v. Chr.) fest. Um die Kontinuität der Geschichte des »biblischen« Israel auch in römischer Zeit zu unterstreichen, sei daher ein knapper Ausblick bis 135 n. Chr. angeschlossen.

1. *Neuordnung Palästinas unter römischer Herrschaft*

W. Eck, Judäa – Syria Palästina (TSAJ 157), Tübingen 2014; W. C. Schneider, Die römische Eroberung von Syrien und Palästina, in: K. Erlemann u. a. (Hg.), Neues Testament und Antike Kultur Bd. 1, Neukirchen-Vluyn 2011, 184–188.

Mit der Liquidierung des Seleukidenreichs und der Eingliederung des hasmonäischen Königtums verbindet Pompeius eine grundlegende Neuordnung der Grenzen Palästinas durch die Einrichtung der Provinz Syria (↗ X.6, *Karte 19*). Die Küstenstädte und die ostjordanischen Städte der späteren Dekapolis (Dion, Hippos, Gadara, Pella, Gerasa, Amman) werden direkt dem Provinzstatthalter Scaurus unterstellt und können sich so in der Folgezeit zu einem wichtigen Machtfaktor entfalten. Judäa bleibt zunächst teilautonom: Der Hohepriester hat Jurisdiktions- und Exekutivgewalt, bleibt aber zugleich vollständig abhängig von Rom. Unter dem zweiten Statthalter Gabinius (58–54 v. Chr.) wird (als Folge des Aufstands Alexanders, ↗ VIII.2) der Einfluss des Hohepriesters durch die Bildung von fünf Verwaltungsbezirken mit fünf lokalen Gerichtsbarkeiten (Jerusalem, Gazara [Geser]/Judäa, Jericho, Sepphoris/Galiläa, Amanthous/Peräa) weiter auf den kultischen Bereich eingeschränkt. Das Steueraufkommen, das auch die Finanzierung der römischen Truppen im Lande sichert, wird von römischen Pächtern eingetrieben.

2. *Die Aufstände Alexanders und Antigonus'*

Schon bald kommt es zu ersten prohasmonäischen Aufständen gegen Aulus Gabinius (58–54 v. Chr.), den Statthalter und Prokonsul der römischen Provinz Syrien. Der durch den Eingriff der Römer zurückgedrängte Aristobul II. (67–63 v. Chr.) war mit seinen Söhnen von Pompeius in Geiselhaft nach Rom verbracht worden, jedoch nach gelungener Flucht 57 v. Chr. nach Judäa zurückgekehrt. Sein Sohn Alexander versucht, bestärkt durch anfängliche militärische Erfolge in Judäa, die Macht und Königswürde in Jerusalem zu erobern, wird aber von dem späteren Triumvir Marcus Antonius – unterstützt von dem Strategen Antipater, der auf der Seite des Hohepriesters Hyrkan steht – geschlagen und flieht in die hasmonäische Festung Alexandreion. Gabinius lässt daraufhin die hasmonäischen Festungen Machärus, Hyrkania und Alexandreion zerstören und schwächt – um weiteren prohasmonäischen Versuchen der Wiedererrichtung des Königtums einen Riegel vorzuschieben – die Position der Führungskräfte in Jerusalem.

Zusammen mit seinem Vater Aristobul II. versucht Antigonus, ein Bruder Alexanders, in der Folgezeit (56 v. Chr.) erneut den Aufstand gegen die römische Macht, doch muss sich Aristobul II. in der zerstörten Festung Machärus bald ergeben und wird erneut nach Rom verbracht.

3. *Judäa nach dem Sieg Cäsars*

Während der Auseinandersetzungen zwischen Julius Cäsar und Pompeius ab 49 v. Chr. unterstützen Johannes Hyrkan II. (76–67/63–40 v. Chr.) und Antipater den aufstrebenden Herrscher im Kampf in Ägypten und werden anschließend für ihre Loyalität belohnt.

Johannes Hyrkan II. wird zum Ethnarchen und »Freund Roms« ernannt. Antipater erhält das römische Bürgerrecht und wird zum Prokurator erhoben. Die freie Religionsausübung in Judäa und den → Diasporagemeinden im Römischen Reich wird zuerkannt. Die wirtschaftlich bedeutende Hafenstadt Jafo/Joppe wird wieder dem Machtbereich des Hohepriesters zugewiesen, was das Steueraufkommen merklich steigert. Antipater führt unmittelbar eine Verwaltungsreform durch, wobei er seine Söhne zu Strategen macht: Herodes in Galiläa und Phasaël in Judäa-Peräa. Nach der Ermordung Julius Cäsars 44 v. Chr. wird die Lage in Judäa noch unruhiger, angetrieben durch die verschärfte steuerliche Ausbeutung, die die Unterstützung der Cäsarenmörder Cassius und Brutus durch Antipater erfordert hatte. Mit Hilfe der Parther drängt der Hasmonäer Antigonus Mattatias (40–37 v. Chr.), ein Sohn Aristobuls II. (67–63 v. Chr.), an die Macht in Jerusalem und setzt sich an die Stelle des zuvor verstümmelten Hohepriesters Hyrkan II. Herodes kann nach Rom entkommen, nachdem er seine Familie auf der Festung Masada am Toten Meer in Sicherheit gebracht hat. Da Rom einen Verbündeten gegen die Parther braucht, wird Herodes 40 v. Chr. vom Senat als *rex socius et amicus populi* zum König von Judäa (40/37–4 v. Chr.). Das → Klientelkönigtum bedeutete eine weitgehende Autonomie, solange die Interessen Roms gewahrt blieben. Mit Herodes endet die Herrschaft der Hasmonäer und das letzte dynastische Königsgeschlecht, die nach Herodes d. Gr. benannten Herodianer, betritt die von den Römern dominierte Bühne. Auch wenn die Hasmonäer jetzt weder direkten politischen Einfluss haben noch mehr das Hohepriesteramt bekleiden, bleibt ihr Einfluss stark, was in der Regierungszeit des Herodes zu Spannungen führt.

Liste der Herodianer	
Herodes d. Gr.	37–4 v. Chr.
Archelaus	4 v. Chr.–6 n. Chr.
Herodes Antipas	4 v. Chr.–39 n. Chr.
Philippus	4 v. Chr.–33/4 n. Chr.
Herodes Agrippa I.	39–44 n. Chr.
Julius Agrippa II.	50 (?)–92/3 n. Chr.

4. *Herodes der Große*

D. T. Ariel/J.-P. Fontanille, The Coins of Herod (AJEC 79), Leiden u. a. 2012 • E. Baltrusch, Herodes, München 2013 • J. Curran, The Herods between Rome and Jerusalem: JSJ 45, 2014, 493–522 • E. Dąbrowa (Hg.), Herodes und Rom, Stuttgart 2007 • dies. (Hg.), Herodes und Jerusalem, Stuttgart 2009 • dies., The Hasmoneans and their State, Krakau 2010 • L.-M. Günther, Herodes der Große, Darmstadt 2012 • Herod the Great (Special Issue): NEA 77, 2014 • Herodes, WUB 70, 2013 • A. Lichtenberger, Die Baupolitik Herodes des Großen (ADPV 26), Wiesbaden 1999 • A. K. Marshak, The Many Faces of Herod the Great, Grand Rapids 2015 • E. Netzer, Die Paläste der Hasmonäer und Herodes' des Großen, Mainz 1999 • ders., The Architecture of Herod, the Great Builder, Tübingen 2006 • R. Porat u. a., Herodium Vol. 1, Jerusalem 2015 • E. Regev, Inside Herod's courts: JSJ 43, 2012, 180–214 • G. Vermes, The true Herod, London 2014 • M. Vogel, Herodes, Leipzig 2002 • R. Wenning, Das Grab Herodes des Großen: WUB 45, 2007, 68f.

Nach harten Kämpfen in Idumäa und Galiläa kann sich Herodes erst 37 v. Chr. mit der Unterstützung römischer Truppen gegen Antigonus (40–37 v. Chr.) durchsetzen. Da dieser bis zu seiner Hinrichtung in der Burg Baris erbitterten

Widerstand leistet, ist die Eroberung Jerusalems mit einem Blutbad verbunden, was die Position Herodes' bei den Anhängern der Hasmonäer schwächt. Daran kann auch die während der Belagerung Jerusalems vollzogene Heirat mit der Hasmonäerin Mariamne, einer Tochter Alexanders (↗ VIII.2), nichts ändern.

4.1 Das Zerrbild des Despoten Herodes

Die Quellen, vor allem das NT (die Legende vom Kindermord in Betlehem Mt 2,16) und Josephus, zeichnen Herodes als grausamen, willkürlich mordenden und rücksichtslosen Despoten. Dieses Zerrbild überlagert die historischen Leistungen einer langen Regierungszeit (37–4 v. Chr.), die das Gebiet seiner Herrschaft im Schatten Roms durch großes politisches Geschick in eine Zeit wirtschaftlicher Blüte führt. Herodes »verfügte über ein hohes Maß an Organisations- und Improvisationstalent, einen weiten Bildungshorizont und politische Weitsicht und Flexibilität« (*E. Otto*, Das antike Jerusalem, München 2008, 93).

4.2 Die Baupolitik des Herodes

Als sichtbarer Ausdruck seines politischen Erfolges gilt seine umfassende Baupolitik, die nach der Stabilisierung seiner Herrschaft einsetzt und durch hohe Steuerabgaben finanziert wird. Die zerstörten Festungen Hyrkania, Alexandreion und Machärus baut Herodes ebenso wie Masada mit prunkvollen Palästen aus. Auch das Herodeion in der Nähe von Betlehem gestaltet Herodes d. Gr. (37–4 v. Chr.) architektonisch sowohl als Festung sowie als Palast. Das ganze Land wird mit einem System von vergleichbaren Festungen überzogen. In Jericho, wo Herodes wegen des milden Klimas die Winter verbringt, entsteht eine luxuriöse Palastanlage. Der Seehandelsstützpunkt Stratonsturm wird unter dem Namen Cäsarea Maritima als hellenistische Polis mit einem Roma- und Augustustempel ausgebaut, ebenso Samaria mit einem Augustustempel unter dem Namen Sebaste. Repräsentative Prunkbauten wie Theater, Amphitheater, Hippodrom und Agora machen die Städte zu sichtbaren Symbolen herrschaftlicher Macht und ihrer Legitimation durch den »Herrscher der Welt« in Rom. Dabei ist Herodes nicht nur romtreuer Hellenist, sondern zugleich – und nicht nur aus politischem Kalkül – Judäer und gläubiger Jude, der sowohl die jüdische Tradition als auch die Gesetze mehr achtet, als dass er mit ihnen bricht. Das zeigt sich nicht zuletzt in seinem größten Bauprojekt, dem Jerusalemer Tempel.

4.3 Der herodianische Tempel in Jerusalem

Herodes d. Gr. (37–4 v. Chr.) gestaltet Jerusalem durch die hellenistische Architektur und die Festung Antonia nördlich des Tempelbezirks als Hauptstadt und Zentrum seiner Herrschaft aus. Besonders die Umgestaltung des Tempels (↗ Abb. 58) ab 20 v. Chr. bis 9/8 v. Chr. mit der Erweiterung des Tempelbezirks auf mehr als die doppelte Fläche, einer aus riesigen Quadersteinen gebauten massiven Umfassungsmauer (von außen sichtbar an der »Klagemauer« [»Western-Wall«, hebr. כותל *kôtel*] genannten heutigen Westmauer), Säulenhallen über den Außenmauern und neuen gestuften Aufgängen zum Tempelbezirk von Süden und Westen macht das Heiligtum zum sichtbaren Zentrum der Stadt (Handels- und Marktplatz und damit Mittelpunkt des öffentlichen Lebens) und der herodianischen Macht (dem Selbstverständnis Herodes' entsprechend in der Nachfolge Davids und Salomos).

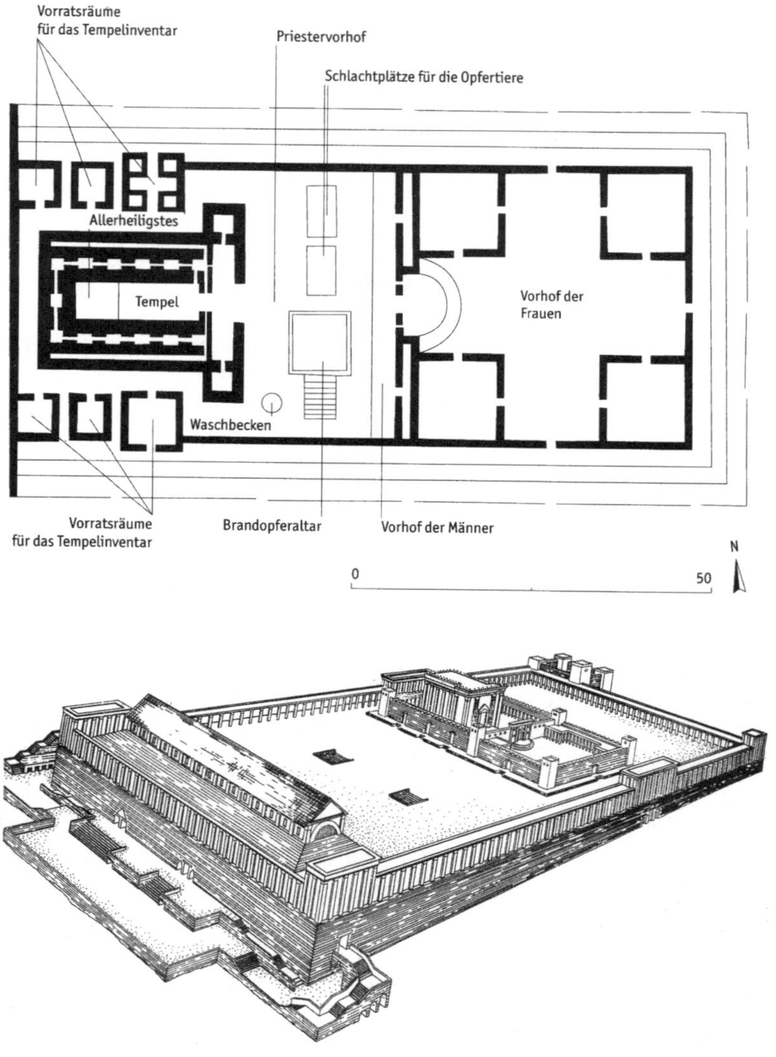

Abb. 58: Rekonstruktion des mit Säulen umstandenen herodianischen Tempelbezirks. Die Skizze zeigt den schematischen Aufbau der Tempelanlage mit Hauptbau, Nebengebäuden, Opferareal und den gegliederten Vorhöfen.

4.4 Konflikte um das politische Erbe des Herodes

Gegen Ende der Regierungszeit Herodes d. Gr. (37–4 v. Chr.) zeigen sich massive Spannungen am Königshof zwischen prohasmonäischen und proherodianisch-römischen Kreisen, die in wechselnden Koalitionen Ansprüche auf die Nachfolge erheben. Herodes reagiert mit Misstrauen und zielsicherem Interesse an der Erhaltung seiner Macht. So lässt er seine in Rom ausgebildeten Söhne Alexander und Aristobul 9/8 v. Chr. in Berytos/Beirut und schließlich den ältesten Sohn Antipater 5/4 v. Chr. kurz vor seinem eigenen Tod unter dem Verdacht des Hochverrats mit römischer Billigung hinrichten. Nachdem Herodes 4 v. Chr. gestorben und im Herodeion beigesetzt worden ist, brechen die Spannungen erneut offen aus. Das folgende Jahr ist von mehrfachen unkoordinierten Aufständen im Land gekennzeichnet (Judas, der Galiläer, in Sepphoris, Simon vom Ostjordanland aus Athronges in Emmaus), die durch Varus, den Statthalter von Syrien, brutal niedergeschlagen werden, um die öffentliche Ordnung halbwegs wiederherzustellen.

5. Die Nachfolger des Herodes

J. W. van Henten, Rebellion under Herod the Great and Archelaus, in: M. Popovič (Hg.), The Jewish Revolt against Rome (JSJ.S 154), Leiden 2011, 241–270 • T. Schumacher, Herrscher zur Zeit Jesu: WUB 70, 2013, 36–41 • D. R. Schwartz, Politische Verhältnisse, in: J. Schröter/C. Jacobi (Hg.), Jesus Handbuch, Tübingen 2017, 185–196 • G. Vermès, The True Herod, London 2014.

Da das → Klientelkönigtum von Rom aus personenbezogen ist, muss Archelaus, der von Herodes als Haupterbe für Judäa, Samaria und Idumäa eingesetzt worden ist, in Rom als Erbe bestätigt werden. Ebenso machen die Herodessöhne Philippus und Herodes Antipas ihre Ansprüche in Rom bei Kaiser Augustus (31 v. Chr.–14 n. Chr.) geltend. Da Archelaus bei einem Pascha-Fest in Jerusalem unmittelbar nach dem Tod des Herodes einen Aufstand der pharisäischen Parteigänger brutal niederschlägt, wird von pharisäischer Seite in Rom parallel die Eingliederung Judäas in die römische Provinz Syrien und die Unterordnung unter einen Statthalter gefordert. Augustus teilt die Herrschaft der Herodessöhne auf: Archelaus (4 v. Chr.–6 n. Chr.) wird zum Ethnarchen von Judäa, Samaria und Idumäa bestimmt, darf allerdings den Königstitel nicht mehr führen. Als Tetrarchien werden Herodes Antipas (4 v. Chr.–39 n. Chr.) Galiläa und Peräa und Philippus (4 v. Chr.–33/34 n. Chr.) die ostjordanischen Gebiete Trachonitis, Batanäa, Auranitis, Gaulanitis sowie Paneas/*Bāniyās* zugeteilt (↗ X.6, *Karte 19*).

5.1 Archelaus und die Neuorganisation in Judäa

Wegen seiner schlechten Regierungsführung, die mit Willkürakten wie der Absetzung des Hohepriesters Joazar verbunden ist, und einer Ehe mit Glaphyra, der Witwe seines hingerichteten Halbbruders Alexander, bringt Archelaus das

Volk und führende Kreise gegen sich auf. Die Intervention beim Kaiser ist erfolgreich und führt 6 n. Chr. zur Verbannung des Archelaus nach Gallien sowie zur Umwandlung seiner Tetrarchie in eine römische Provinz, die dem kaiserlichen Sonderbeauftragten Quirinius und damit direkter römischer Kontrolle unterstellt wird. Die Kapitalgerichtsbarkeit und Steuerhoheit liegen jetzt nicht mehr beim Synhedrion in Jerusalem, sondern bei dem Präfekten in Cäsarea Maritima. Andererseits erhält das Gremium, das aus 70 Mitgliedern besteht und an dessen Spitze der Hohepriester amtiert, weitreichende innenpolitische Kompetenzen als zentrales Organ der jüdischen Selbstverwaltung. Die Neuorganisation im Herrschaftsgebiet Archelaus' ist mit einer Steuerschätzung (Zensus) verbunden, die → anachronistisch in Lk 2,1–4 mit dem Jahr der Geburt Jesu (7/6 v. Chr.) in Zusammenhang gebracht wird. Der Zensus verstärkt antirömische Affekte, die nicht zuletzt wegen der hohen Steuerlast schon länger schwelten, und führte zur Gründung der zelotischen Bewegung. Begründet von Judas, dem Galiläer (Apg 5,37), bilden die Zeloten (Eiferer) eine Gruppierung, die sich auf der Grundlage einer radikal theokratischen Ideologie im bewaffneten Kampf für die politische Unabhängigkeit einsetzen.

5.2 Konflikte um den Kaiserkult unter Herodes Agrippa I.

Herodes Antipas (4. v. Chr.–39 n. Chr.), der in der Zeit des öffentlichen Auftretens Jesu von Nazaret in Galiläa herrscht, Sepphoris als hellenistische Residenz ausbaut und 19 n. Chr. Tiberias am Westufer des Sees Gennesaret neu erbauen lässt, wird 39 n. Chr. ebenfalls nach Gallien verbannt. Als Nachfolger wird Herodes Agrippa I. (39–44 n. Chr.) eingesetzt, der bereits nach dem Tod des Philippus dessen Herrschaftsgebiet und den Königstitel von Kaiser Caligula (37–41 n. Chr.) übertragen bekommen hat. Bei seinem Regierungsantritt kommt es in Alexandria zu Konflikten zwischen den → Diasporajuden und der hellenistischen Oberschicht, die Kaiserbilder in den Synagogen aufstellen lassen, um so die Romtreue der Juden zu erzwingen. Die schwere Verletzung der Autonomie wird von den Juden durch die Weigerung, das Kaiserbild zu verehren, beantwortet, was die Aberkennung von Rechten und Verfolgungen nach sich zieht. Der Zwang zum Kaiserkult, der von Caligula durch die Absicht unterstrichen wird, auch im Jerusalemer Tempel ein Kaiserstandbild aufzustellen, führt anschließend zu Konflikten im Kernland. Erst die tolerantere Religionspolitik von Kaiser Claudius (41–54 n. Chr.) bringt eine Beruhigung.

Claudius unterstellt Agrippa I. auch Judäa, Samaria und Idumäa, sodass er über das gesamte Gebiet des einstigen Königtums Herodes des Großen regieren kann (↗ X.6, *Karte 19*). Seine Herrschaft zielt auf die Förderung einer an den Tempel gebundenen nationalen Identität im Schatten Roms, und in diesen politischen Kontext muss auch die Verfolgung der frühen christlichen Jerusalemer Urgemeinde eingeordnet werden. Nach seinem Tod 44 n. Chr. wird das Gebiet wieder in eine prokuratorische Provinz umgewandelt, was sich als »gravierende Fehlentscheidung« (*B. Kollmann*) herausstellt, da es den Widerstand gegen Rom erheblich bestärkt. Sein im Jahr 28 geborener Sohn Julius Agrippa II. ist noch zu jung, um ihn aus Rom, wo er erzogen wird, als Herrscher nach Jerusalem zu holen. Er erhält erst eine Teilherrschaft zusammen mit der Aufsicht über den Jerusalemer Tempel und später sukzessive weitere Macht. Als römischer → Vasall beteiligt er sich 54 n. Chr. an dem Feldzug gegen die Parther, was sein Ansehen unter Vespasian erhöhte. Er bemüht sich um Schlichtung der Konflikte, sieht sich dann aber gezwungen, sich an der römischen Niederschlagung des jüdischen Aufstandes 66 n. Chr. zu beteiligen.

6. *Der Jüdische Krieg 66–70 n. Chr.*

A. M. Berlin/J. A. Overman (Hg.), The First Jewish Revolt, London 2002 • R. Deutsch, Jewish Coinage during the First Revolt against Rome, 66–73 CE, Tel Aviv 2017 • B. Eckart (Hg.), Jewish identity and politics between the Maccabees and Bar Kokhba (JSJ.S 155), Leiden u. a. 2012 • J. Hahn (Hg.), Zerstörungen des Jerusalemer Tempels (WUNT 147), Tübingen 2002 • M. Hengel, Die Zeloten (WUNT 283), Tübingen ^{3}2011 • S. Mason, A History of the Jewish War, Cambridge 2016 • M. Popović (Hg.), The Jewish Revolt Against Rome (JSJ.S 164), Leiden u. a. 2011 • C. A. Reeder, Gender, War, and Josephus: JSJ 46, 2015, 65–85 • E. Regev, Josephus, the Temple, and the Jewish War, in: J. Pastor/P. Stern (Hg.), Flavius Josephus, Leiden u. a. 2011, 279–293 • D. R. Schwartz/Z. Weiss (Hg.), Was 70 CE a watershed in Jewish history?, Leiden u. a. 2012 • J. J. Schwartz/P. J. Tomson (Hg.), Jews and Christians in the First and Second Centuries, Leiden 2018.

6.1 Hintergründe und Beginn der judäischen Erhebung

Auslöser und Hintergrund des jüdischen Kriegs sind nicht ein einzelnes Ereignis, sondern die Kumulation von Unzufriedenheiten mit der römischen Herrschaft, die sich schon in der Regierungszeit Herodes' d. Gr. verstärkt, aber sich seit dem Tod Agrippas I. (39–44 n. Chr.) immer wieder in Unruhen und Massenprotesten entladen. Da die erneute Unterstellung unter einen Statthalter in Cäsarea Maritima als Entmündigung empfunden wird, gewinnt die zelotische Bewegung enorm an Zulauf. Als sich der Statthalter Gessius Florus (64–66 n. Chr.) am Tempelschatz vergreift, um Steuerschulden zu begleichen, eskaliert die Situation in Jerusalem. Dem Statthalter gelingt es trotz Demonstration größter Härte (Plünderungen, Kreuzigungen) nicht, die aufgeladene Stimmung zu beruhigen, sodass schließlich – angeführt von Eleasar, dem Sohn des Hohepriesters Hannas/Ananias – der Tempelbezirk besetzt und das tägliche Opfer für den Kaiser eingestellt wird (Jos. Bell. II,409–410). Das kommt einem offenen Aufstand gegen Rom gleich.

Vermittlungsversuche Julius Agrippas werden aggressiv zurückgewiesen und dessen militärische Begleitung in der Zitadelle eingeschlossen. Menahem, der Sohn des Zelotengründers Judas (↗ VIII.5.1), zieht bewaffnet in Jerusalem ein und belagert die Zitadelle. Er lässt den romtreuen Hohepriester Hannas/Ananias töten, kann jedoch trotz der Einnahme der Burg Antonia, in der die römische Kohorte eingeschlossen ist, seinen Machtanspruch in Jerusalem nicht durchsetzen und wird von priesterlich-aristokratischen Anhängern Eleasars ermordet

(Jos. Bell. II,443ff). Damit kommt Eleasar eine wesentliche Rolle in der Aufstandsbewegung zu, was ihn als Befehlshaber in Idumäa prädestiniert (Jos. Bell. II,566).

6.2 Der militärische Widerstand der Zeloten

Die Welle der Gewalt und der ausgebrochene Parteienstreit schwappen von Jerusalem bald auf das ganze Land über und führen zu einem Bürgerkrieg zwischen romtreuen Hellenisten und national gesinnten antirömischen Juden. Der syrische Statthalter Cestius versucht vergeblich, in Jerusalem durch die Belagerung der Aufständischen die Ordnung wiederherzustellen, was aber misslingt und dem zelotischen Widerstand weiteren Auftrieb gibt. Der militärische Widerstand gegen den erwartbaren römischen Gegenschlag wird in den Hasmonäerburgen, die fest in der Hand der Zeloten sind, sowie in Jerusalem und Galiläa vorbereitet. In Jerusalem, dem Zentrum, steht der wegen der Ermordung des Jakobus 62 n. Chr. abgesetzte Hohepriester Hannas ben Hannas/Anaos an der Spitze, in Galiläa der Geschichtsschreiber Flavius Josephus, der den radikalen Kräften aber nicht energisch genug agiert und von dem Zeloten Johannes von Gischala der Kollaboration verdächtigt wird. Nachdem der Feldherr Flavius Vespasian zunächst Gamla und Gischala und schließlich die unter der Führung Josephus' Widerstand leistende galiläische Festung Jotapata eingenommen hat, wechselt Josephus die Seiten. Johannes von Gischala wird durch die Erfolge Roms aus Galiläa verdrängt und zieht nach Jerusalem, wo inzwischen auch sein Konkurrent, der Zelotenführer Johannes ben Giora, eingezogen ist. In den Bürgerkriegswirren, in denen der Hohepriester Hannas/Anaos ermordet wird, setzt sich die Jerusalemer Christengemeinde nach Pella ins Ostjordanland ab.

6.3 Das Eingreifen Roms und die Zerstörung des Tempels

Aus dem Bürgerkrieg und den politischen Wirren in Rom nach dem Selbstmord Neros geht schließlich Vespasian 69 n. Chr. als Kaiser hervor. Er beauftragt seinen Sohn Titus mit der Niederwerfung des Aufstandes in Judäa, der inzwischen durch den Eingriff römischer Truppen auf Jerusalem begrenzt worden war. Der römischen Belagerung können die Aufständischen nicht standhalten. Im Juni 70 n. Chr. fallen zunächst die Burg Antonia und wenig später der Tempelbezirk. Der Tempel wird geplündert, in Brand gesteckt und so vollständig zerstört. Bis heute gedenken Juden am Festtag Tischa beAv sowohl der ersten Tempelzerstörung 587/86 v. Chr. als auch der Zerstörung 70 n. Chr., die traditionell auf denselben Tag wie die erste Zerstörung, d. h. auf den 9. *Ab*, datiert wird (Mischna Traktat Taʾanit 4,6). Die Stadt Jerusalem wird von den römischen Truppen wegen des erbitterten Widerstands der Zeloten mit großer Härte und vielen blutigen Opfern gänzlich zerstört. Simon Bar Giora und Johannes von Gischala werden gefangen genommen und 71 n. Chr. zusammen mit den Kultgegenständen (Torarollen, siebenarmiger Leuchter/Menora, Schaubrottisch) aus dem Zweiten Tempel im Triumphzug nach Rom verbracht (Darstellung auf dem Titusbogen, Detail, ↗ Abb. 59).

a

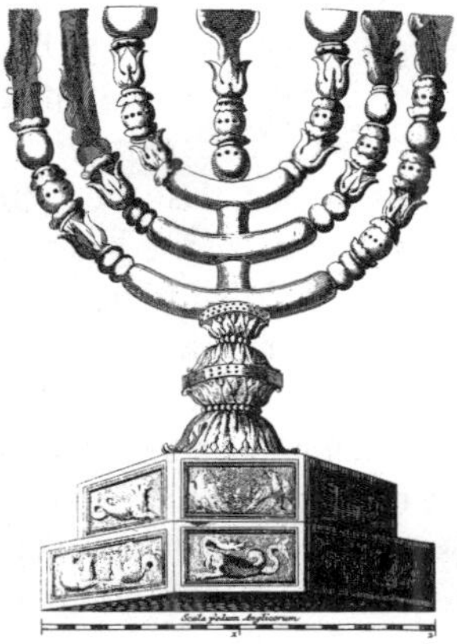

b

Abb. 59: Darstellung des Schaubrottisches inklusive der zwei Trompeten (a) und der Menora bzw. des siebenarmigen Leuchters (Aufsatz mit den sieben Armen und dem Blütenkranz über dem Sockel) (b) auf dem Titusbogen in Rom. Der eintorige Triumphbogen wurde vermutlich von Kaiser Domitian (81–96 n. Chr.) zu Ehren des Sieges von Kaiser Titus über die Aufständischen in Judäa auf dem Forum Romanum aufgestellt. Die sog. Beuteszene zeigt, wie römische Soldaten im Anschluss an die Eroberung Jerusalems (70 n. Chr.) den Jerusalemer Tempelschatz verschleppen. Die hier wiedergegebenen Zeichnungen hat der niederländische Orientalist Adrianus Reland zu Beginn des 18. Jh.s anfertigen lassen.

6.4 Masada

Nach dem Fall Jerusalems leisten die Zeloten in den hasmonäischen Festungen Herodeion, Machärus und Masada weiter Widerstand. Im Zuge der Niederschlagung des Aufstandes geht auch die Siedlung von Qumran in Flammen auf. In Masada verschanzt sich Eleasar ben Jaïr, ein weiterer Nachkomme des Gründers der zelotischen Bewegung. Um der Einnahme der Festung nach der aufwändigen römischen Belagerung durch den römischen Legaten Flavius Silva zu entgehen, begehen die Sikarier genannten Zeloten 74 n. Chr. kollektiven Selbstmord. Nach der Eroberung Masadas wird auch die während der Belagerung wiederaufgebaute und als Garnisonsstützpunkt genutzte Anlage in Qumran von den Römern verlassen.

6.5 Die Neuformierung des Judentums nach der Zerstörung des Tempels

Die Folgen für das Judentum sind nachhaltig und tiefgreifend sowohl in sozialer, politischer, wirtschaftlicher als auch in religiöser Hinsicht. Die → Diasporagemeinden, insbesondere die ägyptischen in Alexandria und Zyrene, haben sich Feindseligkeiten und Verfolgungen auszusetzen, weil ihnen eine Mitschuld am Widerstand gegen Rom angerechnet wird. Bestärkt wird das durch den Erfolg, den geflohene Zeloten zum Teil in den Diasporagemeinden mit ihren radikalen

Ansichten haben. Der Tempel von Leontopolis (↗ VII.4.7) wird geschlossen, viele Juden in Zyrene hingerichtet.

An einen Kult in der zerstörten Stadt Jerusalem, die als römisches Feldlager dient, ist nicht mehr zu denken. Mit hohem symbolischem Wert drückt das die Tatsache aus, dass die Tempelsteuer jetzt dem Jupiter Capitolinus in Rom zugute kommt. Das Synhedrion in Jerusalem wird aufgelöst und die Sadduzäer erleiden einen erheblichen Bedeutungsverlust, während die Tora als verbliebene Grundlage des Judentums stark aufgewertet wird. Die pharisäische Bewegung übernimmt die Führungsrolle im frühen Judentum, eng verbunden mit der Person von Jochanan ben Zakai in Jabne/Jamnia, das sich zu einem Zentrum jüdischer Gelehrsamkeit entwickelt. Die Entstehung des Rabbinats in tannaïtischer Zeit (so wird die Zeit von 70–ca. 225 n. Chr. genannt, in der die maßgeblich von Jehuda ha-Nasi zusammengestellte Gesetzesauslegung der Mischna entsteht) ist zwar komplexer, als dass sie auf Jabne eng geführt werden könnte, hat aber sicher eine ihrer Wurzeln in der Tempelzerstörung und deren Folgen.

Die Darstellung der Geschichte Israels mit der Tempelzerstörung zu beenden, birgt die Gefahr die jüdische Geschichte des Jahres 70 n. Chr. lediglich mit den Konnotationen der Katastrophe und des Endes zu verbinden und als Geschichte eines Abbruchs zu verstehen. Über viele Jahre hat man das aus christlicher Perspektive getan und von einem »Spätjudentum« gesprochen, wo man heute zu Recht von »Frühjudentum« spricht. Denn die Geschichte geht weiter (auch über die Gegenwart hinaus), weshalb ein letzter Blick auf den Bar-Kochba-Aufstand 132–135 n. Chr. geworfen sei, dessen genauere Umrisse allerdings im Dunkeln bleiben.

7. *Der Bar-Kochba-Aufstand 132–135 n. Chr.*

M. P. Ben Zeev, New Insights into Roman Policy on the Eve of the Bar Kokhba Revolt: JSJ 49, 2018, 84–107 • M. Küchler, Jesus von Nazareth und Schime'on ben Kosiba, in: P. von Gemünden/D. G. Horrell (Hg.), Jesus (NTOA 100), Göttingen 2013, 317–345 • L. Mildenberg, The Coinage of the Bar Kokhba War, Aarau 1984 • P. Schäfer (Hg.), The Bar Kokhba War Reconsidered (TSAJ 100), Tübingen 2003 • J. J. Schwartz/P. J. Tomson (Hg.), Jews and Christians in the First and Second Centuries, Leiden 2018 • M. Tilly, Der 2. Jüdische Krieg (Bar-Kochba-Aufstand), in: J. Schefzyk/W. Zwickel (Hg.), Judäa und Jerusalem, Stuttgart 2010, 96–99 • B. Zissu/E. Gass, The identification of biblical Achzib at Khirbet 'En El-Kizbe in the Judean Shephelah, and the origins of Shimon Bar Kokhba, in: A. M. Maeir/J. Magness (Hg.), »Go Out and Study the Land« (Judges 18:2) (JSJ.S 148), Leiden/Boston 2012, 377–426 • B. Zissu u. a., Archaeological Remains of the Bar Kokhba Revolt in the Te'omim Cave (*Mŭghâret Umm et Tûeimîn*), Western Jerusalem Hills: JJS 62, 2011, 262–283.

Während sich unter den Kaisern Titus (79–81 n. Chr.), Domitian (81–96 n. Chr.) und Nerva (96–98 n. Chr.) die Lage in Judäa so weit entspannt, dass sogar die erwähnte Steuer für den Tempel des Jupiter Capitolinus wieder aufgehoben wird, kommt es unter Trajan (98–117 n. Chr.) und Hadrian (117–138 n. Chr.) erneut zu Aufständen in den → Diasporagebieten und möglicherweise auch in Palästina. 2014 ist eine monumentale lateinische Inschrift aus dem Jahr 129/139

n. Chr. in Jerusalem aufgetaucht, die vielleicht auf einen Besuch Hadrians bei der zehnten Legion »Fretensis Antoniniana« in der Stadt Bezug nimmt. Die sekundär verbaute Inschrift (die vielleicht durch ein bereits aus dem 19. Jh. bekanntes Stück ergänzt werden kann) entstammt möglicherweise einem Triumphbogen im Norden der römischen Stadt, wo die Legion stationiert war (*R. Avner/R. Greenwald*). Vielleicht steht auch der Bau des erst 2017 entdeckten römischen Theaters mit dem erwarteten Besuch Hadrians in Verbindung. Das kleine Theater bzw. Odeon mit ca. 200 Plätzen wurde auf der Höhe des Wilson-Bogens unmittelbar vor die herodianische Ummauerung des Tempels gebaut, aber (wegen des Bar-Kochba-Aufstandes?) nicht vollendet.

Obwohl Hadrians Politik eher auf Ausgleich und Befriedung des Reiches ausgerichtet ist, bricht in Judäa ein Aufstand los, dessen Hintergründe nach wie vor nicht ganz klar sind. Weitestgehend ausgeschlossen werden kann ein in römischen Quellen erwähntes Beschneidungsverbot als Ursache, doch scheint der Plan, Jerusalem unter dem Namen Aelia Capitolina als römische Kolonie wieder aufzubauen und an der Stelle des Tempels ein Jupiterheiligtum zu errichten, zu den Auslösern des Aufstandes gehört zu haben. Anführer ist Simon Bar Kosiba, der vielleicht aus dem judäischen Achsib stammt, das B. Zissu/E. Gass auf der *Khirbet ʿĒn el-Kizbe* suchen. Die spätere Benennung Bar Kosibas (*kwsbh/kwśbh*) als Bar Koziba (*kwzbh*) »Lügensohn« ist darin vielleicht noch zu erkennen. Die Umbenennung als Bar Kochba »Sternensohn« könnte von Num 24,17 beeinflusst sein und auf den messianischen Anspruch seiner Herrschaft verweisen. Beide Namen könnten schon während der Revolte von Befürwortern und Gegnern benutzt worden sein. Sein Selbstverständnis, das sich in Texten aus Höhlen in der Nähe des Toten Meeres (*Wādī Murabbaʿāt/ Naḥal Ḥever*) und auf den Bar-Kochba-Münzen im Gebrauch des Ehrentitels »Fürst Israels« (hebr. *nāśîʾ*) zeigt (↗ Abb. 60), schließt sowohl an die Makkabäer, die Hasmonäer, die Zeloten als auch an Traditionen aus Qumran an, ist aber nicht von einem explizit messianischen Anspruch bestimmt. Wahrscheinlich wurde Simon aber bereits während des Aufstandes mit Num 24,17 in Verbindung gebracht. Ob hingegen der Stern bzw. die Rosette über der Tempelfassade auf den Bar-Kochba-Münzen, die meist auf römischen Münzen überprägt wurden, als Zeichen eines

Abb. 60: Münzen aus dem ersten (a) und zweiten (b) Jahr des Bar-Kochba-Aufstandes. (a) Amphore umgeben von der Inschrift »erstes Jahr der Befreiung/Erlösung Israels« sowie auf der Rückseite »Simon, Anführer/Oberster Israels« in einem Kranz; (b) Tempelfront mit der Lade oder dem Schaubrottisch im Zentrum; darüber ein Stern und an den Seiten die Aufschrift »Simon«, auf der anderen Seite Lulav und Etrog umgeben von der Inschrift »zweites Jahr der Befreiung Israels«.

messianischen Anspruchs und Rezeption von Num 24,17 zu deuten ist, ist stark umstritten. Andere Münzlegenden belegen einen Priester Eleasar, was den Zusammenhang der Revolte mit dem Plan zur Wiedererrichtung des jüdischen Tempels zeigt, der durch das Vorhaben der Etablierung eines römischen Jupitertempels verunmöglicht worden wäre.

Nach wie vor ist unsicher, wie weit der Aufstand reicht: Das Kerngebiet ist Judäa, wahrscheinlich ohne auf Galiläa auszugreifen. Wie weit es den aus dem Untergrund agierenden Aufständischen gelingt, nach anfänglichen militärischen Erfolgen gegen die Römer in Judäa auch Jerusalem in ihre Gewalt zu bringen, um den Neubau des Tempels zu betreiben, und wie weit sie den Anspruch eines autonomen Staates durchzusetzen vermögen, bleibt letztlich nicht sicher zu klären. Die wahrscheinlich außerhalb Jerusalems geprägten Münzen mit der Aufschrift »für die Befreiung Jerusalems« oder »Jerusalem« und einer stilisierten Tempelfassade mit der Bundeslade bzw. den Symbolen des Sukkot/Laubhüttenfestes (Lulav, der Zweig einer Dattelpalme, und Etrog, eine Zitrusfrucht) weisen dieses Ziel jedoch klar aus. Von Hadrian wird der Aufstand zudem als so schwerwiegend eingestuft, dass er nach Misserfolgen seines Statthalters Tineius Rufus den Feldherrn Sixtus Julius Severus von Britannien nach Judäa entsendet, der den Aufstand niederschlägt. Die Aufständischen verbergen sich in unzugänglichen Gebieten und Höhlen, unter anderem in der Nähe von *Khirbet ʿĒn el-Kizbe* in *Meʾarat Haʾ Teomim*, wo 2009 ein → Hortfund mit über 80 Bar Kochba Münzen gefunden wurde (*B. Zissu u. a., B. Zissu/E. Gass*). Bar Kochba wird dann wahrscheinlich im Kampf um die Festung Bethar (*Tel Betar/Bĕttēr/Ḫirbet el-Yahūd*) in der Nähe von Jerusalem getötet und vielleicht schon früh (spätestens aber im Talmud) wegen seines Misserfolgs als Bar Koziba »Lügensohn« verballhornt. Zahllose Juden werden versklavt oder fliehen vor dem römischen Heer in die judäische Wüste. Zeugnis dafür ist beispielsweise das sog. Familienarchiv der Babatha, einer Jüdin aus Zoara, das in einer Höhle südlich von En-Gedi im *Naḥal Ḥever* gefunden wurde.

Nach der Niederschlagung des Aufstandes wird Jerusalem unter Ansiedlung nichtjüdischer Bewohner zu einer paganen Stadt ausgebaut und in »Aelia Capitolina« umbenannt. Der Jupitertempel wird errichtet und eine Reiterstatue Hadrians auf dem Tempelplatz aufgestellt. Juden wird unter Androhung der Todesstrafe verboten, die Stadt Jerusalem und ihre Umgebung zu betreten. Durch die Umbenennung der Provinz Judäa in »Syria Palaestina« wird auch nach außen signalisiert, dass Hadrian die Ordnung wiederhergestellt und jeglichen Nationalismus der Juden niedergedrückt hat. Es wird bis Moses Hess (1812–1875), Leon Pinsker (1821–1891) und Theodor Herzl (1860–1904) dauern, dass in der zionistischen Bewegung Ideen eines staatlichen Judentums neu begründet und diese in der Staatsgründung Israels 1948 verwirklicht werden – nicht zuletzt unter Rückgriff auf die biblischen Grundlagen Israels.

IX. Nachwort

Mit der Darstellung sind die Leserinnen und Leser mühsam eingefahren in das Bergwerk der Geschichte, um als Erz eine »Geschichte Israels« heraufzuholen.

Die Leserinnen und Leser haben vielleicht erwartet, dass diese Geschichte unmittelbar in der Tiefe der Vergangenheit ansteht und wie eine Ader im harten Gestein abgebaut werden kann. Dem war nicht so. Vielmehr wurden in harter Arbeit Gesteinsbrocken in Tunneln und Gängen losgeschlagen, denen man oft nicht angesehen hat, dass sie das Gesuchte enthielten. In mühsamen Verfahren wurde das Erz verhüttet und eine Fülle von Schlacke am Wegrand aufgetürmt. Oft ist aus ganzen Loren voller Gesteinsbrocken nur eine Handvoll Metall ausgeschmolzen worden. Und aus dem Wenigen konnte nur an manchen Stellen ein dünner Faden der Geschichte gezogen werden. Dabei hat das vorliegende Buch versucht, den Stand der Wissenschaft wiederzugeben. Manches mag sich künftig in neuem Licht darstellen. *Dies diem docet!* (»Ein Tag lehrt den anderen!«)

Oft ist das Bearbeiten der Geschichte Israels für Studierende der Theologie und für im Glauben verwurzelte Menschen eine Last. Sie sind mit der Erwartung an eine »Geschichte Israels« herangetreten, dass sie die biblische Geschichte als Kontinuum darstellt und als Ganze einordnet in den Kontext der Geschichte der südlichen Levante. Nicht nur darin wurden sie von diesem Buch enttäuscht, sondern die Dekonstruktion von Abraham und den Erzeltern, der biblischen Präsentation von Exodus, Landnahme und glorreicher Königszeit, der politischen Eigenständigkeit von Israel und Juda, von Exil und Restauration geht sie und ihren Glauben möglicherweise hart an. Denn *das* »Israel«, wie es in der Bibel geschildert wird, hat es so nicht gegeben, ja nicht einmal bot die Bibel alles, was zu der Vielfalt dieses Israels offenbar hinzugehört.

Es war vielmehr ein Ringen um Identität *in* der Geschichte als die Entfaltung einer klar umrissenen Größe im Gang der Geschichte. Die biblische Darstellung ist zur Seite getreten und hat den Blick auf ein Israel freigegeben, das ganz anders ist als das biblische und in dem doch das biblische seine Wurzeln hat und erkennbar bleibt. Was bedeutet es aber für die Texte der Bibel, wenn sie sich am Maß des Historischen messen lassen müssen, aber darin nicht aufgehen? Werden sie abgewertet oder letztlich doch aufgewertet? Wenn den Texten nicht mehr aufgebürdet wird in all ihren Aspekten historisch sein zu müssen, geben sie den Blick frei auf ihre eigentliche Intention, nämlich die Geschichte im Licht ihres Glaubens zu *deuten.* Diese Dimension der Texte konnte hier oft nur angedeutet und nicht explizit entfaltet werden. Sie ist ein Schritt, den jetzt die Exegese und die Theologie des Alten Testaments/der Hebräischen Bibel auf der Grundlage der Ergebnisse der historischen Analyse gehen müssen.

X. Anhänge

1. Chronologische Übersichten

1.1 Übersicht über die archäologischen Epochen

Neolithikum		ca. 8500–4000 v. Chr.		
Chalkolithikum		ca. 4000–3200 v. Chr.		
Frühbronze I	FB I	ca. 3200–3000 v. Chr.		
Frühbronze II	FB II	ca. 3000–2600 v. Chr.		
Frühbronze III	FB III	ca. 2600–2300 v. Chr.		
Frühbronze IV Mittelbronze I	FB IV MB I	ca. 2300–2000 v. Chr. (nicht-urbane Zwischenzeit)		
Mittelbronze IIA	MB IIA	ca. 2000–1750 v. Chr.		
Mittelbronze IIB	MB IIB	ca. 1750–1550 v. Chr.		
Spätbronze I	SB I	ca. 1550–1400 v. Chr.		
Spätbronze IIA	SB IIA	ca. 1400–1300 v. Chr.		
Spätbronze IIB	SB IIB	ca. 1300–1150 v. Chr.		
		Conventional CC	Low LC	Modified MCC
Eisen IA	E IA/SB III	ca. 1250–1150	ca. 1150–925	ca. 1200–1140/30
Eisen IB	E IB	ca. 1150–1000		ca. 1150/40–980
Eisen IIA	E IIA E IIA$_1$ E IIA$_2$	ca. 1000–900	ca. 925–835/30 ca. 925–900 ca. 900–835/30	ca. 980–840/30 ca. 980–925 ca. 925–840/30
Eisen IIB	E IIB	ca. 900–700	ca. 830–700	ca. 830–732/01
Eisen IIC	E IIC	ca. 700–587 v. Chr.		
Babylon.-Persische Zeit Perserzeit I	E III	ca. 587–450 bzw. ca. 605–520 u. 520–450 v. Chr. ca. 539–450 v. Chr.		
Perserzeit II		ca. 450–333 v. Chr.		
Frühhell. Zeit		ca. 333–167 v. Chr.		
Späthell. Zeit		ca. 167–37 v. Chr.		
Römische Zeit		ca. 37 v. Chr.–324 n. Chr.		

1.2 Übersicht über die Dynastien in Ägypten

Dynastien in Ägypten von Thutmosis bis zu Alexander d. Gr.	
18. Dynastie	1550–1292 v. Chr.
19. Dynastie	1292–1185 v. Chr.
20. Dynastie	1185–1070/69 v. Chr.
21. Dynastie	1070/69–946/45 v. Chr.
22. Dynastie	946/45–ca. 730 v. Chr.
23. Dynastie	ca. 756–716 v. Chr.
24. Dynastie	ca. 733–712 v. Chr.
25. Dynastie	ca. 746–656 v. Chr.
26. Dynastie	672–526/25 v. Chr.
27. Dynastie	526/25–401 v. Chr.
28. Dynastie	404–399 v. Chr.
29. Dynastie	399–380 v. Chr.
30. Dynastie	380–343/42 v. Chr.
31. Dynastie	343/42–332 v. Chr.

1.3 Übersicht über ausgewählte Herrscherchronologien altorientalischer Reiche

Liste neuassyrischer Könige (Auswahl)	
Adad-nērārī II.	912–891 v. Chr.
Tukultī-Ninurta II.	891–884 v. Chr.
Aššur-nāṣirpal II.	884–859 v. Chr.
Salmanassar III.	859–824 v. Chr.
Šamšī-Adad V.	824–811 v. Chr.
Adad-nērārī III.	811–783 v. Chr.
Salmanassar IV.	783–773 v. Chr.
Aššur-dān III.	773–755 v. Chr.
Aššur-nērārī V.	755–745 v. Chr.
Tiglat-Pileser III.	745–727 v. Chr.
Salmanassar V.	727–722 v. Chr.
Sargon II.	722–705 v. Chr.
Sanherib	705–681 v. Chr.
Asarhaddon	681–669 v. Chr.
Assurbanipal	669–631 v. Chr.

Liste der Könige von Aram-Damaskus im 9./8. Jh. v. Chr.			
Name	**E. Lipiński**	**L. E. Younger**	**M. Liverani**
Ben-Hadad I. (unsicher, nur biblisch bezeugt)	ca. 900–880 v. Chr.	ca. 900–880 v. Chr.	900–875 v. Chr.
Hadad-Eser	ca. 880–843 v. Chr.	ca. 880–844/43 v. Chr.	875–845 v. Chr.
Hasaël	ca. 843–803 v. Chr.	844/43–803 v. Chr.	845–800 v. Chr.
Ben-Hadad II.	ca. 803–775 v. Chr.	ca. 803–775 v. Chr.	800–780 v. Chr.
Ḥaḏyān	ca. 775–750 v. Chr.	ca. 775–750 v. Chr.	780–750 v. Chr.
Rezin/Raṣyān	ca. 750–732 v. Chr.	ca. 750–732 v. Chr.	750–732 v. Chr.

Liste neubabylonischer Könige	
Nabopolassar	626–605 v. Chr.
Nebukadnezzar	605–562 v. Chr.
Ewil-Merodach/Amēl Marduk	562–560 v. Chr.
Nergal-Sarussur	559–556 v. Chr.
Lābāši-Marduk	556 v. Chr.
Nabonid	556–539 v. Chr.

Liste der persischen Großkönige	
Kyrus I.	640–600 v. Chr.
Kambyses I.	600–559 v. Chr.
Kyrus II. d. Gr.	559–530 v. Chr.
Kambyses II.	530–522 v. Chr.
Darius I. d. Gr.	522–486 v. Chr.
Xerxes I.	486–465 v. Chr.
Artaxerxes I.	465–424/23 v. Chr.
Xerxes II.	424/23 v. Chr.
Sogdilanos	423 v. Chr.
Darius II. Nothos	423–405/04 v. Chr.
Artaxerxes II.	405/04–359/58 v. Chr.
Artaxerxes III.	359/58–338 v. Chr.
Artaxerxes IV.	338–336 v. Chr.
Darius III. Kodomannos	336–330 v. Chr.

1.4 Synchronistische Übersicht über die Könige Israels und Judas

Könige von Israel			**Könige von Juda**	
Jerobeam I.		927/26–907	Rehabeam	926–910
			Abija	910–908
Nadab		907–906	Asa	908–868
Bascha		906–883		
Ela		883–882		
Simri		882		
Omri	Omriden	882 (Tibni)/78–871		
Ahab	Omriden	871–852	Joschafat	868–847
Ahasja	Omriden	852–851 (?)		
Joram	Omriden	851–845 (?)	Joram	852–847^{K}/847–845
Jehu	Nimschiden	845–818	Ahasja	845 (?)
			Atalja	845–840 (?)
Joahas	Nimschiden	818–802	Joasch	840–801
Joasch	Nimschiden	802–787	Amazja	802/01–773
Jerobeam II.	Nimschiden	787–747	Asarja/Usija	787–773^{K}/773–736
Secharja	Nimschiden	747	Jotam	756–741^{K}
Schallum		747		
Menahem		747–738	Ahas	741–736^{K}/736–725
Pekachja		737–736		
Pekach		735–733/32		
Hoschea		732–723	Hiskija	725–697
Eroberung Samarias		722/20		
			Manasse	696–642
			Amon	641–640
			Joschija	639–609
			Joahas	609
			Jojakim (Eljakim)	608–598
			Jojachin	598/97
			Zidkija (Mattanja)	598/97–587/86
			(K=Koregentschaft)	

Der hier zur Orientierung gegebenen Übersicht liegen *H. Donner*, Geschichte Israels in Grundzügen, Göttingen [3]2000, 503–505 u. *R. Liwak*, Israel und Juda, in: W. Eder (Hg.), Herrscherchronologien der antiken Welt (NP Supp. 1), Darmstadt 2004, 55–58 zugrunde. Um ein einigermaßen stimmiges Chronologiesystem für

Angaben in der südlichen Levante zu benutzen, folgen dem Supplementband des Neuen Pauly auch die Daten zu den altorientalischen Reichen und zu Ägypten (*J. F. Quack, J. Oelsner, W. H. van Soldt*). In den Daten der aramäischen Könige folgt die vorliegende Darstellung *M. Liverani.*

2. *Glossar ausgewählter Fachtermini*

agnatisch von lat. *agnatus* »der Nachgeborene«. Der Terminus wird in der Soziologie für die Beschreibung von Gesellschaften benutzt, die ihren Zusammenhang über Verwandtschaft konstruieren. Dabei kommt der Abstammung der männlichen Glieder der Gemeinschaft eine hohe Bedeutung zu (Patrilinearität, d. h. nach dem Vater). Agnatisch bedeutet, dass sich die einzelnen Glieder mittels (Bluts-)Verwandtschaft auf einen Stammvater oder ein Stammes-→ Eponym zurückführen. → Genealogien, die einen verwandtschaftlichen Zusammenhang konstruieren, zeichnen agnatische Sozialstrukturen aus.

allochthon von gr. ἄλλος »anders« und χθών »Erde, Erdoberfläche« als Angabe einer anderen Herkunft bzw. etwas an anderer Stelle Entstandenen (*allogen*). In der Ethnologie und den Sozialwissenschaften bezeichnet *allochthon* die fremde Herkunft bzw. die Entstehung außerhalb des Kontextes, in dem das Phänomen (z. B. Israel, die philistäische Religion o. ä.) jetzt vorgefunden wird. Als Oppositionsbegriff zu → *indigen* gebraucht.

Amphiktyonie von gr. ἀμφί κτίζω »drumherum bauen, gründen«. Bezeichnung für einen um ein Heiligtum herum gebildeten Stadtstaatenverbund im antiken Griechenland. Der Zweck war zunächst lediglich der Schutz des Heiligtums (z. B. Delphi, Delos). Albrecht Alt bezog den Begriff 1927/28 auf sakrale Verbünde im vorstaatlichen Israel; Martin Noth suchte 1930 über diesen Begriff das »System der *zwölf* Stämme Israels« zu erklären. Das Modell spielt heute für die Erklärung der Frühgeschichte Israels keine Rolle mehr.

Anachronismus von gr. ἀναχρονισμός »Verwechslung der Zeiten, über die Zeit hinaus Gehendes/gegen die Zeit Stehendes«. Der Begriff bezeichnet die Einordnung eines Begriffes, Sachverhaltes oder einer Vorstellung in eine frühere Zeit, in der er nicht existiert oder in die er nicht passt. So etwa die Rede von einem Herzog im 1. Jt. v. Chr., da der Titel im Mittelalter gebräuchlich ist, oder wenn in Gen 24 zu einer Zeit von Kamelen als Reittieren die Rede ist, wo sie in der südlichen Levante noch nicht als solche genutzt wurden.

Bulle Kleine, oft nur fingernagelgroße, meist mit einem Siegel gestempelte Tonklumpen, die zur Versiegelung von Dokumenten oder Gefäßverschlüssen verwendet wurden. Wenn ein Rechts-, Verwaltungs- und Wirtschaftsdokument mit einer Bulle gesiegelt werden sollte, wurde der → Papyrus (oder das → Pergament) gerollt und mit einer Schnur zusammengebunden. Der noch feuchte Tonklumpen wurde auf die Schnur gedrückt, weshalb auf der Rückseite von Tonbullen oft Abdrücke der Schnur erhalten geblieben sind (↗ Abb. 1). Die sehr kleinen Tonobjekte wurden in größerer Zahl erst in jüngeren Grabungen durch das Durchsieben des Siedlungsschutts entdeckt (einen kleinen Eindruck geben die Zahlen aus der Davidsstadt: Shilo-Grabung 51, Mazar-Grabung 85, Gihon-Quelle 170), was sie oft allerdings nur paläographisch (d. h. vom Alter der Schrift, → Epigraphik) datierbar macht. Als wichtiger Indikator einer Administration deuten sie vor allem in Jerusalem und Juda auf den Ausbau der Verwaltung im 8. Jh. v. Chr. Bisher fehlen vergleichbare → Hortfunde aus Grabungen im Nordstaat Israel. Wichtige Hortfunde von Bullen stammen aus der Mitte des 8. Jh.s v. Chr. aus einem Quellbecken in der Nähe der Gihon-Quelle (»Rock Cut Pool«), dem späten 7. Jh. v. Chr. aus Jerusalem aus dem sog. Haus der Bullen (»House of Bullae«) (Areal G) in der Davidsstadt und dem sog. »Burnt

Archive« aus dem Antikenhandel sowie aus dem 4. Jh. v. Chr. aus dem *Wādī ed-Dālīye* und dem 2. Jh. v. Chr. aus *Kedesch* und *Marescha*.

Deuteronomist/deuteronomistisch/dtr Texte oder redaktionelle Anteile, die in großer sprachlicher, stilistischer und theologischer Nähe zum Buch Deuteronomium stehen oder darauf bezogen sind. In weiterem Sinne bezeichnet deuteronomistisch die Bücher, die Martin Noth in der Hypothese vom sog. Deuteronomistischen Geschichtswerk zusammenband (Deuteronomium, Josua, Richter, Samuel- und Königsbücher). Ob es ein solch umfassendes Geschichtswerk gegeben hat, ist in der Forschung umstritten. Möglicherweise bildeten die Bücher Samuel-Könige ein frühes Deuteronomistisches Geschichtswerk. Von einer selbstständigen Existenz der Bücher Dtn–2 Kön als »Geschichtswerk« oder vom Pentateuch getrennte »Edition« ist hingegen nicht auszugehen.

Diaspora von griech. διασπορά »Zerstreuung, Verstreutheit« bezeichnet die erzwungene (Deportation, Verschleppung, Exil) oder freiwillige (Auswanderung) Migration und anschließende Ansiedlung in einem Gebiet, das nicht als angestammtes gilt. Für die jüdische Diaspora bedeutet es das Leben außerhalb Palästinas, d. h. in Ferne vom Jerusalemer Tempel bzw. für Samaritaner in Ferne zum Garizim. Wichtige jüdische Zentren der Diaspora in der Antike sind (zu je unterschiedlichen Zeiten) Babylon, Ägypten, aber auch Nordafrika, Kleinasien, Zypern, Syrien, Griechenland einschließlich der Inseln und Rom.

Egalitarismus Eine von sozialen Antagonismen (= Gegensätzen) freie Gesellschaft von Gleichen bzw. gleichrangingen Gliedern, bei der alle dieselben Rechte und denselben Zugang zu den Ressourcen haben. Statusunterschiede werden durch das Alter (Anciennität) und durch Fähigkeiten (Weise, Experten etc.) ausdifferenziert. Kann auch als klassenlose Gesellschaft charakterisiert werden. Oft auch mit den ethnologischen Begriffen als → segmentäre oder akephale (ohne zentrale Herrschaftsinstanz bzw. ohne herausgehobene Führungselite) Gesellschaft beschrieben.

Epigraphik/Epigraphie von gr. ἐπιγραφή »Aufschrift, Titel, Zuschreibung« bezeichnet die Inschriftenkunde. Gegenstand der Epigraphik sind Inschriften auf mobilen Inschriftenträgern etwa Sarkophagen, Stelen, Siegeln, Gewichten, Münzen oder immobilen Wandinschriften, Grabinschriften etc., aber auch auf anderem Trägermaterial wie → Papyrus, → Pergament, Tontafeln, Wachstafeln, → Ostraka, Elfenbein, Knochen, Holz etc. auf- oder eingebrachte Inschriften. Lapidarinschriften (von lat. *lapis* »Stein«) meint dabei eine auf den Inschriftenträger Stein gravierte, gemeißelte, geritzte o. ä. Inschrift. Mit der Form der Buchstaben beschäftigt sich die *Paläographie* (von gr. παλαιός »alt« und γράπηειν »schreiben«) als vergleichende Untersuchung der Schriftform. Da sich Schrift und Schreiben verändern, lassen sich Inschriften relativ durch die Schriftform datieren.

Eponym von gr. ἐπώνυμος »dem Namen nach, Namen gebend« meint einen besonderen Namensträger am Anfang einer Sache, eines Ortes, eines Stammes etc. Ein eponymer Heros ist eine manchmal geschichtliche, oft aber fiktive mythologische oder urzeitliche Gestalt, auf die man sich als Urahn, Stammvater, Stammmutter, Gründer o. ä. bezieht.

Ethnizität von gr. ἔθνος »Volk« bezeichnet das, was ein Volk als Volk ausmacht. Neben Konzepten der Fremd- und Selbstzuschreibung wird in der sog. Ethnizitätsdebatte seit langem kritisch diskutiert, was ein Volk zu einem Volk macht: Sprache, gemeinsame Ursprungserzählung, Religion, materielle Kultur etc. Meist wird Ehnizität als ein analytisches Konzept aufgefasst, mit dem sozial und kulturell homogene Gruppen beschrieben werden können. Wegen seiner oft normativen Festlegungen (etwa in der Auffassung dessen, was »jüdisch« oder »Israel« ist, wer *die* Philister oder *die* Kanaanäer sind) wird der Begriff bzw. das damit verbundene Konzept oft nicht zu unrecht abgelehnt. Auch die Verbindung von materieller Kultur und Ethnizität (»*pots and people*«-Debatte) ist in der Regel hoch problematisch.

Ethnogenese von gr. ἔθνος »Volk« und γένεσις »Entstehung, Werden« bezeichnet den *Prozess* der Formung eines Volkes als Volk. Der Begriff bezieht sich entweder auf das eigene Selbstverständnis (in Selbstbezeichnungen, Ursprungslegenden oder Abgrenzungen) oder den in der Außenbeobachtung beschreibbaren soziologischen Prozess, dass sich eine Ethnie als abgrenzbar von anderen Ethnien erkennen lässt. Daher ist die Ethnogenese eng mit dem Begriff der → Ethnizität verknüpft. Der Begriff ist insofern unscharf als er vorzugeben scheint, dass die Volkswerdung eines Volkes einen klaren Anfang hat und abgeschlossen sein kann.

Genealogie von gr. γενεά »Geburt« und der Endung -logie »Lehre, Wissenschaft« meint eine Zusammenstellung von Abstammungen und Verwandtschaftsbeziehungen einer Person, Familie oder Sippe (Abstammungslinien).

Glyptik von gr. γλύφειν »eingraben, aushöhlen« wird als Sammelbezeichnung für gravierte Steine, also vor allem Rollsiegel und Stempelsiegel sowie für Gemmen (Schmucksteine, geschnittene Edelsteine) bzw. die damit verbundene Steinschneidekunst benutzt. Entsprechend kann man z. B. von der syrischen Glyptik sprechen (→ Ikonographie).

Gola von hebr. *gôlāh*, *glh* »fortgehen, wegführen, in die Verbannung führen«, bezeichnet die Gruppe der nach Babylon Deportierten bzw. diejenigen, die von dort zurückgekehrt sind. Gegenüber dem Terminus → Diaspora drückt er in besonderer Weise einen Führungsanspruch der Exilsgemeinde aus, der seine Wurzeln in den Exilsorten hat, sich zum Teil jedoch erst nach der Rückkehr der verschiedenen Gruppen formiert. Die Bezeichnung als »Gemeinde« setzt voraus, dass die Weggeführten eine geschlossene Gemeinschaft gewesen sind, was nicht zutreffend ist, weil sie an unterschiedlichen Orten angesiedelt waren.

Hortfund Zusammen auf engem Raum gefundene Gegenstände, die dort meist absichtlich deponiert wurden (daher oft auch Depotfund), z. B. Münzen in einem Krug, Tonbullen in einem Archiv, Kupfergeräte in einer Favissa (eine Grube oder Nische, die zu einer Kultanlage gehört und in die nicht mehr verwendete Kultgegenstände versenkt werden).

Ikonographie Der Begriff ist zusammengesetzt aus dem gr. εἰκών »Bild« und γραφή »Schrift« und bezeichnet ursprünglich bei Aristoteles die Bildbeschreibung. Heute wird mit dem Begriff die methodische Bildanalyse bezeichnet. Zugleich wird der Terminus aber verwendet, um die in einem bestimmten Raum-Zeit-Kontext belegten Motive und Bildgattungen zu bezeichnen. So wird z. B. von der Ikonographie der Eisen IIC-Zeit in Palästina gesprochen und damit das Set an Motiven und Stilen bezeichnet, die in dieser Zeit aufkommen oder weiter benutzt werden. Die Methode der Ikonographie besteht in der Regel aus einer Bildbeschreibung, einer Bildanalyse und einer Bildinterpretation. Wichtig ist, dass die Bildkunst ein Teil der Kultur ist, die als ein zumindest teilautonomes Symbolsystem verstanden werden kann, das nicht völlig unabhängig von den anderen Symbolsystemen wie etwa der Sprache ist, aber eben auch nicht damit identisch. Altorientalische Bilder haben Eigenheiten, die z. B. die Bildkonstellation betreffen.

indigen von lat. *indigenus* »eingeboren«. Meist verwendet im Sinne von »einheimisch«. Bezeichnet in der Ethnologie und in den Sozialwissenschaften Phänomene, die in dem Kontext entstanden sind, in dem sie jetzt hauptsächlich vorgefunden werden. Indigene Sprachen sind Sprachen von Ureinwohnern, indigene Kulturen sind angestammte Kulturen. Parallel wird autochthon verwendet und als Gegenbegriffe allogen und → allochthon.

Kasematte/Kasemattenmauer Bauweise, bei der zwei parallel laufende Mauern durch Quermauern so miteinander verbunden werden, das einzelne Kammern entstehen, die Kasematten genannt werden. In Einzelfällen sind die Kasematten gefüllt, was die Stärke des Mauersystems noch einmal erheblich erhöht. Zum Teil ist die innere Mauer des Systems zugleich als Außenmauer von Häusern benutzt worden, sodass die Wohnanlagen in die Befestigung der Stadt integriert sind. Eine solche Bauweise spart zum einen wichtigen ummauerten Raum, gibt aber der Innenmauer zugleich noch eine zusätzliche Absicherung gegen Rammböcke und Belagerungsmaschinen.

Klientel von lat. *cliens* »Schützling, Gefolgsmann« bezeichnet eine in einem wechselseitigen asymmetrischen Abhängigkeitsverhältnis zu einem Patron (von lat. *patronus* »Schutzherr, Verteidiger«) stehende Personengruppe. Dem Klienten werden durch den gesellschaftlich höher stehenden Patron Vergünstigungen, Hilfe oder Schutz gewährt, wofür der Patron Dienste oder Abgaben entgegennimmt. Klientelbeziehungen in → tribalen Gesellschaften können durch Verwandtschaftsverhältnisse begründet oder begünstigt werden. Dabei bilden sich ganze Netzwerke aus, in denen die Klienten aus Dankbarkeit und/oder Abhängigkeit dem Patron ihre Loyalität und Ressourcen zur Verfügung stellen. In verwandtschaftlichen Kontexten spricht man dann von Vetternwirtschaft oder Nepotismus. Ein Klientelkönig ist ein zur Herrschaft über ein Gebiet und von einem anderen über ihm stehenden Patron eingesetzter König. Für die Ausgründung einer Nebenlinie im Königtum wird im vorliegenden Studienbuch der Begriff Filialkönigtum benutzt, in dem der neu eingesetzte König wie ein Klientel dem Patron des stärkeren Nachbarstaates verpflichtet ist. In der Literatur findet sich dafür auch der Begriff der Sekundogenitur (Nebenlinie eines Adelshauses).

LXX Die römische Zahl 70, abgeleitet von κατὰ τοὺς ἑβδομήκοντα »gemäß den Siebzig«. Abkürzung für die Septuaginta (↗ VII.2.2), die erste griechische Übersetzung der hebräischen Texte des späteren AT.

MT Abkürzung für Masoretischer Text. Als Masoreten (von hebr. *masora* »Zaun«) bezeichnet man die mittelalterlichen jüdischen Gelehrten und Kopisten, die sich kommentierend um die Bewahrung der überlieferten Textgestalt der Hebräischen Bibel bemüht haben. Mit dem Masoretischen Text ist meist die hebräische Textgestalt gemeint, die in dem frühesten vollständigen Kodex Leningradensis (MS B 19^{A}) aus dem Jahr 1007 belegt ist und den modernen Bibelausgaben zugrunde liegt.

Numismatik von gr. νόμισμα »das durch Gebrauch Anerkannte, Münze« bzw. lat. *numisma* »Münze«. Die Numismatik beschäftigt sich mit der Prägung, Verbreitung und Verwendung von Münzen und dem damit verbundenen Geldwesen. Der Begriff »Münze« bezeichnet zum einen ein geprägtes Stück Metall, das wegen seines Gegenwertes als Tauschmittel eingesetzt werden kann, zum anderen die Stätte, an der die Münze geprägt wird. Der Begriff »Nominale« bezeichnet den Nennwert. Bei der Prägung wird zwischen Vorder- (obverse) und Rückseite (reverse) unterschieden.

Onomastikon von gr. ὄνομα »Name« bezeichnet listenartige Werke, die Namen oder Begriffe aufführen, um sie durch die Zusammenstellung zu ordnen und weiter zu erklären. Für die historische Landeskunde und damit die biblische Geschichtsschreibung ist das Περι τῶν τοπικῶν ὀμομάτῶν überschriebene Onomastikon des Eusebius von Cäsarea (260/64–339/40 n. Chr.) von besonderer Bedeutung, das in syrisch, griechisch und lateinisch überliefert ist.

Orthostat Aufrecht stehender Steinblock oder eine Steinplatte, deren Ansichtsseiten mit Inschriften oder einem Relief versehen sein können.

Ostrakon von gr. τὸ ὄστρακον »Tonscherbe«, ein meist mit Tinte auf ein Bruchstück eines Tongefäßes als Inschriftenträger geschriebener Text. Sieht man von beschrifteten Siegelamuletten ab, sind Ostraka die häufigste Inschriftengattung in Palästina, da → Pergament und → Papyrus nicht nur erheblich teurer waren, sondern sich auch schlechter erhalten haben, sobald das Klima etwas feuchter ist. Die billigen Reste zerbrochener Tongefäße wurden weniger für längere epische oder poetische Texte als für Alltagskommunikation, also Briefe, Kurzmitteilungen, Quittungen, Notizen etc. verwendet.

Papyrus Antiker Schriftträger, der aus der Papyruspflanze (Cyperus papyrus) hergestellt wird. Die im rechten Winkel übereinander gelegten dünnen Streifen der Rinde werden mit einem Holzhammer zusammengedrückt und ohne zusätzlichen Leim durch den später trocknenden Pflanzensaft zusammengehalten. Die geglättete Oberfläche konnte von beiden Seiten beschrieben werden. Aneinandergeklebt werden die Papyri zu Rollen verarbeitet. Gefaltet und in- bzw. übereinander gelegt und vernäht bilden sie einen Kodex, was ab etwa dem 1./2. Jh. n. Chr. immer häufiger praktiziert wird.

Pergament Eine ungegerbte, aber in einer Kalklösung vorbereitete (Kalzinierung) und dann aufwändig bearbeitete und geglättete Lederhaut, die ab dem 3. Jh. v. Chr. neben den → Papyrus und das → Ostrakon bzw. die Tontafel als Schreibmaterial tritt und dann intensiv genutzt wird. Die aneinandergenähten Stücke werden aufgerollt zur Schriftrolle (z. B. in den Rollen von Qumran) bzw. übereinander gelegt zum beidseitig beschriebenen Kodex. Wenn die Schrift eines → Papyrus oder Pergaments abgeschabt und das Stück neu beschrieben wurde, spricht man von einem Palimpsest.

segmentär Ein von Émile Durkheim in die Ethnosoziologie eingeführter Terminus, der besagt, dass eine Gesellschaft nicht von einer Zentralinstanz bestimmt wird, sondern in Verwandtschaftslinien organisiert ist. Die gleichrangigen (Familien-)Segmente bilden die Gesellschaft, die damit nicht von einer Zentralinstanz geleitet wird, sondern »akephal« (wörtl. »ohne Kopf«), d. h. herrschaftslos, bleibt. Die jeweiligen Glieder der Segmente sind über eine → agnatische Abstammung (engl. *lineage*) miteinander verbunden. Gerade für verwandtschaftsbasierte Stammesgesellschaften wird davon ausgegangen, dass sie segmentär organisiert sind. Entsprechende Bedeutung haben Familienoberhäupter, Clan-Älteste, Häuptlinge o. ä. Der Gegensatz sind Ständegesellschaften, Klassengesellschaften, Kastensysteme etc., in der sich gesellschaftliche Schichten einschließlich von Führungseliten ausbilden und voneinander unterscheiden lassen.

Stratum/Strata Ein zeitgleicher Horizont von Siedlungsspuren in einer Ausgrabung. Mit dem Begriff Stratigraphie bezeichnet man die Folge von Siedlungsschichten, sog. *Straten* oder *Strata* [*Sg. Stratum*], in einer archäologischen Ausgrabung. Die Schichten werden dabei ausgehend von der Oberfläche aus numeriert. Die jüngsten Schichten eines Ortes haben daher die kleinsten Nummern, die ältesten Horizonte die höchsten Nummern (Stratum IX ist also in der Regel *älter* als Stratum VIII).

Surplus Der Begriff bezeichnet den erwirtschafteten Überschuss der Produktion, der nach Abzug des Eigenbedarfs und des Ersatzes der verschlissenen Produktionsmittel übrig bleibt. Die Produktion eines Mehrwerts ist die Voraussetzung für einen Handel mit den landwirtschaftlichen Erzeugnissen und damit die Voraussetzung für einen grundlegenden Wirtschaftskreislauf.

Synchronismus von gr. σύν »mit, zusammen« und χρόνος »Zeit«. Der Begriff meint im weiteren Sinn die Gleichzeitigkeit oder Zeitgleichheit von Ereignissen. Im engeren Sinn werden damit solche Angaben bezeichnet, in denen Ereignisse in eine zeitliche Beziehung zueinander gesetzt werden. Z. B.: »Im dreiundzwanzigsten Jahr des Joasch, des Sohnes Ahasjas, des Königs von Juda, wurde Joahas, der Sohn Jehus, König von Israel« (2 Kön 13,1). Hier wird die Thronerhebung des Joahas mit der Regierungszeit Joaschs verknüpft. Synchronismen stellen Verknüpfungen zwischen Chronologiesystemen her und ermöglichen so eine bessere absolute Datierung.

Tell/Tel von arab./hebr. (Plural *Tulul*). Ein durch die Folge von Siedlungsschichten entstandener künstlicher Hügel. Aus Lehmziegeln gebaute Mauern halten der Witterung nicht stand, wenn sie nicht gepflegt werden. Daher werden die aus Lehmziegeln gebauten unbewohnten Siedlungsreste mit der Zeit abgewaschen und bilden eine Oberfläche, die dann planiert oder grundiert in einer folgenden Siedlungsschicht (→ Stratum) genutzt wird. Neben der Bezeichnung *Tell* oder hebräisch *Tel* findet sich in den arabischen Ortsnamen häufig die Bezeichnung *Ḫirbe*, bzw. im *status constructus Ḫirbet/Khirbet/Ḥorvat*, was »Ruine/Ruinenstätte« bedeutet. Oft kommen die verschiedenen Bezeichnungen nebeneinander vor, wie z. B. in *Ḫirbet el-Mšāš*, das auch *Tel Maśōś* genannt wird oder *Ḫirbet el-Muqannaʿ*, das als *Tel Miqnē* bzw. *Tel Mikne* geführt wird. Selten werden sie sogar wie in *Ḫirbet Tell el-Bēḍā* kombiniert. Nebeneinander kommen auch hebräische (*Ḥorvat ʿUzzā*) und arabische (*Ḫirbet Ġazze*) Namensform vor, was auch für das gleichbedeutende *Ḫirbet* und *Khirbet* gilt (etwa neben *Ḫirbet en-Naḥāš* auch *Khirbet en-Nahas*). Dass manche Orte sowohl *Tell* (mask.) als auch als *Ḫirbe* (fem.) bezeichnet werden, zeigt, dass eine strenge Unterscheidung zwischen *Tell* (Oberfläche ohne sichtbare Gebäudereste) und *Ḫirbe* (Oberfläche mit deutlich sichtbaren Gebäudestrukturen) sich ebenso wenig durchhalten lässt wie eine zeitliche Differenzierung (Tell= wegen der Lehmziegelbauweise eher vorhellenistisch, *Ḫirbe* wegen der Steinbauweise eher hellenistisch und später).

theophore Personennamen Namen, die einen Namensbestandteil haben, der als Bezeichnung oder Name einer Gottheit oder ihrem Handeln zugeordnet werden kann. So setzt sich der hebräische Name Natanaël (Jdt 8,1; Joh 1,45) aus dem hebr. Verb *ntn* »geben« und dem Nomen *ʾel* »Gott« zusammen. Der Name bedeutet dann »Gott hat gegeben« oder »Der Gott El hat gegeben«, da *ʾel* auch als Gottesname aufgefasst werden kann. Viele hebräische Namen haben YHWH als Bestandteil. Dabei kann der Gottesnamen abgekürzt vorangestellt werden. So etwa in dem Namen Jonatan *yᵉhônātān* (1 Sam 13,2), der außerbiblisch als *ywntn* belegt ist und »YHWH hat gegeben« bedeutet. Oder das *theophore* (wörtlich »Gott tragende«) Element wird angehängt als *-yāhû* oder in der Kurzform *-yāh* (so im Süden, während sich die Form *-yw/-yau* überwiegend im Norden findet). So etwa in dem Namen Netanja 1 Chr 25,2.12 »Gegeben hat YHWH«, der auf Siegeln als *ntnyhw nᵉtanyāhû* belegt ist. Oder in dem Namen des Königs Usija (Jes 1,1) (= *ʿuziyyāhû* »YHWH ist meine Stärke«), der außerbiblisch sowohl als *ʿzyhw* (Langform) sowie auch als *ʿzyh* (Kurzform) belegt ist. Daneben sind Verbalnamen belegt, die zwar eindeutig auf das Handeln einer Gottheit hinweisen, diese aber nicht als Namensbestandteil mit aufnehmen bzw. weggekürzt haben. So z. B. in dem Namen Natan (2 Sam 7,2) »er hat gegeben«, der auch außerbiblisch belegt ist.

tribal von lat. *tribus* »Stamm« wird in ethnosoziologischer Perspektive zur Beschreibung der Organisation einer Gesellschaft in Stämmen verwendet. Während die ältere Forschung damit eine Wertung verbunden hat, wird der Begriff heute neutral verwendet. Der Stamm ist in Sippen organisiert, die durch einen verwandtschaftlichen Zusammenhang (→ agnatisch) gebildet werden. Hinter Ri 4–5 ist ein früher Stämmeverbund zu erkennen, der aber nicht als → Amphiktyonie verstanden werden kann.

Urbanisierung von. lat. *urbs* »Stadt«. Der Begriff bezeichnet einen Prozess der Verstädterung, in dem neue Städte entstehen oder in der Suburbanisierung in ländliche Gebiete hineinwachsen bzw. in der Reurbanisierung wieder entstehen. Das Gegenteil bezeichnet der Begriff der Deurbanisierung, der die Aufgabe von Städten bezeichnet. Meist setzt dann der Ruralisierung genannte Zug von der Stadt auf das Land bzw. in ländliche Strukturen ein.

Usurpator aus dem lat. *usurpare* »in Besitz nehmen«. Usurpator bezeichnet einen illegitimen Nachfolger, der in einer Usurpation die Macht widerrechtlich (z. B. gegen die genealogisch bestimmte Thronfolge) an sich reißt.

Vasall Das vielleicht aus dem Keltischen abgeleitete mittelhochdeutsche Wort bezeichnet im Kontext des frühen Mittelalters einen freien Gefolgsmann, dem der Herr wegen seiner Treue und Gefolgschaft ein Lehen (meist ein Stück Land) gewährt und ihm seinen Schutz anbietet. Im altorientalischen Kontext wird das Wort auf Könige als Repräsentanten von Städten oder Staaten angewandt, die in ein Vasallitätsverhältnis eines übergeordneten Herrn eintreten. Dafür wird dem Vasall Schutz gewährt, aber kein Lehen zur Verfügung gestellt. Auch wenn es vertragliche Schutzverhältnisse in anderen imperialen Kontexten gegeben hat, wird die Konzeption meist für die Neuassyrer verwandt. Vasallitätsverhältnisse gab es aber auch bei den Hetitern, Ägyptern, Aramäern und Neubabyloniern. Bei den sog. Vasallenverträgen handelt es sich um außenpolitische, nicht paritätische Verträge, in denen der untergebene Vasall seinem Vasallitätsherrn einen Treueeid schwört und sich damit in eine politische wie wirtschaftliche Abhängigkeit begibt. Er ist zur Loyalität sowie meist auch zur Zahlung von Tribut und zu militärischer Hilfeleistung verpflichtet. Ein eigenständiges politisches Handeln ist danach eingeschränkt oder ausgeschlossen. Die Vasallenverträge enthalten neben Rechten und Pflichten des Vasallen und Vasallitätsherrn auch Strafen für die Verletzung des Loyalitätseides. Im Einzelnen waren die Vasallitätsverhältnisse sehr individuell ausgestaltet und an verschiedenen Faktoren (z. B. Ressourcen, Wirtschaftskraft, geostrategische Bedeutung etc.) ausgerichtet.

3. Abkürzungsverzeichnis

1QS	Sektenregel aus Höhle 1 in Qumran (Gemeinderegel)
4QMMT	Miqtzat Ma'ase ha-Tora aus Höhle 4 in Qumran (halachischer Brief)
^{14}C-	Radiokarbon- bzw. ^{14}C-Kohlenstoff-Atom
äg.	ägyptisch
aram.	aramäisch
AT	Altes Testament
CC	conventional chronology
CD	Damaskusschrift (eig. Cairo Damascus Document)
CWSS	Corpus of West Semitic Stamp Seals
dtr	deuteronomistisch
EA	El Amarna-Korrespondenz/Amarna-Briefe
eng.	englisch
EÜ	Einheitsübersetzung (falls nicht anders angegeben die revidierte Fassung von 2016)
EZ/ez	Eisenzeit/eisenzeitlich
FB/fb	Frühbronzezeit/frühbronzezeitlich
gr.	griechisch
HAE	Handbuch der althebräischen Epigraphik
Hdt. Histor.	Herodot, Historien
hebr.	hebräisch
HTAT	Historisches Textbuch zum Alten Testament
Jos. Ant.	Josephus, Antiquitates Judaicae (Die jüdischen Altertümer)
Jos. Bell.	Josephus, Bellum Judacium (Der jüdische Krieg)
Jos. cont. Ap.	Josephus, Contra Apionem (Gegen Apion)
KAI	Kanaanäische und Aramäische Inschriften
KTU	Keilschrifttexte aus Ugarit
lat.	lateinisch
LC	*low chronology*
LXX	Septuaginta
MB/mb	Mittelbronzezeit/mittelbronzezeitlich
MCC	*modified conventional chronology*
MT	Masoretischer Text
NP Supp.	Der Neue Pauly Supplemente
Plin. Nat.	Plinius der Ältere, Historia Naturalis
SB/sb	Spätbronzezeit/spätbronzezeitlich
TUAT	Texte aus der Umwelt des Alten Testaments
WUB	Welt und Umwelt der Bibel

4. *Hinweise zum Gebrauch und zu den verwendeten Textausgaben*

Um die Orientierung in dem weiten und den meisten Leserinnen und Lesern wenig vertrauten Zeitraum zu ermöglichen, wurden den Namen von Regierenden sehr häufig Jahreszahlen beigegeben. Damit soll nicht die Vorstellung verbunden werden, der Geschichtsverlauf sei in seinem Ablauf vollkommen klar und datierbar. Chronologien haben ihre eigene Problematik, insbesondere, wenn sie lediglich auf den Angaben der Bibel beruhen und keine außerbiblischen Quellen zur Verfügung stehen (↗ I.8 und V.2).

Bei Zitaten von biblischen Texten wird in der Regel die revidierte Einheitsübersetzung (2016: EÜ) verwendet. Das Tetragramm des Gottesnamens wird entsprechend der in der Semitistik üblichen Transkription des Buchstabens י/Jod mit <y> wiedergegeben. Bei außerbiblischen Texten werden in der Regel keine eigenen Übersetzungen abgedruckt, sondern es wird auf zwei Standardtextausgaben verwiesen, die in den meisten Bibliotheken vorhanden sind: 1. die von O. Kaiser bzw. B. Janowski, G. Wilhelm und D. Schwemer seit 1982 in bisher neun Bänden herausgegebene umfangreiche Textsammlung »Texte aus der Umwelt des Alten Testaments« (TUAT) und 2. das einbändige Handbuch von M. Weippert, das unter dem Titel »Historisches Textbuch zum Alten Testament« (HTAT) im Jahr 2011 erschienen ist. Textbeispiele werden, wenn möglich, aus dem leichter zugänglichen letztgenannten Werk gegeben. Andere Inschriften werden entweder nach dem Standardwerk von H. Donner und W. Röllig, »Kanaanäische und Aramäische Inschriften« (KAI) oder dem von J. Renz und W. Röllig herausgegebenen »Handbuch der Althebräischen Epigraphik« (HAE) zitiert. Für Siegel wird auf das von N. Avigad und B. Sass besorgte »Corpus of West Semitic Stamp Seals« (CWSS) oder auf das mehrbändige »Corpus der Stempelsiegel-Amulette aus Palästina/Israel« von O. Keel zurückgegriffen.

Zu Beginn eines jeden Abschnitts ist weiterführende Literatur angegeben. Davon sind Grundlagen- und Quellenwerke, Geschichten Israels und Überblicke ausgenommen, die nicht jeweils aufgeführt werden, sondern ↗ X.5 genannt sind. Die Darstellung verzichtet auf einen ausführlichen Anmerkungsapparat, der die jeweiligen Ausführungen mit Hinweisen in den entsprechenden wissenschaftlichen Diskursen verorten würde. Um auf spezifische Positionen und Meinungen hinzuweisen, werden die Autoren in Klammern angegeben.

5. *Allgemeine und übergreifende Literatur*

Die jeweiligen Abschnitte mit Literaturhinweisen sollen das vertiefte Lesen anregen. Bei der Auswahl wurden die folgenden Überblicke und Standardwerke in der Regel nicht berücksichtigt, weshalb sie hier zusammengestellt sind. Weiterführend sind auch die unter www.bibelwissenschaft.de aufzufindenden Artikel des von K. Koenen u. a. herausgegebenen Wissenschaftlichen Bibellexikons im Internet zu empfehlen.

Atlanten und Kartenwerke:

T. Fitzner, Länder der Bibel, Bad Boll 1999 • E. Höhne, Palästina, Göttingen 1981 • S. Mittmann/G. Schmitt, Tübinger Bibelatlas, Stuttgart 2001 • J. Pritchard/O. Keel/M. Küchler, Herders Großer Bibelatlas, Freiburg ^{2}2002 • W. Zwickel, Calwer Bibelatlas, Stuttgart 2000 • W. Zwickel/R. Egger-Wenzel/M. Ernst, Herders neuer Bibelatlas, Freiburg 2013.

Archäologie, Epigraphik, Ikonographie und Landeskunde/Überblicke:
Y. Aharoni, Das Land der Bibel, Neukirchen-Vluyn 1984 • R. Albertz/R. Schmitt, Familiy and Household Religion in Ancient Israel and the Levant, Winona Lake 2012 • N. Avigad/ B. Sass, Corpus of West-Semitic Stamp Seals, Jerusalem 1997 [= CWSS] • A. Ben-Tor (Hg.), The Archaeology of Ancient Israel, New Haven/London 1992 • K. Bieberstein, A Brief History of Jerusalem (ADPV 47), Wiesbaden 2017 • K. Bieberstein/H. Bloedhorn, Jerusalem Bd. 1–3 (TAVO Beihefte), Wiesbaden 1994 • H. M. Cotton u. a., Corpus Inscriptionum Iudaeae/Palestinae, Berlin u. a. 2010ff • A. Dan/È. Nodet, Cœlé-Syrie, Leuven 2017 • W. G. Dever, Beyond the Texts, Atlanta 2017 • F. W. Dobbs-Allsopp u. a., Hebrew Inscriptions, New Haven/London 2005 • H. Donner, Einführung in die biblische Landes- und Altertumskunde, Darmstadt [2]1988 • V. Fritz, Einführung in die Biblische Archäologie, Darmstadt 1985 • ders., Die Stadt im Alten Israel, München 1990 • K. Galling, Textbuch zur Geschichte Israels, Tübingen [3]1979 • K. Galor/H. Bloedhorn, The Archaeology of Jerusalem, New Haven 2013 • Z. Herzog, Archaeology of the City, Tel Aviv 1997 • B. Janowski u. a. (Hg.), Texte aus der Umwelt des Alten Testaments. Neue Folge, Gütersloh 2004ff [= TUAT] • O. Keel, Corpus der Stempelsiegel-Amulette aus Palästina/Israel, Fribourg/Göttingen 1995ff • O. Keel/ J. Eggler, Corpus der Siegel-Amulette aus Jordanien (OBO.SA 25), Fribourg/Göttingen 2006 • A. Kempinski/R. Reich (Hg.), The Architecture of Ancient Israel, Jerusalem 1992 • H.-P. Kuhnen, Palästina in griechisch-römischer Zeit (HdA II,2), München 1990 • D. M. Master u. a., The Oxford Encyclopaedia of Bible and Archaeology, Oxford 2013 • A. Mazar, Archaeology of the Land of the Bible I, New York 1990 • O. Merk (Hg.), Texte aus der Umwelt des Alten Testaments, Gütersloh 1982ff [= TUAT] • E. M. Meyers (Hg.), The Oxford Encyclopedia of Archaeology in the Near East, Oxford 1997 • E. M. Meyers/M. A. Chancey, Archaeology of the Land of the Bible III, New York 2012 • M. Noth, Die Welt des Alten Testaments, Berlin [4]1962 • B. Porten u. a., The Elephantine Papyri in English, Leiden [2]2011 • B. Porten/A. Yardeni, Textbook of Aramaic Documents from Egypt, Winona Lake 1986 • dies., Textbook of Aramaic Ostraca from Idumea, Vol. 1+2, Winona Lake 2014 u. 2017 • J. Renz/W. Röllig, Handbuch der althebräischen Epigraphik, Darmstadt 1995 u. 2003 [= HAE] • S. Schroer/O. Keel, Die Ikonographie Palästinas/Israels und der Alte Orient, Fribourg 2005ff • M. Steiner/A. E. Killebrew, The Oxford Handbook of the Archaeology of the Levant, Oxford 2014 • E. Stern, Material Culture of the Land of the Bible in the Persian Period 538–332 B. C., Warminster 1982 • ders., Archaeology of the Land of the Bible II, New York 2001 • E. Stern u. a. (Hg.), New Encyclopaedia of the Archaeological Excavations of the Holy Land I–V, Jerusalem 1993 u. 2008 • D. Vieweger, Archäologie der biblischen Welt, Gütersloh 2012 • H. Weippert, Palästina in vorhellenistischer Zeit (HdA II,1) München 1988 • M. Weippert, Historisches Textbuch zum Alten Testament (GAT 19), Göttingen 2010 [= HTAT] • A. Yardeni, The Jeselsohn Collection of Aramaic Ostraca from Idumea, Jerusalem 2017 • W. Zwickel, Einführung in die biblische Landes- und Altertumskunde, Darmstadt 2002 • ders., Settlement History Around the Sea of Galilee from the Neolithic to the Persian Period (ÄAT 86), Münster 2017.

Geschichten Israels/Überblicke/Standardwerke:
G. W. Ahlström, The History of Ancient Palestine, Minneapolis [2]1994 • R. Albertz, Religionsgeschichte Israels in alttestamentlicher Zeit (GAT 8), Göttingen [2]1996 • B. T. Arnold/ R. S. Hess, Ancient Israel's History, Grand Rapids 2014 • A. Berlejung, Geschichte und Religionsgeschichte des antiken Israel, in: J. C. Gertz (Hg.), Grundinformation Altes Testament (UTB 2745), Göttingen [4]2010, 59–192 • K. Bringmann, Geschichte der Juden im Altertum, Stuttgart 2005 • P. R. Davies, The History of Ancient Israel, New York/London 2015 • W. D. Davies/L. Finkelstein (Hg.), The Cambridge History of Judaism Vol. 1–3, Cambridge 1984, 1990 u. 1999 • H. Donner, Geschichte des Volkes Israel und seiner Nachbarn in Grundzügen (ATD Erg. 4), Göttingen [4]2007/2008 • G. Fohrer, Geschichte Israels, Heidelberg

^{4}1985 • L. L. Grabbe, Judaism from Cyrus to Hadrian, London 1994 • ders., A History of the Jews and Judaism in the Second Temple Period, London 2004ff • ders., Ancient Israel, London ^{2}2017 • ders., An Introduction to Second Temple Judaism, London 2010 • J. H. Hayes/J. M. Miller (Hg.), Israelite and Judean History, London 1977 • O. Keel, Die Geschichte Jerusalems und die Entstehung des Monotheismus (OLB IV,1), Göttingen 2007 • O. Keel/C. Uehlinger, Göttinnen, Götter und Gottessymbole (QD 134), Freiburg ^{5}2001 (= Fribourg ^{6}2010) • R. Kessler, Sozialgeschichte des alten Israel, Darmstadt ^{2}2008 • D. Kinet, Geschichte Israels (NEB Erg. 2), Würzburg 2001 • E. A. Knauf, Umwelt des Alten Testaments (NSK 29), Stuttgart 1994 • ders., Geschichte Israels (ungedrucktes Manuskript, Bern 2007) • E. A. Knauf/P. Guillaume, A History of Biblical Israel, Sheffield 2016 • G. N. Knoppers, Jews and Samaritans, Oxford u. a. 2013 • R. G. Kratz, Historisches und Biblisches Israel, Tübingen ^{2}2017 • M. Liverani, Israel's History and the History of Israel, London 2005 • ders., The Ancient Near East, New York 2010 • J. Maier, Zwischen den Testamenten (NEB Erg. 3), Würzburg 1990 • M. Metzger, Grundriß der Geschichte Israels, Neukirchen-Vluyn ^{13}2010 • J. M. Miller/J. Hayes, A History of Ancient Israel and Judah, Louisville ^{2}2006 • R. D. Nelson, Historical Roots of the Old Testament (Biblical Encyclopedia 13), Atlanta 2014 • J. Neusner u. a. (Hg.), Judaism in Late Antiquity (HdO 17,2) Leiden 1995ff • S. Niditch (Hg.), The Wiley Blackwell Companion to Ancient Israel, Chichester 2016 • M. Noth, Geschichte Israels, Göttingen ^{10}1986 • W. Oswald/M. Tilly, Geschichte Israels, Darmstadt 2016 • L. Perdue/W. Carter, Israel and Empire, London/New York 2015 • I. W. Provan/V. P. Long/T. Longman III., A Biblical History of Israel, Louisville ^{2}2015 • P. Sacchi, The History of the Second Temple Period (JSOT.S 285), Sheffield 2000 • M. Sasse, Geschichte Israels in der Zeit des Zweiten Tempels, Neukirchen-Vluyn 2004 • P. Schäfer, Geschichte der Juden in der Antike, Stuttart 1982 (rev. engl. edition 2003) • B. U. Schipper, Geschichte Israels in der Antike, München 2018 • H.-C. Schmitt, Grundzüge der Geschichte Israels in alttestamentlicher Zeit, in: Arbeitsbuch zum Alten Testament, Göttingen ^{3}2011, 13–149 • B. Schmitz, Geschichte Israels, Paderborn ^{2}2014 • M. Tiwald, Das Frühjudentum und die Anfänge des Chrstentums. Ein Studienbuch (BWANT 208), Stuttgart 2015 • K. R. Veenhof, Geschichte des Alten Orients bis zur Zeit Alexanders des Großen (GAT 11), Göttingen 2001 • Z. Zevit, Religions of Ancient Israel, New York/London 2001.

Wirtschaftsgeschichte Palästinas und der südlichen Levante:
P. Altmann, Economics in Persian-Period Biblical Texts (FAT 109), Tübingen 2016 • R. Boer, The Sacred Economy of Ancient Israel, Louisville 2015 • R. Kessler u. a., Wirtschaft und Geld, Gütersloh 2016 • D. M. Master, Economy and Exchange in the Iron Age Kingdoms of the Southern Levant: BASOR 372, 2014, 81–97 • M. L. Miller u. a. (Hg.), The Economy of Ancient Judah in Its Historical Context, Winona Lake 2015 • J. Pastor, Land and Economy in Ancient Palestine, London/New York 1997.

Geschichten der Nachbarn Israels:
C. Bonnet/H. Niehr, Religionen in der Umwelt des Alten Testaments II (Studienbücher Theologie 4,2), Stuttgart 2010 • K. Bringmann, Kleine Kulturgeschichte der Antike, München 2011 • E. Cancik-Kirschbaum, Die Assyrer, München ^{3}2015 • C. S. Ehrlich, The Philistines in Transition (SHCANE 10), Leiden 1996 • J. Elayi, The History of Phoenicia, Bristol 2018 • E. Frahm (Hg.), A Companion to Assyria (Blackwell Companions to the Ancient World), Hoboken 2017 • M. Jursa, Die Babylonier, München ^{3}2015 • J. Klinger, Die Hethiter, München ^{2}2012 • H. Leppin, Einführung in die Alte Geschichte, München ^{2}2015 • E. Lipiński, Itineraria Phoenicia (Orientalia Lovaniensia Analecta 127), Leuven 2004 • C. Marek, Geschichte Kleinasiens in der Antike, München ^{3}2017 • B. Morstadt, Die Phönizier, Darmstadt 2015 • H. Niehr, The Aramaeans in Ancient Syria (HdO 106), Leiden 2014 • Ł. Niesiołowski-Spanò, Goliath's Legacy (Philippika 83), Wiesbaden 2015 • J. Quinn, In Search of

the Phoenicians, Princton/Oxford 2017 • M. Woolmer, A Short History of the Phoenicians, London u. a. 2017 • K. L. Younger, A Political History of the Arameans (Archaeology and Biblical Studies 13), Atlanta 2016.

Übergreifende Aufsatzbände und Sammelbände:

A. Alt, Kleine Schriften zur Geschichte des Volkes Israel, München Bd. I ^{4}1968, Bd. II ^{3}1964, Bd. III ^{2}1968 • J. Blenkinsopp, Essays on Judaism in the Pre-Hellenistic Period (BZAW 495), Berlin 2017 • J. G. Crossley/J. West (Hg.), History, Politics and the Bible from the Iron Age to the Media Age (LHBOTS 651), London 2016 • W. Groß/E. Gass, Studien zum Richterbuch und seinen Völkernamen (SBAB 54), Stuttgart 2013 • I. Hjelm/T. Thompson (Hg.), History, Archaeology and the Bible Forty Years After »Historicity« (Changing Perspectives 6), New York 2016 • U. Hübner/E. A. Knauf (Hg.), Kein Land für sich allein (OBO 186), Fribourg/Göttingen 2002 • E. A. Knauf, Data and Debates (AOAT 407), Münster 2013 • O. Lipschits/Y. Gadot/M. J. Adams (Hg.), Rethinking Israel, Winona Lake 2017 • N. Naʾaman, Ancient Israel and its Neighbors, Winona Lake 2005 • ders., Canaan in the Second Millenium B.C.E., Winona Lake 2005 • ders., Ancient Israel's history and historiography, Winona Lake 2006 • H. M. Niemann, History of Ancient Israel, Archaeology, and Bible (AOAT 418), Münster 2015 • B. Schmidt (Hg.), The Quest for the Historical Israel, Leiden 2005 • J. R. Spencer u. a. (Hg.), Material Culture Matters, Winona Lake 2014 • J. M. Tebes (Hg.), Unearthing the Wilderness, Leuven 2014 • H. G. M. Willamson (Hg.), Understanding the History of Ancient Israel, Oxford 2007 • W. Zwickel, Studien zur Geschichte Israels (SBAB 59), Stuttgart 2015.

6. *Karten zur Orientierung*

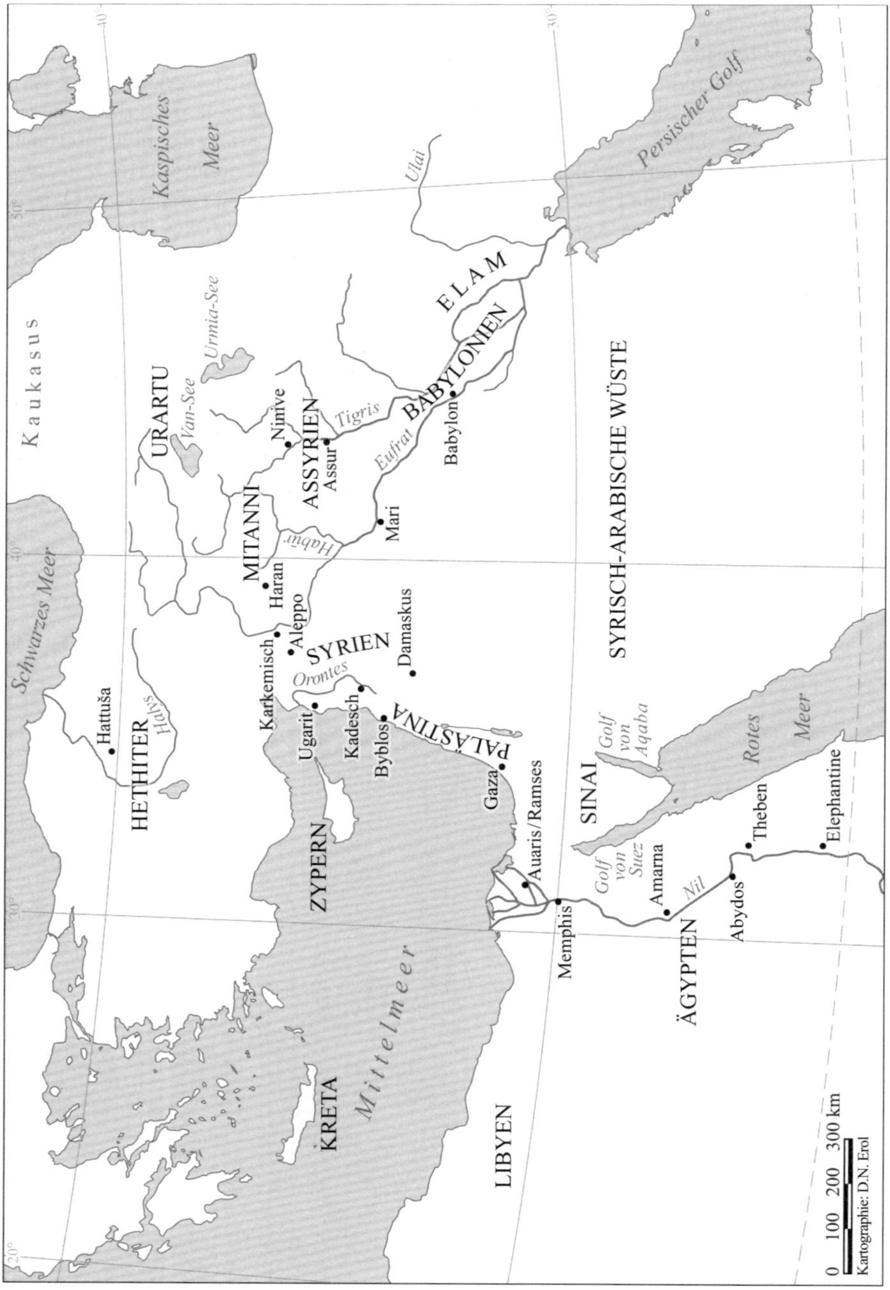

Karte 13: Der Vordere Orient in der zweiten Hälfte des 2. Jt.s v. Chr.

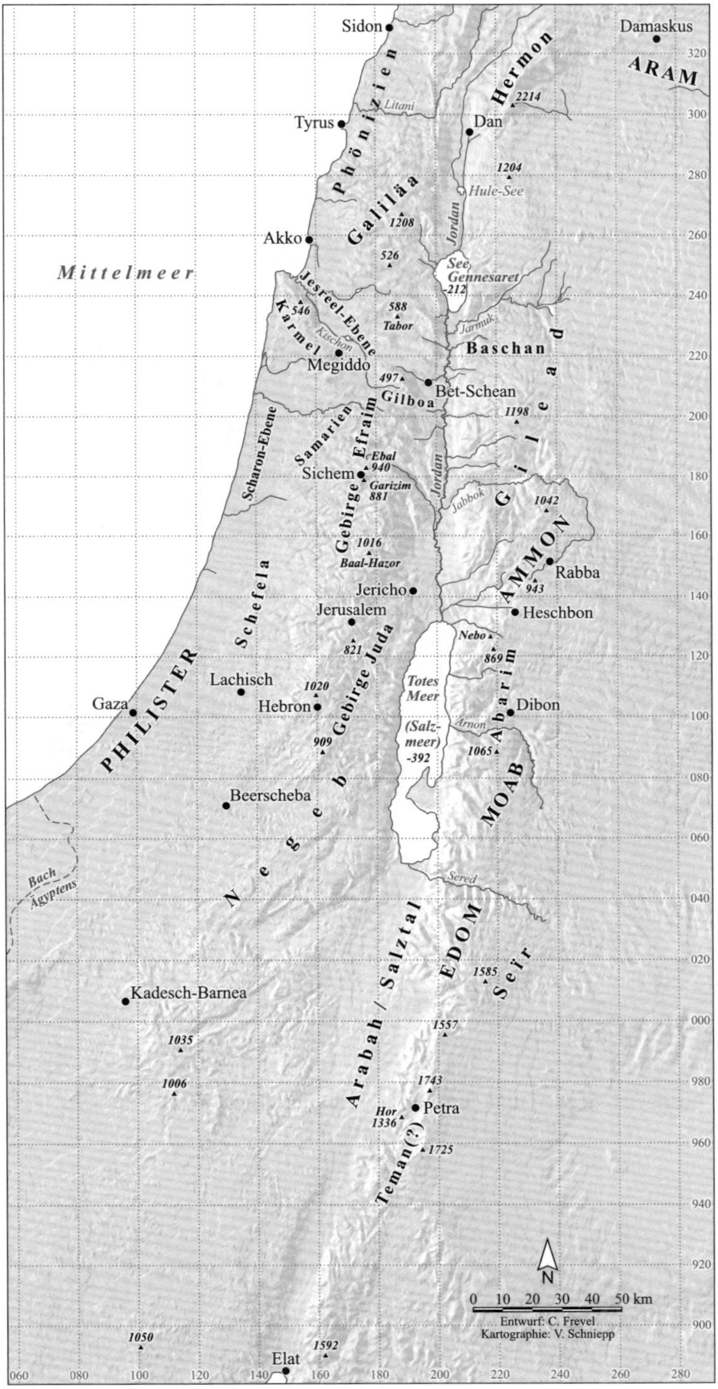

Karte 14: Regionen und Landschaften Palästinas/Israels

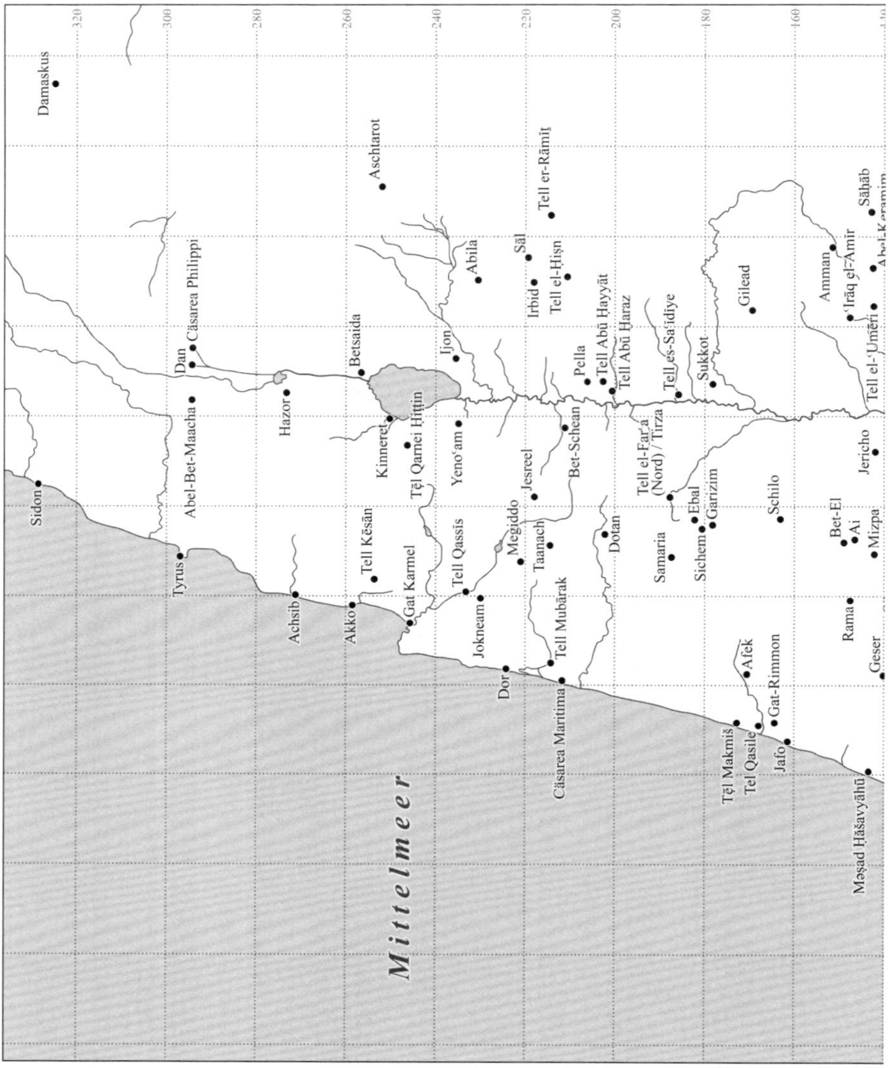

Karte 15: Ausgewählte Orte und Ortslagen in Palästina/Israel

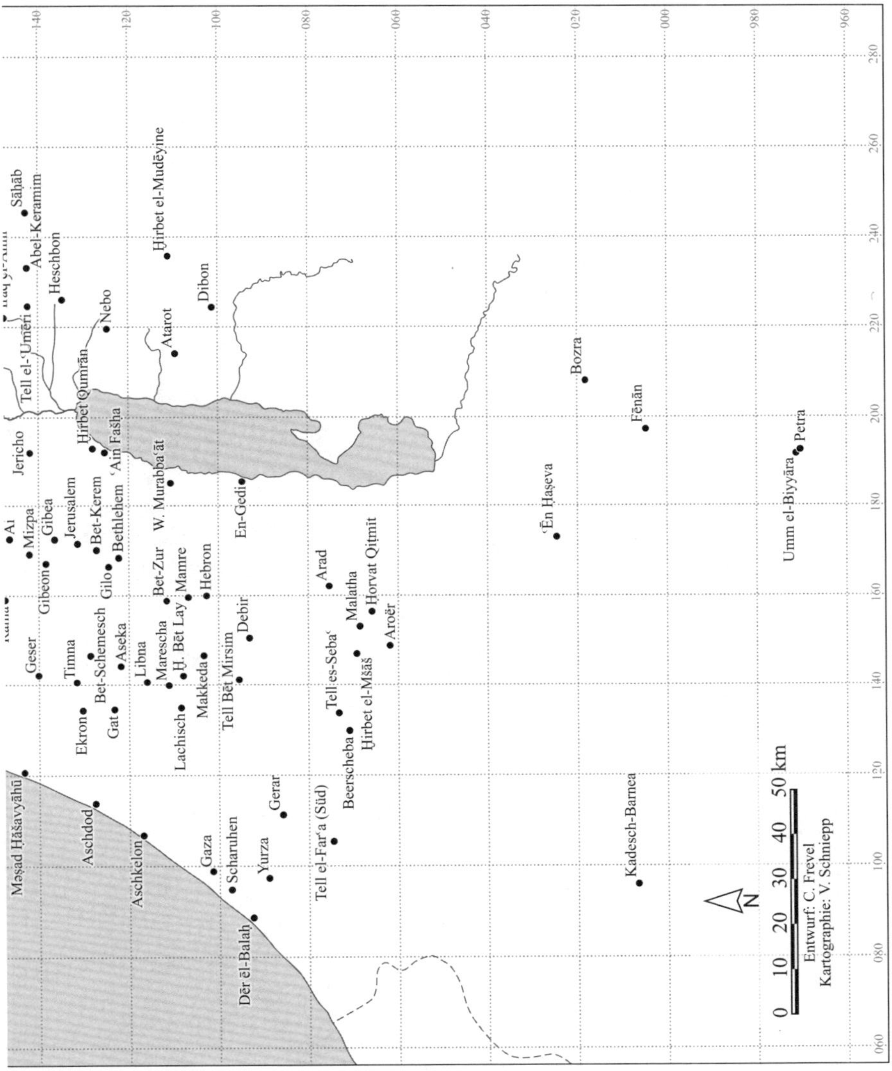
Maṣad Ḥăšavyāhū
Aschdod
Aschkelon
Gaza
Scharuhen
Yurza
Gerar
Dēr ēl-Balaḥ
Tell el-Farʿa (Süd)
Beerscheba
Tell es-Sebaʿ
Ḫirbet el-Mšāš
Malatha
Ḥorvat Qiṭmīt
Aroër
Arad
Kadesch-Barnea
Ekron
Gat
Timna
Bet-Schemesch
Aseka
Geser
Gibeon
Gilo
Libna
Lachisch
Marescha
H. Bēt Lay
Makkeda
Tell Bēt Mirsim
Debir
Bet-Zur
Mamre
Hebron
Mizpa
Gibea
Jerusalem
Bet-Kerem
Bethlehem
W. Murabbaʿāt
En-Gedi
Jericho
Ḫirbet Qumrān
ʿAin Fašḫa
Tell el-ʿUmēri
Abel-Keramim
Heschbon
Ṣāḥāb
Nebo
Atarot
Dibon
Ḫirbet el-Mudēyine
Bozra
Fēnān
ʿĒn Ḥaṣeva
Umm el-Biyyāra
Petra
N
0 10 20 30 40 50 km
Entwurf: C. Frevel
Kartographie: V. Schniepp

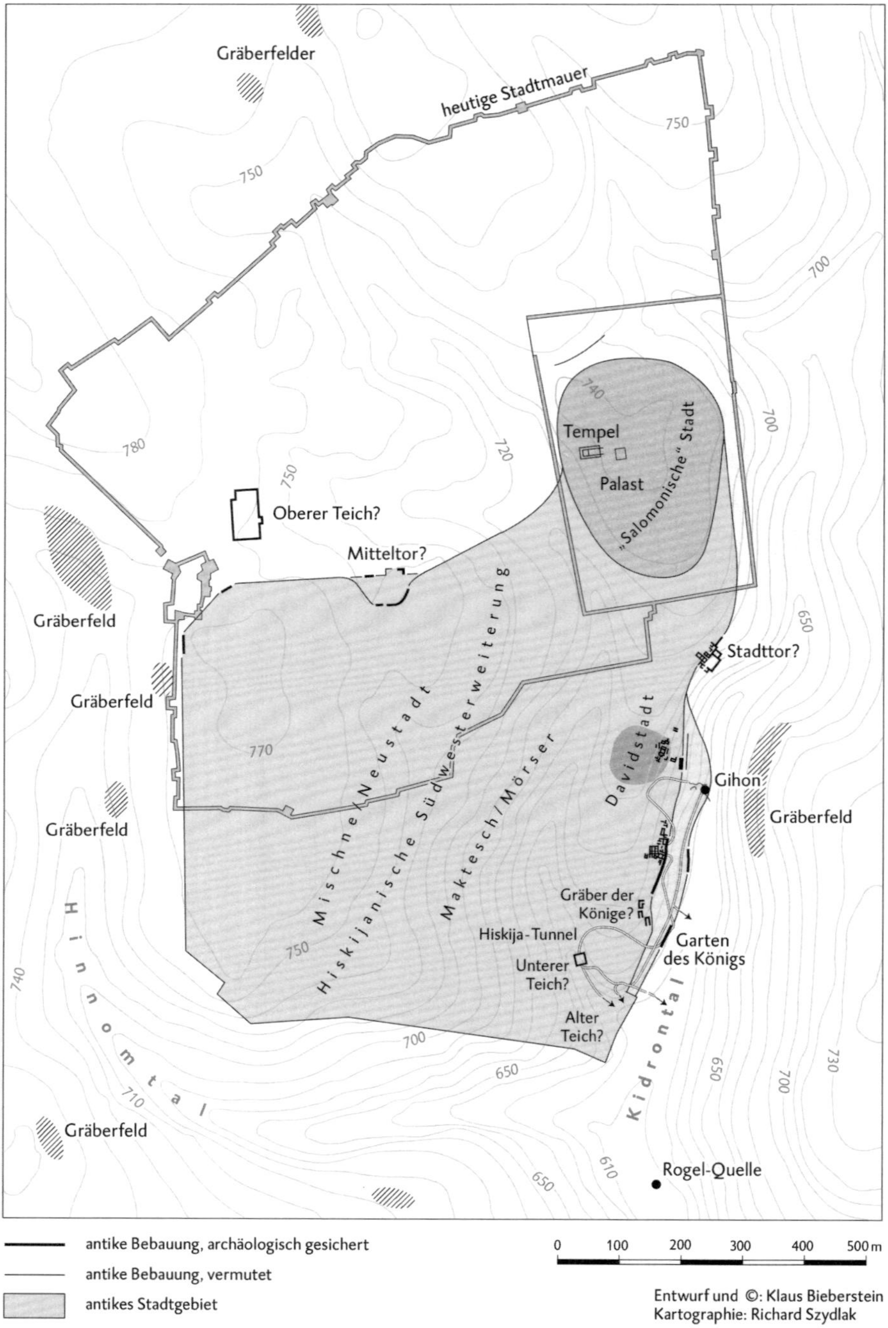

Karte 16: Jerusalem in der Eisenzeit IIB und IIC

Karte 17: Das persische Großreich

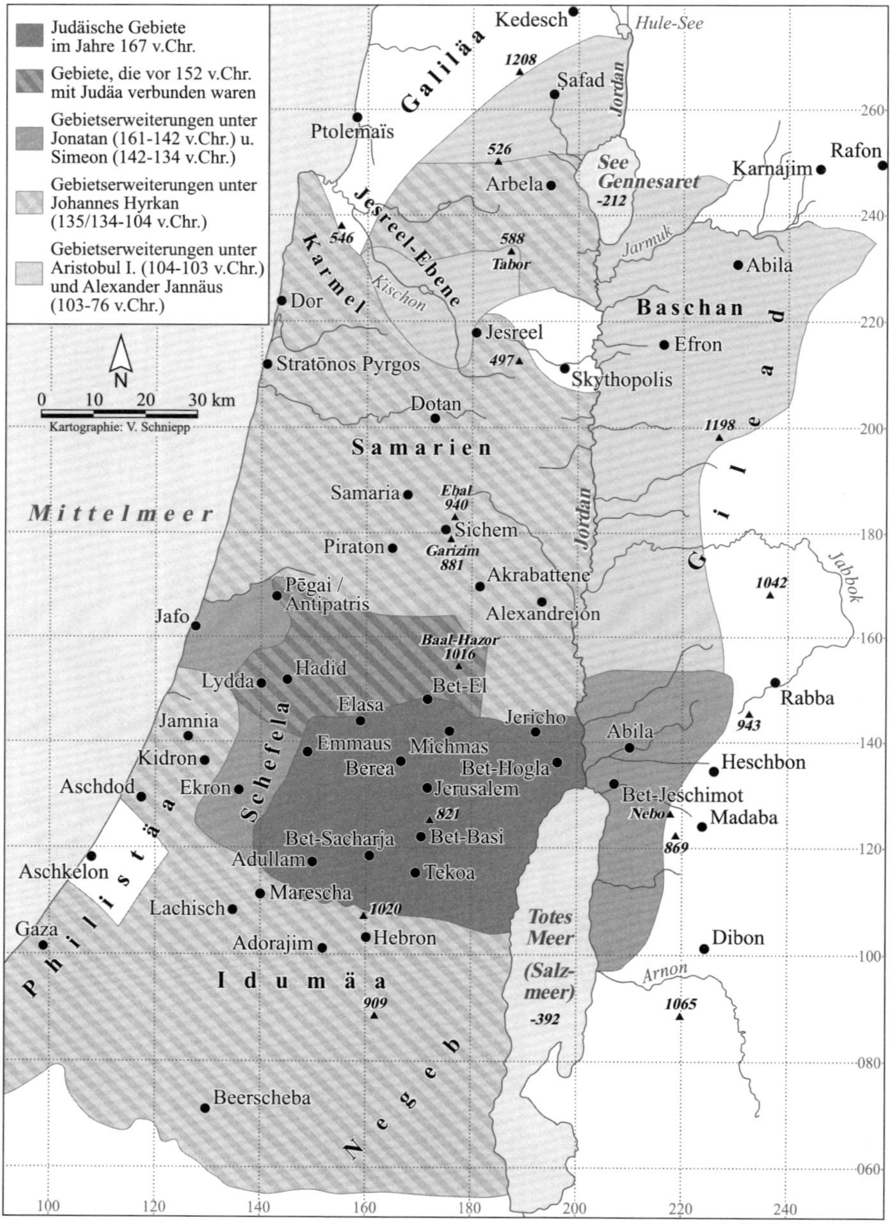

Karte 18: Palästina in der Makkabäerzeit

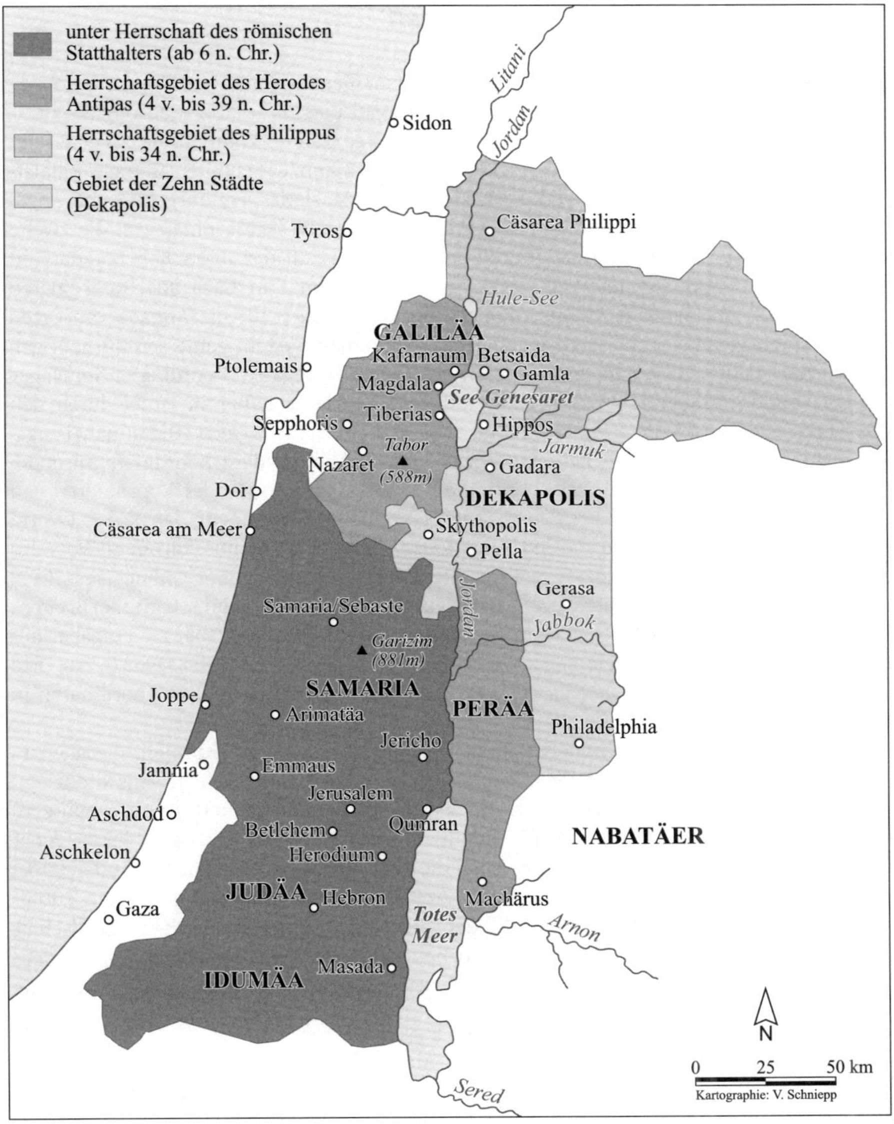

Karte 19: Herrschaftsverhältnisse in Palästina in römischer Zeit

7. Ortsnamen mit Koordinaten

Die erste Liste bietet in diesem Werk benutzten Ortsnamen aus Palästina/Israel mit Koordinaten sog. *Palestine Grid* od. Old Israel Grid bzw. Grid Cassini Soldner-Coordinates (ICS), sodass sie auf der *Karte 4* und anderen Karten verortet werden können. Die Angaben der Koordinaten folgen dabei meist den Angaben in S. Mittmann/G. Schmitt, Tübinger Bibelatlas, Stuttgart 2001 bzw. W. Zwickel u. a., Herders Neuer Bibelatlas, Freiburg 2013 und Angaben der Ausgrabungsberichte. Die erste Zahl gibt die Ost-West-Koordinate an, die zweite Zahl die Nord-Süd-Koordinate. Das Koordinatensystem ist in der Britischen Mandatszeit 1923 entworfen und rechnet von einem festgelegten Punkt in Gaza aus (Koordinaten 1000.1000 OIG) und wird in Atlanten und Kartenwerken auch für die Angabe von Orten aus Jordanien genutzt. Zum einen ist aber das Koordinatensystem gemessen an heutigen Ansprüchen nicht sehr genau, zum anderen produziert es negative Koordinaten im Negev südlich von Beerscheba. 1989 (bzw. 1994 offiziell) wurde es daher in Israel durch den genaueren *New Israel Grid* (NIG)/*Israeli Transverse Mercator* (ITM) ersetzt. Die annäherungsweise Umrechnung auf dieses neue System ist einfach: Die Ost-West Koordinate muss um 500 erhöht werden, die Nord-Süd-Koordinate um 5000 (am Beispiel der Koordinaten von Jerusalem: 1724.1315 OIG ergibt 2224.6315 NIG). Für eine Umrechnung in das WGS84 (World Geodetic System 1984) System, das in Navigationssystemen oder Online-Karten oft Verwendung findet, gibt es eine Reihe von Programmen (z. B. Alltrans) und Online-Tools (z. B. http://twcc.fr/ sechstellig eingeben, WGS84 ausgeben lassen. Ergebnis Latitude/Breitengrad = 31.776242593493365°N Longitude/Längengrad 35.2355868379082°E. Eingabe mit Komma getrennt z. B. in Google-Earth als 31.776242593493365, 35.2355868379082). Für Orte außerhalb des Koordinatensystems des Palestine Grid finden sich WGS84 Koordinaten in Grad, Minuten und Sekunden.

Die Schreibweise der biblischen Namen folgt den Loccumer Richtlinien, die auch in der Einheitsübersetzung verwendet sind. Den biblischen Namen sind jeweils die arabischen bzw. hebräischen Ortsnamen an die Seite gestellt, unter denen die Orte heute zu finden sind bzw. geführt werden. Die Benutzung der Umschrift ist dabei leider nicht immer einheitlich (so variieren zum Beispiel die Schreibweisen →Tell und Tel oder *Ḫirbet* und *Khirbet*). Sie orientiert sich in der Regel (mit leichter Vereinfachung) an dem Tübinger Atlas des Vorderen Orients (TAVO), der deutschen morgenländischen Gesellschaft (DMG) bzw. an H. Weippert, Palästina in vorhellenistischer Zeit, München 1988. Andere Umschriftkonventionen sind dann verwendet, wenn der in Israel oder Jordanien übliche Name verwendet ist.

Abel-Bet-Maacha/*Tell Ābil el-Qamḥ* 2045.2962
Abu Hamid 2339.1662
Achschaf/*Tell Kēsān* 1645.2532
Achsib/*ez-Zīb* 1598.2725
Adama/Adam/*Tell ed-Dāmiye* 2018.1679
Adorajim 1526.1016
Adullam/*ʿĂdullám* 1502.1157
Afek/*Tell Rās el-ʿĒn* 1435.1680
Afek
  ʿĒn Gēv 2103.2435
  Fīq/Afik 2160.2428
  Tell Kurdane/Tel Afek 1605.2500
ʿAǧlūn 2209.1933
Ai/*et-Tell* 1748.1471
ʿAin Feshka/ʿAin Fašḫa 1920.1240
ʿAin Joweizeh 1649.1274
Akko/*ʿAkkā* 1586.2586
Alexandreion/*Qarn Sarṭaba* 1938.1670
Amanthous
  Tell ʿAmmata 2085.1829
  Tell el-Ḥamme 2112.1778
Amman/Rabbat-Ammon/*ʿAmmān* 2389.1513
ʿAmwās 1493.1387
Arad/*Tell ʿArād* 1621.0766
Aroër/*Ḫirbet ʿArāʿir* (Moab) 2281.0981
Aroër/*Tel ʿAroer* (Negev) 1480.0622

Aschdod/*Esdūd* 1179.1293
Aschdod Yam 1140.1320
Aschkelon/*ʿAsqalān* 1070.1190
Aschtarot/ʿAštárot/Tell ʿAštara 2455.2460
Aseka/*Tell Zakarīye* 1440.1232
Baala/*el-Muğār* 1296.1385
Baal-Meon/Bet-Meon 2197.1207
Bāluʿa/el-Bālūʿ/Khirbet Baluʿa 2242.0853
Bamot/*Bet-Bamot* 2203.1267
Bāniyās/Cäsarea Philippi 2150.2946
Battīr/Betar/Bateer 1633.1262
Beerscheba/*Bīr es-Sebaʿ* 1300.0720
Bēsān/Skythopolis (vgl. Bet-Schean) 1975.2117
Bet-Anat (Ident. unsicher)
  el-Biʿna 1758.2596
  Ṣafad el-Baṭṭīḫ 1908.2895
  Tel Roš 1815/2718
Bet Diblatajim
  Ḫirbet et-Tēm 2240.1231
  Ḫirbet Delēlet eš-Šarqīye 2285.1163
Bet-El/Bethel/*Bētīn* 1733.1483
Bet-Gamul/*Ḫirbet el-Ğumēl* 2348.1002
Bet-Gan
  Bet-Gan (Untergaliläa) 1970.2355
  Bet-Gan/Jenin 1786.2075
Bēt Hanīnā 1698.1373
Bethar/*Tel Betar/Ḫirbet el-Yahūd* 1628.1260
Bet-Horon (oberes) *Bēt ʿŪr el-fōqā* 1608.1436
Bet-Horon (unteres) *Bēt ʿŪr et-taḥta* 1582.1445
Beth Sahur 1710.1230
Bet-Jeschimot/*Tell el-ʿAḏēme* 2088.1322
Bet-Kerem/*Rāmat Rāḥēl* 1706.1275
Betlehem 1695.1235
Bet-Meon/Baal-Meon 2197.1207
Bet-Pegor/*el-Mušaqqar* 2239.1335
Betsaida/*et-Tell* 2094.2574
Bet-Schean/*Tell el-Ḥöṣn* 1975.2123
Bet-Schemesch/*ʿĒn-Šems* 1476.1286
Bet-Zur/*Bēt Ṣūr*
  Ḫirbet Burğ eṣ-Ṣūr 1594.1104
  Ḫirbet eṭ-Ṭubēqa 1590.1108
Binyanei Haʾuma 1795.1325
Blakhiyah 0970.1057
Bozra/*Buṣērā* 2077.0170
Cäsarea Maritima (Stratonsturm) 1396.2107
Cäsarea Philippi/*Bāniyās* 2150.2946
Ḏaḥret eṭ-Ṭawilē 1800.2010
Dan/*Tell el-Qāḍī*/Laïs 2112.2948
Debir 1514.0934
Dibon/*Tell Ḏībān* 2240.1010
Dion 2453.2391
Dor/*Tel Dor/Ḫirbet el-Burğ/Dūʾru* 1424.2247
Dotan/*Tell Dōṯān* 1726.2021
Ebal/*Ğebel Islāmīye* 1760.1820
Edreï/*Edreʿi/Darʿā* 2537.2246
Efron/*el-Ṭayyiba* 1784.1511
Eglon 1425.0999
Ekron/*Tel Miqnē* 1358.1318
Ela/el-ʿAqaba 1498.8815
Elale/*Ḫirbet el-ʿĀl* 2285.1365
Elasa 1655.1395
Elat/*Tell el-Ḫulēfe/Tell el-Kheleife* 1473.8849
el-Bālūʿ/Khirbet Baluʿa/Bāluʿa 2242.0853
el-Kabrī 1644.2690
el-Mukāwir 2102.1084
Elteke/*Tell eš-Šallāf* (?) 1282.1444
ʾElyākīn 1430.2025
Emmaus 1655.1338
ʿĒn Boqēq 1835.0672
En-Dor 1860.2277
ʿĒn el-Qudērat 0960.0069
ʿĒn Gedi/En-Gedi 1870.0972
ʿĒn Gēv 2102.2435
ʿĒn Ḥaṣeva 1732.0244
er-Ruqēš/Tell er-Ruqēš 0861.0919
Eschtaol/*Ḫirbet Dēr Šubēb* 1488.1338
Eš-Šēḫ Ḫaḏar/Tel Hadar 2110.2507
Etam/*ʿĒṭám* 1670.1214
et-Tell/Ai 1748.1471
et-Tell/Betsaida 2094.2574
eṭ-Ṭurra 2431.2275
Ezjon-Geber/*Ğezīret Firāʿūn* 1363.8750
Fēnān 1972.0041
French Hill (Jerusalem) 1725.1343
Gadara/*Umm Qēs* 2140.2290
Gamla 2195.2565
Garizim/*Ğebel eṭ-Ṭōr* 1759.1785
Garizim/*Tell er-Raʾs* 1761.1793
Gat/*Tell eṣ-Ṣāfī* 1357.1235
Gat
  el-Burğ 1520.1455
  Tell el-Ğudēde/Tel Goded 1416.1157
Gat Hefer/*Tell Gat-Ḥefer* 1801.2382
Gaza/*Ġazze* 0995.1015
Gaza Hafen 0960.1030
Gazara/*Tell Ğazar/Ṭell el-Ğazarī* 1422.1404

Tell eš-Šēḫ Aḥmed el-ʿArēnī 1298.1133
Tell eš-Šerīʿa 1196.0889
Tell es-Sulṭān/Jericho 1921.1420
Tell eš-Šuqaf/Tell Sheqef 1230.1075
Tell ʿĒṭūn 1425.0999
Tell Ǧalūl 2312.1254
Tell Ǧemme/Yurza (?) 0971.0886
Tell Ǧudēde/Tel Goded/Libna (?) 1416.1157
Tell Ḥammad 2555.2481
Tell Ḥesbān/Heschbon 2265.1342
Tell Jalul/Ǧālūl 2312.1254
Tell Jawa 2382.1407
Tell Judeideh/Tell el-Ǧudēde 1416.1157
Tell Kēsān/Achschaf 1645.2532
Tell Mubārak/Tel Məvōrak 1434.2155
Tell Nimrīn/Nimrin 2096.1453
Tell Qedeš/Kedesch 1997.2796
Tell Qēmūn/Jokneam 1605.2300
Tell Qirī 1611.2274
Tell Rās el-ʿĒn/Afek 1435.1680
Tell Rekeš/Anaharat/*Tell el-Muḫarḫaš* 1937.2286
Tell Rumeida/Tel Hevron 1597.1036
Tell Ṣafūt 2290.1600
Tell Siran 2343.1581
Tell ʾUmm Ḥammād al-Ġarbī 2053.1724
Tell ʾUmm Ḥammād aš-Šarqī 2055.1725
Tell Waqqāṣ/Hazor 2035.2693
Tell Zīf/Sif 1628.0982
Tell Zippor/Tell Ẓippor 1250.1180
Tiberias 2010.2437
Timna/*Tel Bāṭāš/Tell el-Baṭāšī* 1417.1325
Timna/*Wādī el-Menēʿīye* 1448.9107
Tirza/*Tell el-Fārʿa* (Nord) 1823.1882
Tob/eṭ-Ṭayyiba 2672.2190
Tulēl 2083.2730
Tyrus/*Ṣūr* 1685.2975
Umm ed-Danānīr 2272.1660
Umm el-Biyyāra 1919.9712
Wādī ʿAmrānī 1433.8958
Wādī d-Dālīye 1900.1550
Wādī eṯ-Ṯemed/ath-Thamad/WT-13 2330.1091
Wādī l-Hēdān 2150.1000
Wādī l-Wāla 2250.1100
Wādī Murabbaʿāt 1854.1107
Yavne Yam 1212.1478
Yenoʿam/Tel Yinʿām/Tell en-Nāʿam 1982.2354
Yotvata/Jotbata 1555.9224
Yurza/Tell Ǧemme 0971.0886
Zaretan
Tell el-Qōs (?) 2087.1834
Tell Umm Hammād (?) 2053.1724
Zereda/*Ḫirbet Banāt Barr* 1554.1622
Ziklag/*Tell el-Fārʿa* (Süd)(?) 1006.0770
Zoara 1951.0481
Zora/*Ṣórʿá* 1487.1314

Weitere Orte in Ägypten, Syrien, Libanon, Irak, Zypern, Griechenland, Kleinasien etc. außerhalb des Palestine Grid (WGS84 Koordinaten):

ʿAin Dāra 36°27′50″ N, 36°51′55″ O
Alalach 36°14′16″ N, 36°23′5″ O
Aleppo 36°11′57″ N, 37°9′45″ O
Alexandria 31°12′48″ N, 29°55′39″ O
ʿAmāra West 20°50′0 N, 30°23′0 O
Antiochia/Daphne 36°12′0″ N, 36°9′0″ O
Apamea (Kibotos) 38°4′18″ N, 30°9′56″ O
Arwad 34°51′21″ N, 35°51′32″ O
Athen 37°58′17″ N, 23°43′35″ O
Babylon (Stadt) 32°32′32″ N, 44°25′16″ O
Beirut 33°53′13″ N, 35°30′47 O
Berenike (Kyrenaika)/Bengasi 32°7′0″ N, 20°4′0″ O
Berytos/Beirut 33°53′13″ N, 35°30′48″ O
Bīt Adini 36°40′00″ N, 37°10′00″ O
Bīt Agusi 36°10′00″ N, 36°10′00″ O
Byblos/Gubla 34°7′25″ N, 35°39′4″ O
Chaironeia 38°29′39″ N, 22°50′35″ O
Damaskus 33°30′41″ N, 36°19′23″ O
Delos 37°23′56″ N, 25°15′59″ O
Dur Šarrukin/Khorsabad 36°28′0″ N, 43°12′0″ O
Ebla/*Tell Mardīḫ* 35°47′52″ N, 36°47′52″ O
Ektabana 34°48′23″ N, 48°30′58″ O
Enkomi 35°9′58″ N, 33°52′13″ O
Ǧebel el-Lawz 28°39′16″ N 35°18′16″ O
Ǧebel Kātrīnā 28°30′39″ N, 33°57′19″ O
Ǧebel Mūsā 28°32′23″ N 33°58′24″ O
Ǧebel Sirbal 28°38′47″ N 33°39′06″ O
Gaugamela 36°20′0″ N, 43°20′0″ O
Ḥamat 35°06′55″ N, 36°46′01″ O
Haran/*Ḥarrān* 36°51′51″ N, 39°01′57″ O

Hattuša 40°1′5″ N, 34°37′3″ O
Herakleopolis 29°5′0″ N, 30°56′0″ O
Hermon 33°24′51″ N, 35°51′26″ O
Huelwa/Minas de Riotinto 37°41′0″ N, 6°35′0″ W
Hulwan 34°27′54″ N, 45°51′18″ O
Issos 36°50′18″ N, 36°9′52″ O
Karnak 25°43′0″ N, 32°39′0″ O
Karthago 36°51′10″ N, 10°19′24″ O
Kumidi/*Kāmid el-Lōz* 33°37′24″ N, 35°49′16″ O
Kition 34°55′23″ N, 33°37′48″ O
Knossos 35°17′52″ N, 25°9′47″ O
Kynoskephalai 39°25′0″ N, 22°34′0″ O
Leontopolis/*Tell el-Yehūdīye* 30°29′33″ N, 31°33′16″ O
Magnesis (am Sipylos) 38°36′47″ N, 27°25′33″ O
Marathon 38°9′18″ N, 23°57′49″ O
Medinet Habu 25°43′12″ N, 32°36′3″ O
Moseberg/*Ǧebel Mūsā* 28°32′23″ N, 33°58′24″ O
Memphis 29°51′0″ N, 31°15′0″ O
Milet 37°31′52″ N, 27°16′32″ O
Mykene 37°43′50″ N, 22°45′25″ O
Nimrud/*Kalḫu* 36°6′0″ N, 43°19′43″ O
Ninive 36°22′0″ N, 43°9′0″ O
Pelusium/*Tell el-Faramā* 31°03′0″ N, 32°36′0″ O
Perinthus 40°58′11″ N, 27°57′19″ O
Persepolis 29°56′4″ N, 52°53′29″ O
Petra 30°19′44″ N, 35°26′36″ O
Pitom/*Tell er-Retabe* (?) 30°32′51″ N, 31°57′49″ O
Plataeae 38°14′24″ N, 23°19′4.8″ O
Qarqar/*Ḫirbet Qerqūr* 35°44′33″ N, 36°19′49″ O
Qatna 34°50′6″ N, 36°51′57″ O
Ribla 34°25′59″ N, 36°33′0″ O
Salamis 37°56′15″ N, 23°29′44″ O
Samʾal/Zincirli 37°06′12″ N, 36°40′42″ O
Sarepta/Sarafand 33°27′27″ N, 35°17′45″ O
Sippar/*Tell Abū Ḥabbah* 33°03′31″ N, 44°15′07″ O
Siwa (Oase) 29°11′26″ N, 25°32′57″ O
Soleb 20°26′0″ N, 30°20′0″ O
Sparta 37°4′24″ N, 22°25′47″ O
Susa 32°12′0″ N, 48°15′0″ O
Tell ʿĀfis 35°54'17" N, 36°47'55" O
Tell el-Dabʿa/Qantir/Auaris 30°47′0″ N, 31°50′0″ O
Tell el-Masḫuta/Tell el-Masḫūṭa 30°33′10″ N, 32°5′58″ O
Tell el-ʿUjūn 34°10′47″ N, 36°16′57″ O
Tell er-Retabe/Tell er-Reṭāba 30°32′51″ N, 31°57′49″ O
Tell er-Rimāḥ 36°15′26″ N, 42°26′58″ O
Tell Halaf 36°49'35" N, 40°2'23″ O
Tell Nebi Mend/Qadeš 34°33′28″ N, 36°31′10″ O
Tell Šeḫ-Ḥamad 35°38′36″N, 40°44′25″ O
Tell Taʿyīnāt 36°14′51″ N, 36°22′35″ O
Theben 25°43′14″ N, 32°36′37″ O
Thermopylen 38°48′19″ N, 22°33′46″ O
Tripolis 32°53′0″ N, 13°10′0″ O
Troja 39°57′26″ N, 26°14′19″ O
Ugarit 35°36′7″ N, 35°46′55″ O
Uluburun 36°7′43″ N, 29°41′8″ O
Ur 30°57′45″ N, 46°6′11″ O
Zyrene/Kyrene 32°49′17″ N, 21°51′19″ O

8. Quellennachweis der Karten und Abbildungen

Karte 1: Entwurf C. Frevel unter Verwendung von R. Gonen, The Late Bronze Age, in: A. Ben-Tor (Hg.), Ancient Israel, New Haven 1991, S. 215, Map 7.2 und I. Finkelstein, The Territorial-Political System of Canaan in the Late Bronze Age, UF 28 (1996), 221–225, Map 1 and 2.

Karte 2: Entwurf C. Frevel unter Verwendung von Karten von I. Finkelstein, Z. Gal, J. Kamlah, A. Mazar, E. Gass und S. Mittmann. Dank an Erasmus Gass für die Unterstützung in Bezug auf das Gebiet Moabs.

Karte 8: Entwurf C. Frevel unter Verwendung von Y. Aharoni, Das Land der Bibel, Neukirchen-Vluyn 1984, S. 304, Karte 21 und J. M. Miller/J. Hayes, A History of Ancient Israel and Judah, Louisville ²2006, Map 16.

Karte 12: Entwurf C. Frevel (englische Version abgedruckt in C. Frevel/K. Pyschny, A »Religious Revolution« in Yehûd? The Material Culture of the Persian Period as a Test Case: Introduction, in: C. Frevel/K. Pyschny/I. Cornelius (Hg.), A »Religious Revolution« in Yehûd? (OBO 267), Fribourg/Göttingen 2014, 1–22, S. 5.

Karte 13: Vorlage H. Donner, Geschichte des Volkes Israels in Grundzügen, Bd. 1, Göttingen 1984, S. 31.

Karte 14: Entwurf C. Frevel auf der Grundlage von W. Zwickel, Palästina im 2. Jahrtausend v. Chr., Calwer Bibelatlas © 11. Auflage 2000, by Calwer Verlag Stuttgart.

Karte 15: Entwurf C. Frevel auf der Grundlage von W. Zwickel, Das Stämmesystem in Israel nach Josua, Calwer Bibelatlas © 11. Auflage 2000, by Calwer Verlag Stuttgart.

Karte 16: Jerusalem in der Eisenzeit IIB und IIC, © 2018: Klaus Bieberstein, Kartographie: Richard Szydlak.

Karte 17: Vorlage H. Donner, Geschichte des Volkes Israels in Grundzügen, Bd. 2, Göttingen ²1995, S. 404.

Karte 18: Vorlage W. Zwickel, Makkabäer, Calwer Bibelatlas © 11. Auflage 2000, by Calwer Verlag Stuttgart.

Karte 19: Vorlage M. Ebner/S. Schreiber (Hg.), Einleitung in das Neue Testament, Stuttgart 2008, S. 593.

Karte 3–7; 9–11: Entwurf C. Frevel, Kartographie C. Frevel.

Die Bildrechte an den beigegebenen Zeichnungen (Abb. 1–3, 10b, 14b, 15–18, 21, 23b–c, 27–28, 35–36, 38, 42, 46, 48–50, 51d–f, 52, 54–55) liegen bei der Stiftung Bibel+Orient Fribourg, verwaltet durch das Bibel+Orient Museum (http://www.bible-orient-museum.ch/). Zwecks wissenschaftlichen Gebrauchs wurden die Abbildungen für die vorliegende Publikation von Urheberrechtsabgaben befreit. Hierfür dankt der Verfasser herzlich, namentlich O. Keel und F. Lippke. Darüber hinaus sei ein großer Dank an folgende Institutionen, Verlage sowie Kolleginnen und Kollegen ausgesprochen, die dem Abdruck von Abbildungen zugestimmt haben: Harvard University (Abb. 30), Institute of Archaeology der Hebrew University Jerusalem (Abb. 10a), Israel Exploration Society (Abb. 33–34), Israel Numismatic Society (Abb. 45, 51a–c), The Oriental Institute, University of Chicago (Abb. 11, 24), Wellcome Library London (Abb. 53), Cotsen Institute of Archaeology Press (Abb. 22), Deutsche Bibelgesellschaft (Abb. 26), Eisenbrauns (Abb. 4, 32, 36), Oxford University Press (Abb. 57), Ugarit Verlag (Abb. 44), I. Finkelstein als Herausgeber von Tel Aviv – Journal of the Institute of Archaeology (Abb. 13), H. Gitler (Abb. 47, 56), D. Hendin (Abb. 60), R. Jacob (Abb. 58), J. Kamlah für die ZDPV (Abb. 20), O. Lipschits (Abb. 38),

A. Mazar (Abb. 19), E. Mazar (Abb. 43), S. Münger (Abb. 13), E. Noort (Abb. 6), J. Renz (Abb. 41), B. U. Schipper (Abb. 12), D. Ussishkin (Abb. 25, 40), H. Weippert (Abb. 8b–f, 9, 14a, 20, 23a, 31), M. Weippert (Abb. 20), W. Zwickel (Abb. 58).

Die Abbildungen im Text (*Nummer in Klammern kursiv*) sind folgenden Bänden entnommen:

N. Avigad, Hebrew Bullae from the Time of Jeremiah, Jerusalem 1986, 83, Abb. 122 (*Abb. 34*) © Israel Exploration Society.

M. Bernett/O. Keel, Mond, Stier und Kult am Stadttor (OBO 161), Fribourg/Göttingen 1998, 96, Abb. 1e (*Abb. 27*) © Stiftung Bibel+Orient.

J. F. Champollion, Monuments de L'Egypte et de la Nubie, Bd. IV, Paris 1845, Pl. CCCXXIII (*Abb. 5*).

T. Dothan, The Philistines and their Material Culture, New Haven u. a. 1982, 10, Abb. 7 (*Abb. 11*) © Courtesy of the Oriental Institute, University of Chicago.

S. Gitin, The Four-Horned Altar and Sacred Space. An Archaeological Perspective, in: B. M. Gittlen (Hg.), Sacred Time, Sacred Place, Winona Lake 2002, 95–123, 106, Abb. 5 (*Abb. 36*) © Eisenbrauns.

H. Gitler, The Earliest Coin of Judah: INR 6, 2011, 21–33, 24, Abb. 6 (*Abb. 47*) © H. Gitler (Israel Museum Jerusalem: Inventarnummer 2006.19/1; Foto: V. Naikhin, Zeichnung: P. Ared).

H. Gitler/C. Lorber, Small Silver Coins of Ptolemy I from an uncertain Palestinian Mint: INJ 14 (2000–2002), 34–42, 36, Pl. 2.12 (*Abb. 56*) © H. Gitler/C. Lorber.

G. S. Hasel, Rekonstruktion eines Vier-Zonen-Landhauses (*Abb. 8a*) © G. S. Hasel.

D. Hendin, Guide To Ancient Jewish Coins, New York 1976, 67, Abb. 136 (*Abb. 60a*) – 70, Abb. 146 (*Abb. 60b*) alle © D. Hendin.

O. Keel, Studien zu den Stempelsiegeln aus Palästina/Israel Band IV (OBO 135), Fribourg/Göttingen 1994, 189, Abb. 38 (*Abb. 28b* links) © Stiftung Bibel+Orient.

O. Keel, Corpus der Stempelsiegel-Amulette aus Palästina/Israel, Bd. I (OBO.SA 13), Fribourg/Göttingen 1997, 577, Abb. 131 (*Abb. 23b*) – 577, Abb. 132 (*Abb. 23c*); Bd. II (OBO.SA 29), Fribourg/Göttingen 2010, 313, Abb. 216 (*Abb. 18c*) – 341, Abb. 1 (*Abb. 50:* nur Strichzeichnung) – 343, Abb. 4 (*Abb. 51d:* nur Strichzeichnung) – 345, Abb. 9 (*Abb. 1f*) – 349, Abb. 15 (*Abb. 51e:* nur Strichzeichnung) – 349, Abb. 18 (*Abb. 1e:* nur Strichzeichnung) – 351, Abb. 19 (*Abb. 51f:* nur Strichzeichnung); Bd. IV (OBO.SA 33), Fribourg/Göttingen 2013, 187, Abb. 46 (*Abb. 2*) – 567, Abb. 31 (*Abb. 3:* nur Strichzeichnung des Stempelsiegelabdrucks); Bd. V (OBO.SA 35), Fribourg/Göttingen 2017, 367), Abb. Jerusalem 198 (*Abb. 18a*) – Abb. Jerusalem 454 (*Abb. 18b*), alle © Stiftung Bibel+Orient.

O. Keel, Die Geschichte Jerusalems und die Entstehung des Monotheismus (OLB IV,1 u. IV,2), Göttingen 2007, 126, Abb. 85 (*Abb. 10a*) © The Institute of Archaeology, Hebrew University Jerusalem – 192, Abb. 111 (*Abb. 15a:* Ausschnitt) – 300, Abb. 184 (*Abb. 15b*) – 304, Abb. 191 (*Abb. 1b*) – 322, Abb. 224 (*Abb. 35*) – 330, Abb. 233 (*Abb. 14b*) – 417, Abb. 285–289 (*Abb. 37*) – 434, Abb. 309 (*Abb. 16*) – 480, Abb. 332–334 (*Abb. 39*) – 487, Abb. 347 (*Abb. 28a*) – 488, Abb. 350 (*Abb. 28b* rechts) © P. Beck – 489, Abb. 351–352 (*Abb. 28c*) – 609, Abb. 427 (*Abb. 21*) – 776, Abb. 506 (*Abb. 42*) – 980, Abb. 606 (*Abb. 46a*) – 980, Abb. 607 (*Abb. 46b*) – 981, Abb. 608 (*Abb. 46c*) – 986, Abb. 613 (*Abb. 49b*) – 987, Abb. 614 (*Abb. 49a*) – 988, Abb. 620 (*Abb. 48*) – 1170, Abb. 674 (*Abb. 54*) – 1226, Abb. 683 (*Abb. 59a*) – 1226, Abb. 684 (*Abb. 59b*) – 1246, Abb. 687 (*Abb. 55*) soweit nicht anders angegeben alle © Stiftung Bibel+Orient.

O. Keel, Paraphernalia of Jerusalem Sanctuaries and Their Relation to Deities Worshiped Therein during the Iron Age IIA–C, in: J. Kamlah (Hg.), Temple Building and Temple Cult (ADPV 41), Wiesbaden 2012, 317–342, 336, Abb. 119 (*Abb. 1a*) © Stiftung Bibel+Orient.

O. Keel/M. Küchler, Orte und Landschaften der Bibel. Ein Handbuch und Studien-Reiseführer zum Heiligen Land, Bd. 2, Zürich u. a. 1982, 216, Abb. 171 (*Abb. 24*) © Courtesy of the Oriental Institute, University of Chicago – 926, Abb. 625 (*Abb. 52*) © Stiftung Bibel+Orient.

O. Keel/C. Uehlinger, Göttinnen, Götter und Gottessymbole (QD 134), Freiburg [5]2001, 133, Abb. 139 (*Abb. 10b*) – 133, Abb. 141 (*Abb. 17b*) alle © Stiftung Bibel+Orient.

M. Küchler, Jerusalem. Ein Handbuch und Studienreiseführer zur Heiligen Stadt (OLB IV,2), Göttingen 2007, 35, Abb. 19, Nr. 3 und 4 (*Abb. 1c*) – 35, Abb. 19, Nr. 7 und 8 (*Abb. 1d*) alle © Stiftung Bibel+Orient.

M. Lidzbarski, Handbuch der nordsemitischen Epigraphik nebst ausgewählten Inschriften, Bd. II, Hildesheim 1962, Taf. I (*Abb. 29*).

O. Lipschits, The Origin and Date of the Volute Capitals from the Levant, in: I. Finkelstein/ N. Naʾaman (Hg.), The Fire Signals of Lachish, Winona Lake 2011, 203–225, 214, Abb. 4, Ausschnitte (*Abb. 32*) © Eisenbrauns.

O. Lipschits/D. S. Vanderhooft, Continuity and Change in the Persian Period Judahite Stamped Jar Administration, in: C. Frevel/K. Pyschny/I. Cornelius (Hg.), A »Religious Revolution« in Yehûd? (OBO 267), Fribourg/Göttingen 2014, 43–66, Abb. 2, Ausschnitt (*Abb. 38*) © O. Lipschits.

Y. Magen, The Dating of the First Phase of the Samaritan Temple on Mount Gerizim in Light of the Archaeological Evidence, in: O. Lipschits u. a. (Hg.), Judah and the Judeans in the Fourth Century B. C. E., Winona Lake 2007, 157–211, 207, Abb. 27 (*Abb. 4:* nur Strichzeichnungen) © Eisenbrauns.

J. Magness, The Archeaology of Qumran an Dead Sea Scrolls, Grand Rapids/Cambridge 2002, Abb. 21 (*Abb. 57*) © Oxford University Press.

A. Mazar, Archaeology of the Land of the Bible 10000–586 B. C. E., New York 1992, 384, Abb. 9.10 (*Abb. 19*) © A. Mazar.

E. Mazar, The Palace of King David. Excavations at the Summit of the City of David. Preliminary Report of Seasons 2005–2007, Jerusalem/New York 2009, 68 (*Abb. 43*) (Foto: G. Laron, Zeichnung: L. Rykman; mit freundlicher Genehmigung von E. Mazar).

Z. Meshel, Kuntillet Ajrud, Jerusalem 2012, 191, Abb. 6.39 (*Abb. 33*) © Israel Exploration Society.

Y. Meshorer/S. Qedar, The Coinage of Samaria in the Fourth Century BCE, Los Angeles 1991, 47, Abb. 14 (*Abb. 51a*) – 48, Abb. 22 (*Abb. 51b*) – 50, Abb. 31 (*Abb. 51c*) – 49, Abb. 26 (*Abb. 45e*) – 51, Abb. 38 (*Abb. 45d*) – 52, Abb. 43 (*Abb. 45f*) – 53, Abb. 49 (*Abb. 45b*) – 54, Abb. 52 (*Abb. 45c*), alle © Y. Meshorer/S. Qedar; mit freundlicher Genehmigung der Israel Numismatic Society.

Y. Meshorer/S. Qedar, Samarian Coinage (Numismatic Studies and Researches 9), Jerusalem 1999, 86, Abb. 16 (*Abb. 45a*) – 94, Abb. 59 (*Abb. 45g*), alle © Y. Meshorer/S. Qedar; mit freundlicher Genehmigung der Israel Numismatic Society.

S. Münger, Egyptian Stamp-Seal Amulets and their Implications for the Chronology of the Early Iron Age: TA 30, 2003, 66–82, Abb. 2, Nr. 1–3 (*Abb. 13*) © S. Münger/Tel Aviv: The Journal of the Institute of Archaeology of Tel Aviv University.

S. Münger/T. E. Levy, The Iron Age Egyptian Amulet Assemblage, in: T. E. Levy/M. Najjar/E. Ben-Yosef (Hg.), New Insights into the Iron Age Archaeology of Edom, Southern Jordan, Bd. 2, Los Angeles 2014, 741–765, 749, Abb. 11.6 (*Abb. 22*) mit freundlicher Genehmigung von Cotsen Institute of Archaeology Press.

E. Noort, Die Seevölker in Palästina, Kampen 1994, 97, Abb. 33 (*Abb. 6*) © E. Noort.

W. M. F. Petrie, Six Temples at Thebes, London 1897, Pl. XIII (*Abb. 7a:* farblich bearbeitet).

G. A. Reisner, Israelite Ostraca from Samaria, Boston 1924, Pl. VIII (*Abb. 30*) © Harvard University.

J. Renz/W. Röllig, Handbuch der althebräischen Epigraphik, Bd. III, Darmstadt 1995, Taf. LI, Abb. 1, mit freundlicher Genehmigung von J. Renz (*Abb. 41*).

B. U. Schipper, Israel und Ägypten in der Königszeit (OBO 170), Fribourg/Göttingen 1999, 296, Abb. 2 (*Abb. 12*) © B. U. Schipper.

S. Schroer, Die Ikonographie Palästinas/Israels und der Alte Orient, Bd. 3, Fribourg 2011, 363, Abb. 933 (*Abb. 17a*) © Stiftung Bibel+Orient.

http://www.spektrum.de/fm/912/thumbnails/YsyriAr.gif.798751.gif (Original spiegelverkehrt) (*Abb. 7b*).

1000-Bilder-Bibel, © 2002, Deutsche Bibelgesellschaft, Stuttgart (*Abb. 26*).

O. Tufnell, Lachish III. The Iron Age, London 1953, Pl. 68:1 (*Abb. 53*) mit freundlicher Genehmigung von Wellcome Library, London; Referenz: WA/HSW/AR/Lac/F.

P. G. van der Veen, The Final Phase of Iron Age II in Judah, Ammon, and Edom (AOAT 415), Münster 2014, 31, Abb. 1a (*Abb. 44*) © Ugarit Verlag.

D. Vieweger, Archäologie der biblischen Welt, Gütersloh 2012, 305–306, Abb. 271 3. und 4. Teil (*Abb. 40*) © D. Ussishkin, Zeichnungen von J. Dekel.

H. Weippert, Palästina in vorhellenistischer Zeit (Handbuch der Archäologie Vorderasien II,1), München 1988, 394, Abb. 4.12, Ausschnitt (*Abb. 8b–f*) – 396, Abb. 4.13 (*Abb. 9*) – 463, Abb. 4.27 (*Abb. 14a*) – 408, Abb. 4.15 (1) (*Abb. 23a*) – 656, Abb. 4.72 (*Abb. 31*), alle © H. Weippert.

H. Weippert/M. Weippert, Dreischiffige Pfeilerhallen in der Eisenzeit: ZDPV 130, 2014, 1–42, 12, Abb. 5 (*Abb. 20a*) – 13, Abb. 6 (*Abb. 20b*) – 17, Abb. 10 (*Abb. 20c*), alle © H. & M. Weippert/Zeitschrift des Deutschen Palästinavereins.

W. Zwickel/R. Egger-Wenzel/M. Ernst (Hg.), Herders neuer Bibelatlas, Freiburg 2013, 144 (*Abb. 25*) © D. Ussishkin – 297 (*Abb. 58 oben*) © R. Jacob – 297 (*Abb. 58 unten*) © R. Jacob & W. Zwickel.

9. Register

Antike Autoren

Bibelstellen

Gottheiten

Inschriften

Ortsnamen

Personen

Sachregister